과학기술과 인문학의 융합

도시의 미래

진단과 처방

한국도시행정학회 총서

박광국·채원호 편저

박영사

머 리 말

이 책은 공편저자 중 한 사람인 채원호 교수가 한국도시행정학회 회장으로 재임할 때 함께 기획한 것이다. 당시 내가 미래도시포럼 위원장을 맡으면서 함께 학회 총서 발간을 논의하였으나 편저 성격상 집필자가 많아지면서 출간이 다소 지체되었지만, 결실을 보게 된 것이다. 한국도시행정학회에서는 기후위기를 비롯해 각종 행정난제에 직면해 있는 우리 인류가 이를 극복하고 지속가능한 성장을 할 수 있는 바람직한 미래도시에서 살아가려면 어떠한 조건이 충족되어야 하는지를 다양한 각도에서 조망해 보고자 이 책을 집필하게 되었다.

미래도시가 지속가능한 발전을 하기 위해서 많은 도시행정학자들이 핵심가치로서 지속가능성, 혁신성, 사회적 포용성, 문화적 다양성, 안전성, 건강성, 회복탄력성을 언급하고 있다. 첫째, 지속가능성을 유지하기 위해서는 미래도시는 자원의 효율적인 활용과 친환경적인 방식으로 관리되어야 한다. 다시 말해, 에너지, 물, 자원 등의 사용을 최소화하는 한편, 재생에너지와 같은 친환경적인 기술을 적극적으로 도입하여 자원순환형 도시를 만들어야 한다. 둘째, 혁신성으로서 바람직한 미래도시는 혁신적인 기술과 서비스를 적극적으로 도입하여, 도시 인프라와 서비스를 효율적으로 운영해야 한다. 그렇게 하기 위해서는 스마트시티 기술, 인공지능, 빅데이터 등을 활용하여 교통체증이나 에너지 낭비 등의 문제를 해결함으로써 시민의 삶의 질을 획기적으로 개선시켜 나가야 한다. 하지만 이에 수반해 과학기술의 효율성이 사생활 보호라는 도시민의 자유를 침해하지 않는 방향으로 이루어져야 한다.

셋째, 사회적 포용성인데 도시 내에 거주하는 모든 사람들이 평등하게 서비스를 받을 수 있도록 도시가 설계되어야 한다. 즉, 장애인이나 노약자 등과 같은 다양한 취약계층이 차별없이 도시의 모든 서비스와 시설을 이용할 수 있도록 접근성과 편리성을 갖추어야 한다. 그렇게 하기 위해서는 미래도시를 설계하기 전에 인문학적 관점에서 다양한 이해관계자들과 적극적으로 소통하고 의견을 수렴해 나가야 한다. 넷째, 문화적 다양성으로서, 도시 내에 다양한 문화와 인종이 공존해야 하며, 이들 간 상호교류와 이해를 증진시키는 문화적 환경이 폭넓게 조성되어야 한다. 동시에 역사적 맥락에서 도시의 유구한 역사가 살아 숨 쉬는 전통과 첨단의 만남이 조화롭게 이루어져야 한다. 다섯째, 안전성의 가치로서 바람직한 미래도시는 각종 범죄와 재해·재난으로부터 시민을 안전하게 보호할 수 있는 대비책을 적극적으로 확보해 나가야 한다. 이를 위해서는 도시문제를 종합적 관점에서 접근할 수 있도록 다양한 학문 분야가 융합되어 시너지 효과를 발휘하는 것이 중요하다.

여섯째, 건강성의 가치 증진으로서, 바람직한 미래도시는 모든 시민들이 건강한 삶을 영위할 수 있도록 설계되어야 한다. 이를 위해서 충분한 녹지공원, 체육시설, 건강센터 등의 인프라를 구축해야 하며, 깨끗한 공기 질 확보에 만전을 기해야 한다. 한 예로, 과거 개발시대에 지배적 패러다임이었던 산업단지 조성과 같은 이윤극대화 관점에서 벗어나 산업공원 조성과 같은 삶의 질 제고 측면에서 접근해야 한다. 마지막으로, 회복탄력성(resilence)으로서 비록 재해·재난이 발생했다고 하더라도 피해를 최소화하고 예전의 정상적 생활로 시민들이 빨리 복귀할 수 있도록 하는 시스템을 갖추어야 한다. 이를 위해서는 기후변화시대를 맞아 도시민의 적응 능력을 향상시키는 데 도시정책의 초점이 맞추어져야 한다.

미래도시를 운영하는 도시 정책결정자나 도시 관리자들이 유념하여야 할 부분은 바로 정부개입이 필요한 영역과 그렇지 않은 영역을 잘 분별하여야 한다는 것이다. 정책은 하나의 가설이기에 언제나 일종 오류(Type 1 error)와 이종 오류(Type 2 error)를 배태하고 있다. 아래 그림을 가지고 좀 더 설명을 해 보고자 한다.

다음 그림에서 보듯이, 시장기능이 잘 작동하는 영역은 도시 정부가 개입하지 않고 반대로 작동이 잘 되지 않는 영역에는 도시 정부가 반드시 개입하는 것이 중요하다. 하지만 시장 기능이 원활히 작동하고 있는데 도시정부가 이에 개입한다거나 반대로 작동이 되지 않고 있는데 개입을 하지 않고 수수방관하고 있다면 도시 운영의 비효율성이 필연적으로 나타날 수밖에 없다. 이러한 오류를 방지하기 위해서는 도시 정책결정자나

정책 실패 유형: 일종 오류 VS 이종 오류

시장기능	정부 개입	
	비개입	개입
작동	문제 없음	일종 오류
비작동	이종 오류	문제 없음

관리자는 확고한 도시철학과 도시 거버넌스의 작동 원리에 대한 철저한 이해에 입각해 각 도시의 부문별 영역(주택, 교통, 환경, 에너지, 재난 등)을 효율적으로 관리해 나가야 한다. 4차 산업혁명 시대의 총아인 ICBM(IoT, Cloud, Big Data, Mobile)의 도움을 받게 되면 이러한 효율성은 더 극대화될 수가 있다.

〈도시의 미래: 진단과 처방〉에서는 이러한 관점에 입각해 각 장별 목차를 정하고 19개 논문을 서론, 거시적 관점, 미시적 관점, 사례 연구, 에필로그로 나누어 총 5편으로 편제하였다. 내용의 중요도를 감안해서 1부와 2부로 나누고 1부에는 서론, 거시적 관점, 미시적 관점을 편제하고, 사례 연구는 2부에 배치하였다.

독자들의 이해를 돕기 위해 제1편의 각 장별 내용에 대해 간단하게 언급하고자 한다. 제1장 "세계의 도시화에 대한 철학적 탐구"는 신충식 교수가 집필했는데, 도시에 철학적으로 관여하는 것이 인간의 삶과 실존의 근본 조건들에 관여하는 것임을 논의한다. 이러한 철학적 관여는 단순히 도시를 철학적으로 설명하려는 시도가 아니다. 도시에 관한 철학적 탐구는 궁극적으로 도시가 열어가고자 하는 다양한 층위의 사유를 탐구하는 동시에 도시의 현실을 사회적, 정치적, 경제적, 공간적 현상으로 파악하려는 시도다. 제2장 "도시거버넌스의 미래"는 채원호 교수에 의하여 집필되었는데, 그는 과학기술, 생태 환경의 변화에 못지않게 사회경제적 환경의 변화에 주목하고 있다. 특히 사회경제적 환경의 변화 중에서 가장 두드러진 것은 저출산·고령화 사회로의 급격한 이행, 지역 소멸, 구조적 저성장으로 인한 정부재정의 과부하이다. 이러한 문제를 극복하고 미래도시가 지속가능한 발전을 하기 위해서는 근린주민자치제도의 구축과 지방정부의 ESG 경영 모색을 그 대안으로 제시하고 있다. 제3장 "미래의 자치분권 방향"에서 김순은 교수는 역대 정부에 관계없이 자치분권은 단절없이 지속적으로 추진되었다고 평가하고 있다. 문재인 정부에서는 자치분권 2.0을 통해 제도적 환경을 조성하는데 기여하였다면 윤석열 정부에서는 자치분권 3.0을 통해 지방시대의 개막을 본격화시켜야 한다고 주문한다. 앞으로 미래도시는 1억 명 이상의 메가시티로도 성장할 수 있기에 본격적인 자치분권의 시대를 여는 것은 시대적 소명으로 받아들여야 할 것이다.

제2편은 미래도시에 나타날 주요 현상들을 거시적 관점에서 조망하고 있다. 제4장 "기후·에너지 위기와 도시의 탄소중립"은 명수정 박사에 의하여 작성되었다. 이 장에서는 도시를 주요 온실가스 발생원으로 주목하고 있으며 이에 따라 기후와 에너지 위기 극복 및 탄소중립 확보를 위해 미래도시가 어떻게 대응해야 하는지에 대한 다양한 정책대안을 제시해 주고 있다. 제5장 "인구위기의 현재와 미래"에서 정현숙 교수는 지역간 인구 불균형 문제를 거론하면서 이로 인해 향후 30년 내에 유례없는 대한민국의 위기가 도래할 수 있다고 진단하고 있다. 이를 극복하기 위해 일본 사례를 벤치마킹하면서 도시의 컴팩트화와 도시정부 간 네트워크화의 추진을 대안으로 제시하고 있다. 앞으로 미래사회에서는 국가보다 도시정부가 더 중요한 역할을 수행할 것으로 예상되기 때문에 미래도시의 활력을 극대화시키기 위한 정 교수의 다양한 정책 제언의 수용을 적극적으로 고려할 필요가 있다.

제6장 "도시발전과 다문화: 다양성 이슈와 전망"은 이종열 교수에 의하여 집필되었다. 도시발전 요인에 대한 다양한 시각 중 하나는 인적자본론이며, 여기에는 다양성이 중요한 이슈가 되고 있다. 이 장에서는 다양성을 가져오는 다문화의 도시발전에 대한 영향을 다각적으로 검토하고 이의 한국에의 적용가능성을 심도있게 다루고 있다. 제7장 "문화콘텐츠 소비 공간으로서 도시의 진화"는 김상욱 박사에 의하여 작성되었다. 정보화사회와 4차 산업혁명 시대를 겪으면서 도시 기능과 도시민의 생활방식은 오프라인에서 온라인으로, 다시 모바일 시대로 급격히 이행하면서 문화콘텐츠 향유 방식도 급격히 변화하고 있음을 보여주고 있다. 즉, 도시의 발달과 문화콘텐츠의 발달은 공진화(co-evolution)과정을 거치면서 이루어진다고 저자는 주장한다.

제8장 "도시공간의 변화와 도시계획"은 윤대식 교수에 의하여 작성되었다. 이 장에

서는 먼저 우리나라 도시공간의 변화에 대한 회고와 성찰을 한 후, 디지털 전환, 초고령사회, 1인 가구 증가가 가져올 도시공간의 미래를 살펴보았다. 다음에 도시계획 사상의 시대적 변천 과정을 살펴본 후, 미래도시계획 방향을 제시하였다. 미래도시계획 방향으로는 탄소중립 시대의 도시계획 방향, 디지털 전환 가속화와 도시계획 방향, 인구구조 변화에 대비한 도시계획 방향 그리고 도시재생, 메가시티, 15분 도시에 대해 구체적인 방향을 제시하고 있다. 이어 정태옥 교수에 의하여 집필된 제9장 “도시행정의 미래와 빅데이터”에서는, 4차 산업혁명시대 도시관리를 위한 가장 중요한 정책수단은 빅데이터에 찾아야 한다고 주장한다. 이 장에서는 도시관리에 적용되고 있는 빅데이터 사례의 분석을 통해 도시행정의 효율성 제고에 어떻게 기여하고 있는가를 생동감있게 보여주고 있다. 그러면서도 빅데이터의 무분별한 사용이 초래할 부작용에 대해서도 독자들의 주의를 환기시키고 있다. 제10장 “도시의 미래재난”은 윤동근 교수에 의하여 집필되었는데 여기서 저자는 기후변화처럼 미래의 환경변화는 예측불가능의 성격을 띠고 있어 재난위험성 및 취약성은 날로 증가하고 있다는 점을 강조하고 있다. 이를 효과적으로 관리하고 선제적으로 대비하기 위해 필요한 정책대안은 무엇인지를 구체적으로 제시하였다.

제3편은 미래도시에서 나타날 도시변화의 다양한 부분을 미시적 관점에서 조망하고 있다. 제11장 “모빌리티 혁신과 교통정책”은 윤대식 교수에 의하여 집필되었는데 여기서의 논지는 다음과 같다. 먼저 모빌리티 혁신의 미래를 조망한 후 교통정책의 새로운 방향을 제시하였다. 모빌리티 혁신의 미래에서는 자율주행차, 도심항공교통(UAM), 공유교통의 미래와 주요 이슈를 살펴보았다. 그리고 교통정책의 새로운 방향에서는 교통정책 목표의 전환, 교통정책에서 토지이용의 중요성, 탄소중립도시 실현을 위한 교통정책 패러다임 변화, 교통계획에서 빅데이터 활용 확대를 구체적으로 논의하고 있다. 제12장 “미래주거와 주거안정”은 김진유 교수에 의하여 쓰여졌다. 미래는 팬데믹의 영향과 기능복합의 장점의 경험을 통해 주거공간이 더 복합화되면서 주거와 일, 여가가 다시 주택 안으로 들어오는 경향이 강해질 것으로 보인다. 인구감소 추세에도 불구하고 가구수는 2040년까지 꾸준히 증가하고 소득이 높아짐에 따라 소형 주택을 중심으로 주택수요는 당분간 확대될 것으로 전망된다. 다만, 소득과 자산의 격차가 심해져 주거불안에

시달리는 계층이 확대됨에 따라 공공의 역할강화가 필요하다고 주장하고 있다.

제13장 "지구를 위한 '생활 속의 숲', 고층 목재도시"는 남성현 현 산림청장에 의하여 집필되었다. 기후변화를 막기 위해 '탄소중립'이라는 국제적 합의가 어렵게 도출되었으며, 이를 실천하기 위한 수단의 하나로 목조건축이 재조명되고 있다. 탄소중립 실천방안의 하나로 20층 이상의 고층 목조건축이 미국, 일본, 캐나다 등에서는 많이 지어지고 있으며 우리나라에서도 관련 법제의 정비로 고층 목조건축이 많은 주목을 받고 있다는 것을 다양한 사례를 통해 생생하게 보여주고 있다. 제14장 "미래 사이버 보안"은 김재수·송중석 박사에 의하여 집필되었는데 그 논점은 다음과 같이 요약된다. 〈사이버 보안〉에서는 미래 사이버 보안과 정보 보안 분야의 정책 전문가들이 시대의 변화에 적응하고, 복잡한 디지털 환경에서 효과적으로 대응하기 위해서는, 다변화하는 기술의 발전에 따른 미래 사이버 보안의 기술적 혁신과 도전을 이해하는 것이 중요하다. 이와 동시에 사이버 보안 관련 법률과 윤리적 고려 사항에 대한 이해를 증진하기 위해 사용자 교육의 중요성도 환기시키고 있다.

제15장 "도시와 디지털 사회문제"는 염건령·황석진 교수에 의해 집필되었으며, 도시문명이 발전하면서 발생하고 있는 디지털 사회문제를 분석하였다. 특히, 정보격차의 문제, 디지털 문맹에 의한 도시 내에서의 소외현상문제, 정보접근성의 차이로 인한 빈부격차의 심화, AI 등을 기반으로 한 디지털 의존에 의한 부작용 문제 등을 심층적으로 분석하였으며, 이에 대한 사회적 대응방안도 정리하였다. 향후 모든 도시기능이 디지털 기반 기술에 종속되는 문제도 다룸으로써 디지털 도시화에 우리가 어떠한 방식으로 대응하고 합리적 선택을 해야 하는지를 고민하는 내용을 담았다.

제2부에 해당하는 제4편은 앞에서 논의된 내용들이 실제 메가시티인 동경, 북경, 서울에서 어떻게 구체화되고 있는지를 실제 사례를 가지고 살펴본 뒤 향후 미래도시가 지향해야 할 가치를 철학적 관점에서 조망하고 이에 기초해 미래도시의 과제를 전망하면서 미래도시 정책결정자나 도시관리자를 위한 정책적 시사점을 도출하였다. 이러한 순서로 편제한 이유는 동경 사례는 과거로부터 지금까지 일본 도시 진화 과정을 분석했고, 북경 사례는 앞으로 지향해야 할 북경의 미래 모습을 분석했기 때문이다. 이들 거대도시들의 과거, 미래 모습의 잘 된 부분을 벤치마킹하여 미래도시의 서울 모습이

보다 더 잘 구현될 수 있게 하기 위해서 서울 사례는 제일 뒤에 배치하였다.

제16장 "동경 초집중(Over Concentration in Tokyo)의 정치경제학"은 신동애 · 엄두용 교수에 의하여 사례분석이 이루어졌는데, 이 장에서의 논지는 수직적 지역분업론 정책이 지역 간 격차를 초래한 원인으로 주목하고 그 대안으로 수평적 지역네트워크의 복원을 주장한다. 그러면서 초집중 동경이라는 메가시티가 양산한 수많은 도시문제를 집중적으로 부각시키고 있다.

제17장 "베이징의 미래 2030"은 천안(陳安) · 천잉화(陳櫻花) 교수에 의하여 사례분석이 이루어졌는데 북경 메가시티의 관리철학은 지속가능한 발전에 초점이 맞추어져 있다. 이를 위해 자원집합에서 기능완화로, 관료제에 의한 도시관리에서 도시 거버넌스로, 단일 도시 개발에서 베이징-텐진-허베이의 공동 개발로 패러다임의 전환이 이루어지고 있는 것을 확인할 수 있었다.

김찬동 교수에 의하여 집필된 제18장 "도시의 미래, 서울의 미래: 공간구조를 중심으로"에서는 서울의 미래에서의 공간구조의 변화가 어떻게 전개될 것인가에 대해 다양한 시나리오를 검토하고 있다. 이러한 창조적이고 혁신적 논의를 위한 단초로서 사우디아라비아의 네옴시티 구상을 들고 있는데 우리나라에서도 서울과 대전을 있는 메갈로폴리스인 한국형 네옴시티 구상도 비현실적인 것은 아니라고 주장한다. 그렇게 하기 위해서는 이를 가능케 하는 다양한 법 · 제도적 장치에 관한 다양한 이해관계자들을 포함한 담론의 장이 형성되어야 한다고 보고 있다.

제3부는 본 교재의 에필로그에 해당한다. 제19장 "미래도시: 전망과 과제"는 박광국 교수에 의하여 쓰여졌는데 주요 논지를 보면, 4차 산업혁명의 급속한 발전으로 인해 미래도시는 스마트 플랫폼이 대세를 이루는 초연결, 초지능 사회로 변모하고 있다. 동시에 현실세계보다 가상세계에서의 활동이 더 지배적 현상이 될 것으로 전망된다. 이에 따라 도시민들의 도시관리에 대한 기대수준은 매우 높아질 것이며, 도시 정책결정자나 도시관리자들이 이에 적절히 대응하지 못할 경우 미래도시는 유토피아가 아니라 디스토피아로 전락할 위험성을 내포하고 있다. 이러한 위험성을 미연에 방지하기 위해서는 과학기술적 관점과 인문학적 관점이 적절히 융합된 창조적이고 유연한 사고가 도시관리의 지배적 패러다임으로 자리잡아야 한다는 주장을 펼치고 있다.

신은 자연을 만들었고 인간은 도시를 만들었다는 서양 속담이 있듯이, 도시는 인간의 무한한 상상력과 열정에 의해 인간이 기대한 것 이상의 아름다움과 편리함을 우리에게 가져다 줄 수도 있다. 반면에 상상력의 빈곤과 무열정으로 인해 미래도시는 우리가 기대했던 도시 내 거주자들에게 행복과 번영을 가져오는 유토피아가 아니라 불화와 공멸을 가져오는 디스토피아로 전락할 수도 있다는 점을 도시정책결정자나 도시관리자가 잠시도 잊어서는 안 된다.

2년 전 채원호 교수가 한국도시행정학회장으로 취임한 직후, 지속가능한 미래도시의 청사진을 담은 대학 교재의 발간이 필요하다는 데 공편저자인 나와 공감대를 형성하면서 이 책의 출간이 구상되었다. 각 분야의 최고 전문가를 영입하고 원고 집필을 완성하기까지 많은 우여곡절이 있었다. 한편으로 집필 도중에 개인적 사정으로 집필에 계속 참여하지 못한 필자도 있었고, 다른 한 편으로 책의 퀄리티와 주제의 중요성을 감안해 삼고초려 끝에 집필진에 추가로 영입한 필자도 있었다. 에베레스트 정상에 도전하는 등반가처럼 힘든 여정이었지만 정상 등정을 목전에 두고 있는 지금, 이 작업에 참여한 모든 집필자들이 만끽하는 기쁨은 이루 말로 표현할 수가 없다. 본 교재가 나오기까지 2년여라는 긴 시간을 인내를 가지고 원고작업을 독려해 준 박영사 안상준 대표에게도 심심한 감사의 말씀을 드린다. 집필진들의 열정에도 불구하고 이 책도 다른 교재들처럼 많은 한계를 가지고 있음을 인정한다. 앞으로 독자들의 애정어린 충고와 질책에 힘입어 이 책이 수정판을 거듭할수록 더욱 질적으로 내용이 충실해질 것으로 바라마지 않는다.

2024년 2월

부천 원미산 자락에 있는 미카엘 교수연구실에서

대표집필 가톨릭대 박광국 · 채원호

차례

제 1 부 이론 연구

제 2 부 사례 연구

제1부

이론 연구

제1편

서론

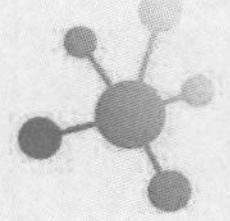

제1장

세계의 도시화에 대한 철학적 탐구

신충식(경희대학교 교수)

생각해보기

- 인류가 도시를 통해서 지속적으로 유지하고자 하는 것은 '세계'다. 도시와 본래적 의미로 세계의 관계는 무엇인가?
- 오늘날의 세계가 도시에 기초하고 있다면 인류가 꿈꿔왔던 이상적 도시는 어떤 모습일까?
- 프랑스 철학자 앙리 르페브르와 독일의 사회학자 게오르크 짐멜은 도시의 혁명적 변화를 논의했다. 그들이 말하는 도시의 혁명적 요소는 무엇일까?

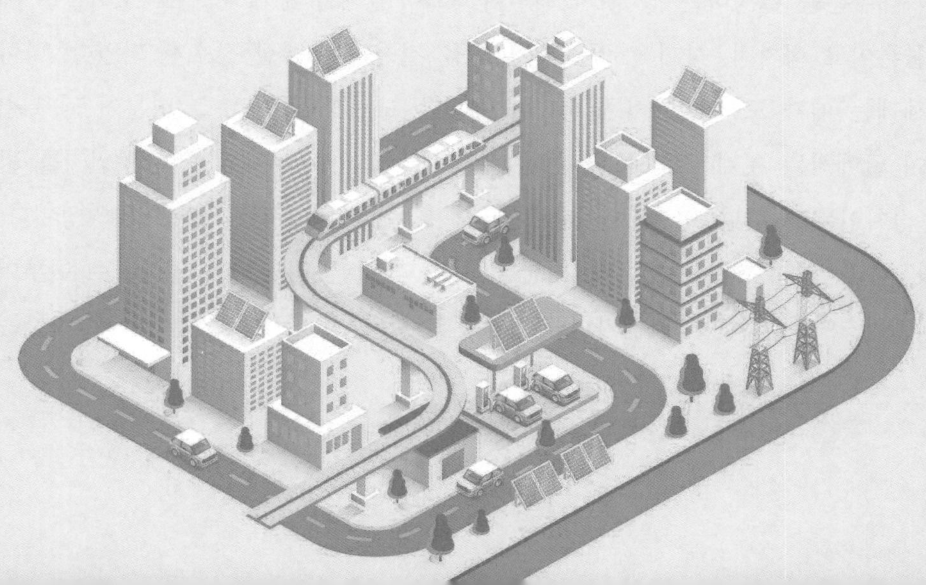

I. 들어가며

근대 세계는 한편으로 산업혁명, 다른 한편으로 정치혁명으로 거슬러 올라갈 수 있다. 정치적 평등이 노동계급으로 확대되면서 근대적 의미의 도시가 탄생했다. 그런데 정의를 목표로 하는 이상적인 도시에 대한 통찰은 벌써 플라톤의 『국가』에 정확히 기술되어 있다.

소크라테스가 말하길 “내가 생각하기로는 도시국가(polis)의 발생은 우리 각자가 자족하지 못하고 여러 가지가 필요하게 되기 때문일세. 아니면 자네는 도시국가를 수립하는 기원(arche)으로서 다른 무엇을 생각하는가?” 그러자 아데이만토스는 “다른 어떤 기원도 없습니다”라고 대답한다.[1] 이처럼 최소한 유럽 전통에서는 철학과 도시국가의 탄생은 떼려야 뗄 수 없을 정도로 긴밀하게 연계되어 있음을 알 수 있다.

철학은 도시, 즉 고대 그리스의 도시국가에서 시작되었다. 인간과 인간 간에 다양한 의견을 자유롭게 교환하는 데서 철학이 탄생했기 때문이다. 철학이 우리 삶의 도시화된 양식에서 탄생한 점은 예삿일이 아니다. 여기서 도시는 우리 대부분이 살고 있는 맥락이자 사유의 대부분이 발생하는 공간이기도 하다.

UN 통계에 따르면 OECD 국가의 도시화 과정이 75%를 넘어섰다고 한다. 도시는 인간 거주의 중심 장소가 된 지 오래고 현대 세계의 문화적, 사회적, 경제적, 정치적 삶의 대부분을 결정하는 장(場)이 되었다. 다시 말해서 세계의 주요 도시들은 세계 경제는 물론이고 정치적, 사회적, 문화적 발전을 결정하는 핵심 장소가 되었다. 바야흐로 현대 세계는 메가 도시 내에서 발생하는 수많은 도전과 위기로 그 명운이 좌우된다.

이 글에서는 첫째, 도시를 통해서 지속되고 발전하는 ‘세계’가 무엇인지를 밝힐 것이다. 정치이론가 한나 아렌트에 따르면, 세계성은 인간조건의 중요한 양상이다. 세계는 빌딩, 다리, 거리, 가로수, 주택, 기념물, 예술과 같은 인공적인 생산물로 이루어지고 갖춰지지만, 이러한 것들 자체가 곧 세계는 아니다. 오히려 세계는 이에 속하는 사람들

1) 플라톤, 『국가』, 박종현 옮김, 서광사, 2005, 369a-b.

사이에 발생한다. 그러기에 도시국가의 보존, 즉 세계(world)의 지속적인 보전과 발전이야말로 정치의 가장 중요한 본분이라 할 수 있다. 여기서는 그리스 도시국가의 정치사상에 정통한 아렌트의 입장을 중심으로 세계의 지속가능성을 논의할 것이다. 둘째, 오늘날의 세계가 도시에 기초하고 있다면 인류가 꿈꿔왔던 이상적 도시는 어떤 모습일지를 플라톤, 토마스 모어, 에버니저 하워드를 중심으로 살펴볼 것이다. 셋째, 그 도시가 어떻게 변화하고 있는지를 도시의 혁명적인 변화를 주장해왔던 프랑스의 앙리 르페브르(Henri Lefebvre)와 독일의 게오르크 짐멜(Georg Simmel) 이론을 중심으로 밝히고자 한다.

궁극적으로 이 글이 밝히고자 하는 점은 도시에 철학적으로 관여하는 것이 인간의 삶과 실존의 근본 조건들에 관여하는 것임을 논의하고자 한다. 이러한 철학적 관여는 단순히 도시를 철학적으로 설명하려는 시도가 아니다. 도시에 관한 철학적 탐구도 궁극적으로 도시가 열어가고자 하는 다양한 층위의 사유를 탐구하는 동시에 도시의 현실을 사회적, 정치적, 경제적, 공간적 현상으로 파악하려는 시도다. 철학이 도시국가 내에 놓인다는 점은 앞에서 언급했듯이 플라톤의 『국가』에서 소크라테스와 아데이만토스 간의 대화에 잘 나타난다. 이들의 대화 주제가 '정의'임에 주목하자. 정의의 본성에 관한 탐구는 개인의 미덕으로 접근할 수도 있지만, 무엇보다 도시국가의 미덕이라는 점이 중요하다. 이는 아리스토텔레스가 인간을 정치적 동물(zoon politikon)로 규정하는 것으로 표현된다. 달리 표현하자면, 철학의 도시성은 철학과 사회적 삶의 연관성에서 비롯한다. 우리는 이를 세계-내-존재 또는 공적 존재의 현실로 받아들인다.

II. 도시국가의 탄생과 세계의 보존

고대 그리스어로 도시국가를 의미하는 '폴리스(polis)'라는 단어는 원래 "둘러싸인 성벽"을 함축했다. 라틴어 '우르브스(urbs)'도 마찬가지로 '원(circle)'의 관념을 표현하는 단어이며 'orbis'와 같은 단어에서 파생했다. 우리 시대의 단어인 'town'에서 동일한 연관성을 발견할 수 있다. 그리스에서 도시국가라는 정치체를 가질 인간의 역량은 무엇일까? 유교 전통과 달리 그 중심은 가정(oikia)이라는 자연 결사체가 아니라 오히려 이에 대립한다. 폴리스는 인간의 사적 삶과 별개인 제2의 삶, 즉 '정치적 삶'에서 탄생한다.

여기서 모든 시민은 두 가지 존재 질서에 소속된다. 개인적 삶에서 자신의 것(idion)을 지키고 정치적 삶에서는 공동의 것(koinon)을 지키는 삶을 유지한다. 자신의 것은 타인들에게 공유될 수 없고 사적으로 남아있는 반면에, 공동의 것, 즉 공적인 것은 사람간에 공유하는 세계다. 이를 위해 고대 그리스의 씨족집단인 '프라트리아(phratria)'와 혈족인 '필레(phylē)' 중심의 모든 조직단위를 해체했다. 이렇듯 폴리스의 토대를 구축하는 일은 자연스럽게 이루어진 것이 아니라 씨족(gens) 체제와 도시 체제라는 두 적대적 지배형태 중 어느 하나를 선택해야 하는 역사적 투쟁이자 인공적인 노력의 산물임을 알 수 있다.

이러한 역사적 사실에서 중요한 점은 인간공동체에 필수적인 모든 활동 중 두 활동인 '행위(praxis)'와 '말(lexis)'만이 '정치적'이라는 사실이다. 이들 정치적인 것을 지켜내기 위해서 그리스인들은 도시국가를 확립해야 했다. 폴리스라는 정치영역에서 인간은 전 생애를 행위와 말로 보낼 수 있다. 분리되려야 될 수 없었던 행위와 말이 인간 최고의 두 역량이라는 확신은 폴리스에 훨씬 앞서 이미 존재했으리라 추정된다.

최근 연구에 따르면 러시아, 카자흐스탄, 중국 및 몽골의 중남부 시베리아 국경 근처의 알타이산맥에 데니소바 동굴이 위치한다. 18세기에 이곳에 살았던 러시아 은둔자 'Denis(Dunisi)'의 이름을 따서 명명되었는데, 이 동굴에 현생인류와 네안데르탈인 그리고 데니소바인이 함께 공존했다고 밝혀졌다. 이들이 결정적으로 분기되는 계기를 생리학자 재레드 다이아몬드는 현생인류인 호모 사피엔스의 "후두(喉頭)의 완성"에서 찾는다. 그는 "10만~5만 년 전에 우리 조상의 능력에 분명히 중대한 변화가 생겼다. …… 후두가 완성됨에 따라 현대적 언어를 위한 해부학적 기반이 마련되었으며 언어야말로 현대인의 창의성을 구현하는 밑바탕이었다"라고 했다.[2)]

정교한 구술언어를 구사하기 시작한 현대인에게 비로소 도시를 형성할 수 있는 요건이 마련되었다. 구술언어와 이에 따른 행위를 중심으로 도시는 세워진다. 도시는 의

---

2) 재레드 다이아몬드, 『총, 균, 쇠』, 김진준 옮김, 문학사상사, 1998, 56.

도적으로나 인공적으로 시간을 두고 창조되며 재창조된다. 이때 도시의 주요한 특징은 각자의 생명을 지속시키고자 네트워크를 형성하고 다각도로 상호의존적인 조직을 형성하기 위해서 생물학적 언어를 사용한다는 점이다. 처음에 도시라는 '토포스(topos)'가 있었고 곧이어 '로고스(logos)'가 나타난다. 고대그리스 전통에서 로고스의 동사인 '레게인(legein)'의 본래적 의미는 병사들이 추위에 떨고 전쟁터에서 불을 지피기 위해 흩어져 있는 잔가지들을 '끌어모은다'는 것이다. 이후에 '레게인'은 가장 명시적인 모음(gathering)을 의미하고 이것이 곧 '로고스'라는 말이다. 그래서 사람들이 모이는 곳에 어디에나 정치가 존재하기 마련이다. 이렇듯 소크라테스 이전의 사상에서도 도시국가적인 면모를 엿볼 수 있다. 이를 기록한 대표적인 고전이 호메로스의 『일리아드』다. 호메로스가 말하는 아킬레스의 위대성은 그를 "위대한 행위를 하는 자, 위대한 말을 전하는 자"로 받아들일 때 이해할 수 있다. 인간은 자신을 차별화할 수 있는 공적 회합을 갖기 시작했다. 이것이 곧 전쟁과 아고라(agora)다.

일반적으로 아고라는 모인다는 의미의 '아게이로'에서 비롯되었다. 사실 서구 언어에서 모임의 의미가 들어있는 로고스로서의 존재(being)가 곧 정치의 장인 아고라였다. 아고라의 두 번째 의미는 시장이다. 이는 그리스 도시들에서 아고라의 출발점이었고, 나아가 공적인 기능도 수행하게 되었다. 폴리스를 공적인 존재로 이해할 때 아고라는 그런 존재임을 드러내는 유일한 지표다. 그래서 정치적으로나 도시계획적으로 아고라야말로 '공동'의 중심이 되었다. 아고라를 건설함으로써 도시민이 공동으로 사용하고 누리게 되는 특권인 자유가 탄생한다. 이 장소에는 팔 수 있는 모든 것이 제거되었기에 어떤 수공업자도, 농민도, 이들 부류의 어떤 사람도 입장할 수 없다. 다른 한편 팔아야 할 물건을 위한 아고라도 있다. 바다에서 전해지고 농촌에서 나오는 모든 것을 직결시키는 데 적절한 장소가 아고라라는 시장이었다. 이런 이유로 정치적 아고라와 상업용 아고라는 철저히 분리되어 자유인의 활동과 사업가의 활동으로 분업화된다. 아테네라는 도시국가의 공간구조가 이런 관념의 산물임에 주목해야 할 것이다.

고대 로마의 '포룸(forum)'도 본래 시장터를 의미한다. 시장에 많은 사람이 모이는 것이 곧 도시 탄생의 출발점이었다. 이런 시장에서 점차로 발전해 포룸은 로마인의 공적이고 사적인 업무의 중심지가 되었다. 여기에 신전, 주요 기념물, 공회당, 원로원, 각종 가게 등이 들어섰다. 따라서 포룸은 도시의 중심부에 자리 잡고 남북 중앙도로인 '카르도(Cardo)'와 동서 간선도로인 '데쿠마누스(Decumanus, 오늘날의 에비뉴avenue의 기원)'의 교차점에 위치한다.[3] 시간이 흐르면서 포룸은 시장으로서의 기능을 잃고 정치·종교·사법의 중심지로 자리 잡았다.[4]

아고라와 포룸에서 말을 위대하게 여겼던 이유는 위대한 사상을 표현해서가 아니라, 오히려 그 반대로 말이 가장 일차적이기 때문이라 할 수 있다. 그리스 비극『안티고네』의 마지막 행에서 안티고네가 궁극적으로 사유의 교훈을 제공하는 신들에게 치명적으로 응수할 수 있었던 것은 '위대한 말(megaloi logoi)'의 역량 덕택이었다.[5] 직설적인 말과 비교할 때 사유는 부차적이다. 그런데 말과 행위는 사실 동시적이며 대등하다는 점이 중요하다. 도시는 폭력이 아닌 말과 행위로 모든 것이 이루어지는 성벽이다. 이 굳건한 성벽 안에서, 즉 세계에서 대부분의 정치 행위가 이루어진다. 세계에서는 말을 통해 실행될 뿐만 아니라 나아가 적절한 순간에 적절한 말을 발견하고 구사하는 일이 '행위'다. 순전한 폭력의 순간에는 말이 필요 없게 된다. 이런 이유로 폭력은 절대 위대할 수 없다. 고대 말기에 전쟁과 수사(rhetoric)의 기술이 정치교육의 두 주요 교과로 부상했을 때조차 이는 여전히 '폴리스' 이전의 옛 경험과 전통의 영감을 받고 발전했으며 그것에 종속된 채로 남아있었다.

이러한 맥락에서 도시는 곧 정치 행위가 자유롭게 이루어질 수 있는 세계임을 알 수 있다. 정치의 본래적 소명은 인간 이전에 세계를 존속시키는 데 있다. 인간이 함께 모이는 곳마다 그들 사이에는 세계가 나타나기 마련이며, 인간의 모든 현안이 일어나는 장소는 바로 이 사이-공간(in-between space)이다. 인간들 사이의 공간, 즉 세계는 인간관계에 기반을 둔다. 따라서 세계는 가장 확실하게도 개인의 강점이나 에너지가 아니라 오히려 다수에서 발생한다. 관계의 세계야말로 바로 권력이 발생하는 다수와 함께-있음(being together), 즉 개인의 가장 위대한 강점조차도 무력하게 하는 권력에서 발생한다. 따라서 세계는 결코 강제력에서 발생하지도 않지만 이의 내재적 운명은 강제력에 의해 괴멸되지도 않는다.

---

3) https://blog.naver.com/kkhfile/220681926275 참조.
4) 김창성, 『로마 공화국과 이탈리아 도시: 통합과 조직의 역사』, 메이데이, 2010, 13~52.
5) 한나 아렌트, 『인간의 조건』, 이진우 옮김, 한길사, 2017, 95.

세계의 주요 특징은 모든 주요 현안이 공공의 영역에 상정될 수 있도록 해야 한다는 점이다. 모든 시민의 말과 행위가 나타나도록 하는 공간이 곧 세계다. 그런데 나타남, 즉 현상의 공간이 당연히 주어지는 것은 아니다. 거기에는 사람들이 함께 행위하고 말함으로써 생겨나는 참된 공간이 필요하다. 가령 노예, 외국인, 야만인, 상인 등은 현상의 공간을 갖지 못한다. 이 공간은 말과 행위를 나눌 수 있는 공적으로 드러나기 때문이다. 가장 넓은 의미에서 현상의 공간은 아렌트의 용어로 표현하자면 "다른 사람들이 나에게 나타나듯이 내가 다른 사람들에게 나타나는 공간", 즉 "사람들이 여타 유기물이나 무기물처럼 존재하지 않고 자신의 나타남을 분명히 하는 공간"이다.[6] 이렇듯 세계는 만인이 볼 수 있고 그 세계를 두고 말할 수도 있어야 한다. 여러 인간이 함께 모이는 곳에 세계가 출현한다는 점에서 모든 사건이 일어나는 곳은 바로 이 사이-공간으로서의 "정치영역"이다. 결국 우리는 각자 사적 삶의 체험 및 가족관계에서 벗어남으로써만 진정한 정치영역이자 공공세계인 도시로 진입할 수 있다.

세계로서 도시의 또 다른 특징은 인간 없이 존재할 수 없다는 사실이다. 인간이 없는 우주나 인간이 없는 자연은 존재할 수 있어도 인간 없는 세계라는 말 자체가 모순이다. 예나 지금이나 그 누구도 자기 혼자만으로는 객관적인 세계를 온전한 실재(實在)로 적절히 파악할 수는 없는 일이다. 세계는 항상 한 사람에게 하나의 시선으로만 자신을 보여주고 드러내기 때문이다. 이 시선은 세계 내의 자기 입장과 일치함과 동시에 그 입장에 의해 결정된다. 만일 누군가가 세계를 실제로 있는 그대로 보고 경험하기를 원한다면, 그는 세계를 많은 사람과 공유해야 하며, 이들 사이에 있는 '무엇'을 분리함과 동시에 연계함으로써만 있는 그대로 보고 경험할 수 있다. 이것이 가능한 공간이 곧 도시다. 이 '무엇'은 각자에게 다르게 보이며, 많은 사람이 이에 관해서 말할 수 있다. 따라서 서로가 맞서거나 함께 의견과 시각을 교환할 수 있는 정도에서만 이해할 수 있다. 오직 우리가 서로 평등하게 말할 수 있는 자유 내에서 세계는 모든 측면으로부터 볼 수 있도록 나타난다.

따라서 진정한 의미의 정치적 자유는 야만과 폭력이 감히 넘볼 수 없는 굳건한 담장으로 둘러싸인 도시라는 "공간적 구성물(a spatial construct)"[7]이라는 점이 매우 중요하

6) 아렌트, 『인간의 조건』, 이진우 옮김, 한길사, 2017, 290.
7) 아렌트, 『정치의 약속』, 김선욱 옮김, 푸른숲, 2007, 160.

다. 앞에서 살펴보았듯이, 자신의 도시를 떠나거나 그곳에서 추방된 사람은 고향이나 조국을 상실할 뿐 아니라 자신이 자유로울 유일한 공간을 상실하게 된다. 동시에 그는 자신과 평등한 인간들로 이루어진 사회를 상실한다. 우리가 생존만을 생각한다면 이러한 자유공간이 거의 필요 없다. 오히려 이는 사실 장애가 될 뿐이다. 근대화와 산업화의 과정에서 정치적인 것이 사회적인 것의 차원으로 전락함으로써 우리는 세계로부터 소외될 뿐만 아니라 정치적 자유를 상실하게 된다. 고대 그리스인은 개인적 체험으로 합리적인 폭군이 시민의 복리 문제나 물질적·정신적 예술이 그 도시에서 풍요로울 수 있는지의 문제에서 큰 이익으로 작용함을 알고 있었지만 한순간 폭군을 선택함으로써 그 즉시 자유가 막을 내리게 됨을 잘 알고 있었다. 시민은 자기 고향으로 추방당하고, 평등한 인간들의 상호행위가 이루어졌던 공간 아고라는 폐쇄된다. 자유를 위한 공간이 더는 존재하지 않으며, 이는 정치적 자유가 더는 존재하지 않음을 의미한다. 이러한 위기는 오늘날에도 어느 때고 도래할 수 있다.

인간은 세계에 태어났기에 자신의 단독적 성향의 말이나 행위를 통해 다른 사람들에게 드러나게 된다. 나타남이 다른 사람들에게 말을 하고 어떤 응답을 요청하는 것이라면 여기서 발생하는 세계는 '공적' 세계여야 한다. 나타남, 즉 정치적 현안이 드러나는 일은 본래 생물학적인 기능을 통해서 드러내는 것 또는 눈앞에 있는 것의 영역임에도 주로 공공성의 영역이라 할 수 있다. 따라서 나타남의 세계는 공적 세계일 뿐만 아니라 인간의 정치적 상호교류의 영역이기도 하다. 요컨대, 모든 것은 항상 공적 공간, 즉 다른 사람들 앞에서만 생성될 수 있는 빛 아래에서 자신의 모습을 드러낸다.

이렇게 볼 때 공공성으로서의 도시는 행위를 위한 사이-공간으로서 인간 신체의 생물학적 과정에서 분리될 수 없는 노동과 대립하는 작업(work) 또는 건설을 통해 형성된다. 하지만 엄밀히 말해서 하나의 세계(a world)가 세계(the world)일 수 있으려면 제작과 건설을 통해서 만들어진 세계뿐만 아니라 인간관계에서 이루어진 행위와 언어의 세계여야 한다. 즉 세계는 아렌트의 표현으로 "소비를 위해 생산된 사물의 순전한 기능주의와 동시에 이러한 사물의 순전한 유용성을 뛰어넘어야"[8] 한다. 그럼으로써 도시는 비로소 실천적 매개로서의 '공동세계'가 된다.

---

8) 아렌트, 『인간의 조건』, 이진우 옮김, 한길사, 2017, 261.

그러므로 인간의 노력으로 빚어낸 도시라는 세계 공간은 지구와 동일하지 않다. 지구와 세계 간의 구분에 명확한 정치적 함의가 있다. 인간은 지구에 살고 있음에도 사실은 세계에 거주한다. 이에 근거해서 자연과 문명이 구분된다. 자연이 곧 생명의 성장과 쇠퇴의 과정이라면, 문명은 자연의 불확실성에 맞서 안정성을 확립하는 과정이다. 다양한 인간이 공존할 수 있는 공간이 곧 문화의 세계다. 아렌트의 용어로 말하자면, "단수 인간이 아니라 복수 인간이 지구에 살며, 세계에 거주한다." 이는 토의와 행위를 위해서 그들 간에 열려있는 공간이다. 다원적인 일상 삶의 기본적인 요소라는 점을 고려할 때 인간이 세계를 돌보고 공유하는 것을 북돋아야 한다. 여기서 행위가 비롯하고 그 행위는 사람들 간의 공간에서 이루어진다. 따라서 인간의 다원성은 인간 사이에 존재하는 공간으로서 공적 영역이자 폴리스를 창조한다. 인간의 직접적인 공동행위를 통해 형성되는 도시 공간은 이른바 모든 형식적 공론영역, 다양한 정부 형태, 조직적인 공론영역에 선행한다.

지금까지 우리는 세계가 세계-내-인간 조건의 핵심이 사회적인 것과 구별되는 '정치적인 것'의 세계임을 알 수 있다. 도시의 중심인 정치적인 것은 세계에의 응답이다. 정치적인 측면과 관련해 세계의 중요성을 최초로 발견한 사상가는 우리가 함께 판단하는 기준이 자아가 아니라 세계가 되어야 한다고 한 피렌체의 공화주의자 마키아벨리다. 이 기준은 전적으로 정치적이다. 사실 마키아벨리는 자기 영혼의 구원보다 조국 피렌체에 더 관심을 두었다. 세계보다 영혼의 구원에 더 관심 있는 사람은 정치에 발을 들여놓지 말아야 한다고까지 했다. 공공성을 상실한 도시는 한순간에 모래폭풍을 동반한 "사막"으로 변모할 수 있다. 20세기의 사막이 곧 전체주의임은 주지의 사실이다. 20세기 초반 가장 선진적인 문명 도시를 건설한 유럽을 휩쓸고 간 전체주의의 모래폭풍은 인간 고유의 개체성을 말살하고 각자 인간의 일인칭 경험을 완전히 피상적 경험으로 변모시키며 모든 자발성과 다원성을 말살했다. 그래서 모두에게 나타나는 우리-공동체임과 동시에 모두에게 나타나는 개인일 수 있는 세계를 유지하는 일이 중요하다. 공동성을 지향하는 도시 세계로서 공공영역이야말로 우리가 함께 연대하도록 하는 동시에 갑자기 무너지는 것을 예방하기도 한다.

요컨대, 모으고 분화하는 이 공공영역은 말과 행위를 매개로 각 개인이 등장하는 안전한 공간이다. 결국 좋은 의미의 정치는 폴리스라는 도시에서 살아감이다. 이상적인 도시는 강제력과 폭력이 아닌 말과 설득을 통해 매사를 결정함을 의미한다. 그리스인의 자발적 이해(self-understanding)에서 인간을 설득하기보다는 오히려 이들에게 명령하며 폭력으로 강요하는 것은 폴리스 외곽에서의 삶과 가족 내부의 삶의 특성을 띠고 있는 인간들을 대처하는 선-정치적 방식이었다. 가정생활에서 가장은 가정에서 무소불위의 전제권력을 휘둘렀으며 전제정으로 다스리는 아시아 야만 제국의 삶도 빈번히 가정결사체와 유사했다.

이처럼 도시가 우리의 정체성을 형성하며, 우리는 또한 도시를 한층 더 발전시켜 나갈 수 있다는 점을 가정할 때 좋은 도시의 비전은 곧바로 성취 가능한 유토피아가 무엇인가다. 이는 인간 사회에서 좋은 삶의 이상적 도시라는 끝없이 반복되는 관념과 일치한다. 좋은 도시의 모델은 역사적 맥락, 장소, 문화가 좋은 도시에 대한 다양한 비전을 제시하듯이 바뀔 수 있다.

Ⅲ. 인류가 꿈꿔왔던 이상적 도시

지난 50년 사이에 도시의 인구가 폭발적으로 증가했다. 이 기간에 멕시코시티는 880만에서 1600만으로, 상파울루는 830만 명에서 1800만 명으로, 뭄바이는 620만 명에서 1600만 명으로, 서울은 100만 명에서 1,000만 명으로 증대했다. 21세기 글로벌 도시는 생산을 견인할 수 있고 국가 경제와 세계 경제를 주도할 대규모 메트로폴리스가 될 것이다. 이들의 특징은 산업화와 도시화다. 가장 밀집된 도시는 산업화가 가장 심각하게 이뤄지고 있는 곳이다. 그런데 이 산업화는 농업생산을 철저히 흡수한 지배과정이었고, 그래서 탄생한 개념들이 풍요사회, 여가 사회, 소비자 사회, 산업사회, 탈산업사회 등이다. 이러한 도시 현상을 검토하기에 앞서 인류가 꿈꿔온 유토피아 사회를 잠시 검토해보자.

도시에 관한 사상은 도시에 반하는 사상과 도시 친화적인 사상으로 구분해볼 수 있다. 도시에 반하는 사상은 도시에 대한 반감과 전원에 대한 동경을 지향한다. 따라서 이 입장은 단순히 도시를 떠나 탈출해버리려는 경향을 띤다. 이에 반해 도시 친화적인 사상은 도시를 동경하는 유토피아적 시각을 의미한다. 르 코르뷔지에는 도시 내 모든 슬럼 지역을 부수어서 완전히 새로운 지역을 건설할 것을 주창했다. 그는 "우리가 도시계획에서 완전히 새로운 체계를 일으키고 주택이나 아파트에 근본적인 개혁을 제공할 가로의 배치를 이루게 될 것"이라 선언했다.[9] 현대인은 국내 경제가 급변하게 됨으로써 개혁에 동참하지 않을 수 없게 되었으며 주거용 건물도 대도시의 현대적 삶에 부합하도록 완전히 새로운 서비스 기능으로 거듭나야 한다는 것이다. 르 코르뷔지에의 구상은 유토피아적이고 급진적인 계획 사상을 대표하며 현대 도시재개발 사업의 배경이론이 되었다. 계획에 대한 인식은 국가마다 차이가 있다. 프랑스를 비롯한 유럽 국가들은 대부분 중앙집권적 정부 구조를 채택해 기획을 선호하는 견해가 있다. 하지만 미국은 역사적으로 분권화되고 혼합적인 정부 구조를 지녀서 계획에 대한 반감으로 기획을 거부했다.

유토피아는 자유, 정의, 행복에 기초한 인간집단을 형성하는 것을 의미한다. 유토피아의 기능은 사회를 비판하는 일이다. 다시 말해서 기존의 사회적 병폐를 비판하고자 한다. 유토피아는 사회의 완전한 기술과 이에 대한 설명과 비판을 제시한다.

한편으로 도시는 문명의 중심지이고, 다른 한편으로는 파괴의 중심지로서 상반된 입장을 보이고 있다. 일반적으로 도시의 특징으로는 권력에 집중, 인구에 집중, 대규모 인공건축물이 있다. 유토피아 사상도 고전기, 르네상스기, 근대기로 구분해서 접근할 수 있다. 각 시기의 대표적인 사상가로 플라톤, 토머스 모어, 에버니저 하워드(Ebenezer Howard)가 있다.

1. 플라톤의 이상 도시국가

플라톤은 도시를 통해 인간의 이상적인 삶을 달성하려고 했다. 그는 이상주의자로서 도시를 정치적 실체의 중심지로 파악했다. 이에 비해 베버는 도시를 법적으로 조세를 부과하고 서비스를 제공하는 자발적 협동체 또는 결사체로 파악했다. 플라톤은 소도시

---

9) 르 코르뷔지에, 『건축을 향하여』, 이관석 옮김, 동녘, 2007.

를 상정하고 시민의 참여를 강조했다.

그리스 헬레니즘 기간에 아테네를 좋은 도시로 만들기 위해 많이 노력했다. 하지만 이 성취가 미흡해서 플라톤은 더 원대한 이상을 제시했다. 그는 자신의 저작 『법률』에서 최고의 도시는 국가 중심에 위치해야 하며, 중앙에 아크로폴리스를 설립해야 한다고 주장했다. 도시는 12개의 주요 구역으로 구분되어야 하고 5040단지(여기서 5040이라는 숫자는 1에서 10까지 어느 숫자로도 나눠질 수 있기에 선택되었다)로 더 세분화되어야 한다고 한다. 동일한 질의 토지가 세대주에게 제공되도록 각 단지는 할당되어야 했다. 전체적으로 도시는 5000세대를 넘어서는 안 되고, 재산은 아들이나 사위에게만 상속되어야 한다. 만약 자녀가 너무 많으면 인구 안정을 유지하기 위해 초과 자녀는 입양 보내거나 다른 지역으로 보내야 한다.

시민(남자)은 다섯 계급으로 구분된다. 제사장, 예술가, 농부, 전사, 철학자다. 철학자는 언제나 도시의 지도자, 즉 왕이 되어야 한다. 이들은 인간 현안에 대한 전문적인 지식을 겸비하고 있어서다. 철인왕은 유토피아의 이상적 형태를 띠고 있다. 그는 이상 국가에 도달하기 위해 정치적 시스템이 있어야 한다고 주장했다. 이를 위해 사유재산을 부인하고 집단사회를 형성해야 한다. 그리스가 붕괴된 두 가지 주요 요소는 개인주의와 사유재산이었다. 철학자는 이상사회를 위해 교육을 강조했고, 교육에서 낮은 과목은 음악과 체육이며, 높은 과목은 수학이다.

플라톤은 물질적 세계의 도시에 대한 비전도 제시했다. 그는 물리적 공간의 배치에 초점을 두고 불변의 사회적 규칙을 부여했다. 그가 제시한 법률이 지켜진다면 모든 도시거주민은 행복하리라 가정했다.

그러나 플라톤의 비전은 도시의 모든 요소, 즉 물리적 환경, 이 환경이 창출하는 경험, 도시의 일상생활을 안내하는 모든 문화적 배경들을 고려하지 않은 부분적인 비전이었다. 그럼에도 플라톤은 도시계획가의 비전처럼 자신의 시대, 장소, 집단의 가치와 문화적 관심을 고수했다. 그가 말한 좋은 도시는 자기 시대의 도시 및 그리스적인 우주과학과의 통합을 의미했다. 유토피아의 대립적 속성은 첫째, 유토피아인은 철인왕이 필요하지 않다. 둘째, 개인은 능력 면에서 동등하지 않음에도 개인성을 무시하고 집단성을 강조한다. 셋째, 정태적 사회와 동태적 사회 간의 대립을 들 수 있다. 플라톤의 계층구조에서 나타난 유토피아 사상은 권위주의와 밀접하게 연관되어 있다.

2. 토머스 모어

유토피아 섬은 중앙구역이 가장 넓어서 폭이 160킬로미터 정도가 되며, 54개의 도시를 보유하고 있다. 도시들은 그 설계에서 유사하며 약간의 지형 차이를 제외하고는 외관 또한 유사하다. 도시 간 거리는 37킬로미터 이상 되는 경우는 없으며 걸어서 하루 만에 도달할 수 있어야 한다. 각 도시는 연로하고 경험이 많은 시민 세 사람을 뽑아 아마우로툼(Amaurotum, 몽롱한 시)에서 연례회의를 통해 이 섬 전체에 대한 공동관심사를 논의한다. 아마우로툼은 섬의 중앙에 위치해 모든 시의 대표가 회합하기에 가장 알맞은 장소다. 섬의 어느 도시든 적어도 사방 32킬로미터의 면적을 차지한다. 어떤 도시도 구역확장을 꾀하지 않는다. 이들은 자신을 스스로 토지의 주인이 아닌 자치인으로 여긴다.

농촌에는 도처에 농기구를 잘 구비한 농가가 적당한 거리를 두고 위치한다. 이 농가에는 도시 사람들이 번갈아 와서 산다. 한 농가의 인원은 남녀 합해서 40명 이상이며 그 외 농토에 고정적으로 두 명의 노예가 배치된다. 나아가 30호의 농가를 한 단위로 해서 필라르크(한 종족의 수장)가 다스린다. 각 농가에서는 매년 시골에서 2년을 지낸 사람 20명이 도시로 다시 돌아오게 된다. 같은 숫자의 시민이 도시로 돌아온다. 1년간 농사를 배워서 그다음 새로운 이주자들에게 가르친다.

농산물은 육로와 수로를 통해 도시로 운반되고 농촌에서 구할 수 없는 것은 모두 도시에서 구입한다. 농산물은 수요량보다 더 많이 생산한다. 과잉생산물은 이곳 도시에 나눠준다. 농산물과 도시생산품은 서로 교환되고 대가를 지불하지 않으며, 도시생산품은 도시관리자에게서 직접 구해온다. 이러한 물품접수는 공휴일을 도시에서 보내려고 많은 사람이 갈 때 이뤄진다. 수확기가 닥치면 필라르크는 소요 인원을 도시관리자에게 알려주며 지정된 시간에 도시의 인부들이 와서 날씨가 좋은 날이면 거의 하루 만에 일을 끝낸다.

도시들은 지형이 다른 경우가 아니면 모두 유사해서 한 도시만 보면 다른 도시를 모두 알 수 있다. 아마우로툼을 예를 들어 살펴본다. 아마우로툼은 다른 도시와 동일하지만 의회가 여기서 개최된다는 점에서 차이가 있다. 이는 원만하게 경사진 언덕에 위치해 정상형과 유사하다. 폭은 약 2마일이고, 길이는 그보다 약간 길다. 도시에는 시작되는 언덕에서 흐르는 강이 있고, 이 강은 도시 중앙을 가로질러 흐른다. 이 도시에는 또 하나의 강이 흐르고 하류에서 합쳐진다. 강의 양편은 아치형 석조다리가 있고 배가 드나들 수 있게끔 높다.

도시는 높고 두터운 성벽으로 둘러싸여 있다. 위에는 망대가 많이 만들어져 있고 성벽 세 면은 깊고 넓은 호가 둘러싸여 있으며 가시덤불이 막고 있어 건너지 못한다. 나머지 한 면은 강이 자연적으로 호의 역할을 한다.

시가는 교통과 방풍이 잘 되어있고 건물은 매우 웅장하다. 구간을 두고 길게 가지런히 길 양쪽에 연이어 서로 맞보고 있다. 각 구간은 전면은 20피트 넓이의 도로로 나누어져 있고 후면에는 이만큼 넓이의 뜰이 있다. 집들은 길을 향해 문을 가지고 있고 뜰에 이르는 뒷문도 있다. 문은 쉽게 열리고 닫을 수 있는 접이문이다. 즉 아무것도 사유재산은 없었다. 사람들은 10년마다 집단적으로 집을 서로 교환한다. 뜰에는 포도나무, 여러 과일나무, 화초들을 심어 매우 잘 가꾼다. 정원을 가꾸는 열성은 매우 높다. 구간간에 서로 경쟁적이다. 가옥은 모두 3층짜리이고 벽은 돌이나 벽돌을 사용한다. 창은 유리 또는 엷은 삼베를 친다.

3. 에버니저 하워드

하워드는 고전적 도시사회이론가인 테니스, 만하임, 짐멜, 파크처럼 과밀되고 강력하며 현저히 통제 불가능한 도시를 반대했다. 하워드는 산업도시에 대해선 거의 희망이 없다고 했다. 이러한 도시에서는 규모 때문에 진정한 도시계획이 존재할 수 없다. 그는 기존의 도시를 변화시키는 "도시미화" 운동은 실패할 것이며 따라서 완전히 새로운 지역을 건설해야 한다고 주장했다.

또한 하워드는 도시를 주민이 완전히 통제해야 한다고 주장했다. 그는 추상적인 국가나 기업체의 통제에 반대했다. 역사적으로 성장해온 도시는 인류문명의 꽃으로 여겨지기도 했지만 (예를 들면 고대 아테네) 오늘날 도시는 많은 사람이 도시의 부적절함에 대응하기 위해 과감한 계획을 추진한다. 그들은 만약 도시가 적절히 운영되지 않는다면 이를 개선할 수 있다고 생각했다. 이러한 사상은 소규모 동네 수준에서 또는 대규모 전 도시의 전환에 나타났다.

하워드는 1800년대 후반 거리에 대한 비전을 지녔다. 그는 에드워드 벨라미의 소설 『뒤를 돌아보며』(Looking Backward)에 큰 영향을 받았다. 이 소설은 2000년대의 유토피아적 비전을 보였는데 그때 도시의 모든 문제는 제거되고 사람들은 함께 즐거운 생활을 영위하게 된다고 한다. 하워드는 벨라미의 비전을 영국에서 실현하기 위해 노력했다. 산업도시가 문제의 핵심이었다. 과밀과 비전, 절망 등을 겪었다.

하워드는 도시가 기회, 유흥, 다양성 등 이점을 지니고 있다는 것을 부인하지는 않았지만 그곳으로 몰려드는 사람은 분명 건강한 환경, 한적함, 자유로움 등 농촌의 이점을 멀리 두고 떠난다. 이러한 딜레마를 해결하는 것과 관련해 하워드는 『내일의 전원도시』(Garden Cities of Tomorrow, 1898)에서 다음과 같이 주장했다.

두 개의 자석은 하나가 되어야만 한다. 남자와 여자가 상호 간의 재질과 능력으로 서로 보충하듯이 도시와 농촌도 마찬가지다. 도시는 사회의 상징이다. 상호 도움과 우정어린 협조 부성애, 모성애, 형제애…… 농촌은 신의 사랑과 보살핌의 상징이다. 우리 모두는, 우리가 가지고 있는 모든 것은 농촌에서 나온다. 우리의 육체는 농촌의 것으로 형성되어 있고, 다시 농촌으로 돌아간다. 우리는 농촌에 의해 양육되고 옷 입혀지고 휴식처를 갖게 된다. 이는 모든 건강, 부, 지식의 원천이다. 도시와 농촌은 반드시 결혼해야 하고 이로부터 유쾌한 연합이 이루어져 새로운 희망, 새로운 삶, 새로운 문명이 솟아 나올 것이다.

도시와 농촌의 결혼을 수행하기 위해 하워드는 전원도시 계획을 세웠고 이를 동시대인들에게 인류복지의 측면에서 윤리적으로, 실제적으로 가능하다는 것을 확신시키기 위해 노력했다. 6개의 장엄한 블루바드(각 120평방 피트)가 도시를 관통해 중앙과 주변을 연결해 이는 6개의 동등한 부분을 나눈다. 중앙은 원형으로서 약 5와 2분의 1에이커의 아름다운 호수 가든으로 펼쳐진 가든을 둘러싸고 대규모 공공건물들, 즉 시청, 음악당, 강연장, 극장, 도서관, 박물관, 화랑, 병원이 들어서 있다. 나머지 대규모 공간에 "수정궁(Crystal Palace)" 공원이 있다. 이 건물은 오늘날 시민이 가장 좋아하는 휴양지다. 그 외곽에는 모두 정원을 가지고 있는 아름다운 주택 건설, 도시인구 32,000명 중 농촌 지역 2,000명 거주, 도시 내 건물 수는 5,500채이며, 평균 크기는 20피트 곱하기 130피트이고, 최소 규모는 20 곱하기 100피트이며, 시청의 통제, 위생적 배열, 개인의 기호나 선호를 최대한 존중한다. 도시의 외곽에는 공장, 창고, 낙농, 시장, 석탄 뜰, 목재 뜰 등 모두 원형의 철길과 연결, 철길의 주선과 연결된다.

지금까지 살펴봤던 유토피아는 어디에서도 발생하지 않는 비-장소성이다. 이러한 점에서 유토피아는 이미 실재하는 가상현실을 조명해준다. 따라서 유토피아는 동일한 장소 또는 다른 장소처럼 필수적이며 어디에나 존재하고 그 어디에도 존재하지 않는다. 욕망과 권력의 초월성, 국민의 내재성, 상징계와 상상계의 편재성, 부와 인간 제스처를 축적하고 있는 중심적 위치의 합리적이면서 꿈같은 비전 및 결코 성취되지 않는 존재의 필연성이라는 특징을 보인다. 도시 형태는 최소든 최대든 이러한 차이들을 단일화하며 이 형식은 차이의 통일성 안에서, 그리고 이를 통해서만 정의된다.

그럼에도 좋은 도시의 핵심적인 요소는 공공영역의 순수성과 질, 균형 잡힌 거버넌스, 시민의 숙의적 공공참여이며, 공동목표는 도시의 시민성, 질서, 조화, 인간체험의 향상 등이 될 것이다. 그래서 아렌트는 행위, 정치적 실천 등을 통해서 좋은 사회가 유지되고 향상될 수 있다고 믿는다. 따라서 좋은 도시는 감시나 통제에서 자유로운 자율적 시민의 삶이 보장되고 시민이 적극적으로 참여할 수 있는 수평적 거버넌스 체제가 갖춰져야 하며, 중요한 의사결정이 공론의 장에서 경쟁적으로 다투는 방식으로 이뤄져야 할 것이다. 결국 좋은 도시는 돌봄의 윤리가 활성화되어야 한다. 이러한 돌봄은 관계성, 권리, 시민의식의 강화 등을 통해 이뤄진다.

Ⅳ. 도시 현상의 혁명적 변화

그렇다면 구체적으로 21세기 글로벌 도시는 어떻게 생산을 견인할 수 있고 국가 경제와 세계 경제를 주도할 대규모 메트로폴리스로 나아갈 수 있는가? 당연히 이는 산업화와 도시화의 결합을 통해서 가능하다. 20세기의 유토피아를 꿈꿨던 르 코르뷔지에는 이를 “위대한 시대의 시작”으로 보았다. 여기에 새로운 정신이 존재한다는 것이다. 산업화 과정은 새로운 정신으로 활력을 갖게 되고 새 시대에 적절한 도구를 제공했다. 산업화의 경제법칙은 현대인의 행위와 사고를 지배했으며 시대의 문제로 떠오른 주택문제는 현대사회의 안정성 여부를 좌우했다. 사전에 철저히 기획하고 준비된 대량생산을 주도한 대기업은 대규모 주택 건설을 도맡았다. 대량생산의 마음가짐이 시대 정신이 되었고, 주택을 대량생산하고자 하는 마음가짐으로 이어졌으며, 당연히 이는 대량생산 주택에서 살고자 하는 대중적 성향을 불러왔다. 그래서 르 코르뷔지에는 기존의 주택문제를 비판적이고 객관적인 견지에서 문제를 직시할 때 "건강하고(도덕적으로도 물론이고) 우리의 삶과 동행하는 작업 도구들이 지닌 미학에서 발견할 수 있듯이 아름다운 주택-도구, 즉 대량생산 주택에 이르게" 될 것이라고 자신했다.10)

이렇듯 메트로폴리스로 향하는 새 시대는 철저한 준비작업을 한 후에야 도래한다. 자연재료는 인공재료로, 검증되지 않은 미심쩍은 재료는 연구소에서 철저히 증명된 동일한 재질로, 재료의 구성비가 일정한 생산물로 대체된다. 가장 대표적인 인공재료가 '철근 콘크리트'다. 이를 어떻게 사용할지를 순수하게 수치화한 산업은 그 도구를 창조했으며 사업은 그 관행을 바꾸어나갔다. 새로운 기법과 공법을 발견한 건설산업은 새로운 도구와 장비를 확보할 수 있었다. 이로 인해 도시는 18세기 중반까지만 해도 동경의 대상이 되었던 자연의 위상을 무너뜨렸다. 자연을 재현하는 일은 도시의 현실을 통해서 더는 실현될 수 없었다. 다만 자연은 후회, 우울, 계절용 장식의 수단으로 전락했다. 프랑스혁명을 가장 생생하게 묘사한 빅토르 위고는 도시의 상징적 자원, 보들레르는 도시의 패러다임 차원을 발견했다.

그렇다면 무엇이 도시 현상의 본질인가? 산업화와 맞물려 성장해온 도시의 정치적·행정적 기능·상업적 기능·생산적 기능을 들여다봐야 한다. 이들 기능에 두 가지 특징이 있어 보인다. 첫째, 이들 기능은 도시 중심이 네트워크를 관리하고 지배하며 포괄하려는 영역이라는 점이다. 둘째, 생산과 분배의 네트워크를 통해서 관리되고 지배받으며 통합되는 도시 그 자체라는 점이다. 도시 현상의 특징은 정확히 이 두 가지 기능이 만나는 지점에서 드러난다. 그래서 도시 현상의 본질적인 양상은 이의 중심적인 위상에 있다. 그럼에도 지구상에 있는 수많은 도시는 소비와 욕망의 측면에서 매우 다르다. 이

10) 르 코르뷔지에, 『건축을 향하여』, 이관석 옮김, 동녘, 2007.

러한 도시의 순수한 형식을 앙리 르페브르는 "만남, 집결, 동시성의 장소"라고 했다.[11)]

다양한 상업활동이 몰려있는 대도시에서 교환수단이 매우 중요하다. 따라서 화폐경제와 지성의 지배가 긴밀하게 연관된다. 양자는 사람과 물건을 취급하는 데 있어 순수하게 객관적 태도를 취한다는 공통점이 있다. 또한 양자는 사물의 모든 다양성을 균등한 척도로 잰다. 그래서 모든 질적 차이는 양적 차이로 표현될 수 있다. 또한 화폐경제와 지성의 우위로 인해 무미건조하고 무관심한 태도가 모든 가치의 공통분모로 기능한다.

도시는 규모가 커지고 화폐경제를 따를 수밖에 없으므로 더욱더 분업에 결정적인 조건들을 제공한다. 고도의 다양한 성과를 수용할 만한 크기의 집단이 이 경우에 해당한다. 이 과정에서 자기 성과의 전문화 과정이 진행된다. 다시 말해서 도시의 삶은 생계를 위한 투쟁을 자연과의 투쟁에서 사람을 둘러싼 투쟁으로 전환한다. 이제 이익은 자연이 베푼 것이 아니라 사람이 베풀게 된다. 결국 공급자는 전문화뿐만 아니라 수요자 안에 새롭고 독특한 욕망을 불러일으키도록 노력해야 한다. 이 모든 것은 더 좁은 유형의 정신적 개인화를 유발한다. 그래서 대도시 삶의 차원에서 고유한 인격을 펼치기 어려워진다. 대신 가치와 에너지의 양적 증가가 그 한계에 도달하게 되면 사람들은 질적 구분을 얻고자 한다. 이는 차이에 대한 감수성을 자극함으로써 사회집단이 자신을 주목하게 한다. 궁극적으로 이는 가장 유별난 것으로 인도한다.

이로써 화폐는 사물의 본질과 고유성, 특별한 가치, 비교 불가능성을 제거한다. 따라서 대도시는 화폐순환의 본거지이면서 둔감함의 고유한 터전이 된다. 예컨대, 순수하게 이성적인 사람은 개별적인 모든 것에 무관심하다. 화폐 또한 모두에게 공통적인 것에만 관여한다. 이것이 곧 모든 자질과 특성을 수량화하는 교환가치이다. 사람들 사이의 정서적 관계는 자체의 개성에 기초하는 반면, 이성적인 관계는 사람을 마치 숫자와 같이 대한다. 즉 객관적으로 지각할 수 있는 것에 대해서만 관심을 가질 뿐이고 그 자체로는 무관한 요소들처럼 취급한다. 요컨대, 현대도시는 시장을 위한 생산의 지배를 받는다. 즉 생산자의 눈에 잡히지 않는 미지의 구매자를 위해서 생산은 이루어진다. 따라서 각 당사자의 관심사는 무자비한 객관성과 합리적으로 계산된 경제적 이기주의뿐이다. 분명한 사실은 대도시의 삶을 지배하고 있는 것이 화폐경제라는 점이다. 짐멜의 말을 직접

---

11) Henri Lefebvre, *The Urban Revolution*, trans. Robert Bononno, Minneapolis: University of Minnesota Press, 2003.

들어보자.

> 예로부터 대도시는 화폐경제의 본거지였다. 다양한 경제적 교역으로 북적대는 곳에서는 교환수단이 매우 중요하기 때문이다. 시골처럼 교역이 그다지 활발하지 않은 곳에서 교환수단은 대도시에서만큼 중요하지 않다. 화폐경제와 이성의 지배는 아주 깊은 연관이 있다. 양자는 사람의 물건을 취급할 때 순수한 객관성이라는 공통점이 있다. 여기서는 흔히 형식상의 정의와 몰인정한 엄격성이 짝을 이룬다. 순수하게 이성적인 인간은 모든 개별적인 것에 냉담하다. 개별적인 것 안에서는 논리적 이성으로 모두 포착할 수 없는 관계와 반응들이 발생하기 때문이다. 이는 화폐 원칙에 현상의 개별성이 자리 잡지 못하는 것과 같다. 화폐는 모든 현상의 공통성, 즉 모든 성질과 특성을 수량적인 문제로 평준화시키는 교환가치만을 문제 삼기 때문이다. 인간 간의 정서적 관계는 모두 자신의 개체성에 기초하는 반면, 이성적 관계는 인간을 마치 숫자를 대하듯이, 즉 객관적으로 평가 가능한 업적에 대해서만 관심을 가질 뿐, 그 자체로는 무관한 요소들처럼 다룬다.[12)]

화폐경제에 기초한 사회에서 실제 삶은 계산적 정확성이 요구된다. 이 정확성은 자연과학의 이상과 상응한다. 즉 세계는 산술적 문제로 변형되고 세계의 모든 부분이 수학 공식으로 표현된다. 따라서 대도시에서 정신적 삶은 정확성, 확실성, 약속과 협정의 명확성의 지배를 받는다. 전형적인 대도시인의 인간관계와 업무는 매우 다양하고 복잡한 것이어서 약속이나 업무추진에서 정확성이 지극히 중요해졌다. 이처럼 정확성, 계산가능성, 치밀성이 중시되다 보니 대도시에서의 삶은 자본주의적, 지성주의적 성격과 밀접한 연관을 가지고 있을 뿐만 아니라 삶의 내용에 일정한 색채를 부여하기도 한다. 이런 점에서 볼 때 자기 삶의 형식을 스스로 규정하려는 비합리적, 본능적, 지배적 기질과 충동은 배제된다. 급기야 가장 비인격적인 구조라고 하는 이러한 정확성과 치밀성이 가장 인격적인 구조에 영향을 미친다.

대도시에 적합한 정신적 현상으로 둔감함을 들 수 있다. 대도시에서 새로운 자극에 대해 그에 합당한 에너지를 가지고 반응하는 능력이 없어지게 된다. 이 무능력이 한적

---

12) 게오르크 짐멜, 『짐멜의 모더니티 읽기』, 김덕영 · 윤미애 옮김, 새물결, 2005, 37f.

하고 변화가 없는 환경에서 자란 사람들보다 대도시에 성장한 사람에게 뚜렷이 나타나는 둔감함이다. 둔감함의 본질은 사물과 사물의 차이에 대한 무관심이다. 이는 사물의 차이가 지닌 의미나 가치, 나아가 사물 자체를 공허한 것으로 받아들인다는 의미다. 이는 어떤 선호도를 가지고 있지 않은 채 동질적이고 평면적이며 회색적인 성향으로 나타난다. 이러한 심리상태는 화폐가 사물의 모든 다양성을 대신하며 그들 사이의 모든 질적인 차이를 양적인 차이로 표현하게 되는 만큼 화폐경제를 완전히 주관적으로 반영하고 있는 상태다.

인간 주체는 자신을 자기 보존의 존재 형태에 타협하는 반면에, 대도시에 저항하는 자기 보존과정에서 부정적인 성격의 사회적 태도를 갖게 된다. 예컨대 무수한 만남에 대해서 내적 대응을 하게 된다면 사람들은 완전히 내적으로 원자화되고 생각조차 할 수 없는 정신상태로 빠지게 될 것이다. 그 결과 우리는 이웃의 얼굴도 제대로 알지 못하고 지내게 된다. 이런 태도에는 냉담함만이 아니라 반감, 상호적대감, 반발심도 자리한다. 반감은 적대심의 전 단계로서 대도시 삶을 영위하는 데 필수적인 요건이 되고 있다. 이러한 태도가 지인들에게 일정한 방식의 자유를 보장해주기 때문이다.

V. 나가며

지금까지 우리는 사회가 완전히 도시화되고 있음을 살펴보았다. 다시 말해서 도시사회는 완전한 도시화(urbanization) 과정을 거친 사회다. 도시화는 현재는 가상적이지만 미래에는 실현될 것이다. 또한 도시사회는 소비를 통제하는 관료사회를 통해서 작동한다. 현대사회에 지대한 영향을 미치는 도시의 변모는 성장과 산업화를 중심으로 도시문제를 기획하고 프로그램을 설정하며 모델화한다. 이들 변화의 일부는 갑작스럽게 이뤄지며 다른 부분은 점진적이고 기획적으로 결정된다.

대도시 전체는 소유재산이 일정한 수준을 넘어서면서 경제적 · 인격적 · 정신적 관계,

즉 도시의 관념적 행정권은 비약적으로 확장된다. 바로 이 지점에서 삶의 양적 양상이 질적으로 변모된다. 대도시에서는 도시의 내부 삶이 도시를 넘어 더 넓은 국가적 또는 국제적 영역으로 뻗어나간다." 대도시의 가장 중요한 본질은 "그 기능의 크기가 물리적 경계를 넘어선다는 데 있다. 또한 그러한 활동은 다시금 내부에 영향을 주면서 대도시의 삶에 무게, 중요성, 책임감을 가져다준다." 요컨대, 대도시의 크기에 비례하는 개인의 자유는 이동의 자유라든가 편견이나 고루함의 제거라는 소극적 의미로 이해되어서는 안 된다. 자유의 본질은 "궁극적으로 어디서든 각자 소유하고 있는 특별하고 비교될 수 없는 것이 삶을 살아가는 데 표출된다는 점이다." 사회적인 것의 영역에서 자유는 앞에서 살펴본 정치적 자유와 달리 우리의 내적 본성의 법칙을 따른다.

이 모든 도시 현상은 화폐경제에 기인하고 있음을 알 수 있다. 이에 따라서 도시공간 전체가 새로운 구조로 재편된다. 이러한 변화는 기능, 형태, 구조의 세 가지 본질적인 양상의 복잡한 상호작용을 보여준다. 첫째, 주로 상업적이면서 장인의 측면을 보이는 시장 타운과 교외 지역이 영향력과 위신을 위한 정치적 권력의 중심과 투쟁하면서 그 중요성이 확대된다는 점이다. 둘째, 사회 전체를 위해 도시의 중요성은 전체가 신속하게 변모한다는 점이다. 즉 도시와 시골 간의 관계에서 시골의 부동산, 토지생산물, 토지에 부과된 칭호 등을 중심으로 우위에 있던 것이 도시지역으로 변모한다. 도시는 더 이상 시골이라는 대양 가운데 있는 섬이 아니다. 도시는 자체의 상징성을 보유하고 있으며 도시풍과 시골풍 간의 대립을 명백히 보여주는 비밀과 권력을 지니게 되었다.

시간이 지나면서 도시는 자체의 지도, 기획, 도시 측정의 학문을 보유하게 되었다. 예를 들어 유럽 도시 중 파리는 모든 지도의 중심에 위치하게 된다. 비전, 개념, 예술작품, 과학을 가로지르며 도시는 사유와 권력의 시각이 도시라는 전체를 지배하고 구성하게 되었다. 도시를 지향하는 이러한 사회현실의 변모는 상업자본의 성장과 시장의 존재로부터 분리될 수 없게 되었다. 다시 말해서 산업은 석탄과 수력 같은 에너지의 원천, 철광석과 방직 같은 원자재, 유휴 노동력이 근접한 지역에서 발달했다. 산업은 자본, 자본가, 시장, 저임금 노동의 풍부한 제공을 추구하며 도시 안에서 점진적으로 발전하게 되었다.

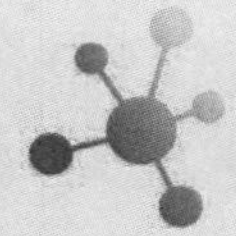

제2장

도시거버넌스의 미래

채원호(가톨릭대학교 교수)

생각해보기

- 변동성, 불확실성이 커지고 있는 환경변화가 거버넌스 진화에 미치는 영향에 대해 생각해 보자.
- 도시거버넌스 설계에 보충성 원리가 주는 의미는 무엇인가?
- 지속가능발전을 위한 지방정부의 ESG 경영에서 거버넌스의 의의는 무엇인가?

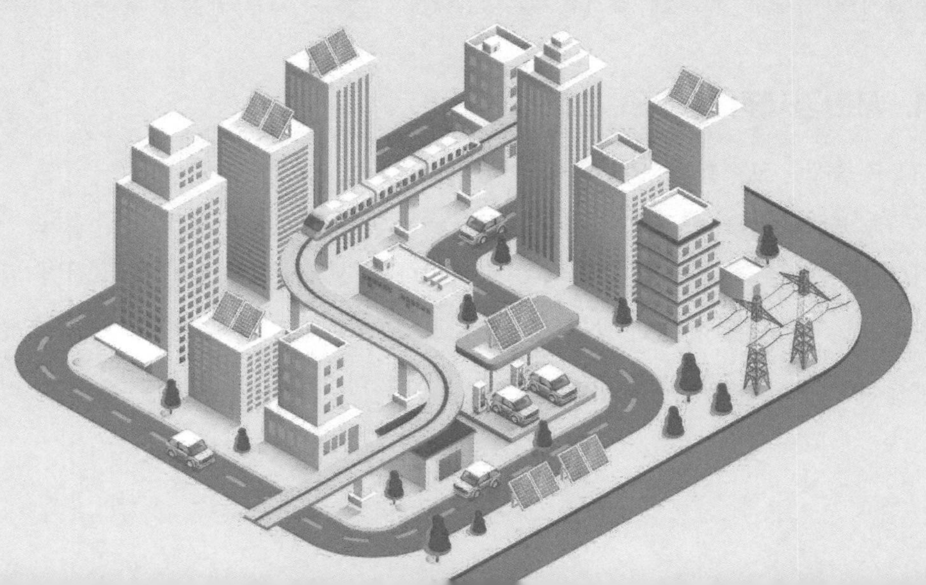

Ⅰ. 행정 환경 변화와 도시거버넌스의 진화 방향

민선지방자치의 부활 이후 지방자치는 주민의 삶 개선에 기여하는 방향으로 진화하고 있지만, 저출산·고령화, 지방소멸 등의 문제로 심각한 도전에 직면해 있다.

2021년은 지방의회가 부활하여 시작된 지 30주년을 맞는 역사적인 해였으며, 30여 년 만에 전부 개정된 지방자치법은 2022년부터 시행되고 있다. 개정된 현행 지방자치법은 주민자치 전통을 상당 부분 도입하고 있으나 종래 단체자치 전통의 법체계를 극복하지 못한 한계가 있다. 개정 지방자치법에서 신설된 제11조 제2항이 보충성의 원칙을 규정하고 있음에도 같은 법 제13조 제2항의 단서 조항이 종전과 같아 사무배분의 기본원칙에 실효성을 담보하기 어렵게 되어 있다. 지방자치단체 규모와 관련하여 민주성과 효율성이 상호 충돌할 개연성이 여전하며, 개정 지방자치법이 주민참여를 강조하면서도 '주민자치회'에 관련 규정을 담지 못하고 있다. 역대 최초의 지방 선거가 1952년 4월 25일 시·읍·면 의회 선거로 치러졌으나, 민선 자치 부활 이후 1991년 3월 26일 기초의회 선거는 시·군·구 의원 선거로 치러졌다. 민선 자치 부활 이후 기초지자체가 광역화함에 따라 광역행정이 용이해지고 효율성을 담보할 수 있는 계기가 되었으나, 근린자치에서 민주성과 실효성을 담보할 주민자치는 후퇴하게 되었다.

이하에서는 과학기술 환경이나 생태 환경의 변화 못지않게 중요한 의미를 가지는 사회경제적 환경의 변화를 살펴봄으로서 도시거버넌스 진화의 방향을 모색해 본다.

1. 사회경제적 환경의 변화

1) 저출산·고령화와 총부양률의 급격한 증가

현재 우리나라는 세계에서 가장 빠른 속도로 고령인구가 늘어나고 있는 추세이며, 이러한 고령화는 저출산 문제와 더불어 우리나라 전체사회에 심각한 도전이 되고 있다. 고령화 및 저출산에 따른 생산인구의 감소로 성장잠재력이 저하하게 되고, 부양해야 할 인구의 증가로 사회경제적인 부담이 증가할 것이다.

노인연령을 현재와 같이 65세로 유지할 경우, 2054년 이후 우리나라의 노인인구 부양부담은 OECD 국가 중 가장 높은 수준을 보일 것으로 전망된다(이태석, 2022).[1] 뿐만 아니라 한국은 2020년경을 변곡점으로 총부양률이 급격하게 높아져 사회경제적으로 많은 부담을 떠안게 될 것으로 예측된다.

UN인구자료(World Population Prospect 2022)는 2050년 대한민국 총인구수는 4,577만 1000여 명으로 2022년 5,181만6000여 명 대비 약 11.67% 감소하고, 2050년 생산가능인구가 2,398만4000여 명으로 2022년 3,675만7000여 명 대비 약 34.75% 감소가 예상된다. 피부양인구수는 2050년 2178만7000여 명으로 2022년 1,505만9000여 명 대비 약 44.67%가 증가할 것으로 추정된다. 다른 변수가 없고, 경제협력개발기구(OECD) 국가 패널자료를 활용해 실증분석을 수행한 결과를 기준으로 하면 '생산가능인구 1% 감소=GDP 0.59% 감소', '피부양인구 1% 증가=GDP 0.17% 감소'한다는 등식이 도출됐다. 이를 한국의 인구구조 변화에 대입하면 2050년 국내 GDP는 2022년 대비 28.38%가 줄어든다. 2022년부터 2050년까지 연평균 약 1.18%씩 GDP가 감소했다. 결국, 인구감소는 경제와 복지에 악영향을 끼친다. 경제활동에 참가할 생산연령인구가 줄어드는 데다 총수요도 감소한다. 반면 고령화로 인해 부양 부담은 급증한다. 국방과 치안 등 사회유지 필수인력도 충원하기 어려워진다(http://www.usline.kr).

2) 지방소멸

인구와 출산율의 상관관계는 인구밀도가 높은 서울지역 출산율은 낮고, 밀도가 낮은 지역은 출산율이 높다. 그러나 1960년대 경제개발 정책 이후 지방을 떠나 서울특별시 및 수도권 지역으로 이동하는 현상이 생겼으며 이로 인해서 비수도권 지역은 인구가 감소하여 지역 내에서 사회문제가 되고 있다

한국의 수도권 인구비율은 한국전쟁이 끝날 무렵 이미 20%였고, 70년대 초중반에 30%, 88올림픽 무렵에 벌써 40%에 도달했다. 주지하다시피 현재는 50%에 달해 일부 작은 규모의 국가를 제외하면 세계적으로 유례를 찾기 힘들다. 인구의 도시 집중과 군

1) 이태석(2022)에 따르면 인구부양 부담이 본격적으로 증가할 것으로 예상되는 2025년부터 건강상태 개선 속도를 감안하여 10년에 1세 정도의 속도로 노인 연령을 지속적으로 상향 조정하면, 2100년에 노인연령은 73세가 되고 우리나라의 생산연령 인구 대비 노인인구의 비율은 60%가 되어 현행 65세 기준 대비 36%p 낮아질 것으로 전망된다.

단위 지방소멸로 인구의 지역 간 편차도 커질 것이다. 인구의 수도권 집중은 주거, 교통, 환경 문제를 유발하고 안보상으로도 바람직하지 않다.

현재 대한민국은 '수도권 공화국'이라 불러도 틀리지 않다. 국토면적 12%가 채 안 되는 수도권에 절반이 넘는 50.3% 인구(2605만 명)가 밀집돼 있다. 이는 수도권 집중화를 놓고 고민하는 영국(12.5%), 프랑스(18%), 일본(28%)에 비해서 압도적인 수치다(유스라인 2023년 9월 17일 기사, www.usline.kr).

지방에서 대도시권으로의 청년 유출은 가임 여성의 감소와 더불어 인구 재생산력을 약화시켰다. 따라서 지방소멸에 대한 대책은 「저출산 대책」과 「수도권집중」에 대응을 동시에 할 때 의미가 있을 것이다.

3) 구조적 저성장과 정부재정의 과부하

지난 20세기 진행된 행정국가화 경향은 큰 정부(Big Government) 현상을 가속화했으며, 이는 대의제 민주주의에 근거한 전통적 정부 운영에 문제를 야기했다. 큰 정부는 거래비용의 증가와 관료제 병리인 형식주의, 절차주의, 공직부패 등의 문제를 일으켰을 뿐만 아니라 장기에 걸친 저성장과 고령화 등으로 정부재정에 과부하 현상을 초래했다.

특히 세계 경제는 1970년대 두 차례 오일쇼크를 경험한 뒤 회복했지만 1980년대 들어 구조적으로 저성장기에 진입했다. 한국에서도 저성장의 고착은 총부양률의 급격한 상승, 복지재정 확대와 맞물려 국가채무를 폭증시킬 개연성이 높다. 신자유주의의 등장은 전술한 사회경제적 환경의 변화와 구조적 저성장기 진입으로 재정적으로 과부하 상태에 놓은 선진국 정부가 내놓은 불가피한 처방이었다.

재정적 과부하 상황은 지자체 재정에서도 확인할 수 있다. 행안부 2022년 지방자치단체 통합계정 개요를 보면 시 · 군 · 구 단위에서도 재정자립도가 하향 추세임을 확인할 수 있다.

2. 행정 환경의 변화와 거버넌스의 진화

전술한 행정환경의 변화를 고려하여 이 글에서는 거버넌스 진화의 방향을 근린주민자치 거버넌스의 구축과 지방정부의 ESG 경영으로 요약하고자 한다.

과거에는 시민사회가 정부, 기업과 분리되어 최소한의 상호작용 속에 섹터 내에서 활동을 했다면 최근에는 사회문제 해결을 위해 정부, 시장, 시민사회가 접촉면을 늘려가며 협력활동을 증대시키고 있다(<그림 1> 참조). 즉, 섹터 간 교섭(교집합) 영역이 늘어나면서 전통적인 역할은 희미해지고 새로운 하이브리드 조직이 나타나고 있다. 섹터 간 상호작용의 결과 협업, 파트너십, 혁신의 새로운 모델이 탄생하기도 한다. 그런 사례로 '사회적 가치를 구현하는 사업모델'이나 '시장행위자로서의 시민사회' 모델 등이 등장하고 있다. 거버넌스 패러다임으로의 이행이 뚜렷해지고 있는 셈이다.

그림 1 정부, 시장, 시민사회의 역할 변화와 새로운 패러다임

Figure 1: Changing paradigms for sector roles
Source: World Economic Forum/ KPMG

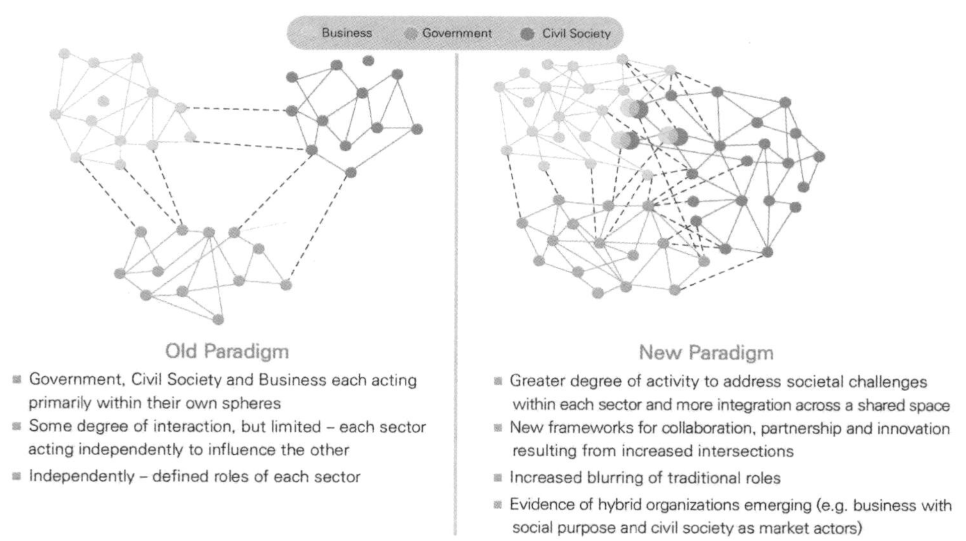

향후 지역사회에서 주민운동 또는 시민운동 모델은 정부, 시장, 시민사회 영역의 교섭(교집합)이 증가하면서 정부혁신, 기업혁신, 사회혁신이 호응하고 선순환하는 과정에서 새로운 역할 모형을 찾아야 할 것이다. 특히 향후 우리 사회는 저출산·고령 사회의 영향으로 경제활동인구가 급격하게 감소하여 총부양률이 급격하게 높아질 것이다. 총부양률의 급격한 증가와 저성장으로 인한 재정절벽 현상 심화는 지역사회에도 영향을 줄 것이다. 그렇게 되면 지역에서는 보충성 원리의 적용과 사회혁신 생태계 조성을 통해 주민들이 서로 돕는 상생협력과 공동체 문화 복원이 필요하게 된다. 공동체의 주민이나 시민사회의 시민이 공민(共民, Mitbürger)2)으로 진화할 필요성이 제기되는 까닭이다.

이러한 맥락에서 보면 지역 문제의 해결을 담보하기 위해서는 근린주민자치 거버넌스에 해당하는 주민자치회의 성공이 필수적이다. 영국의 빅 소사이어티(Big Society) 담론에서 보듯이 커뮤니티 권능 강화(community empowerment)와 참여를 통한 정치효능감 증대는 근린주민자치 거버넌스 성공에 필수 요인이다. 이 때문에 빅 소사이어티 담론은 권력을 중앙에서 지방으로, 정부에서 커뮤니티로 이전시키는 지역수권=자치분권화를 적극 추진한다. 한국의 주민자치회도 커뮤니티의 권능강화와 더불어 '지역 공동체의 부활'과 '참여'가 담보될 때 성공적인 달성이 가능하다. 주민주권론이 이론적으로나 제도적·실천적으로 한층 진화해야 하는 이유가 여기에 있다.

지역에서 거버넌스의 진화는 지속가능발전 담론과도 연관되어 있다. 지속가능발전은 전지구적이고 총체적인 사회발전에 관한 문제의식이자 담론으로, 생태적으로 건강하고 경제적으로 타당하며 사회적으로 정의로운 발전을 지향한다. 지속가능발전법 제2조에 따르면 "지속가능성"이란 현재 세대의 필요를 충족시키기 위하여 미래세대가 사용할 경제, 사회, 환경 등을 낭비하거나 저하시키지 아니하고 서로 조화와 균형을 이루는 것을 말하며, "지속가능발전"이란 지속가능성에 기초하여 경제의 성장, 사회의 안정과 통합 및 환경의 보전이 균형을 이루는 발전을 말한다. 유엔에서에서도 거버넌스는 지속가능발전을 담보하는 이행기제로서 강조하고 있다. 이하에서는 '보충성원리와 주민자치 거버넌스', '지속가능발전과 지방정부의 ESG 경영'을 도시거버넌스의 진화 방향으로 설정해 논의하고자 한다.

---

2) 송호근은 독일어 Mitbürger는 공민(共民)으로 번역한다. '더불어 사는 시민', '공동체의식을 내면화한 시민'이란 뜻이다(출처: 김우창 외, (2017). 「한국사회, 어디로?」. 아시아.).

Ⅱ. 보충성원리와 주민자치 거버넌스

근년 우리사회의 사회경제적 환경, 즉 저출산·고령화와 성장 정체[3]에 따른 재정절벽 등의 환경 변화를 염두에 둔다면 근린주민차치 거버넌스에 보충성원리가 적용되어야 할 당위가 도출된다. 여기서는 주민주권론에 대한 이론적 검토를 통해 보충성원리가 근린 주민자치 거버넌스 수준에서 어떻게 구현되어야 하는지에 대해 논의하고자 한다.

1. 보충성 원리의 양면성

보충성의 원리는 동전의 양면처럼 「소극적 의미」와 「적극적 의미」를 동시에 내포한다. 소극적 의미는 국가에 의한 개인의 자율성 침해를 보호한다는 의미인 반면에, 적극적 의미는 개인의 자율성보호, 즉 인격의 자유로운 발현을 위해 국가가 적극적인 도움을 제공한다는 의미로서 상대적 개념이다.

'아래로부터 상향적 사회구조'를 내용으로 하는 보충성 원리의 기본사상은 인간 공동체를 일종의 피라미드로 이해한다. 중세의 사상가들이 생각하는 질서의 정당성은 위로부터 아래로 향한 하향식 권위의 질서 속에 자리 잡고 있었다. 즉 그 정당성은 창조주 하느님으로부터 무수한 굴절과정을 통하여 가장에게까지 이르는 것이었다. 그러나 현대의 보충성 원칙은 개인에서 출발하여 아래로부터 위로의 상향식 정당성을 근거함으로써 '자유의 우위'에 의해서 '권위의 우위'를 붕괴시켰다. 다시 말해 신(神) 중심적 질서체계가 인간중심적 질서체계로 대치되었고 초개인적질서는 개인적 질서로 양극이 전도되었다. 사순절 교황교서는 보충성의 원리를 다음과 같이 표현하고 있다. "개인이 자기의 능력과 자기의 활동으로 이행할 수 있는 것을, 그에게서 빼앗아서는 안 되고 또한 사회에 양도해서도 안 된다" 이러한 표현은 국가의 개인에 대한 간섭이 가능한 한 자제될 것을 내용으로 하는 '국가 활동의 제한 원리'라는 점에서 소극적 의미의 보충성 원칙이 된다. 여기서 개인의 능력의 범위에 속하는 과제는 고유하며 결코 타인(상위 공동

3) 최근 일부 일본 매체에서 '한국은 끝났다'는 「피크코리아론」을 제기하고 있다.

체)에 의한 침해는 물론이고 스스로의 포기도 불가능하다는 점을 보여주고 있다. 따라서 보충성의 원리에 의해 보호되는 자율성은 인간의 존엄의 내용이 된다. 왜냐하면, 자율적인 존재로서의 인간에게 자기 과제의 이행은 의무인 동시에 권리이기 때문이다. 그런데 여기서 말하는 자율성은 국가를 포함한 상위공동체의 적극적 작용에 의해 보호되는 것은 결코 아니다. 단지 소극적 자제에 의해 보호될 뿐이다. 이처럼 보충성 원칙의 소극적 내용은 국가 간섭의 자제를 통해 시민의 자유를 최대한 보장한다는 점에서 자유국가 원리와 관련을 맺고 있다.

보충성 원리의 적극적 내용은 개인이 스스로 자기의 과제를 이행할 능력이 없을 경우에 국가가 보조와 간섭을 통해 그 기능발현의 전제조건들을 충족시키기 위하여 도움을 제공하는 것을 말한다. 독일 사회 민주당의 기본강령은 보충성 원리의 적극적 내용을 다음과 같이 표현하고 있다. "국가는 개인이 자유로운 자기책임과 사회적 의무 속에서 자기 스스로 발현할 수 있는 전제조건을 창출해야 할 것이다. 기본권은 국가에 대해 단지 개인의 자유만을 보장해서는 안 되고, 사회형성적 권리로서 국가를 함께 근거 지워야 한다. 사회국가로서 국가는, 각자에게 자기책임의 자기 결정을 가능케 하고 또 자유로운 사회의 발전을 촉진시키기 위해, 국민을 위한 생존 배려를 해야 한다." 이 말이 의미하는 바는 국가가 개인의 자유만을 보장하는 데 그쳐서는 안 되고, 적극적으로 개인의 인격발현의 전제조건을 구비해야 할 의무가 있음을 알려주고 있다. 여기서의 적극성은 개인의 자율성보호, 인격의 자유로운 발현을 위한 국가의 적극적인 도움을 의미한다. 즉, 명확한 목적에 근거하여 협력적으로 책임과 권한을 공유함을 말한다. 나아가, 보충성 원칙의 적극적 내용은 사회의 역사성이나 현실 관련성을 잘 반영하고 경험과학적으로 '현재의 것보다 더 좋은 것'을 추구한다는 측면에서 동적 원리로서의 내용을 내포한다. 보충성 원리의 동적 성질은 사회 변화 또는 역사 변화는 끊임없이 과제 내용의 변화를 요구하고 또한 그것에 효율적으로 대처할 수 있는 과제 담당기관을 새로이 찾게 되므로 과제 담당기관은 계획적으로 만들어져야 한다는 것이다.

2. 보충성 원리와 근린 주민자치 거버넌스

한국에서 근린 주민자치회 모형에 관해서는 백가쟁명식 다양한 논의가 존재한다. 기초지자체를 읍면동 수준에서 실시하자는 논의나 통리반 단위로 주민자치회를 구성하자는 등 다양한 의견이 분출하고 있다. 그러나 한국에서 주민자치회의 역할 모형은 전술한 사회경제적 환경의 변화를 고려해야 한다.

1980년대 신자유주의가 등장하면서 국가의 과도한 시장개입이나 직접 생산방식에 따른 비효율성에 대한 대안으로 시장친화적 거버넌스가 강조된 것이다. 예를 들면 1980년대와 1990년대 미국, 영국, 호주, 뉴질랜드를 중심으로 탈규제, 민영화, 공공서비스 감축, 민간 관리기법의 공공부문 도입, 분권화와 같은 신공공관론(NPM: New Public Management)과 같은 거버넌스 방식이 이에 해당한다. 하지만 한편으로는 이러한 신자유주의 개혁성과에 대한 비판과 함께 시장주의의 폐해를 보완하기 위해 공동체를 강조하는 공공철학에도 주목할 필요가 있다(정정길 외, 2021). 즉, 1980년대 후반 등장한 신자유주의는 20세기에 지속된 큰정부론에 종언을 고하고 작은정부론(Small Government)으로 귀결되었으며, 이후 영국에서 보듯이 큰사회론(Big Society) 흐름으로 이어지고 있다. 큰사회론은 저출산·고령화, 총부양률의 증가와 같은 인구구조의 변화와 저성장 기조 고착으로 인한 정부재정의 과부하 현상과 맞물리며 지역공동체의 중요성을 강조하는 흐름으로 나타났다.

1980년대 이후 복지국가 패러다임의 위기 속에 작은 정부론(Small Government)이 강조되고 있는 것은 주지의 사실이다. 최근에는 정부재정의 과부하 상황 속에서 영국, 일본 등에서 큰 사회(Big Society) 담론이 주목받고 있다. 작은 정부·큰 사회 담론은 수직적 보충성 원리(근린 → 기초 → 광역 → 중앙정부)와 수평적 보충성 원리(自助 → 互助 → 共助 → 公助)를 필연적으로 강조하게 된다.

그림 2 보충성 원리와 주민자치회(지역공동체)

<table>
<tr><td colspan="2">사회 영역

공공주체들 거대 기업들 세계기부지표 CRA Fund 사회문제 Capital 휴면계좌 기부금 갤럽조사 임팩트 도매금융기관 영국 결과적 G8 데이비드 캐머런 영국 총리 캐머런 지역사회 Society 공공성 사회적 투자 휴면예금 BSC 금융권 순증 지역발전 Big 공동체 재정립 대기업 억만장자들</td><td>정부 영역

중앙 정부
↑
광역지자체
↑
기초 지자제
↑
근린자치(읍면동)</td></tr>
<tr><td>자조(自助) → 호조(互助)
친족공동체</td><td>→ 공조(共助) →
(근린공동체)</td><td>→ 공조(公助)
(읍면동: 구역은 가변적)</td></tr>
<tr><td></td><td colspan="2">주민자치회(지역공동체)
공공(公共):
공치(共治), 공동생산, 공민(共民)</td></tr>
</table>

주: 사회영역의 연관어 분석은 빅카인즈에서 빅소사이어티를 검색어로 분석한 것임(2022년 12월).
자료: 저자 작성

그런데 보충성 원리를 담보하기 위해서는 참여 거버넌스가 중요한 의미를 가지게 된다. 현대 사회에서 시민참여는 다양한 이념적 스펙트럼과 대중적 기반을 가지고 있는 운동들에 대해 '차이' 가 아닌 '동질성' 내지 '보편성'을 부각시킨다. 그리고 그 동질성은 노동자들로서 혹은 농민이나 도시 빈민으로서의 개인이 아닌 진정한 시민의식을 가진 국민적 개인으로서 '공익'이라는 보편적 요구를 중심으로 활동한다는 의미에서의 동질성이다. 그러나 한편으로 현대 사회는 사회 전체의 공공선보다는 오히려 개인이나 집단의 개성, 자율, 자기 결정이라는 가치를 중요하게 여기면서, 공공선(公共善) 상실의 문제에 직면하고 있다. 현재 한국에서 진화하고 있는 참여 거버넌스도 시민사회 자체의 균열로 인해 공공선 담보가 중요한 문제로 대두되고 있다. 참여 거버넌스론자들은 정책으로부터 직접 이득을 얻는 고객으로서가 아니라 주권자인 시민의 정책 과정 참여가 중요하다고 여긴다. 적극적인 시민참여는 보수주의적 신공공관리론자에 의해서도 '국가기능의 민간 분담'이라는 장점 때문에 강조되지만, 이상주의적 진보주의자들에 의해서도, 공동체의 재건과 관련하여 강조된다. 이들은 공동체에 대한 헌신적 참여를 강조하고 이를 위해 이타적인 도덕적 시민을 양성해야 한다는 공동체주의(communitarianism), 시민주의(civicism)를 주장한다(채원호, 2002).

지방자치와 참여 문제를 논의할 때, 주민참여와 시민참여 개념이 모두 쓰일 수 있으나, 엄밀히 말하면 주민참여와 시민참여는 준별할 수 있는 개념이다. 물론 용어가 쓰이는 맥락에 따라서는 주민참여와 시민참여가 거의 동일하게 사용되는 경우도 있으나, 이 글에서는 양자의 의미를 다음의 〈표 1〉에서 보는 바와 같이 구분할 수 있다고 본다. 표에서 알 수 있듯이 지역에 거주하는 주민은 주민이기도 하지만 시민으로서의 의미도 갖는다. 이와 같이 이중적 의미를 가지는 주민은 지역사회에서 공공성을 담보하는 적극적인 주체가 될 수 있다.

오늘날의 정치철학 이론에서 개인의 자유와 권리를 앞세우는 자유지상주의의 대척점에는 공동체주의(commutarianism)가 자리하고 있다. 공동체주의는 공동선의 우월성을 기초로 해서 공생, 공익 등의 공동체적 가치를 강조한다. 공동체주의의 대표적인 학자로는 샌델(Michael J. Sandel), 매킨타이어(Alasdair Macintyre), 왈저(Michael Walzer) 등을 들 수 있다. 공동체주의는 학술적으로 엄밀하게 규정짓기 어려운 개념이다. 공동체주의로 구분되기 위해서는 어떠한 본질적 가치를 지향해야 하는지에 대한 학자들 간의 일치된 견해가 없다. 그러나 자유주의자들이 개인의 자유와 권리를 강조하는 것은 잘못된 것이라고 주장한다는 점에서 공동체주의자들은 공통된 특징을 지닌다. 공동체주의는 권리보다는 책임을, 가치 중립적 방임보다는 가치 판단적 담론을 중시한다(전주상 외, 2018; 89). 이 글에서는 주민자치회의 역할 모형과 관련하여 주민, 시민과 대비되는 공민(共民)의 이미지를 다음의 〈표 1〉에서와 같이 제시하고 가능성을 모색해 보았다.

표 1 주민, 시민, 공민(共民)의 기본적 성격

		주민	시민	공민(共民)
행위주체	a) 성격	이해당사자로서의 주민	양심적 구성원으로서의 시민	지역공동체에 대한 애착
	b) 계층적 기초	일반시민, 농어민층, 자영업층, 공무 서비스층, 여성층, 고령자층	전문직층, 고학력층	공동체 구성원
이슈의 성격		생활(생산) 거점에 관련된 직접적 이해의 방어 · 실현	보편적인 가치의 유지 · 실현	공공문제, 공익
가치지향성		개별주의, 한정성	보편주의, 자율성	공공철학의 실현
행위양식	a) 유대의 계기	거주지의 근접성	이념의 공동성	공동체 정신
	b) 행위특성	수단적 합리성	가치지향성	공공선 지향성
	c) 관여특성	기존의 지역집단과의 연속성	지지자적 관여	공치(共治)/공동생산
사례		서울시재산세공동과제제도 (강남3구+중구, 용산, 영등포구 vs 기타 자치구) 거주지역 주민들 간 이해 상충	민주화운동 소비자운동	마을만들기, 수탁사업 등 협력적 거버넌스

주: 주민, 시민, 공민으로 구분한 것은 당연한 이야기이지만 상호배타적인 구분은 아님.
자료: 長谷川. (2003: 38) 수정, 공민 부분 가필 보완.

전술했듯이 근린자치 거버넌스와 관련하여 기존의 주민자치위원회는 시범사업을 거쳐 주민자치회로 전환한 경우가 많다. 박정윤(2021)의 연구에 따르면 주민자치회 제도화(법제화)는 주민자치의 역량을 강화하거나 참여를 촉진시켜 주민자치회에 긍정적인 영향을 미치는 것으로 나타났다. 그러나 제도화가 행·재정 지원에 긍정적인 영향을 미쳤음에도 행·재정지원이 주민자치회 성과에 미치는 영향은 기각되었다. 이는 제도화가 역량이나 참여를 통해 협력네트워크 형성에 긍정적 영향을 미쳤음에도 협력네트워크가 주민자치회 성과에 미치는 영향이 기각된 점과 함께 다소 의외의 결과였다.

그러나 이는 아직 주민자치회의 법제화가 충분하지 않은 상황에서 협력네트워크 형성이 당위적 차원에서만 논의되고 있어 성과로 이어지지 못한 것으로 판단된다. 향후 협력네트워크 형성이 좀 더 활성화되고 네트워크가 실질적으로 잘 작동하게 되면 성과에 긍정적인 영향을 미칠 수 있을 것으로 생각해 볼 수 있다. 행·재정지원의 경우 법제화를 통해 행·재정지원에 긍정적인 영향을 미칠 수 있지만, 그것이 성과에 미치는 영향이 기각된 점은 주민자치회가 관(官)에 기대기보다 자율적으로 운영되는 것이 더 바람직하다는 것을 반증하는 것으로 볼 수도 있을 것이다. 주민센터에서 근무하는 공무원들의 경우, 관(官)의 행·재정지원이 보충적이고 최소한에 그치는 것이 바람직하다고 판단하는 것으로 보인다. 저출산고령화, 재정절벽 등의 사회경제적 환경을 염두에 둔다면 납득이 되는 분석결과일 수 있다.

그림 3 **최종모형의 공분산구조 분석결과**

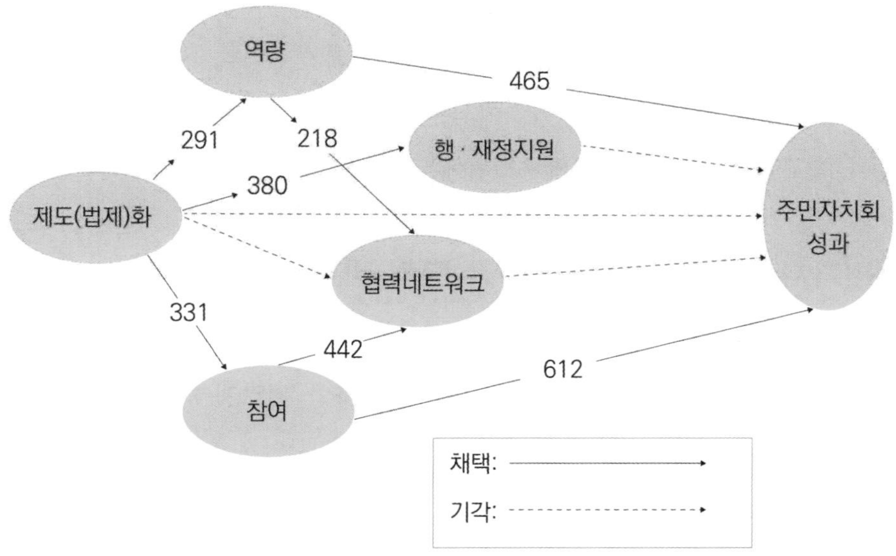

자료: 박정윤(2021)

전술한 연구에서 제도화(법제화)는 ① 주민자치권에 관한 법적 근거, ② 주민자치 관련 재정자율권에 관한 근거, ③ 지역특성에 적합한 운영모델 도입을 위한 법적 근거, ④ 주민자치회의 민주적 운영에 관한 법적 근거, ⑤ 주민자치위원 대상 교육과 관련한 법적 근거 등을 측정변수로 분석한 것이다. 이들 제도화 내용 가운데 주민자치권에 관해서는 2021년 1월 12일에 공포된 전부개정 지방자치법에서 적극 반영되었다고 볼 수 있다.4)

우리나라 「지방자치법」은 1949년 7월 4일 법률 제32호로 국회를 통과하여 1949년 8월 15일 시행되기 시작하였다. 당시 「지방자치법」 제1조는 "본 법은 지방의 행정을 국가의 감독 하에 지방주민의 자치로 행하게 함으로써 대한민국의 민주적 발전을 기함을 목적으로 한다."로 규정한 바 있다. 최근의 전부개정 지방자치법 제1조의 목적 규정에서는 후술하듯이 주민의 지방자치행정 참여를 명시하고 있다. 특히 이러한 법 취지의 변천은 1949년 7월 4일 이 법 제1조가 천명했던 "지방의 행정을 국가의 감독 하에"라는 표현이 "국가와 지방자치단체 사이의 기본적인 관계를 정함으로써"로 바뀐 부분에서 분명해진다. 즉, 처음 이 법이 제정될 당시에는 우리나라 지방자치가 단체자치 전통에 기반하고 있었으나 1988년 4월 6일 전부 개정된 「지방자치법」부터 국가와 지방자치단체의 관계를 수직적이고 하향식 관계로부터 수평적이고 상호 협력적인 관계에 기반하기 시작하였으며, 2020년 전부 개정된 지방자치법에서는 주민의 지방자치행정 참여를 명확히 규정함으로써 주민주권에 기반한 참여를 강조하고 있음을 알 수 있다.

다만, 2020년의 전부개정 지방자치법에서는 당초 법안에 반영했던 주민자치회 전면 실시 부분이 삭제됨으로써 현행 지방자치법에는 근거 조항이 없는 상태이다.

3. 주민자치회와 지방의회의 역할 모형 비교

여기서는 지방의회와 주민자치회를 공공성 개념과 관련지어 논의하고자 한다.

공공권(Öffentlichkeit, Public Sphere)은 독일의 철학자인 위르겐 하바마스, 프랑스의 철학자 알뛰제, 미셸 푸코 등 유럽의 철학이나 비평에서 활발하게 사용된 개념으로 사권

4) 주민자치 원리 강화 ▶주민의 참여권 확대 ▶주민조례발안제도 도입 ▶주민조례발안 요건 세분화 및 완화 ▶주민감사 청구인수 상한기준 하향 ▶주민감사 청구가능기간 연장(3년) ▶단순청구권 기준연령 완화(18세) ▶주민투표 대상 확대 및 명확화 ▶주민소환 청구요건 차등적 완화 ▶주민투표 주민소환 개표요건 폐지, 확정 요건 도입 ▶자치단체 기관구성 다양화 근거 마련 등은 주민주권 구현이 반영된 결과이다.

(私圈) 또는 사영역(私領域)의 대어(對語)이다. 인간의 생활 가운데 타인이나 사회와 서로 관계를 맺는 시간이나 공간 또는 제도적인 공간과 사적인 공간 사이에 개재하는 영역을 말한다. 공공성으로 번역하는 경우도 있다. 공공권은 공공성 개념이 발현되는 사회적 공간을 의미하여 사용되는 것이 일반적이다. 아이덴티티나 아이덴티티 폴리틱스와 관련지어 논의되는 경우도 많다.[5)]

공공권의 구조분화 문제에 대해 고찰해 보면 공공성은 〈공 · 사〉, 〈public-private〉의 구별과 밀접한 관련을 갖지만, 구분되어야 하는 측면도 있다. 그래서 〈public-private〉의 구별 대신에 〈공공〉, 〈비공공〉이라는 용어를 사용하여 정치적 공공성을 세로축, 사회경제적 공공성을 가로축으로 공공권의 개념을 파악하면 〈그림 4〉와 같다(山川, 1999).

이러한 좌표는 정치적 공공성과 사회경제적 공공성 관념을 조합하여 표현한 것으로 공공성 개념을 잘 나타낸다. 〈그림 4〉에서 원점 O에서 P까지의 대각선은 정치적 · 사회적 공공성이 확대되어 온 변화를 이해하는 데 유용하다. 유럽을 기준으로 생각하는 경우, 19세기 후반 이후 20세기 70년대까지 약 100년간은 공공영역의 확대 경향이 강했던 시기이다. 1980년대부터 90년대에 걸쳐 사회주의 붕괴와 작은 정부론의 재등장으로 공공영역의 확대 경향에 제동이 걸리게 된다. 일본도 예외는 아니며, 80년대를 정점으로 90년대 '잃어버린 10'을 경험하면서 작은 정부 지향이 강해지고 있다.

〈그림 4〉에서 정치-Ⅰ은 대의민주주의가 작동하는 영역이다. 대의민주주의 주권자인 국민(주민)을 대표하는 대리인체제(agent－system)가 공공성을 담보하는 영역이다. 정치-Ⅱ는 거버넌스에 의한 공치(共治) 영역으로 볼 수 있다. NGO나 시민사회의 정치참여가 공공성을 일정 부분 담보하는 영역이다. 정치-Ⅲ은 원칙적으로 대리인체제가 작동하지 않는 순수 시민사회 영역에서의 생활정치 모형이다. 일정 부분 지자체의 일선행정기관과 관계를 가질 수는 있으나, 주민들의 자율성에 기반한 근린주민자치 모형을 상정한 영역이다.

5) 포스트 콜로니얼 이론의 선구자이자 정신분석의사였던 프란쯔 파농은 공공권에서의 아이덴티티와 사권(私圈)에서의 아이덴티티에 부조화가 생기면 그가 말하는 이중인격이 된다고 지적했다. 그가 식민지주의를 논함에 있어 제시한 예에서는 식민지 지배를 받은 자가 사적 공간에서는 자신들의 문화에 의해 아이덴티티를 유지하지만, 공공공간에서는 외국의 문화를 수용하도록 강제되어 실제 수용하는 경우가 그것이다.

그림 4 지방의회와 주민자치회의 공공성 좌표

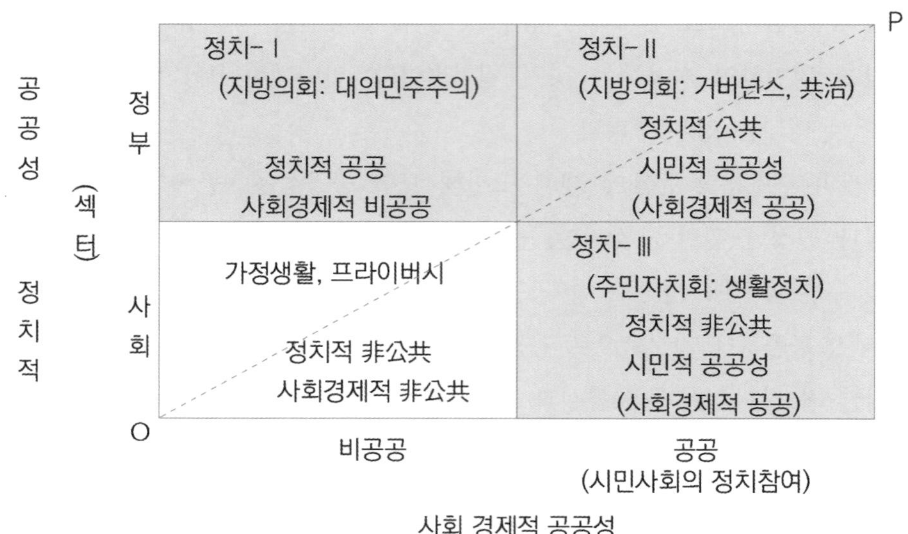

주: 주민자치회는 근린자치 모형으로 공적 법인격을 갖는 지방자치단체와 달리 임의 단체이며, 법인화 등의 조직 형태를 취하더라도 자치단체의 모든 주민에게 자동적으로 부여되는 정치적 성원권(成員權)은 없다고 보아야 할 것임.
자료: 채원호(2009). 그림 수정.

일부에서는 지역정치에서 정치-Ⅱ의 대리인(지방의원)에 의한 정치와 정치-Ⅲ의 근린 주민자치 모형이 중복되거나 경합하는 모형으로 이해하기도 하지만, 기본적으로 중복이나 경합의 여지는 매우 적다고 볼 수 있다.

근대 이후 민주주의는 대의제 민주주의가 근간이었다. 그러나 정치사회적 맥락에서 보면 20세기에 지속된 행정국가화의 경향이 약화하면서 시민사회의 영향력이 증대하고 국가의 독점력이 감소하기 시작했다. 1980년대 후반 등장한 신자유주의는 작은 정부론과 규제개혁으로 귀착됐다.

1980년대 신자유주의가 등장하면서 국가의 과도한 시장개입이나 직접 생산방식에 따른 비효율성에 대한 대안으로 시장친화적 거버넌스가 강조된 것이다. 예를 들면 1980년대와 1990년대 미국, 영국, 호주, 뉴질랜드를 중심으로 탈규제, 민영화, 공공서비스 감축, 민간 관리기법의 공공부문 도입, 분권화와 같은 신공공관론(NPM: New Public

Management)과 같은 거버넌스 방식이 이에 해당한다. 하지만 한편으로는 이러한 신자유주의 개혁성과에 대한 비판과 함께 시장주의의 폐해를 보완하기 위해 공동체를 강조하는 공공철학에도 주목할 필요가 있다(정정길 외, 2021). 즉, 1980년대 후반 등장한 신자유주의는 20세기에 지속된 큰정부론에 종언을 고하고 작은정부론(Small Government)으로 귀결되었으며, 이후 영국에서 보듯이 큰사회론(Big Society) 흐름으로 이어지고 있다. 큰사회론은 저출산·고령화, 총부양률의 증가와 같은 인구구조의 변화와 저성장 기조 고착으로 인한 정부재정의 과부하 현상과 맞물리며 지역공동체의 중요성을 강조하는 흐름으로 나타났다. 이와 같은 흐름을 전제로 한다면, 사회영역(=비정부영역)에서 작동하는 정치-Ⅲ 모형이 잘 제도화되어야 하며 지역공동체에서 작동하고 성과를 내어야 한다.

다음의 〈표 2〉에서는 전술한 논의를 배경으로 주민자치회와 지방의회의 역할 모형을 비교해 보았다.

표 2 주민자치회와 지방의회의 역할 모형 비교

구분	지방의회[1)]	주민자치회
자치 구역	시군구(광역)	읍면동(협역–근린)–단 가변성 인정
자치 단체(조직)	공법인	임의조직, 비영리법인 등 다양
자치권– 성원권	자동 부여	임의–회원 자격 논란 有
자치 입법권	조례로 존재	규약으로 존재
의원(위원) 급여	유급	무보수 명예직
광역/협역 (인구 기준)	상대적 광역	상대적 협역(마을 공동체)
주민 대표성	높음	제한적
자치 형태	정치적 자치	생활자치
정당관여	가능–정당공천	불가
정치적 · 종교적 중립	정치적, 종교적 중립 필요	정치적, 종교적 중립 필요 (정치색을 띠지 않는 경우 참여가능)
정치형태	대의민주주의 → 거버넌스	생활정치
자원획득	조세 등	자원봉사, 회비, 수익사업, 보조금, 위탁사업 수입 등

공공성	정치적 공공성, 시민적 공공성 (대의민주정+거버넌스)	시민적 공공성 (보충성 원리와 빅소사이어티)
대표성 확보	상대적으로 용이	상대적으로 어려움

주1: 지방의회는 주로 기초의회를 전제로 함.
자료: 저자 작성

III. 지속가능발전과 지방정부의 ESG 경영

1. 지속가능발전과 ESG 경영

2004년 유엔글로벌컴팩트가 'ESG'란 용어를 처음 사용한 이래 국내외에서 ESG 경영에 대한 관심이 높아지고 있으며, 특히 자본시장에서 ESG가 화두가 되고 있다. ESG 경영이 글로벌 추세가 되고 있는 가운데 국내 대기업과 공공기관에서 ESG 관련 위원회를 속속 설치하고 있다. 정부(기획재정부)도 ESG, 사회적 가치 등 민간과 공공의 논의 동향을 고려하여, 2021년 공공기관의 사회적 가치와 관련된 공시 항목6)을 대폭 확대한 바 있다.

ESG 경영은 후술하듯이 지속가능발전과 관련하여 진화한 개념이다. 지속가능발전은 전지구적이고 총체적인 사회발전에 관한 문제의식이자 담론으로, 생태적으로 건강하고 경제적으로 타당하며 사회적으로 정의로운 발전을 지향한다. 지속가능발전법 제2조에 따르면 "지속가능성"이란 현재 세대의 필요를 충족시키기 위하여 미래세대가 사용할 경제, 사회, 환경 등을 낭비하거나 저하시키지 아니하고 서로 조화와 균형을 이루는 것을 말하며, "지속가능발전"이란 지속가능성에 기초하여 경제의 성장, 사회의 안정과 통합

6) 2007년부터 공운법에 따라 모든 공공기관에서 실시하고 있는 경영공시는 경영에 관한 주요 정보를 공시하는 제도로, 「공공기관 경영정보 공개시스템」(알리오: All Public Information In-One)을 통해 대국민 공개를 시행하고 있다. 2022년 2월 7일 기재부의 보도자료에 의하면 공공기관에 대한 사회적 요구 등 시의성 있는 정보 제공을 위해 공시항목은 지속적으로 확대 중에 있음을 확인할 수 있다. * '07년 27개 → '09년 33개 → '11년 34개 → '14년 37개 → '16년 39개 → '21년 41개

및 환경의 보전이 균형을 이루는 발전을 말한다.

이하에서는 지속가능발전의 실천 패러다임이 ESG로 진화한 개념적 발전경로를 살펴보고, 사회적, 환경적 책무 이행기제로서 거버넌스의 의의에 대해 논의하고자 한다.

1) 지속가능발전의 개념

지속가능발전이란 본래 환경보전에 관한 기본적인 공통이념으로 등장하여 국제적으로 널리 인식되기 시작한 개념이다. 이는 환경과 발전을 양립시키는 것으로 환경보전을 고려한 발전이 중요하다는 생각에 입각한 것이다. 즉, 인구증가와 경제의 글로벌화에 수반되는 전 지구적인 문제해결을 위해 고안된 개념이다. 1987년 UN에 의해 구성된 '세계환경개발위원회(WCED)'의 '우리공동의 미래(Our Common Future)' 보고서는 "미래 세대의 필요를 만족시키는 능력의 손실 없이, 현세대의 필요를 만족시키는 발전"이라고 정의한 바 있다.

1992년 브라질 리우에서 열린 유엔환경개발회의(UNCED)에서는 '지속가능발전'을 실현할 구체적인 노력으로 2개의 선언, 1개의 성명, 그리고 2개의 협약을 채택하였고, 보다 더 효과적인 지구환경보전 전략 수립을 위하여 '유엔지속발전위원회(UNCSD: United Nations Conference on Sustainable Development)'를 설치하기로 결정하였다. 선언의 구체적인 내용으로는 지속가능한 개발 목표 달성을 위한 원칙적인 내용의 '리우선언'과 리우선언 이행을 위한 21세기 지구환경보전 실천 강령으로 정책목표와 지침을 제시한 '의제21(Agenda 21)'이 있다.

우리나라 역시 1996년 '의제 21'을 국가실천계획으로 수립하여 UN에 제출하였고, 관계부처간 협의와 조정을 수행할 범정부적 기구로서 2000년 9월 대통령 직속 지속가능발전위원회(PCSD)를 설치, '의제21'의 국가실천계획의 이행상황을 평가하고 보완하는 작업을 지속적으로 수행하고 있다.

2015년 9월 25일 유엔은 향후 15년 간의 새로운 지속가능한 발전의 지침으로 「지속가능발전을 위한 아젠다」를 채택했다. 여기에는 2015년까지의 밀레니엄 발전목표(MDGs)를 계승·발전시킨 지속가능발전목표(SDGs)가 포함되어 있다. SDGs는 복잡한 사회적, 경제적, 환경적 과제를 폭넓게 망라하고 있다. 구체적으로 살펴보면 다음에서 보듯이 인류의 보편적 문제(빈곤, 질병, 교육, 여성, 아동, 난민, 분쟁 등)와 지구환경문제(기후변화, 에너지, 환경오염, 물, 생물다양성 등), 경제사회문제(기술, 주거, 노사, 고용, 생산 소비, 사회구조, 법, 대내외경제) 등 17가지 주 목표(Goals)와 169개 세부목표(Targets)로 구성되어 있다.

2) 지속가능발전과 책임윤리 · 담론윤리

과학 기술의 발달, 산업화 등은 인류에게 이제껏 불가능하였던 것을 실현하는 힘과 물질적 풍요를 가져다주었지만, 그와 동시에 세계 대전, 핵전쟁의 위협, 생태계의 위기 등과 같은 인류 생존의 위기도 가져왔다. 그래서 인류는 그 이전에 경험하지 못한 새로운 위기에 직면하여 자신의 행위에 대한 도덕적 책임에 대하여 깊이 있게 성찰하게 되었다. 이제 인류는 과학 기술의 발전이나 물질적 풍요로 말미암아 자유롭게 행동할 수 있다고 해서 아무런 도덕적 숙고 없이 행동해서는 안 되며, 자신의 행위와 그 부정적 결과에 대하여 책임을 다해야 한다는 사실을 깨달은 것이다. 즉, 오늘날 책임 윤리는 행위자의 자유, 권리와 의무의 대칭성[7]에 근거한 책임 개념을 넘어서 책임의 대상과 범위를 미래 세대, 인간 이외의 존재 등으로 넓히고 있다(다음 백과).

지속가능발전법 제2조에 따르면 "지속가능성"이란 현재 세대의 필요를 충족시키기 위하여 미래 세대가 사용할 경제, 사회, 환경 등을 낭비하거나 저하시키지 아니하고 서로 조화와 균형을 이루는 것을 말하며, "지속가능발전"이란 지속가능성에 기초하여 경제의 성장, 사회의 안정과 통합 및 환경의 보전이 균형을 이루는 발전을 말한다. 윤리문제는 많은 경우 관련 당사자 간의 이익 관심이나 이해관계로 말미암은 갈등을 내포하고 있는데, 전술한 지속가능성 개념은 이러한 윤리적 문제를 해결하기 위해 등장했다고 볼 수 있다.

생태윤리학자로 알려진 한스 요나스(H. Jonas)의 책임윤리는 지속가능발전과 관련하여 적지 않은 시사를 준다. 현대 과학기술이 철학적 성찰의 대상이 되지 않고 소홀히 되면서 기후변화와 같은 환경 문제가 대두하게 된 것으로 본다면, 요나스가 말하는 책임은 인간뿐만 아니라 모든 유기체의 존속에 대한 책임과 관련이 있다는 점에 주목할 필요가 있다.

---

7) 권리와 의무의 대칭성 개념은 권리를 주장하고자 한다면 그에 따른 의무를 수용해야 하며, 의무의 이행 정도에 따라 권리의 범위가 규정된다고 보는 견해다.

요나스의 책임윤리가 존재와 당위의 통일을 가능케 하는 형이상학을 요구하는 점은 성리학의 소이연(所以然), 소당연(所當然) 개념과도 닮아 있다. 주희는 리(理)를 사실의 세계에서 작용하는 원리의 측면과 사회규범의 원리를 모두 담고 있는 것으로 이해한다. 사사물물 모두 리를 지니고 있지 않은 것이 없다면 결국 세계에 작용하는 자연법칙에도 당위의 리가 있다는 의미이다. 요나스의 기본적인 입장은 약한 인간중심주의라 볼 수 있는데, 그는 전통적인 윤리관이 인간중심적이라고 강하게 비판하면서도, 자연과의 공존을 책임질 수 있는 능력을 가진 인간을 통하여 지속가능한 발전이 가능하다고 주장하고 있다. 약한 인간중심주의는 인간이 환경문제의 원인을 제공했다는 점을 인정하면서도 이와 동시에 인간이 그 문제를 해결할 능력을 가지고 있다는 점에 주목한다(김은철 · 송성수, 2012). 이러한 의미에서 약한 인간중심주의는 기존의 인간중심주의와 생태주의가 가진 실천적 취약성을 보완할 수 있는 가능성을 가지고 있다고 보는 점에서 현대 사회에 시사하는 바가 크다.

지속가능성과 관련하여 제기되는 이러한 윤리 문제를 해결하기 위해서는 자신의 책임을 다하겠다는 마음가짐과 함께 대화를 통하여 그 문제를 합리적으로 해결하려는 의지가 중요하다. 현대 과학 문명에서 제기되는 문제는 철학과 과학이 분리되고 과학이성도 분절화되면서 생겨나는 문제이기 때문이다. 과학법칙과 도덕법칙의 통합이 필요한 것을 책임윤리로 본다면, 분절화된 합리성, 과학이성 간 통합이나 통섭이 필요한 것은 담론윤리로 해결의 가능성을 모색할 수 있다. 담론윤리의 대표자인 하버마스에 따르면 도덕은 이성적인 존재들 사이의 상호 작용에 관한 규범의 체계이고, 이러한 규범은 이성적 존재들 간에 합의 가능한 것이어야 한다. 이것이 공론장 담론으로 연결되는 지점이며 공공철학이 필요한 이유이기도 하다. 근래에 강조되고 있는 거버넌스도 이러한 맥락과 관련이 있다. 이해관계가 대립하는 상황에서 이성적 대화와 합리적 설득을 통하여 문제를 해결할 수 있는 기제로 거버넌스가 주목받고 있는 이유가 여기에 있다.

3) ESG의 등장 배경과 개념

본래 '지속가능발전' 개념은 환경과 발전의 양립에서 비롯되었지만, 유엔지속가능발전 목표에서 보듯이 사회적 책임 의제까지를 망라하는 형태로 진화하고 있다.

영국의 대처 미국의 레이건, 일본의 나카소네 정권 등 신보수주의 등장 이후 1980년대에 등장한 신자유주의 흐름은 정부를 위시한 공공부문에 신공공관리(NPM: New Public Management) 패러다임을 등장시켰다. 시장원리와 효율성의 가치를 중요시하는 흐름과 더불어 세계화가 진전됨에 따라 시장에서는 다국적기업이 크게 성장하는 등 이전과는 다른 양상이 나타났다. 사회에 대한 기업의 영향력이 증가하고, 한 국가 안에서만 영향을 미치던 기업 활동이 국경을 넘어 전 세계에 경제·사회적으로 영향을 줄 수 있을 만큼 성장함에 따라 사회적 실체로서 기업의 역할과 기능에 대한 관심이 증폭되었다. 특히 이윤만 추구하는 기업 활동에 대한 반성의 목소리가 높아지면서 기업의 공공성이 강조되었으며, 이러한 사회적 관심은 기업에 일정 부분 사회적 역할과 책임을 촉구하는 압력으로 작용하였다.

공공부문에서 시장원리와 효율성이 강조되는 흐름과는 다르게 민간부문에는 기업의 공공성 문제가 새로운 과제로 제기되면서, 기업의 사회적 책임(Corporate Social Responsibility, 이하 필요한 경우 CSR)과 윤리경영이 부각되었다. UN, OECD, ISO와 같은 국제기구들이 기업의 사회적 책임을 강조하는 조약·가이드라인·규범들을 지속적으로 내놓고, 기업 내부에서도 지속가능 발전이 기업경영에 중요한 화두로 떠오름에 따라, 기업들은 스스로 사회적 책임과 윤리경영에 관심을 가지고 능동적으로 대처하지 않을 수 없게 된 것이다.

영리추구를 목적으로 하는 기업에서도 경영 환경의 변화로 이윤극대화만을 표방하기 어려운 시대가 된 것이다. 기업의 존속을 위해서는 다양한 조건을 충족시켜가며, 적정 이윤을 확보하는 것이 시대적 요청이 되고 있다. 최근 기업의 환경적 책임이나 사회적 책임이 강조되고 있지만, 기업을 평가하는 척도로서 사회성(社會性)은 수익성이나 안전성과 더불어 기업을 평가하는 척도로 이미 활용되어 온 개념이다.

기업의 경영활동은 시장질서와 법·제도의 준수는 물론이고 시대에 따라 조금씩 다르게 요구되는 사회적·환경적 책임을 다해야 한다는 압력을 받고 있다. 구체적으로 내부에서는 종업원·소비자의 권리 보호, 지배구조개선, 주주권한의 보장, 회계 및 감사의 투명성 확보 등 이해관계자들의 요구와 압력을 받고 있으며, 외부적으로는 법·제도준수, 환경에 대한 책임, 사회공헌활동, 인권보장, 반부패 활동 등 시민사회의 압력이 존재한다.

특히 최근에는 내·외부적으로 이해관계자나 시민사회를 통해 요구되는 사회적 책임들을 무시하거나 충족시키지 못하는 기업에게 강력한 제재가 가해지고 있다. 엔론, 나이키를 비롯한 많은 사례들에서 그러한 압력들은 노조파업, 주주집단소송, 사회적 책임투자(Social Responsibility Investment), 불매운동 등 구체화되고 있으며, 실질적으로 경영활동에 큰 영향을 미치고 있다.

이와 같이 지속가능발전을 위한 기업의 책임은 환경적 영역에만 머무르지 않고 사회적 영역으로까지 확대되고 있으며, 실천을 위한 이행기제로서 거버넌스가 함께 강조되면서 ESG 경영이라는 개념이 등장했다.

ESG는 환경(Environment), 사회(Social), 지배구조(Governance)의 영문 첫 글자를 조합한 단어로, 기업 경영에서 지속가능성(Sustainability)을 달성하기 위한 3가지 핵심 요소이다. 과거 기업의 가치는 재무제표와 같은 단기적·정량적 지표에 의해 주로 평가되어 왔던 데 반해, 전 세계적 기후변화 위기와 코로나 19 팬데믹에 직면한 최근에는 ESG와 같은 비재무적 가치의 중요성이 더욱 증가하고 있다. ESG와 밀접한 연관을 맺고 있는 용어인 '지속가능성'에 나타나 있듯이, ESG는 기업가치에 중·장기적인 영향을 미친다. 그러나 그 중요성이 단기적인 재무적 성과보다 덜하다고 볼 수는 없다. 환경, 사회적 가치를 중시하는 방향으로 변화될 전 세계적인 패러다임 전환 하에서, ESG는 기업의 장기적인 생존과 번영에 직결되는 핵심적인 가치로 자리매김할 것이다

ESG에 대한 사회적 관심 증가 및 이해관계자 요구 강화로 기업은 기존의 단순한 사회공헌 활동 추진 및 사업과 전략적으로 연계한 가치 창출을 넘어 기업의 운영과 사업 활동 전반에 ESG 요소를 광범위하게 통합하는 가장 고도화된 지속가능성 통합 경영의 단계로 발전하고 있다(백인규, 2022). 다음의 그림은 ESG 경영 패러다임이 등장하기까지의 진화과정을 나타내고 있다.

그림 5 **ESG 경영 패러다임의 등장**

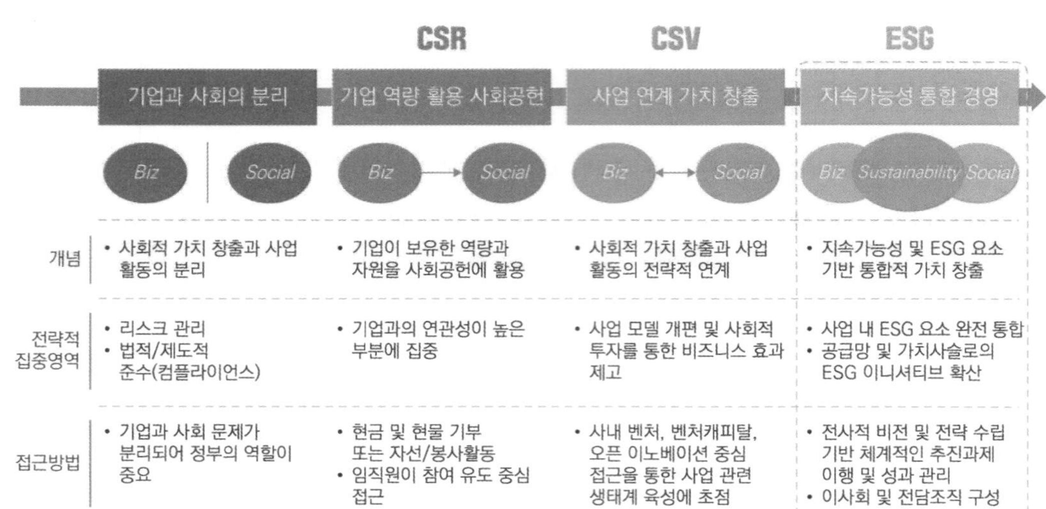

자료: 백인규(2022: 8)

기업의 사회적책임(CSR)이 기업 역량을 활용한 사회공헌과 법령준수 등의 활동을 의미한다면 기업의 공유가치 창출(Creating Shared Value, 이하 필요한 경우 CSV)은 기업과 사회의 공유가치 창출을 의미한다. 공유가치 창출(CSV)은 기업이 당면한 사회적 요구를 파악하고 그 문제를 해결하는 과정에서 경제적 수익과 동시에 사회적 가치를 창출하는 경영전략을 말한다. 하버드대 마이클 포터(Michael Porter)교수가 2011년 1월 하버드 비즈니스 리뷰(HBR)에서 "자본주의 어떻게 치유할 것인가?(How to Fix Capitalism)"란 논문을 발표하며 주창한 개념이다.

기업의 이익을 사회에 환원하는 소극적 가치 창출 형태의 CSR과 달리, CSV는 사회와 함께 공유할 수 있는 가치를 창출하는 것을 기업 본연의 책무로 설정한다. 현대 소비자들은 제품의 기능적 속성뿐만 아니라 제품이 담고 있는 가치와 의미도 중요하게 생각하기 때문에, 이러한 기업의 공익적·사회적 가치 창출 활동은 그 기업의 월등한 경쟁력이 된다. 기업의 핵심역량을 바탕으로 사회적 문제를 해결해야 한다는 인식을 바탕으로 경제적 이익을 실현하고자 하는 기업의 경영전략이다.

비재무적 정보가 기업성과에 미치는 영향을 분석한 연구한 연구(임옥빈, 2019)에 따르면, ESG 가운데 환경등급(E)은 당기 및 차기의 기업가치에 미치는 영향이 나타나지 않았으나, 사회등급(S), 지배구조등급(G)은 당기 및 차기의 기업가치가 높아지는 것으로 나타났다. 최종 ESG 합산 점수에서도 당기 및 차기의 기업가치가 증가하는 결과를 보였다. 동 연구는 환경등급(E)을 제외하고 기업의 사회적 활동이 기업 가치를 높이는 유용한 정보임을 시사한다.

2. 책무 이행기제로서의 거버넌스와 파트너십

1) 유엔 지속가능발전목표(SDGs)와 거버넌스

유엔의 지속가능발전목표(Sustainable Development Goals, SDGs)는 2015년 UN 총회에서 2030년까지 달성하기로 결의한 의제이다. 인간, 지구, 번영, 평화, 파트너십이라는 5개의 영역에서 인류가 나아가야 할 방향성을 17개 목표와 169개 세부 목표로 제시하고 있다. 이를 통해 선진국과 개발도상국, 저개발국을 포함한 모든 국가들이 인류의 번영을 위해 힘쓰고, 환경을 보호할 것을 촉구하고 있다.

문제 해결을 위해서는 각국 정부뿐만 아니라 세계 곳곳의 기업들이 SDGs를 기반으로 투자, 솔루션 개발, 기업 활동을 통해 지속가능발전을 증진하도록 촉구하고 있다. 기업 입장에서 보면 SDGs를 기업 전략 및 활동에 연계함으로써 리스크를 최소화하고, SDGs의 성공적인 달성에 기여할 수 있다. 다음의 〈표 3〉에서 보듯이 거버넌스와 파트너십은 사회발전, 경제개발, 환경보존을 담보하는 이행기제로서의 의미를 가진다.

표 3 SDGs 목표의 주제별 분류

일반적 목표	빈곤과 기아 종식(1, 2)과 불평등(10)		
영역별 목표 내용	사회발전 (3, 4, 5, 11)	경제개발 (8, 9, 10, 12)	환경 (6, 7, 13, 14, 15)
이행기제	책무성과 거버넌스(16)		이행수단과 글로벌 파트너십(17)

오늘날 거버넌스의 개념의 등장은 현대 행정학이나 정부 운영에 심대한 영향을 끼치고 있다. 정치사회적 맥락에서 보면 20세기에 지속된 행정국가화의 경향이 약화하면

서 시민사회의 영향력이 증대하고 국가의 독점력이 감소하기 시작했다. 다양한 지구적 문제의 해결을 위해 국제사회에서도 다양한 거버넌스 사례가 속출하고 있다. 소유와 경영의 분리에서 야기되는 주인-대리인 이론의 관점에서 보면 주인-대리인 사이에는 정보의 비대칭성이 존재한다. 주인이 대리인의 행동을 관찰할 수 없을 때 발생하는 도덕적 해이(moral hazard) 현상과 대리인이 주인보다 우월한 정보를 갖고 있을 때(hidden knowledge) 발생하는 역선택(adverse selection) 현상 등의 문제로 시민사회의 역량 강화가 과제로 대두했다.

정채결정과정에서 보면 각종 시민단체의 참여확대와 숙의제도가 발전하게 되었으며, 정책집행과정에서도 신공공관리론의 영향으로 공공서비스 전달과정에서 외부위탁이나 시장주의 원리가 적용되기 시작했다. 시민사회 발전과 함께 등장한 보이스(Voice)형 NGO는 대의민주주의를 교정·보완하는 기제로 주목받았으며, 서비스전달(Service Delivery)형 NGO는 공공서비스의 민간위탁 기제로 주목받았다(채원호, 2022). 전술했듯이 유엔도 지속가능발전을 담보하기 위한 이행기제로서 책무성과 거버넌스, 글로벌 파트너십을 강조하고 있다. 전 지구적인 문제 해결을 위해서는 정부, 시장(기업), 시민사회가 접촉면을 늘려가며 협력하고 파트너십을 증진시켜야 하기 때문이다.

2) ESG 경영에 있어서 거버넌스의 중요성

기업이나 공공기관, 지자체 등에 ESG를 적용하고 실천하는 구축전략에서 거버넌스 이슈나 활동의 중요성에 대한 인식은 기업이나 기관별로 다를 것이다. 그러나 거버넌스가 환경적, 사회적 책무를 담보하는 기제로서 작용하는 점을 고려하면 아무리 강조해도 지나치지 않을 것이다.

일본 기업을 대상으로 ESG 활동의 주요 과제를 조사한 연구에 따르면 과제 순위는 〈표 4〉와 같다. 표에서 보듯이 ESG 활동 가운데 주요한 과제 순위는 ① 기업지배구조(71.7%) ② 기후변화(63.6%) ③ 다양성(43.2%)으로 나타났다. 이는 지배구조(G), 환경(E), 사회(S) 부문의 대표적 이슈 가운데 전년보다 응답 비율이 크게 상승한 과제는 기후변화(+9.7%), 건강과 안전(+8.0%)으로, 기후변화 관련과 코로나 사태의 영향이 반영된 것으로 보인다. 10위 이내에 든 주요 과제들 가운데 기업지배구조 외에 다양성(diversity)이나 이사회 구성·평가 등의 과제도 포함되어 있어 거버넌스 관련 과제가 중요시되고 있음을 알 수 있다.

표 4 일본 기업의 ESG 활동에서의 상위 10대 과제(총 25개 항목)

2020년 순위	2019년 순위	주요 과제	2020년	2019년	증감
1	1	기업지배구조	71.7%	70.8%	+0.9
2	2	기후변화	63.6%	53.9%	+9.7
3	3	다양성(diversity)	43.2%	44.0%	−0.8
4	4	건강과 안전	40.6%	32.6%	+8.0
5	5	인권과 지역사회	37.0%	34.7%	+2.3
6	6	제품서비스의 안전	30.7%	30.8%	−0.1
7	7	위험 관리	28.6%	29.8%	−1.2
8	8	공급망	23.5%	20.2%	+3.3
9	9	정보 공시	20.4%	23.3%	−2.9
10	10	이사회 구성 · 평가	17.1%	16.2%	+0.9

주: 표의 증감에서 빨간색은 전년대비 '상승'한 항목임.
자료: GPIF. 2021.「第6回 機関投資家のスチュワードシップ活動に関する上場企業向けアンケート集計結果」, 코트라(2021, 64)에서 재인용.

일본은 정부 차원에서 UN, G20 및 EU 등에서의 ESG 대응 중시 및 ESG투자 확대라는 국제 사회 흐름의 국내 적용, 글로벌 ESG투자의 유치 확대 등을 위해 다양한 가이드라인을 제시해 왔다. 첫째,「일본부흥전략」과 같은 국가 성장전략을 통해 ESG 정책의 방향을 결정하고, 그에 따라 경제산업성, 환경성 등을 비롯한 각 부처가 가이드라인을 제시하는 형태로 대응하는 특징을 보였다. 둘째, 일본 정부가 제시하는 부문별 가이드라인은 유럽과 같은 의무화가 아닌 기업이 참고하여 대응할 수 있도록 하는 실무지침서 역할을 하고 있다. 따라서 대부분의 명칭이 가이드라인, 가이던스, 실무지침 등의 형태이다. 셋째, ESG에 대한 일본 정부의 대응은 주로 G 및 E를 중심으로 진행되고 있다. 거버넌스를 통한 환경 및 사회에의 대응(ES through G)을 중시하는 한편, 세계적인 조류로서 기후변화 대응 차원에서 E가 중요하기 때문인 것으로 보인다. 넷째,

거버넌스(G) 측면에서 유럽과 미국은 리스크 억제에 중점을 두는 반면, 일본은 경영자원의 집약을 통한 자본생산성(ROE)의 향상을 주목적으로 하고 있다(코트라, 2021).

이처럼 일본의 경우 유럽과 다소 다른 맥락이긴 하나 거버넌스 이슈를 중요시하고 있음을 확인할 수 있으며, 전술했듯이 환경적, 사회적 책무의 이행기제로서 거버넌스를 강조하고 있다.

3) 지방정부의 ESG 경영

지자체에서 ESG 경영전략 수립을 위해서는 먼저 지자체 행정이 어떤 수준의 ESG 경영을 수행하고 있는지 항목별로 평가해 보아야 한다. 또한 왜 이와 같은 평가를 받고 있는지, 이를 통해 어디에 중점을 두고 ESG 전략을 전개해야 하는지 판단해야 한다. 이를 위해서는 ESG 진단이 선행되어야 한다. ESG 진단을 위해서는 국내외 기업들의 ESG 진단 및 평가 지표를 참고할 필요가 있다. 세계적으로 공신력 있는 MSCI(Morgan Stanley Capital International)는 30여 개 세부 ESG 항목을 기반으로 기업의 ESG 성과를 평가하고 있다. 실제로 글로벌 주요 투자기관이나 핵심 이해관계자들은 기업의 ESG 수준을 판단할 때 MSCI ESG 평가와 같은 글로벌 ESG 평가기관의 결과에 대한 활용도가 높다(이효정 외, 2021). 최근 ESG 경영이 중요한 키워드로 등장했지만, ESG 경영을 전략으로만 이해하는 것은 구두선에 불과하다. 많은 기업들이 ESG 위원회를 만들고 전략을 수립하고 있고, 지자체에도 ESG 경영이 도입되고 있다. 그럼에도 한국의 ESG 경영 수준은 글로벌 기업과 비교했을 때, 여전히 미흡한 수준이다(Kang, 2022). 중대재해처벌법이 국회를 통과해 성립했음에도 어처구니 없는 산업재해는 계속되고 있다. 2022년 초 HDC 아파트 붕괴사고, 2022년 10월 말 이태원 참사가 문제를 웅변하고 있다. ESG 경영은 지구환경, 노동인권, 사회기여 등 사회 구성원으로서 기업이 가져야 하는 역할과 책임에 대한 요구이다. ESG 경영이 전략에 그치지 않고 실천이 뒷받침될 때 비로소 의미를 가질 것이다.

참고문헌

권영주 · 채원호 · 김찬동. (2021). 「지방의회 30년사」. 대한민국시도의회의장협의회.

김석태. (2006). 지방분권의 근거로서 보충성 원칙의 한국적 적용. 「지방정부연구」, 9(4).

김우창 외. (2017). 「한국사회, 어디로?」. 아시아.

김은철 · 송성수. (2012). 과학기술시대의 책임윤리를 찾아서: 한스 요나스의 『책임의 원칙』을 중심으로. 「Journal of Engineering Education Research」, 15(1).

박정윤. (2021). 주민자치회 성과 요인에 관한 연구. 가톨릭대학교 박사학위논문.

소진광 · 손희준 · 송광태 · 채원호 · 최진혁. (2021). 「전부개정 지방자치법 해설」. 자치분권지방정부협의회.

이재룡. (2010). 주희(朱熹) 성리학에서의 소이연(所以然)과 소당연(所當然)의 도덕 실재적 함의. 「법학논총」, 34(1).

이태석. (2022). 노인연령의 상향 조정의 가능성과 기대효과. 「KDI FOCUS」, 115.

전주상 외. (2018). 「행정윤리론」. 대영문화사.

채원호. (2002). 거버넌스와 참여형 정책분석. 「거버넌스의 이해」. 대영문화사.

채원호. (2009). 일본의 공공성.

윤수재 · 이민호 외. 「새로운 시대의 공공성 연구」. 법문사.

채원호. (2015). 지방자치와 시민참여. 「지방행정」, 2015년 5월호.

채원호. (2020). 주민자치회 성공열쇠는 커뮤니티 권능 강화. 「주민자치」, vol. 104.

채원호. (2022a). 도시거버넌스. 「도시행정의 이론과 실제」. 대영문화사.

채원호. (2022b). 지방자치단체 ESG 경영에 관한 탐색적 연구. 「도시행정학보」, 35(4).

長谷川公一. (2003). 「環境運動と新しい公共圏」. 東京: 有斐閣.

總務省. (2021). 地域運営組織について.

年金積立金管理運用独立行政法人. (2021). 「第6回 機関投資家のスチュワードシップ活動に関する上場企業向けアンケート集計結果」.

関本克良. (2016). 補完性の原則と欧州統合. 「天理大学学報」, 68(1).

マイケル・シーゲル. 2018. ランドケアと補完性の原理.「社会と倫理」, 33: 17-33.

ユルゲン・ハーバーマス. (1994).「公共性の構造転換ー市民社会のカテゴリーについての探究」. 未来社.

吉原直樹. (2000). 地域住民組織における共同性と公共性: 町内会を中心として.「社会 学評論」. 50(4).

Habermas, Jurgen. (1990). Strukturwandel der Öffentlichkeit(2nd ed.). 細谷貞雄・山田正行訳. (1994).「公共性の構造転換」第２版. 未来社.

_______. (1985). Die Neue Unübersichitbarkeit, Surkampf. 上村隆広・城達也・吉田純訳. (1995).「新たなる不透明性」. 松籟社.

Jonas, H. (1979). Das Prinzip Verantwortung: Versuch einer Ethik für technologische

Zivilisation, Frankfurt am Main: Insel Verlag. 이진우 역. (1994).「책임의 원칙: 기술시대의 생태학적 윤리」. 서광사.

Jonas, H. (1987). Technik, Medizin und Ethik: Praxis des Prinzips Veramtwortung, Frankfurt am Main: Suhrkamp. 이유택 역. (2005).「기술 의학 윤리: 책임원칙의 실천」. 솔.

Olson, Mancur. (1965). The Logic of Collective Action. Harvard University Press. 依田博・森脇俊雅訳. (1983).「集合行為論」. ミネルヴァ書房.

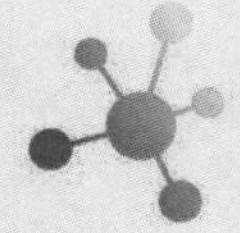

제3장
미래의 자치분권 방향

김순은(서울대학교 행정대학원 특임교수)

생각해보기

- 자치분권의 추진기구와 균형발전의 추진기구를 통합한 지방시대위원회의 향후 전망은 어떠할까?
- 자치분권과 균형발전의 차이점은 무엇인가?
- 윤석열 정부의 자치분권 추진전략의 핵심내용은 무엇인가?

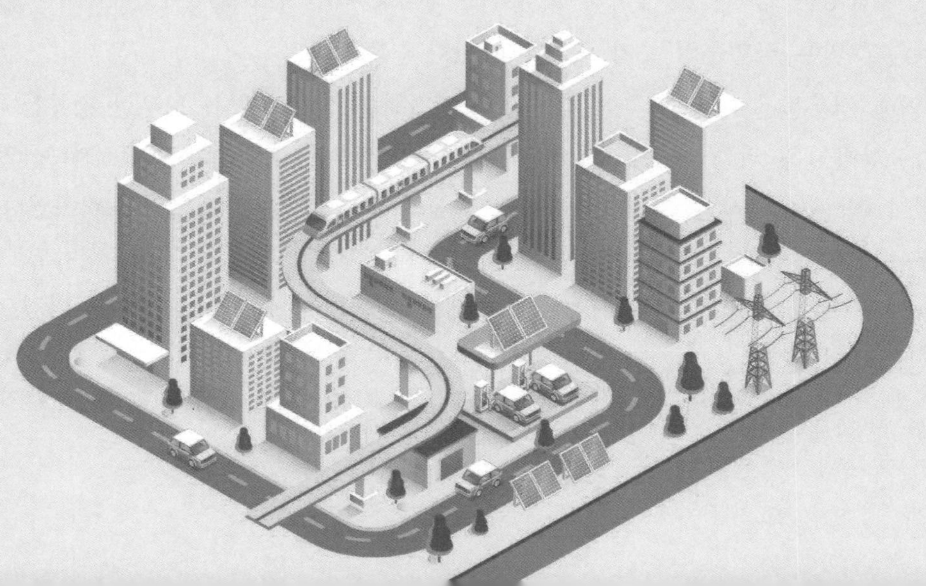

I. 들어가며

문재인 정부는 지역정책, 특히 자치분권에 대해서는 역대 정부들과 비교해 볼 때 매우 탁월한 성과를 냈다. 문재인 정부의 지역균형발전정책에 대해서는 논란이 있는데 반하여 자치분권의 성과는 대체적으로 수긍하는 편이다. 지난 5년 자치분권 7법[1]을 포함하여 16개 법률안이 국회 본회의를 통과하였다(김현호, 2022; 최근열, 2022; 김순은, 2022). 이를 기초로 바야흐로 자치분권 2.0시대를 열게 되었다.

지역균형발전에 대해서는 불만의 소리가 적지 않았음에도 불구하고 20대 대통령 선거에서 자치분권과 균형발전은 선거의 중요한 쟁점이 되지 못했다. 선거기간 내 민주당 후보와 국민의 당 후보는 자치분권을 포함하여 지역정책의 이슈에 적극적으로 대응하였으나 국민의 힘 윤석열 후보는 자치분권에 대하여 소극적인 태도를 보였다.

윤석열 당선자를 위한 대통령직 인수위원회가 활동하면서 자치와 분권 및 균형발전이 새로운 각도에서 논의되기 시작하였다. 인수위원회 산하에 지역균형발전특별위원회를 설치하고 균형발전과 자치분권을 포함한 지역정책을 논의하기 시작하였다. 윤석열 대통령 당선자가 시 · 도지사와의 면담을 통하여 자치분권과 균형발전의 중요성에 동감하였기 때문이다.

인구, 생산, 고용, 기업의 수 등에서 지역 간 격차와 불균형 성장이 격화되고 있다. 지역 불균형은 정책이 공정하지 못하다는 인식을 확산시키고 있다. 지역 간 불균형으로 행복하지 않은 국민들의 수가 증가되어 왔다.

역대 정부들은 이에 맞추어 다양한 지역정책을 실시하였다. 노무현 정부는 본격적인 국가균형발전을 위한 제도를 만들었다. 이명박 정부는 광역경제권 등 전략산업을 육성하였다. 박근혜 정부는 지역행복생활권 중심의 주민 체감도 향상에 노력하였다. 문재인 정부는 사람, 공간, 산업 중심의 균형발전 정책을 추진하였으며 지역균형뉴딜, 초광역협력 프로젝트의 발판을 마련하였다. 그럼에도 정책의 산출(output)은 이루어졌으나 성과

---

1) 자치분권 7법은 전부개정의 지방자치법, 자치경찰을 위한 경찰법 개정안, 주민조례발안법, 중앙-지방협력회의법, 주민투표법 개정안, 제1차 지방일괄이양법, 고향사랑기부금법을 의미한다.

(outcome)는 만족스럽지 못했다는 것이 대체적인 평가이다.

“슬픈 신화”가(김현호, 2022) 되어 버린 지역균형발전정책의 심각성을 공약의 유무를 중심으로 본다면 윤석열 당선자는 당선 전후에 인지한 것으로 보인다. 주요한 균형발전과 자치분권 과제들이 대통령직인수위원회 지역균형발전특별위원회를 통해 발표되었고 2022년 7월 26일에 국정과제 110개에 10개의 지역과제가 추가된 120 국정과제가 확정되었다.

이와 관련하여 윤석열 정부의 출범 전후에 지역정책의 추진주체에 관한 논의가 활발하게 진행되었다. 지역정책의 시너지 효과를 극대화하기 위하여 균형발전과 자치분권을 통합하여 추진하는 대안들에 초점이 모아졌다.

문재인 정부가 막을 내리고 윤석열 정부가 출범한 지 1년 반이 다가오고 있다. 2017년 5월 출범한 문재인 정부와 2022년 5월 뒤를 이은 윤석열 정부는 자치분권의 관점에서 매우 중요한 시대이다. 문재인 정부는 자치분권 2.0의 제도적 환경을 조성하였고 윤석열 정부는 지방시대로 발전시키겠다는 대국민 약속을 하였기 때문이다.

미래시대를 대비하여 문재인 정부가 조성한 자치분권 2.0 환경 하에서 윤석열 정부의 지역정책이 자치분권 3.0 나아가 지방시대를 조성하기 위한 자치분권의 방향을 제시하는 것이 본 글의 목적이다. Ⅱ에서는 자치분권 2.0의 토대가 된 문재인 정부의 입법적, 재정적, 정책적 성과 등 자치분권 성과를 논의하였다. Ⅲ에서는 윤석열 정부 지역균형발전 정책의 기본원칙과 추진과제, Ⅳ에서는 윤석열 정부 지역균형발전 정책의 추진주체, Ⅴ에서는 자치분권 정책의 정책환경, Ⅵ에서는 자치분권의 정책방향을 논의하였다.

Ⅱ. 문재인 정부의 자치분권 성과

1. 입법적 성과

첫째의 입법적 성과는 32년 만에 전부 개정된 지방지치법이다. 1991년 지방자치 출범 이후 변화된 지방행정 환경에 발맞추어 자율과 책임이 조화된 지방자치법의 전부

개정을 '20.12.9. 완료하였다.

정부는 2018년 10월 30일 '제6회 지방자치의 날'을 계기로 「지방자치법 전부개정」의 추진 계획을 발표하였다. 추진계획에 따라 「지방자치법 전부개정안」이 2019년 3월 29일 국회에 제출되었다. 이때의 발의안은 20대 국회 막바지까지 여·야 간의 이견이 좁혀지지 않아 임기만료로 폐기되었다.

21대 국회가 개회되면서 정부는 최우선 법안으로 다시 발의하였다. 당시 자치분권 여론조사('20.10.19~22)에서 국민 70.2%가 「지방자치법 전부개정안」 조속 통과에 공감하는 것으로 나타났다(10.29, 자치분권위원회·지방4대협의체 공동 보도자료). 여론에 부응하여 「지방자치법 전부개정안」이 2020년 12월 3일 국회 행정안전위원회의 의결을 거쳐 2020년 12월 9일 국회 본회의를 통과하였다. 법안 발의에서 통과까지 1년 9개월이 소요되었다. 「지방자치법 전부개정」이 2021년 1월 12일 공포되었으며 2022년 1월 13일 시행되었다.

주민주권을 구현하기 위하여 주민참여권 강화, 주민감사 청구기준 완화, 기관구성 다양화 등을 도입하였다. 자치권 확대를 위해 사무배분 기준 도입, 지방의회 인사권 독립 및 정책지원 전문인력제 도입, 특례시' 설치 등을 규정하였다. 지방의회의 책임성 제고를 위해 지방의회 윤리특위 설치를 의무화하고 정보공개 등을 확대하였다. 중앙-지방, 지방 간 협력 및 효율성 강화를 위해 중앙-지방 협력회의 도입, 단체장 인수위원회 도입, 자치단체 간 경계조정 절차 마련, 특별지방자치단체 도입을 위한 절차를 규정하였다.

둘째, 주민조례발안법의 제정이다. 정부는 2018년 9월 14일 「주민조례발안법」 제정 계획을 수립하고 2018년 11월 6일부터 12월 17일까지 입법예고를 하였다. 「주민조례발안법안」은 2019년 3월 26일 국무회의를 통과하고 2019년 3월 29일 20대, 2020년 7월 3일 21대 국회에 각각 제출되었다. 「주민조례발안법안」은 2021년 9월 13일 국회 행정안전위원회 의결, 2021년 9월 28일 국회 본회의 의결을 거쳤다. 법안발의에서 의결까지 2년 6개월이 소요되었다. 「주민조례발안법」은 2022년 1월 13일 시행되었다.

주민의 직접 조례 발의제도를 도입하고 지방자치단체의 민주성과 책임성 제고를 위해 청구권자 연령을 19세에서 18세로 하향하였다. 청구절차를 간소화한 것도 중요한 특징이다. 서명요건 완화를 위해 인구요건을 인구규모별 6단계로 세분화하고 청구절차 간소화를 위해 주민의 직접 제출이 가능하게 되었다. 청구실효성 강화를 위해 1년 이내에 청구조례안에 대한 지방의회의 심의·의결을 의무화하였고, 지방의회의 임기 만료에 따른 자동폐기가 금지된다.

셋째, 중앙-지방협력회의법의 제정이다. 제2국무회의 설치 등을 포함하여 정부안으로 발의한 자치분권형 헌법개정안('18.3)이 무산된 이후 정부는 제2국무회의의 대안으로 「중앙-지방협력회의법」의 제정을 추진하여 법안이 2019년 12월 24일 국무회의를 통과하였다. 「중앙-지방협력회의법안」은 2021년 6월 16일 국회 행정안전위원회의 의결을 거쳤다. 「중앙-지방협력회의법안」은 2021년 6월 29일 국회 본회의 의결을 거쳐 2022년 1월 13일 시행되었다. 1년 6개월이 소요되었다.

대통령-시·도지사 간담회를 정례화하여 중앙-지방간 소통·협력 제도화 및 지방의 국정참여를 확대하는 제도적 기반을 마련하였다. 지방자치법, 주민조례발안법, 중앙-지방협력회의법 시행일인 2022년 1월 13일 제1회 중앙-지방협력회의가 개최되어 정부의 의지를 실천하였다. 윤석열 정부가 출범한 이후에도 5차례의 중앙-지방협력회의가 개최되었다. 2023년 10월 29일에는 제5차 중앙-지방협력회의가 개최되었다. 제5차 중앙-지방협력회의에서는 그동안 지방의 숙원이었던 자치조직권을 크게 확대하자는 방안과 기회발전특구 추진 등에 관하여 최종 의결이 이루어졌다.

넷째, 경찰법의 전부개정이다. 2019년 2월 당·정·청 회의를 거쳐 확정된 2원화 자치경찰제안은 6월 홍익표 국회의원 대표발의로 국회에 제출되었다. 20대 국회의 회기 만료로 폐기된 자치경찰제는 21대 국회에 들어 당·정·청이 2020년 7월 30일 일원화 자치경찰 모델 합의에 이르렀다. 김영배 의원은 「경찰법 전부개정안」, 「경찰공무원법 전부개정안」을 2020년 8월 4일 대표발의하였다. 이 법안은 2020년 12월 2일 국회 행정안전위원회 제2소위, 2020년 12월 3일 전체회의에서 의결되었다. 「경찰법 전부개정」, 「경찰공무원법 전부개정」은 2020년 12월 9일 국회 본회의 의결, 2020년 12월 22일 「경찰법」, 「경찰공무원법」이 공포되어 2021년 1월 1일 시행되었다. 1년 10개월의 시간이 소요되었다.

준비된 시·도부터 시범운영이 실시되어 시범실시는 2021년 6월 30일 완료되었다.

정부수립 이후 최초로 자치경찰제를 2021년 7월 1일부터 전면 도입하였다. 지방경찰청을 중앙-지방협력모형의 시·도경찰청으로 변경하였고, 시·도지사 소속으로 시·도자치경찰위원회를 설치하였다. 지역 내 주민의 생활안전, 지역교통 활동 등에 관한 사무를 담당한다.

다섯째, 1차 지방일괄이양법 제정이다. 여·야는 「지방일괄이양법」의 제정에 2018년 5월 18일 합의하고 국회 운영위원회에 회부하였다. 자치분권위원회 본위원회는 2018년 7월 5일 「지방일괄이양법안」을 심의·의결하였다. 「지방일괄이양법안」은 2018년 10월 26일 국회에 제출되어 2019년 11월 29일 국회 운영위원회 및 법사위원회 의결을 통과하였다. 2020년 1월 9일 「지방일괄이양법안」은 국회 본회의 의결을 거쳐, 「지방일괄이양법」 공포('20.2.18) 및 시행('21.1.1)되었다. 여·야 합의에서 제정까지 1년 10개월이 소요되었다.

과거 지방이양 의결('00년~'12년, 3,101건) 후 장기간 미이양된 사무 400건을 단일법에 담아 조속한 지방이양을 완료('21.1.1 시행)하였다. 그 결과 자치단체의 지역특성을 반영한 행정과 주민수요에 대한 신속 대응이 가능해졌고, 개별 법률개정 대신 일괄법 제정(16개 부처, 46개 법률)을 통해 획기적 이양 추진이 가능해졌다. 이후 제2차 일괄법이 부처별 일괄법으로 변형되어 추진되었다.

여섯째, 2023년 1월 1일부터 시행되는 고향사랑기부금법 제정이다. 2008년 제17대 대통령 선거에서 문국현 후보가 공약으로 제시한 이후부터 정치권에서 논의가 본격화되어, 2009년 3월 13일 이주영 의원 외 10명이 기부금품의 모집 및 사용에 관한 법률안」을 국회에 발의하였다, 국회 행정안전위원회에 상정('11.3.7)되었으나 국회 본회의 임기만료로 폐기('12.5.29)되었다. 그 이후, 홍재형 의원 외 12명이 「소득세법 일부개정법률안」을 국회에 발의('11.7.5)하였으나 국회 기획재정위원회 상정('11.11.4) 후 폐기('11.12.28)되었다.

자치분권위원회의 대선 공약 및 국정과제로 채택되어 20대 국회에서 「고향사랑 기부금에 관한 법률」 발의(이개호 의원('17.9.27.) 등 3건)가 이루어졌으나 임기만료로 폐기되었다. 21대 국회 「고향사랑 기부금에 관한 법률」 재발의(한병도 의원('20.7.23.) 등 5건)되어 행정안전위원회 의결('20.9.22.), 법사위 의결('21.9.24.)을 거쳐 본회의에서 2021년 9월

27일 의결되었다. 논의부터 제정까지 15여년이 소요되었다. 「고향사랑기부금법」이 공포('21.10.19) 및 시행('23.1.1)되었다.

고향사랑기부제는 고향에 대한 건전한 기부문화를 조성하고 지역경제 활성화를 통한 국가균형발전에 이바지하기 위한 제도이다. 개인이 주소지 이외의 지역에 일정액을 기부하면 세제혜택 및 지역 특산품으로 답례제공을 받을 수 있다. 개인은 주소지 外 전국 모든 자치단체에 기부가 가능하다. 기금을 별도 설치하여 주민복리 증진 등에 사용하여야 한다. 기부활성화 위해 세액공제 혜택이 제공된다(10만 원까지 전액).

끝으로, 2020년 4월 5일 국회 본회의를 통과한 주민투표법의 전부개정이다. 주민투표법 외에도 100만 이상 특례시에 부여될 특례를 반영한 지방자치분권특별법안, 제2차 지방일괄이양법의 대안으로 발의된 부처일괄법의 행정안전위원회 담당 법률안들이 같은 날 통과되는 성과를 거두었다. 특히 주민투표법의 제정은 남다른 의미를 지니고 있다.

주민투표법은 이미 국회에서 통과된 주민조례발안법과 국회 법안 소위에 계류된 주민소환법과 함께 주민참여 3법이다. 자치분권위원회는 주민참여 3법의 완성을 위하여 2019년 1월 23일 제20대 국회에 발의하였다. 그러나 20대 국회의 임기만료로 자동폐기되었다. 21대 국회가 개원됨에 따라 2020년 12월 28일 발의되어 2022년 1월 5일 행정안전위원회의 의결을 거쳐 2022년 4월 5일 본회의를 통과하게 되었다. 법안의 마련에 총 3년 3개월이 소요되었다.

주민투표법의 전부 개정으로 격리자 거소투표 허용, 주민투표권 연령 하향 조정, 선상투표 제외 명확화, 예산관련 금지대상 명확화, 주민투표 실시요건 의무화, 전자서명청구제도 도입, 주민투표일 법정화 등이 도입되었다. 종전의 개표요건이 폐지되고 확정요건이 완화되었다. 종전에는 유권자의 1/3의 개표요건과 유효투표의 과반수라는 확정요건이 요구되었지만 전부 개정에 따라 개표요건은 삭제되고 확정요건은 1/4의 유권자 투표에 유효투표 과반수로 확정된다.

2. 재정적 성과

재정적 성과로는 2단계에 걸친 재정분권을 들 수 있다. 1단계 재정분권은 지방세 확충과 기능이양으로 재정분권 효과를 실현하였다('19년~'20년). 지방소비세율 10%p 인상(11% → 21%), 총 8조 5천억 원 규모의 지방세를 확충하였다. 균특회계 포괄보조 사업을 중심으로 3.6조 원 수준의 지역밀착형 기능을 발굴하여 2020년부터 지방이양을 개시하였다.

2단계 재정분권은 지방소비세율 추가 인상과 지방소멸대응기금의 신설 등을 통한 지방재정 확충으로 재정분권과 균형발전의 조화를 도모하였다('22년~'23년). 지방세 확충은 지방소비세율 4.3%p 인상(21% → 25.3%), 총 4조 1천억 원 규모의 지방세 확충이 이루어졌다. 중앙정부 기능이양은 총 2.25조 원 수준으로 지역밀착형 국가사무 기능을 발굴하여 2023년까지 지방이양이 이루어진다. 기능이양 보전 + 순확충 + 교부세 자연감소를 감안하여 2.54조 원(2022년), 1.51조 원(2023년)의 각각 지방소비세 배분은 각각 시·도별로 가중치를 적용하여 배분한다. 특히 광역과 기초 간 광역 6 : 기초 4로 배분하여 시·군·구세를 신설하는 효과가 발생한다. 지방소멸대응기금의 신설은 낙후지역의 인프라 확충을 위해 매년 1조 원씩 10년간 배분된다. 2022.1.1부터 2023년까지 2단계가 완료되면 국세와 지방세의 비율이 72.6 : 27.4가 예상된다.

3. 정책적 성과

첫째, 자치분권 사전협의제이다. 국가-지방 간 합리적 사무배분 및 지방자치권 보장을 위한 정부입법절차로서 자치분권 사전협의제가 도입되었다('19.7.1). 자치분권 사전협의제는 중앙행정기관의 장이 소관 법령 제·개정 시 사무배분의 적정성 및 지방자치권 침해 여부 등에 대해 행정안전부장관과 사전에 협의하는 제도이다. 제도실시 이후 2022년 2월 기준으로 총 4,435건의 법령이 협의되었으며, 월평균 138건이 협의되었다. 이 중에서 개선권고가 180건으로 월 평균 5.6건이었다.

둘째, 초광역협력 지원이다. 단일 행정구역 범위를 넘어, 지역 간 협력을 통해 행정수요에 대응하는 「초광역협력 지원전략」을 수립·발표하였다('21.10). 특별지방자치단체가 초광역협력을 견인하는 행정적 도구가 될 것으로 기대되었다. 자치분권위원회와 균형발전위원회가 "메가시티 지원 범부처 TF" 공동 운영('21. 4~10월)하였다.

셋째, 주민자치 활성화이다. 풀뿌리 주민자치 활성화를 위한 주민자치회 시범실시 지역을 확대하고, 주민자치회 대표성 제고를 위한 표준조례를 개정('20.4월)하였다. 시범실시 읍면동의 수가 2018년 95개, 2019년 408개, 2020년 626개, 2021년 1,013개로 확장되었다. 최종 2022년 3월 기준으로 1,098개 주민자치회가 구성되어 활동하고 있다.

4. 자치분권 운영성과 인식조사 결과

지방자치에 대한 인식도 크게 개선되었다. 지난 30년간 지방자치로 인해 지방행정, 주민생활서비스 및 지방자치 전반적 측면에서 긍정적 변화가 있다고 평가하였다. 20년 평가와 30년 평가를 비교하면 아래와 같다.

지방행정의 관점에서는 민주적 지방행정(47.3% → 50.3%), 행정개혁(47.3% → 49.0%), 시민의식(50.4% → 61.0%) 등에서 발전되었다.

주민생활서비스의 측면에서는 주민안전(51.9% → 58.3%), 보건복지(53.6%% → 64.9%), 도시·환경관리(55.6% → 60.9%), 문화여가(54.2% → 56.4%) 등에서 발전되었다. 전반적 성과를 평가하면 48.2% → 57.8%로 평가가 양호한 것으로 나타났다.

Ⅲ. 윤석열 정부 지역균형발전 정책의 기본원칙과 추진과제

1. 기본원칙

윤석열 당선자 대통령직인수위원회 산하에 설치된 지역균형발전특별위원회는 활동기간 동안 추진원칙, 추진대상, 추진주체를 논의하였다. 이때 지역균형발전특별위원회가 사용한 '지역균형발전'이라는 용어에는 자치분권의 내용이 포함되어 있었다. 지역균형발전특별위원회가 설치된 이후부터 해체된 시점 가장 논란의 대상은 지역정책의 추진체제를 확정하는 것이었다.

윤석열 정부는 국정을 운영하는 기본철학으로 4가지 이념을 제시하였다. 국익, 실용, 공정, 상식이다. 우선 국가의 이익에 따른 국정운영, 명분보다는 실제적 이익을 추구하는 실용, 모두가 수긍하는 공정, 보통사람의 상식이 통용되는 원칙을 제시하였다.

이러한 4대 국정철학 하에 지방시대의 3대 원칙을 제시하였다. 공정, 자율, 희망이다. 공정이 지방에도 적용되어야 함과 동시에 어디에 살든 자율성을 지니고 희망을 가질 수 있는 사회구현에 역점을 둘 전망이다(대통령직 인수위원회 지역균형발전특별위원회, 2022).

윤석열 정부의 지역균형발전정책의 추진방식은 분권과 시장의 원리에 따른다는 점이 기회가 있을 때마도 언급되고 있다. 이전 정부의 추진방식이 중앙집권적이었다는 비판을 토대로(김현호, 2022; 정운천, 2022) 윤석열 정부는 지역주도의 분권적인 방식과 시장의 원리를 존중할 것을 천명하였다. 윤석열 정부는 기회가 있을 때마다 자유의 이념을 강조하고 있다. 자치분권의 원리와 일치한다.

2. 추진과제

1) 3가지 약속

공정 · 자율 · 희망이라는 균형발전 3대 가치를 기반으로 대국민 3가지 약속을 발표하였다. 첫 번째의 약속은 '진정한 지역주도 균형발전 시대', 두 번째의 약속은 '혁신성장 기반 강화를 통한 좋은 일자리 창출', 세 번째의 약속은 '지역 고유 특성 극대화'였다.

2) 추진과제

(1) 진정한 지역주도 균형발전 시대의 과제

그동안 균형발전정책은 중앙중심으로 이루어져 지역의 자율성이 크게 반영되지 못했다. 지역 스스로 정책을 기획하고 추진할 만한 권한도 역량도 미미하였다. 윤석열 정부는 중앙정부에 집중된 행 · 재정적 권한을 지방으로 이양하여 모든 지역이 공정한 기회를 부여받고, 진정한 의미의 지역주도의 정책이 실현되도록 추진하고 있다.

이를 위한 과제와 세부과제는 〈표 1〉과 같다. 과제의 명칭과 세부과제의 내용은 기존 정부의 자치분권 과제와 크게 다르지 않다. 기회발전특구, 교육자유특구 등 분권혁신특구의 도입을 강조한 점이 특징적이다. 〈표 1〉에서 보는 바와 같이 진정한 지역주도 균형발전의 시대적 과제는 종전 정부들이 추진하였던 자치분권 과제와 대동소이함을 알 수 있다. 추진기구의 통합을 전제로 광의의 지역균형발전 내에 자치분권 과제를 제시한 것으로 보인다.

표 1 진정한 지역주도 균형발전 시대의 과제

	과제명	주요 내용
①	지방분권 강화	▸ 국가와 지자체 간 기능을 재조정하고, 규제 · 통제위주의 관계에서 지원 · 협력위주의 관계로 전환
②	지방재정력 강화	▸ 실질적 균형발전을 위해 재정권한의 이양과 지방의 재정책임성 기반 마련
③	지방교육 및 인적자원 양성체계 개편	▸ 지자체의 지역대학 및 산업 등에 대한 책임 · 권한을 확대하여 '지역인재양성 – 취업 · 창업 – 정주'의 지역 인재양성체계 고도화
④	지방자치단체의 기획 및 경영역량 제고	▸ 지자체의 정책기관으로서 역할을 제고하여 지방 간 정책경쟁 유발 → 지역발전 동력 확보 및 아래로부터 국가혁신 추진
⑤	지방자치단체 간 협력 기반 강화	▸ 초광역지역정부의 설치 · 운영, 권역별 분권혁신특구 지정을 통해 지역경쟁력과 지역균형발전을 촉진
⑥	지방자치단체의 자기책임성 강화	▸ 주민투표 개선, 지방의회 투명성 제고 등을 통해 지방행정에 대한 공동체 책임감 확보

출처: 지역균형발전특별위원회, 지역균형발전 비전 대국민 발표.

(2) 혁신성장 기반 강화를 통한 좋은 일자리 창출

비수도권의 열악한 투자여건으로 인해 신산업의 수도권 집중이 가속화되었다. 기업과 공공기관의 지방이전을 촉진하고, 권역별 글로벌 신산업·혁신특구 지정을 통해 지역 내 투자와 양질의 일자리 확대할 계획이다. 이를 위한 과제와 세부과제는 〈표 2〉와 같다. 기회발전특구의 지정 및 운영 등이 특징적이다.

표 2 혁신성장 기반 강화를 통한 좋은 일자리 창출

	과제명	주요 내용
⑦	지방투자 및 기업의 지방이전 촉진	▸ 기업의 지방 이전과 지방투자 촉진을 위한 기회발전특구 지정 및 운영
⑧	공공기관 지방 이전	▸ 공공기관 추가 이전을 추진하여 새로운 균형발전 동력을 창출하고, 지역의 특화발전을 지원
⑨	농산어촌 지원강화 및 성장환경 조성	▸ 농산어촌의 소득기회는 대폭 확충하고 기본적 생활인프라를 보장하여 도농균형발전을 도모
⑩	대형 국책사업을 통한 국토의	▸ 신행정수도의 완성과 새만금 개발, 중남부권 관문공항

	새로운 성장거점 형성	건설 및 항공물류 산업화, 제주 신항만 · 제2공항 건설 등 거점도시 육성
⑪	기업기반 지역혁신생태계 조성 및 역동성 제고	▸ 지방대학 기반 혁신캠퍼스타운 조성, 지역기업 글로벌 혁신성장생태계 조성 등을 통한 지역의 역동성 제고
⑫	신성장 산업의 권역별 육성 지원	▸ 지역주도로 메가시티 중심의 신산업 생태계 조성, 글로벌 신산업혁신특구 지정 등을 통한 신산업 일자리 창출

출처: 지역균형발전특별위원회, 지역균형발전 비전 대국민 발표.

(3) 지역 고유 특성 극대화

로컬 브랜드 등 지역자원을 활용한 새로운 지역산업을 창출하고, 지역 간 사회 · 문화 인프라 격차의 최소화를 통한 지방소멸위기를 극복한다. '국정과제'와 연계한 '지역정책과제'의 충실한 이행을 추진하다. 이를 과제와 세부과제는 〈표 3〉과 같다.

표 3 지역 고유 특성 극대화

	과제명	주요 내용
⑬	지역사회의 자생적 창조역량 강화	▸ 동네 · 마을의 지역 고유자원과 다양성을 활용한 로컬 브랜드 창출, 주민센터를 활용한 창조커뮤니티 및 생태계 조성
⑭	지역 특화 사회 · 문화 인프라 강화	▸ 지역의 '기초 사회 · 문화 인프라' 개념 정립 및 지역 간 인프라 격차 최소화를 통해 지방소멸위기 극복 지원
⑮	지역정책과제의 충실한 이행	▸ 시도 지역정책과제와 국가균형발전 정책과의 연계 강화, 임기 내 충실한 과제이행을 위해 추진체계 마련

출처: 지역균형발전특별위원회, 지역균형발전 비전 대국민 발표.

상기의 15개 과제 중에서 2022년 7월 26일 확정된 국정과제 120개 중에 10개가 포함된다. 10대 지방시대 과제는 지방시대 실현을 위한 지방분권 강화, 지방자치단체의 재정력 강화, 지역 인재 육성을 위한 교육혁신, 지자체의 자치역량 · 소통 · 협력 강화, 기업의 지방이전 및 지방투자 촉진, 공공기관 이전 등 지역 성장거점 육성, 지역 맞춤형 창업 · 혁신 생태계 조성, 지역특화형 산업육성으로 양질의 일자리 창출, 지역사회의 자생적 창조역량 강화, 지방소멸 방지 · 균형발전 추진체계 강화이다. 지방시대위원회가 발표한 자료에서는 교육자유특구 조성(규제완화, 행재정 지원), 지방 첨단전략 산업 육성,

지방 신산업 생태계 조성, 매력있는 농어촌 조성, 지역 문화 콘텐츠 생태계 조성(문화특구), 도심융합특구조성, 지방 킬러규제 일괄해소, 지방분권형 국가로의 전환 등이 9대 정책으로 제시되었다.

Ⅳ. 윤석열 정부 지역균형발전 정책의 추진주체

1. 자치분권과 균형발전의 차이점

지역정책의 중요한 내용인 자치분권과 균형발전 정책은 유사한 듯하지만 다양한 측면에서 매우 상이한 정책이다. 이를 정리하면 〈표 4〉와 같다.

표 4 자치분권과 지역균형발전 정책의 비교

비교기준		자치분권	지역균형발전
정책의 특성	추진이념	– 자유, 경쟁, 효율 – 자주, 참여, 자율, 책임 – 시장친화적	– 평등, 형평 – 통합, 통일 – 최소기준의 확립 – 반시장적 특징 보유
	성격	– 전략적, 상황적 정책 – 차별성과 경쟁을 전제 – 재화 생산방법의 이양적 성격 – 수단적 성격의 정책 – 공유재산 성격의 정책 – 무임승차 가능	– 시간과 공간을 초월한 상시적 정책 – 차별성의 축소 – 재화의 이양적 성격 – 최종목표적 정책 – 사유재산 성격의 정책 – 무임승차의 어려움
정책의 분류		구성정책, 배분정책	재배분정책, 배분정책
정책의 내용	범위	– 정치 · 행정권한 및 행정사무의 지방이양 – 재정분권	– 전략산업의 지역적 배분 – 지역의 혁신정책 – 공공시설의 분산: 행정중

			심복합도시,중앙부처 및 공공기관 지방이전 – 지방대학육성 – 재정조정제도
	목적 및 목표	– 분권형 정치행정체제 (분권형 거버넌스) – 지역발전의 균등한 기회제공	– 국토의 균형발전(수도권과 비수도권, 지역 간의 경제적 격차 해소) – 집권식 재원의 강제배분
	수단	– 권한이양과 수평적, 수직적 조정제도 – 재원의 수요을 연차적 처리 가능	– 재원의 수직적 조정제도 – 정책집행의 초기부터 막대한 자원필요
	이론적 기초	– 분권논리가 적실성이 높음: 지역의 의견이 반영될 가능성이 높음. – 수평적 재정조정	– 집권논리가 적실성이 높음: 지역의 경제적 격차를 해소시키는 정책으로 중앙정부의 의견이 반영될 가능성이 높음. – 수직적 재정조정
정책 당사자 (추진전략, 선호도, 인지도, 선거관련)	중앙정부	– 중앙정부의 정치 · 행정권한이 이양임으로 소극적인 태도 – 선거의 활용도 낮음	– 재원의 중앙집권식 배분임으로 상대적으로 적극적임 – 선거에 활용도 높음
	지방정부	– 서울을 포함한 지방정부의 통일적 의견 수립이 용이 – 지방정부 간의 합의가 상대적으로 용이함 – 공유재산의 성격으로 정책에 대한 열의가 적음	– 수도권과 비수도권, 영남과 호남, 도시와 농촌 등 다원화된 갈등구조 – 지방정부 간의 갈등의 소지가 큼 – 재원의 이양을 의미하기 때문에 정책에 대한 열의가 상대적으로 높음
	시민	– 기회의 제공을 의미하는 분권정책에 상대적으로 중요도에 대한 인지도 낮음	– 지역발전을 의미하는 균형발전에 인지도가 높음
	지역의 이익단체	관심이 높음	관심이 높음

출처: 김순은(2018), 자치분권과 지역균형발전의 상생적 추진전략, pp. 48-49.

2. 역대 정부의 추진체제

자치분권과 균형발전의 성패에는 다양한 요인들이 관련되어 있다(김순은, 2021). 그 중에서도 추진체제의 특성들, 예를 들면 기능과 권한, 추진의지, 노력정도, 리더십 등이 매우 중요한 독립변수로 작용하였다(김순은, 2022).

윤석열 정부가 출범하면서 균형발전에 대한 이전 정부들의 미흡한 결과가 추진체제와도 밀접한 함수 관계에 있다고 판단하여 추진체제의 개선에 대한 다양한 논의가 제기되었다.

자치분권위원회와 국가균형발전위원회의 통합 여부는 정부 때마다 제기되었다. 2017년 5월 문재인 정부가 출범할 당시에도 심도있게 논의되었다. 그럼에도 통합대신에 분리하는 안으로 정리되었다. 노무현 정부의 국가균형발전위원회는 이명박, 박근혜 정부에는 지역발전위원회로 명칭이 변경되었다. 문재인 정부가 출범하면서 국가균형발전위원회로 환원되었다. 윤석열 정부가 출범하면서 통합논의가 강하게 진행되어 통합법안이 2023년 5월 25일 국회를 통과하였다.

3. 윤석열 정부의 추진계획: 추진기구의 통합

기존에는 지역균형발전 추진을 위해 대통령 직속으로 '자치분권위원회'와 '국가균형발전위원회'가 존재하였다. 지역정책을 위한 지원체계가 이원화되었다. 추진기구의 통합에는 추진체계가 분리되어 지방분권-균형발전 정책 간 연계성이 부족하고 부처 간 업무조정기능의 미흡으로 인해 효과적인 균형발전정책 추진에 한계가 있다는 판단이 기초를 이루고 있다. 두 기구 모두 자문위원회로서 정책의 집행력을 갖고 있지 못한 점이 지역의 시민단체를 중심으로 지적되어 왔다. 이러한 진단을 토대로 크게 3가지 대안이 논의되었다.

1) 통합 1안: 자문위원회 안

(1) 특징

통합 1안을 지지하는 주장은 크게 2가지 사항에 초점을 맞춘다. 자치분권과 균형발전은 매우 중요한 함수관계에 있음에도 불구하고 양자의 분리로 통합의 시너지 효과가 발생하지 못했다는 것이 첫 번째의 논거이다. 자치분권이 되었다고 균형발전을 이루지는 못하지만 균형발전이 되려면 자치분권이 필요조건이다.

두 번째의 논점은 기구의 성격에 관련된다. 두 기구 모두 자문위원회에 머물고 있기 때문에 아무리 좋은 의견과 정책을 제시하더라도 행정부처의 적극적인 뒷받침이 없으면 실효성이 없다. 지난 기간 2,000여 건 이상의 사무이양이 의결되었음에도 법제도의 정비로 이어지지 못한 사례가 대표적이다. 자문위원회를 행정부의 부처 또는 행정위원회로 전환하자는 견해이다.

요약하면 두 기구를 통합하여 행정부처 또는 실행력을 가진 행정위원회로 전환하자는 주장이다. 장 · 단점이 명확한 대안이다. 1)절에서는 전자, 2)절에서는 후자의 안에 대하여 논의하였다.

(2) 장 · 단점

통합 1안은 장점과 단점이 비교적 명확하다. 자치분권과 균형발전을 한 기구가 추진하기 때문에 자치분권의 제도와 균형발전의 사업을 연계한 일관된 정책 추진이 가능하다. 두 기구의 공통분모인 재정분권의 추진이 보다 용이하다.

대통령 소속 두 기구가 통합되어 거대 기구가 됨으로써 정책의 종합이 가능하고 유관부처를 통할하는 데에도 보다 용이하다.

두 기구를 상대하는 업무가 단일 기구에 귀속되기 때문에 중앙부처 및 지방정부의 업무 추진에 효율성이 높아진다. 효율적인 업무 추진은 지역실정에 맞는 맞춤형 분권과 균형발전의 시의성을 높일 수 있다.

장점만큼이나 단점도 적지 않다. 두 기구가 모두 법에 근거를 두고 있기 때문에 국가균형발전법, 지방자치분권특별법의 개정에 많은 시일이 소요되고 있다. 윤석열 정부의 출범 이후 여소야대의 국회 사정상 추진력 확보에도 어려움이 예상된다. 현재와 같은 상태에서 통합되더라도 두 기구 모두 자체사업예산이 부재한 관계로 독자적인 집행력을 기대할 수 없다.

자치분권과 균형발전이라는 정책의 차이, 업무 및 프로세스의 이질화로 인한 이견조정에도 내부적으로 어려움이 예상된다. 그 간 지방4단체의 회의를 보면 적어도 총론적인 측면에서 지방4단체 간에는 자치분권에 대해서는 이론이 없었다. 반면 균형발전에 대해서는 수도권-비수도권, 도시와 농촌, 영남과 호남 등 다양한 전선이 형성되었다.

통합안의 최대 단점은 균형발전에 자치분권의 이슈가 잠식되는 것이다. 지방의 관점에서는 제도적인 측면의 자치분권보다는 재원지원의 균형발전에 더욱 매력적이다. 문재인 정부 하에서조차 균형발전을 더욱 강조하는 지방의 정치지도자들이 많았다.

기구 통합으로부터 파생되는 커다란 단점은 1999년 김대중 정부의 지방이양법 제정 이후 형성되어온 지방분권추진기구의 사회적 자본이 훼손되는 것이다. 문재인 정부의 자치분권 성과는 20여년 지속되어온 자치분권의 사회적 자본에 기초한 성숙효과의 측면도 있었다. 이런 점을 고려할 때 (김순은, 2022) 그간 형성된 네트워크, 호혜적 규범, 상호 신뢰 등 사회적 자본이 사라지는 것은 우리나라 지방자치의 발전에 커다란 손실이 아닐 수 없다.

2) 통합 2안: 행정부처 또는 행정위원회 안

(1) 특징

통합 2안은 두 기구를 통합하여 행정부처 또는 실행력을 가진 행정위원회로 격상하는 대안이다. 행정부처 또는 행정위원회로 전환함으로써 정책총괄 및 조정, 집행력이 강화된다. 자치분권과 균형발전과 관련된 중앙행정기관의 기능과 기구가 통합되고 위상 및 역할이 강화되어 실행력도 높아지고 정책역량의 확보가 가능하다.

(2) 장 · 단점

두 기구가 통합되어 행정부처 또는 행정위원회로 격상되면 첫째, 윤석열 정부의 지방시대 구현을 위한 컨트롤 타워로서의 역할과 기능이 강화된다. 자치분권과 균형발전의 일원화로 중앙부처 및 지방의 업무 효율성이 크게 제고된다.

통합기구가 자체 사업 · 예산 · 제도개선을 위한 권한을 확보하게 되어 실행력이 담보된다. 국가적 정책추진을 위한 정책 종합 및 집행 기능이 강화된다는 장점이 있다.

단점도 두드러진다. 정부조직법, 국가균형발전법, 지방자치분권특별법 등 관련 법률의 제 · 개정에 많은 시일이 소요될 수 있다. 여소야대의 정국은 관련 법규의 개정에 어려움이 될 수 있다.

통합안의 행정부처화 또는 행정위원회안은 관련 부처의 기능 및 조직 이관을 의미하기 때문에 이에 따른 부처의 소극적 대치와 반대도 예상할 수 있다. 시간과 노력이 소요될 것이다.

새로운 기구의 탄생은 윤석열 정부의 작은 정부 구현에도 배치된다는 단점을 지닌다. 통합됨에 따라 자치분권의 이슈가 균형발전에 밀리는 점, 사회적 자본이 훼손되는 단점은 여기에도 포함된다.

3) 기능보완의 2원화 체제안

(1) 특징

그동안 성과를 낸 자치분권위원회의 기능에 지방소멸 대응, 맞춤형 지역발전을 위한 제도적 지원 등 새로운 시대적 가치와 과제를 추가하는 대안이다. 종전의 행정학자 중심의 위원 구성에서 지역발전, 지역경제, 지역복지 등 다양한 분야의 전문가로 확대하여 현장감 높은 정책추진을 가능하게 한다.

그동안 자치분권 관련 법제도가 5년의 한시법으로 반복적으로 연장하는 형태로 이루어져 왔는데 이를 상설화하는 것이다. 제도개선의 안정적 추진을 위하여 존속기한을 폐지한다.

새로운 상설의 위원회는 제도적으로 수요자 우선의 정책발굴, 국정과제 수준으로 정책이행 관리, 대통령 · 국무회의 수시보고 등을 더하면 정책 집행력을 강화하는 효과를 거둘 수 있다.

그동안 위원회의 심의 · 의결은 권고수준이었다. 이를 법적 구속력을 갖는 의결로 제도화한다면 관련 법률의 제 · 개정여부가 투명하게 될 것이다.

자치분권의 기능강화와 비례하여 국가균형발전위원회의 기능과 권한도 강화하면서 2원 체제를 유지하는 안이다.

(2) 장 · 단점

자치분권위원회 존속안은 자치분권 정책의 연속성과 일관성이 유지되고, 자치분권 과제 집중으로 안정적인 제도개선이 가능하다는 장점을 지닌다. 지방소멸 대응 등 추가적인 기능추가로 주민체감형 자치분권 추진이 가능하다.

그럼에도 위원회는 자체의 사업 및 예산의 부재로 독자적 집행력이 부족하고, 자문기구로서의 근본적 한계가 있다는 단점이 존재한다. 문재인 정부의 경우 연간 30억의 운영예산으로 자치분권 7법의 성과, 2단계에 걸친 재정분권의 성공, 기타 정책적 성과가 있었음은 고려할 때 매우 저비용·고효율의 경제적인 조직이라고 할 수 있다.

4) 자문위원회형 통합기구의 결정

윤석열 정부는 국가균형발전위원회와 자치분권위원회의 통합을 위하여 "지방자치분권 및 지역균형발전에 관한 특별법"을 완료하였다. 두 기구를 통합한 지방시대위원회의 설치를 위한 입법이다. 집행력이 부여된 행정위원회형보다는 기존의 자문위원회로 결정되었다. 통합 위원회의 출범에 따라 향후 지역정책의 성공을 위해 몇 가지 정책방향의 제언을 한다. 비록 자치분권의 환경은 순탄치 않지만 지방시대위원회가 자문위원회로서 지역정책의 리더십을 발휘할 수 있도록 실질적 위상과 기능이 제도적, 상황적으로 보장되어야 한다. 이에 대해서는 아래에서 논의하였다.

V. 자치분권정책의 정책환경

1. 보수 정부의 사회적 유산 및 사회적 자본

우리나라의 지방분권은 1999년 1월부터 발표된 "중앙행정권한 지방이양 촉진 등에 관한 법률"이 시발점이었다. 본 법을 제정한 김대중 정부 이후 노무현 정부, 이명박 정부, 박근혜 정부, 문재인 정부는 종합적인 계획을 수립하고 자치분권을 추진하였다(김순은, 2020).

지난 6개의 정부를 비교하여 보면 김대중, 노무현, 문재인 정부 등 진보 정부는 자치분권에 매우 적극적이었다. 김대중 정부는 지방분권의 중요성을 인식하고 이를 위한 제도를 처음으로 마련하였다. 노무현 정부는 지역균형발전과 함께 지방분권을 지역정책의 양축으로 인식하고 체계적인 지방분권 종합계획을 수립하고 추진하였다. 이후의 정부들이 수립하였던 지방분권 계획이 이를 토대로 가감·수정하여 왔다. 제주특별자치도를 설치하였다. 문재인 정부는 역대 어느 정부도 비교할 수 없는 자치분권의 성과를 낳았다. 자치분권 7법의 완성, 2단계에 걸친 재정분권의 달성, 자치분권 사전협의제 및 주민자치회의 확대를 통한 정책적 성과를 낳아 자치분권 2.0시대를 열었다(김순은, 2021, 2023).

반면 지방자치와 지방분권은 보수 정부에게는 크게 관심을 받지 못했다. 보수 정부들은 산업화, 경제발전, 수도권 규제완화, 취득세의 인하를 통한 부동산 경기 활성화 등에 보다 많은 관심과 비중을 두었다. 이명박 정부를 "지방분권의 미온적 조정기", 박근혜 정부를 "지방분권의 정책적 시련기"로 평가하는 것도 같은 맥락이다(김순은, 2020).

현재로서는 윤석열 대통령의 자치분권과 지역균형발전에 대한 의지는 매우 강하다. "지방시대"라는 용어도 그러한 맥락에서 나온 것으로 보인다. 보수적인 윤석열 정부가 자치분권에 미온적이거나 소극적인 보수당의 사회적 유산 및 자본이라는 정책적 환경하에 있음은 분명하다. 대통령의 강한 의지와 사회적 유산 및 자본과의 함수관계에 따라 성공 여부가 결정될 것으로 예상된다.

2. 여·소야대의 입법환경

문재인 정부의 성과 중에 자치분권 7법이 논의되고 있다. 자치분권을 위한 전부개정의 지방자치법, 자치경찰을 위한 경찰법 개정, 주민조례발안법, 중앙-지방협력회의법, 지방일괄이양법, 주민투표법, 고향사랑기부금법을 포함하여 16개의 법률이 제·개정되었다. 이렇듯 자치분권의 발전은 법률의 제·개정을 수반하는 경우가 대부분이다. 국회에서 관련된 법률안들이 의결되어야 함을 의미한다.

그런데 현재 국회의 입법환경은 그리 우호적이지 않다. 무엇보다도 여소야대의 정국상황이 향후 정부나 국민의 힘이 추진하는 입법에 우호적이지만은 않을 것이다. 최근에 전개되는 국회의 여·야 대치상황이 적절한 예이다. 2024년 4월 실시되는 국회의원 선거의 결과에 따라 윤석열 정부의 지방정책, 특히 자치분권의 성과가 크게 좌우될 것이다.

3. 자치분권과 지역균형발전의 추진주체의 통합

1999년 지방이양이 개시된 이후 지역정책의 추진주체에 대한 논의가 지속되어 왔다(김순은, 2022). 자치분권과 균형발전을 단일의 기구가 담당하는 것이 정책간의 시너지 효과를 제고하는 유리하다는 주장과 양 정책의 성격이 판이함으로 별개의 독립된 기구가 맡아야 한다는 주장이 기회가 있을 때마다 논의되었다. 그동안의 대세는 별개의 기구가 담당하는 것이었다. 각 정부마다 상이한 추진주체가 자치분권과 지역균형발전을 담당하였다.

이 논의는 윤석열 정부 때에도 재론되어 이번에는 통합하는 방향으로 결정되었다. 관련 법률안이 국무회의를 거쳐 국회의 의결을 통과하였다. 처음으로 시도되는 두 기구의 통합이 시너지 효과로 이어질지 아니면 여타의 부작용이 발생할 지는 향후 결과를 주목하여야 한다. 분명한 것은 두 기구의 통합으로 자치분권과 지역균형발전을 단일의 기구가 담당하는 점이다. 지역균형발전의 시급성과 중요성에 비추어 자치분권 관련 이슈가 지역균형발전 이슈에 묻히지 않도록 하여야 할 것이다.

Ⅵ. 자치분권의 정책방향

1. 정책방향의 틀

자치분권에 관한 윤석열 정부에의 정책 방향은 다양한 관점에서 이루어질 수 있다. 〈표 5〉에서 보는 바와 같이 자치분권의 전략, 방식, 대상의 측면과 제도의 활용과 개선이라는 측면에서 분류할 수 있다. 제도의 활용이라 함은 이미 설치된 제도를 적극적으로 활용하는 차원이며 제도의 개선이라 함은 윤석열 정부가 개정 또는 제정하는 제도이다. 과거의 예를 보면 짧게는 2-3년 길게는 3-4년 소요되어 도입되는 제도를 의미한다. 새로운 제도를 도입하거나 개정하는 데에 2-3년의 기간이 소요되기 때문에 기존의 제도를 적절히 활용하는 것도 매우 중요하다.

표 5 윤석열 정부에의 자치분권 정책 제언

	제도의 적극적 활용	제도의 수정과 보완 및 개선
전략	대통령 어젠다 유지, 행정안전부의 적극적 활동 유인 추진주체 사회적 자본 유지·보존 자치분권마인드 확립 및 확산 지방주도의 명확화 자치분권 등 목표의 단순 지수화	
방식	획기적 지방분권과 일괄법의 계승 각종 특례제도의 활용 중앙–지방협력회의의 적극적 활용	자치분권형 헌법개정 기회발전특구, 교육자유특구
대상	주민자치회의 활성화 심의 · 의결된 지방이양사무의 처리	자치경찰의 진일보 자치권의 확대

2. 정책제언의 내용

1) 전략적 측면

(1) 대통령의 어젠다 유지와 행정안전부의 적극적 활동 유인

대통령제 하에서 정책의 성패는 해당 정책이 얼마나 지속적으로 대통령이 직접 챙기는 대통령 어젠다에 포함되느냐에 달려 있다. 모든 정부들이 정부 출범에 맞추어 국정과제를 결정하여 발표한다. 정부의 임기 내에 역점을 두고 추진하겠다는 정책들이다.

모든 국정과제들이 동일한 비중으로 추진되는 것이 아님은 이미 역사를 통해 알 수 있다. 시대적 상황의 변화와 대통령의 의지에 따라 국정과제들의 추진은 매우 다양한 모습으로 나타났다.

문재인 정부는 100대 국정과제를 정하여 발표하였다. 자치분권 과제도 총 5개였다. 국정과제 13 권력구조의 개편 속에 자치경찰체가 포함되었으며 이외에 획기적인 지방분권과 재정분권, 교육자치의 획기적 개선, 세종 · 제주형 지방자치의 획기적 발전 등이 포함되었다. 자치분권과 관련된 대부분의 과제들이 임기 내내 대통령 어젠다에 포함되어 추진되었다. 이렇게 된 데에는 대통령의 자치분권에 대한 의지가 강했기 때문이었다 (김순은, 2021, 2023).

윤석열 정부도 지방과제 10개를 포함하여 120개의 국정과제를 확정하여 발표하였다. 10개의 지방과제들이 임기 내내 대통령 어젠다에 포함되어야 한다.

윤석열 정부가 출범한지 1년 반을 앞두고 120개 국정과제에 이어 지방시대위원회가 2023년 11월 2일 지방시대종합계획(2023–2027)을 수립하여 발표하였다. 여기에는 지역균형발전과 자치분권에 관한 내용이 포함되어 있다. 이러한 목표들이 성과를 거두기 위해서는 행정안전부의 적극적 역할이 기대된다.

(2) 추진주체의 사회적 자본의 유지 · 보존: 전략적 조화를 위한 리더십 발휘

앞에서 자치분권과 균형발전이 많은 관점에서 상이하다는 것을 상설하였다. 무엇보다도 자치분권은 분권적인데 균형발전은 집권적인 성향이 가장 강하다는 점이다. 지역의 입장에서 보면 제도개선의 자치분권도 중요하지만 재정지원의 균형발전이 더욱 반갑다.

자치분권에 대해서는 원론적인 관점에서 지역 간 견해의 차이가 있을 수 없다. 중앙권한을 지방으로 이양하는 것이기 때문에 지방의 입장에서는 크게 반대할 이유를 찾기가 어렵다. 반면 재원이양은 지역 간 갈등의 주요 원인이다. 재원이 한정적이기 때문이다. 수도권과 비수도권, 도시와 농촌, 영남과 호남 등 지역 간의 발전 격차는 균형발전에 대한 견해차를 유발한다.

이와 같이 상이한 내용을 담은 지역정책을 동일의 기구가 수행할 때에는 두 정책이 상호 · 보완할 수 있는 전략을 적절히 수립하여 구성원 간의 마찰을 최소화하여야 한다.

(3) 자치분권 마인드의 확립 및 확산

우리나라는 "사람은 서울로 말은 제주도로"라는 표어가 시사하듯이 매우 서울지향적인 마인드를 갖고 자란다. 서울지향은 오랜 관행이며 관습이며 우리의 문화가 되었다.

1차적으로 학교를 통한 서울지향, 2차는 직업을 통한 서울지향이 모든 세대에 걸쳐 두드러지게 나타났다. 하드웨어 중심의 균형발전이 효과를 거두지 못하는 이유 중의 하나이다.

정치, 경제, 정보, 교육, 문화 등이 수도권에 집중된 상태에서 지방의 기업을 활성화하여 인구분산을 유인하는 정책만으로는 한계가 있었다. 행정은 세종특별자치시의 건설로 효과가 있었음을 감안할 때 정치, 경제, 정보, 교육, 문화 등의 측면에서 과감한 분권 및 분산정책의 요구와 함께 국민들의 수도권 지향의 집권적 마인드를 분권적 마인드로 전환하는 노력도 병행되어야 한다. 국민들의 집권적 마인드가 모든 수도권 집중의 근원이라고 볼 수 있다.

(4) 지방주도의 명확화

분권적 마인드의 확산이 매우 중요하다는 점을 고려할 때 윤석열 정부가 지방주도의 지방시대를 열겠다는 정책은 매우 적절하다. 문재인 정부의 주민주권 나아가 자치분권 2.0의 개막과 맥을 같이한다고 볼 수 있다.

여기서 정책의 효과성을 높이기 위하여 지방 또는 지역을 명확하게 할 필요가 있다. 2가지 차원의 논의가 필요하다.

첫째의 논의는 지역의 정체를 명확하게 하는 것이다. 우리나라는 17개 시·도와 226개의 시·군·구의 행정주체가 존재한다. 어느 행정주체가 지역을 주도하는 것인지에 대한 명확화가 필요하다. 이 외에도 초광역의 주체가 논의될 수도 있다.

두 번째의 논의는 지역정책 추진방식과 관련되어 있다. 국가의 지도·감독 등 하향식을 지양하고 중앙-지방의 상호 소통과 협의 및 협력을 통한 상향식을 지향할 것으로 기대된다. 전국을 단일화하여 획일적으로 관리하기 보다는 지역단위로 지역의 정체성을 높여 분권적으로 처리하는 방식이 보다 타당하다. 이런 관점에서 강원도, 전라북도 등에 특별자치도의 설치를 통하여 발전을 모색하는 접근방식은 매우 적절하다.

지방의 중앙의존보다는 지역의 자립심을 배양하는 방식이 되어야 할 것이다. 지방의 다양한 의견을 효율적으로 수렴하는 기구로서 2022년 1월 13일 정식으로 발족한 중앙-지방협력회의의 적극적 활용이 기대된다. 현재까지 윤석열 정부도 5차례에 걸친 회의를 개최하는 등 중앙-지방협력회의를 적극적으로 활용하고 있는 것도 매우 적절하다.

(5) 자치분권 등 지역정책 목표의 지수화

2022년 7월 26일 확정된 10개 국정과제의 목표가 매우 추상적이라는 지적이 제기되었다. 자치분권 및 균형발전의 목표를 좀 더 구체성을 높일 필요가 있다. 실행목표가 구체적으로 적시되어야 정책관리가 용이하기 때문이다.

문재인 정부 하에서는 재정분권을 추진함에 있어서 국세와 지방세의 비율을 7 : 3의 달성이라는 지표를 제시한 바 있다.

2) 자치분권의 방식 측면

앞에서 논의하였듯이 지난 정부 기간 동안 자치분권 7법 등 자치분권 2.0 시대를 여는 제도의 개선이 있었다. 제도 개선에 소요되는 기간이 2-3년 걸린다는 점을 감안하면 새로운 제도를 만든 후에 변화를 모색하는 것보다는 이미 개선된 제도를 잘 활용하는 것이 보다 실용적이라고 할 수 있다. 윤석열 정부가 제도를 개선할 쯤은 이미 정부의 임기 후반기에 도달하기 때문이다. 지역균형발전을 위한 자치분권을 위해 적극적으로 활용되어야 할 제도는 아래와 같다.

(1) 제도 활용의 측면

① 획기적 지방분권과 일괄법의 계승

현재의 제반 상황을 고려하면 작은 정부의 구현이 윤석열 정부의 모토이다. 지역정책을 위해 자치분권위원회와 국가균형발전위원회의 활동은 자문위원회형 “지방시대위원회‘가 담당한다.

새로운 기구 하에서 어떠한 상황에도 불구하고 지역주도의 지역균형발전을 모색할 수 있는 획기적인 또는 연방제 수준의 자치분권이 이루어져야 할 것이다. 달성되어야 과제는 이미 지역균형발전 비전 대국민 발표와 국정과제 110개에 추가과제 10개를 더해 제시되었다.

다음 관련과제를 제도적으로 달성하는 추진방식으로 일괄법이 계승·발전되어야 할 것이다. 어려운 과정을 거쳐 제1차 지방일괄이양법이 통과되었다. 제2차 일괄법도 신속하게 추진되었으나 당시 야당, 현재 여당의 반대로 부처별 일괄법으로 선회하였다. 획기적인 자치분권을 위하여 여당으로서 일괄법의 도입에 적극적으로 나서야 할 것이다.

새로운 기구의 명칭이 지방시대위원회이다. 자치분권과 균형발전을 통합하는 형태이다. 대통령직 인수위원회 산하 지역균형발전특별위원회의 설치 상황으로부터 추론하면 지역균형발전이 보다 강조될 것으로 전망된다. 지역균형발전이 보다 궁극적인 목표로 부각될 기구가 될 가능성이 높다. 이럴 경우 자치분권과 균형발전 사이의 우선순위에서 대등하게 고려될 수 있도록 적어도 추진기구의 부위원장은 자치분권의 전문가로 임명하는 것도 대안이 될 수 있다.

② 각종 특례제도의 활용

다양한 종류의 제도들이 특례를 규정하고 있다. 지방자치법 상의 특별자치도, 특례시 및 추가 특례, 인구소멸 지역에 대한 특례, 특별지자체의 활용 등을 적절히 활용하는 것이 새로운 제도를 모색하는 것보다 시간을 절약할 수 있다. 이런 관점에서 강원도와 전라북도를 특별자치도로 지정하여 발전시키는 전략은 매우 유의미하다.

③ 중앙–지방협력회의의 적극적 활용

중앙-지방 국정 거버넌스의 효과를 제고하기 위하여 2022년 1월 13일 역사적인 제1차 중앙-지방협력회의가 개최되었고 2022년 10월 7일 제2차 회의, 2023년 2월 제3차 회의, 4월 제4차 회의, 10월 29일 제5차 회의가 속개되었다. 향후에도 지역균형발전과 자치분권에 관한 중요한 이슈와 과제들이 대통령이 주재하는 본 회의에서 해결되어야 할 것이다.

(2) 제도 개선의 측면

① 자치분권형 헌법개정

자치분권형 개헌은 중앙집권체제를 지방분권체제로 완성하는 것이다. 특히 기본적 통치구조를 개편하고 용어의 선택도 이론적인 관점에서 적절하게 이루어져야 한다. 이러한 국가체제의 틀 하에서 상기에서 논의한 자치분권 과제들이 반영되어야 할 것이다. 헌법내용 중에 특별자치도의 규정이 요구된다.

② 기회발전특구, 교육자유특구

현 정부가 초점을 두고 있는 새로운 특구들도 속도감 있게 진행되어야 할 것이다. 기회발전특구와 교육자유특구는 윤석열 정부가 역점을 두는 지방시대의 대표적 정책들이다.

3) 자치분권의 대상 측면

(1) 제도 활용의 측면

① 주민자치회의 활성화

주민주권을 위한 주민자치회의 활성화가 이루어져야 한다. 39개로 시작된 주민자치회는 2022년 3월 기준으로 1,098개의 주민자치회가 구성되어 활동하고 있다. 전국적으로 확대되어야 할 것이다.

② 심의 · 의결된 지방이양사무의 처리

이미 기존의 추진주체들이 지방으로 이양하기로 심의하고 의결한 중앙행정권한을 일괄법의 형식을 빌어 적극적으로 이양하여야 한다.

(2) 제도 개선의 측면

① 자치경찰의 발전모형

75년 만에 1원화 모형의 자치경찰이 실시되었다. 현 정부는 2024년 제주, 세종, 강원에 발전된 형태의 시범실시 계획을 발표한 바 있다. 2원화 모형 외에 발전된 형태의 1원화 등 다양하게 검토되길 제언한다.

② 자치권의 확대

향후에도 지속적으로 자치입법권, 자치행정권, 자치재정권 등이 지속적으로 확대되어야 한다. 1991년 지방자치의 재개 이후 자치권의 확대는 꾸준히 지속되어 왔다. 같은 맥락에서 향후에도 지속적으로 추진되어야 한다. 특히 자치입법권의 확대가 어느 때보다 요구된다.

Ⅶ. 나가며

2030시대의 자치분권은 문재인 정부와 윤석열 정부의 자치분권으로 이루어질 것이다. 문재인 정부의 노력으로 2022년은 주민이 주인이 되는 주민자치의 원년이 되었다.

주민주권의 시대가 열리게 된 데에는 자치분권위원회의 역할도 중요하게 작용하였지만, 역대 정부에서 활동한 기존의 5개 추진기구의 노력과 성과도 기여하였다. 김대중 정부는 중앙행정권한의 지방이양을 처음으로 소개하였고 노무현 정부는 자치분권의 과제를 구체적으로 종합하였다. 이어진 정부의 자치분권 과제들도 노무현 정부의 자치분권 과제와 크게 다르지 않았다. 다만 이명박 정부는 자치분권 외에 지방행정체제 개편에 비중을 두었고 박근혜 정부는 자치분권의 종합계획을 국무회의 의결을 거쳐 확정하였다. 각 추진기구의 성과는 차이가 있지만 시대적 중단없이 지속적 자치분권의 노력이 문재인 정부의 자치분권위원회의 활동을 통해 완성되는 성숙효과가 발생하였기 때문이다.

이와 같은 자치분권의 사회적 자본과 유산으로 윤석열 정부에게는 자치분권 3.0의 성과를 기대한다. 윤석열 정부가 강조하는 지방시대는 2030시대의 마무리 자치분권이 되어야 할 것이다.

윤석열 정부의 균형발전과 자치분권을 위하여 현재 윤석열 정부는 통합의 지방시대 위원회를 구성하였다. 추진기구는 자치분권위원회와 국가균형발전위원회를 통합한 것이다. 과거 추진기구들이 형성해 온 사회적 유산과 자본을 잘 보존하고 유지한다면 지방시대위원회라는 통합의 추진기구도 커다란 과실을 맺을 수 있을 것이다.

참고문헌

김순은. (2018). 자치분권과 지역균형발전의 상생적 추진전략. 「지방행정연구」, 32(1): 35-60.

김순은. (2021). 문재인 정부의 자치분권 성과와 과제: 자치분권 2.0 시대의 제도적 토대, 「지방행정연구」, 35(4): 3-36.

김순은. (2022). 지방분권 추진주체. 김순은 외 3 편, 「한국의 지방자치」. 법문사.

김순은. (2023). 「지방자치와 지방분권의 대전환: 자치분권 2.0 시대의 개막」. 조명문화사.

김현호. (2022). 윤석열 정부의 지역균형발전정책의 추진. 「지방자치 이슈와 포럼」, 43: 10-17.

대통령 인수위원회 지역균형발전특별위원회. (2022). 윤석열 정부의 지역균형발전 비전 대국민발표.

박기관. (2022). 윤석열 정부의 지역균형발전정책 방향과 과제. 「지방자치 이슈와 포럼」, 43: 18-23.

이기우. (2022). 윤석열 정부의 지역균형발전정책: 지방분권정책을 중심으로. 「지방자치 이슈와 포럼」, 43: 24-31.

정운천. (2022). 어디에 살든 균등한 기회를 누리는 진정한 지역 주도의 균형발전시대를 열다. 「지방자치 이슈와 포럼」, 43: 4-9.

최근열. (2022). 문재인 정부의 자치분권 정책평가 및 향후과제. 「한국지방자치연구」, 24(1): 97-122.

제2편

거시적 관점

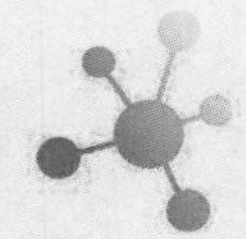

제4장

기후 · 에너지 위기와 도시의 탄소중립

명수정(한국환경연구원)

생각해보기

- 기후에너지 위기를 극복하는 방법으로 특히 도시에서의 탄소중립이 중요한 이유는 무엇인가?
- 도시라는 공간에서 배출되는 온실가스를 상쇄할 수 있는 방법은 무엇인가?
- 탄소중립 도시를 만들기 위해서 도시민들이 실천할 수 있는 기후행동에는 어떤 것이 있는가?

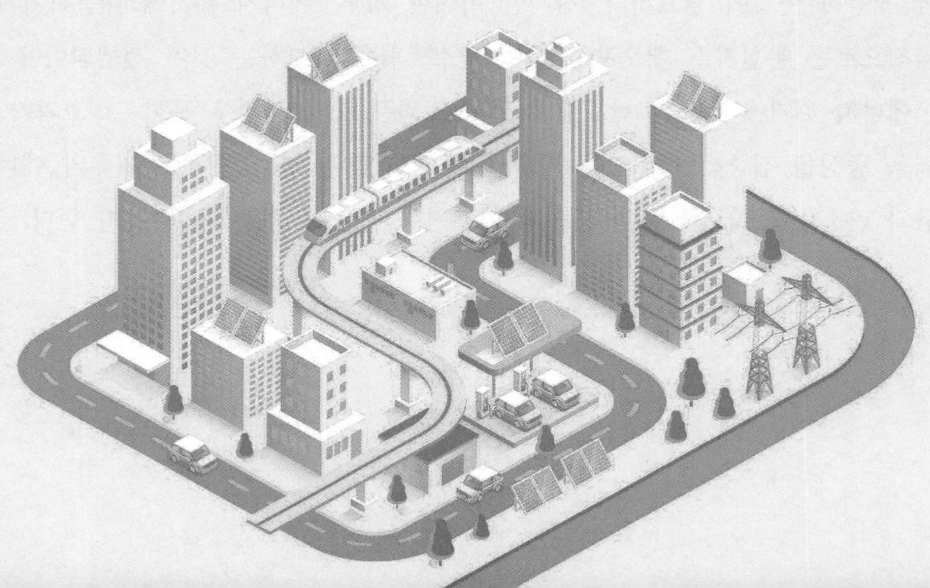

I. 들어가며

기후변화는 지구 위의 모든 이에게 영향을 미치는 전 지구적인 환경문제이다. 지속적으로 상승하는 지구 온도는 해수면을 상승시키고 홍수, 가뭄 및 폭풍과 같은 극한 기상 현상의 발생 빈도와 강도를 높이고 열대성 질병의 확산을 증가시키고 있다. 이러한 현상은 특히 사람들이 많이 모여 사는 도시에서의 기본적인 서비스와 인프라, 주택, 도시민들의 생계에 영향을 미칠 뿐만 아니라 건강관리 비용도 높이는 부정적인 효과가 있다. 도시는 또 온실가스를 집중적으로 배출하는 곳으로 도시 자체가 기후변화의 주요 원인이 된다. 전 세계적으로 기후 리스크가 점차 커짐에 따라 기후변화를 완화하기 위해 온실가스 배출량을 줄이는 것이 무엇보다 시급하다. 온실가스 감축을 위해서는 에너지 소비 감소와 에너지 전환이 이루어져야 한다. 도시는 지구 지표의 고작 2-3%를 차지할 뿐이지만 인구가 밀집하고 다양한 경제활동이 이루어지는 도시에서는 온실가스가 집중적으로 배출되므로 도시지역에서의 온실가스 감축 노력은 큰 의미를 가진다. 한편, 기후변화와 에너지 사용으로 인한 기후·에너지 위기는 전 지구 모든 지역에 다 영향을 미치지만 도시지역에는 타 지역에 비해 더욱 큰 영향을 미친다는 점에 주목할 필요가 있다. 도시에서는 인구 밀도가 높으므로 기후변화에 따른 위험성이 특히 높은 것이다. 이러한 위험을 줄이는 해법은 기후 관련 리스크 관리와 취약성 저감 그리고 기후변화에 적응하는 것이 필요하다. 하지만 이러한 기후·에너지 위기에 대응하기 위해서는 궁극적으로는 온실가스 배출량을 줄여 탄소중립을 확보하는 것이 선행되어야 한다. 기후·에너지 위기에 대응한 탄소중립 달성 노력은 도시의 경우 특히 그 효과가 커 도시지역을 중심을 집중적인 노력을 기울일 필요가 있다. 본 장에서는 기후와 에너지 위기 대응과 탄소중립 확보를 위한 도시의 기후변화 대응 방향을 제안하고자 한다.

Ⅱ. 기후 및 에너지 위기와 탄소중립

1. 기후 및 에너지 위기의 원인

국제사회는 일찍이 인류의 경제활동으로 배출된 온실가스가 초래하는 기후 시스템의 교란과 그 부정적 영향을 감지하고 기후변화에 따른 부정적 영향의 심각성을 막고자 유엔기후변화협약(UNFCCC, United Nations Framework Convention on Climate Change)을 채택하고 당사국들과 함께 기후변화를 완화하기 위한 노력을 기울여 왔다. 그러나 이러한 국제환경협약에도 불구하고 기후변화의 주 원인인 온실가스 배출량은 꾸준히 늘어왔다. 미국 해양대기청(National Oceanic and Atmospheric Administration)에 따르면 대기 중 온실가스 농도는 산업화 이전 280ppm에서 421ppm으로 늘어났으며, 지구평균 기온은 2023~2027년 사이 1.5℃ 초과할 것으로 전망된다.[1] 그러나 인간이 살아가고 있는 육상에서는 이미 1.5℃를 상승한 상황으로(IPCC, 2020), 전 세계적으로 기후변화와 관련한 각종 피해가 발생하고 있다. IPCC(2023)는 지구의 온도 변화를 설명하면서 지구 대기 중 온실가스 농도의 상승은 화석연료 사용과 산업활동 그리고 토지이용의 변화에 따른 온실가스 배출을 그 주요 원인으로 지목하였으며 특히 인간 활동의 책임성을 강조하였다(그림 1).

1) IPCC(2021)는 현재와 같은 추세로 온실가스 배출이 계속 늘어갈 경우 2040년 전후 지구 평균기온은 산업화 이전과 비교하여 1.5℃ 이상 증가할 것이라고 전망한 바 있다.

그림 1 지구 온난화에 대한 인간의 책임

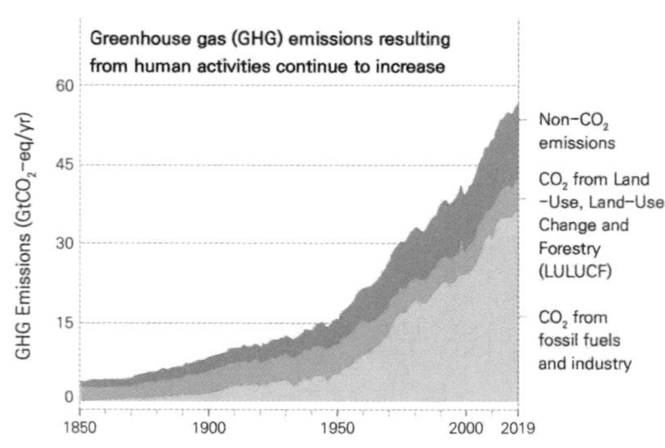

(a) 온실가스 배출량 추이

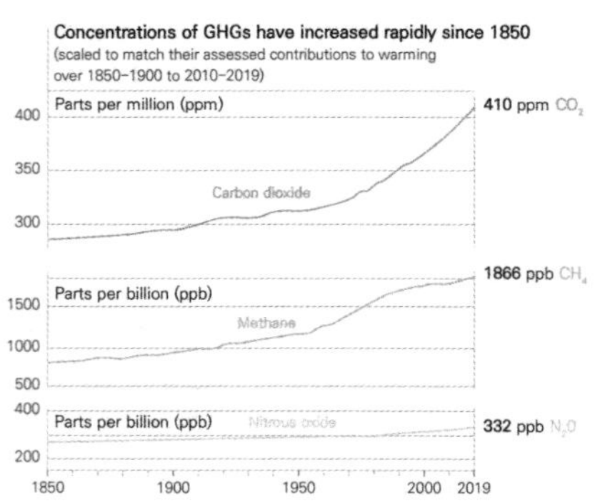

(b) 대기 중 온실가스 농도 추이

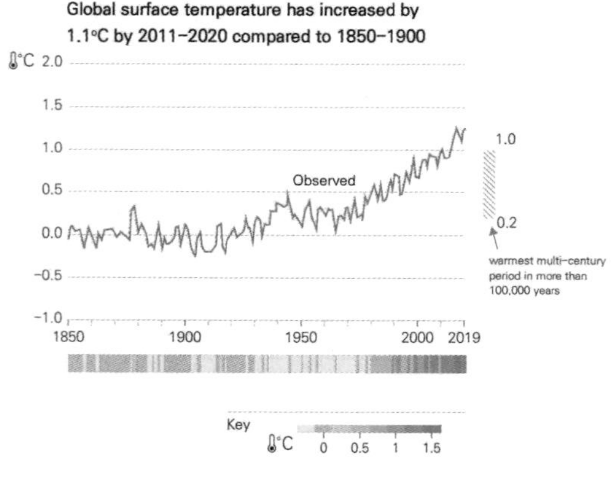

(c) 지표 온도 추이

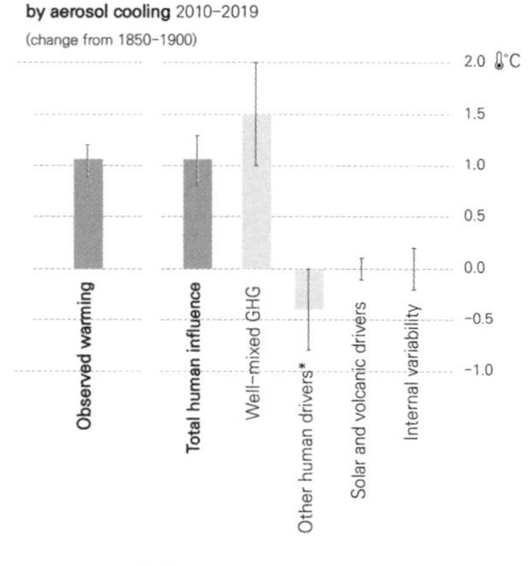

(d) 인간의 책임

자료: IPCC(2023), p.43으로부터 재구성

에너지를 다소비하는 산업 활동과 더불어 도시화는 기후변화의 중요한 원인이 되고 있다. 인구가 밀집한 도시에서는 도시민들이 소비하는 에너지 양이 막대한데, 건물의 냉난방과 교통 등 화석연료의 연소는 곧 대기 중 온실가스 배출로 이어지기 때문이다. 그러나 에너지 사용 외에도 도시는 기후변화에 대한 또 다른 측면의 책임이 있다. 사람들이 살아가는 정주지 조성 과정에는 기존의 산림이나 습지와 같은 자연 공간의 토지 이용 용도가 변화되면서 막대한 양의 온실가스가 배출되기 때문이다. 일반적으로 도시가 조성되기 전의 토지이용 상태는 대기 중 온실가스를 흡수하는 자연환경, 즉 자연기반의 흡수원인 경우가 대부분이다. 그러나 도시화가 진행되면서 원래 자연 상태의 토양과 식생에 저장된 온실가스가 대기 중으로 배출될뿐더러 자연생태계가 가지고 대기 중의 온실가스를 흡수, 저장하는 생태계서비스가 사라지기 때문에 기후변화의 또 다른 주요 원인이 되고 있다. IPCC(2019)는 도시 개발과 농경지 조성과 같은 토지이용 변화에 따른 온실가스 배출이 전체 배출량의 약 1/3을 차지한다고 추정하였다.

2. 기후 · 에너지 위기와 탄소중립

전 지구적인 기후변화 대응의 시급성에 대한 인식의 확산에도 불구하고 인류는 지속적으로 에너지 사용을 늘렸고, 이에 기후변화는 점점 더 심각해지고 있다. 극지와 히말라야의 빙하와 만년설이 사라지고 있으며, 작은 섬나라 국가들은 해수면 상승으로 인해 사라질 위기에 처했고, 홍수와 가뭄의 빈도와 강도가 늘어 세계 곳곳에서 산불 발생과 농업 생산 급감으로 식량 위기를 맞이하고 있는 것이다. 이에 유엔기후변화협약은 모든 당사국들이 온실가스를 줄이는 노력에 참여하는 새로운 기후체제를 구축하는 데 합의하였으며, 2015년 파리협정을 채택하였다.[2] 파리협정에서는 각 당사국들의 자발적인 온실가스 감축 목표(NDC, Nationally Determined Contribution)를 제출하도록 하였으며, 국제사회가 그 준수를 확인하도록 하였다. 이에 대부분의 국가들은 2050년 탄소중립 달성을 목표로 하고, 이를 위한 국가차원의 온실가스 감축계획을 수립하여 이행하고 있다. 〈표 1〉은 주요 국가들의 탄소중립 달성 예상 목표 연도를 정리한 것이다.[3]

2) 유엔기후변화협약은 CBDR RC(Common But Differentiated Responsibility and Respective Capability) 원칙에 따라 온실가스 배출에 대한 역사적 책임이 있는 선진국을 중심으로 온실가스 감축 의무를 부여하였다. 파리협정은 모든 당사국이 감축의무를 지닌다는 점에서 기후변화 대응에 큰 의미를 가진다.

3) 덴마크 Copenhagen시의 경우 세계 최초의 탄소중립 도시를 목표를 2025년 탄소중립을 목표로 하였으나, 2025년 달성을 실패한 것으로 평가되고 있으며, 에너지 소비와 생산 및 교통과 도시 각 부문의 감축을 위해 노력하고 있다.

표 1 **주요 국가 및 도시들의 탄소중립 달성 목표 연도**

국가	목표 연도	국가	목표 연도	도시	목표 연도
대한민국	2050	스웨덴	2045	서울	2050
프랑스	2050	브라질	2050	세종	2050
일본	2050	중국	2060	뉴욕	2050
스위스	2050	호주	2050 - 2100	암스테르담	2050
미국	2050	싱가포르	2050 - 2100	코펜하겐	2025
유럽연합	2050	우르과이	2030	케이프 타운	2050

자료: Visual Capitalist, "Race to Net Zero: Carbon Neutral Goals by Country", Urban Development, "the CPH 2025 Climate Plan" 등으로부터 저자 정리

유엔기후변화협약은 당사국들의 자발적 감축목표를 주기적으로 갱신하도록 하고 있으며, 새로운 감축목표는 제시한 목표를 줄이거나 후퇴하지 않고, 더 높은 수준의 감축목표를 설정하는 전진의 원칙을 갖고 있다. 그리고 주기적으로 자발적 감축목표 달성을 위한 각국의 노력이 제대로 이루어졌는지를 점검하는 전 지구적 이행점검(global stock-take) 과정을 거치는데 합의하였다. 탄소중립 목표 달성을 위해서는 다양한 감축 기술 도입과 에너지 전환 및 에너지 소비 감소 그리고 자연생태계를 활용한 자연기반의 흡수원 확대 등 다각도의 노력이 필요하다. 그리고 무엇보다도 온실가스 배출이 집중된 도시지역에서의 체계적인 기후변화 대응과 도시민들의 적극적인 기후행동 실천이 중요하다. 이에 최근 우리나라를 비롯한 세계 각국은 지방정부의 기후변화 대응 계획 수립과 탄소중립 목표 달성을 위한 노력을 독려하고 있다.

III. 도시와 기후변화

1. 기후변화가 도시에 미치는 영향

전 세계적으로 도시로의 인구 집중이 심화되고 있으며, 메가시티와 같은 거대도시가 늘어나고 있다. 전 지구적으로 영향을 미치고 있는 기후변화는 도시에도 큰 변화를 초래하며 많은 영향을 미치고 있다. 일반적으로 도시는 주변 지역에 비해 온도가 높다. 여름철 도시지역에 고온 현상이 심각하게 나타나는 도시열섬현상은 잘 알려진 현상이며, 기후변화는 이를 더욱 심각하게 만든다. 도시열섬현상은 도시지역에 많이 존재하는 높은 건물의 영향으로 열 발생과 환기 및 히트 트랩(heat trap), 도시민들의 에너지 소비 그리고 인공구조물로 되어 있는 콘크리트 및 기타 도시 건물의 열 흡수와 같은 특성에 따라 나타나게 된다. 또한, 도시화는 물 순환을 교란시켜 도시 강우패턴에 변화를 초래한다. 특히 도시 지표면의 유출 강도를 증가시키는데, 이로 인해 비록 강수량이 늘더라도 실제 활용할 수 있는 강수량은 제한적이며, 도시화로 인해 오히려 도시 건조화 현상을 유발할 수도 있다. 다음 〈그림 2〉는 전 세계 주요 도시의 지표 온도 추세로 도시와 도시주변 지역의 특성에 따라 지표 온도의 상승 정도에 차이가 있음을 보여준다.

그림 2 전 세계 주요 도시의 지표 온도 추세(℃)

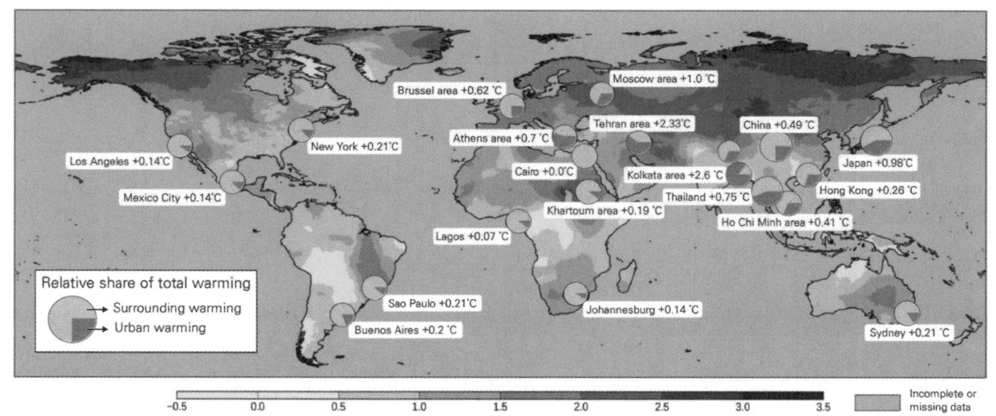

자료: IPCC(2021).

기후변화로 온난화가 진행됨에 따라 열파 현상도 더 잦아지고 그 정도도 심해지고 있는데, 열파 현상은 도시민들에게 큰 피해를 입힌다. 특히 도시지역의 취약계층인 노인들은 고온에 적응하는 데 어려움이 있어 많은 사상자가 발생하기도 한다. 미국의 경우 1999년부터 2010년 사이 2,039명의 열파 관련 사망자가 발생하였다고 보고된 바 있으며, 2003년 유럽에서 발생한 열파 현상은 70,000명 이상의 사망자를 내었다. 기후변화는 전반적으로 무더위와 한파와 같은 극한 기후현상을 초래하는 만큼, 여름과 겨울철에는 에너지 소비 과다로 이어진다. 여름철 고온 현상은 냉방에 따른 전기 소비량을 증가시킨다. 실제 27℃에서 32℃가 되면 20-25%, 35℃가 되면 에너지가 40% 더 소비되는데, 이는 결과적으로 정전 발생 위험을 키운다. 〈그림 3〉은 미국의 6개 도시에 대한 2080년 기후 유사성을 분석한 결과인데, 약 60년 이후 전국에 걸쳐 온난화가 현저하게 진행될 것으로 전망한다(Fitzpatrick & Dunn, 2019).

그림 3 미래 기후 시나리오에 따른 미국 6대 도시에 대한 기후 유사성의 변화

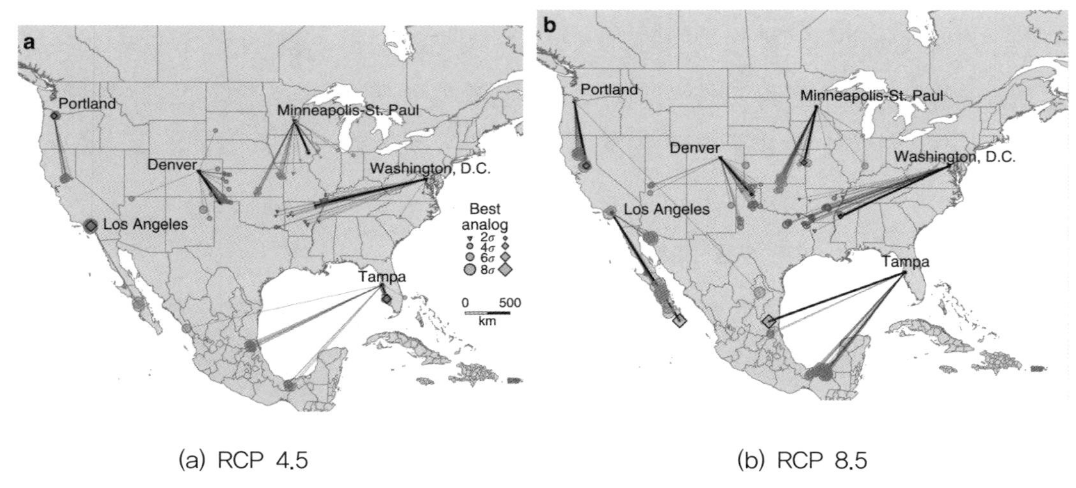

(a) RCP 4.5 (b) RCP 8.5

자료: Fitzpatrick & Dunn(2019).

기후변화는 홍수, 태풍과 같은 극한 기후현상의 빈도와 강도를 키우는데, 점차 강해진 열대성 대기압이나 대홍수의 발생은 도시지역의 기반시설 운영을 어렵게 하며 이로 인해 인명피해가 발생하기도 한다. 2022년 우리나라에서 발생한 태풍 힌남노는 13명의 사망자와 약 2조 원의 재산피해를 초래하기도 하였다. 많은 해안 도시는 해수면 상승으로 인한 실존적 위협에 직면할 것으로 보인다. 또, 오랜 기간 지속되는 대규모 가뭄은 식량 부족을 초래하며, 홍수, 태풍, 심지어 도시에까지 영향을 미치는 심각한 산불과 같은 잦은 자연재해 발생과 식량 부족은 도시민들에게도 경제적 위협과 사회적 불안정까지 초래하기도 한다.

2. 도시와 탄소중립

기후변화가 도시에 많은 영향을 미치는 것과 마찬가지로 도시도 기후에 영향을 미친다. 전 세계 대부분의 사람들은 도시지역에 살고 있는데, 실제로 전 지구 인구의 절반 이상이 도시에 살고 있다. 도시에 있는 건물과 교통 시설 그리고 경제 활동 기반은 온실가스의 주요 배출원이 된다. 도시는 토지 면적의 약 3%에 불과하지만, 높은 밀도와 집약적인 생산 및 소비 활동으로 인해 온실가스 배출(GHG)의 약 72%를 차지하는 것으로 알려져 있다(EC, 2020). 흔히 인공 환경이라고도 불리는 도시지역은 전 세계 에너지 소비의 2/3가 이루어지는 것으로 알려져 있다. 도시에서는 상당량의 폐기물이 발생되는데, 이 중 많은 양이 제대로 수거, 처리되지 않고 도시민들과 생태계의 건강에 위협이 되기도 한다. 폐기물은 주요 온실가스 배출원의 하나로 기후변화의 원인이 되고 있다. 많은 인구가 도시지역에 거주함에 따라 도시는 지구의 천연자원을 가장 많이 소비하는 지역으로 전 세계에서 생산되는 천연자원의 75%를 도시에서 소비하고 있으며, 이에 부차적으로 전 세계 온실가스 배출량의 약 3/4과 폐기물의 절반을 배출하는 것이다.

도시지역 교통부문에서 발생하는 온실가스 배출도 기후변화의 주요 원인이다. 전 세계적으로 9%의 사망과 많은 건강 문제의 원인이 되는 대기 오염도 운송 및 생산 패턴으로 인해 도시에서 심각한 문제가 되고 있다(Ritchie & Roser, 2017). 다음 그림 4는 세계 주요 도시의 분야별 온실가스 배출과 배출량으로 도시지역에서 발생하는 온실가스의 배출 특성을 보여준다.

그림 4 **세계 주요 도시의 온실가스 배출 특성**

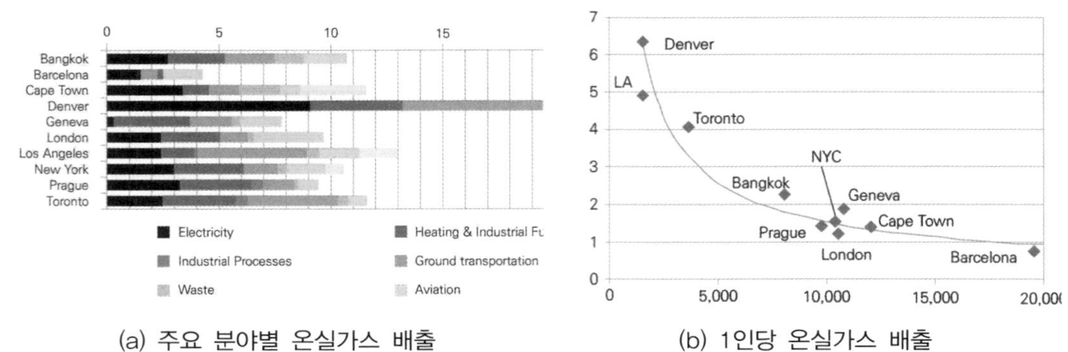

(a) 주요 분야별 온실가스 배출 (b) 1인당 온실가스 배출

자료: Kennedy et al(2009).

도시에서의 온실가스 배출은 전반적으로 대중교통이 잘 갖추어져 있으며, 도시가 압축적으로 조성되어 있을수록 배출량이 적다. 즉, 도시민들의 행동반경과 같은 생활상이 온실가스 배출량에도 반영이 되는 것이다. 따라서 탄소중립 확보를 위해서는 도시에서의 기후행동의 실천이 보다 쉽게 이루어지도록 하는 것이 필요하다.

도시가 주변적으로 확장되는 것은 경관뿐 아니라 많은 환경변화를 초래한다. 많은 경우 도시화는 산림이나 농경지, 습지와 같은 자연환경을 훼손시키며 경관의 변화를 가져와 기후변화를 더 악화시킨다. 특히 도시 주변의 자연환경은 식량 생산뿐 아니라 수질 정화를 통한 깨끗한 물 공급과 기후 조절 등 인간이 살아가는데 필요한 다양한 생태계서비스를 제공한다. 즉, 도시주변의 자연환경은 도시지역의 인간활동에 대한 완충역할을 해주며, 도시열섬현상과 같은 고온 현상과 홍수 및 가뭄과 같은 자연재해 완충에 중요한 기능을 하고 있다. 기후변화에 효과적으로 대응하기 위해서는 도시와 주변 환경과의 상호 연결성과 도시의 자연환경에 대한 의존성을 고려할 필요가 있다. 〈그림 5〉는 기후변화 대응에 있어 도시가 중요한 이유를 도식화 한 것으로 도시의 어떤 요소가 온난화를 초래하며, 어떤 요소가 온난화에 대응하여 도시를 보다 시원하게 할 수 있는지를 보여준다.

그림 5 **기후변화에서 도시가 중요한 이유**

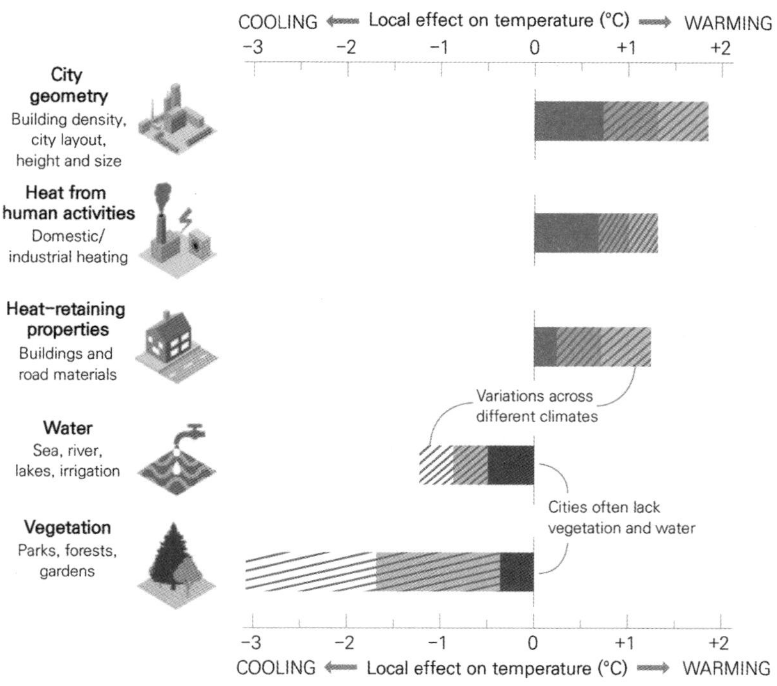

자료: IPCC(2021).

도시의 건물 분포, 건물의 높이와 크기와 같은 도시 기하학, 도시에서의 냉난방 사용과 같은 인간 활동 그리고 건물이나 도로와 같은 열을 저장하는 물질이 주로 온난화에 크게 기여하고 있다. 반면, 도시 내 하천과 호수, 관개 시설과 같은 물과 관련된 요소 그리고 산림과 공원, 정원과 같은 식생이 있는 공간은 쿨링 효과를 가져와 에너지 사용량을 줄여준다. 따라서 도시의 탄소중립에의 기여를 높이기 위해서는 이러한 요소들의 특성을 고려하여 도시를 설계하고, 조성해나갈 필요가 있다.

Ⅳ. 도시의 기후변화 대응

1. 도시의 기후문제 해법

도시화에 따라 도시로의 인구 집중이 가속화되면서 각종 인프라와 시설물에 대한 수요가 증가하고 있다. 도로에는 더욱 많은 차량이 운행되며, 탄소 집약적인 건설이 늘어나고 있을 뿐 아니라 여전히 많은 사람들이 에너지 효율이 낮은 건물에서 살고 있다. 도시에서의 이러한 경향은 모두 온실가스 배출을 증가시켜 궁극적으로 도시민들의 건강과 복지 및 장기적으로 경제성장에도 걸림돌이 된다. 따라서 도시민들의 생활과 이동, 도시 경제활동 등으로 인해 배출되는 온실가스를 줄이는 것은 탄소중립의 필수 요건이다. 또한, 도시에서 배출되는 온실가스 외 자연의 흡수원을 통해 제거되는 온실가스량을 늘리는 것도 중요한 해법이 된다. 도시에서는 많은 폐기물이 배출된다. 폐기물은 궁극적으로 배출원이 되므로 도시에서 발생되는 폐기물량을 줄이고 폐기물의 재순환을 도모하는 것도 넷제로(net zero)로 가는 주요 감축 경로의 하나가 된다. 도시에서는 다양한 활동이 이루어지며, 온실가스 배출원이 다양하듯이 탄소중립 도시는 여러 가지 접근을 통해 이루어질 수밖에 없다. 본 장에서는 도시 기후·에너지 문제의 해결을 위해 도시 내 온실가스의 주요 원인을 고려하여 에너지 전환, 순환경제 촉진, 녹색생활 실천, 흡수원 증진을 중심으로 살펴보고자 한다.

1) 주요 부문별 탄소중립 해법

(1) 도시의 에너지 전환

에너지 부문은 온실가스가 가장 많이 배출되는 부문으로 전체 배출량의 약 2/3를 차지한다. IEA에 따르면 2013년에 전 세계 도시지역은 전 세계 1차 에너지 사용의 약 64%를 차지했으며 지구 온실가스 배출량의 70%를 배출하였다.[4] 이러한 비중은 도시화가 심화되고 도시로의 인구 집중이 일어나는 추세에 따라 앞으로 더욱 증가하게 될 것이다. 따라서 탄소중립 달성을 위한 최우선 순위는 온실가스가 덜 배출되는 에너지로

4) IEA, "Cities are at the frontline of the energy transition".

의 전환과 에너지 소비를 줄이는 것이 필수적이다. 그러나 현실적으로 에너지 소비를 제로로 할 수는 없으므로 온실가스가 덜 배출되는 친환경적 에너지로의 전환이 서서히 이루어지게 할 필요가 있다. 에너지 부문은 탄소중립의 핵심이라고 할 수 있으며, 온실가스 감축을 위해서는 에너지 소비 감소와 에너지 전환이 이루어져야 한다. 일반적으로 도시에서 사용되는 에너지는 도시 외부에서 생산되어 도시로 보내진다. 도시에서의 탄소중립을 실현하기 위해서는 도시에서 소비하는 에너지의 생산 과정에서부터 탄소중립 확보가 필요하다. 에너지 전환은 에너지 소비감소와 더불어 탄소중립 도시를 조성하는 첫 단계라고 할 수 있다. 에너지 전환은 화석 연료에 기반한 에너지 믹스(energy mix)에서 탄소 배출이 제로로 제한되는 재생 가능 에너지원에 기반한 에너지 믹스로 전환하는 것이다. 즉, 태양광, 육상 및 해상 풍력, 수력 발전과 같은 재생에너지 생산을 위한 친환경 에너지 인프라를 강화해야 한다. 다음 〈그림 6〉은 2050 넷 제로 시나리오(Net Zero Emissions by 2050 (NZE) Scenario)에서의 탄소 제로로 가는 경로를 나타내는 글로벌 1차 에너지 공급 시나리오를 도식화 한 것이다.5)

그림 6 **NZE 시나리오의 글로벌 총 1차 에너지 공급**

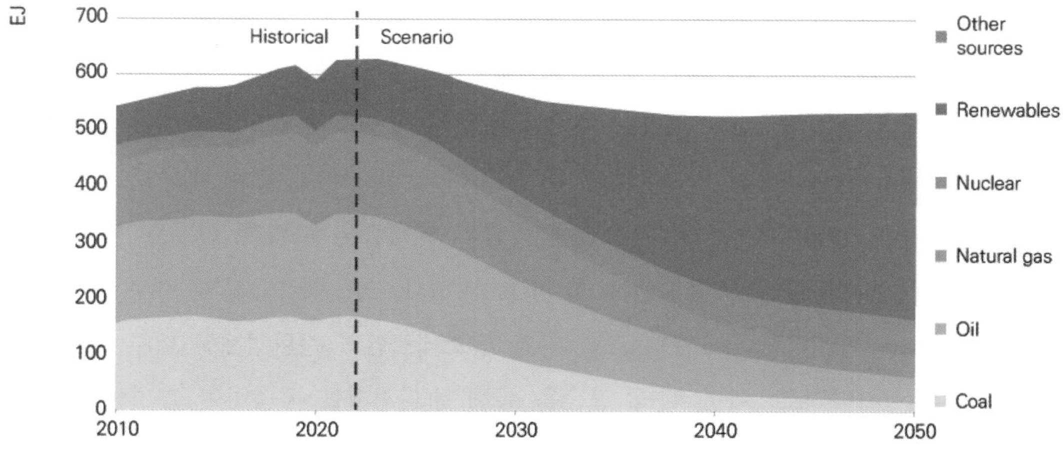

자료: IEA(2023), p.42.

5) IEA, 2023. Energy technology perspectives 2023. International Energy Agency.

탄소중립을 위한 NZE 시나리오에서는 재생에너지와 원자력이 대부분의 화석연료 사용을 대체하게 되는데, 온실가스 배출의 주범인 화석 연료의 비중을 2021년 약 80%에서 2050년에는 20% 미만으로 급격히 줄이는 것을 주요 내용으로 하고 있다. 도시에 공급되는 전력은 이러한 탄소중립 시나리오를 바탕으로 하여야 한다. 또한, 도시에서의 다양한 에너지 소비를 고려하여, 에너지가 소비되는 모든 부문의 에너지 효율 제고와 친환경적인 실천을 도모해야 할 필요가 있으며, 더불어 탄소 포집 및 저장과 같은 온실가스 흡수·제거 기술을 도입해야 한다. 가령, 북반구의 많은 도시에서 에너지가 사용되는 가장 큰 부문은 난방에너지인데, 난방에너지는 신재생에너지를 활용하여, 난방과정에서 배출되는 온실가스를 최소화하는 것이다. 가령, 벨기에 Antwerp시의 경우 산업체의 잔열을 끌어와 지하 네트워크를 통해 도시의 건물로 에너지를 전달, 공급하여 온실가스 배출 감소를 도모한다. Antwerp시는 이러한 접근을 통해 2030년까지 난방 수요의 10%를 충족하고자 하는데 2050년까지 도시의 탄소중립 달성을 목표로 하고 있다.[6] 이러한 사례는 다른 도시와 지방정부에도 영감을 주어 확산될 수 있는데, 이를 위해 국가 차원에서 청정 에너지 기술의 도입을 장려하는 정책이 필요하다.

(2) 순환 경제 촉진

도시에서 발생하는 온실가스 배출원은 탄소중립 목표 달성에서 가장 우선적으로 파악해야 하는 정보이다. 대부분의 도시에서 온실가스 주요 배출원은 냉난방을 비롯한 건물에서의 에너지 소비, 교통 그리고 폐기물 발생이다. 폐기물에서 배출되는 온실가스를 줄이기 위해서는 폐기물의 발생을 줄이는 노력이 우선되어야 하며, 배출되는 폐기물은 가능한 재사용, 재활용해야 하고, 그럼에도 남는 폐기물은 자원화 과정을 통해 에너지로 활용하는 '순환 경제'를 촉진해야 할 필요가 있다. 암스테르담시의 경우 순환경제를 이루는 경로를 제시하였다. 다음 〈그림 7〉은 암스테르담의 순환경제를 이루어가는 경로를 나타내는 사다리로, 어떤 식의 접근을 통해 순환경제를 구축하여 폐기물 발생량을 줄여가야 할지를 보여준다.

---

6) Arcadis, "A first for Belgium: Antwerp develops large-scale district heating network".

그림 7 **암스테르담의 순환경제 경로 사다리**

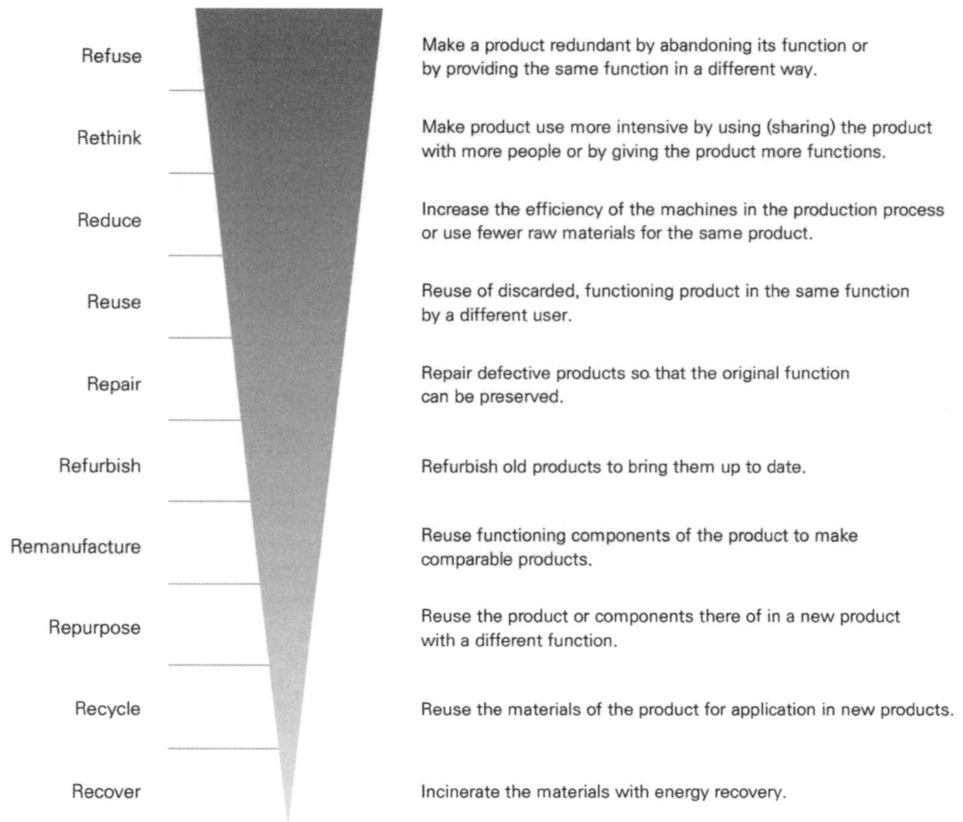

자료: Gemeente Amsterdam p. 12.

암스테르담의 순환경제 경로 사다리에서 제시하는 것은 도시민들이 폐기물 발생을 줄이기 위해서는 무엇보다도 소비를 줄이는 노력이 선행되어야 한다. 이를 위해서는 필요 없는 소비를 거부하고, 다시 생각하며, 가능한 사용량을 줄이고, 재사용할 수 있는 것은 재사용하며, 고쳐 쓸 수 있는 것은 고쳐 쓰고, 오래된 물건도 닦아서 새것처럼 쓰고, 제 기능을 하는 것은 최대한 살려 다시 제조하고, 다른 목적으로 사용할 수 있는 경우 다른 용도로 쓰고, 새로운 제품 생산에 활용할 수 있는 부품은 재사용하고, 이러한 시도와 노력에도 불구하고 정 남게 되는 부분은 에너지화 하는 것이다. 이러한 접근은 도시 내에서 온실가스 배출 저감에 큰 역할을 한다.

덴마크 코펜하겐의 경우 온실가스 배출의 약 66%가 에너지 그리고 약 34%가 교통부문에서 발생한다. 코펜하겐은 2005년에 비해 최근 42%가 감소하였는데, 도시에서 발생되는 폐기물의 에너지화 정책이 중요한 기능을 하였다. 코펜하겐의 폐기물 처리 시설인 Copenhill은 도심으로부터 10분 정도 떨어져 있는데, 이 시설물은 네베플라스트(neveplast)라는 녹색 드라이 슬로프 소재로 덮인 높이 85m의 경사지붕을 갖춘 미래형 건물으로 시민들이 스키를 탈 수 있는 레저공간으로도 활용되고 있다.[7)]

그림 8 코펜하겐의 폐기물 에너지화 시설 사례

자료: DirectIndustry, “CopenHill: A Waste to Energy Plant With a Ski Slope”.

(3) 시민들의 기후행동 실천

도시에서의 탄소중립을 달성하기 위해서는 기후행동의 핵심 주체가 되는 도시에 거주하는 시민들과 조직, 기업, 지방정부 모두의 노력과 실천이 중요하다. 도시에서의 온실가스 배출은 궁극적으로는 도시에서 살아가는 시민들의 의지와 실천에 기반을 두어야 한다. 따라서 시민들의 기후행동 실천을 유도하는 것은 탄소중립으로 가는 중요한 열쇠가 된다고 할 수 있다. 도시에 공급되는 에너지원의 경우 정책적 관점에서 이루어져야 하지만, 에너지 효율이 높은 건축물로의 전환은 시민들의 수요에 따라 조성되고, 온실가스가 많이 배출되는 건물에서의 에너지 절약이나 교통부문의 친환경적 선택은 개개 시민들의 의사결정에 달린 것이다. 앞서 살펴본 순환경제 또한 도시민들의 소비생

7) WEF, “This waste treatment plant in Copenhagen has a ski slope on its roof”,

활 과정에서 실현되어야 하는 것이다. 특히, 소비생활에서 온실가스가 덜 배출되는 제품의 선택이나 이동 과정에서 어떤 교통수단을 선택할 것인가 하는 것은 시민들의 의사결정에 달린 것이므로 시민들의 기후행동 실천은 무엇보다 중요하다 할 수 있다. IEA(2016)는 걷기와 자전거 타기 및 대중교통을 장려하는 도시 교통 시스템은 2050년까지 약 21조 달러를 절약할 수 있으며, 동시에 온실가스 배출도 크게 줄일 것이라고 보고하기도 하였다.

시민들이 실천할 수 있는 것으로 탄소중립을 도모하는 친환경적 먹거리와 식습관을 들 수 있다. 도시민들이 소비하는 농산물은 주로 먼 거리를 거쳐 공급되므로 그 운송과정에서 많은 에너지가 소비되며 온실가스가 배출된다. 따라서 가능한 근거리에서 제공되는 지역 농산물을 섭취하는 것은 신토불이(身土不二)를 실현할 수 있을 뿐 아니라 탄소중립에 기여할 수 있다. 또한, 식단 선택에서도 생태계 먹이사슬의 아래 단계에 있는 식재료를 선택하면 보다 친환경적이고 탄소중립에 기여하는 식생활을 추구할 수 있게 된다. 일반적으로 먹이사슬의 높은 단계에 있는 육류의 소비는 온실가스를 더 많이 배출하며 채소의 경우 온실가스 배출를 덜 배출한다. 다음 〈그림 9〉는 식품 유형에 따른 온실가스 배출 추정치를 나타낸 것이다.

그림 9 식품 유형에 따른 온실가스 배출 기여도

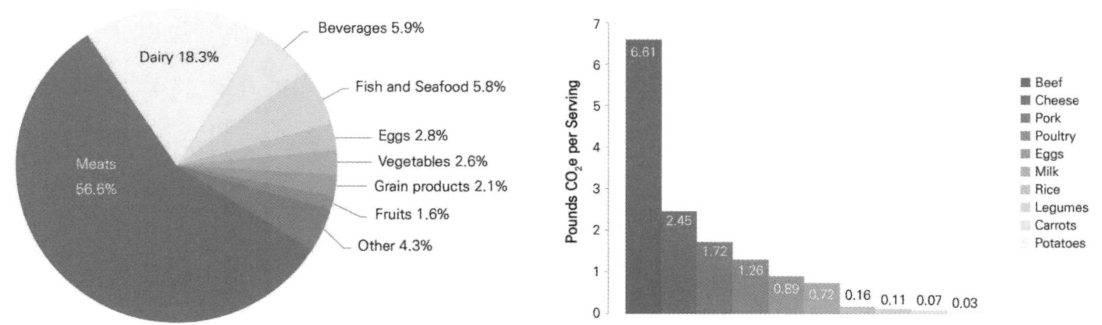

(a) 주요 식품의 파운드당 CO_2 배출 비율

(b) 식품별 파운드당 CO_2 배출량

자료: Heller et al(2018), Heller and Keoleian(2014), 명수정(2022)으로부터 재인용, pp. 34-35.

〈그림 9〉는 육류의 소비가 채소 소비보다 에너지를 많이 소비하며, 온실가스를 많이 배출하므로 식단 선정 시 탄소중립을 고려할 필요가 있다는 점을 보여준다. 그리고 많은 사람들이 식사 시 음식물을 남긴다는 점에 주목할 필요가 있다. 잔반은 결국 음식물 쓰레기가 되는데, 이는 처리해야 하는 폐기물의 한 종류이며, 도시의 주요 온실가스 배출원이다. 음식물 쓰레기 발생은 도시민들의 노력에 의해 충분히 감소될 수 있다. 즉, 시민들의 기후행동 실천으로 탄소중립이 도모될 수 있는 것이다.

(4) 도시의 토지이용과 자연기반 해법[8)]

도시의 온실가스 배출이 최소화되기 위해서는 탄소중립에 최적화된 토지이용을 조성해 나갈 필요가 있다. 프랑스 파리는 2050 탄소중립 목표 달성 지원과 시민들의 삶의 질 향상을 위해 15분 거리 안에서 시민들이 필요로 하는 모든 것을 영위할 수 있도록 '15분 도시' 프로젝트를 추진 중이다. 이는 걷거나 자전거를 타는 방식으로 15분 이내의 거리에서 주거를 비롯하여 각종 비즈니스와 구매, 건강 유지, 교육과 취미 활동과 같은 기본전인 기능을 하도록 하는 접근이다. 15분 도시는 같은 동네에서 살아가는 주민들 간의 소속감과 유대감을 높이고, 도시 생활에서 필요한 서비스가 동네 안에서 이루어 질 수 있도록 하는 에너지 효율적인 접근법이다. 15분 내에서 거의 모든 것을 할 수 있다는 것은 주민들 간의 상호작용 강화와 더불어 교통부문의 온실가스 배출량을 현저히 줄여줄 수 있는 효율적인 탄소중립 대응법이다. 15분 도시에는 자전거와 보행자를 위한 관련 인프라 정비와 보행자들의 만족도를 높일 수 있도록 신규 공원을 조성하고 녹색 도로 등을 조성하는 도시 녹지 정책과 공공 공간의 전환 그리고 지역 상점 및 주택 정비와 같은 정책을 담고 있다. 다음 〈그림 10〉은 파리의 15분 도시 모식도이다.

---

8) 자연기반해법이 도입된 계기는 지속적인 인구증가, 도시개발 및 기후변화 등으로 야기된 문제, 특히 기후 관련 재해, 식량안보, 수자원안보, 건강 및 오염문제 등의 관리에 지속가능하며 비용효율적인 자연자원관리와 자연기반기법을 활용하여 해결하자는 취지이다.

그림 10 **파리의 15분 도시 모식도**

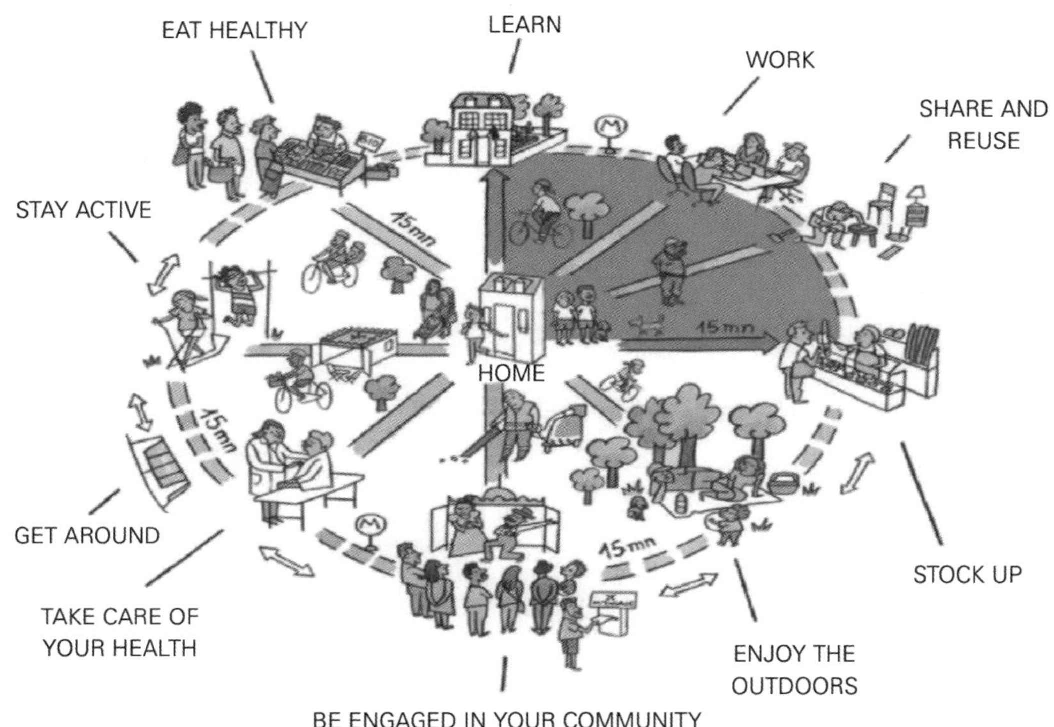

자료: Popupcity.

이처럼 도시는 도시의 구성 요소를 적절히 배치하는 것만으로도 에너지 효율적이며, 온실가스 감축이 크게 도모될 수 있다. 이처럼 동네에서 시민들에게 필요한 대부분의 활동이 영위되도록 하는 접근은 우리나라의 신도시 조성에도 적용되고 있다.

도시의 토지이용 관점에서 탄소중립에 기여할 수 있는 또 다른 접근으로는 자연기반 흡수원의 증진을 들수 있다. 이는 기후문제에 대한 해법을 자연에서 찾는다는 측면에서 자연기반해법(NbS, Nature based Solution)에 바탕을 둔 접근법이다.[9] 도시지역의 자

9) 자연기반해법은 2016년 세계자연보전연맹(IUCN, International Union for Conservation of Nature and Natural Resources)에서 도입한 개념으로 “인류의 복지와 생물다양성 편익을 제공하는 동시에, 효과적이고 순응적으로 사회문제를 다루는 자연 본연 또는 변형된 생태계를 보호하고, 지속가능한 관리와 복원하는 행동”이다. IUCN은 매년 중국, 인도, 멕시코, 베트남 등지의 망그로브 숲의 파괴로 인한 손실이 매년 570억 달러에 달하고 있으며, 자연기반해법을 통해 파리협약이 목표로 하고 있는 기후완화 목표의 1/3을 달성할 수 있을 것으로 추정하고 있다. 또한 자연기반해법을 통해 전 지구적으로 생태계서비스에 대한 전 지구적 이점은 약 1700억 달러에 달한다고 추정하고 있다.

연기반해법은 온전히 자연적인 것으로 하기는 현실적으로 어려워 보통 하이브리드식으로 구현된다. 도시에서의 자연기반해법은 주로 블루·그린 인프라에 초점을 맞추고 있는데, 이러한 자연적인 인프라는 온실가스를 흡수하여 대기 중 탄소를 제거함으로써 탄소중립에 기여할 수 있을 뿐 아니라 기후변화 적응에도 크게 도움이 되며 도시 내 자연공간의 창출이라는 측면에서 생물다양성 증진과 도시민들의 삶의 질 향상에도 기여한다. 다음 〈그림 11〉은 도시 탄소 배출을 줄이기 위한 자연기반해법의 잠재적 경로 및 효과에 대한 메타 분석 결과를 요약한 것이다.

그림 11 자연기반해법(NBS)의 잠재적 경로 및 효과

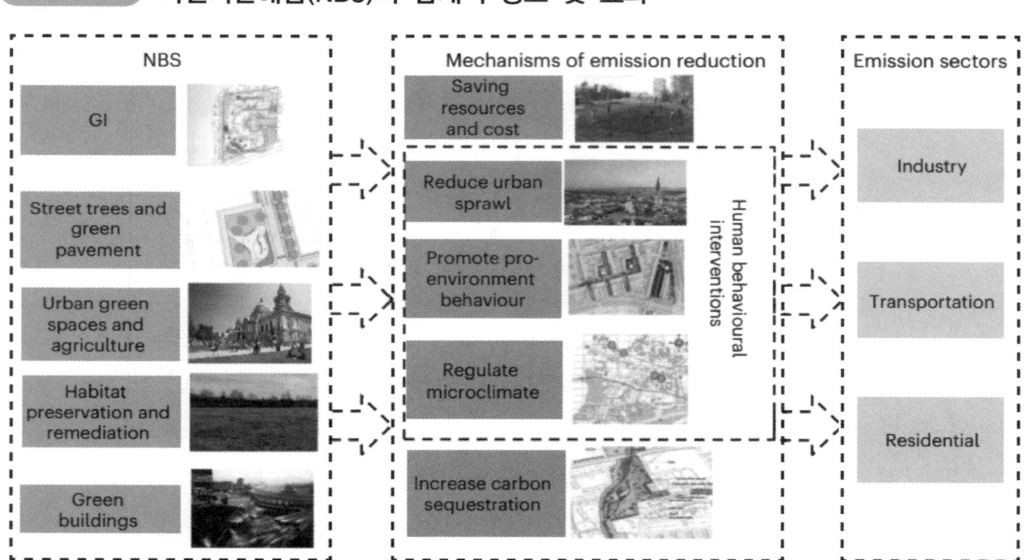

자료: Pan et al(2022).

자연에 기반을 둔 해법은 시민들이 보행 시 쾌적감을 높이며, 도시 내 녹색공간에서 농사를 지을 경우 식량부문의 온실가스 감축도 도모할 수 있다. 도시 내 훼손된 공간의 자연기반 흡수원의 조성은 도시 환경의 개선과 생물들의 서식처 기능도 하여 생물다양성 제고에도 기여할 수 있다. 또한 건물의 녹화와 같은 접근을 통해 냉난방 효율을 높여 배출량을 줄여주고, 온실가스 저장고로서의 기능을 한다. 전반적으로 산업, 수송, 토지이용 부문 중 정주지 부문에서의 온실가스 감축을 도모하여 탄소중립에 기여할 수 있다.

2) 기후변화 대응을 위한 사회적 인프라 조성과 시너지

이상에서 살펴본 바와 같이 도시의 탄소중립 기여를 위해서는 도시 에너지 시스템의 넷제로 실현이 필요하며, 이 과정에는 친환경 교통수단과 지역 냉난방, 고효율 건물이 포함된다. 이에 따라 세계 주요 도시는 각종 도시 인프라를 친환경, 고효율로 업그레이드하고, 에너지 효율을 높이기 위해 운영의 최적화와 관리 선진화를 도모하고 있다(Laine et al., 2020, Huovila, et al, 2022). 또한, 도시에서의 생활 방식이 보다 친환경적으로 이루어지도록 도시를 관리해가는 노력을 하고 있다. 최근 디지털 기술과 스마트 시티 애플리케이션의 개발은 도시의 계획, 운영 및 거버넌스를 빠르게 변화시켰다(Liu, et al., 2021, Hsu, et al., 2020). 이러한 변화는 기술 혁신과 운영 개선을 통해 높은 수준의 기후 전략을 실행 가능하게 하여 스마트 도시가 구현될 수 있도록 지원한다. 도시의 탄소중립 목표 달성을 위해서는 물리적, 사회제도적 인프라가 필요하다. 특히, 탄소중립을 도모하기 위한 적절한 의사결정을 위해서는 도시지역에 대한 충분한 정보 제공이 필요한데, 도시 내 의사결정자와 시민들이 기후행동을 위한 합리적인 의사 결정을 내릴 수 있도록 과학적 데이터에 기반을 둔 정보를 제공할 필요가 있다. 따라서 빅데이터에 기반한 컴퓨팅과 정보 기술을 통합하여 도시 시스템의 통합과 다양한 영역에 걸친 조정을 향상시키는 포괄적인 역량강화가 필요하다. 탄소중립 확보를 위해서는 도시에서의 기후 조치를 통한 온실가스 감축이 특히 중요하다. 탄소중립 도시를 조성하기 위해서는 도시를 구성하는 복잡한 요소들 간의 상호작용과 도시에서 행해지는 다양한 활동 간의 상호작용을 활용하여 탄소중립 확보를 위한 시너지를 창출할 필요가 있다. 많은 활동과 에너지 흐름이 이루어지는 도시에서는 빅데이터가 발생하므로 이를 활용하여 에너지 사용과 각종 기술적 요소 등을 정량적으로 분석하여 이를 시각화하고 데이터에 기반한 의사결정 지원으로 사전예방적인 기후변화 대응 계획 수립과 환경 및 사회제도적 정책 추진이 필요하다(Lai, 2022). 이러한 목표는 지역 차원의 조치로 보완되어야 하며 실질적인 실천을 위해서는 관련 과학적 데이터에 기반한 분석을 바탕으로 의사결정이 이루어지게 해야 한다. 예를 들어, 재생 가능 에너지 목표를 달성하기 위해 도시는 도시 곳곳의 건물과 주택에 대한 예상 에너지 생산량 및 설치 비용에 대한 정보를 제공하는 상세한 태양열 지도를 제공할 수 있다. 교통부문의 온실가스 감축을 위해 도시는 보행자와 자전거 주행과 관련한 인프라에 중장기적인 투자를 할 수도 있다. 또, 에너지 효율을 높이기 위해 도시는 신축 건물에 대한 건물 에너지 규정을 채택할 수 있을 것이다.

2. 도시의 기후대응 사례

1) 암스테르담 사례

암스테르담의 경우 바다에 접해 관련 산업과 항만 부분이 발전한 도시이다. 암스테르담에서는 전체 온실가스의 28%, 수송 부문에서 9%, 전기사용으로부터 51%, 산업과 항만에서 11% 그리고 도시 유지에 약 1% 정도의 온실가스가 배출된다. 암스테르담의 탄소중립 로드맵은 베이스라인인 1990년대와 비교하여 2030년에는 55%의 배출량을 줄이고, 2050년에는 넷제로를 달성하여 탄소중립을 목표로 하고 있다. 이를 위해 각 부문별로 연도별 온실가스 감축 경로를 설정하고 구체적인 감축계획을 수립하였다. 암스테르담은 탄소중립을 위해 2040년까지 모든 가구와 사업체 및 학교와 병원과 같은 공공부문에서 천연가스를 사용하지 않기 위해 지속가능한 에너지로 전환하고 에너지 소비를 줄일 계획을 가지고 있다.

수송부문에서 암스테르담은 2025년과 2030년 사이 모든 교통부문에서의 넷제로를 지향는데 이를 위해 도시의 각 지역에 대한 접근성 향상과 친환경적 운송수단 도입을 추진하고 있다. 전기 사용은 암스테르담의 가장 큰 배출원인데, 탄소중립을 도모하기 위해 전기 공급을 위해 태양광 및 풍력을 도입하였으며, 부족한 부분은 해양에서의 풍력 등을 활용할 예정이다. 산업 및 항만부문에서 암스테르담은 중장기적으로 탄소중립을 목표로 지속가능한 에너지 및 저장을 비롯하여 순환경제를 도모하는데, 폐기물 감량과 자원으로서의 폐기물 활용을 추구한다. 이 밖에 암스테르담은 가로등 전구의 LED 교체, 시 위원회 지붕의 솔라패널 설치와 고형 폐기물 감축 등 다양한 방식으로 탄소중립을 도모하고 있다. 이러한 접근들이 총체적으로 모여 도시에서 탄소중립이 실현될 수 있다. 다음 〈그림 12〉는 이러한 계획을 반영한 암스테르담의 2050 탄소중립 로드맵이다.

그림 12 암스테르담의 2050 탄소중립 로드맵

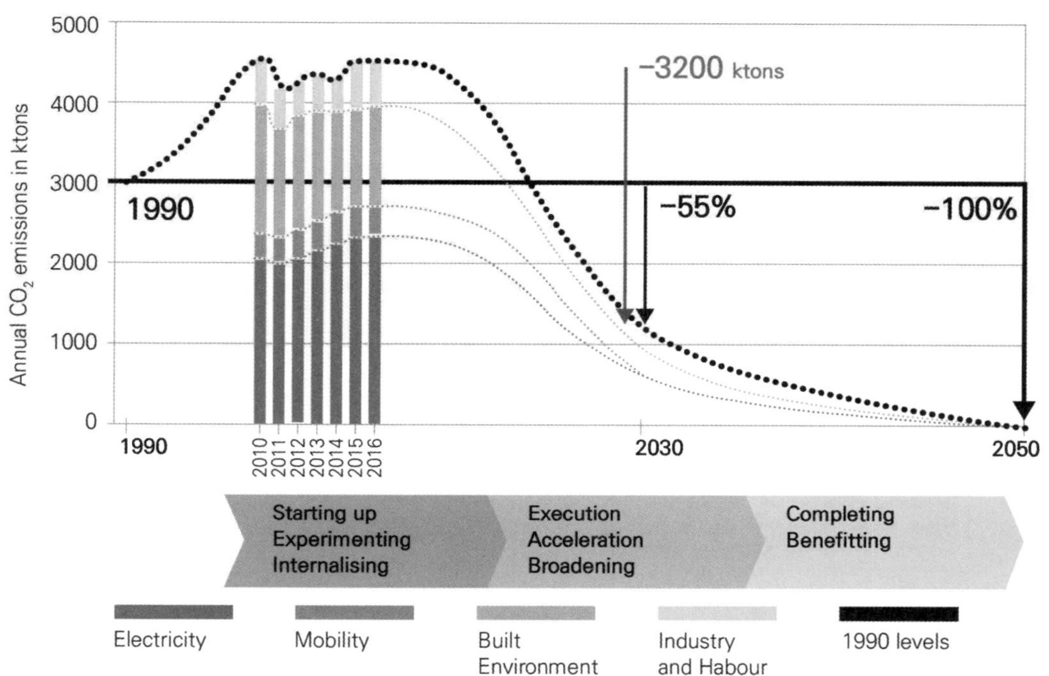

자료: City of Amsterdam.

2) 뉴욕시 사례

미국 뉴욕시의 경우 2005년을 베이스라인으로 하여 2050년까지 80%의 온실가스 감축을 목표로 하고 있다. 뉴욕은 도시의 온실가스 배출이 대부분 건물부문에서 배출되는데, 건물 66.6%, 교통 29.9% 그리고 폐기물 3.5%를 구성한다. 뉴욕시의 경우 2050년까지 80%의 온실가스 감축 계획을 선언하였는데, 이는 파리 협정의 1.5℃ 목표에 기여하기 위함이다. 뉴욕시의 경우 그간 지속적으로 기후변화에 대응하여 왔는데, 그 결과 2005년 이후 15%의 온실가스가 감축되었으며 이러한 추세를 바탕으로 2050 탄소중립 목표 달성을 위해 노력하고 있다. 건물에서 배출되는 온실가스 양이 특히 많은 만큼 건물의 에너지 효율을 높이고, 도시 공동체의 개조를 지향한다. 가령, 솔라 패널의 가격이 지난 10년간 절반으로 떨어졌다는 점을 고려하여 신재생 에너지로 전환하고 있는데, 이는 시청 지붕, 주차장 등 가능한 공간에서 설치되어 온실가스 감축을 주도하고 있다. 특히, 도시 운영을 위해 소요되는 에너지는 100% 재생에너지로 전환하고 있으며, 재생에너지에 기반한 전기공급으로 온실가스 감축을 도모한다. 또한, 음식폐기물이 적지 않게 배출된다는 점에서 잔반을 줄이기 위해 캠페인과 교육을 강화하며, 고형 폐기물 배출 감소를 도모하고 있다. 2050년까지 80%의 온실가스 감축을 위한 뉴욕시의 기후 행동 계획과 온실가스 배출량 전망은 다음 〈그림 13〉과 같다.

그림 13 뉴욕시의 기후행동 실천에 따른 온실가스 전망

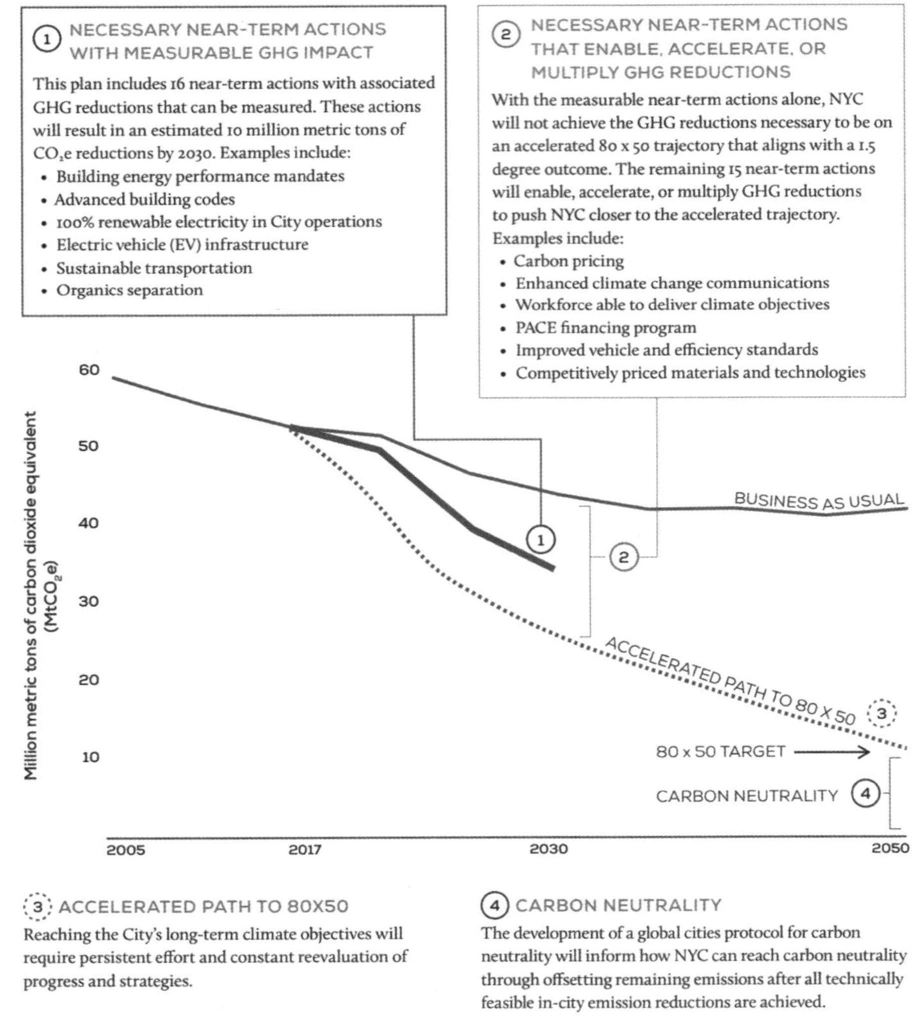

① NECESSARY NEAR-TERM ACTIONS WITH MEASURABLE GHG IMPACT

This plan includes 16 near-term actions with associated GHG reductions that can be measured. These actions will result in an estimated 10 million metric tons of CO_2e reductions by 2030. Examples include:

- Building energy performance mandates
- Advanced building codes
- 100% renewable electricity in City operations
- Electric vehicle (EV) infrastructure
- Sustainable transportation
- Organics separation

② NECESSARY NEAR-TERM ACTIONS THAT ENABLE, ACCELERATE, OR MULTIPLY GHG REDUCTIONS

With the measurable near-term actions alone, NYC will not achieve the GHG reductions necessary to be on an accelerated 80 x 50 trajectory that aligns with a 1.5 degree outcome. The remaining 15 near-term actions will enable, accelerate, or multiply GHG reductions to push NYC closer to the accelerated trajectory. Examples include:

- Carbon pricing
- Enhanced climate change communications
- Workforce able to deliver climate objectives
- PACE financing program
- Improved vehicle and efficiency standards
- Competitively priced materials and technologies

Million metric tons of carbon dioxide equivalent ($MtCO_2e$)

60
50
40
30
20
10

BUSINESS AS USUAL
①
②
ACCELERATED PATH TO 80 X 50 ③
80 x 50 TARGET
CARBON NEUTRALITY ④

2005 2017 2030 2050

③ ACCELERATED PATH TO 80X50

Reaching the City's long-term climate objectives will require persistent effort and constant reevaluation of progress and strategies.

④ CARBON NEUTRALITY

The development of a global cities protocol for carbon neutrality will inform how NYC can reach carbon neutrality through offsetting remaining emissions after all technically feasible in-city emission reductions are achieved.

자료: NYC(2020).

V. 나가며

기후변화가 점점 심각해짐에 따라 전 세계적으로 기후변화로 인한 각종 부정적인 영향과 피해가 발생하고 있다. 기후변화의 주원인은 화석연료 사용으로 인한 온실가스 배출이다. 이상에서 살펴본 바와 같이 도시는 전 세계 온실가스 배출의 약 75%가 발생하고 있으며 운송과 건물에서 배출되는 온실가스가 가장 큰 기여 요인이 되고 있다. 전 세계적으로 도시화가 가속화됨에 따라 도시는 온실가스를 더 많이 배출하고 있다. 오늘날 세계 인구의 절반 이상이 도시지역에 거주하고 있으며 이 비율은 앞으로 더욱 증가하여 2050년에는 전 세계 인구의 2/3가 넘는 약 67억 명의 인구가 도시에 거주하게 될 것으로 예상되고 있다. 이처럼 사람들이 모여 살고, 대부분의 경제활동이 이루어지는 도시는 세계 GDP의 대부분에 기여하는 경제 성장의 원동력이 되는 곳이기도 하다. 도시화로 인해 앞으로 도시에서는 일자리와 주거, 교통 및 문화에 대한 수요가 더욱 늘어날 것으로 예상되는데, 이에 따라 도시 개발이 가속화되어 도시의 각종 인프라에 대한 접근성도 더욱 높아질 것으로 전망된다. 이러한 추세를 고려할 때 도시에서의 뚜렷한 변화 없이는 탄소중립은 확보될 수 없다는 것을 알 수 있다. 따라서 도시는 적극적으로 탄소중립을 성취하기 위한 혁신적인 정책을 도모할 필요가 있으며, 도시가 선도적으로 탄소중립을 위한 혁신을 이룰 때 전 지구적 탄소중립 목표 달성은 보다 가까워질 것이다.

참고문헌

명수정. (2022). 탄소중립 이행을 위한 생활계 온실가스 배출과 인식조사 연구. 한국환경연구원.

서울특별시. (2021). 2050 서울시 기후행동계획.

City of Amsterdam. (2020). Amsterdam Circular 2020-2025 Strategy. Circle Economy and the City of Amsterdam.

European Commission(EC). (2020). Proposed Mission: 100 Climate-Neutral Cities by 2030—By and for the Citizens (Report of the Mission Board for Climate-Neutral and Smart Cities); European Commission: Brussels, Belgium.

European Commission. (2020). Proposed Mission: 100 Climate-Neutral Cities by 2030—By and for the Citizens (Report of the Mission Board for Climate-Neutral and Smart Cities); European Commission: Brussels, Belgium.

Fitzpatrick, M.C., R.R. Dunn. (2019). Contemporary climatic analogs for 540 North American urban areas in the late 21st century. Nature Communications, 10: 614.

Heller, M. C. et al. (2018). "Greenhouse Gas Emissions and Energy Use Associated with Production of Individual Self-selected US Diets", Environmental Research Letters, 13(4): 044004.

Heller, M. C. et al. (2018). "Greenhouse Gas Emissions and Energy Use Associated with Production of Individual Self-selected US Diets", Environmental Research Letters, 13(4): 044004.

Heller, M. and G. Keoleian. (2014). "Greenhouse Gas Emissions Estimates of U.S. Dietary Choices and Food Loss", Journal of Industrial Ecology, 19(3): 391-401.

Huovila, A.; Siikavirta, H.; Rozado, C.A.; Rökman, J.; Tuominen, P.; Paiho, S.; Hedman, Å.; Ylén, P. (2022). Carbon-neutral cities: Critical review of theory and practice. J. Clean. Prod. 341, 130912.

Hsu, A.; Tan, J.; Ng, Y.M.; Toh, W.; Vanda, R.; Goyal, N. (2020). Performance determinants show European cities are delivering on climate mitigation. Nat. Clim. Change, 10: 1015-1022.

IEA. (2023). Energy technology perspectives 2023, International Energy Agency.

IEA. (2016). Energy technology perspective 2016, towards sustainable urban energy systems. International Energy Agency.

IPCC. (2023). Climate Change 2023: Synthesis Report. Contribution of Working Groups I, II and III to the Sixth Assessment Report of the Intergovernmental Panel on Climate Change [Core Writing Team, H. Lee and J. Romero (eds.)]. IPCC, Geneva, Switzerland, 184 pp., doi: 10.59327/IPCC/AR6-9789291691647. p. 43.

IPCC. (2021). Climate Change 2021: The Physical Science Basis. Contribution of Working Group I to the Sixth Assessment Report of the Intergovernmental Panel on Climate Change [Masson-Delmotte, V., P. Zhai, A. Pirani, S.L. Connors, C. Péan, S. Berger, N. Caud, Y. Chen, L. Goldfarb, M.I. Gomis, M. Huang, K. Leitzell, E. Lonnoy, J.B.R. Matthews, T.K. Maycock, T. Waterfield, O. Yelekçi, R. Yu, and B. Zhou (eds.)]. Cambridge University Press, Cambridge, United Kingdom and New York, NY, USA,

IPCC. (2019). Climate Change and Land: an IPCC special report on climate change, desertification, land degradation, sustainable land management, food security, and greenhouse gas fluxes in terrestrial ecosystems [P.R. Shukla, J. Skea, E. Calvo Buendia, V. Masson-Delmotte, H.-O. Pörtner, D. C. Roberts, P. Zhai, R. Slade, S. Connors, R. van Diemen, M. Ferrat, E. Haughey, S. Luz, S. Neogi, M.

Pathak, J. Petzold, J. Portugal Pereira, P. Vyas, E. Huntley, K. Kissick, M. Belkacemi, J. Malley, (eds.)].

Kennedy, C., Steinberg, J., Gasson, B. Hansen, Y. Hillman, T., Havranet, M., Pataki, D. Phdungsilp, A., Ramaswanmi, A. Mendex, G.V. et al. (2009). Greenhouse Gas Emissions from Global Cities. American Chemical Society. 43(19): 7297-7302.

Gemeente Amsterdam. (2020). Amsterdam Circular 2020-2025 Strategy.

Lai. (2022). Urban Intelligence for Carbon Neutral Cities: Creating Synergy among Data, Analytics, and Climate Actions. Sustainability 2022, 14, 7286.

Laine, J., Heinonen, J., Junnila, S. (2020). Pathways to carbon-neutral cities prior to a national policy. Sustainability 12, 2445.

Liu, Y., Chen, S., Jiang, K., Kaghembega, W.S.-H. (2021). The gaps and pathways to carbon neutrality for different type cities in China. Energy, 244, 122596.

Pan, H., J. Page, R. Shi1, C. Cong, Z. Cai, S. Barthel, P. Thollander, J. Colding, Z. Kalantari. (2022). Contribution of prioritized urban nature-based solutions allocation to carbon neutrality. Nature Climate Change, Volume 13, August 2023: 862-870.

인터넷

Arcadis, "A first for Belgium: Antwerp develops large-scale district heating network". https://www.arcadis.com/en/projects/europe/belgium/warmtenet programma-antwerpen.

C40 Cities, https://www.c40.org/ending-climate-change-begins-in-the-city.

DirectIndustry, "CopenHill: A Waste to Energy Plant With a Ski Slope", 2020. 11. 3. https://emag.directindustry.com/2020/11/30/copenhill-a-waste-to-energy-plant-with-a-ski-slope/.

IEA, "Cities are at the frontline of the energy transition", https://www.iea.org/news/cities-are-at-the-frontline-of-the-energy-transition.

NOAA, Carbon dioxide now more than 50% higher than pre-industrial levels. https://www.noaa.gov/news-release/carbon-dioxide-now-more-than-50-higher-than-pre-industrial-levels. June 3, 2022.

Popupcity. "Paris Will Provide Citizens Everything They Need Within a 15-Minute Radius", https://popupcity.net/insights/paris-will-provide-citizens-everything-they-need-within-a-15-minute-radius/.

Race to Net Zero: Carbon Neutral Goals by Country. https://www.visualcapitalist.com/sp/race-to-net-zero-carbon-neutral-goals-by-country/.

Urban Development, "the CPH 2025 Climate Plan" https://urbandevelopmentcph.kk.dk/climate.

Visual Capitalist, "Race to Net Zero: Carbon Neutral Goals by Country" https://www.visualcapitalist.com/sp/race-to-net-zero-carbon-neutral-goals-by-country/.

WEF, 2019. "This waste treatment plant in Copenhagen has a ski slope on its roof", https://www.weforum.org/agenda/2019/02/weve-got-this- mountain-of-trash-why-dont-we-ski-down-it/

WMO, Global temperatures set to reach new records in next five years. https://public.wmo.int/en/media/press-release/global-temperatures-set-reach-new-records-next-five-years. May 17, 2023.

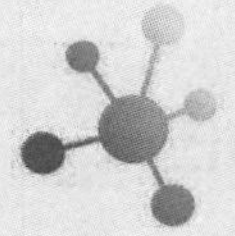

제5장

인구위기의 현재와 미래

정현숙(한국방송통신대학교 일본학과 교수)

생각해보기

- 향후 인구위기의 선두국가가 되는 한국이 직면한 과제에 대해 생각해보자.
- 향후 가장 큰 규모로 고령인구가 증가하는 수도권이 직면한 과제에 대해 생각해보자.
- 지방이 청년 유출을 막고 성장 동력을 갖추어 발전할 수 방안에 대해 생각해보자.

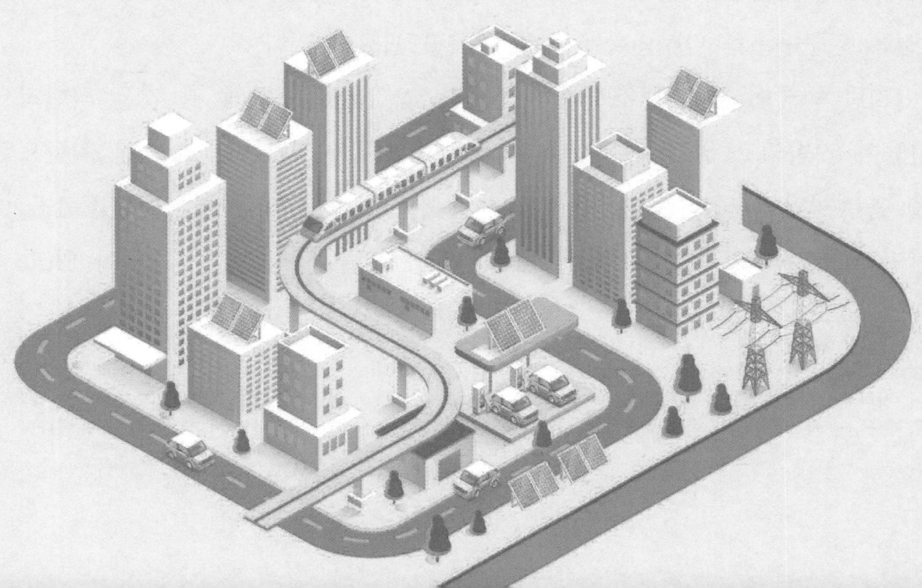

Ⅰ. 지방이 직면한 인구위기

1. 일본보다 심각한 한국의 인구문제

한국은 세계에서 가장 빠르게 고령화가 진행되고 있는 국가이다. 2022년 한국의 고령자 비율은 17.5%로 한국보다 먼저 고령사회에 진입한 일본, 이탈리아, 독일, 프랑스 등의 국가보다 낮다. 같은 해 이들 국가의 고령자 비율은 일본 29.0%, 이탈리아 24.5%, 독일 22%, 프랑스 21%이다. 그렇지만 한국은 고령화의 속도가 빨라서 2045년에 세계에서 가장 고령화가 앞선 나라가 된다.

향후 인구가 감소하는 속도도 빨라진다. 한국의 총인구는 2020년의 5,184만 명을 정점으로 감소하기 시작해 2040년대에 매년 30만 명 규모로, 2060년대에는 매년 50만 명 규모로 인구가 감소한다.

더욱 심각한 문제는 생산연령인구의 급격한 감소이다. 2020년부터 2070년까지 한국의 총인구는 1,418만 명 감소하는데, 유소년인구는 349만 명 감소하고, 생산연령인구는 2,001만 명 감소한다.1) 반면 고령인구는 932만 명 증가한다. 이로 인해 2070년에 한국의 인구구조는 고령인구 46.4%, 생산연령인구 46.1%, 유소년인구 7.5%로 고령인구가 생산연령인구보다도 많은, 그야말로 고령화가 극단적으로 진행된 모습을 나타낸다. 같은 해 일본은 고령인구 38.7%, 생산연령인구 52.1%, 유소년인구 9.2%로 한국보다 젊은 인구구조를 나타낸다는 점에 주목할 필요가 있다.

이처럼 한국이 급속한 고령화와 인구감소의 문제를 안게 된 것은 극단적으로 낮은 출산율이 지속되고 있기 때문이다. 세계은행 자료에 따르면, 2021년 기준으로 합계출산율 2.1 미만인 국가는 전 세계 국가의 절반이 넘는다.2) 합계출산율 1.5 이상~2.1 미만인 국가로는 프랑스, 호주, 스웨덴, 미국, 독일, 영국 등 71개국이 있고, 1.3 이상

1) 여기에서 제시한 장래인구추계 결과는 한국은 통계청이 2021년에, 일본은 국립사회보장 · 인구문제연구소가 2023년에 추계한 중위추계 예측치이다.

2) 이 장에서는 합계출산율과 출산율을 같은 의미로 사용한다. 세계은행에서 발표한 2021년 전 세계 211개국의 합계출산율과 타이완의 합계출산율은 GLOBAL NOTE(グローバルノート) 사이트에서 인용했다.

~1.5 미만인 국가로는 오스트리아, 핀란드, 캐나다, 태국, 일본 등 27개국이 있다. 1.0 이상~1.3 미만인 국가로는 이탈리아, 스페인, 중국, 싱가포르 등 9개국이 있으며, 1.0 미만인 국가로는 한국, 홍콩(특별행정구) 등 4개 국가가 있다. 세계은행 자료에는 포함되어 있지 않은 타이완의 합계출산율은 0.98이다. 선진국 또는 발전국가에서도 출산율 저하라는 문제를 안고 있지만 그중에서도 특히 한국의 출산율이 극단적으로 낮은 것을 알 수 있다.

여기에 더해 한국의 인구문제를 심각하게 만든 또 하나의 중요한 원인은 한국의 출생력이 높은 수준에서 낮은 수준으로 급격하게 하락한 것이다. 한국은 1960년까지만 해도 합계출산율이 6.0으로 높은 수준이었는데 이후 빠르게 하락해 1975년에 3.43, 1990년에 1.57, 2005년에 1.09, 2020년에 0.84를 나타냈다. 같은 기간 동안 일본의 합계출산율은 1960년에 2.0, 1975년에 1.91, 1990년에 1.54, 2005년에 1.26, 2020년에 1.33을 나타냈다. 이러한 수치는 한국의 출산율이 일본보다 늦은 시기까지 높은 수준을 유지하다가 단기간에 빠르게 하락하였으며, 2000년대 이후에는 일본보다도 낮은 출산율을 나타내게 되었다는 것을 보여준다.[3]

이처럼 한 사회의 출생력이 높은 수준에서 낮은 수준으로 이행하는 것은 한국과 일본뿐만 아니라 근대화와 산업화를 경험한 국가에서 보편적으로 나타나는 현상으로 이를 가리켜 출생력 전환(Fertility Transition)이라고 한다. 산업화가 빨랐던 영국, 독일, 스웨덴 등의 유럽 국가에서는 이미 1930년대에 출산율이 인구대체수준 2.1을 밑도는 출생력 전환이 일어났다(Morland, 2019). 반면 유럽 국가보다 산업화의 출발 시기가 늦었던 일본은 근대 이후 수십 년 동안 지속된 다산의 시대를 거쳐 1960년경에 소산의 시대로 전환하였다. 일본보다 산업화가 늦었던 한국이나 타이완, 싱가포르 등은 1970년대 또는 1980년대까지도 높은 출산율을 유지하다가 이후 출산율이 빠르게 하락하는 출생력 전환을 맞게 되었다.

그런데 다산에서 소산으로의 급격한 출생력 전환은 필연적으로 급속한 고령화와 대규모 인구감소를 초래한다. 다산의 시대에 태어난 대규모 인구집단이 65세 이상 고령인구에 편입되면서 고령화가 빠르게 진행되고, 이들이 사망하는 시점에서 출생자 수를

3) 일본의 합계출산율은 1930년에 4.72, 1947년에 4.54로 높은 수준을 유지하다가 1960년에 2.0 수준으로 하락하였고, 이후 1970년대 중반까지 인구대체수준에 근접하는 안정적인 모습을 보이다가 다시 하락하였다.

상회하는 대규모 사망이 발생해 인구의 자연감소가 일어나기 때문이다. 더욱이 오랫동안 지속된 저출산으로 출생자 수가 크게 감소하면서 인구의 자연감소 규모가 커지게 된다.

유럽에 비해 고령화의 출발점이 늦었던 일본이 2005년에 와서 세계에서 가장 고령화가 앞선 나라가 된 것은 유럽보다 늦게까지 높은 출산율을 유지하다가 단기간에 출산율이 빠르게 하락하는 출생력 전환이 일어났기 때문이다.[4] 마찬가지로 일본보다 고령화의 출발점이 30년 정도 늦었던 한국이 향후 일본보다 빠르게 고령화와 인구감소 문제를 겪게 되는 것도 일본에 비해 늦게까지 높은 출산율을 유지하다가 단기간에 출산율이 빠르게 하락하는 출생력 전환을 겪었기 때문이다.

이제 한국은 일본을 제치고 인구위기의 선두국가가 된다. 따라서 스스로 해법을 찾지 않으면 안 되는 상황에 처해 있다. 이미 인구위기의 한가운데 들어와 있는 한국이 위기 극복을 위한 과감한 개혁과 혁신을 이루어낼 수 있을지가 국가운명을 좌우한다.

2. 인구문제를 더욱 어렵게 만드는 지역 간 인구불균형

한국의 인구문제를 더욱 심각하게 만드는 것이 지역 간 인구불균형이다. 2022년 한국의 고령자 비율이 17.5%이지만 226개 기초자치단체 중에는 고령자 비율이 40%가 넘는 지역이 10곳이며, 고령자 비율 30%~40%인 지자체는 53곳이나 된다(<표 1> 참고). 고령화가 앞선 기초자치단체의 다수는 2000년에 이미 고령자 비율 18%를 넘은 곳이 많다.

인구감소에서도 차이가 크다. 한국의 총인구는 2020년을 정점으로 감소하기 시작하였지만 이미 지방에서는 수십 년 전부터 인구감소 문제를 겪어온 기초자치단체가 많다. 지난 30년 동안 인구증감률이 -10%가 넘는 지역은 70여 곳 가까이 되고, 그중에서 5개 지역은 인구가 절반 이상 감소하였다(<표 2> 참고).

이처럼 이미 수십 년 전부터 심각한 인구문제를 안고 있는 지역이 생겨난 원인은 이들 지역에서 대규모 인구유출이 있었기 때문이다. 공업화가 시작된 1960년대부터 농산어촌에서는 대도시로 일자리를 찾아 이동하는 이촌향도가 있었고, 젊은이들이 빠져나

4) 패전국 일본이 빈곤국가가 될 것을 우려한 일본 정부는 1948년에 인공임신중절을 허용하였다. 이러한 조치가 출산율의 급격한 하락을 초래해 일본의 출생력 전환을 앞당겼다.

간 농산어촌에서는 인구가 크게 감소하고 고령화도 빠르게 진행되었다.

인구유출이 대규모로 일어난 곳에서는 지역공동체의 기반이 무너진다. 상점이나 진료소가 철수하고, 대중교통수단도 이용하기 어려워져 지역주민들의 기초생활이 위협을 받는다. 초중학교의 폐교도 이어진다. 또한 여기저기 빈집이 생겨나 지역이 활기를 잃고, 고령자만이 쓸쓸히 마을을 지키고 있다. 이것이 지난 수십 년 동안 인구문제를 겪어온 농산어촌의 모습이다.

그렇지만 지역의 쇠퇴는 인구 5만 명 미만 또는 10만 명 미만의 지자체에 국한되지 않는다. 인구 10만 명이 넘는 소도시에서도 고령화가 빠르게 진행되고 인구감소로 돌아선 곳이 있다. 문제는 향후 30년 동안 대다수 지자체에서 고령화와 인구감소가 빠르게 진행된다는 점이다. 더욱이 서울이나 경기도에서는 고령자의 절대수가 크게 증가하는 만큼 이에 대한 대책이 매우 시급하다.

일본도 지방의 쇠퇴와 소멸 문제가 심각하다. 이미 수십 년 전부터 젊은이들이 빠져나간 농산어촌뿐만 아니라 중소도시는 고령화와 인구감소로 활기를 잃고 있다. 최근에는 인구 100만 명 이상의 대도시에서도 인구감소가 일어나고 있다. 향후 인구감소가 더욱 빠른 속도로 진행되면서 2040~2050년에는 현재 인구의 절반 수준으로 인구가 감소하는 소규모 지자체도 속출하게 된다. 이런 사태를 일본에서는 이제껏 경험하지 못한 '내정(内政) 위기'라고 부르며 불안과 초조함을 강하게 드러낸다.

이하에서는 우리보다 앞서 지방의 쇠퇴와 소멸 문제를 겪고 있는 일본 사례를 참고하면서 한국에서 지역 차원의 인구문제가 어떤 양상으로 전개되고 있는지 고찰하고, 2050년의 인구전망을 살펴본다. 그리고 이러한 분석을 토대로 빠른 속도로 다가오는 인구위기를 어떻게 극복할 것인지 그 해법을 제시해본다.

Ⅱ. 지난 50년 동안 진행된 지역 간 인구불균형의 심화

1. 광역자치단체 수준에서 본 인구의 지역 간 격차

한국이 본격적으로 산업화를 시작한 것은 1960년대부터이다. 1960년대 초반까지만 해도 한국은 농림어업 취업자의 비중이 60%가 넘는 농업국가였는데, 정부 주도로 경공업 중심의 공업화가 빠르게 추진되어 노동력이 풍부한 서울과 같은 대도시를 중심으로 생산이 이루어졌다. 1970~1980년대에는 제철, 석유화학, 조선, 정유 등 자본과 기술을 바탕으로 중화학공업화가 추진되었고 이를 위해 수출입이 용이한 남동권에 임해공업지역이 조성되었다. 1990년대 이후에는 자본과 기술을 바탕으로 반도체와 휴대전화 등 첨단산업 중심의 산업화가 추진되었고, 첨단산업의 입지로서 수도권에 공업지역이 조성되었다.

이러한 산업화의 흐름이 지역 간 인구 추이에도 그대로 반영되어 있다. 〈그림 1〉은 1970년부터 2022년까지 시도 단위의 인구 추이를 나타낸 것인데, 산업화가 본격적으로 시작된 이래 특정 지역에 편중되어 인구가 증가했음을 한 눈에 알 수 있다. 전국을 인구가 계속해서 빠르게 증가한 지역, 인구가 계속해서 감소한 지역, 인구가 약간 증가하거나 감소하는 등 전반적으로 정체되어 있는 지역 등 크게 세 그룹으로 구분할 수 있다.

산업화와 도시화의 흐름 속에서 인구가 계속해서 빠르게 증가한 곳으로는 경기도와 서울, 인천의 수도권 지역이 있다. 경기도는 1970년부터 현재까지 매년 큰 폭으로 인구가 증가하였다. 반면 서울은 1990년까지는 인구가 빠르게 증가했는데, 이후 조금씩 감소하고 있다. 수도권의 또 하나의 축을 담당하고 있는 인천도 1970년부터 지금까지 계속 인구가 증가하였다.

이와는 대조적으로 인구가 계속 감소한 지역으로는 전라남북도와 강원도가 있다. 농산어촌을 다수 포함하고 있으며 공업지역이 크게 발달하지 않은 이들 지역에서는 유출로 인해 인구가 계속 감소하였다.

한편 인구가 어느 시기까지는 조금씩 증가하다가 이후 감소한 지역 또는 인구가 정체하다가 최근에 약간 증가한 지역도 있다. 그중에서도 부산이 1995년을 정점으로, 대구가 2000년을 정점으로 인구감소로 돌아선 것이 눈에 띄는데, 여기에는 이들 지역의 제조업 쇠퇴가 반영되어 있다. 대규모 중화학공업지역을 기반으로 최근까지 성장하였던 울산은 2015년을 정점으로 인구감소로 돌아섰다.

그림 1 광역자치단체의 인구 추이(1970~2022년)

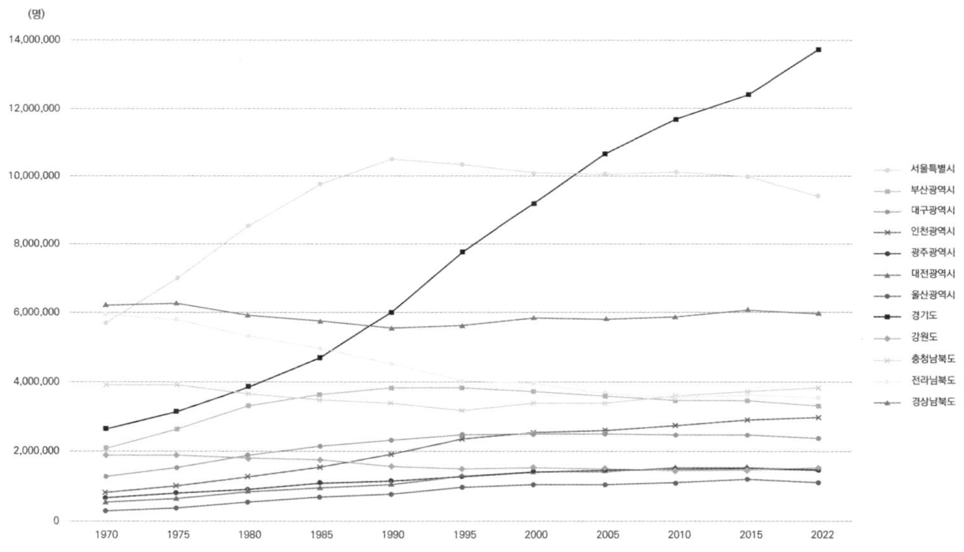

주: 세종시와 제주도는 생략. 2022년은 추계치.
출처: 통계청 KOSIS 검색.

이처럼 〈그림 1〉이 보여주는 것은 과도한 수도권 집중이다. 도시화와 산업화가 빠르게 진행되는 가운데 대도시와 대규모 공업지역이 있는 곳에서 인구가 빠르게 증가하였고, 특히 최근에는 첨단산업의 중심지로서 수도권 집중이 심화되고 있다. 서울의 인구감소는 〈그림 2〉에서 보는 바와 같이 서울의 축소라기보다는 높은 인구밀도와 비싼 집값으로 인해 서울 인구를 인접지역인 경기도로 밀어내는 서울권의 확장이라고 볼 수 있다.

이처럼 수도권 집중이 심화되면서 서울과 경기도, 인천 인구가 차지하는 비중도 빠르게 증가하였다. 전체 인구에서 차지하는 수도권의 비율이 1970년에는 28.3%였지만 1990년에 42.8%, 2000년에 46.3%, 2022년에 50.5%로 증가하였다. 경기도의 비율은 1970년에 8.2%였지만 1990년에 13.9%, 2000년에 19.5%, 2022년에 26.5%로 증가하였다.

2. 수도권 집중을 초래한 지역 간 인구이동

수도권 집중 현상은 지역 간 인구이동의 결과를 그대로 반영한다. 이를 파악하기 위해 〈그림 2〉에서는 1970년부터 2022년까지 수도권과 비수도권의 지역 간 인구이동을 나타냈다. 전국을 서울과 경기도, 인천, 그리고 이들 지역을 제외한 나머지 지역을 지방권으로 묶어서 전입초과 수와 전출초과 수를 제시하였다. 그래프에서 0보다 위에 있는 것은 전입자가 전출자보다 많은 경우이고, 0보다 아래에 있는 것은 전입자보다 전출자가 많은 경우이다.

〈그림 2〉에서는 다음과 같은 세 가지 점에 주목할 수 있다.

첫째, 지방권에서 수도권으로 대규모 전출초과가 있었던 시대에서 전출초과가 크게 감소하는 시대로 바뀌었다는 점이다. 지방권의 전출초과 수만큼 수도권으로의 전입초과 수가 있는데, 전출초과 수는 1970년부터 1990년대 초반까지 연도에 따른 변동이 있기는 하지만 대체로 20~40만 명 규모를 나타내는 경우가 많다. 그렇지만 1990년대 중반 이후 전출초과 수는 크게 감소하였다. 이는 과거 인구가 빠르게 증가하던 시대에 지방권이 수도권으로 대규모로 노동력을 공급하였던 시대가 끝났다는 것을 의미한다.

둘째, 수도권 내에서의 이동 양상이다. 1970년대 후반까지만 해도 서울은 전입초과 수가 압도적으로 많았는데, 1990년대 이후 줄곧 전출초과 상태이다. 반면 경기도는 서울의 전출초과를 흡수하는 듯한 모습으로 줄곧 전입초과를 유지하고 있다. 이는 1990년대 초에 경기도에 신도시가 대규모로 건설되고 이후에도 주택건설이 활발하게 이루어지면서 서울에서 경기도로 이동하는 인구가 많았음을 보여준다.[5)]

5) 통계청의 「2021년 국내인구이동통계」를 보면 2021년 한 해 동안 서울은 전입 141.8만 명, 전출 152.4만 명으로 10.6만 명의 전출초과가 있었다. 서울 전출자의 63.8%가 경기도로 이주하였다.

그림 2 수도권과 지방권의 지역 간 인구이동(1970~2022년)

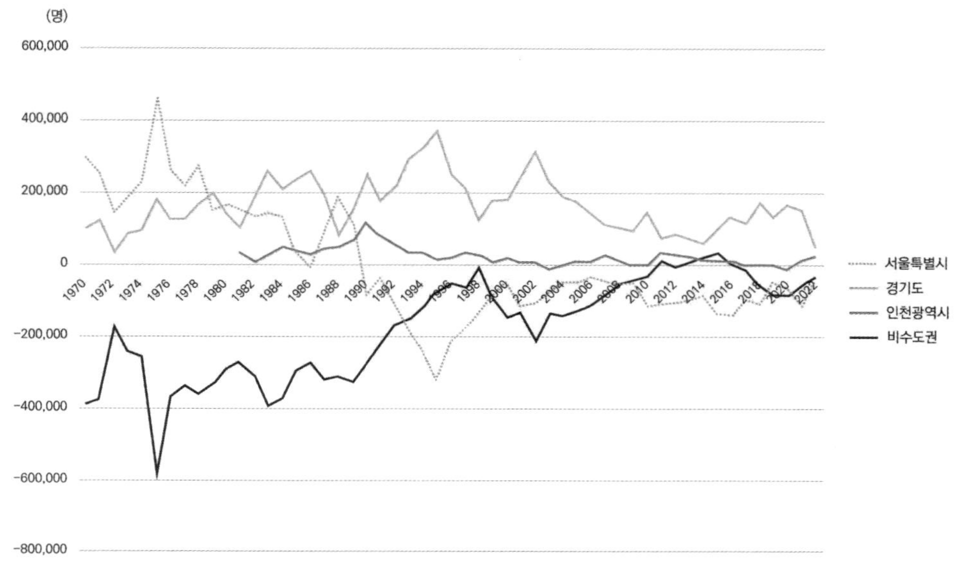

출처: 통계청 KOSIS 검색.

셋째, 2000년대 이후 지방권에서 수도권으로 전출초과가 계속되고 있는 점에 대해서도 주목할 필요가 있다. 2000년대 이후 연도에 따른 변동이 있기는 하지만 전출초과 수가 많은 해에는 10만 명이 넘고, 적은 해에는 1~2만 명 규모를 나타낸다. 이는 대학 진학과 좋은 일자리를 찾아 지방권에서 수도권으로 젊은이들의 유입이 이어지고 있는 것을 보여준다. 지방의 젊은이들이 수도권으로 몰려들면서 지방의 발전을 이끌어 나갈 지역인재의 기반이 약화되고 지역 간 격차가 더욱 커지고 있다.

3. 수도권 집중의 폐해

수도권 중에서도 특히 서울의 절대적 우위는 여러 지표를 통해 확인할 수 있다. 그 중에서 좋은 일자리로서 대기업이 압도적으로 서울에 몰려 있다는 점이 중요하다. 대기업의 범위를 넓혀 대기업 계열사 1,742개사의 본사가 소재한 곳을 보면, 서울이 908개사(대기업 계열사 중 52.1%)로 2위인 경기도의 327개사(18.8%)와 큰 차이가 있다. 3위인 충남은 66개사(3.8%)로 경기도와 차이가 크다.[6)]

6) 여기에서 제시한 수치는 공정위가 2021년 5월에 지정한 40개 상호출자제한 기업집단을 기준으로 머니투데이

많은 사람들이 입학하기를 선호하는 대학들도 대부분 서울에 몰려 있다. 이제는 서울에 입지하고 있다는 것만으로 좋은 대학으로 평가받는 시대가 되었다. 반면 과거에 지방 명문대학으로 평가받았던 지방 국립대학의 위상은 크게 저하되었다.

여기에 더해 대형 문화시설이나 상업시설도 서울에 밀집해 있으며, 대학병원이나 종합병원도 서울에 몰려 있다. 교통망도 서울을 중심으로 발달되어 있다. 방송국이나 신문사, 출판사, 공연기획사, 각종 문화예술단체 등도 서울에 모여 있어 서울이 정보의 발신지이자 문화의 흐름을 주도하는 곳이 되고 있다. 각종 문화행사나 심포지엄, 학술대회도 주로 서울에서 열린다. 여기에 더해 집값 상승도 서울이 주도함으로써 서울과 다른 지역의 자산격차는 더욱 벌어지고 있다.

한편 서울의 배후지역으로서 경기도의 역할도 더욱 커졌다. 서울에 산업단지를 조성하기 어렵게 되자 경기도에 산업단지가 계속 확장되었는데, 삼성전자, SK하이닉스 등 반도체 생산을 이끄는 대기업과 하청기업이 모여 대규모 산업단지를 형성하면서 더욱 더 첨단산업기지로서의 위상을 공고히 하고 있다.

그런데 국토의 11.8%에 지나지 않는 곳에 인구의 절반이 모여 사는 수도권 집중의 폐해는 새삼 언급할 필요도 없이 매우 심각하다. 가장 큰 폐해는 지방의 쇠퇴가 가속화되고 소멸의 위기에 처한 지역이 증가하고 있는 것이다. 이는 지방의 귀중한 자원이 활용되지 못하고 버려지는 것을 의미한다. 소멸 위기에 처한 지역의 주민들은 기초적인 생활수준을 유지하기 어려우며, 이로 인한 상대적 박탈감도 크다.

이와는 대조적으로 수도권에서는 과밀문제로 인해 주민 삶의 질이 악화되고 있다. 과도한 집값 상승으로 주거비용은 크게 증가하고 있으며, 주거불안도 심각하다. 수도권으로 거주지가 확장되면서 직장까지 장시간 이동해야 하는 사람들도 늘고 있다. 교통체증이나 대기오염 문제도 여전히 심각하다. 이런 여러 요인들이 겹쳐져서 저출산 문제는 더욱 악화되고 있다. 그렇지만 이제는 서울을 포함한 수도권 우위가 굳어져서 이 구조를 무너뜨리는 것이 사실상 불가능한 시대가 되었다.

가 대기업 집단에 속한 1,742개사의 본사 소재지를 전수조사한 결과이다(머니투데이 2022년 2월 28일 기사 「'북위 37도 4분' 대기업 남방한계선은 그곳이었다」에서 인용).

Ⅲ. 향후 30년 동안 일어날 인구 대격변

1970년대 이후 본격적으로 전개된 산업화와 도시화는 지역 간 인구불균형을 심화시켰다. 젊은 인구가 지속적으로 빠져나간 농산어촌에서는 인구감소와 고령화가 빠르게 진행되면서 인구의 재생산 기반이 무너졌고, 이것은 다시 인구감소와 고령화를 가속화하는 악순환으로 이어졌다.

이하에서는 지역 간 인구불균형이 기초자치단체 수준에서 어떻게 진행되고 있는지를 살펴본다. 그리고 향후 30년 뒤에 지역에서 일어나는 인구 대격변에 대해 살펴본다.

1. 심각한 고령화 문제를 안고 있는 지자체

고령화의 정도는 지역에 따라 다르다. 광역자치단체 수준에서 보면 농산어촌을 끼고 있는 도(道) 지역이 광역시보다 고령자 비율이 높다. 2022년에 고령화율 20%가 넘는 지역의 고령자 비율을 보면, 전남 25.2%, 경북 23.8%, 전북 23.2%, 강원 22.8%, 부산 21.5%, 충남 20.6%이다. 반면 고령화율이 낮은 지역의 고령자 비율을 보면, 울산 14.7%, 경기 14.7%, 인천 15.6%, 광주 15.6%이다. 부산은 광역시이면서 고령자 비율이 높다. 서울은 17.6%로 전국 평균과 비슷한 수준이다.

그런데 광역자치단체가 아닌 기초자치단체 수준에서 보면 지역 간 고령화의 격차가 훨씬 뚜렷하게 나타난다. 〈표 1〉은 2022년 기준으로 고령자 비율이 20% 이상인 기초자치단체를 인구규모별로 나타냈다.

이를 보면 인구규모가 작은 지역일수록 고령화의 정도가 심각하다. 인구 5만 명 미만 지자체에서는 고령자 비율이 30~40%인 지자체가 36곳이고, 40% 이상인 지자체도 8곳이나 된다. 반면 인구 5~10만 명 규모의 지자체에서는 고령자 비율 20~30%인 지자체와 30~40%인 지자체가 각각 15개 지역이다. 10~20만 명 규모의 지자체에서는 아직까지 고령화의 정도가 낮지만 고령자 비율 20~30%인 경우가 15곳이고, 30~40%에 해당되는 지자체도 2곳 있다.

표 1 고령자 비율이 높은 기초자치단체(2022년)

인구 규모	고령자 비율(%)		
	20% 이상~30% 미만	30% 이상~40% 미만	40% 이상
5만 명 미만	연천군(경기), 태백시 · 철원군 · 화천군 · 양구군 · 인제군(강원), 울릉군(경북)	횡성군 · 영월군 · 평창군 · 정선군 · 고성군 · 양양군(강원), 보은군 · 옥천군 · 영동군 · 괴산군 · 단양군(충북), 서천군 · 청양군(충남), 진안군 · 무주군 · 장수군 · 임실군 · 순창군(전북), 담양군 · 곡성군 · 구례군 · 장흥군 · 강진군 · 함평군 · 장성군 · 완도군 · 진도군 · 신안군(전남), 고령군 · 성주군 · 봉화군 · 울진군(경북), 의령군 · 하동군 · 산청군 · 함양군(경남).	보성군(전남),군위군 · 청송군 · 영양군 · 영덕군 · 청도군(경북), 남해군 · 합천군(경남)
5만 명 이상~10만 명 미만	동두천시 · 가평군(경기), 동해시 · 속초시 · 삼척시 · 홍천군(강원), 음성군(충북), 보령시 · 홍성군(충남), 완주군(전북), 화순군 · 영암군 · 무안군(전남), 함안군 · 거창군(경남)	금산군 · 부여군 · 예산군 · 태안군(충남), 남원시 · 김제시 · 고창군 · 부안군(전북), 해남군 · 영광군(전남), 상주시 · 문경시 · 예천군(경북), 창녕군 · 고성군(경남)	고흥군(전남), 의성군(경북)
10만 명 이상~20만 명 미만	포천시 · 여주시 · 양평군(경기), 제천시(충북), 공주시 · 서산시 · 논산시 · 당진시(충남), 정읍시(전북), 나주시(전남). 김천시 · 안동시 · 영주시(경북), 통영시 · 사천시(경남)	영천시(경북), 밀양시(경남)	
20만 명 이상	강릉시(강원), 충주시(충북), 군산시 · 익산시(전북), 여수시(전남), 경주시(경북)		

주: 광역시의 구(區)는 제외.

출처: 통계청 KOSIS 검색.

2. 인구감소가 빠르게 진행되는 지자체

앞에서 언급한 바와 같이 고령화가 빠르게 진행되는 지역에서는 인구감소도 빠르게 일어난다. 한국 경제가 빠르게 성장하는 시기에 농산어촌의 젊은이들이 일자리를 찾아 대거 도시로 이동하였기 때문이다. 〈표 2〉에서는 1992년의 인구를 기준으로 1992년부터 2022년까지 주민등록인구의 증감률을 제시하였다. 〈표 2〉에 제시된 지자체의 대다수가 〈표 1〉에 있는 지자체와 겹치는 것을 알 수 있다.

또한 〈표 2〉를 보면 지난 30년 동안 인구감소가 대부분 인구 5만 명 미만 또는 5~10만 명의 소규모 지자체에서 일어난 것임을 알 수 있다. 특히 인구 5만 명 미만 지자체에서 인구감소 문제가 심각한데, 인구증감률 -30%~-40%인 곳이 13개 지역이고, -40%가 넘는 곳이 23개 지역이다.

표 2 주민등록인구의 증감률(1992~2022년)

인구 규모	인구증감률(%)			
	−10% 이상~ −20% 미만	−20% 이상~ −30% 미만	−30% 이상~ −40% 미만	−40% 이상
5만 명 미만	화천군 · 양구군 · 양양군 (강원)	연천군(경기), 평창군 · 철원군(강원), 옥천군(충북), 담양군 · 장성군(전남), 청도군 · 고령군 · 성주군 · 울릉군 (경북)	영월군 · 고성군(강원), 영동군 · 괴산군(충북), 무주군 · 장수군(전북), 구례군 (전남), 군위군 · 울진군 (경북), 의령군 · 하동군 · 산청군 · 함양군(경남)	태백시 · 정선군(강원), 보은군 · 단양군(충북), 서천군 · 청양군(충남), 진안군 · 임실군 · 순창군(전북), 곡성군 · 보성군 · 장흥군 · 강진군 · 함평군 · 완도군 · 진도군 · 신안군(전남), 청송군 · 영양군 · 영덕군 · 봉화군(경북), 남해군 · 합천군 (경남)
5만 명 이상~ 10만 명 미만	홍천군(강원), 화순군(전남), 함안군(경남)	태안군(충남), 영암군(전남), 예천군(경북), 거창군(경남)	금산군 · 예산군(충남), 영광군(전남), 창녕군 · 고성군(경남)	부여군(충남), 고창군 · 부안군 (전북), 고흥군 · 해남군(전남), 의성군(경북)
10만 명 이상	광명시(경기).			

주: 광역시의 구(區)는 제외. 행정구역 개편으로 1992년 인구를 알 수 없는 지자체는 제외.
출처: 통계청 KOSIS 검색.

인구가 절반 이상 감소한 곳도 있다. 인구증감률 -40%가 넘는 지자체 중에서 강원도 태백시와 정선군, 전라남도 보성군과 신안군, 고흥군은 30년 동안 인구가 절반 이상 감소하였다.

지금까지의 분석을 통해 〈표 1〉과 〈표 2〉에 제시된 기초자치단체가 현재 가장 선두에서 인구문제와 대면하고 있는 곳이라고 할 수 있다. 이들 지역 대다수가 인구 10만 명 미만의 농산어촌에 해당된다. 이 때문에 우리 국민 다수가 인구문제를 농산어촌에 한정된 문제로 생각하는 경향이 있다. 그렇지만 이하에서 고찰하듯이 고령화와 인구감소는 수도권의 대도시를 향해 빠른 속도로 다가오고 있다. 인구위기를 피할 수 있는 지역이 전국 어디에도 없다는 점이 중요하다.

3. 향후 30년 동안 일어나는 고령화와 인구감소의 대격변

통계청이 2021년에 실시한 시도별 장래인구추계에서는 장래인구추계의 불확실성을 감안해서 중위추계 이외에 고위 · 저위 · 무이동 · 출산율 현 수준 · 저출생고령화 · 국내이동 10년 평균수준 등 총 7개의 시나리오를 제시하였다. 그중에서 중위추계와 출산율 현 수준 추계(2020년의 합계출산율 지속) 시의 인구증감률을 나타낸 것이 〈그림 3〉이다.[7]

그런데 지역 단위의 인구추계가 총인구 추계보다 훨씬 어렵다는 점에 유의할 필요가 있다. 지역의 경제상황이나 정부의 지역정책, 부동산 정책 등 여러 요인들이 지역의 인구변동에 영향을 미치기 때문이다. 따라서 추계치와 실측치 사이에 괴리가 클 수 있다는 점을 감안하면서 추계결과를 볼 필요가 있다.

〈그림 3〉을 보면 2020년을 기준으로 2050년까지 중위추계 시에 인구증감률은 -8.6%이고, 인구감소 수는 -448만 명이다. 출산율 현 수준을 가정한 추계 시에 인구증감률은 -11.6%이고, 인구감소 수는 -525만 명으로 인구감소의 정도가 커진다. 이는 중위추계 시보다 출산율이 낮아지기 때문이다. 이외에 시나리오별 여러 추계치를 비교해 볼 수 있는데, 이러한 비교를 통해 얻을 수 있는 중요한 시사점은 출산율의 향방에 따라 인구감소와 고령화의 속도를 바꿀 수 있다는 것이다.

---

7) 「장래인구추계(시도편): 2020~2050년」에 따르면, 중위추계는 합계출산율, 기대수명, 국제이동, 국내이동 모두 중위 수준 가정 시의 추계치이다. 출산율 현 수준 추계는 시도별 합계출산율 현 수준(2020년의 합계출산율 지속), 기대수명 중위, 국제이동 중위, 국내이동 중위 수준 가정 시의 추계치이다.

그림 3 광역자치단체의 인구전망(2020～2050년의 인구증감률)

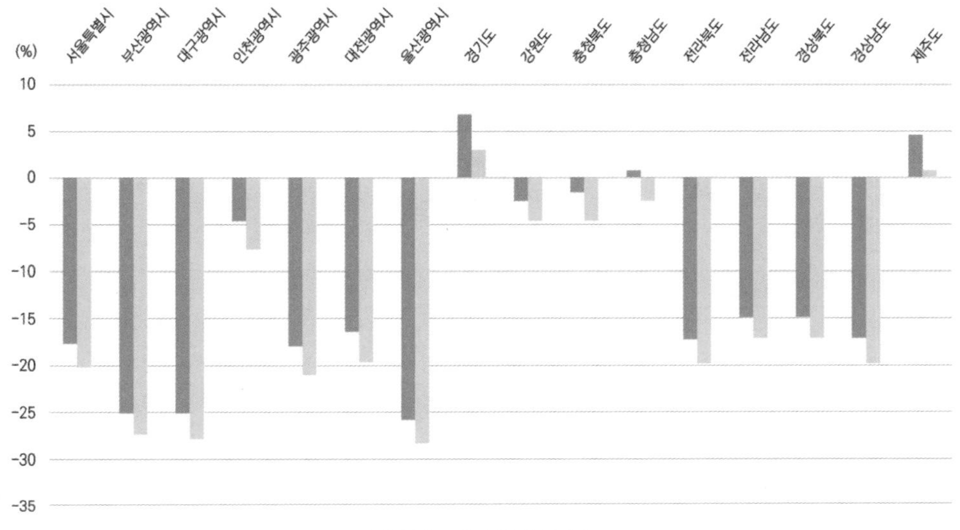

주: 세종시는 생략.

출처: 통계청, 「장래인구추계 시도편(2020년 기준)」의 중위추계(기본추계)와 출산율 현 수준 추계 데이터를 이용해 작성.

〈그림 3〉에서는 광역자치단체 수준에서 지역 간 인구증감률의 격차가 크다는 점도 눈에 띈다. 중위추계 시에 경기도와 제주도, 충남은 인구가 증가하는 반면 그 외 지역은 인구가 감소한다. 인구감소의 정도가 작은 지역의 증감률을 보면 충북 -1.6%, 강원 -2.5%, 인천 -4.7%이다. 반면 인구감소의 정도가 큰 지역의 증감률을 보면 울산 -25.9%, 대구 -25.2%, 부산 -25.1%이며, 서울도 -17.7%로 높다. 도(道) 지역보다 인구감소율이 큰 광역시가 많다는 점에 주목할 필요가 있다.

이것을 인구감소 수의 측면에서 볼 때 향후 대도시에서의 인구감소가 매우 중대한 문제가 된다는 것을 알 수 있다. 인구감소 수가 큰 지역의 감소 수를 보면 서울 -170만 명, 부산 -84만 명, 대구 -61만 명, 경남 -57만 명으로 서울의 감소 수가 압도적으로 많다.

그런데 시도별 총인구에서 생산연령인구만을 떼어내서 그 추계치를 보면 감소 수와 감소율은 훨씬 커진다. 인구감소 수가 높은 순으로 지역을 열거하면 서울 -282만 명(-39.5%), 경기 -221만 명(-22.2%), 부산 -115만 명(-48.7%), 경남 -108만 명(-45.7%), 대구 -85만 명(-49.0%), 경북 -81만 명(-44.8%), 인천 -72만 명(-32.9%)이다.

표 3 **2050년의 고령자 증가 수와 고령자 비율 전망치(중위추계 시)**

	2020년의 고령자 수 (만 명)	고령자 증가 수 (2020~2050년) (만 명)	2050년의 고령자 비율 (%)
전국	815	1,085	40.1
서울특별시	148	145	37.0
부산광역시	63	47	43.6
대구광역시	39	37	42.1
인천광역시	40	71	39.3
광주광역시	20	26	38.1
대전광역시	21	27	37.8
울산광역시	14	22	41.9
경기도	172	350	36.4
강원도	30	40	47.2
충청북도	28	41	42.7
충청남도	39	55	43.0
전라북도	37	33	46.8
전라남도	41	34	49.5
경상북도	55	55	48.9
경상남도	56	72	46.0
제주도	10	17	38.3

주: 세종시는 생략.
출처: 통계청, 「장래인구추계 시도편(2020년 기준)」.

반면 고령자는 2049년까지 증가하고 이후 조금씩 감소하기 때문에 당분간 고령화는 빠르게 진행된다. 이를 잘 보여주는 것이 〈표 3〉인데, 여기에서는 중위추계 시 2050년에 예상되는 고령자 비율과 고령자 증가 수를 제시하였다. 고령자 비율이 40%가 넘는 지역을 그 비율이 높은 순으로 열거하면 전남, 경북, 강원, 전북, 경남, 부산, 충남, 충북, 대구, 울산까지 모두 10개 지역이 있다.

보다 주목해야 할 것은 고령자의 증가 수이다. 2020~2050년에 고령자는 1,085만 명 증가하는데, 증가 수가 큰 지역 순으로 열거하면 경기 350만 명, 서울 145만 명,

경남 72만 명, 인천 71만 명, 충남 55만 명, 경북 55만 명이다. 인구규모가 큰 경기도와 서울의 증가 수가 매우 크다는 것을 알 수 있다.

지금까지의 분석을 통해 주로 총인구 차원에서만 언급되던 인구문제를 시도 차원에서 살펴봄으로써 조만간 한국이 직면하게 될 인구문제를 좀 더 구체적으로 생각해 볼 수 있게 되었다. 가장 중요한 점은 전국의 어느 지역도 생산연령인구의 급격한 감소와 빠른 속도로 진행되는 고령화의 문제를 피해갈 수 없다는 것이다.

생산연령인구가 빠르게 감소하는 것은 우리 사회의 지속가능성을 위협한다. 생산연령인구의 감소는 생산능력의 저하를 가져오고, 과학기술이나 첨단산업 분야에 젊은 인재를 충원하는 것에도 큰 어려움을 초래한다. 구매력 있는 인구가 감소하는 만큼 소비시장도 크게 위축될 수밖에 없다. 특히 인구규모가 큰 서울이나 경기도에서 생산연령인구의 감소 수가 크다는 점이 이들 지역의 어려움을 가중시킨다.

한편 고령인구가 매우 빠르게 증가하는 만큼 고령자의 사회보장비용은 사회가 감당할 수 없을 정도로 빠르게 증가한다. 반면 생산연령인구가 크게 감소하면서 세금이나 사회보장비용을 부담할 능력은 크게 떨어진다. 재원의 문제뿐만 아니라 고령자 돌봄서비스를 담당할 대규모 인력을 어떻게 충원할 것인지도 국가적인 과제이다.

이런 미래를 전망할 때 지방에서도 생산연령인구가 크게 감소하는 시대에 과연 현재와 같은 방식으로 지방의 젊은 인구를 수도권으로 끌어들이는 일이 여전히 가능할 것인지의 질문을 던지지 않을 수 없다. 앞으로도 수도권에서 첨단산업 분야의 고소득을 보장하는 매력적인 일자리로 지방의 젊은이를 끌어들일 수 있을 것인가? 만약 지방에서 젊은 인구를 끌어들이지 못하면 대규모의 고령인구를 안고 있는 수도권은 지방보다 빠른 속도로 고령화된다. 한국의 인구위기가 더욱 빠르게 전개되는 20~30년 뒤에도 현재와 같은 수도권 집중 모델이 가능할지, 수도권과 지방의 왜곡된 이중구조를 바꾸고 다함께 발전하기 위해서는 무엇이 필요할지 깊게 고민해야 할 때이다.

Ⅳ. 지방이 직면한 인구문제의 해법

지금까지의 분석 결과는 매우 충격적이고 절망적이다. 수도권과 지방의 인구불균형은 더욱 심화되어 이제는 지방의 쇠퇴를 넘어 국가의 붕괴를 걱정해야 할 때이다. 그렇다면 과연 이 문제를 어떻게 해결할 것인가? 이하에서는 우리보다 먼저 지방의 쇠퇴와 소멸이라는 문제를 겪고 있는 일본 사례를 참고하면서 그 해법을 제시해본다.

1. 인구감소를 전제로 스마트하게 축소한다

고령화가 빠르게 진행되고 생산연령인구가 크게 감소하는 인구감소시대에 가장 필요한 적응전략은 줄어든 인구규모에 맞추어 도시의 인프라를 축소하면서 동시에 도시의 효율성을 높이는 것이다. 더 이상 기반시설이나 주택을 늘리지 않고 기존 시설을 재활용하고, 불필요한 시설이나 건축물 등은 과감하게 없애서 자연상태로 되돌린다. 방치된 시설이나 빈집은 지역을 황폐하게 하는 주범이기 때문이다.

축소와 더불어 도시의 효율성을 높이기 위한 노력도 중요하다. 그 핵심이 바로 콤팩트화와 네트워크화이다.[8] 콤팩트화란 도시가 기능하는 데 필요한 핵심 시설로서 상업시설, 의료시설, 복지시설, 문화시설, 공공기관 등을 도시 중심부에 집약시켜 도시의 효율성을 높이는 것이다. 그리고 중심부와 주변지역이 유기적으로 연결될 수 있도록 체계적인 공공교통망을 갖춘다. 이렇게 하면 인구가 감소해도 도시의 활력을 유지하고 지역커뮤니티의 활성화를 꾀할 수 있다.

그렇지만 콤팩트화만으로는 충분하지 않다. 인구가 감소하면 도시의 고차기능을 담당하는 대형 상업시설이나 문화시설, 대학, 종합병원 등을 운영하는 데 필요한 인구규모를 확보할 수 없기 때문이다. 따라서 인접하는 지자체를 유기적으로 연결해 하나의 권역을 형성함으로써 일정한 인구규모를 유지할 필요가 있다. 이것이 바로 네트워크화이다.

---

8) 콤팩트화와 네트워크화는 일본 국토교통성이 인구감소시대를 극복하기 위한 지역정책의 핵심 방안으로 제시한 것으로 2014년에 발표한 「국토의 그랜드디자인 2050: 대류촉진형 국토형성(国土のグランドデザイン2050: 対流促進型国土の形成)」에 잘 제시되어 있다.

일본정부는 콤팩트화를 추진하기 위해 2006년에 도시계획법, 중심시가지활성화법, 대규모 점포 입지법을 개정해 교외에 대형상업시설을 건설하는 것을 억제하였다. 2014년에는 도시재생특별조치법을 개정해 입지적정화계획제도를 도입하였다. 이것은 시가지가 확장되는 것을 막기 위해 주택, 병원, 복지시설, 상업시설 등의 입지를 거주구역 안으로 유도하는 것이다.

그리고 대도시와 중소도시, 주변 시정촌의 네트워크화를 추진해 효율적인 도시운영을 꾀하였다. 이것이 정주자립권(定住自立圏)과 연계협력중추도시권(連携中枢都市圏) 구상이다.

정주자립권 구상은 2008년에 나온 것으로 인구 5만 명 규모의 중심시가 주변 시정촌과 정주자립권 협정을 맺어 의료, 복지, 교육, 문화 등의 분야에서 협력하는 것이다. 총무성 홈페이지의 자료에 따르면, 정주자립권은 2023년 기준으로 전국에 130권역이 형성되어 있다.

연계협력중추도시권 구상은 인구 20만 명 이상 도시와 주변 시정촌이 협정을 맺어 네트워크화를 추진하는 것이다. 권역 내 일정 인구규모를 유지함으로써 인구감소의 불리함을 극복하고, 권역 차원에서 경제성장, 도시기능의 집적 및 강화, 생활 관련 서비스의 향상을 추구한다. 총무성 홈페이지의 자료에 따르면, 2023년 기준으로 연계협력중추도시권은 38권역이 형성되어 있으며, 여기에 참여하는 지자체는 372개 시정촌이다.

그렇지만 일본 정부의 구상대로 콤팩트화와 네트워크화가 순조롭게 실현되고 있지는 않다. 현재 일본에서 일어나고 있는 것은 신규 거주지의 확장이다. 일본경제신문이 2019년 12월 26일에 발표한 「멀고 먼 콤팩트시, 멈추지 않는 거주지 팽창(遠いコンパクトシティー, 止まらぬ居住地膨張)」이라는 기사에 따르면, 2005~2015년에 일본 전역에서 새로 생긴 거주지구의 총면적은 1,773㎢에 달한다. 이것은 오사카부의 면적과 비슷하고, 도쿄도 면적의 3배에 해당된다. 다른 지역 인구를 빼앗으려는 지자체의 욕심이 교외 택지개발로 이어져 신규 거주지가 확장되고 있다.

정주자립권이나 연계협력중추도시권을 통한 행정협력은 응급의료시설이나 병원의 통합운영, 도서관이나 문화시설의 공동이용, 관광상품 및 관광코스의 공동개발 등에서 성과를 내고 있는 것에 그치고 있다(都市行政問題研究会, 2018). 복수의 지자체가 참여해 의사결정하고 집행하는 만큼 시간이 오래 걸리고, 책임소재가 불분명한 점, 주민 반발을 우려해 지자체장이 시설의 공동이용이나 통폐합에 소극적인 점 등이 걸림돌이다. 나아가 소규모 지자체의 입장에서 중심도시에 행정의 주도권을 빼앗기는 것에 대한 우려도 있다(森川, 2016).

이런 한계가 있지만 콤팩트화와 네트워크화는 지방이 인구감소시대를 극복하기 위해 꼭 필요한 방안이다. 아직까지 한국의 대다수 지자체는 확대 기조로 여전히 성장 중심의 비전을 제시하고 있다. 신규 주택지 개발에도 적극적이다. 그렇지만 외곽에 아파트 단지를 조성하는 것은 원도심의 인구감소와 상권 쇠퇴를 초래해 도시의 쇠퇴를 가속화한다. 또한 신규 주택지 건설에 따르는 인프라 조성은 지자체의 막대한 재정부담을 초래한다. 따라서 도시의 확장을 막는 콤팩트화가 필요하다.

나아가 중심도시와 주변 지자체가 함께 참여하는 도시권 형성을 통해 지자체 간 광역협력체제를 구축함으로써 행정협력의 범위와 수준을 확대하고 높여갈 필요가 있다. 이를 통해 전국 어느 곳에 살더라도 삶의 기초적인 수요를 충족시킬 수 있는 수준으로 권역 차원에서 보육, 교육, 의료, 간병, 재난·재해에 대응할 수 있는 인프라를 구축해야 한다. 또한 도시의 고차기능 유지에 필요한 대형 상업시설이나 문화시설, 응급의료 대응체계를 갖춘 종합병원, 고등교육 및 연구기능을 담당하는 대학이나 연구소 등을 권역 차원에서 갖출 필요가 있다. 그리고 권역 차원에서 지역산업을 발전시킬 수 있는 기반을 마련해야 한다. 엄청난 속도로 다가오는 인구감소와 고령화의 위기는 지자체 간 경쟁이 아니라 협력을 통해서만 대응할 수 있다는 점에 유의할 필요가 있다.

2. 지방발(地方發) 성장 동력을 만들어야 한다

위에서 지적한 것이 인구감소시대를 살아나가기 위한 적응책이라면 인구위기를 극복하기 위해서는 지방이 주도하는 성장 동력을 만들어야 한다. 이하에서 언급하는 '지방'이란 위에서 언급한 '중심도시와 주변 지자체가 함께 참여해 긴밀한 행정협력체제를 형성하고 있는 도시권'을 염두에 둔 것이다.

1) 지역산업을 키우기 위해 내부 역량과 외부 지원을 총동원한다

본격적인 인구감소시대에 지방이 살아남기 위한 핵심은 지역산업의 육성이다. 젊은 이들을 수도권으로 빼앗기지 않기 위해서는 그들이 일하고 싶어하는 매력적인 일자리를 얼마나 많이 만들 수 있는가가 관건이다. 이런 일자리가 있을 때에만 청년들을 끌어들이고 지역산업을 키우는 것이 가능하다.

지역산업을 발전시키기 위해서는 지역의 다양한 주체가 긴밀한 네트워크를 형성해 활발한 교류를 하면서 시대변화의 흐름을 읽어내고, 지역의 내적인 역량과 고유 자원을 활용해 고부가가치를 만들어내기 위한 지혜를 모아야 한다. 이를 위해 관민이 협력하고, 지역의 주요 기업과 금융기관, 언론사, 대학, 연구소, 지역주민 등 지역의 다양한 주체들이 참여해 끊임없는 논의와 학습을 거듭하면서 지역산업을 발전시키기 위한 노력을 해나가야 한다.

여기에 더해 외부 전문가의 조언이나 자문, 기술적인 도움도 중요하다. 또한 지역 출신으로 외지에 있는 인사들과도 교류하며 그들을 지역재생활동에 참여시키는 것도 큰 도움이 된다. 이처럼 다양한 사람들을 끌어들여 지역에 대한 관심과 애착이라는 공통의 유대를 바탕으로 지역발전을 추진해 나갈 필요가 있다.

일본에는 건축가, 문화예술인, 기획전문가, IT 전문가, 성공한 기업가, 대학교수 등 다양한 분야에서 활약하는 지역 출신 및 외부 전문가들이 지역재생활동에 적극적으로 참여하는 사례가 많다. 또한 쇠퇴해가는 지역을 살리겠다는 일념으로 청년들이 연고도 없는 지역으로 이주해 로컬 벤처로서 기업활동을 하고, 같은 뜻을 가진 청년들을 불러모아 새로운 사업을 일으키는 식으로 그 영역을 확장하면서 지역을 변화시키는 사례가 늘고 있다.

또한 대기업이 지역살리기 프로젝트에 적극적으로 참여해 도움을 주는 사례도 많다.[9] JR동일본(東日本旅客鉄道)은 지역 특산품의 상품 개발에서 유통, 판매에 이르기까지 도움을 줌으로써 지역산업의 성장에 기여하고 있다. ANA홀딩스도 항공사가 가진 국내외 다양한 네트워크를 활용해 지역상품의 개발에서 홍보, 판매에 이르기까지 도움을 주고 있다. 후지제록스(富士ゼロックス)는 빈집을 수리해 지역의 교류거점을 만들고 ICT(네트워크, 복합기, TV회의시스템 등) 정비를 지원함으로써 지역커뮤니티활동을 활성화하는 프로젝트를 진행하고 있다. 다이와증권(大和証券)에서는 내각부의 지방창생인재지원제도를 활용해 사원을 소규모 지자체에 파견함으로써 지자체의 인구비전이나 종합전략

9) 대기업의 지역살리기 활동 사례는 경제동우회(経済同友会)의 지방창생 플랫폼(地方創生プラットフォーム)에 소개되어 있는 사례들을 참고하였다.

책정에 도움을 주고 있다.[10] 이 제도를 활용해 지자체에 인재를 파견한 대기업은 다이와증권 이외에도 여럿 있다.

이처럼 대기업이 지역살리기 활동에 적극 나서는 것은 국가적 이슈가 되고 있는 지방창생사업에 참여함으로써 기업 이미지를 향상시키는 데 도움이 되기 때문이다. 또한 지방에서 새로운 사업기회를 얻는 데 도움이 되는 의미도 있다.

2) 고령세대에서 청년세대로 자산의 계승을 원활하게 한다

인구위기를 넘어 그 다음 시대를 열기 위해서는 세대 간 자산의 원활한 계승을 고민해야 한다. 향후 고령화가 더욱 빠르게 진행되고 사망하는 고령자가 크게 증가하는 만큼 고령세대가 가지고 있는 자산이나 기술, 기능이 사장되지 않고 다음 세대로 원활하게 계승되도록 제도와 시스템을 마련할 필요가 있다.

현재 일본에서는 후계자 부재로 인한 폐업 문제가 심각하다. 2021년 후계자 부재율 조사에 따르면 후계자 부재율이 61.5%나 된다(農林水産省, 2021). 이들 기업 중에는 시장 전망이 밝지 않은 경우도 있지만 후계자가 없어 기술이나 설비 등이 사장되는 경우도 있다. 소규모 개인 사업인 경우 공급자와 수요자가 적절하게 연결되지 못해 폐업으로 이어지는 경우가 많다.

빈집이나 방치된 토지문제도 심각하다. 총무성이 5년마다 실시하는 「주택 · 토지통계조사」에 따르면, 2018년에 전국의 빈집은 849만 호로 전체 주택수의 13.6%를 차지한다. 이중에서 고령화로 인해 빠르게 증가하는 빈집은 349만 호이다.

소유자의 주소나 생사를 알 수 없는 방치된 토지도 빠르게 증가하고 있다. 민간 전문가들로 구성된 소유자불명토지문제연구회(所有者不明土地問題硏究會)에서는 소유자를 알 수 없는 토지의 총면적이 2016년 시점에서 규슈지방의 면적보다 큰 410만 헥타르(4만 1,000㎢)에 달한다고 추계하였다(增田, 2018). 이 연구회에서는 소유자 불명토지가 2040년에는 720만 헥타르(7만 2,000㎢)에 달할 것으로 추계하였다.

소유자를 알 수 없는 토지가 엄청난 규모로 발생하는 것은 여러 대에 걸쳐 상속등

10) 지방창생인재지원제도는 내각부가 2015년부터 시행한 것으로 지방창생사업을 적극 추진하는 시정촌에 국가가 국가 공무원, 대학 연구자, 민간기업 사원 등의 전문가를 지자체 수장의 보좌역으로 파견해 시정촌의 종합전략 책정이나 시책 추진을 지원하는 제도이다. 내각부 지방창생 홈페이지에 따르면, 2023년 8월까지 357개 시정촌에 598명이 지방창생인재로 파견되었다.

기가 이루어지지 않고 있기 때문이다. 이로 인해 실제 소유자가 누구인지를 알 수 없게 되고, 해당 상속인이 수십 명으로 늘어나 소유자를 특정하기 어려운 경우가 많다. 이렇게 되면 그 토지는 사실상 이용되지 못하고 폐해만 일으키는 마이너스 자산이 된다.

이 문제가 처음 제기되었을 때에는 일본사회에 엄청난 충격을 주었으나 2021년에 민법과 부동산 등기법의 개정이 이루어져 상속등기가 의무화되었고, 소유자 불명 토지 및 건물의 이용을 원활하게 하기 위한 관리제도가 창설되었다. 이러한 법 개정과 함께 상속토지국고귀속법이 제정되어 상속 등에 의해 토지소유권을 취득한 사람이 법무대신의 승인을 얻어 토지 소유권을 국고에 귀속시킬 수 있게 되었다.

또한 농지를 효율적으로 활용하기 위한 농지의 집적·집약화, 규모확대도 적극적으로 추진되고 있다. 2014년부터 시행된 농지은행제도는 아베내각이 농업을 성장시키기 위한 핵심정책으로 도입한 것으로 도도부현별로 설치된 농지중간관리기구가 농지의 임대나 매입을 중개한다. 농지중간관리기구가 나서서 소유자 불명 토지나 유휴농지를 포함해 소유자로부터 토지를 빌리거나 매입해 생산 의욕이 있는 농업인에게 임대 또는 매각하는 사업을 실시하고 있다.

이런 조치 이외에 세대 간 원활한 계승을 촉구한다는 점에서는 빈집이나 빈터로 놔두고 활용하지 않는 것의 비용부담을 높이는 조치도 필요하다. 보유세 등을 높임으로써 쓰이지 않는 자산이 다음 세대로 원활하게 넘어갈 수 있도록 촉구하는 제도가 필요하다. 그리고 소유와 이용을 분리해 귀중한 자원이 생산적이고 효율적으로 이용되어 새로운 가치를 창출할 수 있도록 해야 한다.

이처럼 향후 30~50년을 내다보는 중장기적인 관점에서 제도와 시스템을 마련한다면 의욕 있는 젊은이들이 지방으로 들어와 노력한 만큼 보상을 받고 쇠퇴와 소멸의 위기에 처한 지방을 부흥시킬 수 있다.

V. 결론: 지방을 살리는 주역은 청년이다

향후 30년 안에 대한민국은 세계에서 가장 빠르게 늙어가는 국가가 된다. 이로 인해 고령인구를 부양하는 데 국가적으로 엄청난 노력과 비용을 부담하지 않으면 안 되며, 감당하기 어려운 과도한 노년부양비는 젊은 세대의 경제기반을 더욱 약화시켜 출산율을 더 떨어뜨릴 수 있다. 최악의 상황은 한국에서 희망을 발견하지 못한 청년들이 대거 한국을 떠나는 사태가 벌어지는 것이다. 이렇게 되면 대한민국의 붕괴가 현실이 된다.

이런 점에서 인구위기를 극복하는 근본 해법은 청년세대가 결혼을 해서 자녀를 가질 수 있는 수준으로 안정적인 경제기반을 갖는 것이다. 특히 지방 청년들이 치열한 경쟁으로 팍팍하게 살아야 하는 수도권으로 가지 않아도 자신이 나고 자란 지역에서 안정적이고 행복하게 살 수 있는 인생기반을 갖도록 하는 것이 무엇보다도 필요하다. 지금처럼 지방 청년들을 수도권으로 빨아들여 그들의 열정과 에너지, 능력을 소진시키는 방식은 지방뿐만 아니라 수도권, 나아가 대한민국의 공멸을 가져올 뿐이다.

그렇다면 이런 흐름을 막기 위해 무엇을 어떻게 해야 하는가? 가장 핵심적이면서 근본적인 해법으로 다음과 같이 네 가지를 지적하고 싶다.

첫째, 지역이 주도권을 가지고 지역인재를 키워야 한다. 이를 위해 지금보다 훨씬 높은 수준으로 과감한 교육투자를 통해 어린이부터 초·중·고등학생, 대학생에 이르기까지 뛰어난 인재를 길러낸다. 또한 해외 학생들과의 교류에 힘써 세계와 소통하는 기회를 늘리고, 해외 유학생 유치에 앞장서 지방이 국제화를 주도한다. 의지와 열정이 넘치는 청년에게는 다양한 해외연수와 유학의 기회를 제공해 국제무대에서 활약할 수 있는 지역인재를 길러낸다. 나아가 진학 또는 취직을 위해 타지로 나간 지역 청년에 대해서도 이들이 지역으로 돌아와 지역발전에 공헌할 수 있도록 긴밀한 관계를 형성할 필요가 있다.

둘째, 지역의 어린이와 청소년, 청년들이 지역에 대한 자긍심을 가질 수 있도록 하는 교육에 힘써야 한다. 이를 위해 지역의 역사와 문화, 자연환경 등에 관한 수업을 비롯해 지역을 탐구하는 체험활동과 지역과제를 스스로 찾아 해결책을 모색하는 지역참여활동을 실시한다. 나아가 대학에서 지역발전을 이끌어 나갈 지역인재를 양성하는 과정을 운영하는 것도 필요하다.

최근 일본에서는 대학에서 지역전문가를 길러내는 과정이 활발하게 개설되고 있는데, 문부과학성이나 내각부, 경제산업성에서 이러한 활동을 적극 지원하고 있다. 예를 들어 시마네대학(島根大学)은 산학협력의 차원에서 지역미래협창본부(地域未来協創本部)를 설립해 지역산업 진흥과 혁신, 지역인재육성에 중점을 둔 교육과정을 운영하고 있다. 가고시마대학(鹿児島大学)도 지역활성화에 공헌하고 지역과제를 해결하는 지역인재를 배출하기 위해 학부 횡단적인 교육프로그램을 운영하고 있다. 이외에 단일대학을 넘어 지역의 고등교육기관, 기업, 금융기관, 경제단체 등이 함께 참여해 지역인재를 길러내는 프로그램을 운영하는 경우도 있다.

셋째, 지역을 이끌어 나갈 고도의 전문능력을 갖춘 인재를 길러내기 위해서는 지방대학의 연구기능을 지금보다 훨씬 높은 수준으로 끌어올릴 필요가 있다. 고부가가치를 창출하는 신산업을 발전시키기 위해서는 연구개발이 중요한 만큼 대학 연구소의 역할이 중요하며, 대학 연구소를 발판으로 창업과 취업에 도전하는 젊은 인재들을 길러낼 필요가 있다. 정부는 지방 대학의 연구소를 키우기 위한 집중적인 지원에 나서야 한다. 나아가 대기업도 사회공헌의 차원에서 지방의 문제에 관심을 갖고 지역인재를 길러내는 데 적극 참여해야 한다. 대기업이 가진 인적·물적자원을 활용해 지역산업의 성장을 뒷받침할 수 있는 연구소나 사회적 수요가 높은 교육훈련기관 등을 설립하는 것도 중요한 사회공헌활동이 될 것이다.

넷째, 청년들이 사회변화를 주도하는 능동적인 역할을 할 수 있도록 청년세대의 정치적 대표성을 크게 높여야 한다. 고령화가 된다는 것은 고령인구의 정치적 영향력이 커진다는 것을 의미한다. 유권자로서 큰 규모를 나타내고 투표에도 적극적인 고령세대가 늘어남에 따라 향후 고령자의 이익에 반하는 개혁은 어려워진다. 이것을 실버민주주의의 폐해라고 하는데, 일본에서는 이미 실버민주주의의 폐해가 현실이 되고 있다.

이 문제를 해결하기 위해서는 청년세대가 사회 모든 영역에서 공적인 의사결정과정에 참여해 자신들의 목소리를 반영시킬 수 있어야 한다. 특히 지방은 지연에 바탕을 둔

폐쇄성이 강하다는 점에서 더욱 바뀔 필요가 있다. 지방의 보수적이고 변화에 느린 분위기가 청년들에게는 지방이 매력적이지 않은 곳으로 여겨져 지역이동을 재촉하는 측면도 있다. 따라서 지역주민들이 나서고 청년들이 나서서 지방을 청년친화적이고 여성친화적인 사회로 바꾸어 나갈 필요가 있다. 지방이 변화와 개혁의 흐름을 주도할 때 대한민국이 직면한 인구위기도 극복할 수 있다.

참고문헌

마강래. (2017). 『지방도시 살생부』. 개마고원.

마상진 외. (2022). 「농촌과 청년: 청년세대를 통한 농촌의 지속가능성 제고 방안」. 한국농촌경제연구원.

박진경 · 김도형. (2020). 「인구감소대응 지방자치단체 청년유입 및 정착정책 추진방안」. 한국지방행정연구원.

오영환. (2021). 『지방이 시작이다』. 영남대학교출판부.

정현숙. (2021). 『인구위기국가 일본』. 에피스테메.

정현숙. (2023). 『추락하는 일본의 출산율이 한국보다 높은 이유』. 한반도미래인구연구원.

차미숙 · 최예술 · 조은주. (2022). 「지방소멸 대응 정책방향과 추진전략」. 『국토이슈리포트』 제57호(2월 17일). 국토연구원.

Morland, Paul. (2019). The Human Tide; 서정아 역. (2020). 『인구의 힘: 무엇이 국가의 운명을 좌우하고 세계사의 흐름을 바꾸는가』. 미래의창.

経済同友会. (2016). 「若者に魅力ある仕事を地方で創出するために:"志ある者が動けるメカニズム"を創ろう」(経済同友会 홈페이지).

吉原祥子. (2017). 『人口減少時代の土地問題: 「所有者不明化」と相続, 空き家, 制度のゆくえ』. 中央公論新社.

農林水産省. (2021). 「農業の経営継承に関する手引き」(農林水産省 홈페이지).

農林水産省. (2023). 「令和4年度版 農地中間管理事業の優良事例集」(農林水産省 홈페이지).

都市行政問題研究会. (2018). 「都市における広域連携のあり方に関する調査研究報告書」(全国市議会議長会 홈페이지).

法務省民事局. (2023). 「民法等一部改正法・相続土地国庫帰属法の概要」(法務省 홈페이지).

森川洋. (2016). 「連携中枢都市圏構想の問題点について再度考える」. 『自治総研』 42巻 457号.

小田切徳美. (2014). 『農山村は消滅しない』. 岩波書店.

日本経済新聞社. (2019). 『限界都市: あなたの街が蝕まれる』. 日本経済新聞出版社.

朝日新聞取材班. (2019).『負動産時代: マイナス価格となる家と土地』. 朝日新聞出版.
増田寛也 編著. (2014).『地方消滅: 東京一極集中が招く人口急減』. 中央公論新社.
増田寛也. (2018).「所有者不明土地問題研究会最終報告概要: 眠れる土地を使える土地に'土地活用革命'」(内閣府 홈페이지).
河合雅司 · 牧野知弘. (2022).『2030年の東京』. 祥伝社.
横道清孝. (2013).「時代に対応した広域連携のあり方について」.『都市とガバナンス』Vol . 20.

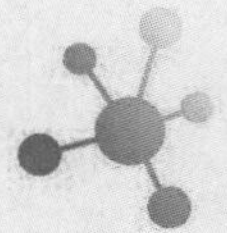

제6장

도시발전과 다문화: 다양성 이슈와 전망

이종열(인천대학교 명예교수)

생각해보기

- 다문화가 도시발전에 기여하는 긍정적인 영향과 부정적인 영향은 무엇인가?
- 다문화, 다양성, 창의성은 어떻게 상호 연계하여 도시발전에 영향을 미치는가?
- 도시발전을 사회정의 관점에서 바라본다면 어떠한 구성 체계를 지향해야 할 것인가?

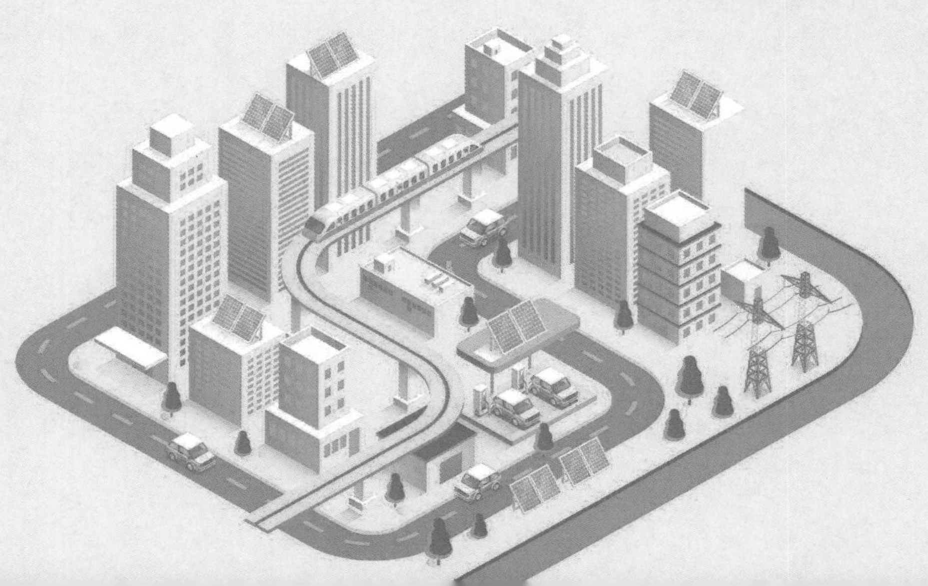

Ⅰ. 들어가며

도시의 발전은 인적 자원과 필수적 관계에 놓여 있는데, 이와 관련하여 이민은 그에 영향을 미치는 중요한 사회현상이다. 오늘날 많은 저개발국에서 이민은 가장 큰 도전이며 더 나은 삶의 기회를 찾는 사람들에게는 생존 전략 중 하나이다. 이주는 사람들의 필요에 따라 다양한 국가 간 또는 국가 내에서 일어난다. 따라서 이러한 이주는 다양한 문화와 종교를 가진 사람들이 특정 장소로 모이게 함으로써 자연히 다양성을 증진시키는 다문화 현상을 초래한다.[1)]

다문화주의는 도시 중심지의 발전에 중요한 역할을 한 것으로 보인다. 다양한 장소의 문화적 혼합으로 인해 기술이 발전하고, 쉽고 편리한 교통 시스템과 대중교통 중심의 개발이 이루어지며, 사회적 의사소통이 개선될 뿐만 아니라 인간의 사교활동과 필수품 획득의 필요성을 지속적으로 증가시키고 있다.

다문화 현상의 확산은 사회 내 다양성을 증진시키며 이는 궁극적으로 사회 내 창조성의 증진을 가져와 궁극적으로는 도시발전의 원동력이 된다는 주장이 있다. 한편 이민으로 인한 다문화 현상은 사회 내 분열을 초래하여 사회통합이라는 새로운 사회문제를 야기하기도 한다. 그리고 도시발전에 있어 이주노동자들의 수뿐만 아니라 질에 있어서도 많은 논란이 있다. 도시발전에 미치는 영향이 숙련이냐 비숙련이냐에 따라 그 영향이 달리 나타날 수도 있다.

---

1) 여기서는 다양성과 다문화를 거의 동일 개념으로 사용한다. 인종적 다양성은 다문화를 가져온다.

Ⅱ. 기존 연구

먼저 도시발전이란 무엇인가?[2] 인구의 증가, 소득의 증가, 생산량의 증가, 환경의 개선, 일자리의 증가, 관광객의 증가 등 그 의미는 다양하게 접근될 수 있지만 일반적으로는 소득, 인구, 생산량의 증가로 본다. 특히 우리나라의 경우 인구감소가 심각한 상황에서 인구 접근은 매우 중요하다. 인구증가 측면을 보면 자연증가 또는 이주민 증가로 나누어 볼 수 있다. 산업혁명기 유럽 도시들 대부분은 이주민 증가에 의한 도시성장이 이루어졌지만, 현재 저개발국 도시들 대부분의 경우 자연증가에 의한 도시성장이 이루어지고 있다. 한편 개발국 도시들의 경우는 여전히 이주민 증가에 의한 도시성장이 일어나고 있다.

도시발전에 대한 전통적 패러다임은 토지, 노동, 자본의 관리를 중요한 요소로 보았다. 이는 노동과 생산 중심주의, 물질적 사고방식, 산업중심주의로 볼 수 있다. 그 후 Romer, Porter, and Jacobs 등은 지식과 기술의 확산을 도시발전의 원동력으로 보았다. 최근에는 Landry와 Florida 등에 의해 도시발전의 창조계급론이 주장되고 있는데, 이에 따르면 창조산업을 주도하는 창조계층이 도시 성장을 주도한다는 것이다. 이들은 미국 주요 도시의 성장률을 조사하였는데, 특히 문화산업을 포함하는 소위 창조산업 기반 도시들의 성장률이 상대적으로 높았음을 밝혀냈다. 창조산업을 이끄는 창조계층이 모여 사는 도시가 미래도시의 모델로 새롭게 주목받을 뿐만 아니라 성장의 원동력으로 간주된다. 과거 기업 중심 관점에서 개인의 창조성으로 관심이 이동되었다. 창조적인 사람들이 들어오면 경제 활동이 증가한다는 것이다. 따라서 창조적인 사람들을 끌어들일 수 있는 지역 환경이 도시발전에 중요하다는 것이다. 이에 더하여 관용, 다양성, 변화에 대한 개방성 등이 중요한 환경적 특성으로 제시되고 있다. 창조적인(예술, 미디어, 오락 및 여가, 창조적 기업 서비스, 건축, 출판, 광고, 디자인) 또는 지식기반 산업(ICT, R&D, 금융, 법률 등)의 도시가 경쟁력 있는 도시로 주목받고 있다.

---

2) 도시발전은 질적 측면, 도시성장은 양적 측면을 강조하지만 여기서는 이를 구분하지 않고 상호 교호적으로 사용하고자 한다.

한편 도시발전에서 문화, 오락, 도시 어메니티 등을 강조하는 문화기수론이 주장되기도 한다. 이는 사회가 생산중심에서 여가와 소비중심주의로 변화하고 웰빙주의로 나나감에 따라 도시 관광, 오락, 문화 등이 모든 도시의 기업중심전략의 핵심으로 간주한다. 관광객은 도시 경제에서 어떤 것도 손상시키지 않고 지출만 하므로 관광산업은 흔히 굴뚝 없는 산업으로 평가받는다. 이에 따라 도시 간 관광객 유치와 관광 사업을 위해 경쟁이 치열하게 이루어지고 있다.

III. 도시발전과 다문화에 대한 대립적 시각[3)]

1. 다문화 개념

문화다양성(cultural diversity) 이슈는 "문화다양성 국제협약"[4)] 등의 형식으로 논의가 국제적으로 이루어지고 있지만 아직 그 의미에 대해서는 명확한 정의가 내려져 있지 않다. "다양성"의 의미에 대해서는 그것이 시대적으로 또는 문화경계 내에서 그리고 경계를 넘어서서 그 의미가 다양하다는 것을 인식할 필요가 있다. 문화다양성은 전 지구적인 지배문화가 허용하는 한도 내에서 각 민족과 인종의 문화를 허용하는 것이다. UN은 다양성을 여러 가지 측면에서 인권과 결부시키면서, 문화에서의 다양성을 자유를 위해 필요한 저수지로서 또는 민주적 틀과 분리할 수 없는 것으로 이해하고 있다. UN 개발프로그램의 인력개발보고서(United Nations Development Program, 2004)에 따르면 "문

3) Ⅲ의 내용은 이종열 외(2017)에서 발췌하여 요약·정리하였다.

4) 문화다양성 국제협약은 2000년 문화다양성 선언과 함께 문화다양성에 대한 인식을 전 세계적인 수준에서 크게 제고시켰다. 이런 문화다양성 협약에서 주목할 부분은 문화다양성을 문화적 권리와 밀접한 관련이 있는 것으로 인식하고 있다는 점이다(정갑영, 2006). 문화다양성 협약은 2001.10.15~11.3 프랑스 파리에서 열린 제31차 유네스코 정기총회에서 164개 회원국들은 미국 주도의 세계화로 인해 위협받고 있는 각 나라, 각 지역의 문화적 고유성과 다양성을 보호하고 증진하기 위해 「유네스코 문화다양성 선언」을 채택하였다. 선언문은 서문과 총 12조항으로 구성된 본문과 각 회원국이 선언문을 배포하기 위한 적절한 조치를 명시한 실행계획을 선언문에 첨부하고 있다.

화적 자유"라는 표현이 사용되며 이를 "주체성의 선택을 포함하여 인간이 살아가는 능력 및 자신들이 선택하는 것으로 되는 것"으로 정의한다. 이 보고서는 다양성을 "개인의 자유"로 "개인적 선택의 확대"로 이해하고 다양성을 선택과 연결시키고 있다. UNESCO는 문화다양성을 "집단이나 사회 내에서 문화가 표현되는 다양한 방식"으로 정의한다.

대부분 문화다양성을 이야기할 때 인종적 색깔에 한정시키거나 외국 음식을 먹는 것과 같은 문화적 소비와 연결시킨다. 그러나 이러한 문화적 다양성에 대한 인식은 그러한 색깔의 인종이 사회 내 하나의 주된 행위자로서 그리고 생산적인 시민으로 기능하는 것과의 불가분의 관계성을 무시한다. 그러한 방식으로 문화적 다양성을 이해하는 것은 문화적 다양성을 사회문제로서 이해하지 못하는 우를 범하는 것이다. 문화다양성을 이야기할 때 합법적이며 주류 경제로의 통합의 결여로 인해 만들어지며 강화되는 문화적 주체성과 병렬적으로 이해되어야 한다(Zukin, 1995: 283).

문화적 다양성을 순수한 문화 그 자체의 영역에만 국한하여 이해해서는 안 된다. 문화 그 자체가 하나의 사회적 행위 양식이며 이는 사회의 정치 권력적 관계를 내포하게 되며, 국가 간의 권력관계로 나타나게 된다. 따라서 문화다양성을 논의할 때 필수적으로 사회 내 소수자의 문화적 자산 내지 권리보호가 고려되어야 한다. 사회 내 소수자의 권리보호는 문화다양성 이슈와 직결되어 있다.

또한 문화다양성은 보편적 인권·문화적 시민권(universal human rights, cultural citizen-ship)과 같은 상위개념과 연계되어 있다.[5] 유네스코가 제정한 문화다양성 선언에 의하면 "문화다양성에 대한 방어는 인간 존엄성의 존중인 동시에 인류가 수행해야 할 윤리적인 의무"라고 하면서 "문화권은 보편적이고 분리할 수 없으며, 상호 의존적인 인권의 절대 구성요소"라고 강조하고 있다. 또한 모든 인간은 자신이 선택한 언어, 특히 모국어로 자신의 작품을 창조하고 보급할 자유를 누릴 수 있어야 하고, 문화다양성을 존중하는 양질의 교육과 훈련을 받을 권리가 있으며, 인권과 기본 자유권을 보장받으면서

5) 김수갑 교수는 "문화권과 문화다양성 국제회의"에서 '헌법상 문화권(문화적 기본권)의 체계와 실현 방안'이란 주제 발표를 통하여 문화권을 "국민이 문화적 활동을 자유롭게 행하고 타인의 문화 활동의 성과와 문화적 유산을 향유하고 승계하며 문화성 풍부한 환경아래에서 생활할 권리 내지 이익"이라고 정의하고, 문화권의 범주를 문화영역의 개별적 기본권과 법적 성격을 바탕으로 하여 문화자유권, 문화평등권, 문화참여권, 문화환경권으로 체계화하는 것이 필요하다고 주장하였다.

자신의 선택 하에 문화적 생활에 참여하고 문화적 활동을 영위할 수 있어야 한다"고 명시하고 있다.[6]

문화다양성은 시민권 개념의 확대를 의미하는 것으로 이를 표방한다는 것은 정치적 시민권에서 경제, 사회, 문화 시민권[7]으로의 시민권이 확대되는 것을 의미하며, 민족국가의 경계에 한정되어 있던 시민권의 개념을 전 지구적 차원의 세계 시민권(global cit-izenship)[8]으로 확장시키는 적극적인 인권 신장 운동을 의미한다.

2. 다양한 시각

1) 보수적 관점(Conservative Perspective)

다문화주의에 대해 다양한 관점에서 비판이 가해졌지만 비판의 주류는 자유주의적 개인주의 관점, 보수주의 미국인의 가치에 대한 우려 관점, 국가 통합적 관점이다. 자유주의적 여권신장주의자들은 문화집단 내부에 관심을 보이는데 이들에 따르면 문화적 다양성의 보존이 전통적 소수민족의 문화에서의 여성의 차별적 지위를 간과한다는 것이다(Okin, 1999). 다문화주의가 여권운동의 노력을 무색하게 만들어서는 안 된다는 것이다. 미국이나 캐나다 유럽 등지에서 가해진 비판은 다문화주의가 국민단결, 사회통합,

---

6) 문화다양성 협약 전문은 다음과 같다.

- 문화다양성은 인류 공동의 유산이며, 모든 이들의 이익을 위하여 소중히 하고 보족되어야 한다는 점을 깨닫고,
- 민주주의, 관용, 사회 정의 그리고 사람과 문화 간의 상호 존중의 틀 안에서 번성하는 문화다양성이 지방, 국가, 국제적 차원에서 평화와 안전을 위하여 필수불가결하다는 점을 상기하며
- 정체성, 가치, 의미를 전달하는 문화 활동, 상품 및 서비스는 경제적 속성과 문화적 속성을 함께 지니며, 그러므로 단순한 상업적 가치로 취급되지 않아야 함을 확인한다.

문화다양성 협약은 주요 개념들을 명확하게 규정하고 있다.

- '보호'란 문화적 표현의 다양성을 보존, 보호, 진흥하기 위한 목적으로 한 조치들의 채택을 의미한다.
- '문화다양성'은 집단과 사회의 문화 표현되는 다양한 방식을 말한다. 이러한 표현들은 집단 및 사회의 내부 또는 집단 및 사회 상호 간에 전해진다. 문화다양성은 여러 가지 문화적 표현을 통해 인류의 무엇이든지 간에 문화적 표현의 다양한 형태의 예술적 창조, 생산, 보급, 배포 및 향유를 통해서도 명확하게 나타난다.
- '문화적 표현'이란 문화 콘텐츠를 지닌 개인, 집단, 사회의 창의적 활동의 결과물이다. '문화 콘텐츠'는 문화적 정체성에서 비롯되거나 이를 표현하는 상징적 의미, 예술적 영역 그리고 문화적 가치를 말한다.

7) 문화 시민권의 개념은 '문화적으로 다를 수 있는 권리'를 인정하고 소수자들의 권익과 사회정의를 문화사회 속에서 실천하고 통합하는 것을 의미한다. 문화 시민권은 법적 규율뿐 아니라 사회규범과 관행, 의미질서와 정체성을 더욱 강조하는 시민권의 확대과정이다. 문화 시민권은 소수자들이 자신들의 권리를 실현할 수 있도록 하는 '새로운 형태의 포용적 공적 공간(inclusive public space)'들을 필요로 한다.

8) 다문화주의는 세계 시민권 개념을 포함하는데 이는 다수자들에게도 국경을 넘어서 왕래하는 수많은 다중적 문화 경험을 통해 세계 시민으로서의 보편적 인권을 획득하고 학습하는 과정을 의미하기도 한다. 세계 시민권이란 '세계 속에서, 세계의 다양한 민족들과 더불어, 세계의 문제를 공동으로 해결하고, 인류의 공동선을 위해 노력할 수 있는 책임과 권리를 지닌 시민의식을 획득하는 과정'을 말한다. 이러한 세계 시민권은 교육과 경험을 통해 인지되고 확장되는 것으로 다문화주의는 상이한 민족집단과 문화를 받아들이고 더불어 살아갈 수 있는 공생 의식을 의미하기 때문에 세계 시민권의 핵심적이고 근간을 이루는 공공정책이라고 할 수 있다.

문화적 동화를 저해하고 사회를 여러 인종집단으로 파편화시킨다는 것이다(Schlesinger, Jr., 1991). 특히 9. 11사태 이후 네덜란드, 덴마크, 영국, 독일 등에서 전통적 다민족주의를 수정하는 움직임이 일어나고 있는 것에 주목할 필요가 있다. Schlesinger, Jr.에 따르면 차이를 미화하고 동화를 포기하는 새로운 태도는 고전적 용광로(melting pot)의 이미지를 대치하는 것이다. 인종적 차이를 자각하는 것은 국가 통합에 긍정적으로 기여한 바가 없었던 것은 아니지만 인종을 지나치게 우상시한다면 사회통합을 해칠 것이다. 다문화주의자는 서구 역사에서 좋은 것을 보지 못하고 서구를 범죄적 관점에서 바라보는 인종중심주의적 분리주의자가 될 수 있다. 미국 대학에서 다문화주의로 인한 인종연구프로그램의 증설은 그동안 자유주의적 교육이 추구해온 보편적 가치를 침식하게 된다는 것이다.

Huntington에 따르면 다문화주의는 기본적으로 반서구적 이념이다. 그에 따르면 다문화주의는 서구문명으로서의 미국의 주체성을 공격하고 미국의 보편적 문화의 존재를 부인하고 인종적 하위국가적 문화 주체성과 집단화를 추구하는 것이다. 다문화주의는 각 소수문화를 신장시킨다고 하지만 궁극적으로는 미국의 문화를 저급화시키고 침식시키는 것이다. 또 다른 비판으로는 다문화주의는 사회정의를 쟁취하기 위해서는 사람들이 뭉쳐야 하는데도 불구하고 사람들을 분리시킬 수 있다는 것이다(Barry, 2002).

2) 자유주의 또는 기념 다문화주의(liberal or celebratory multicultualism)

다문화사회에 대한 자유주의적 관점은 보수적 시각과 달리, 사회 내 인종적 다양성을 인정하며, 국가나 사회가 다양한 사람으로 구성되었다는 사실을 수용한다. 주어진 사회 내에서 평등한 조건하에 여러 하위문화들이 공존하는 것이다. 사회 내 다양한 인종적 배경을 가진 사람들이 각기 사회에 가치 있는 기여를 함으로 타인을 계몽시킨다. 문화적, 인종적, 종교적 다양성과 관련하여 개방성, 관용, 존경심, 민주적 수용과 같은 태도를 함양한다.

60년대 이후에 출현한 역사적으로 구체적인 사회개혁 운동으로서 초기에는 영어사용권 국가에서 비 유럽계 이민자의 문화적 필요성과 관련하여 나타났으며 현재는 국가나 국가 내 지배세력에 의한 사회 내 소수집단(민족적, 인종적, 토착적, 종교적)의 문화를 정치적으로 수용하는 것을 의미한다. 탈 식민지화와 세계화로 생성된 정치, 사회, 문화적 도전에 대한 논의이기도 하다. 포스트모더니즘에 대한 관심의 고조와 같이 부상된 개념으로 민주주의의 확산과 다양한 인종의 정체성이 복잡하게 얽혀 있는 국가에서 국민통합 이념으로서 필요성이 지적되고 있다.

다문화주의는 더 광의의 '정체성(identity)' 정치의 한 부분으로 인식되고 있으며 이는 평등의 개념을 종래의 동일성(sameness) 평등에서 차이(difference)의 평등 개념으로 전환시킨다. 흑인 인권과 권력, 여권신장주의, 동성애 권한 신장운동 등은 동화로서 평등 개념에 도전하고 사회 내 집단 간 차이에 대한 긍정적인 자율규정을 주장한다. 다문화주의나 차이의 정치(politics of difference)는 평등이나 시민권과 같은 정치적 개념을 피부색을 고려하지 않는 문화중립주의로 간주하여 거부하고 인종이나 문화가 사적영역에 갇혀 있어서는 안 되며 전 사회 내에서 정치적 기회구조 영역에서 다루어져야 한다고 주장한다. 기존의 중립적 자유민주주의는 체계적으로 탈 인종주의적이며 소수를 한계인화하는 헤게모니 문화의 한 부분이라고 주장한다. 따라서 소수 문화, 규범, 상징은 헤게모니 문화와 똑같이 국가 내에서 권리를 가지며 인정받아야 한다고 주장한다. 문화적 다양성에 초점을 맞추어 인종적 다양성의 가치를 진작하는 것이며, 다른 문화집단의 신념, 전통, 가치를 높이 평가하고 관용을 중요한 가치로 가르친다. 기존의 문화적 가치, 상호관계를 인정하지만 이들 간의 권력의 계층을 강조하지는 않는다. 정부나 교육 분야, 민간 기업에서 다양성을 기리는 정책이나 행사를 벌인다.

도시발전과 관련하여 다양성에 대한 논의는 이미 60년대 Jane Jacobs(1961)와 같은 도시계획가와 활동가들에 의해 이루어졌는데, 이들은 도시 경관의 다양성을 장려하였고 도시정책의 핵심 측면으로 다양성을 강조하였다. 다양성은 인적자본을 끌어들여 경제활동을 유도하고 혁신과 성장을 촉진할 수 있다(Jacobs, 1961; Florida, 2002). 다양성을 고취하는 도시는 다양한 환경이 새로운 비즈니스를 유치하고 생산을 촉진하기 때문에 여러 가지 방식으로 경쟁력에서 비교우위를 점한다. 그러나 사회적 통합도 다양성의 필수적 목표가 된다.

다문화로 구성된 도심지는 다음의 기능을 수행한다.

- 사람들을 상이한 문화에 대해 훨씬 더 관용적으로 만들어 국가의 화합을 증진한다.
- 다른 문화와의 혼합은 독특한 예술, 패션, 스타일 등을 제공한다.

- 다양한 시대와 발전 역사의 문학과 취향을 습득하도록 돕는다. 또한 사람들 사이에 평화와 형제애의 개념을 심어주어 이것 없이는 발전할 수 없는 국가의 화합을 유지한다.
- 문화적 혼합으로 인하여 음식, 미각, 신념, 생활양식, 의복, 치료 등 많은 것들이 점차 진화해 왔다.
- 이민은 국가와 개인에게 혜택을 주므로 문화의 혼합은 국가 전체에 혜택을 주는 요소로 작용한다.
- 이민은 노동력을 증가시켜 국가의 생산성을 향상시킨다. 또한 이 가난한 이민자들은 도시 내 미개발 지역을 개발하여 저렴하고 낙후된 지역을 차지한다.
- 아이들에게 독특한 문화에 대해 쉽게 이해시키고 다문화가 아니었으면 가족 내에서는 경험할 수 없는 더 새롭고 효율적인 방법을 배우게 한다.
- 국가에 경제적 이익을 제공하고 많은 다양한 것을 배울 수 있는 기회를 제공한다.

Ⅳ. 주요 이슈

1. 사회정의

다양성은 사회정의의 증진과 밀접하게 관련되어 있다. 다양성의 가치는 도시 내 다양한 집단에게 도시공간에 대한 평등한 권리와 접근이 부여되도록 보장함으로써 사회적 측면에서 혜택을 줄 수 있다(Sandercock, 1997; Fainstein, 2005). 일부 계획가는 단순히 다양성을 계획하는 것만으로는 충분하지 않다고 주장한다. 도시계획의 목표는 다양성을 증진하는 것뿐만 아니라 정의로운 도시를 만드는 것이다(Fainstein, 2005). 계획의 정의는 두 가지 목적을 모두 가지고 있다. 사회적 다양성 그 자체가 반드시 사회정의에 기여하는 것은 아니다. 정의로운 도시의 목표는 형평성, 다양성, 성장 및 지속가능성의 조합을 포함한다. 다양성은 도시의 목표의 일부이지만 지역사회 참여와 권한부여 또한 도시계획의 필수 요소다(Sandercock, 1998). 정의로운 도시는 사람들이 동등하게 존중하고 대우받는 것이다(Thomas, 2008).

도시는 지속적으로 사회적, 문화적 요인을 기반으로 진화하고 확장하며 정의와 권한을 부여하는 수단으로 도시공간을 활용할 수 있다. 공간적 배타성은 종종 지배적인 사회집단을 강화하기 위한 기존의 불평등한 권력의 작용으로 나타난다. 그러므로 가난한 사람들과 부유한 사람들을 격리된 지역으로 분리하는 것이 일반적이다. 도시화가 불공정하게 진행되고 취약한 시민들이 사회적 통제에 직면하고 기업 자본에 의한 착취, 국가 관료에 의한 지배와 배제, 지배적인 사회적, 문화적 힘에 의한 억압 등이 일어난다.

2. 도시경쟁력

지난 30년 동안 중요한 사회변화는 경제와 관련된 인구 이동성 수준이 증가한 것이다. 세계화와 그 다양한 공간적 영향의 결과로 확립된 국제적 도시 내에서 더 큰 다양성을 얻을 수 있다. 다양성은 활기찬 도시지역과 전 세계에 걸친 아이디어의 교차 수정을 가능하게 한다. 최근에는 숙련된 이주 흐름의 중요성과 다양한 도시의 이른바 혁신과 지식 흐름을 생성하기 위한 '창의적 수업(Florida, 2002)' 등이 제시되었다. 다양성과 창의적 계급의 존재는 도시경제의 성장으로 이어질 수 있다.

세계화 된 경제 내에서 경쟁 우위를 확보하기 위해 도시는 기술 및 지식, 이미지 및 정체성, 기업, 산업 및 건축 환경의 우위를 확보하기 위해 노력한다(Turok, 2009). 다문화는 이 모든 것과 관련이 있지만 도시 상황에 따라 그 정도는 다르다. 도시의 거주자와 노동자는 특히 경제 내에서 핵심 구성 요소다. 노동력에 내재된 기술과 지식이 높은 수준의 생산성과 경쟁 우위를 달성하는 데 핵심적인 역할을 한다. 인구다양성은 인적자본의 다양한 조합에 기여할 뿐만 아니라 공식 및 암묵적 기술, 지식 및 교육의 새로운 시장을 창출한다. 다문화는 상품과 서비스, 새로운 비즈니스 네트워크와 혁신의 기회를 확대하고 기업가 정신 및 근로자, 투자자를 유치하기에 매력적인 도시 환경을 제공한다.

다양성이 도시개발 과정에서 긍정적인 역할을 하는 것은 기술 및 지식 개발, 기업

활동, 창의성 및 혁신 디아스포라 비즈니스 네트워크는 물론 다양한 도시환경을 생산한다. 이러한 차원은 종종 서로 강하게 얽혀 있지만, 그것들을 분리하면 다른 문제에 대한 더 명확한 분석이 가능하다. 도시경제 성장을 지원하기 위해 노동력 부족 영역을 잘 극복하고 있다. 이 중에서도 고숙련 노동의 흐름이 특히 주목받고 있는데, 경제적 경쟁력을 유지하는 것은 높은 기술, 높은 가치, 높은 생산성과 혁신경제의 존재를 전제로 하는 성장모델이다.

경제활동 클러스터와 관련된 전문 기술의 존재는 높은 수준의 생산성과 혁신을 달성하는 데 중요할 뿐만 아니라 다양한 투자자, 기업 및 근로자를 유치한다. 고도로 숙련된 이민자 노동에서 전문적이고 고급 기술이 개발되고 나아가 새롭게 수정되고 확장되어 적절한 수준의 정규 교육과 훈련뿐 아니라 경험과 암묵적 지식과 높은 수준의 열망과 헌신이 가능하다.

기술과 지식과 노동이주의 관계에 대한 논의에서 고숙련 노동의 흐름과 저숙련 흐름을 구분하는 경우가 많다. 서로 다른 특성과 영향 때문에 고숙련 인재는 거의 모든 국가에서 환영받는 반면 대부분의 저숙련 이민자는 그렇지 못하다. 비숙련 이민자들은 사회지출 예산을 낭비하는 것으로 인식되고 있지만 숙련된 전문가는 새로운 비즈니스 창출 및 인적 자본 측면에서 수용 국가에 실질적인 혜택을 제공하는 것으로 인식되고 있다.

상대적인 경제적 가치와 높은 기술과 낮은 기술의 선호도에 대한 이러한 이분법은 많은 논쟁을 불러일으킨다. 이주노동자는 종종 국가 이민 업무에 포함되며, 고도로 숙련된 이주 노동력을 유치하고 유지하는 것은 많은 사람들에게 문제를 제기한다.

첫째, 그러한 이분법은 기술에 대한 협소한 개념에 뿌리를 두고 있다. 더 넓은 유형의 암묵적 지식과 '일반적이지 않은' 지식을 인식하지 못하는 것이다. 지식은 이주노동자 안에 내재되어 있다. 모든 이민자를 '지식을 갖춘 근로자'로 간주한다(Thompson et al, 2001). 성문화된 기술과 지식, 형식적 지식을 넘어 암묵적 지식을 소유한 지식 전달자와 학습자를 중시한다(Williams and Balaz, 2008).

둘째, 이질적인 고숙련 이주노동자를 도시로 통합한다. 많은 이민자 노동은 자신들의 기술 수준보다 현저히 낮은 수준으로 고용된다. 따라서 직업과 급여 수준을 기술에 맞게 조정한다(Williams, 2009). 숙련 이주노동자를 도시 노동 시장에 통합하며, 성별과 민족 및 인종 집단 간의 중요한 다양성을 보여준다. 숙련 이민자들이 겪는 '유리천장'은 도시경제 개발과정에서 인적 자본의 활용도를 낮춘다.

마지막으로, 이러한 견해는 저숙련 이주노동자의 근본적인 역할을 과소평가한다. 저숙련 이민자들은 일상적으로 노동 수요를 충족시킨다. 성장하는 도시경제에서는 이민자가 압도적으로 많다. 특정 저숙련 서비스 부문의 근로자 및 불결하고 위험하며 품위를 떨어뜨리는 직업은 도시의 효과적인 기능에 필수적이지만 기존 거주자들은 이것을 회피한다. 기업가 정신은 점점 더 강력한 경제적 힘으로 간주되고 있으며, 많은 산업화된 노동 시장의 구조적 불균형을 해결하는 데 기여한다.

유럽 전역에서의 증거는 일반적으로 이민자들은 유사한 기술을 가진 원주민보다 자영업을 할 가능성이 더 높다. 많은 국가에서 이민자의 자영업 비율이 더 높다는 사실과 일치한다. 이주민 및 소수민족 기업이 도시경쟁력에 긍정적인 영향을 미친다. 도시와 지역 경제는 야심차고 강력한 동기 부여된 이민자, 특히 높은 수준의 기술 및 비즈니스 접촉을 가진 사람들에 의해 활성화 된다. 이민자의 존재가 중요한 실리콘 밸리의 사례를 보면, 노동력의 약 3분의 1을 차지하는 이민 기업가들이 핵심적인 역할을 했다. 많은 연구가 첨단 기술 이민자 기업가에 초점을 맞추었으며(예: Hart et al 2009), 다른 연구에서는 이민자들이 더 야심적이고 다양한 산업 분야에서 다른 집단보다 기업 활동에서 혁신적이었다(Laby, 2007).

3. 사회적 긴장 및 포용

다문화는 다양한 사회집단 간의 긴장의 원천을 제공한다. 이에 따라 사회, 정치 및 경제에 대한 주요 도전 과제를 생성한다. 실제로 인구다양성이 더 넓은 범위에 미치는 영향에 대한 비판이 있다. 사회적 포용, 지역사회 결속 및 경제적 참여의 문제가 제기된다. 많은 이주자와 소수 민족 인구의 도시 생활의 현실은 상대적으로 더 가난한 사람들이 현실이다. 이들은 사회 내 대다수의 사람들보다 생활조건과 고용 및 소득 수준이 낮다. 인종적으로 다양한 도시 내에서 종종 박탈, 인종 차별, 차별 및 배제의 오랜 문제가 존재한다. 최근 이민 수준의 증가와 함께 테러 공격과 세계 경제 침체의 결과로 지역사회 관계 악화와 사회적 자본 손실에 대한 우려가 증가하고 있다(Putnam, 2007). 많은 유럽 도시에서 외국인 혐오증과 반 이민 정서가 증가하고 있다.

이러한 배경에서 다문화로 인한 다양한 경제활동의 긍정적인 영향을 인식하고 소수민족 공동체는 도시경제에 강력한 기여를 하는 것으로 보는 견해도 있다. 서로 다른 민족 공동체 자체가 부정적인 것에 대해 상호 간 경쟁으로 인한 긍정적 결과도 있다. 그리고 정부도 경제적 활력, 기업가 정신 및 부의 생성 등으로 긍정적인 영향을 미치는 분위기를 원한다. 따라서 다양성의 잠재적인 불이익에 대한 인식과 더불어 경제적, 사회적 포용을 장려하기 위한 적절한 정책 개입, 신뢰, 양극화 극복 및 공동선 및 공공에 대한 합의 촉진이 요구된다.

4. 창의성과 혁신

인구의 다양성이 도시경제 경쟁력에 미치는 영향은 창의성과 혁신으로 인한 것이다. Florida는 창의성의 요소로서 기술, 재능과 관용은 특정 도시지역에서 자발적으로 상호작용한다고 주장하였다. 특히 창의성은 다양한 문화와 아이디어의 상호 작용으로 더 발휘된다(Florida, 2002). 선진국은 세계적인 도시를 가졌고, 다양한 인종이 더불어 살아간다. 3T이론(Tolerance-Talent-Technology)은 다양성이 기술발전으로 이어지는 원리를 설명하고 있다. 3T이론의 요약은 '관용(Tolerance)이 재능(Talent)있는 사람들을 모으고, 기술(Technology)을 발전시킨다'는 것이다. '창의적 활용'은 당연히 노동의 몫인데, 새로운 아이디어와 실행(사업 영역) 그리고 생산과 분배(정치 영역)는 온전히 인간의 몫이다. 다양한 인재 사이에서 창의성이 튀어나올 확률이 높다는데 이견은 없다.[9)]

하지만 문화적 다양성이 도시 내에서 창의성과 혁신을 낳는 정도 그리고 이것이 어떻게 수행되는지는 흥미롭게도 지적되지 않고 연구되지 않은 상태이다. 다양성이 혁신과 창의성을 주도할 수 있다는 증거는 다음과 같다. 다양한 인구에 내재된 지식, 기술 및 네트워크에 주목한다. 특히 고도로 숙련된 이주노동자의 기여에 중점을 두었으며,

---

9) 일본 도시개발조사기관인 모리 메모리얼 재단(MMF)의 도시전략연구소는 매년 글로벌 파워 시티 지수(GPCI)를 발표한다. 2012년 이후 영국 런던은 줄곧 1위를 지키고 있다. 그 이유는 문화교류(Cultural Interaction) 부문에서 2위인 뉴욕과 큰 격차를 보이기 때문이다. 4위 파리, 6위 암스테르담, 8위 베를린은 문화교류에 강한 도시들로 모두 10위권 내에 위치하고 있다.

실리콘 밸리의 혁신 프로세스에 나타나는 경우를 예로 든다. 다양한 노동력의 더 넓은 정보 네트워크, 더 나은 의사 결정 및 문제해결 제공능력 및 위험 회피가 창의성과 연계된다.

그러나 다른 연구에서는 직장 다양성의 단점이 지적되기도 한다. 이질적인 집단이 더 많은 갈등, 더 높은 이직률, 더 낮은 경험을 가져온다는 점을 지적한다. 다양성은 동질적인 것보다 사회적 통합 및 더 많은 의사소통 문제를 초래한다는 주장이다.

다양한 인구도 중요하게 인식되는데, 이는 더 다양한 상품과 서비스에 대한 수요를 유발하고, 특히 아이디어와 관행의 혼성화 과정을 통한 혁신을 유발하는 효과가 있다(Ghilardi, 2006). 확실히 창작물에는 이것에 대한 일화적인 예가 많이 있다. 음악, 음식, 영화 및 패션 관련 산업에서 2세대 이민자들이 창의성에서 중요한 것처럼 보인다. 예를 들어, 미국의 인종적 이질성이 대부분의 산업 부문에서 생산성을 향상시켰다. 교육을 받은 다양한 인력이 다양한 분야(예: 법률 서비스, 의료 서비스, 금융, 컴퓨터 제조 및 엔지니어링)에서 창의적 의사결정을 촉진하고 문제해결 및 제품개발에 주도적 역할을 하는 것으로 나타났다. 그러나 그러한 연구에서 다양한 인종 및 이민자 인구가 혁신에 미치는 영향은 상대적으로 모호하고 인과관계를 설명하는 것은 여전히 어렵다.

Hall(1998)은 그의 '창의적 도시'에 대한 역사적 분석에서 특정 시간에 특정 도시 내에 존재하는 '창조적 환경'을 탐구하였는데, 도시개발을 위해 모든 관계의 공간적으로 내재된 창의성과 다양성이 중요하다고 주장하였다. 거의 모든 위대한 창조도시가 그들이 지배하는 전역에서 다양한 인종의 재능을 끌어들이는 '창조적 혈류(Hall, 2000)'를 지적하였다. 그는 창의성과 혁신은 불안정과 격동의 맥락 내에서 뿐만 아니라 안정적이고 균질한 도시 환경에서도 찾아볼 수 있다고 하였다.

그러나 다양성만으로는 도시 맥락에서 창의성을 자극하기에 충분하지는 않다. 다양하고 개방적이며 관대하고 국제적인 도시는 특히 도시적인 측면에서 매력적인 것으로 간주된다. 다양성은 높은 교육을 필요로 하는 고도로 숙련된 근로자와 고용주에게 경쟁력 있는 노동력의 원천이다. Florida(2002)는 다양한 도시 공동체의 존재를 인종뿐 아니라 섹슈얼리티, 라이프스타일 등 다양한 면에서 설명한다. 다양성으로 인한 활기차고 국제적인 도시생활은 사람들에게 매력적인 '멋진' 도시 이미지를 제공한다. 특정 사회집단은 예술과 미디어에서 끊임없이 재생산되는 집단이다.

하지만 다양한 도시환경의 존재로 인한 경쟁력은 여전히 잘 알려져 있지 않다. 여기서 핵심적인 문제는 인과관계의 본질로서, 다양한 도시지역이 원인인지 여부이다. 일반적으로 근로자는 특정 민족 구역의 보다 구체적인 역할을 수행한다. 차이나타운, '리틀베트남', 마닐라 타운 등은 이국적 경험을 제공한다. 관광 상품에서 인종적 다양성의 사용 및 '민족 거주지'의 개발 및 브랜딩은 이제 잘 정립된 관행이다. 일반적으로 이것은 선택된 소수민족 구역을 '민족 구역'으로 재명명한 것으로 보인다. 민족 숙소 및 관련 문화 활동 및 축제와 같은 행사, 카니발과 종교 행사는 종종 사람들을 끌어들이는 데 성공적이었다. 상당한 지출의 증가, 방문자 수 및 관광 상품 다양화가 일어났다. 방문자에 의해 민족 상품의 성격과 관련된 주목할 만한 긴장이 발생하기도 한다. 주민들을 위한 경제적 기회 증대, 부정적인 인식 변화 및 사회적 배제를 줄이기 위한 행동이 요구된다. 소수민족 지역의 '테마파크화'라는 비판도 제기되는데, 이는 문화를 적절하게 폄하하고 착취하고 억제하고 주변화하기 위해 행동하는 것을 의미한다.[10]

Ⅳ. 정책과제 및 한국의 전망

1. 정책과제

인구다양성과 도시 경제발전은 정책 실행에 있어 많은 도전 과제를 제시한다.

한 가지 근본적인 딜레마는 창조적인 국제도시가 거의 변함없이 불편하고 불안한 도시, 흔적을 발로 차버리는 도시로의 가능성이다. 특정 민족과 보헤미안의 본질적인 매력의 일부로서 이국적인 공간이지만 이는 경계선상의 불안한 지역으로 간주되며, 반

10) 다양성이 도시의 발전으로 연결되기 위해서는 다양성을 적절하게 관리하는 것이 중요하다. 사회적 포용이 노동력을 유입시킬 수는 있지만 그것으로부터 인재를 고르고 재능을 이끌어내는 것은 인적자원관리가 뒷받침되어야 한다.

면 지역 거주자와 방문객은 주로 안전하며 규제된 도시환경을 원한다. 어떤 다문화 지역사회의 상품화 또는 젠트리피케이션은 필연적으로 더 안전한 공간을 만들고 따라서 경계선상의 바로 그 불안한 요소를 제거하거나 통제한다.

문화다양성을 활용하여 도시를 판매하는 것은 종종 도시 간의 경쟁을 촉진하는 신자유주의 발전 의제로 작용한다. 고급기술 인력의 유치에 중점을 두는 정책은 여러 가지 문제를 야기할 수 있다.

• 이러한 인력을 유치하기 위한 경쟁이 치열하다. 대다수의 경우 도시 노동력에 대한 제한된 수요 및 제한된 도시환경 매력으로 인해 도시가 이 노동자들을 끌어들이기 위해 할 수 있는 일이 거의 없다는 것을 의미한다.

• 도시 노동이주와 관련된 전략은 다음과 같은 사실에 의해 제약을 받는다. 국제 노동시장 흐름의 규제는 일반적으로 강력하게 통제된다. 도시의 특정 기술 요구를 추구하는 범위를 제한하는 중앙정부의 통제가 있다. 선택적이고 고도의 기술을 갖춘 이민 전략의 추구를 방해하는 여러 장벽이 존재한다.

- 숙련 인력의 도시경제에의 완전한 참여는 일련의 복잡하고 어려운 정책의제이다.
- 노동시장의 최하위 조건들, 즉 저임금, 근로 조건, 직장 평등, 차별, 법적 지위 등이 의제로 수반되어야 한다.
- 경제적 통합에 대한 특정 장애물(예: 언어 능력, 낮은 수용 비즈니스 지원, 노동 시장 지식 및 네트워크 부족 등)이 존재한다.
- 다양한 인구의 존재로 인해 발생할 수 있는 경제적 불이익이 발생할 수 있다.
- 비효율적일 뿐만 아니라 지역사회 관계에 잠재적으로 해를 끼칠 수 있다.
- 경제발전, 사회적 포용을 강화하기 위한 잠재적으로 강력한 수단이 요구되며, 다양하고 국제적인 홍보를 통한 지역사회 결속이 필요하다.
- 사회정의, 평등 및 민주적 절차의 중요성을 인식한다.
- 도시 경제개발 그리고 내재화와 상충관계에 있다.

2. 한국의 전망

지난해 전체 국민 대비 외국인 주민 비율은 4.1%였다. 조사가 시작된 2006년과 비교하면 4배가량 늘었다. 외국인 주민수가 많은 시·도는 경기 715,331명(33.3%), 서울 443,262명(20.6%), 인천 130,845명(6.1%), 경남 125,817명(5.9%), 충남 122,826명(5.7%)이고, 외국인 주민수가 많은 시·군·구는 안산 93,639명(4.4%), 수원 66,490명(3.1%), 화성 63,493명(3.0%), 시흥 62,397명(2.9%), 구로 54,878명(2.6%) 순이다.

한국은 1997년 국적법 개정을 통해 법률적으로 가족의 국적 다양성을 인정하고 있다. 이것은 단일민족, 단일문화에서 다인종, 다문화 국가로 이행해 가고 있음을 뜻한다. 한국은 1980년대까지만 해도 노동력 수출이 활발했으나 1988년 올림픽 개최를 계기로 아시아의 주요한 노동력 유입국가로 전환되었다. 한국은 1965년에 '한국해외개발공사'를 설립하여 노동력 수출을 전담해 오다가 1992년 세계화를 국정 목표로 수립하면서 외국인 근로자 고용허가제에 관한 정책이 수립되기 시작하였다. 이것은 외국인 노동력을 확보하기 위함이었는데 이들을 일정 기간 후에는 본국으로 귀환시키는 차별적·배제적 성격의 정책을 사용하였다.

한국의 다문화 정책을 보면 외국인 근로자, 유학생 등의 숫자가 크게 증가하고는 있지만 가정을 이루고 한국인 2세를 출산, 양육하여 국내 정착을 목적으로 유입되는 결혼이민자의 다문화 가정에 대부분 초점이 맞추어 있다. 법무부는 '다문화 가족 지원법'을 제정하여 다문화 가정의 안정적 체류 및 인권보장에 힘쓰며 여성가족부는 여성 이민자에게 자녀 양육법, 한국어/한국문화를 이해시키고 보건복지부에서는 사회복지 차원에서 기초생활 보장을 지원하며 문화관광체육부에서는 다문화 가정 자녀를 위해 문화 예술 교육 사업을 한다. 다문화 정책이 매우 세분화되어 있어서 실질적 혜택을 받을 수 있는 외국인이 제한되어 있어 대상이 포괄적이지는 못하다. 이주자를 주류 사회에 적응시키는 한국의 동화주의 정책모형은 프랑스, 호주 등에서 겪은 사회 문제를 경험할 수 있다.

우리나라의 외국인 인력의 특징은 대부분 저숙련 근로자로 분류할 수 있다는 점이다. 향후 어떻게 하면 숙련 노동자를 유입하는가, 유입한다면 얼마만큼 어떤 분야에 어떻게 유입하는가가 중요한 관심사이다. 분명 인구감소가 심각한 사회현실에서 외국인 이민을 받아들이는 문제는 단순히 경제적 관점에서뿐만 아니라 사회적 또는 문화적 관점에서도 고려되어야 한다. 현재 외국인 수의 비중이 4%대이므로 향후 10%대까지는 전향적으로 검토해야 할 것으로 보인다. 이를 위한 이민청의 설립은 필수적이며 상당한 업무가 지방자치단체와 거버넌스 체계가 구축되어야 한다.

향후 수십 년 동안 대규모 이주는 세계 인구의 도시 점유율을 급속히 증가시키는 데 기여할 것이다. 그러나 도시는 인구가 증가할 뿐만 아니라 점점 더 다양해지고 인종적으로 이질적이 되어 간다. 이 이중 프로세스는 도시가 새로운 이민자를 사회와 도시 생활에 통합하는 것과 지속적인 사회적 결속을 보장해야 하기 때문에 큰 도전에 당면한다.

다양성이 기술발전에 도움이 된다는 것을 알면서도 왜 우리나라의 인적 다양성은 낮은 수준에 머물고 있을까. 우리나라는 전통적으로 강대국에 둘러싸인 극동의 국가로서 강대국 사이에서 국토를 방어하는 데 집중하였다. 이로 인해 포용성이 낮은 보수적인 성향이 지배적이었다. 한국은 이제 더 이상 작은 경제시장이 아니라 세계 12위 GDP 국가로 세계 경제에서 관용과 포용의 자세를 가지고 인재를 흡수할 준비를 해야 한다. 승자가 가질 수 있는 관용을 보이며, 포용하고 다양성을 높여 기술을 발전시키고 이를 통한 도시발전을 추구해야 한다.

참고문헌

김욱동. (1998). '다문화주의의 도전과 응전', 「미국학 논집」, 30(1).

김이선 · 김민정 · 한건수. (2006). 국제결혼 이주여성의 문화적 갈등 경험을 통해 본 문화간 소통의 현실. 「한국사회의 새로운 갈등구조와 국민통합」, 경제인문사회연구회 학술세미나 발표논문집. 10월 19~20일: 131-160.

문화관광부. (2005). 창의한국(21세기 새로운 문화의 비전).

윤진(역). (2002), Martinielo, M.저. 「현대사회와 다문화주의」. 한울.

정재각. (2010). 「이주정책론」. 인간사랑.

조정남. (2007). 현대국가와 다문화주의. 「민족연구」, 30: 6-15.

행정자치부. (2006). 외국인실태조사 설문자료.

Anderson., J. V. (1994). Creativity and Play: A Systematic Approach to Managing Innovation. *Business Horizons*, 37(2): 80-85.

Andersson, A.E. (1985). Creativity and regional development, Papers of the Regional Science Association, 56: 5-20.

Arapoglou, V. P. (2012). Diversity, Inequality and Urban Change. *European Urban and Regional Studies*, 19 (3): 223-237.

Ashraf, Q. and O. Galor. (2011). Cultural diversity, geographical isolation, and the origin of the wealth of nations. Working Paper 17640.

Balaz, Vladimir. (2008). Ignorant Theory and Knowledgeable Workers: Interrogating the Connections between Knowledge, Skills, and Services, *Journal of Managemenr Studies*, 38(7): 923-942.

Benn Michaels, W. (2007). *The Trouble with Diversity: How We Learned to Love Identity and Ignore Inequality*. New York, NY: Metropolitan Books/Henry Holt & Company.

Bexk, U. (2000). *What is Globalization*? Cambridge: Polity Press.

Burnside, R. M. (1995). The Soft Stuff Is the Hard Stuff: Encouraging Creativity in Times of Turbulence. *Compensation and Benefits Management*, 11(3): 58-64.

Carducci, G. (2006). UNESCO Cultual Diversity Convention in the Framework of other UNESCO Conventions, International Forum on Cultural Rights and Diversity.

Castells, M. (1996). *The Rise of the Network Society: Economy, Society and Culture*. Cambridge: Blackwell Publishers.

Cowen, Tyler. (2002). *Creative Destruction: How Globalization is Changing the World's Cultures*. Princeton, NJ: Princeton University Press.

David M Hart, Zoltan J Acs. (2011). High-tech immigrant entrepreneurship in the United States, *Economic Development Quarterly*, 25(2): 116-129.

Donald, S. H., E. Kofman and C. Kevin (eds.). (2009). *Branding Cities. Comsopolitanism, Parochialism, and Social Change*. New York and London: Routledge.

Fainstin, S. (2005). Cities and Diversity. Should We Want It? Can We Plan For It? *Urban Affairs Review*, 41 (1): 3-19.

Fishman, R. (2000). The American Planning Tradition: An Introduction and Interpretation. In: R. Fishman, ed., *The American Planning Tradition. Culture and Policy*. Washington D.C.: Woodrow Wilson Center Press, 1-32.

Florida, R. (2005). *Cities and the Creative Classes*. New York, NY and London: Routledge.

Fainstin, S. (2002). *The Rise of the Creative Class*. New York, NY: Basic Books.

Ghilardi L. (2001). Cultural Planning and Cultural Diversity in Tony Bennett ed. *Differing Diversities: Cultural Policy and Cultural Diversity*. Council of Europe Publications.

Glaeser E. L. (2011). *Triumph of the City: How Our Greatest Invention Makes Us Richer, Smarter, Greener, Healthier, and Happier*. New York, NY: Penguin Press.

Glazer, Nathan and Daniel Patrik Moynihan. (1963). *Beyond the Melting Pot. The Negroes, Puerto Ricans, Jews, Italians, and Irish of New York City*. Cambridge: MIT Press.

Goodhart, D. (2013). *The British Dream: Successes and Failures of Post-war Immigration*. London: Atlantic Books.

Graham, S. and S. Marvin. 2009. *Splintering Urbanism. Networked Infrastructures, Technological Mobilities and the Urban Condition*. London & New York, NY: Routledge.

Hall P. (2004). Creativity, Culture, Knowledge and the City, Built Environment, 30(3): 256-258.

Hall, P. (1998). Cities in Civilization: Culture, Technology and Urban Order. London: Weidenfeld and Nicolson.

Hall, P. (2000). Creative Cities and Economic Development, *Urban studies*.

Held, D. (2003). Cosmopolitanism: A Defence. Cambridge: Polity Press.

Held, D. (2010). Cosmopolitanism: Ideals and Realities. Cambridge: Polity Press.

Jacobs J. (1961). *The Death and Life of Great American Cities*. New York: Vintage.

Kihato, C. W., M. Massoumi, B. A. Ruble, P. Subiros and A. M. Garland. (eds.). (2010). Urban Diversity: Space, Culture, and Inclusive Pluralism in Cities Worldwide. Baltimore, MD: Woodrow Wilson Center Press with Johns Hop kins University Press.

Kymlicka, W. and K. Banting. (2006). Multicul turalism and the Welfare State. Recognition and Redistribution in *Contemporary Democracies*. Oxford and New York, NY: Oxford University Press.

Marshall, R. (2007). Contemporary Urban Space Making at the Water's Edge. In: R. Marshall, ed., *Waterfronts in Post-industrial Cities*. London: Spon, 3-14.

Pearce, N. (2004). Diversity versus Solidarity: A New Progressive Dilemma Renewal: *A Journal of Labour Politics*, 12(3): 79-87.

Pestieau, K. and M. Wallace. (2003). Challenges and Opportunities for Planning in the Ethno Culturally Diverse City: A Collection of Papers-Introduction. *Planning Theory & Practice*, 4 (5): 253-258.

Putnam, Robert D. (2006). E Pluribus Unim: Diversity and Community in the Twenty-First Century, Nordic Political Science Association.

Quigley, J. M. (1998). Urban Diversity and Economic Growth. *The Journal of Economic Perspectives*, 12(2): 127-138.

Schreiber Franziska & Alexander Carius. (2016). Can a City Be Sustainable The Inclusive City: Urban Planning for Diversity and Social Cohesion, State of the World.

Stren, R. and M. Polese. (2000). "Understanding the New Sociocultural Dynamics of Cities: Comparative Urban Policy in a Global Context." In: M. Polèse and R. Stren, eds., The Social Sustainability of Cities. Diversity and the Management of Change. Toronto: University of Toronto Press, 3-38.

Syrett, Stephen and Leandro Sepulveda. (2011). Realising the diversity dividend: population diversity and urban economic development Environment and Planning A 43(2): 487-504.

Untied Nations Development Program. (2004). Human Development Report: Cultural Liberty in Today's Diverse World. New York: UNDP.

Williams, Allan. (2011). International Migration and Knowledge, Economic Development Quarterly, 25(2): 116-129.

Zukin. Sharon. (1995). The Cultures of Cities. Blackwell Publishers Inc.: Cambridge, Massachusetts.

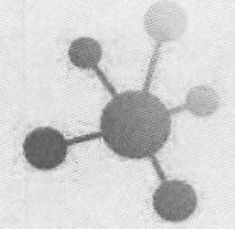

제7장

문화콘텐츠 소비 공간으로서 도시의 진화*

김상욱(문화체육관광부 국장)

생각해보기

- 도시는 문화콘텐츠의 발전에 의해 변화가 의도되었는가 아니면 도시의 변화에 문화콘텐츠가 변화에 따라갔는가?
- 문화콘텐츠가 점점 더 온라인화 되는 상황에서 미래의 도시는 메타버스 등 사이버 공간이 아날로그 공간과 같이 공존하면서 대등하게 발전할 수 있을까?
- 지금 현재의 당신은 도시의 발전이 문화콘텐츠 측면에서 사이버 공간으로 발전해야 한다고 보는가? 아니면 아날로그 공간으로 발전해야 한다고 보는가?

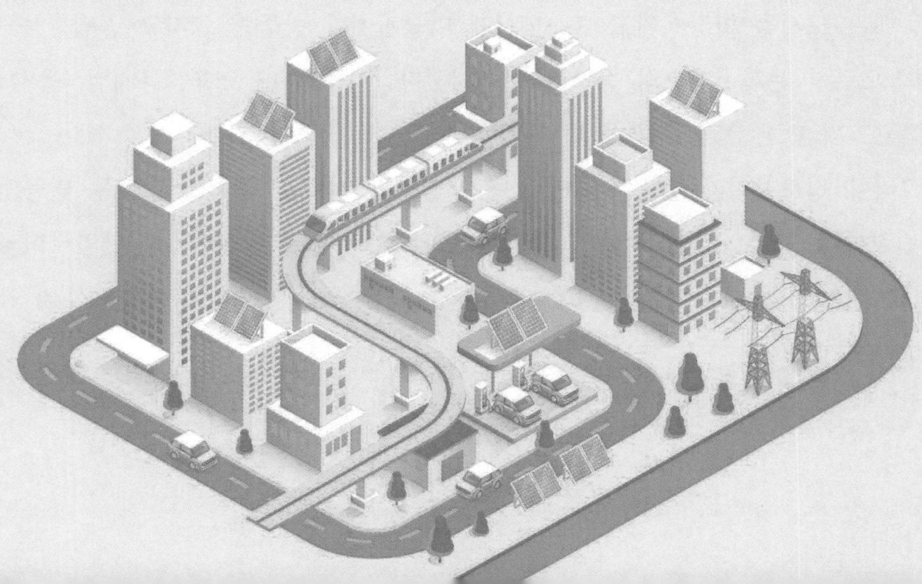

Ⅰ. 들어가며

문화콘텐츠가 유사 이전부터 존재했으며 제의에서 기원되었다고 본다면, 사람들이 모이는 곳이나 도시가 존재하는 곳이면 어디든지 문화콘텐츠가 존재했다. 그러나 그리스, 로마를 비롯하여 많은 도시들에서는 일부 지배 계층을 중심으로 문화콘텐츠가 향유되었지만, 일반 시민들은 일과 여가가 분리되지 않은 상황에서 본격적인 문화콘텐츠를 즐길 수 없었다. 그렇기 때문에 일과 여가가 분리되고 대중이 소비하는 문화콘텐츠 산업의 시작은 1차 산업혁명 이후라고 본다.

1차 산업혁명은 문화콘텐츠의 소비 공간으로서 이전의 도시기능을 크게 바꾸어 놓았다. 이전의 도시는 다양한 생산물들이 모여드는 곳으로 소비의 장소로서 기능했으며 문화콘텐츠는 부가적으로 존재하였다고 본다면, 산업혁명 이후의 도시는 농촌, 어촌, 산촌 등을 비롯한 도시 외곽에 생산품을 공급하는 장소로 변화하게 되었다. 그러면서 도시는 사람들이 노동으로 피곤해진 심신을 풀어주고 재충전을 위한 기회로서 여가시간을 문화오락생활로 활용할 수 있도록 해주는 공간이 되었다.[1)] 일반 사람들은 술집에서 술과 짧은 공연을 즐겼고, 타블로이드판 신문과 유행잡지 그리고 싸구려 소설과 도박을 즐겼다. 반면에 귀족들은 여전히 그들만의 고급문화와 고급스포츠를 즐겼다.

전기의 발명과 활용으로 대표되는 2차 산업혁명에 의해 산업화가 진척될수록 자본의 증대는 도시를 확장시키고, 도시 안에 미술관이나 박물관 그리고 공연장을 대규모로 건립함으로써 문화·예술의 공간을 확대시켰다. 이를 통해 영화, 뮤지컬, 음악 등 대중매체들도 더 많은 사람들이 즐길 수 있게 되었다.

그러나 정보사회가 발전하면서 정보의 생산과 전달을 중심으로 하는 탈공업화 시대로 변화함에 따른 산업도시들의 몰락은 공업을 주체로 발전해 온 산업사회의 변화를 가져왔다. 여기에서 쇠퇴한 도시를 재생하기 위한 프로젝트로서 '문화도시'의 개념이 형

---

* 본 장은 본인의 책, "김상욱, (2017), 「4차산업시대의 문화콘텐츠산업」(서울: ㈜크린비디자인), 제4장 문화콘텐츠산업과 소비, Ⅲ. 문화콘텐츠 소비 공간으로서 도시의 진화" 부분을 수정하여 게재하였다.

1) 박재환 · 김문겸, (1997), 『근대 사회의 여가문화』(서울대학교출판부, 1997), 61쪽.

성되었고, 예술과 도시가 협업을 통해 새로운 도시로 거듭나게 되었으며 예술의 일상화가 이루어지게 되었다.

한편, 창조계급의 등장과 함께 도시가 주력하는 건설 부문, 즉 스포츠 스타디움, 도시 고속도로, 도시 쇼핑몰 그리고 테마파크와 같은 관광 및 위락지구 등은 그들에게 무의미해졌으며, 혁신과 첨단기술 산업 중심의 집약적인 도시를 선호하게 되었다.[2] 이들은 기존 도시에서의 문화콘텐츠 소비와 달리 다양한 야외 레크리에이션과 라이브 음악과 공연 그리고 환경적으로 좋은 공간을 요구했다.

정보화가 심화·발전되면서 창조도시처럼 새롭게 등장하는 도시가 있는 반면, 기존의 도시는 '첨단도시'가 되어갔다. 재택근무와 인터넷 쇼핑, 홈쇼핑 그리고 원격교육이나 원격진료를 통해 도시의 해체를 주장하는 경우도 있었으나, 도시는 기존의 인프라와 계층 간의 격차로 인해 해체되지 않고 기능의 재배치를 통해 여전히 존재하고 있다.

문화콘텐츠 소비도 기존 도시의 대형 건물을 중심으로 한 문화·예술 시설이 아니라, 인터넷을 중심으로 한 단말기 중심으로 발전하게 되었다. 많은 정보들이 디지털화되고, 문화기술의 발전으로 굳이 도시의 문화·예술 시설을 찾지 않더라도 쉽게 문화콘텐츠를 즐길 수 있게 되었다.

이러한 디지털화와 문화기술의 발전은 세계적으로 유행한 전염병인 '코로나 19' 기간 중에 비대면 문화콘텐츠 소비를 가속화시켰다. 이 기간 중에는 도시의 문화·예술 시설은 활용되지 못하고, 가정을 중심으로 비대면 문화콘텐츠의 확산을 가져왔다. 이는 다양한 비대면 기술의 발전과 OTT산업의 강화에 기반하였다. 그리고 가상현실 기술의 발전은 2018년 개봉한 스티븐 스필버그(Steven Spielberg) 감독의 '레디 플레이어 원(Ready Player One)'에서 보여준 것 같은 가상의 도시와 가상현실을 구현한 '메타버스(metaverse)'[3]를 유행시켰다. 이 속에서는 도시 속에서 이루어지는 공연, 도시투어, 기업소개 등을 가상현실로 보여 줌으로써 물리적인 도시를 디지털 가상 도시로 변화시키고 그 속에서 문화콘텐츠를 즐길 수 있도록 하였다.

그럼에도 불구하고 코로나 19가 종식되고 사람들은 폭발적으로 도시 속에서 여전히 사람과의 대면접촉을 통한 엔터테인먼트를 즐기고 소비를 지속하고 있다. 이는 도시가

---

2) 리처드 플로리다, (2008), 『도시와 창조계급』(서울: 주식회사 푸른길), 55쪽.
3) 가상, 초월을 의미하는 '메타(meta)'와 세계, 우주를 의미하는 '유니버스(universe)'를 합성한 신조어다.

정보를 생산하고 문화콘텐츠를 생산하면서 디지털과 아날로그가 혼합되어 소비하는 공간이 되고 있다는 것을 보여준다. 그러면서도 디지털에 의해 아날로그 시공간의 한계를 극복하여 도시라는 개념을 이전과 다르게 확장시키고 그 속에서 문화콘텐츠의 소비는 전 세계적으로 보편화되는 현상이 되었다.

이처럼 도시의 발달은 문화콘텐츠의 발달을 가져오고 상호 간 공진화(co-evolution)4)를 하고 있으며, 문화콘텐츠 소비도 이에 따라 다양화되고 규모도 훨씬 커지고 있다. 그렇다면 우리가 살고 있는 공간으로서 도시는 산업혁명을 기준으로 전·후가 어떻게 다르고, 어떻게 발전해왔으며, 도시의 변화는 그 속에서 사는 사람들에게 문화콘텐츠를 어떻게 소비하도록 했는지 살펴보도록 하겠다.

Ⅱ. 산업혁명 이전 도시와 문화콘텐츠 소비

산업혁명 이전에는 도시보다는 농업을 중심으로 농경사회를 이루었고, 이 속에서의 삶은 자연에 의한 리듬에 의해 유지되었다. 계절과 기후를 중심으로 생활이 반복되었고, 수확에서 다음해 수확까지로 1년의 생활패턴이 유지되었다. 농업은 농번기를 중심으로 노동이 집중되는 시기가 있었지만, 이러한 때에도 일상생활 중간에 여러 가지 행사가 있어 사람들은 기분전환 또는 여가의 시간을 가질 수 있게 되었다. 이때에는 노동과 놀이가 따로 떨어져 있지 않고 같이 결합되어 가족이 함께 즐기는 공동체 문화였다.

일과 노동이 분화되지 않았기 때문에 이때의 여가는 노동을 하지 않는 시간이었다. 프랑스의 보방(Vauban)에 의하면, 일반 평민의 여가는 크게 2가지로 구분되는데 하나는 교회에 의해서 정해진 일반적 성일이다. 이날은 연 84일 정도가 된다. 둘째는 '질병, 혹

4) '공진화'는 1964년 생물학자 에리히(Ehrich)와 라벤(Raven)이 나비와 식물 사이의 상호진화를 연구하면서 '상호작용하는 종들의 상호호혜적 진화적 변화'라는 의미로 최초로 사용했다. 이후 사회학, 경제학, 경영학, 복잡계 연구 분야로 받아들여져 중요한 개념으로 사용되었다(김준호, 홍진환, (2011), 『코에볼루션: 이타적 공진화 - 소셜 네트워크 시대의 트렌드와 미래전략』(서울: 한스컨텐츠)).

한, 급한 용무' 때문에 일할 수 없는 날이다. 이날들을 계산해 보면 대체로 80여일 쯤 되어 전체적으로는 160일 이상이 된다는 것이다. 여기에 일반적으로 토요일, 일요일은 쉬기 때문에 결국 일주일에 4일 정도 일한 것으로 보고 있다.[5)]

이때의 여가는 주로 영국의 경우 경마와 닭싸움 같은 도박성을 띤 대중오락이 성행했으며 각종 전통적인 축제나, 구교식 종교 행사 및 전통적인 명절 등을 통해 문화콘텐츠를 즐겼다. 또한 마을축제나 오락은 농촌사회의 긴밀한 관계 속에서 지속적으로 유지되어 노동과 일상생활이 변하지 않고 계속되어 갔다.

종교는 오락에 대해 입장을 달리했다. 영국의 경우 국교회 주교나 치안판사는 남녀의 춤, 남성의 활쏘기 등의 오락, 5월 축제, 성령강림절의 축제, 메이폴[6)] 축제 그리고 달력상 특정 계절에 행해지는 관습적 행사에 대해서는 합법적 오락으로 보았다.[7)]

그러나 청교도는 이러한 여가에 대해 부정적이었다. 근면, 절약, 절제, 가족애를 주장하면서 이러한 여가나 오락을 인정하지 않고 악폐라고 보았다. 이에 따라 동물학대놀이 금지나 극장을 폐쇄하고 국교회가 인정한 축제들을 부정하기 시작했다. 이러한 부정에도 불구하고 농촌사회에서는 이러한 여가활동들이 공동체를 유지하기 위한 수단으로써 정당화되었다.

농촌과 달리 산업혁명 이전의 도시는 주로 정치·행정의 중심지였으며 상업도시는 상대적으로 소수였다. 정치·행정의 중심도시는 노동을 하지 않으면서도 농업생산물을 획득할 수 있는 정치권력이 집중되어 있는 곳이었다. 따라서 도시로 농촌지역의 잉여농산물이 세곡이나 소작료의 형태로 집중되었다. 이렇게 정치권력의 힘에 의해 유입되는 물자가 도시로 유입되는 전체 물자에서 차지하는 비중이 높았다.[8)]

이때 도시들은 다수의 인구가 비교적 좁은 지역에 밀집하여 거주해 인구밀도가 상당히 높았고 농업·임업·수산업 등의 1차 산업 비율이 낮았으며, 대신에 비농업인구, 즉 정치권력과 관계된 인구의 비율이 높았다.[9)]

이에 따라 도시에서의 문화콘텐츠는 '상류층 사람들' 소위 '사교계' 사람들에 의해

---

5) 박재환·김문겸, 앞의 책, 15쪽.
6) 서양에서, 메이데이에 광장에 세워 꽃·리본 따위로 장식하는 기둥을 말하며 그 주위에서 춤을 추며 즐긴다.
7) 박재환·김문겸, 앞의 책, 23쪽.
8) 김인 외, (2006),『도시해석』(서울: (주)푸른길), 307쪽.
9) 위의 책, 308쪽.

향유되었다. 극장, 오페라하우스, 집회장, 경마장들이 이들을 위해 운영되었고 도시 전체는 이들의 문화 여가활동을 지원하는 형태로 발전하였다.

한편, 16세기 중반부터 여가용 상설 건축물이 도시에 들어서기 시작했다. 처음에는 산발적이었지만 점차 그 숫자가 늘어났다. 먼저 극장이 세워지고 그 뒤에 테니스 코트가 만들어졌으며 나중에 극장으로 전환되기도 했다. 또한 오페라하우스, 투계장, 투우장, 경마장, 유원지 내의 다양한 건축물 등이 만들어졌다. 이러한 건축물은 중간계급 이하 다수의 노동자들도 즐길 수 있도록 지어지게 되었다.10)

이처럼 산업혁명 이전의 도시는 농촌의 생산물이 모이는 정치·행정을 위한 소비의 공간이었다. 주로 상류층을 위한 문화콘텐츠 중심으로 소비가 되었으며 그들에 의해 한정된 콘텐츠를 향유할 수밖에 없었다.

Ⅲ. 산업혁명 이후의 도시와 문화콘텐츠 소비

1. 1차 산업혁명과 문화콘텐츠

1760~1830년경에 시작된 1차 산업혁명은 증기기관을 새로운 동력으로 사용하여 소규모 수공업을 대규모 공장생산으로 바꾸었다. 공장이 도시에 만들어지고 많은 노동력이 필요함에 따라 인구가 농촌에서 도시로 이동하게 되었다. 이에 따라 사회 전체의 경제적 기반이 농촌에서 도시로 이동하게 되었다.

전통도시들이 주로 정치·행정의 권력 중심지로서 소비의 공간으로 인식되었다면, 산업혁명 이후 도시는 생산과 소비가 넘쳐나는 공간, 유통의 중심지로서 인식되었다. 즉 도시는 제조업, 건설업, 상업 등 2·3차 생산이 이루어지는 공간으로 인식되게 되었다.11)

이러한 가운데에서도 새로운 여가활동이 확산되기 시작했다. 물질적 여유를 가진 부

10) 마크 기로워드, (2009), 『도시와 인간: 중세부터 현대까지 서양도시문화사』, 민유기 역(서울: 도서출판 책과함께), 291쪽.
11) 위의 책, 310쪽.

르주아계급은 귀족들의 문화를 모방하기 시작했고, 철도문화의 발달에 따라 여행과 휴가문화를 즐겼다. 생산의 대량화에 따른 가격의 인하로 과거 귀족들의 전유물이었던 피아노도 중산계급이 연주할 수 있게 되었으며, 소인극이나 아마추어 연극, 퀴즈를 비롯한 각종 놀이나 게임이 새롭게 고안되었다.12)

도시 노동자들은 작업장에서 쌓인 피로를 풀고 기분전환을 위해 선술집을 찾았다. 선술집에서는 통속적인 공연예술과 대중음악 공연을 하였다. 한편 소극장에서는 도시 노동자계급을 위한 연극이 공연되었으며, 공연예술의 내용은 가난한 도시환경과 노동계급의 애환을 담아내었다. 이와 함께 비록 예술작품은 아니었지만 신랄한 유머나 혹은 감상적인 노동자 일상생활의 로맨틱한 희망을 묘사한 공연도 있었으며, 일부 작품은 그 시대의 다른 계층과의 대립관계를 표현하기도 하였다.13)

이후 선술집에서의 공연 금지와 소극장에서의 주류 금지는 뮤직홀이 새로운 민중 공연예술의 중심지가 되는 계기가 되었다. 여기에서는 술을 마시면서 노래와 춤 등의 공연물에 흥을 돋우는 오락을 즐길 수 있었다. 뮤직홀이 성행할 수 있었던 것은 노동자에게 알맞은 가격으로 개방하고 스타 시스템을 도입하며, 여성손님도 환영하는 새로운 시도가 있었기 때문이다.14)

극장과 뮤직홀 이외에도 서커스, 순회 동물원, 순회 쇼 단체가 합동으로 공연하는 것들이 새로운 여가 수단으로 등장하였다.

2. 2차 산업혁명과 문화콘텐츠

전기의 발명과 활용으로 시작된 2차 산업혁명은 도시의 역할에 있어 큰 변화를 가져왔다. 1차 산업혁명에 의해 소비 중심에서 생산 중심으로 기능이 바뀐 도시는 2차 산업혁명을 통해 더욱 그 기능이 확대되었다. 이러한 도시를 중심으로 19세기 말 문화콘텐츠 분야에 큰 영향을 끼친 3가지 중요한 일이 생겼다. 첫째는 마르코니(Marconi)가 무선전신 특허를 영국에서 얻으면서 무선통신이 시작되었으며, 이는 후에 '라디오의 아버지'로 통하는 리 디 포레스트(Lee de Forest)에 의해 오디온(Audion)이라 불리는 3극 진

12) 박재환 · 김문겸, 앞의 책, 42쪽.
13) 위의 책, 63쪽.
14) 위의 책, 65쪽.

공관이 만들어져 라디오 수신이 가능해졌다. 둘째는 현대 대중신문의 선구로 알려진 〈데일리 메일〉(Daily Mail)이 창간되었는데, 파격적인 염가 판매와 함께 요리, 패션, 여성 기사란 등 혁신적인 기사를 도입하고 철저히 대중의 흥미를 끄는 기사를 중심으로 게재하였다. 이와 함께 여성잡지, 공포 소설, 탐정 소설 등 다양한 책들과 잡지들이 유행하게 되었다. 이는 점점 더 대중의 흥미에 야합하게 되고 대중문화와 상업화를 통해 감각적이고 통속적으로 되어 갔지만, 이를 통해 19세기 대중문화산업의 골격이 형성되었다. 셋째는 처음으로 뤼미에르 형제(Auguste Lumière, Louis Lumière)가 대중적인 상업 영화를 상영하였다.[15] 이러한 사건들은 인쇄매체 중심에서 방송매체와 영상매체 중심으로 대중문화 형태를 바꾸었다. 이는 인구가 집중되는 도시가 대중문화산업의 중심지가 되는 것을 의미했다.

이처럼 산업혁명 이후 노동과 여가가 엄격하게 구분되는 시대의 도래로 문화콘텐츠 산업화 기반이 마련되었다. 그러나 한편으로는 상업성과 흥행성을 목적으로 흥미 위주의 오락물 전성시대를 가져오게 되었으며 문화산업에 전념하는 직업집단이 생기고 대중 스타가 부상하게 되었다.

산업측면에서 포디즘(Fordism)[16]의 개막으로 증기기관 대신 전기력이 생산체계에 이용되기 시작되고 내연기관도 발전되었다. 1900-1930년 기간 동안 전기 청소기와 에어컨, 냉장고, 식기세척기 같은 가전제품이 본격적으로 발달하기 시작했다. 과학과 기술이 생활의 모든 영역에 사용되기 시작하면서, 자본재뿐만 아니라 소비재생산이 산업생산의 중요한 축이 되었다.

이러한 변화는 지속적으로 도시의 성장을 가져왔으며 상대적으로 도시의 입지가 이전보다 자유로워졌다. 전차와 자동차의 발달로 도시가 수평적으로 확산되었으며, 생산공간과 생활공간의 분리가 심화되었다. 이에 따라 도시 내의 인구가 집중하면서 도시의 공간구조가 변화되었다. 산업시설이 집중해 있는 도심부 근처에는 상대적으로 소득수준이 낮은 계층이 일을 하기 위해 모였다. 자연스럽게 도심부 근처는 산업시설과 인구 밀집으로 주거환경이 열악해지는 현상이 나타났으며, 중산층들은 도심부를 떠나 외곽지역

---

15) 위의 책, 45쪽.
16) 포드공장에서 자동차를 생산하는 방식으로 표준화된 상품의 일정한 생산을 위해 조절된 작업장에서 자동차를 대량 생산하는 것을 말한 것으로 일반적으로 '컨베이어벨트(conveyor belt)'를 이용한 조립생산에 기초하여 제조업 생산기술을 확장시키는 생산방식을 말한다.

으로 이주했고, 고소득층들은 도심부로부터 더 멀리 나가 저택을 짓고 살게 되었다.[17)]

도시 중심부의 경제활동은 제조업에서 보험, 은행, 사법 서비스 등을 중심으로 한 서비스업으로 변화하면서 사무공간의 필요성이 많이 늘어났다. 이는 사실상 마천루에 의해 자본주의의 경제적 합리성과 기능주의 및 자본주의의 권력과 부의 상징을 가져왔다.[18)] 이러한 마천루 등은 모더니즘(Modernism)[19)]에 기반을 두어 기술과 사회적 효용성을 우선으로, 더욱 많은 사람들에게 최대의 공간을 평등하게 분배한다는 의미에서 민주주의라는 사회적 사상을 내포하기도 했다.

이러한 도시를 중심으로 문화콘텐츠 역시 대량으로 소비되기 시작했다. 공연장, 박물관, 미술관은 대규모로 지어져 많은 사람들이 동시에 콘텐츠를 즐길 수 있도록 했다.

이 시기에 유럽은 순수예술 전통을 기반으로 하여 우위에 있었으나, 대중문화 산업, 즉 문화콘텐츠 산업에서는 미국이 전 세계 문화콘텐츠 산업 생산의 많은 부분을 차지했다. 미국은 미국적인 가치를 담은 영화, 음악, 캐릭터, 만화 등 많은 문화콘텐츠를 타국가로 수출했다. 당연히 그것들을 향유하는 것은 미국의 자본주의 부를 즐기는 상징이 되었다.

한편 도시의 문화콘텐츠 소비는 대중화, 대규모화를 통해 제작의 과점화를 가져오고 유통・배급에서도 소수의 회사들이 지배하는 구조를 형성하게 되었다. 도시는 이들에 의해 문화콘텐츠 생산, 배급뿐만 아니라 대중들의 소비 트렌드도 선도적으로 이끌었다.

---

17) 권용우 외, (2012), 『도시의 이해』(서울: 박영사), 33쪽.
18) 김인 외, 앞의 책, 327쪽.
19) 넓은 의미로는 교회의 권위 또는 봉건성을 비판하며 과학이나 합리성을 중시하고 널리 근대화를 지향하는 것을 말하지만, 좁은 의미로는 기계문명과 도회적 감각을 중시하여 현대풍을 추구하는 것을 뜻한다(네이버 지식백과: http://terms.naver.com/entry.nhn?docId=1093437&cid=40942&categoryId=32856).

Ⅳ. 탈산업화 도시와 문화콘텐츠 소비

에너지를 많이 소모하는 특성을 대표하는 포디즘은 자원의 고갈과 대량의 산업폐기물을 양산하고 더욱이 대량소비는 생활폐기물의 엄청난 증가로 이어져 결국 에너지 및 생태환경의 위기로 나타나게 되었다. 또한 노동자들의 안락한 생활을 위해 제공되어야 하는 의료서비스나 교육 등도 표준화된 대량생산 체제로는 제공이 어렵게 되었다. 이와 함께 기본적인 욕구가 충족된 대중의 소비패턴은 종래의 소품종 대량생산보다는 다품종 소량생산을 통해 다양성을 선호하는 방향으로 변화하게 되었다.

한편 1970년대 중반부터 점차 도시는 공업을 주체로 발전해온 산업사회에서, 정보산업을 주체로 하는 정보화 사회로 진입해 갔다. 탈공업화 사회로 진입하면서 석탄, 철강 등 공업도시들은 자연스럽게 쇠퇴하게 되었다.

이에 대한 대안으로 나온 것이 쇠퇴한 도시에 문화·예술을 가미해서 재생하고자 했던 것이 '문화도시'이며, 창조적인 혁신성과 문화예술이 공존하는 도시라는 개념으로 '창조도시'가 등장하게 되었다. 이러한 도시는 문화콘텐츠 소비에 있어서도 다른 양상을 보이게 되었다.

1. 문화도시와 문화콘텐츠

문화가 경제적 수익을 창출할 수 있다는 측면에서 컬처노믹스((Culturenomics)[20])라는 개념이 등장함과 동시에, 도시가 공업이나 산업이 아닌 문화를 통해 발전할 수 있으며 쇠퇴해 가는 도시를 문화를 통해 재생할 수 있다는 인식이 확대되었다. 이를 통해 사람들은 기존의 대중문화와 함께 순수예술도 박물관이나 미술관에서만 볼 수 있는 것이 아니라 사람들의 일상생활에서 향유할 수 있는 것으로 생각하게 되었다. 이러한 생각해서 탄생한 것이 '문화도시'라는 개념이며 이러한 움직임은 유럽에서부터 시작되었다.

1970년대 이후 유럽의 도시들은 도심 외곽에 들어선 공장지대의 몰락과 함께 슬럼

---

20) 문화를 뜻하는 컬처(culture)와 경제를 뜻하는 이코노믹스(economics)를 합성한 조어로서 덴마크 코펜하겐대학교의 페테르 두엘룬(Peter Duelund) 교수가 1990년 처음으로 제기하였다.

으로 변해 이를 재생하기 위한 프로젝트들을 실시하였다. 이 속에 예술가들이 참여해서 '문화'를 핵심 개념으로 도시 재생을 추진하기 시작했다. 각종의 문화 활동 및 예술행사 프로그램이 수행되어 도시의 문화발전을 확보하고, 문화 인프라를 통해 문화 관객을 증대시켰다. 또한 축제 분위기를 조성해서 많은 관광객들을 끌어들여 새로운 의미의 도시를 창조하게 되었다.

여기에는 전통적 문화유산을 많이 가지고 있는 유럽의 문화적인 수도들도 있지만, 영국의 철강 산업의 중심지로서 쇠퇴했던 '셰필드(Sheffield)'와 폐광촌이었던 '게이츠헤드(Gateshead)'와 같은 도시도 있다. 셰필드는 슬럼화가 진행되는 도심을 재생하고자 '문화산업 지구제'를 세계 최초로 추진함으로써 쇠퇴한 산업공간을 문화공간으로 만들어 시민에게 개방했다. 또한 문화·예술 활동의 교류와 협력을 통해 문화산업을 육성하였다. 게이츠헤드는 폐광촌을 예술가들과 함께 예술도시로 만들어 도시를 재생하였다.

문화콘텐츠의 소비에서도 이러한 '문화도시'는 도시가 가지고 있는 인프라를 통해 축제나 공연, 문화 이벤트 등을 개최하여 시민들이 참여하고 즐기게 하였다. 시민들은 단순히 주어지는 콘텐츠를 즐길 뿐만 아니라 함께 참여하여 콘텐츠를 같이 제작하기도 하는 등 '문화도시'가 주는 문화적 다양성을 향유하고 예술적 창조성을 고취하였다.

2. 창조도시와 문화콘텐츠

'창조도시'는 '문화도시'와 궤를 같이하는데, 1990년대 말부터 세계 여러 국가들은 '창조도시'를 건설하기 위해 건축, 예술가, 디자인 등을 활용하게 되었다. 특히 1998년 영국은 '창조산업'을 강조하여 광고, 건축, 미술, 패션, 디자인 등 13개 분야를 집중적으로 지원함으로써 런던을 창조도시화 하려고 했다. 이러한 '창조도시'는 고도의 지식산업화하면서 도시의 경쟁력과 역동성을 키우는 중요한 역할을 했다.

'창조도시'에 대해서는 다양하게 정의하고 있지만, 종합해 보면 '창조적인 인재들이 창조성과 재능을 발휘할 수 있을 정도로 관용적이고 다양성을 지니고 있으며, 경제적 혁신성이 뛰어나 창조산업이 발전하는 한편, 창조적인 예술과 문화가 공존하는 환경을 갖춘 도시'라고 할 수 있을 것이다.

찰스 랜드리(Charles Landry)는 이러한 창조도시가 되기 위해서는 다음과 같은 환경적 특성이 있어야 한다고 하였다.[21] ① 일정한 수준의 독창적이고 깊이 있는 지식이 집적된 장소, 그리고 서로 커뮤니케이션을 할 필요와 역량을 가진 사람들이 모이고, 그들이 기능할 수 있어야 한다. ② 충분한 재정적 기반을 가지고, 엄격한 규제 없이 실험할 수 있는 여지가 적절히 주어져야 한다. ③ 그곳에는 의사결정자, 사업가, 예술가, 과학자, 사회비평가 등에게 보이는 현실과 필요한 현실적인 기회 사이에 불균형이 존재해야 한다. ④ 그곳에는 문화적, 과학적, 기술적 영역의 장래 변화에 관한 불확실성과 복잡성을 처리할 수 있는 역량이 존재해야 한다. ⑤ 비공식적이고 자발적인 커뮤니케이션이 대내외적으로 활발하게 이루어질 가능성이 있고, 다양성과 변화에 부응하는 환경이어야 한다. ⑥ 다면적이고 활발한 시너지효과가 창출되는 환경이고, 특히 그것이 과학과 예술 분야의 발전과 관련되어 있다. ⑦ 구조적 불안정성이 필요하다. 실제로 가끔 어떤 통제된 상황에서는 그러한 구조적 불안정성이 도입될 필요가 있다.

찰스 랜드리는 기본적으로 이러한 환경이 마련되어야 창조도시가 만들어질 수 있다고 보았다. 또한 개인의 자질, 의지와 리더십, 다양한 인간과 다양한 재능 등 인적요소와 지역 정체성과 도시의 공간 및 시설 등의 조건도 필요하다고 보았다.[22]

한편 리처드 플로리다(Richard Florida)는 '창조계급'을 설명하면서 그들이 모이는 도시를 '창조도시'라고 보고 있다. 그에 의하면 '창조계급'은 첨단기술 부문, 금융 서비스, 법률과 보건 관련 직업 및 비즈니스 경영과 같이 광범위한 지식 집약적인 산업에 종사하는 창조적 전문직 종사자라고 보고 있다. 이들은 혁신적인 해법을 찾을 때 지식의 복합체에 의존하면서 창조적인 문제 해결에 참여한다는 것이다. 그러한 활동은 특별히 높은 수준의 정규 교육, 즉 높은 수준의 인적 자본을 필요로 한다. 그들은 때때로 자신들의 기본적인 일과는 상관없는 방법이나 생산물을 접하기도 한다. 전문적인 일을 하면서 문제가 생기면 필요한 해결책을 스스로 생각한다. 또한 그들은 주어진 상황에 대처하기 위해 표준적 접근을 독특한 방식으로 결합하거나 적용하고, 중대한 판단을 내리며, 때때로 독자적으로 새로운 아이디어와 혁신을 시도한다는 것이다.[23]

이들은 집중력이 높은 다른 창조계급 그리고 혁신과 하이테크 산업 성장에 따른

---

21) Landry, Charles, (2005), 『창조도시』, 임상오 역(서울: 해남), 203쪽.
22) 위의 책, 154-170쪽.
23) 리처드 플로리다, 앞의 책, 54쪽.

창조 경제적 성과가 높게 나타나는 곳으로 이동한다. 또한 모든 형태의 창조성, 즉 예술적, 문화적, 기술적, 경제적 형태가 뿌리를 내리고 번성하는 경제시스템 혹은 서식처로서 도시를 원하며, 이들을 따라 기업이 이동하거나 이들이 직접 사업을 시작한다. 이들은 단순히 일자리만을 찾는 것이 아니라 자신의 경력을 향상시키면서도 창조경제에 어울리는 라이프 스타일을 제공하는 장소를 찾는다. 일자리 시장보다는 지역의 환경과 레크리에이션의 질, 라이프 스타일 요소에 보다 큰 가치를 부여한다는 것이다.[24]

또한 대부분의 전통적인 도시들이 가지고 있는 스포츠 스타디움, 도시 고속도로, 도시 쇼핑몰 그리고 테마공원과 같은 관광 및 위락 지구 등에 대해 관심이 적으며, 이것들은 그들의 욕구를 충족시켜주지 못한다. 이들이 원하는 것은 풍부한 양질의 경험, 모든 종류의 다양성에 대한 개방성 그리고 무엇보다도 창조적 사람으로서 자신의 정체성을 인정받는 기회 등이다.[25]

이들에게 있어 문화콘텐츠는 오페라, 클래식 음악 등 공연예술과 박물관, 갤러리 등 전시예술보다는, 격식이 없고 개방적이며 참여적인 레크리에이션 활동과 다양한 라이브 음악과 공연 활동을 더 선호한다는 것이다.[26]

결국 이들에게 도시는 경제적 기회와 많은 사람들이 존재하는 곳이 아닌, 소규모 도시를 원한다는 것이다. 문화콘텐츠에서도 전통적인 공연이나 문화콘텐츠가 아니라 그들이 스스로 즐길 수 있는 야외활동 중심의 문화콘텐츠를 선호한다는 것이다. 물론 이들이 전체 문화콘텐츠 소비를 대표하는 사람들은 아니지만, 일반적으로 우리가 말하는 문화콘텐츠를 소비하는 공간과는 다른 공간으로서 도시를 선호한다는 것이다.

위에서 살펴본 '문화도시'와 '창조도시'는 탈산업화를 위한 도시의 모범적인 모습이다. 그러나 이러한 형태의 도시가 대표적인 도시의 모습은 아니며 지향해 나가야 할 형태일 것이다. 그럼에도 불구하고 두 도시에는 여러 가지 측면에서 다른 점이 발견되는데 이를 비교해 보면 〈표 1〉과 같다.

---

24) 위의 책, 114쪽.
25) 위의 책, 55쪽.
26) 위의 책, 115쪽.

표 1 **문화도시와 창조도시 비교**

구분	문화도시	창조도시
제안자	멜리나 메리쿠리(Melina Mercouri)	찰스 랜드리(Charles Landry) 리처드 플로리다(Richard Florida)
제안시기	1980년대 (유럽의 도시재생 프로젝트 추진기)	1990-2000년대 (첨단산업 등 신산업으로의 전환기)
적용국가	유럽 (제조업도시 재생 프로젝트 활용)	범세계적 적용 (첨단산업의 도시개발 프로젝트로 활용)
개 념	문화적인 도시환경 창출	문화를 포함하여 창조계급을 유인하고 창조성을 발휘할 수 있는 환경 조성
주요정책	문화적인 도시기반환경 정비 역사의 보존 도시환경의 미관 개선 예술활동의 활성화	도시 매력의 창출 오락, 여가, 예술 활동의 강조 도시 내 다양성의 증대 도시의 창조성 향상
산업육성	도시의 문화재생 문화산업단지 조성	창조산업 유치 첨단산업 육성

자료: 권용우 외, 『도시의 이해』(서울: 박영사, 2012).

Ⅴ. 첨단 정보화 도시와 문화콘텐츠 소비

1. 디지털화가 가져온 도시의 변화

20세기 중반까지를 산업화 시대라고 한다면, 그 이후는 정보화 시대라고 할 수 있다. 컴퓨터의 등장과 대중적 보급, 계속되는 컴퓨터 기능의 고도화 등 정보통신 기술의 급속한 발달은 삶 전반에 걸쳐 지대한 변화를 가져왔다. 정보를 전달하는 매체인 통신과 미디어 역시 전화나 TV의 수준을 넘어서 광섬유 통신, 위성통신, HDTV, 멀티미디어 등 혁신적인 전자 통신 매체로 발달이 진행되고 있다. 이러한 컴퓨터 기술, 전자통신 기술, 미디어 기술 등의 ICT 기술은 고도로 발달하면서 디지털화(digitalization)를 가

져왔다.[27)]

디지털화에 따라 도시라는 물리적인 현실공간은 컴퓨터가 매개하는 사이버공간(cyberspace)과 공존하게 되었다. 사이버공간은 우리의 일상생활에서 현실 공간만큼이나 중요한 소통의 공간으로 자리 잡고 있다. 사이버공간에서 이루어지는 사람들의 소통은 시공간적으로 자유로우며, 이로 인해 개인의 소통 능력은 기하급수적으로 확대되었다.[28)]

사이버공간의 대표적인 예가 바로 인터넷이다. 인터넷은 20세기 가장 위대한 과학적 발명 중의 하나로 시간과 공간을 초월하고 물리적 공간의 제약을 많이 제거했다. 이러한 인터넷은 1969년 미국 국방성의 지원으로 미국 4개 대학을 연결하기 위해 구축한 아르파네트(ARPANET)에서 시작되었는데 1992년 CIX(Commercial Internet Exchange)라고 하는 새로운 망을 구축하면서 상용으로 쓰게 되었다. 이후 기술의 진보는 유선 인터넷과 더불어 무선 인터넷을 개발하여 활용하게 되었다. 그리고 2000년대 스마트 혁명은 모든 사물을 인터넷으로 연결하려는 사물인터넷(IoT: Internet of Things)으로까지 발전하고 있다.

한편, 인공지능의 발전은 인간의 영역에 도전하고 있고, 특정 영역에서는 인간을 넘어서고 있다. 1997년 IBM의 인공지능 '딥 블루(Deep Blue)'는 세계 체스 챔피언을 이기고, 2011년 IBM의 인공지능 슈퍼컴퓨터 '왓슨'은 TV 퀴즈쇼 〈제퍼디(Jepardy)〉에서 우승했으며, 2016년 구글이 개발한 '알파고(AlphaGo)'는 바둑에서 인간을 이겼다. 인공지능은 문자 그대로 사고, 추론, 언어 능력 등 인간이 지닌 지능을 기계와 소프트웨어가 인공적으로 실현한 것으로 학습·적응·감지가 가능하며, 인간의 오감까지 흉내 내고 있으며 인간만의 창조영역이라는 예술분야까지 넘보고 있다. 이에 따라 인간에게만 적용되는 저작권을 인공지능에게도 부여해야 하는가에 대한 논쟁도 이어지고 있다.

또한, 인공지능은 의료시스템에 적용되어 전 세계에 있는 의학 자료를 빠르게 검색하고 최적의 대안을 내놓고 있으며, 무인자동차에 적용되어 사람들이 운전을 하지 않고도 자동으로 이동할 수 있는 시스템을 만들어냈다. 로봇에 적용된 인공지능은 고위험군 작업이나 단순반복 작업을 대행하여 생산성을 증대시키고 있다.

산업적으로는 농업혁명과 산업혁명을 통해 성장해온 1차, 2차, 3차 산업은 사이버

27) 강현수, (2007), 『도시, 소통과 교류의 장: 디지털 시대 도시의 역할과 형태』(삼성경제연구소), 25쪽.
28) 위의 책, 27쪽.

공간 기반의 디지털 혁명을 통해 모든 산업이 서로 뒤얽히는 6차 산업(Cluster Industry)으로 다시 태어나고 있다. 현실세계의 시스템을 지원하는 물리적 인프라와 가상세계의 시스템을 지원하는 사이버인프라는 상호 간의 장점을 활용하고 각각의 단점을 보완하면서 최적화되어 가고 있다.29)

이러한 인터넷의 발전과 인공지능의 발전은 도시가 저출산과 고령화로 직면한 다양한 문제를 해결하는데 도움을 주는 한편, 국가인프라, 교통, 전력망, 의료, 헬스 케어, 국방, 농업 등 다양한 분야에 적용됨으로써 도시의 공간적 기능을 획기적으로 변화시켰다. 즉 첨단 정보화 기술로 인해 도시는 전자적인 공간의 확대와 함께 물리적인 공간과의 융합이 이루어지고 있다. 물리적인 공간 속에서도 기술에 의해 인간은 좀 더 많은 창조활동이 가능하고 창조환경 기반을 바탕으로 생겨난 문화가 풍부해지고 있다.

또한 첨단 디지털 기술의 발달은 대면 접촉을 하지 않아도 타인과 불편 없이 교류할 수 있게 하여 많은 비용을 절감하게 하였다. 재택근무를 통해 사무실로 출근할 필요가 없으며 인터넷 쇼핑이나, 홈쇼핑을 통해 상점에 갈 필요가 없어졌다. 가상대학에서 원격교육을, 원격진료를 통해 병원에 갈 필요를 줄일 수 있다.30)

이러한 현상은 '코로나 19'라는 전 세계적인 감염병이 시작된 2020년부터 본격화되었다. 사람들이 대면관계에서 비대면관계로 변화하면서 비대면에 적합한 새로운 기술이 개발 · 적용되어 학자들의 예상보다 좀 더 빨리 사람들에게 다가왔으며 사람들은 점점 더 이러한 현상에 익숙해졌다.

이러한 기술들은 '메타버스'라는 이름으로 새롭게 등장하였는데 이는 '가공, 추상'을 의미하는 'Meta(메타)'와 현실세계를 의미하는 'Universe(유니버스)'의 합성어로, 아바타(avatar)를 통해 실제 현실과 같은 사회, 경제, 교육, 문화 등의 활동을 할 수 있는 가상공간을 말한다. 이 가상공간에서는 나를 대신하는 '아바타'가 도시에서 할 수 있는 것들을 경험할 수 있게 하였다. 아바타를 통해 만나고 의사소통하면서 공연도 즐기고 쇼핑도 하면서 현실의 도시에서 실제로 일어나는 것들을 사이버공간에서도 즐길 수 있도록 하였다. 여기에서는 시 · 공간의 한계가 없어서 도시와 도시 또는 국가와 국가를 쉽게 오갈 수 있게 하였다. 비록 여러 가지 기술과 통신기술의 한계로 현실을 완벽하게 재현

29) 하원규 · 최해옥, (2013), 『디지털 행성과 창조도시전략』(전자신문사), 41쪽.
30) 강현수, 앞의 책, 49쪽.

할 수는 없지만 가상공간에서 도시의 기능을 할 수 있다는 가능성을 보여주었다. 향후 기술 발전에 의해 도시라는 물리적인 공간의 한계를 점점 더 극복해 나갈 수 있다는 것을 보여주고 있다.

이러한 첨단 정보화 기술의 발달은 많은 학자들로 하여금 탈 도시시대(post－city age)를 가져와 도시집중 현상은 완화되고 도시는 해체될 것이라는 주장을 하게 했다. 그러나 여기에는 몇 가지 문제점이 있는데 도시는 역사적으로 축적된 도시 시설이 존재해 왔다는 점과 교통과 통신뿐만 아니라 통제의 중심지이자 지식 생산의 중심지였다는 것이다. 또한 정보통신 네트워크를 위해서는 많은 비용이 요구되는데 이를 즐길 수 있는 계층이 존재하고 그 비용을 회수할 수 있는 다수의 사람이 있는 장소에서만 구축되고 향유된다는 것이다. 즉 수요가 많고 이익이 많이 생기는 곳, 도시 중심으로만 설치된다는 것이다.[31]

그렇기 때문에 도시는 해체되지 않고 그 기능이 더 강화될 것이다. 다만 기존 기능들의 입지 변화가 생길 것이다. 창조적 노동이 요구되는 것은 창조도시에서 말한 것처럼 전문기술인력이 풍부하고 전문연구기관과 교통이 편리한 쾌적한 곳이 될 것이며, 제조업은 값싼 노동력이 많은 지역이나 환경규제 등이 약한 곳, 즉 도시를 벗어난 곳이나 해외가 될 것이다. 유통이나 상업의 경우도 전자상거래와 원격서비스를 통해 도심 변두리 교통이 좋은 곳으로 이전할 것이다. 사무업무 기능은 통신 기술의 발달에 따라 비싼 임대료를 지불하며 도심에 있을 이유는 없지만 비공식적 대면 접촉이 중요한 핵심 업무의 경우는 대도시 중심으로 집중될 것이다.

2. 디지털화에 따른 문화콘텐츠 향유 공간의 변화

첨단 정보화기술을 기반으로 문화콘텐츠를 소비하고 향유하는 방식도 많은 변화를 요구한다. TV, 라디오, 신문 등 기존 매체가 소수에 의해 만들어진 특정한 정보나 의견을 불특정 다수에게 일방적으로 전파하는 '일대다(一對多)' 대중매체라면, 인터넷을 통한 디지털 매체는 쌍방향의 '다대다(多對多)' 소통을 가능하게 해준다. 쌍방향 소통의 가능성은 개인을 대중매체에 의한 수동적 객체가 아니라 자신의 의사를 적극적으로 피력하는

31) 강현수, 앞의 책, 93쪽.

능동적 주체로 변모시킨다. 이에 따라 개인은 오프라인의 대량 문화콘텐츠를 수동적으로 즐기는 것이 아니라 온라인 맞춤형 문화콘텐츠를 쌍방향 소통으로 즐긴다.

또한 기존 문화콘텐츠 매체가 소수였지만 이제는 영상콘텐츠만 해도 전통적인 매체인 TV, 영화관, DVD를 제외하고도 PC, 스마트폰, 태블릿, 케이블 TV, IPTV, 스마트 TV, OTT가 있다. 게다가 대량으로 만들어진 콘텐츠 외에도 유튜브, 틱톡 등 MCN(Multi Channel Network, 다중 채널 네트워크)을 중심으로 하는 1인 미디어에 의해 맞춤 영상콘텐츠까지 너무 다양해졌으며, 이들은 이제 쌍방향 소통까지 할 수 있게 되었다.

최근에는 가상현실 기술로 인해 우리의 오감이 실제 현실과 구별할 수 없는 사이버 공간이 창조되고 있다. VR, AR, MR, XR 등을 통해 인공적으로 만든 사이버공간과 접속함으로써 실제 현실 공간 속에 있는 것 같은 느낌을 가상 경험을 체험할 수 있다.

이처럼 디지털에 의해 사람들이 즐길 수 있는 문화콘텐츠는 너무 다양해지고 광범위해져서 사람들은 주어지는 콘텐츠 공급을 따라갈 수 없게 되었다. 무엇을 즐기고 향유해야 할지 모름에 따라 빅 데이터를 통해 개인이 즐길 수 있는 콘텐츠를 선별해주는 큐레이션 기능까지 개발되고 있다. 그만큼 첨단 정보화 시대에는 콘텐츠의 공급보다는 수요가 중요시 되고 소비자의 콘텐츠 향유 시간이 무엇보다 중요하게 되었다.

디지털화는 사람들의 문화콘텐츠 소비를 마치 산업혁명 시대 이전처럼 생활과 여가를 분리하지 않고 항상 즐길 수 있도록 하고 있으며, 일 자체도 이러한 문화콘텐츠와 직·간접으로 관계된 것들이 많이 등장하게 되었다. 따라서 디지털이 가능하다면 굳이 도시라는 물리적인 장소에 한정될 필요가 없어졌으며, 어느 곳에서나 일과 여가를 함께 즐길 수 있게 되었다. 그렇기 때문에 과거처럼 직장이 정보화가 잘 되어 있으면서 많은 것들에 접근이 쉬웠던 도시에 대한 필요성보다는 통신 기기 발전에 따른 일과 생활에 대한 접근성이 더 중요시 되어 도시의 확장 내지는 도시 속에서의 일과 여가를 찾을 필요성이 줄어들게 되었다.

3. 디지털화 시대 도시의 재발견

사람들은 인터넷과 첨단 기기를 통해 쉽고 편하게 문화콘텐츠를 즐길 수 있지만, 한편으로는 아날로그 형태인 극장이라는 공간을 찾는다. 또한 집에서 훨씬 더 많은 정보와 중요 장면 해설까지 곁들여서 스포츠를 즐길 수 있지만 경기장을 찾는다. 인터넷 쇼핑을 통해 쉽고 싸게 물건을 살 수 있지만 상점을 직접 찾아 쇼핑을 한다. 좋은 오디오와 좋은 커피 등의 음료가 집에 있지만 굳이 카페를 찾는다.

이러한 현상은 기존의 온라인 디지털로 인해 더 이상 집밖으로 나올 필요가 없을 것 같고, 문화콘텐츠는 일과 여가가 일정 부분 합쳐져서 사람들로 하여금 오프라인으로 나가는 것을 허용하지 않을 것 같아 보이지만 그럼에도 불구하고 오프라인 형태의 생활과 공간을 필요로 한다. 이는 결국 문화콘텐츠 소비가 온라인화 되고 가상현실이 발달될 지라도 소비자들은 현실적인 체험을 원하며 오감을 통한 문화콘텐츠를 향유하기를 원한다는 것이다.

그렇기 때문에 도시가 없어질 것이라고 예견했던 학자들의 주장은 오류라고 밝혀졌으며, 도시는 오프라인에서 좀 더 사람들이 체험하고 경험을 쌓을 수 있는 문화콘텐츠 중심으로 역할을 강화하고 있다. 과거처럼 도시가 소비와 생산의 중심지로서의 역할이 요구되기 보다는, 문화콘텐츠에 대해 체험하고 향유하는 공간으로서 온라인과 오프라인의 혼합된 공간으로 발전하고 있다.

Ⅵ. 나가며

문화콘텐츠의 관점에서 바라보는 도시는 그 역사만큼이나 다양하고 오래 존재했지만, 결국 일과 여가가 분리되었느냐에 따라 성격과 기능이 변하였다. 그 분기점이 1차 산업혁명이라고 할 수 있다. 이전에는 도시들은 주로 정치와 행정의 중심지였으며 소수는 상업의 도시이기도 했다. 이에 따라 도시는 생산보다는 소비의 중심지였으며 소수의 상류층 사람들이 사는 곳이었다. 따라서 문화콘텐츠를 즐기는 것도 도시에서는 상류층을 중심으로 고급문화 중심으로 이루어졌다.

1차 산업혁명 이후에는 농촌의 많은 인력들이 도시로 대거 유입되면서 도시는 생산의 중심지가 되고 일과 여가가 분리되면서 문화콘텐츠는 노동자를 위한 것과 상류층을 위한 것으로 나뉘게 되었다. 전기를 통한 2차 산업혁명 후 본격적으로 도시는 대량생산을 하는 곳이 되었으며 기술의 발전은 대중문화산업 발전을 통해 문화콘텐츠의 대량생산과 대중들이 지속적으로 산업 속에 편입될 수 있도록 스타시스템을 도입하였다. 한편 가전제품과 자동차의 대량생산은 전통적인 도시에서 벗어나 외곽에 새로운 도시를 만들거나 도시를 수평적으로 확산시켜 도시 내부는 역설적으로 생활환경이 열악해져 노동자 중심의 공간이 되었다.

도시의 쇠퇴는 한편으로 문화·예술을 통해 '문화도시'라는 이름으로 재생을 하고자 했으며, 첨단산업으로 산업이 전환될 때에는 '창조도시'라는 이름으로 창조계급들의 창조성을 극대화하기 위해 도시가 만들어졌다. 이러한 도시에서는 문화콘텐츠가 예술활동이나 오락, 여가가 새로운 형태로 행해졌다.

한편 디지털화가 진행되면서 모든 산업은 도시에 구애받지 않고 확산될 수 있었고, 문화콘텐츠는 점점 더 다양해져 맞춤형 서비스로 개인의 취향을 극대화할 수 있게 되었다. 가상현실을 통해서 현실의 도시를 재현하고 그 기능을 할 수 있도록 해 줌으로써 도시의 종언을 말하는 학자도 있었다.

그러나 도시는 디지털 시대에도 사람들이 아날로그 감성을 느낄 수 있도록 해주고, 실제적인 체험과 경험을 쌓을 수 있는 공간으로 변화하고 있다.

결국 도시는 사람들이 존재하고 문화콘텐츠를 즐기며 여가를 즐기는 한 영원히 존재할 것이다. 다만 시대에 따라서 도시가 주는 기능이 변화하고 방식이 변화할 수는 있다. 그러나 사람들이 도시 속에서 느끼고 경험하고자 하는 욕망이 존재하는 한 도시는 또 다른 방식으로 존재하면서 사람들의 욕망과 욕구를 충족시킬 것이다.

참고문헌

강현수. (2007). 『도시, 소통과 교류의 장: 디지털 시대 도시의 역할과 형태』. 삼성경제연구소, .

권용우 외. (2012). 『도시의 이해』. 박영사.

김인 외. (2006). 『도시해석』. 푸른길.

김준호 · 홍진환. (2011). 『코에볼루션: 이타적 공진화 - 소셜 네트워크 시대의 트렌드와 미래전략』. 한스컨텐츠.

박재환 · 김문겸. (1997). 『근대 사회의 여가문화』. 서울대학교출판부.

하원규 · 최해옥. (2013). 『디지털 행성과 창조도시전략』. 전자신문사.

Florida, Richard. (2008). 『도시와 창조계급』. 푸른길.

Girouard, Mark. (2009). 『도시와 인간: 중세부터 현대까지 서양도시문화사』. 민유기 역. 도서출판 책과함께.

Landry, Charles. (2005). 『창조도시』. 임상오 역. 해남.

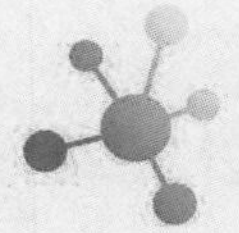

제8장

도시공간의 변화와 도시계획

윤대식(영남대학교 명예교수)

생각해보기

- 지난날의 우리나라 도시계획을 회고했을 때 어떤 점이 가장 미흡하다고 생각하는가?
- 도시공간의 미래에 큰 영향을 미칠 것으로 판단되는 요인(변수)들은 어떤 것이 있을까?
- 미래 우리나라 도시에서 요구되는 가장 중요한 도시계획 방향은?

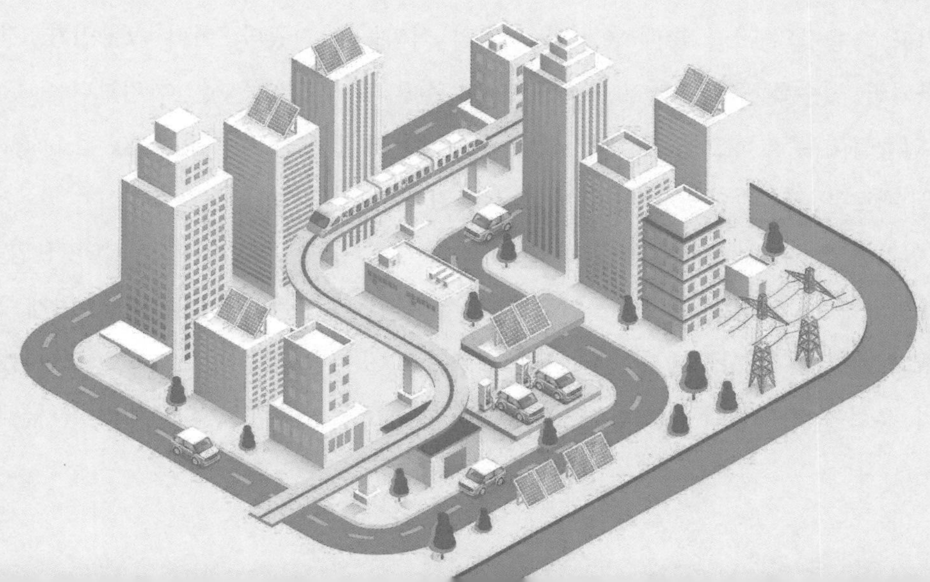

Ⅰ. 도시공간의 변화: 회고와 성찰

1. 도시공간의 변화와 과제

최근 많은 도시의 도심과 인근지역이 재개발과 재건축을 통해 주거용 건물로 채워지고 있다. 상업 및 업무공간에 대한 수요가 줄어들면서 도심과 인근지역의 토지이용이 변하고 있다. 전 세계적인 전자상거래의 확대는 상업용지에 대한 수요를 급감시키고 있다. 많은 도시에서 중소상가와 재래시장이 문을 닫고, 그 자리에 공동주택이나 주거용 오피스텔이 속속 들어서고 있다.

많은 도시에서 도심과 인근지역마저도 공동주택이나 주거용 오피스텔 외에는 사업자의 수익성이 확보되지 않는 것이 문제다. 사실 도심의 주거기능이 일부 되살아나는 것 자체가 문제는 아니다. 문제는 도심의 핵심 기능이다. 과거 많은 도시에서 도심에 있던 일부 초등학교들이 학생 부족으로 문을 닫기도 했고, 도심 인근에 있던 일부 중고등학교는 외곽으로 이전하기도 했다. 그러나 도심의 주거 기능이 부활하면 학교 증축이나 신축도 필요하다.

도시공간의 변화를 결정하는 요인은 너무나 많다. 그중에 가장 큰 영향을 미치는 것은 인간의 삶과 행동을 근본적으로 바꾸는 기술혁신이다. 정보통신 기술((ICT)의 혁신이 전자상거래의 확대와 상업용지의 수요 감소를 가져왔고, 재택근무의 확대를 초래했다. 그리고 승용차의 보급 확대가 노선 상가의 쇠퇴를 가져왔다. 어디 그뿐인가. 경제가 고도화되면 될수록 근로자들이 함께 모여서 상품과 서비스를 생산하기보다는 그렇지 않은 업종들이 증가하고 있다. 여기에다 머지않아 도심항공교통(Urban Air Mobility, UAM)과 같은 새로운 교통수단의 출현도 예고되어 있다.

인간이 도시에 모여 살기 시작한 본격적인 도시화는 유럽에서 시작된 산업혁명에서 비롯되었다. 산업화는 근로자들이 모여서 생산할 수밖에 없어서 자연스럽게 도시화가 진행되었으나, 그 당시에도 전염병의 유행으로 도시공간의 취약성이 드러났다. 18~19세기 유럽을 강타했던 흑사병(페스트), 결핵, 천연두, 장티푸스, 디프테리아, 콜레라와 같은 전염병은 도시공간의 취약성을 여실히 드러냈다. 그런 이유로 주거지역과 공업지역을 구분하는 용도지역제(zoning)의 필요성이 제기되었고, 불량주택과 상하수도 정비의 중요성이 부각되었다. 그리고 최근에는 코로나 펜데믹 시대를 거치면서 도시의 인구집중에 대한 비판도 많이 제기되고 있다.

도시공간은 사적(私的) 공간과 공적(公的) 공간을 모두 포함하고 있고, 시장실패(market failure)가 나타나는 영역이다. 그래서 도시공간의 미래를 시장의 힘(market forces)에만 맡길 수도 없다. 결국 도시공간의 계획적 관리는 공공의 몫이다.

도시는 유기체(organism)이다. 따라서 도시공간은 이상과 현실 그리고 현재와 미래의 인간 활동을 모두 담을 수 있도록 끊임없이 진화해야 한다. 그래서 도시공간의 계획적 관리는 규범적 접근과 시장원리를 바탕으로 한 현실적 접근의 조화가 필요하다. 지금까지 도시공간의 계획적 관리가 전혀 없었던 것은 아니지만 과연 실효성이 있었는지, 성찰과 함께 개선책에 대한 구체적인 논의가 필요하다.

2. 주택정책 vs. 공간정책

우리나라의 도시공간은 주택정책에 의해 많은 영향을 받았다. 종합적인 도시관리정책이나 도시계획 청사진에 따라 주택공급이나 신도시 개발이 추진되었다기보다는 주택보급률 향상과 같은 단기적이고 시급한 정책목표의 달성을 우선하다 보니 결과적으로 비효율적이고 경쟁력 없는 도시공간이 만들어졌다고 볼 수 있다. 비효율적인 도시공간을 초래한 대표적인 사례는 수도권 신도시 개발을 들 수 있다.

30여 년 전 노태우 정권(1988~1993)은 주택 200만 호 건설을 가장 중요한 국가 정책과제의 하나로 추진하였다. 이를 위해 수도권 1기 신도시(분당, 일산, 중동, 평촌, 산본)를 건설하였다. 당시는 헐값에 토지매입이 가능한 곳에 대규모 침상도시(bed town)를 건설하는 것이 최선의 주택정책으로 믿었을 것으로 의심치 않는다. 그러나 수도권 1기 신도시는 직주(職住)거리의 확대로 서울 주변 수도권 전체를 교통지옥으로 만들었다. 그래서 지하철노선과 광역버스를 확대하고 광역 간선급행버스(BRT)를 투입해도 좀처럼 해결되지 않자, 최근에는 GTX(수도권 광역급행철도) 건설을 추진하기에 이르렀다.

최근 수도권 직장인들의 통근 통행시간에 대한 설문조사 결과를 보자. 2022년 6월

잡코리아가 남녀 직장인 907명을 대상으로 실시한 조사에서 경기권에 사는 직장인들은 출퇴근 왕복 소요시간이 평균 102분, 서울에 사는 직장인들은 평균 79분이 걸린다고 응답했고, 지방에 거주하는 직장인들의 통근 통행시간은 61분으로 답했다(파이낸셜뉴스, 2023. 1. 8). 결국 직주거리의 확대, 도로 교통혼잡의 광역화, 높은 주거비와 오피스 임대료 때문에 서울은 비즈니스 비용이 매우 높은 세계 대도시 중의 하나가 되었다.

수도권 신도시 개발을 성공과 실패의 이분법적 논리로 평가하는 것은 어렵다. 그러나 수도권 신도시 개발은 주택정책으로는 성공했을지 모르지만, 공간정책은 실패했다고 보는 것이 적절하다. 이러한 문제는 단지 수도권만의 문제는 아니며, 지방 대도시들도 비슷한 문제를 안고 있다. 이처럼 비효율적인 도시공간구조로 인해 나타나는 문제는 통행시간의 낭비 외에도 과다한 에너지 소비, 대기오염과 환경문제까지 초래하였다.

사실 도시공간의 외연적 확산은 일찍이 미국의 대도시들에서 나타났다. 제2차 세계대전 이후 자동차의 대량 보급과 자동차 지향적 도시개발에 힘입어 미국 대도시 부유층들은 지가(地價)가 저렴하고 환경이 쾌적한 교외 지역으로 주거를 이전하면서 많은 대도시에서 교외화(suburbanization)가 진행되었다. 그러나 1980년대 후반부터 미국에서 도시의 무질서한 공간확산 및 주거지의 교외화로 인해 도심과 인근지역의 슬럼화, 시민들의 총 통행거리(Vehicle Kilometers Traveled, VKT) 증가, 대기오염의 증가와 생태계 파괴 등의 이슈가 부각하면서 뉴어바니즘(new urbanism)과 같은 새로운 도시계획 사조(思潮)가 나타나게 되었다. 그리고 최근에는 시민들의 시간 소비를 줄일 수 있는 대안으로 '15분 도시'의 개념도 제시되기에 이르렀다.

3. 젠트리피케이션, 어떻게 볼 것인가

젠트리피케이션(gentrification)은 우리나라 도시공간의 변화를 논의할 때 빠질 수 없는 키워드(key word)이다. 젠트리피케이션은 낙후된 구도심 지역이 활성화되어 중산층 이상의 계층이 유입됨으로써 기존의 저소득층 원주민을 대체하는 현상을 가리킨다.

젠트리피케이션은 지주계급 또는 신사계급을 뜻하는 젠트리(gentry)에서 파생된 용어로, 1964년 영국의 사회학자 루스 글래스(Ruth Glass)가 처음 사용하였다. 루스 글래스는 런던 서부에 위치한 첼시와 햄스테드 등 하층계급 주거지역이 중산층 이상의 계층

유입으로 인하여 고급 주거지역으로 탈바꿈하고, 이에 따라 기존의 하층계급 주민은 치솟은 주거 비용을 감당하지 못하여 살던 곳에서 쫓겨남으로써 도시공간의 성격이 변한 현상을 설명하기 위하여 이 용어를 사용하였다.

젠트리피케이션이 일어나는 과정은 도시의 공간확산(urban sprawl)과 관련이 있다. 도시의 발전에 따라 대도시일수록 중심 시가지에서 도시 외곽으로 주거지와 인구가 확산하는 교외화가 진행되고, 이 과정에서 교외 지역은 발전하는 반면, 도심과 인근지역은 교외로 이주할 여력이 없는 저소득층이 거주하는 쇠퇴지역으로 전락한다. 이에 따라 지방자치단체가 직접 그 지역을 활성화하기 위하여 재개발을 추진하기도 하고, 민간사업자들이 지주와 결합하여 재개발을 추진하기도 한다. 그리고 값싼 도시공간을 찾아 모여든 사업자들과 예술가들이 다양한 사업을 펼침으로써 활성화되는 경우도 종종 있다. 이러한 여러 가지 요인으로 인해 도시가 재활성화되고, 그로 인해 해당 지역은 주거 환경이 향상되고 부동산 가치가 상승하지만, 주거 비용도 높아져 원래의 저소득층 주민들은 이를 감당하지 못하고 거주지에서 밀려나게 된다.

미국에서는 제2차 세계대전 후 중산층 백인의 교외화 현상이 두드러졌고, 그로 인해 뉴욕·보스턴 등 대도시 도심과 인근지역은 흑인과 외국인 이민자를 비롯한 소수민족의 게토(ghetto)로 전락하였다. 이후 1970년대부터 도시에 사는 젊은 전문직 종사자들이 게토로 변한 도심의 쇠퇴지역으로 몰려들어 자본이 본격적으로 유입되고 부유층의 이주를 촉진함으로써 젠트리피케이션이 진행되었다.

우리나라에서는 2000년대 이후 구도심(舊都心)의 상업 공간을 중심으로 젠트리피케이션이 진행되어 사회적 관심을 끌었다. 대표적 사례로는 서울의 경우 홍익대학교 인근(홍대 앞)이나 경리단길, 성수동 일대를 들 수 있다. 이들 지역은 임대료가 저렴한 덕에 독특한 분위기의 카페나 공방, 갤러리 등이 들어서면서 입소문을 타고 방문자와 유동인구가 늘어났다. 그러나 이들 지역의 상권이 활성화되면서 자본이 유입되어 대형 프랜차이즈 점포가 입점하는 등 대규모 상업지구로 변모하였고, 결국 치솟은 임대료를 감당할 수 없게 된 기존의 소규모 상인들은 떠나게 되었다.

우리나라에서 젠트리피케이션은 주거 공간(주택)에서 먼저 사회적 이슈가 되었지만, 2000년대 이후에는 상업 공간의 젠트리피케이션이 새로운 이슈로 떠오르고 있다. 재개발과 재건축을 통해 도심과 인근지역에 새로이 공급된 아파트는 중산층의 유입을 촉진하였고, 원주민은 주거 비용에 대한 지불 능력이 부족하여 다시 저소득 계층이 사는 다른 주거지역으로 이동하는 현상을 촉발하였다(박태원, 2020: 24).

한편 상업 공간의 젠트리피케이션은 상대적으로 최근에 나타난 현상으로, 상대적으로 덜 알려져 있던 상권에 새로운 문화적 요소가 결합하여 활성화되면서 시작되었다. 경리단길의 사례를 보면 세인(世人)의 주목을 받기 전에는 경리단길의 임대료는 매우 저렴했고, 이것이 경리단길의 초기 상권 활성화에 결정적인 역할을 했다. 이후 경리단길에 입점한 레스토랑, 카페, 부띠끄, 갤러리들이 번창하면서 경리단길은 새로운 고급문화 클러스터(cluster)로 발돋움하게 된 것이다. 그러나 경리단길의 번영은 오래가지 못했다. 2010년대 중후반 이후 경리단길은 임대료의 폭발적인 상승, 특색있는 상가의 감소와 대기업 프랜차이즈의 대체로 사람들의 발길이 줄어들기에 이르렀다.

젠트리피케이션은 긍정적 측면과 부정적 측면 모두 가진다. 젠트리피케이션은 도심과 인근지역의 활성화를 가져와 새로운 중산층의 유입(주택 젠트리피케이션의 경우)과 유동인구 및 방문자 증가(상업 젠트리피케이션의 경우)를 초래하고, 지방정부의 세입 증대에도 기여한 긍정적 측면이 있다. 그러나 젠트리피케이션은 부동산 가치의 상승과 함께 임대료 상승을 불러 원주민의 주거 이동(주택 젠트리피케이션의 경우)과 상권의 쇠퇴(상업 젠트리피케이션의 경우)를 다시 불러오는 부정적 측면도 있다. 그리고 상업 젠트리피케이션의 경우 소규모 점포가 점차 인근지역으로 이전하면서 상권도 같이 이동하고, 높은 임대료를 감당할 수 있는 임차인이 줄어들고 공실률이 늘어나는 악순환이 반복되기도 한다. 따라서 젠트리피케이션의 긍정적 파급효과를 극대화하고 부정적 파급효과를 극소화할 수 있는 대책을 지방정부 차원에서 마련해야 한다. 그리고 그 대책은 도시의 공간영역별로 차별화되어야 한다.

II. 도시공간의 미래

1. 디지털 전환과 도시공간의 미래

제4차 산업혁명은 디지털 기술을 사회 전반에 적용하여 전통적인 사회구조를 혁신시키고 있다. 디지털 전환(digital transformation)은 사물 인터넷(IoT), 클라우드 컴퓨팅, 인공지능(AI), 빅데이터 솔루션 등의 정보통신 기술(ICT)을 이용하여 플랫폼을 구축하고 활용함으로써 전통적인 시스템 운영 방식과 서비스를 혁신하는 것을 말한다. 결국 성공적인 디지털 전환을 통해 제4차 산업혁명이 실현되고, 사회 전체로 파급효과가 확산된다고 볼 수 있다.

미국은 구글, 애플, 아마존 등의 빅테크 기업들이 민간 주도로 디지털 전환을 주도하고 있다. 이들 기업은 세계 최고의 인공지능, 빅데이터 기술로 제조, 유통, 금융 등 모든 산업의 혁신을 주도하고 있다. 우리나라도 사정은 마찬가지다. 네이버, 카카오, 쿠팡 등 토종 기업들이 앞장서면서 사회 전반에 걸쳐 디지털 전환이 빠르게 확산되고 있다.

디지털 전환은 온라인과 오프라인의 경계를 허무는 연결을 통해 공간과 시간의 제약을 극복하는 데 기여하고 있다. 구글, 아마존, 네이버, 카카오와 같은 플랫폼 기업들은 지금까지 사람들이 직접 대면접촉(face-to-face contact)을 통해 받았던 많은 서비스를 디지털 공간에서 받을 수 있도록 선도적인 역할을 했다. 어디 그뿐인가. 과거에는 은행이나 증권회사에 직접 가서 처리했던 금융업무는 물론이고, 동사무소나 구청, 세무서에 직접 가서 처리했던 민원업무도 인터넷으로 간단하게 처리할 수 있게 되었다. 그래서 실제 공간과 온라인 공간의 영향력은 우열을 가릴 수 없을 정도가 되었다.

디지털 전환은 노동의 형태에도 변화를 가져와 재택근무와 유연근무제의 확산을 초래했고, 전자상거래의 확산으로 전통적인 상업 공간(재래시장, 골목상권 등)의 쇠퇴와 택배 물류의 증가를 가져왔다. 그리고 디지털 전환은 공유경제와 구독경제(subscription economy)의 활성화에 촉매제 역할도 하고 있다. 특히 디지털 전환이 가장 큰 영향을 미치는 것은 교통수요(이동의 수요)이다. 온라인 플랫폼의 활용은 업무통행과 같은 필수통행의 감소를 초래했고, 여가통행과 같은 비필수 통행의 비중을 증가시키는 결과를 초래했다. 여기에다 디지털 전환은 온라인 커뮤니티의 활성화를 통해 조직문화의 변화에도 영향을 미치고 있다.

디지털 전환은 도시에서 공간 수요의 변화를 추동(推動)하고 있다. 전자상거래의 활성화로 인한 상업 공간의 수요감소와 물류창고와 배송센터에 대한 수요증가는 오래전부터 나타났다. 업무공간의 입지 수요도 변화하고 있다. 금융·보험과 같이 갈수록 대면접촉이 줄어드는 업종은 값비싼 비용을 부담하면서까지 도심(CBD)에 넓은 공간을 차지하고 있을 필요가 없어졌다. 디지털 전환이 가져온 재택근무와 유연근무제의 확산은 주택의 기능을 주거와 업무가 혼합된 공간으로 바꾸고 있고, 근린생활권 계획의 중요성이 커지고 있다. 그만큼 시민들은 많은 시간을 근린생활권에서 보내야 하기 때문이다.

따라서 디지털 전환이 가져올 것으로 전망되는 가장 큰 공간적 변화는 도심과 근린생활권의 기능변화이다. 도심은 핵심 의사결정(중추관리) 기능 위주로 재편되고, 근린생활권은 새로운 생활의 중심지가 될 것으로 전망된다. 결국 도심에서 줄어들 것으로 보이는 업무와 상업 기능의 일부는 근린생활권으로 옮겨올 것으로 판단된다(윤서연, 2022: 24).

디지털 전환이 가져올 부작용도 만만치 않다. 고령자와 취약계층은 디지털 전환의 혜택에서 소외될 소지가 크다. 따라서 근린생활권 단위에서 이들을 위한 지원시설이나 인프라뿐만 아니라 대체 서비스 제공의 필요성이 제기되고 있다. 앞으로도 디지털 전환의 공간적 파급효과는 지속적으로 나타날 것이다. 디지털 전환에 발 빠르게 대응할 수 있는 도시공간계획이 필요한 이유도 여기에 있다.

2. 초고령사회, 도시공간의 미래

이제 우리나라는 초고령사회에 진입하였다. 특히 1955~1963년에 태어난 1차 베이비붐 세대가 2020년부터 65세 이상 고령인구에 포함되기 시작했다. 그리고 향후 20년간 매년 70~90만 명의 인구가 고령층으로 진입할 전망이다(고영호, 2022: 35).

고령자는 신체적 노화 과정을 거치면서 다양한 공간수요가 발생한다. 주거 공간 주변에서 활기찬 노후를 보낼 수 있도록 각종 복지서비스와 의료서비스를 받을 수 있어야 하고, 여가생활과 건강을 도모할 수 있는 근린공원과 체육시설도 도보 생활권 내에 있어야 한다. 따라서 근린주구(neighborhood) 단위에서 고령자 친화적 생활권계획이 무엇보다 중요하다.

한편 주거 공간(주택)은 고령자의 연령과 건강 상태에 따라 맞춤형 선택이 가능하도록 다양한 대안(예: 서비스 제공형 고령자 주택, 은퇴자 돌봄 공동체 마을)이 마련되어야 한다. 고령자 주택은 고령자를 위한 서비스와 연계되어야 주거 서비스로서 의미가 있다. 따라서 공공이 앞장서서 고령자를 위한 서비스를 제공할 수 있는 공공임대주택의 공급을 선도해야 한다. 특히 경제적으로 취약한 고령인구를 대상으로 공공임대주택의 공급을 우선 추진할 필요가 있다.

3. 1인 가구 증가와 도시공간의 미래

2021년 우리나라의 1인 가구는 720만 가구로 역사상 최초로 700만 가구를 돌파했다. 이는 우리나라 전체 가구 중에서 33.4%의 비중(가장 큰 비중)을 차지하는 것으로, 5년 전인 2016년(27.9%) 대비 5.5% 증가한 수치이다. 이러한 1인 가구의 증가추세는 앞으로도 계속될 것으로 보인다. 통계청 장래 추계자료에 의하면 1인 가구는 2030년 830만 가구(35.6%)에 이를 것으로 전망된다.

1인 가구가 증가하는 이유는 다양하다. 학업이나 직장을 위해 부득이하게 가족과 떨어져 사는 경우부터 가족과의 사별이나 이혼, 심지어는 가족과의 불화로 혼자 사는 경우까지 다양하다. 그래서 1인 가구는 여러 가지 문제를 내포할 소지가 크고, 현실적으로도 여러 가지 사회적 문제를 야기하고 있다. 종종 언론에 보도되는 고독사는 이제 흔한 일이 되었고, 혼자 생활함으로 인해 범죄의 표적이 되기도 한다. 그리고 사회적 고립으로 인한 우울감과 여러 가지 중독 현상(예: 술, 인터넷, 게임)으로 인해 정상적인 사회생활이 어려워지고, 경제적 빈곤까지 겪는 경우가 허다하다.

1인 가구의 문제는 도시의 병리 현상과 쇠퇴를 심화시키는 촉매제가 될 수 있다. 1인 가구에 대한 도시 차원의 대응이 필요한 이유다. 1인 가구에게 가장 필요한 사회적 인프라는 값싸고 편리하면서 공동체의 혜택과 서비스를 누릴 수 있는 주거 공간이다. 현재 경제적 빈곤을 겪고 있는 1인 가구는 원룸, 고시촌, 쪽방촌에 거주하면서 각자도생(各自圖生)할 수밖에 없다. 따라서 공동체의 혜택과 서비스를 누릴 수 있는 주거 공간을 제공하는 것이 중요하다. 이를 위해 1인 가구가 주거지에서 사회적 교류가 가능한 공간을 충분히 마련해 주어야 한다. 주거 공간이 아파트나 오피스텔이면 공유와 교류 공간이 확대되어야 하고, 주거 공간이 단독주택, 연립주택, 원룸, 고시촌, 쪽방촌이면 근린주구(neighborhood) 단위의 계획에서 커뮤니티 공간의 확충이 필요하다. 그리고 다양한 유형의 공유주택도 공급되어야 한다. 여기에다 1인 가구의 경우 주택에 대한 사회적 인식이 '소유'에서 '거주'로 빠르게 전환하고 있는 점을 고려하여 임대 주택 공급을 확대해야 한다.

1인 가구는 정신적으로나 신체적으로 그리고 경제적으로 어려움이 많을 수 있는 만큼, 충분한 환경적 쾌적성(amenity)을 갖춘 근린공원의 확충이 매우 중요하다. 따라서 이들이 짧은 시간 내에 도보로 접근할 수 있는 장소에 근린공원을 확충해서 건강 도시의 기반을 다져야 한다. 과거에는 하나의 초등학교를 지탱할 수 있는 공간 규모를 근린주구의 기본단위로 보았지만, 1인 가구가 많은 지역은 근린공원을 중심으로 근린주구계획을 수립할 필요가 있다.

III. 도시계획 사상의 시대적 변천

기원전 5세기경 그리스 아테네의 도시계획을 담당했던 도시계획의 선구자 히포다무스(Hippodamus)와 도시의 이상적인 모습을 제시했던 철학자 플라톤(Plato) 이래 도시계획의 범위와 초점은 시대가 처했던 정치 및 사회 배경을 바탕으로 변해 왔다. 그러나 산업혁명 이전의 도시계획은 시대에 따라 약간의 차이가 있긴 하였지만, 대체로 절대왕정의 권위를 물리적 형태로 표현하는 것에 불과하였다. 실제로 현대의 도시계획과 같은 맥락에서 이해될 수 있는 도시계획의 역사는 시민사회의 형성이 시작되고 근대적 도시산업이 시작된 산업혁명 이후라고 볼 수 있다. 따라서 아래에서는 산업혁명 이후 도시계획 사상의 변천과정을 당시의 시대상과 결부시켜 살펴보고자 한다(권태준, 1982: 42-49).

1. 공중위생 개선운동

서구사회에서 근대적 의미의 도시계획에 대한 본격적인 입법은 영국에서 1909년 제정된 「주택 및 도시계획 등에 관한 법」이 시초라고 할 수 있다. 이 법은 19세기 영국의 산업혁명 이후 도시로 대량 이주해 들어오기 시작한 노동자 계층의 비위생적인 주거상태를 개선하기 위한 노력의 일환으로 제정되었다. 이 법은 주로 도시의 위생 상태의 개선을 도시계획의 1차적 과제로 하였으며, 이러한 불량 주거상태가 도시 전체의 과밀과 환경오염으로 인한 것이라는 사회적 인식으로 말미암아 도시계획의 범위가 제한되어 있었다. 이러한 역사적 맥락에 비추어 볼 때, 서구에 있어서 근대적 도시계획은 기본적으로 도시빈민층의 불량 주거지역의 주거환경개선을 위한 대책으로 출발하였다고 할 수 있다.

사실 유럽대륙에서의 도시확장의 계획적 관리는 영국보다 다소 앞서 시도되었다. 이탈리아에서는 「도시확장법」(Town Extension Act)이 이미 1865년에 제정되었고, 비슷한 유형의 조치들이 스웨덴에서는 1873년에, 그리고 오스트리아와 헝가리에서는 1875년에 제정되었다. 이들 유럽대륙 국가들에서는 기존도시의 주변에 국가가 소유하는 토지들이 영국의 경우보다 더 많았기 때문에 산업혁명으로 인해 새로이 도시로 유입되는 인구로 인한 도시의 무질서하고 불량한 변두리 확장에 대한 공공적 규제가 더 용이했다고 볼 수 있다. 그러나 이들 유럽대륙 국가들의 경우에서도 영국에서와 마찬가지로 도시의 저소득층 인구의 급증에 따른 주거환경의 불량화와 도시 변두리의 무질서한 정착을 규제하는데 도시계획의 초점을 두었다. 이러한 역사적 맥락에서 볼 때, 유럽에 있어서 근대적 도시계획의 발단은 도시 내 저소득층 주거지역을 대상으로 한 주택, 상하수도, 도로 등의 물리적 시설의 개량과 정비를 위한 것이었다고 할 수 있다.

도시 저소득 노동자 계층의 건강과 위생 상태에 대한 관심은 사실상 19세기 초부터 유럽의 여러 나라에서 나타나기 시작하였다. 예컨대 영국의 「구빈법」(救貧法, 1834년)이나 「공중위생법」(1848년) 등의 보건 및 위생 관련 입법조치들은 상하수도, 도로포장 등에 관한 규정들을 포함함으로써 근대적 도시계획 입법의 선도적 역할을 하였다. 한편 19세기 중반 프랑스 파리의 시장이었던 오스망(Haussmann)은 파리 개조계획을 실행에 옮기면서 하수도, 도로 등의 전근대적인 도시기반시설에 대개조를 가하였다.

도시 저소득 노동자 계층의 위생 상태에 대한 사회적 관심의 고조와 함께, 이상주의적 정치사상의 풍미와 몇몇 인도주의적 기업가와 귀족들에 의한 새로운 도시 서민주택단지의 개발 노력이 영국을 비롯한 유럽 전역에 퍼지게 되었다. 이를 계기로 도시계획은 서서히 공공보건 대책과 그 입법사항의 영역을 탈피하는 전기를 맞이하게 되었다. 1846년에 아일랜드의 메쓰부룩에 리차드슨사가 그들의 노동자들을 위해서 짓기 시작한 사택촌, 영국의 알버트 황태자가 1851년의 세계박람회를 위해서 하이드파크에 짓기 시작한 시범주택군(群), 프랑스에서는 1849년에 루이 나폴레옹(나폴레옹 3세: 1808~1873)이 나폴레옹시에 500명의 인구를 위한 주택단지를 조성케 한 사실, 독일에서는 당시의 기업가 가문(Krupp family)이 그들의 종업원을 위해서 1865년에서 1875년경까지 에쎈(Essen) 지방에 주택단지를 건설한 것 등이 대표적 사례들이다. 이러한 집단적인 서민주택단지의 개발과 더불어 도시계획은 드디어 하나의 특수한 기술 영역으로 인식되기 시작하였고, 영국의 1909년의 「주택 및 도시계획 등에 관한 법」과 같은 특별법이 제정되기에 이르렀다.

2. 도시미화운동

유럽의 여러 나라에서 산업혁명으로 인해 도시로 밀려드는 노동자 계층의 위생문제와 그에 따른 주거환경개선의 노력이 어느 정도 성과를 거두기 시작하면서 사회 일각에서는 다시 도시미화에 대한 관심이 일어나기 시작하였다. 영국에서는 햄스테드(Hampstead) 전원교외단지의 설계자인 레이몬드 언윈(Raymond Unwin) 등이 19세기 말경부터 도시미관의 정비를 주장하였고, 미국에서는 1893년 시카고 세계박람회를 계기로 프레데릭 로 옴스테드(Frederick Law Olmstead), 다니엘 번햄(Daniel H. Burnham), 존 루트(John Root) 등이 중심이 되어 도시의 조경, 레크리에이션 시설, 건축물의 조형미 등에 새로운 관심을 불러일으키기 시작했다.

19세기 말에서부터 20세기 초에 이르는 동안 서구의 여러 나라에서 시작된 이와 같은 도시미관과 조형미에 대한 관심을 도시미화운동(City Beautiful Movement)이라 한다. 도시미화운동은 근대 도시계획사에 있어 하나의 중요한 전기로 간주된다. 도시미화운동을 통해서 도시의 전체적인 물리적 환경에 대한 관심이 더욱 고조되었으며, 따라서 종래 공중위생과 주택정책적인 배려에서 시작된 도시계획 사상이 확장되는 계기를 마련하였다. 도시미화운동을 통하여 도시공간 전체에 대한 종합적 계획(comprehensive planning)의 사회적 수용 태세가 서서히 갖추어지기 시작하였다.

그러나 이 무렵의 도시계획의 종합성(comprehensiveness)에는 한계가 있었다. 이 경우의 종합성은 지역적으로 한 도시 전체를 대상으로 한다는 의미를 내포하고 있었으나, 계획의 내용에 있어서는 공공적·물리적 시설계획에 한정된 것이었다. 당시에도 패트릭 게데스(Patrick Geddes)와 같이 도시의 생태계와 그 사회경제적 여건에 주의를 기울여야 한다는 주장을 하는 사람들도 있었다. 그러나 이러한 주장이 제도화되기에는 초기 자본주의적 민간경제 활동과 부동산의 사적(私的) 소유권에 대한 제도적 제한 장치가 미처 형성되어 있지 못했기 때문에 도시계획의 대상은 공공투자로 개발될 수 있는 시설물에 한정될 수밖에 없었다. 20세기 초의 이상과 같은 공공시설에 한정된 도시미화운동이 오늘날 도시계획의 제도적 범위를 설정함에 있어서도 기본적으로 물리적 계획이 도시계획의 근간을 형성하여야 할 것이라는 인식의 기초를 이루게 하였다. 이러한 의미에서 19세기 말에서 20세기 초에 걸쳐 일어난 도시미화운동은 오늘날 도시계획의 대상과 범위를 논의함에 있어 중요한 역사적 맥락(context)이 되었다고 할 수 있다.

1909년에 미국에서 뉴욕시의 급격한 인구증가에 대한 대책을 논의하기 위해 전미국(全美國) 도시계획총회(National Conference on City Planning)가 소집되었는데, 여기서 급격한 인구증가로 인한 도시과밀 문제에 대한 적절한 해결책을 강구하기 위해서는 "……도시의 경제적, 산업적 현상도 조사해야 되고, 주거상태와 토지소유 및 토지이용규제도 조사해야 한다"는 주장들도 있었다. 그러나 이러한 주장은 당시로서는 소수의견에 불과하였으며, 도시계획가 집단의 다수는 역시 건축가와 조경설계가로 구성되어 있었다. 그 후 1930년대에 이르기까지 서구사회에서 자동차 보급의 급속한 확대로 인해 현대적인 도로 건설의 필요성이 부각되면서 도시계획가 집단 가운데 토목공학도들이 상당수 포함되기 시작하였다. 그래서 후세의 역사가(歷史家)들이 1920년대의 도시계획의 특징을 전시대(前時代)의 도시미화운동에 비견해서 도시능률화운동(City Efficient Movement)의 시대라고 한다. 그러나 이 양시대(兩時代)를 관통하는 일반적인 경향으로는 역시 공공시설의 위치, 규모, 설계, 시공을 주 업무로 하는 것이 도시계획의 본령(本領)이라고 하는 생각에는 변함이 없었다.

3. 사회경제적 변수

오늘날 도시계획의 대상과 범위를 논의할 때 도시미화운동만큼이나 중요한 영향을 미친 역사적 사건들은 1930년대에 또 있었다. 1930년대의 서구에서 도시계획 대상범위의 변화를 요구하는 주장은 유럽보다 미국에서 더 활발히 제기되었다. 우선 무엇보다도 1920년대 말의 미국은 대공황으로 말미암아 지방계획(local planning)에서도 사회경제적 요소들에 대한 공공의 개입을 요구하는 주장이 상당한 설득력을 가지게 되었다. 이와 때를 같이 하여 케인스 경제학의 영향으로 많은 도시들이 자본예산제도(capital budgeting system)의 수립을 시도함으로써 도시계획의 기법이 단순한 공공 토목사업의 설계와 시공기술 이상의 경제학적이고 행정학적인 분석을 포함하여야 한다는 인식이 널리 퍼지게 되었다. 도시계획 분야에서 경제학적이고 행정학적인 지식의 유용성이 인식되기 시작했으며, 1934년에는 미국계획직공무원협회(American Society of Planning Officials)가 구성되어 미국 도시계획의 범위확장에 중요한 계기를 마련하였다.

이러한 사회적 분위기와 함께 종래 도시 내의 기본적인 공공토목사업의 설계와 시공만을 위주로 하던 도시계획 접근방법에 대해 도시의 인구팽창과 산업성장에 대해서는 계획적 통제나 유도가 없다는 사회적인 비판도 일기 시작하였다. 특히 제1차 세계대전의 종료와 제2차 세계대전의 시작 사이에 계속적으로 성장하는 공업의 입지문제와 그에 따른 대도시 주변의 인구팽창에 직면한 영국에서는 한 도시의 행정구역 경계를 넘어선 지역경제권을 대상으로 하는 종합계획의 필요성이 대두되기 시작하였다. 미국에서도 이 무렵 뉴욕과 같은 대도시의 사회적, 경제적 영향력의 외연확산이 급속도로 진행되고 있었다. 이미 1929년에 '뉴욕과 그 주변지역의 지역계획(Regional Plan of New York and Its Environments)'이 발표되었다. 이 당시의 뉴욕 지역계획은 종래의 도시계획과는 달리 계획수립을 위한 사회조사분석 방법이 주로 사회과학적인 것이었다. 여기에다 근린생활권(neighborhood) 개념의 도입, 도시경제정책, 공공재정계획, 행정서비스의 수급계획 등을 포함함으로써 과거의 도시계획의 범위에 비추어 보면 놀랄 만한 변화를 시도하였다.

1929년 뉴욕 지역계획의 발표와 더불어 토마스 아담스(Thomas Adams)와 루이스 멈포드(Lewis Mumford) 간에 벌어졌던 도시계획의 대상과 범위에 관한 논쟁이 당시 도시계획의 영역과 대상에 관한 사회적 인식의 변화를 잘 반영하고 있다. 이들의 논쟁을 요약하면 두 가지로 구분된다. 그중에 하나는 도시계획이란 근본적으로 도시의 물리적 시설의 규모, 위치, 조형미 등에 관한 계획을 세우는 것이고, 물리적 시설의 기능과 용도 등에 영향을 미치는 사회경제적 변수는 2차적인 고려의 대상이 될 뿐이라는 주장이다. 다른 하나는 도시계획은 사회경제적 변수의 조작과 관리를 통해서 도시의 발전과 변천을 기하는 것이고, 물리적 시설에 대한 계획은 도시의 사회경제적 문제를 해결하기 위한 수단에 지나지 않는다는 주장이다.

그러나 1930년대의 이상과 같은 여러 가지 중요한 변화의 징후들은 거의 대부분 제도적으로 구현되고 정착되지 못했다. 도시계획 대상의 다양화와 도시계획 대상 범위의 확장에 대한 사회적 요청에 힘입어 건축가, 조경기술자, 토목기술자 이외에 경제학, 행정학, 사회학 등의 사회과학적 교육 배경을 가진 사람들도 도시계획 전문가로 진출하기 시작하였지만, 제도화되고 공인된 도시계획의 대상과 범위는 여전히 변하지 못하고 있었다.

이같은 제도적 변화의 지연을 혹자는 제2차 세계대전 때문이라고 하기도 하고, 혹자는 과거의 도시계획 분야에 있어 주역을 담당했던 건축가, 토목기술자 등의 물리적 계획가(physical planner)들의 기득권 고수 때문이라고도 한다. 아무튼, 제2차 세계대전 이후 영국에서의 새로운 입법 경향을 보더라도 인구분산문제, 토지문제, 산업입지문제, 주택문제 등이 모두 상호 관련된 것이라는 사실을 인정하면서도 그 모든 것이 하나의 제도적 장치로서 취급되거나 하나의 계획 논리로서 다루어져야 한다는 태도를 취하지는 못하였다.

4. 토지이용과 생태학적 배려

이상에서 살펴본 바와 같이 도시계획의 대상과 범위가 도시의 사회경제적 계획을 포함하여야 한다는 요구에도 불구하고 1950년대까지 도시계획의 대상과 범위는 역시 인공환경(built-environment)에 초점을 두고 있었다. 제2차 세계대전이 끝난 후 1950~1960년대에 도시계획의 대상과 범위에 추가적인 변화가 있었다면 토지이용계획에 대한 관심이라고 할 수 있다. 산업과 주거 등의 지리적 입지와 도시 전체의 토지이용의 효율성 등과의 관계가 도시계획의 주요한 대상이 된 것이다. 이러한 경향에 따라서 도시조사와 분석기법에 있어서 경제지리학적, 지역경제학적 방법론이 널리 활용되기 시작하였다. 1970년대에 이르러서는 자연환경과 인공환경 간의 상호 작용에 대한 관심이 도시계획과정에서 나타나기 시작했다. 그리고 도시계획에서도 농촌계획에서와 같이 생태학적 접근방법이 강조되었다.

도시계획을 물리적 계획으로 한정시켜야 할 것인지에 대해서는 지금까지 많은 논란이 있었다. 그럼에도 불구하고 지금까지 대체로 수렴된 견해에 따르면 물리적, 경제적, 사회적 요소의 상호 불가분성을 감안하여 도시계획은 물리적 측면에 국한하지 않고 종합적 성격을 갖는 것이 바람직하다고 평가되고 있다. 20세기 후반 이후 여러 나라에서 종래의 도시계획의 단편성, 소극성, 허구성을 극복하고 계획의 존재가치를 새로이 부여하기 위한 노력이 활발하게 진행되고 있다. 이와 같은 변화과정에서 뚜렷하게 부각되는 도시계획의 새로운 방향은 첫째, 적응적 도시계획에서 미래 유도적 계획, 둘째, 청사진 제시적 계획에서 집행과 직결되는 계획, 셋째, 물리적 측면에 덧붙여 사회경제적 측면을 포괄하는 종합적 계획, 넷째, 정태적 계획보다는 과정적 계획으로의 변화로 요약될 수 있다(최병선, 1983: 124).

5. 뉴어바니즘과 스마트 성장

뉴어바니즘(new urbanism)이란 도시 토지이용의 지나친 기능분리와 도시의 외연적 확산(urban sprawl)이 교통문제와 환경문제를 악화시킬 뿐만 아니라 시민들의 삶의 질도 악화시킨다는 인식에 기초를 두고, 이를 개선하기 위한 노력의 일환으로 대두된 개념이다. 뉴어바니즘은 1980년대 후반부터 미국에서 도심의 황폐화, 도시의 무질서한 공간확산 및 주거지의 교외화 그리고 이로 인한 통행거리의 증가와 낭비적 교통수요의 발생, 아울러 도시 내 대기오염의 증가와 생태계 파괴 등의 문제를 종합적으로 개선하기 위하여 도시계획가 및 건축가들의 뜻이 모여 시작된 새로운 도시계획 사조(思潮)이다.

뉴어바니즘은 1990년대부터 다양하고 구체적인 도시계획기법을 통해 현실에 접목되기 시작했는데, 스마트 성장(smart growth), 압축도시(compact city), 혼합적 토지이용

(mixed land use), 대중교통 지향형 개발(Transit Oriented Development, TOD), 도시마을(urban villages) 등의 개념으로 현실에 적용되었다.

스마트 성장은 도시의 외연적 확산과 주거지의 교외화가 가져온 부작용을 치유하기 위해 시도되었는데, 신개발지의 개발보다는 기개발지 내에서 주택, 상업, 업무 기능의 개발을 강조함으로써 신개발로 인해 발생하는 사회적 비용을 줄여보자는 것이 기본취지이다. 스마트 성장은 혼합적 토지이용을 통한 직주근접의 실현, 압축도시의 조성을 통한 에너지 절약적 도시의 형성, 장소성이 살아있는 개성 있고 매력적인 지역사회(community) 육성, 다양한 교통수단 선택 기회 제공 등의 내용을 포함한다.

압축도시는 도시의 무질서한 외연적 확산 대신에 기개발지나 신개발지를 개발할 때 고밀도로 개발함으로써 자연환경의 무분별한 훼손을 막고 직주근접을 유도하여 시민들의 통행 거리 감소와 에너지 절약을 도모하기 위한 목적을 가진다. 그러나 무분별한 압축도시의 개발은 녹지공간의 확보를 저해하는 요소로 작용할 수 있어 개발밀도의 선택과 녹지공간의 확보 사이에 적절한 조화가 필요하다고 볼 수 있다.

혼합적 토지이용은 도시 내에서 토지이용의 지나친 기능 분리는 시민들의 원거리 통행을 발생시키고, 교통비용의 증가와 에너지의 낭비를 초래할 것이라는 인식 아래 토지이용의 무분별한 분리 입지보다는 토지이용의 적절한 혼합이 바람직하다는 취지에서 나타나기 시작하였다.

대중교통 지향형 개발(TOD)은 도시철도(지하철) 역세권이나 버스정류장 주변지역 등 대중교통 이용이 편리한 곳에 고밀도 도시개발을 유도하여 시민들의 승용차 의존도를 줄이고 대중교통 이용을 활성화하는 목적을 가진다. 따라서 대중교통 지향형 개발(TOD)도 궁극적으로 도로교통 혼잡을 완화하고 에너지 소비를 줄이는 결과를 초래한다고 볼 수 있다.

도시마을은 1980년대 후반부터 영국에서 시작된 개념으로 혼합적 토지이용, 도보권 내 공공시설 및 초등학교 배치, 보행자 우선의 교통체계 구축, 적정 개발규모 등의 개념을 도입하였다. 아울러 교외지역의 신개발보다는 기존 시가지의 재생에 주안점을 두고 있다(박종화 · 윤대식 · 이종열, 2018: 269).

Ⅳ. 미래도시계획 방향

1. 탄소중립 시대의 도시계획 방향

탄소중립은 인류가 봉착한 가장 큰 시대적 과제이다. 2015년 세계 정상들은 유엔 파리협약을 통해 지구 온도의 상승 폭을 1.5°C로 유지하는 데 합의했다. 합의서는 1.5°C를 유지하기 어려운 상황이라도 최소 2°C까지 제한하는 것을 목표로 하고 있다. 그러나 전 세계의 기후 위기 대응 노력에도 불구하고 이러한 목표는 지켜지지 못하고 있다. 실제로 기온 상승을 1.5°C로 유지하기 위해서는 10년 안에 전 세계 탄소 배출량의 절반을 줄여야 한다(이은엽, 2023: 3).

선진국들은 우리나라보다 먼저 탄소중립을 선언하였고, 우리나라도 2020년대 들어 탄소중립을 중요한 국가적 과제로 제시하였다. 탄소의 배출은 다양한 부문에서 이루어지지만, 기본적으로 인간의 활동 그 자체가 탄소의 배출을 수반한다고 볼 수 있다. 우리나라의 경우 교통(수송)부문 탄소의 배출은 코로나 사태가 발생하기 직전에 전체의 14% 정도를 차지하는 것으로 나타났고, 이 가운데 도로 부문에서 발생하는 탄소배출이 95%를 훨씬 상회하는 것으로 나타났다. 따라서 도로 부문에서 발생하는 탄소배출을 줄이는 것이 중요한 과제임을 알 수 있다.

인간의 활동에 필요한 필수통행의 통행거리와 통행시간을 근본적으로 줄이기 위해 직주(職住)근접, 압축도시(compact city) 개발, 대중교통 지향형 개발(TOD)의 구체적 방안을 개별 도시들마다 모색해야 한다. 프랑스 파리가 추진하는 '15분 도시'도 이러한 관점에서 주목할 필요가 있다.

탄소중립은 이제 피할 수 없는 과제가 되었다. 따라서 개별 지방자치단체가 수립하는 각종 공간계획(예: 도시계획, 교통계획)에서도 탄소중립을 실현하기 위한 구체적인 전략을 포함해야 한다. 결국 탄소배출 저감과 흡수량 증진을 위한 기술과 정책들이 도시공간이라는 플랫폼에 구현되어야 탄소중립을 실현해 나갈 수 있다(이은엽, 2023: 3). 아울러 개별 지방자치단체가 수립하는 중장기 공간계획의 성과척도 역시 탄소중립도시의 실현을 목표로 하여 개발되고 활용되어야 한다. 지금이야말로 탄소중립도시 실현을 위해 도시계획 패러다임이 변해야 할 시점이다.

2. 디지털 전환 가속화와 도시계획 방향

4차 산업혁명이 가져온 디지털 전환은 제조와 생산, 서비스 영역이 분리되어 수직적·종속적으로 움직였던 근대 이후의 산업구조를 바꾸기 시작했다. 디지털 전환의 중심에 있는 기술 기반 기업들은 생산방식과 제품의 변화뿐만 아니라, 가치사슬 단계의 변화를 불러일으키고 있다(윤서연, 2022: 21).

디지털 전환은 온라인과 오프라인의 경계를 허물면서 공간과 시간의 제약을 뛰어넘어 도시공간의 변화를 추동하고 있다. 디지털 전환은 지금까지 대면접촉을 통해 받았던 많은 서비스를 디지털 공간에서 받을 수 있도록 했고, 앞으로 이러한 경향은 더욱 가속화될 것이다. 예컨대 교육매체로서 메타버스(meta-verse)의 활용이 확대될 가능성이 크고, 원격의료(진료) 서비스의 도입과 확대도 전망되고 있다. 여기에다 공연과 영화 등 문화예술 분야에서도 디지털 전환이 가속화될 것으로 보인다.

디지털 전환은 도시에서 공간 수요의 변화를 주도하고 있다. 전자상거래의 활성화로 인한 상업 공간의 수요는 지속적으로 감소할 것이다. 그리고 업무공간에 대한 수요(규모, 입지)도 다양하게 변할 것이다. 디지털 전환이 가져온 재택근무와 유연근무제의 확산은 주택의 기능을 바꾸고 있고, 근린주구 단위의 생활권계획에서 포함해야 할 시설과 인프라의 유형과 규모를 바꿀 것이다. 앞으로도 디지털 전환은 더욱 빠른 속도로 확대될 것이고, 공간적 파급효과도 더욱 확대될 것이다. 디지털 전환에 발 빠르게 대응할 수 있는 도시계획이 필요한 이유도 바로 이것 때문이다.

도시계획에서 디지털 전환의 가속화와 함께 중요하게 고려되어야 할 부분은 주거지 주변 근린 생활권계획에서 다양한 구성요소가 포함되어야 한다는 점이다. 과거에는 시민들이 도심에 있는 직장에 출퇴근하면서 쇼핑과 여가 및 친교를 위해 도심에서 시간을 보냈지만, 재택근무와 유연근무제의 확대로 주거지 주변에서 많은 시간을 보낼 가능성이 크고, 인간관계도 직장이 아닌 커뮤니티 중심으로 변할 가능성이 크다. 그렇게 되면 주거지 주변 소생활권의 상권(골목상권)이 살아날 가능성도 있다. 최근 동네마다 크고 작은 카페들이 성업하는 것을 보면 도심의 중심상업지구(CBD)의 쇠퇴와 함께 시사하는 바가 크다. 여기에다 최근에는 소확행(小確幸)을 추구하는 국민들이 늘어나면서 소생활권과 골목상권이 '생활의 질'에 많은 영향을 미치고, 부동산 가치에도 영향을 미치고 있다. 따라서 소생활권과 같은 작은 공간단위 도시계획의 수준을 높일 수 있는 방안(예: 심의·자문 및 주민참여 강화)을 마련해야 한다.

3. 인구구조 변화, 도시계획은 무얼 준비해야 하나

인구구조의 측면에서 보면 우리나라는 초고령사회가 가속화되고 있고, 가구 구성의 측면에서 보면 1인 가구의 지속적인 증가가 전망된다. 고령자와 1인 가구에게 가장 필요한 사회적 인프라는 값싸고 편리하면서 공동체의 혜택과 서비스를 누릴 수 있는 주거 공간이다. 이를 위해 고령자와 1인 가구가 주거지에서 사회적 교류가 가능한 공간을 충분히 마련해 주어야 한다. 그리고 고령자와 1인 가구는 정신적으로나 신체적으로 그리고 경제적으로 어려움이 많을 수 있는 만큼, 충분한 환경적 쾌적성(amenity)을 갖춘 근린공원의 확충이 매우 중요하다. 따라서 이들이 짧은 시간 내에 도보로 접근할 수 있는 장소에 근린공원을 확충해서 건강 도시의 기반을 다져야 한다. 특히 고령자와 1인 가구가 많은 지역은 근린공원을 중심으로 근린주구계획을 수립해야 할 필요가 있다.

특히 고령자는 신체적 노화 과정을 거치면서 다양한 공간수요가 발생한다. 주거 공간 주변에서 활기찬 노후를 보낼 수 있도록 각종 복지서비스와 의료서비스를 받을 수 있어야 하고, 건강 상태에 따라 다양한 유형의 주거 서비스를 받을 수 있도록 주거 공간 확보는 물론이고, 도시계획 차원의 검토도 필요하다.

아울러 향후 지속적인 인구감소가 전망되는 많은 도시들의 경우 도시공간의 지리적 확산은 최소화하고, 축소 지향적 도시계획과 함께 쇠퇴가 진행되고 있는 도시공간에 대한 계획적 관리가 필요하다. 인구가 증가했던 시기에는 주택공급을 위해 도시 외곽에 신도시를 개발했지만, 인구가 감소하게 되면 시가화 지역에도 군데군데 빈집과 공터가 생길 것이고, 빈집과 공터의 활용과 함께 도시재생에 대한 수요도 증가할 것이다. 그리고 인구가 감소하면 노후 주택과 아파트의 재건축 및 재개발 필요성은 증가해도 부동산시장의 여건이 마련되지 않아 실제로 재건축이나 재개발로 이어지기 어려울 수도 있다. 특히 노후 아파트의 경우 용적률이나 건폐율의 상향 없이는 재건축이나 재개발사업의 수익성이 확보되기 어렵다. 따라서 이에 대한 중장기 대책을 마련해야 하고, 도시계획 차원의 세부적인 대책도 필요하다. 만약 재건축이나 재개발을 위한 용적률이나 건폐율의 상향이 주기적으로 계속 이루어진다면 도시의 주거환경은 갈수록 열악해질 수밖에 없기 때문이다.

4. 도시재생, 도시계획과의 연계 강화해야

도시재생은 다양한 원인으로 인해 쇠퇴하는 도시의 물리적 환경뿐만 아니라 사회경제적 활성화도 동시에 추구하는 것을 목표로 한다. 따라서 도시재생은 커뮤니티(지역공동체) 활성화를 중요한 목표로 하며, 주민들의 생활환경 개선, 사회·문화적 기능회복, 도시경제 회복을 동시에 추구하는 통합적 접근방식의 도시정비 개념으로 볼 수 있다.

우리나라의 경우 도시쇠퇴의 문제를 해결하기 위한 수단으로 2013년 「도시재생 활성화 및 지원에 관한 특별법」(이하 도시재생 특별법)을 제정함으로써 도시재생의 법적 근거를 마련했다. 그 후 2019년 도시재생 특별법의 전면개정으로 도시재생사업이 더욱 확대되는 계기를 마련하였다. 그 결과 2014년부터 2021년까지 전국 534개 사업지구에 약 5조 6,000억 원의 국비예산이 투입되었다.

도시재생을 위한 이러한 노력의 결과 다소의 성과도 있었지만, 미흡했던 점도 여러 가지 발견된다. 우선 사업지구마다 수백억 원의 예산이 투입되었으나, 정작 지역주민들이 체감하는 효과는 기대에 미치지 못했다. 이는 사업지구의 활성화와 기능회복에 필요한 근본적인 대책이나 인프라(예: 교통망) 확충 없이 쉽게 할 수 있는 미시적인 사업 중심으로 추진하다 보니 나타난 결과이다. 결국 지금까지의 도시재생은 '숲'이 아닌 '나무'만 보고 사업을 추진한 결과 도시공간 재구조화(restructuring)의 근본적인 해결책이 되지 못한 것으로 볼 수 있다.

아울러 정부예산의 투입은 공공주도 도시재생사업의 종결로 끝나서는 안 되고, 민간의 지속적인 관심과 투자를 유인할 수 있어야 한다. 그러나 현실을 보면 공공재원 투입이 종료된 후 도시재생사업이 지속되지 않는 곳이 대부분이다. 결국 공공주도 도시재생사업이 '마중물' 사업으로서의 역할을 하지 못한 것이다.

그럼 앞으로 도시재생사업은 어떤 길을 찾아야 할까. 기본적으로 도시재생사업은 쇠퇴하는 도시의 활성화에 충분히 기여할 수 있어야 한다. 이를 위해 도시재생사업을 지방의 쇠퇴와 인구소멸 대책과 연계시킬 수 있도록 해야 한다. 아울러 도시별로 특화된 도시재생사업이 가능해야 한다. 예컨대 도시의 규모와 특성에 따라 차별화된 도시재생 목표 설정과 추진이 가능해야 한다.

뿐만 아니라, 도시재생사업이 미시적인 공간혁신에서 탈피해서 실질적으로 도시공간의 재구조화에 기여할 수 있도록 거시적인 도시공간계획(예: 도시기본계획, 도시관리계획)과의 연계성을 강화하는 것이 필요하다. 아울러 공공(公共)주도 도시재생사업의 한계를 인식하고, 민간투자를 적극적으로 유인할 수 있도록 해야 한다. 그래서 궁극적으로 도시재생사업이 공공주도의 한시적 사업이 아니라, 지속적으로 추진될 수 있도록 하는 것이 필요하다.

5. 메가시티 vs. 15분 도시

지역발전을 위한 공간적 단위로 메가시티(mega-city)가 주목을 받기 시작한 것은 최근의 일만은 아니다. 메가시티는 핵심 도시를 중심으로 기능적으로 연결된 대도시권 혹은 거대도시를 말한다. 메가시티는 1,000만 명 이상의 인구를 가진 대도시권을 지칭하며, 핵심 도시는 물론이고 이와 기능적으로 연결되어 하루(1일) 생활권이 형성된 주변 도시도 모두 포함한다.

메가시티가 가진 경쟁력 우위의 이론적 논거는 수확체증(increasing returns to scale)의 원리로부터 찾을 수 있다. 공간경제학자(spatial economist)들은 밀도가 높고 경제활동의 근접성이 있으면서 집적이 많이 이루어져 있으면 수확체증이 발생한다고 강조한다.

메가시티 지역이 가진 경쟁력 우위의 경험적 논거(사례)는 우리나라의 경우 수도권에서 찾아볼 수 있다. 서울, 인천, 경기도를 포함한 수도권은 남한 인구의 50%가 몰려 살고 있고, 경제력 집중은 더욱 심각한 수준이다. 이처럼 메가시티가 가진 경쟁력 우위의 논거가 명확한 상황에서 소멸위기에 처한 지방의 생존과 발전을 위해서 메가시티 전략은 선택이 아닌 필수이다.

메가시티를 추진할 수 있는 정책수단은 다양하지만, 그중에 핵심은 광역철도이다.

수도권(서울, 인천, 경기도)을 1일 생활권, 통근권, 경제권이 가능하도록 묶어주는 가장 확실한 인프라는 수도권 광역철도이다. 수도권 광역철도가 서울에서 아산(충청남도)까지 연결되면서 인적·물적 교류가 확대되고, 하나의 생활권, 통근권, 경제권이 만들어질 수 있었기 때문이다.

도시는 인간의 삶과 경제활동을 담는 그릇이다. 따라서 도시공간은 그 도시의 산업생산을 효율적으로 뒷받침할 수 있어야 한다. 산업생산을 위한 도시공간의 조성에서 가장 핵심적으로 고려해야 할 요소는 집적경제(agglomeration economies)의 효율성을 높이는 것이다. 집적경제는 유사한 업종이나 산업 연관관계가 높은 업종을 인접한 공간에 집적시켜 시너지 효과를 내는 것이 핵심이다. 메가시티가 갖는 경쟁력 우위도 궁극적으로 집적경제와 인접지역과의 공간적 분업체계에서 나온다고 볼 수 있다.

한편 삶의 공간으로서 도시가 경쟁력을 갖기 위해서는 시민들의 활동(activity)에 통행시간과 통행비용이 적게 드는 도시공간을 만드는 것이 무엇보다 중요하다. 2014년 파리시장에 취임한 안 이달고(Anne Hidalgo)는 파리시민들의 '15분 도시' 실현을 정책공약으로 제시하고, 자신의 공약을 실현하기 위해 주거지와 인접한 곳에 문화·체육·의료·상업시설의 배치를 추진하였고 2020년 재선에 성공하였다. 「도시에 살 권리」의 저자인 카를로스 모레노(Carlos Moreno)는 시민들의 시간 소비를 줄이기 위해 지금까지와는 다른 방식으로 살고, 소비하고, 일하는 도시를 '15분 도시'로 축약해서 제안하였다. 그리고 시민들의 '삶의 질'은 그들이 사용할 수 있는 삶의 시간과 직결되는 만큼, 이동의 시간을 줄일 수 있는 도시계획의 필요성을 강조하였다. 그만큼 효율적인 도시공간의 조성이 현실적으로도 중요한 과제임을 알 수 있다.

따라서 효율적인 도시공간을 만들기 위해 직주근접, 혼합적 토지이용(mixed land use), 압축도시(compact city) 개발, 다핵분산도시(多核分散都市) 전환, 대중교통 지향형 개발(TOD)의 구체적 방안을 모색해야 한다. 이러한 노력을 통해 시민들의 통행시간과 통행비용을 줄이고, 궁극적으로는 에너지 소비를 줄이는 도시공간구조와 교통 시스템을 구축하는 것이 도시의 경쟁력을 높이는 길이다. 아울러 자족적 생활이 가능한 근린주구(neighborhood) 단위의 생활권계획의 중요성을 다시 되새길 필요가 있다.

메가시티와 '15분 도시'는 상호대체적인 개념이 아니라, 도시의 발전을 추구하면서 시민들의 '삶의 질'도 함께 높일 수 있는 도시계획의 새로운 이정표가 되어야 한다. 그러한 측면에서 보면 '분산된 집중'(decentralized concentration) 형태의 공간구조를 지향하면서 대중교통 네트워크가 효율적으로 구축되는 것이 바람직하다. 따라서 압축도시 개발과 대중교통(도시철도 등)을 통한 연결 그리고 효율적인 환승 시스템의 구축이 미래 도시계획의 방향이 되어야 한다.

참고문헌

고영호. (2022). 노인은퇴자 공동체마을 조성 가능성과 의미, 「국토」, 493: 35-41.

권태준. (1982), 도시계획의 대상과 범위: 도시계획학의 전문영역의 설정을 위해서, 「환경논총」, 11: 40-59.

네이버 지식백과.

박종화 · 윤대식 · 이종열. (2018), 「도시행정론」, 제5판, 대영문화사.

박태원. (2020). 한국의 젠트리피케이션 현상과 도시계획적 대응 방안, 「Land & Housing Insight」, 37: 22-31.

양영란 옮김. 카를로스 모레노(Carlos Moreno) 지음. (2023). 「도시에 살 권리」, 정예씨 출판사.

윤대식. (2023). 「도시의 미래: 현상과 전망 그리고 처방」, 박영사.

윤서연. (2022). 디지털전환 시대, 시민 생활 변화에 따른 도시공간의 변화와 전망, 「국토」, 490: 20-25.

이은엽. (2023). 기후위기 시대, 근거 기반의 탄소중립과 도시, 「도시정보」, 491: 3.

최병선. (1983). 도시계획의 기능, 「국토계획」, 18(1): 121-136.

파이낸셜뉴스. 2023. 1. 8.

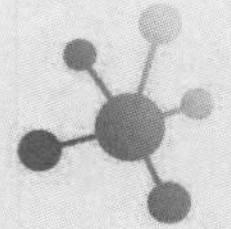

제9장
도시행정의 미래와 빅데이터

정태옥(경북대학교 교수)

생각해보기

- 빅데이터는 행정에 어떠한 영향을 미치는가? 또한, 어떠한 분야에 적용될 수 있는가?
- 일상에서 어떠한 빅데이터가 사용되며, 이를 통해 행정 효율을 극대화 할 수 있는 방법은 무엇인가?
- 데이터 활용 간에 발생할 수 있는 윤리적인 문제에는 어떠한 것이 있고, 어떻게 해결해야 하는가?

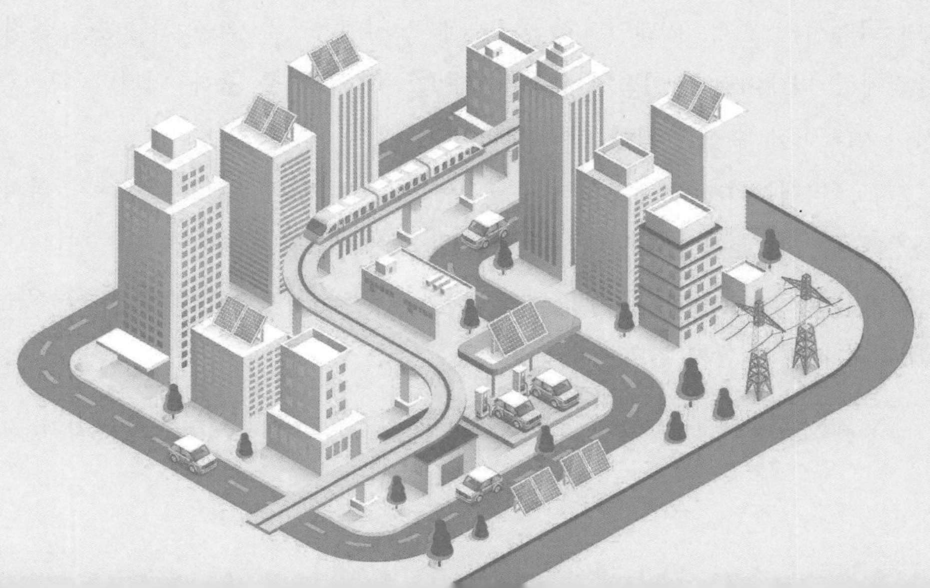

Ⅰ. 들어가며

21세기는 정보의 시대로 불리며, 데이터는 이 시대의 중요한 자원 중 하나로 평가받고 있다.1) 특히 "빅데이터"는 방대한 양과 다양성, 빠른 속도 등으로 새로운 가치를 창출한다(김동완, 2013). 또한, 과거에는 상상하지 못한 다양한 기회를 만들고 있다. 이러한 가치는 정치, 환경, 보건 등 가치를 불문하고 다양하게 활용되고 있다. 이런 변화는 도시 행정의 분야에서도 마찬가지다. 국가 전략이나 정책 등에서도 중요하게 사용될 수 있기 때문이다(임성근 외, 2017).

도시행정은 복잡한 시스템을 관리하는 과정에서 다양한 종류의 활용 가능한 데이터를 생성한다. 인구, 교통, 건설, 환경, 안전 등 도시 생활의 거의 모든 측면의 데이터가 만들어지는 것이다. 이러한 데이터에 기반한 의사결정은 효율적인 의사결정을 하는 데 크게 기여할 수 있다(김태영 외, 2017).

빅데이터는 도시행정에서 기존의 전통적 데이터보다 방대하고 유용한 정보를 제공한다. 이를 통해 도시 문제를 실시간으로 정확하게 파악하고, 정책을 효과적으로 설계하며, 성과를 더욱 정확하게 평가할 수 있다. 이처럼 빅데이터를 활용한 도시 행정은 문제 해결 능력에 대한 신뢰성을 높일 수 있다. 국내에서도 신뢰 행정을 구현하기 위해 많은 시도가 이어지고 있다(행정안전부, 2019).

이 글에서는 먼저, 빅데이터의 중요성과 도시행정에의 적용 가능성을 살펴본다. 도시행정에서 빅데이터가 어떻게 활용될 수 있는지와 이를 통해 어떠한 혁신과 효율성 향상이 이루어질 수 있는지에 대해 서술한다.

그리고 빅데이터가 도시행정의 주요 분야에 어떻게 적용될 수 있는지 살펴본다. 도시행정의 다양한 분야에서 빅데이터 활용의 가능성도 함께 제시하고자 한다. 도시 인프라, 교통 관리, 공공 안전 등의 분야에서 빅데이터가 어떠한 역할을 할 수 있는지에 대해 국내외 사례와 함께 알아본다.

---

1) "The world's most valuable resource is no longer oil, but data", The Economist, 2017. 5. 6.

마지막으로, 빅데이터 활용에서 발생할 수 있는 문제점과 이에 대한 대응 방안에 대해 제안한다. 빅데이터를 활용할 때는 다양한 문제와 한계점이 동반된다. 이러한 상황에 대한 이해와 적절한 대응 전략이 빅데이터 활용의 성공을 결정하는 중요한 요소가 될 것이다.

이를 통해 도시행정에서 빅데이터의 적용과 활용 촉진 방안을 도출하고, 4차 산업혁명 시대에서의 도시 생존 및 발전 방향성을 모색할 수 있을 것이다.

Ⅱ. 도시행정과 빅데이터 중요성 및 편리성

1. 빅데이터의 개념과 특징

빅데이터는 기존 데이터보다 너무 방대하여 전통적인 방법이나 도구로 수집과 저장, 분석 등이 어려운 정형 및 비정형 데이터들을 의미한다(국립중앙과학관, 2015). 또한, 주어진 비용, 시간 내에 처리 가능한 데이터 범위를 넘어서는 데이터이다(김형준, 2020). 많은 양의 정보에 접근하고 분석을 위해 저장하는 행위는 오래 전부터 있었다. 하지만, 빅데이터라는 개념은 2000년대 초반, 더그 래니가 빅데이터의 정의 '3V'를 제시하며 주목받게 되었다.2)

크기(Volume): 데이터의 양을 가리키는 것으로, 대규모의 데이터를 의미한다. 테라바이트(TB)에서 페타바이트(PB)3) 혹은 그 이상4)에 이르는 광범위한 데이터를 처리해야 한다. 하지만, 방대한 데이터를 처리할 때는 기술적·시간적 한계 등의 문제가 발생할 수 있다. 최근에는 클라우드 컴퓨팅과 같이 효과적인 데이터 처리에 도움을 줄 수 있는 기술들이 개발되고 있다. 관련 기술의 발전은 대용량 데이터를 간편하게 관리하고 처리

2) SAS Institue. 〈https://www.sas.com/ko_kr/insights/big-data/what-is-big-data.html〉
3) 1TB = 1024GB, 1PB = 1024TB. 1GB는 약 900권의 책을 저장할 수 있다.
4) XB(1024TB), ZB(1024XB), YB(1024ZB) 등.

할 수 있도록 할 것이다.

속도(Velocity): 데이터가 생성되고 분석되는 속도를 의미한다. 사물인터넷(Internet of Things: IoT) 등이 성장하고, 데이터 유통 경로가 다양화되고 있다. 이에 따라 데이터가 전례 없이 빠른 속도로 유입·축적되고 있다.[5] 이러한 실시간 데이터를 적시에 처리해야 한다는 문제는 우리가 풀어야 할 과제다.

다양성(Variety): 다양성은 수집되는 데이터의 형식이 얼마나 다양한지를 나타낸다. 데이터는 숫자 데이터에서부터 텍스트 문서, 음성, 영상, 금융 거래 정보 등 다양한 형태를 가진다. 이는 정형 데이터, 반정형 데이터, 비정형 데이터 등으로 존재하며, 데이터 처리와 분석의 복잡성을 높인다.

최근에는 기존의 3V 이외에도 아래와 같은 새로운 V's를 고려하기도 한다(국립중앙과학관, 2015).

가변성(Variability): 가변성은 데이터의 의미나 맥락이 얼마나 변화하는지를 나타낸다. 이는 데이터를 이해하고 분석하는데 복잡성을 더한다. 같은 단어가 다양한 맥락에서 다른 의미를 가질 수 있기 때문이다. 그래서 이를 올바르게 해석하고 분석하는 것이 중요하다.

진위성(Veracity): 진위성은 데이터의 품질이나 정확성을 나타낸다. 다양한 경로에서 생성되는 데이터는 부정확하거나 불완전할 수 있다. 이 때문에 시스템 간 데이터를 연결하고, 일치시키고, 변형하는 과정이 어려울 수 있다. 이러한 문제를 해결하기 위해서는 양질의 데이터의 품질 관리가 중요하다.

시각화(Visualization): 데이터를 이해하기 쉽고 가독성 높은 형태로 표현하는 것을 의미한다. 빅데이터의 복잡성과 양이 늘어나면서, 효과적인 시각화의 중요성이 갈수록 강조되고 있다. 시각화는 대규모 데이터의 빠르고 직관적인 이해와 분석을 가능하게 한다. 또한, 숨겨진 패턴이나 관계, 최신 트렌드를 발견하는 것을 용이하게 할 수 있다.

2. 빅데이터의 중요성과 도시행정에의 적용

빅데이터는 다양한 문제를 해결할 수 있는 유의미한 정보와 지식을 추출한다. 이러

---

5) 2025년 전 세계 데이터는 175ZB에 달할 것으로 예상한다(David Reinsel 외, 2018).

한 부분에서 빅데이터의 중요성은 다양한 분야에서 인정받고 있다. 특히 도시행정과 같은 공공부문의 혁신 있어서 그 역할은 중요해지고 있다(정용찬, 2012).

도시행정은 매우 복잡한 시스템을 다룬다. 이 시스템을 효율적으로 관리하고 개선하기 위해서는 다양한 유형의 데이터를 효과적으로 활용해야 한다. 빅데이터는 이러한 요구를 충족시킨다. 즉, 도시의 다양한 측면에 대한 광범위하고 심층적인 이해를 가능하게 하는 것이다.

도시 곳곳에서 생성되는 대량의 데이터를 수집해 실시간으로 분석하면, 문제를 빠르게 예측하고 적절하게 대처할 수 있다. GPS 및 실시간 교통 데이터를 분석해 차량 정체를 완화하며 쾌적한 도시 환경을 최적화하는 데 도움을 줄 수도 있다. 혹은 범죄를 예방하는 역할을 할 수 있으며(김원, 2020). 환경 지속가능성을 높일 수도 있다(김승래 외, 2019). 즉, 다양한 공공 행정 문제를 해결할 수 있는 것이다.

빅데이터를 통해 도시 행정은 복잡한 문제에 대응할 수 있는 통찰력을 얻을 수 있다. 더 나은 정책을 수립하고, 효과적인 서비스를 제공하며, 도시 생활의 품질을 향상할 수 있다.

최근에는 데이터 산업이 수도권이 집중되는 경향이 있다. 미래의 자원인 데이터가 한 곳으로 모이는 현상은 장기적인 국가의 성장에 방해 요소가 될 수 있다. 지방에 소재하는 기업과 일자리가 부족해지는 현상도 심화할 수 있다. 이를 완화하려면 데이터를 통해 지방 도시 자체 전체의 경쟁력을 높이려는 시도가 필요하다. 또한 산업의 여건을 보장하여 도시 산업 경쟁력까지 높이는 노력이 요구된다.

3. 도시행정 혁신에 빅데이터가 미치는 영향

빅데이터는 도시행정에 있어 중요한 혁신을 불러올 수 있다. 문제 해결 능력을 갖춘 예측 능력과 행정 서비스 품질 등을 비약적으로 성장시킬 수 있다. 이러한 혁신은 향후 도시 관리와 발전에 대한 계획 수립에 도움을 줄 수 있다.

빅데이터는 도시를 구성하는 각 요소에 대한 이해를 높이는 데 있어 중요한 역할을 한다. 기후, 교통, 에너지 사용 등과 같은 다양한 데이터 정보를 통합하고 분석함으로써, 도시의 복잡한 상호작용을 더욱 명확하게 이해하고 예측할 수 있다. 이를 활용해 도시 행정은 복잡한 도시 문제에 대한 새로운 해결책을 제시하고, 더욱 효과적인 정책을 수립하는 데 기여할 수 있다.

또한, 빅데이터는 도시 서비스의 개선을 촉진한다. 실시간 교통 흐름 데이터를 활용하면 교통 체증을 줄이고 교통 흐름을 개선하는 데 도움이 될 수 있다. 이와 같은 예측 능력의 향상은 교통 체계를 효과적으로 관리하고, 실시간으로 조정하며, 필요에 따라 향후 교통 계획을 구성하는 데 중요하다.

마지막으로, 빅데이터는 행정의 투명성 확보에 기여한다(정용찬, 2012). 도시 행정에서 빅데이터를 활용하면, 데이터 기반의 객관적 의사결정 과정을 거치게 된다. 합리적이고 공정한 정책을 수립할 가능성이 높아지는 것이다. 결과적으로 공공 신뢰를 증진하고, 시민참여를 유도하며, 사회 문제에 대한 인식을 높일 수 있다.

빅데이터는 도시행정에 있어 혁신적인 변화를 촉진하는 중요한 요소로 작용한다. 이는 효과적인 서비스 제공, 더 나은 정책 결정 그리고 향상된 시민참여 의식 등을 통해 이루어진다. 도시의 행정 혁신은 도시의 생활 품질 향상, 지속 가능한 발전 그리고 사회적인 문제에 대한 효과적인 대응을 가능하게 할 것이다.

4. 빅데이터와 도시행정의 효율성

빅데이터의 적용은 도시행정 과정에서의 효율성을 크게 향상할 수 있다. 복잡하고 다양한 도시 환경에서 발생하는 대규모 데이터를 분석하고 관리함으로써 효과적인 의사결정을 할 수 있게 된다. 이를 통해 시민들에게 맞춤형 행정 서비스를 제공할 수 있다.

빅데이터의 활용은 정책 결정 과정에도 영향을 끼친다. 복잡한 도시 문제들을 해결하기 위한 정책을 만들거나 수정하는 데 있어 중요하다. 빅데이터는 현상에 대한 비교적 정확한 이해를 가능하게 한다. 문제의 본질에 수월하게 접근할 수 있도록 하는 것이다.

또한, 빅데이터로 스마트한 도시 운영과 관리를 실현할 수 있다. 실시간 데이터 분석을 통해 도시의 인프라 상태를 실시간으로 모니터링하는 것이다. 그러면 필요한 부분에 대해 즉시 조치가 가능하며, 위기 상황에 신속하게 대응할 수 있다. 이로써 양질의 행정 서비스를 제공하고, 에너지 등의 공공자원 사용을 최적화하며, 시민의 생활 편의성을 증가시키는 데 기여한다.

마지막으로, 빅데이터는 시민참여를 통한 행정 효율성을 증진시킨다. 시민들은 자신들의 생활환경에 대한 데이터를 직·간접적으로 제공한다. 이를 통해 도시 문제를 직접 식별하고 해결할 수 있다. 이는 실질적 문제 해결과 시민들 적극적 행정 참여를 기대할 수 있게 한다.

빅데이터의 활용은 도시행정의 효율성을 향상시키는 중요한 수단이다. 효과적 의사결정, 실시간 도시 관리, 적극적 시민참여 등을 통해 빅데이터는 도시행정이 직면한 문제를 해결할 수 있다. 그뿐만 아니라 도시의 지속 가능한 발전을 촉진하는 데 기여할 수 있을 것이다.

III. 도시행정 주요 분야에의 빅데이터 적용

1. 도시 인프라와 빅데이터

도시 인프라는 빅데이터의 활용에서 큰 이점을 얻는 주요 분야 중 하나이다. 스마트시티에서의 인프라는 공공시설과 서비스를 디지털 기술과 결합하여 도시 운영을 효율화하고 시민의 생활 수준을 향상시켜야 한다. 빅데이터는 예측적 분석(Predictive Analytics) 등을 활용해 아래와 같은 핵심적인 역할을 수행할 수 있다.

빅데이터는 스마트 그리드, 수도 시설, 교통 시스템, 에너지 관리 시스템 등 다양한 도시 인프라에서 수집된다. 시설의 유지 보수를 최적화하며, 인프라 간 시스템을 효율적인 방향으로 개선할 수 있다. 예를 들어 스마트 그리드의 부분에서 지능형 전력량계 시스템(Advanced Measuring Instrument, AMI)을 활용할 수 있다. 이를 통해 원격 검침, 전력 사용량 수집, 계시별 요금제 등의 적절한 방법을 통해 에너지 사용을 절약할 수 있다(강진우, 2020).

수집된 빅데이터는 도시계획 및 관리에 활용될 수 있는 유용한 정보를 제공한다. 수도 시스템에서 수집한 데이터를 분석하여 수자원 관리를 최적화할 수도 있다(김연수 외, 2015).

도시 인프라에서의 빅데이터 활용은 도시의 운영과 관리 능력을 향상시킨다. 인프라 투자의 효율성을 증대시키며, 도시의 지속가능성을 증진하는 데 크게 기여한다. 빅데이터를 통한 인프라의 발전은 도시행정의 새로운 가능성을 열고 있다.

2. 도시계획과 빅데이터

도시계획을 할 때 다양한 경로에서 수집된 빅데이터를 활용하여 도시의 현 상황을 더욱 정확하게 파악할 수 있다. 인구 통계학적 데이터, 교통 정보, 에너지 사용 패턴 등을 분석하면, 관련된 유의미한 정보를 얻을 수 있다. 도시의 문제점을 명확하게 식별할 수 있는 것이다. 이를 통해 얻은 해결 방안을 계획 단계에서 참고하는 등 유용하게 활용될 수 있다.

더욱이, 인구 이동 패턴, 도시화 추세,기후변화 등에 대한 데이터를 분석함으로써, 미래의 도시 모습을 예측하고 이에 맞는 인프라와 서비스를 계획할 수 있다.

빅데이터는 도시계획 과정에 시민이 쉽게 참여할 수 있도록 하는 역할도 한다. 공공참여 플랫폼에서 수집된 시민의 의견과 피드백은 계획 과정에 중요한 판단 기준이 된다. 이는 시민들의 필요와 기대에 부응하는 도시 환경을 만드는 데 도움을 줄 수 있다.

빅데이터의 적용은 도시의 효율성과 행정과 자원의 낭비를 최소화할 수 있다. 또한, 시민참여를 촉진에도 중요한 역할을 한다. 사회는 이를 활용하여 도시행정이 직면한 많은 문제에 대한 혁신적인 해결책을 빠르게 마련할 수 있다.

3. 교통 관리와 빅데이터

교통은 도시의 기능적, 경제적, 사회적 활동을 지원하는 중요한 인프라다. 그래서 교통의 효율적 관리는 도시행정의 핵심 과제 중 하나이다. 빅데이터의 활용은 교통 관리를 혁신하고, 교통 체계의 효율성을 향상시키는 데 결정적인 역할을 한다. 교통 빅데이터는 많은 사람의 관심을 받고 있으며, 공공 개방을 통해 어느 정도의 성과도 얻고 있다(남광우 외, 2014).

빅데이터는 실시간 교통 상황을 모니터링하고 예측하는 데 사용될 수 있다. GPS, 스마트폰, SNS 등에서 수집된 데이터를 분석함으로써, 교통 흐름, 교통체증 지역, 사고 위험 지역 등을 실시간으로 파악하고 대응할 수 있다. 이는 교통 관리자가 신속하고 효과적인 의사결정을 내리는 데 도움을 주며, 교통 문제를 미리 예방하고 해결하는 데 중요한 기여를 한다.

교통 정책 및 계획의 수립에서도 중요한 역할을 한다. 통합 교통 관리 시스템이 수집한 다양한 교통 데이터를 분석하면, 교통 수요의 패턴, 주요 교통 경로, 교통체증의 원인 등을 파악할 수 있다. 이를 바탕으로, 교통 체계의 최적화, 교통 인프라의 적절한 배치, 교통 정책의 수립 등에 활용될 수 있다.

대중교통 서비스의 개선에도 크게 기여한다. 교통카드 빅데이터 통합정보시스템과 같은 대중교통 시스템에서 이용자 현황 등의 데이터를 수집할 수 있다(국토교통부, 2021). 수집한 데이터를 활용해 대중교통 서비스의 운행 빈도, 노선, 시간 등의 효율성을 높으며, 대중교통의 만족도와 이용률을 높일 수도 있다. 또한 불필요한 자원 낭비까지 줄이는 친환경 정책을 실시할 수 있다(김태경 외, 2018).

이러한 방식으로, 빅데이터는 대중교통이 운용되는 현황을 정확하게 파악할 수 있도록 한다. 이를 통해 교통 체계의 최적화, 교통 문제의 예방 및 해결, 공공 교통 서비스의 개선 등의 정책을 수립할 수 있다(국토교통부, 2021).

4. 공공 안전 및 비상 상황과 빅데이터

도시 행정에서 공공 안전과 비상 상황에 대한 문제 해결 능력은 시민의 생명과 재산을 보호하는 핵심이다. 이를 위해서는 정확한 정보와 신속한 의사결정이 필요하다. 빅데이터는 다양한 경로로 수집되는 실시간 정보를 빠르게 종합하고 분석한다. 이는 관련 공무 수행에 유용한 데이터로 활용될 수 있다.

빅데이터는 범죄 예방과 감시에서 중요한 역할을 한다. 최근 범죄 수사 영역에서도 해당 기술을 활용하는 방안을 연구 중이다. 특히, 텍스트 마이닝(Text Mining), 머신러닝 등을 활용해 범죄의 유형과 방식을 찾아낼 수 있다(Jianfa Hu, 2018). CCTV, SNS, 카드 거래 명세, 모바일 데이터 등에서 범죄와 관련된 정보를 수집할 수도 있다. 이를 바탕으로 사전에 범죄를 차단하는 예방적 대책과 수사 전략 등을 수립할 수 있다.

빅데이터는 비상 상황 대응에도 중요하다. 재난 등의 비상 상황에서는 신속성과 정확성이 피해 최소화와 빠른 복구와 주소에 결정적이다. 여러 경로로 수집된 실시간 데이터는 재난의 규모와 영향을 신속·정확하게 파악한다. 클라우드 컴퓨팅 기술을 활용해, 재난에 취약한 요소를 미리 확인할 수 있으며, 재난 발생 시에 기관 간 효율적 상황 공유도 가능하다(김연수 외, 2015).

빅데이터는 공공의 안전과 건강을 위한 예방적 조치를 취하는데 곳에도 사용된다. 환경 데이터, 건강 데이터, 인구 통계 데이터 등을 통해 공중 건강 문제나 환경 위험을 사전에 파악할 수 있다. 최근에는 국내 병원들도 공통데이터모델(Common Data Model, CDM)을 구축해 활용하고 있다(이승호, 2022). 이는 각종 보건 및 의료 관련 문제 해결에 도움을 줄 수 있다. 그리고 전국의 연계된 보건 데이터를 통해 전염병 등의 상황에서 빠른 대처를 할 수 있을 것이다(이성춘 외, 2011).

2023년 여름 장마로 인해 전국적으로 크고 많은 피해가 발생했다. 특히 침수 피해 등 미리 대비했다면 대처할 수 있었던 사고가 지속해서 일어나고 있다. 빅데이터를 활용한 재난 관리 시스템의 구체적 정립이 이루어졌다면 사고의 피해를 줄일 수 있었을 것이다. 사고 및 참사를 예상하여 실시하는 선제적 조치는 국민의 안전을 지키는 핵심이 될 것이다.

5. 시민참여와 빅데이터

빅데이터의 활용은 공공정책의 결정과 실행 과정에 시민참여를 촉진하는데 중요하다. 시민들의 의견과 피드백을 수집하고 분석하는 것은 도시행정의 투명성을 증진시킨다. 또한, 정책의 우선순위를 설정하거나, 특정 정책의 효과를 평가하고, 개선할 부분을 찾아낼 수 있다.

빅데이터는 시민들의 요구사항, 선호도, 주요 민원 등의 데이터를 활용해 호라이즌 스캐닝(Horizon Scanning) 기법을 행정 실무에 적용할 수 있다. 관련 데이터는 소셜 미디어, 온라인 설문, 애플리케이션, 인터넷 민원 등의 다양한 디지털 경로에서 수집될 수 있다. 이를 바탕으로 정책 결정 과정에 시민들의 목소리를 반영함으로써 모두가 공감할 수 있는 필요한 정책을 만들어 낼 수 있다(김태영 외, 2017).

위와 같은 과정은 시민들이 도시 행정과의 상호작용을 통해 생활환경을 개선하는 데 직접 참여할 기회를 제공한다. 이로써 정책에 대한 이해와 지지도 함께 높아질 수 있다. 장기적으로는 시민이 도시 행정에 적극적으로 참여하는 선진적인 행정 시스템을 정착시킬 수 있을 것이다.

예를 들어, 도시 문제 해결을 위한 아이디어 제안이나 투표 등을 온라인 플랫폼에서 진행하면, 시민들은 언제 어디서든 참여가 가능하다. 혹은 개인 SNS에 적은 불만 사항을 적절한 다수의 사람이 공감한다면, 행정에 반영될 수 있다. 자신의 의견이 행정에 반영되는 것을 체감할 수 있는 것이다. 이는 시민참여의 장벽을 낮추고, 직접 참여의 동기를 높일 수 있다.

6. 환경 지속가능성과 빅데이터

환경 지속가능성은 오늘날 도시 행정의 중요한 목표이자 까다로운 문제 중 하나다. 빅데이터는 환경 관련 문제를 해결하는 중요한 요소로 활용되고 있으며, 그 중요성은 더욱 커지고 있다(김동영 외, 2016). 다양한 데이터 경로로부터 수집된 정보를 통해 환경 변화를 모니터링하고 분석해 유의미한 정보를 획득할 수 있다. 국내의 경우도 환경부에서 '환경공간정보서비스'[6]를 운영하고 있으며, 관련 문제 해결에 노력을 기울이고 있다.

공간정보 데이터, 기후 데이터, 수질 및 대기질 데이터 등 다양한 환경 데이터는 환경 문제를 파악하고 예측하는 데 사용된다. 이러한 데이터를 분석하여 도시의 환경 문제, 기후변화의 영향, 오염 물질의 원인과 경로 등의 파악이 가능하다. 파악이 가능하다면, 환경 지속가능성을 실현할 수 있는 구체적 방안을 마련할 수도 있다. 다만, 미래에도 꾸준히 활용하기 위해서는 지속해서 관련 데이터를 축적하려는 노력이 필요하다(김동영 외, 2016).

또한, 빅데이터를 활용하여 에너지 효율을 개선하고, 재활용을 촉진할 수 있다. 한국전력의 보유하고 있는 전력 빅데이터를 통해 금융 인센티브를 제공하는 등 에너지 절

---

6) 〈https://egis.me.go.kr/〉

약 관련 융합 비즈니스 모델을 구축할 수 있다(이재용, 2021). 혹은 음식물 쓰레기 발생 패턴 등을 분석해 도시 환경 문제의 원인을 분석해 볼 수도 있다(고덕영, 2017).

이제 미래의 도시는 환경 지속가능성을 고려하지 않을 수 없다. 빅데이터의 활용은 도시의 환경 문제를 해결하고, 지속 가능한 도시를 보다 현실적으로 구축하는 데 가장 유용한 방법이 될 것이다.

7. 지방 도시 산업의 경쟁력 향상과 빅데이터

앞서 말한 내용 외에 빅데이터는 도시와 지방 산업의 경쟁력 향상에 큰 도움을 줄 수 있다. 최근에는 데이터 산업 관련 업체가 수도권으로 집중되는 경향이 있다. 품질 좋은 데이터를 얻기 좋은 위치로 모이는 것이다. 이는 도시의 경쟁력을 약화시킬 수 있다. 하지만 지방 도시에서 데이터 공개 제도를 적극적으로 시행한다면, 이러한 위기를 통해 기회로 바꿀 수 있다.

우리나라의 경우 아직까지 데이터 공개를 적극적으로 하고 있지 않다. 최근 들어 데이터를 공개를 활성화 하려는 방안이 나오고 있지만, 여전히 규제가 심해 쉽게 데이터를 구하기가 어렵다. 지방에서도 문제 해결에 충분히 활용될 수 있는 데이터가 생산될 수 있다. 이를 지방자치단체 등에서 적극적으로 공개한다면, 품질 좋은 데이터를 쉽게 구할 수 있다. '주문형 데이터 수집 제도'[7]를 도입해 보는 것도 좋은 방안이다. 이를 통해 지방에서도 관련 업체가 유입될 가능성이 높아져, 도시 산업 경쟁력을 장기적으로 향상시킬 수 있다.

7) 특정 데이터를 필요로 하는 기업·단체 등이 있을 때 공공기관에 데이터 수집을 요청할 수 있는 제도이다.

Ⅳ. 도시행정에서의 빅데이터 활용 사례와 요소

1. 국내외 빅데이터 활용 사례

빅데이터는 이미 전 세계의 여러 도시에서 다양한 방식으로 활용되고 있다. 이들 사례를 통해 우리는 빅데이터가 도시 행정에 어떻게 효과적으로 적용될 수 있는지에 대해 이해할 수 있다.

싱가포르 스마트 네이션(Singapore's Smart Nation)은 빅데이터를 행정에 활용한 선진적인 사례로 잘 알려져 있다. 싱가포르는 다양한 데이터를 수집하고 분석하여 도시 운영을 최적화하는 데 이를 사용하고 있다. 데이터에는 교육, 헬스케어, 금융, 안전 등의 여러 분야에서 수집된 것들이 포함되어 있다. 그중 일부 데이터는 대중이 직접 활용할 수 있도록 공개도 되어 있다. 싱가포르는 미래를 대비한 스마트 국가로서의 위치를 다져가고 있으며,[8] 이미 정부 서비스의 99%는 디지털로 가능하다.[9]

뉴욕시의 311 서비스는 또 다른 탁월한 사례로 꼽힌다. 이 서비스는 도시에 대한 다양한 문제를 다국적 언어[10]로 신고하거나 문의할 수 있는 플랫폼이다. 이를 통해 수집된 데이터는 도시의 문제를 신속하게 파악하고 대응하는 데 활용된다. 'NYC Open Data Portal'을 통해 데이터가 일반에 공개되기도 한다.[11] 이러한 데이터는 도시의 운영 및 행정을 개선하고, 향후 정책 결정에 중요한 근거를 제공하는 데에도 사용되고 있다.

국내에서도 빅데이터 활용이 활발히 이루어지고 있다. 서울시는 특히 도시 데이터를 활용한 서비스를 다양하게 제공하고 있다. 그중 하나인 '서울 열린데이터 광장'은 서울시에서 수집한 다양한 도시 데이터를 공개한다. 이를 통해 시민들이 도시 문제를 직접 파악하고 해결책을 제안하는 데 활용하도록 돕고 있다.

---

8) 스위스 경영대학원 IMD 스마트 시티 지수, 2023년 기준 전 세계 7위, 아시아 1위.

9) Singapore Smart Natation〈https://www.smartnation.gov.sg/〉

10) 약 170개국 이상의 언어 지원.

11) 〈https://opendata.cityofnewyork.us/〉에 접속하여 검색창에 '311' 등을 입력하면, 다양한 데이터를 확인할 수 있다.

위의 사례들은 빅데이터가 도시 행정에서 어떻게 효과적으로 활용될 수 있는지를 잘 보여준다. 적극적으로 행정 업무에 데이터를 적용하려는 노력은 도시의 문제를 해결하고, 도시 생활의 질을 향상시킬 수 있다.

2. 빅데이터를 이용한 도시 문제 해결 사례

빅데이터는 특정 도시 문제를 해결하는 데 중요한 역할을 수행할 수 있다. 과거의 데이터와 현재의 데이터를 분석하여 미래의 문제를 예측하고, 이를 통해 효과적인 대응 전략을 세울 수 있다. 다음은 빅데이터를 활용하여 도시 문제를 해결한 몇 가지 사례이다.

첫 번째로, 교통 문제 해결에 큰 도움을 주고 있다. 스페인의 산탄데르는 스마트산탄데르(SmartSantander)프로젝트를 시행하고 있다. 이는 효율적인 교통 관리를 위해 도로의 상황과 관련된 데이터를 수집한다. 이를 통해 교통 체증을 완화하고, 효과적인 교통 흐름을 조성한다. 이외에도 다양한 IoT 기술을 활용하여 도시 전체의 효율성을 향상시키고 있다.[12]

두 번째로, 환경 문제의 해결에도 기여하고 있다. 서울시는 미세먼지 농도를 실시간으로 모니터링하고 분석한다. 서울특별시 대기환경정보 홈페이지에 접속해 누구나 쉽게 현재의 대기 상태를 파악할 수 있다. 시에서는 이를 통해 미세먼지 농도가 높은 지역을 신속하게 파악한다. 그리고 이에 대응하는 예비/비상저감조치 발령 등의 조치를 즉각적으로 취하고 있다.

세 번째로, 에너지의 효율적인 사용을 돕는 역할도 한다. 일본의 요코하마 스마트시티 프로젝트(Yokohama Smart City Project)는 일본의 대표적인 스마트 시티 사업 중 하나이다. 이는 재생에너지의 활용뿐 아니라 에너지 수급 시스템의 최적화를 추구한다. 에너지 관리를 위한 스마트 그리드 적용 및 차세대 교통 시스템을 구축하여 지속 가능한 사회체제를 구축하는 것을 목표로 하고 있다(박용정 외, 2017).

네 번째로, 빅데이터는 시민참여와 정책 결정에 큰 도움을 주고 있다. 뉴욕시의 "참여예산(Participatory Budgeting)" 프로젝트는 시민들이 직접 도시 예산의 일부를 관리하는 프로그램이다. 특별한 점은 이 과정에서 시민의 의견과 요구사항을 데이터로 수집·

12) Singapore Smart Natation. 〈https://www.smartnation.gov.sg/〉

분석해 효과적인 정책 결정에 활용한다는 것이다.[13]

이러한 사례들은 빅데이터가 도시 행정에서 어떻게 효과적으로 활용되어 도시 문제를 해결하는 데 기여할 수 있는지를 보여준다. 이런 관점에서 빅데이터는 도시 문제를 신속하게 파악하고 이에 효과적으로 대응할 수 있는 중요한 도구임을 알 수 있다.

3. 효과적인 빅데이터 활용을 위한 요소

빅데이터를 효과적으로 활용하기 위해서는 몇 가지 중요 요소를 고려해야 한다.

첫째, 데이터의 질과 양이다. 고품질의 데이터를 충분한 양으로 확보하는 것이 빅데이터 분석의 기본이다. 이를 위해, 정확하고 신뢰할 수 있는 데이터 수집 방법을 마련하고, 지속해서 업데이트하는 효율적 시스템을 구축해야 한다.

둘째, 분석 능력이다. 데이터가 아무리 풍부하더라도 적절하게 분석하고 해석하지 못한다면 가치가 없다. 따라서 데이터 사이언티스트와 같이 데이터를 관리하고 분석할 수 있는 전문가가 필요하다. 또한, 이러한 인재를 육성시키기 위한 교육과 훈련 등의 노력도 중요하다(한국정보화진흥원, 2012; 조영임, 2013). 이러한 활동을 통해 도시의 미래 경쟁력을 유지하고 발전시킬 수 있을 것이다.

셋째, 기술 인프라다. 대량의 데이터를 수집, 저장, 처리, 분석하기 위해서는 관련 기술의 인프라가 필수적이다. 강력한 컴퓨터의 성능과 충분한 데이터 저장 공간, 적절하고 유용한 고급 분석 도구 등이 대표적인 예다. 전통적인 분석 환경 구축은 시간과 비용이 많이 발생할 수 있다(홍성범, 2014). 그래서 클라우드 컴퓨팅 등 미래지향적인 인프라 구축에 실질적 투자를 할 필요가 있다.

넷째, 법적·윤리적 고려사항이다. 빅데이터 활용은 개인정보 보호와 데이터 보안 등의 이슈를 수반한다. 이러한 문제들을 적절하게 해결하기 위해 법적 규제와 윤리적 가이드라인을 마련하고 이를 준수하는 것이 중요하다. 하지만 우리나라의 경우 엄격한 개인정보 규제 등으로 데이터 활용이 다른 국가에 비해 활발하지 않다(김승래 외, 2019). 이는 관련 산업 성장의 저해를 불러올 수 있다. 개인정보와 데이터 발전 간의 딜레마는 우리의 사회가 적절한 균형을 찾기 위해 고민해야 하는 숙제다.

---

13) NEWYORK CITY COUNCIL PARTICIPATORY BUDGETING. 〈http://ideas.pbnyc.org/12/40.75870/-73.87791〉

아직 이 요소들을 사회에서 완벽히 충족시키는 것은 쉽지 않다. 하지만 빅데이터의 효과적인 활용과 도시 행정의 향상을 위해서는 꾸준한 개선과 발전이 필요하다.

V. 빅데이터 활용의 문제점과 대응 방안

1. 개인정보보호와 데이터 보안 문제

빅데이터 활용이 효율성과 혁신을 가져오는 한편, 빅데이터 기술의 발전은 개인정보보호와 데이터 보안 문제에 대한 우려를 증폭시킬 수 있다. 도시 데이터는 주민의 이동 패턴, 건강 상태, 소비 행동 등을 포함한다. 그래서 관련 정보가 유출되거나 악용될 경우 주민들의 사생활 침해가 발생할 수 있다.

이러한 문제에 대응하기 위해, 법적 체계를 강화해야 한다. 개인정보 보호법은 시대 변화에 적응하여 지속해서 개정되어야 한다. 데이터 보안을 위한 적절한 규정과 제재 조치도 마련되어야 한다. 또한, 이런 법적 체계는 공공기관뿐 아니라 개인, 기업, 비영리 단체 등 사회의 모든 사회 구성원이 이해하고 준수할 수 있도록 홍보와 교육이 필요하다.

최신 보안 기술을 도입도 고려하지 않을 수 없다. 암호화(이정찬, 2016), 블록체인 기술을 통한 탈중앙화(이정륜, 2022), 인공지능을 활용한 위협 탐지(홍준혁, 2021) 등의 기술은 데이터의 안전성을 높이는 데 효과적이다. 이러한 기술을 도입하고 유지하기 위해 지속적인 투자와 자체적인 기술력 향상이 필요하다.

최소수집원칙을 지키는 것 또한 중요하다. 꼭 필요한 데이터만을 수집해야 한다. 이를 안전하게 보관한 후 불필요할 경우 적절한 방법으로 파기하는 것이 개인정보보호를 실현하는 핵심 방법이다(행정자치부, 2016). 이를 위해서는 데이터 관리 프로세스를 체계적으로 설계하고 실행해야 한다.

이처럼 개인정보보호와 데이터 보안은 빅데이터 활용의 필수적인 요소이다. 이를 통해 시민들의 신뢰를 얻고 빅데이터의 지속적인 활용을 가능케 할 수 있다.

2. 빅데이터의 한계와 대응

빅데이터는 도시행정에서 수많은 장점을 가지고 있지만, 다양한 한계점을 함께 가지고 있다. 이러한 한계점을 문제로 기술의 발전 속도를 늦추기보단, 빠르게 극복하여 세계적인 경쟁력을 확보하는 것이 바람직하다. 이를 위해 민관이 협력하여 아래와 같은 한계점 등을 극복하려는 자세가 필요하다.

도시 행정에서 활용되는 빅데이터는 다양한 출처와 형태로 존재한다. 그래서 데이터는 부정확하거나 불완전할 수 있다. 이러한 한계를 극복하기 위해, 데이터 품질 관리와 정제 과정이 필요하다. 또한, 대량의 데이터를 빠르게 처리하고 분석하는 능력과 인력을 갖춰야 한다.

또한, 개인정보 보호법, 정보통신망법 등의 법적 규제 등은 정보의 보호와 사생활 침해 방지를 목표로 한다. 하지만, 오히려 빅데이터의 활용을 어렵게 만들어 기술 발전을 저해할 수 있다는 우려도 함께 가지고 있다. 현재의 법률 체계는 데이터의 수집과 활용에 대한 엄격한 제한을 두고 있다. 그래서 이를 준수하며 동시에 효과적인 빅데이터 활용을 실현하기가 쉽지 않다. 따라서 법률이 현재의 기술 트렌드와 사회적 요구를 반영할 수 있도록 기술 발전에 친화적인 개정과 보완이 필요하다.

빅데이터 활용이 가져올 수 있는 이점을 최대화하면서 위의 문제와 한계를 극복하기 위한 대응 전략이 요구된다. 이러한 점을 극복하기 위한 적절한 대책과 제도적 장치의 마련이 필요하다. 다양한 해결 방식으로 빅데이터의 활용이 도시 행정의 혁신을 이루는 데 기여할 수 있도록 해야 한다. 최근 정부에서는 '가명정보 활용 확대방안'을 발표[14]하는 등 공공데이터를 개방하는 데 관심을 가지고 있다(계승현, 2023).

빅데이터의 원활한 활용을 위한 한계점은 단기간에 해결될 수 있는 것이 아니다. 지속적인 연구와 개발 그리고 정부와 사회 각계에서의 투자와 노력이 필요하다. 난관을 극복하고 효과적인 빅데이터 활용으로 도시행정의 효율성을 높이는 것은 도시의 미래를 위한 필수적 과제다. 이를 통해 우리는 빅데이터가 도시 행정에서 가져올 수 있는

14) 고학수 개인정보보호위위원장이 '23년 7월 21일 비상경제장관회의 겸 수출투자대책회의에서 발표했다.

혁신적 변화와 가능성을 최대한으로 활용할 수 있을 것이다.

Ⅵ. 나가며

빅데이터는 도시행정의 다양한 분야에서 활용될 수 있다. 이는 도시행정의 효율성을 증진하고 혁신을 가져온다. 빅데이터는 인프라, 도시계획, 교통 관리, 시민참여, 환경 지속가능성 등 다양한 분야에서 수많은 새로운 가치를 창출하고 있다. 즉, 도시행정의 선진화에 필수적인 요소가 되는 것이다.

이와 동시에, 빅데이터 활용에 따른 개인정보보호와 데이터 보안 문제와 몇 가지의 한계점을 서술했다. 그리고 이를 극복하기 위해 데이터의 품질 향상, 첨단 기술의 도입, 데이터 보안 강화 그리고 법률 및 제도적 장치의 개선이 필요하다는 것을 제시하였다.

빅데이터의 활용은 앞으로도 도시행정에 많은 변화를 가져올 것이다. 이러한 변화는 도시의 미래를 위해 필수적이며 결코 소홀하게 생각해서는 안 된다. 이 과정을 통해 도시는 더 효율적이고, 스마트하며, 지속 가능한 미래를 구축할 수 있을 것이다.

우리는 빅데이터의 활용과 그로 인한 세상의 변화를 적극적으로 수용하는 자세가 필요하다. 또한, 빅데이터가 제공하는 무한한 가능성을 최대한 활용하고, 도시행정의 미래를 위한 준비와 노력을 이어 나가야 한다.

부록

공통데이터모델(Common Data Model: CDM):

관련 응용 프로그램에서 동일하게 작동하고 공유할 수 있도록 하는 표준화된 데이터 모델.

(출처 - James Serra's Blog. <https://www.jamesserra.com/archive/2019/06/common-data-model/>)

반정형 데이터(Semi-Structured Data):

데이터의 형식과 구조가 변경될 수 있는 데이터로 데이터의 구조 정보를 데이터와 함께 제공하는 파일 형식의 데이터.

(출처 - 정보통신용어사전. (n.d). 반정형 데이터. 한국정보통신기술협회. <http://word.tta.or.kr/main.do>)

비정형 데이터(Untructured Data):

정의된 구조가 없이 정형화되지 않은 데이터.

(출처 - 정보통신용어사전. (n.d). 비정형 데이터. 한국정보통신기술협회. <http://word.tta.or.kr/main.do>)

스마트 그리드(Smart Grid):

전기 및 정보통신 기술을 활용하여 전력망을 지능화·고도화함으로써 고품질의 전력서비스를 제공하고 에너지 이용효율을 극대화하는 전력망을 뜻함.

(출처 - 한국전력공사, <https://home.kepco.co.kr/kepco/main.do>)

예측적 분석(Predictive Analytics):

예측적 분석(Predictive Analytics)은 지능형 데이터 분석의 한 유형으로, 과거 데이터를 바탕으로 미래의 추세와 행동 패턴을 예측하는 것.

(출처 - AI 용어사전. (n.d). 예측적 분석. 서울대학교 AI연구. <https://terms.naver.com/list.naver?cid =69974 &categoryId=69974>)

정형 데이터(Structured Data):

미리 정해 놓은 형식과 구조에 따라 저장되도록 구성된 데이터.

(출처 - 정보통신용어사전. (n.d). 정형 데이터. 한국정보통신기술협회. <http://word.tta.or.kr/main.do>)

지능형 전력량계 시스템(Advanced Measuring Instrument: AMI):

양방향 통신을 기반으로 에너지에 대한 사용 정보를 수집·측정하고 실시간 공유 및 제어 하는 차세대 지능형 에너지 검침 시스템.

(출처 - 두산백과. (n.d). AMI. 두산. <http://word.tta.or.kr/main.do>)

참여예산(Participatory Budgeting):

지역사회 구성원들이 직접 공공 예산의 일부를 배분하고, 이를 통해 지역사회에 어떤 프로젝트가 시행될지 결정하는 과정을 의미.

텍스트 마이닝(Text Mining):

텍스트 데이터에서 가치와 의미가 있는 정보를 찾아내는 기법.

(출처 - 정보통신용어사전. (n.d). 텍스트 마이닝. 한국정보통신기술협회. <http://word.tta.or.kr/main.do>)

클라우드 컴퓨팅(Cloud Computing):

서버, 스토리지 등의 IT 리소스를 인터넷을 통해 실시간 제공하고 사용한 만큼 비용을 지불하는 방식의 컴퓨팅.

(출처 - 두산백과. (n.d). 클라우드 컴퓨팅. 두산. <http://word.tta.or.kr/main.do>)

호라이즌 스캐닝/이슈 스캐닝(Horizon Scanning):

미래의 기회나 위협을 조기에 파악하기 위해 전 세계적인 동향과 변화를 지속적으로 모니터링하고 분석하는 기법.

참고문헌

국내

강진우. (2020). 계량기 변천사와 AMI. 빛으로 여는 세상, vol.34 〈https://home.kepco.co.kr/kepco/front/html/WZ/2020_03_04/web/sub02_05.html〉

고덕영. (2017). 빅데이터를 활용한 쓰레기 발생 패턴 분석. 국내석사학위논문 충북대학교.

국토교통부. (2021). 교통카드 빅데이터 분석 결과…대중교통 이용 27% 감소. 〈http://www.molit.go.kr/USR/NEWS/m_71/dtl.jsp?id=95085321〉

김동영·이정임·송미영·김한수·최민애. (2016). 경기도 환경분야 빅데이터의 구축과 활용. 「정책연구」, 1-152.

김동완. (2013). 빅데이터의 분야별 활용사례. 「경영논총」, 34: 39-52.

김연수·김경태·노희성·김형수. (2015). 빅 데이터 기반의 수자원 정보 관리 방안. 「대한토목학회지」, 63(3): 50-57.

김승래·이윤환. (2019). 스마트 시티 구축에 관한 정책과 법제연구. 「법학연구」, 19(4): 163-202.

김원. (2020). 빅데이터 처리 기반의 범죄 예방 스마트 시스템에 관한 연구. 「한국융합학회논문지」, 11(11): 75-80.

김태경·봉인식·이상대·이성룡·황금회·김성하·남지현·옥진아·권대한·정지이·정천용·박성호·이혜령·최혜진·장용혁·조희은·황선아·정효진. (2018). 4차 산업혁명시대의 스마트 시티 전략. 「정책연구」, 1-235.

김태영·김용·오효정. (2017). 소셜 빅데이터 기반 공공정책 국민의견 수렴과 정책 시행 이후 결과 관계 분석: '복지' 정책 사례를 중심으로. 「디지털융복합연구」, 15(3): 17-25.

남광우·신강원·김대종·신동빈·안종욱·김승범·최선화·장동인. (2014). 빅데이터와 스마트 도시. 「도시정보」 390: 3-25.

이성춘·임양수. (2011). Big Daya, 미래를 여는 열쇠, KT경제경영연구소, 12.

이승호. (2022). 환경보건 빅데이터 자료와 활용. 환경독성보건학회 심포지엄 및 학술대회, 2022(5): 25.

이정륜. (2022). 데이터 산업시대의 탈중앙화 서비스 플랫폼과 블록체인 보안기술. 한국통신학회지(정보와통신), 39(11): 57-65.

이정찬. (2016). [일본] 日 NICT, 빅데이터를 암호화한 채 고속으로 분석 가능한 신기술 개발. 과학기술정책, 26(1): 6-9.

임성근·기정훈. (2017). 빅데이터 기반 국가전략 수립 활성화 방안. 기본연구과제, 2017, 1-18.

박용정·이부형. (2017). 한중일 스마트 시티 추진 현황과 시사점. 이슈리포트, 2017(26): 1-19

정용찬. (2012). 빅데이터 혁명과 미디어 정책 이슈. 정보통신정책연구원

조영임. (2013). 빅데이터의 이해와 주요 이슈들. 한국지역정보화학회지, 16(3): 43-65.

한국정보화진흥원. (2012). 빅데이터 시대의 인재, 데이터 사이언티스트의 역할과 가능성. IT&Future Strategy, 2012.

행정안전부. (2019). 빅데이터를 통한 스마트 행정, 국민의 신뢰를 얻다.

행정자치부. (2016). 개인정보 수집 최소화 가이드 라인

〈https://www.korea.kr/briefing/pressReleaseView.do?newsId=156338945〉

홍성범. (2014). 클라우드 컴퓨팅 동향 및 전망. 한국정보기술학회지, 12(2): 29-33.

홍준혁·이병엽. (2021). 인공지능기반 보안관제 구축 및 대응 방안. 「한국콘텐츠학회논문지」, 21(1): 531-540.

국외

M. Batty, K. W. Axhausen, F. Giannotti, A. Pozdnoukhov, A. Bazzani, M. Wachowicz, G. Ouzounis & Y. Portugali. (2012). *Smart cities of the future*, The European Physical Journal Special Topics volume 214.

J. Hu. (2018). Big Data Analysis of Criminal Investigations. 2018 5th International Conference on Systems and Informatics.

David Reinsel, John Gantz, John Rydning. (2018). The digitization of the world from edge to core. Framingham: International Data Corporation, 16: 1-28.

인터넷 자료

계승현. "공공데이터 개방 속도낸다… 기관평가에 '가명정보 제공' 신설". 연합뉴스. (2023. 7. 21. 최종접속).

국립중앙과학관 과학학습콘텐츠 〈https://smart.science.go.kr/scienceSubject/main/list.action〉

김형준. (2020). "빅데이터란 무엇이고, 어떻게 해야 할까?". 〈https://www.popit.kr/author/babokim〉

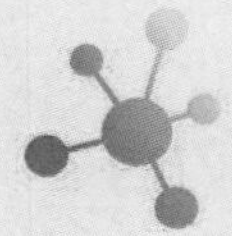

제10장

도시의 미래재난

윤동근(연세대학교 교수)

생각해보기

- 기후변화가 도시의 환경, 인프라, 지역주민들의 건강, 일상생활 등에 어떤 영향을 주는가?
- 미래도시의 재난에 대한 취약성을 증가시키는 요인들은 무엇이 있는가?
- 기후변화와 재난으로부터 강인하고 회복력이 높은 도시를 만들기 위해 어떤 노력들이 필요한가?

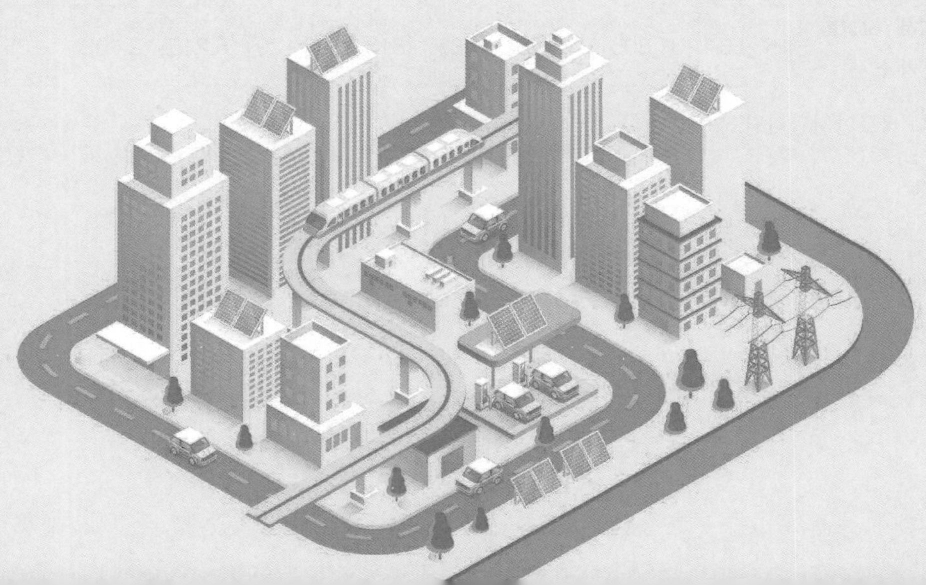

Ⅰ. 도시의 재난 취약성

1. 도시 시설물 노후화로 인한 물리적 취약성 증가

1970년대부터 시작된 급격한 도시화는 도시민에게 수도·전기·가스 등 도시 기반 서비스뿐만 아니라 편의 서비스를 신속하게 제공할 수 있도록 한 원동력이었다. 하지만 최근 대부분의 도시는 급격한 도시화 과정의 부정적인 결과로써 도시 기반 시설물, 건축물 등의 노후화 문제에 직면하게 되었다. 도시화 과정에서 상당수의 도시기반시설 및 건축물이 도시에 집중적으로 건설되었는데, 현재 당시 건설된 시설물 및 건축물의 노후화 문제가 심화되고 있다(국토안전관리원, 2022). 2020년 말 기준, 준공 후 30년 이상 된 시설물은 전체 시설물 중 약 16.9%(25,886개소)에 달하는 것으로 집계되었다(표 1).

표 1 **시설물 유형별 노후화 현황**

구분		전체	교량	터널	항만	댐	건축물	하천	상하수도	공동구	기타
준공 30년 이상	개소	25,886	5,926	642	105	389	16,118	1,277	406	9	1,014
	비율(%)	16.9	18.6	13.5	21.6	63.5	16.3	20.4	19.3	23.7	12.1
전체 시설물 개소 수		153,561	31,806	4,746	487	613	99,120	6,246	2,102	38	8,403

출처: 국토안전관리원, 2022

그림 1 **전국 시설물 유형별 노후화 시설물(준공 30년 이상 경과) 현황**

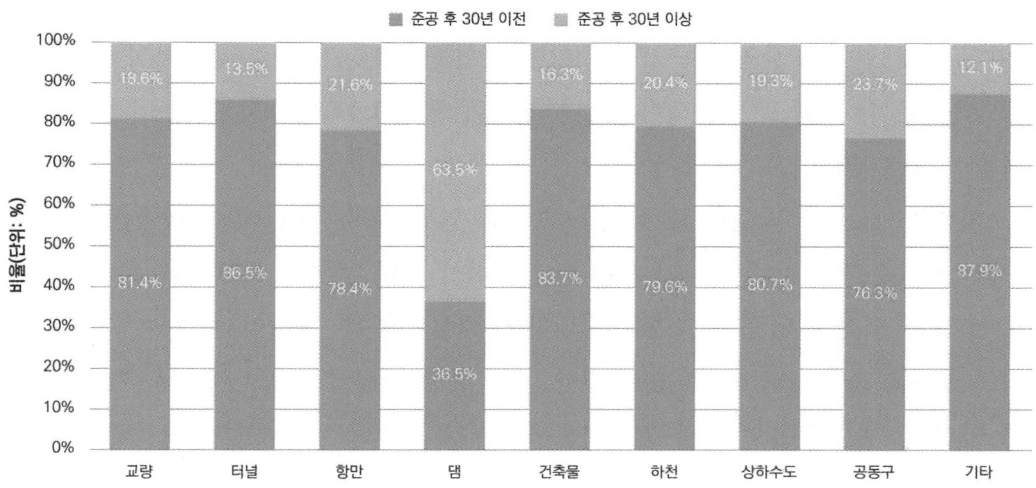

출처: 국토안전관리원, 2022

그림 2 **시설물 노후화 전망(5년, 10년, 20년)**

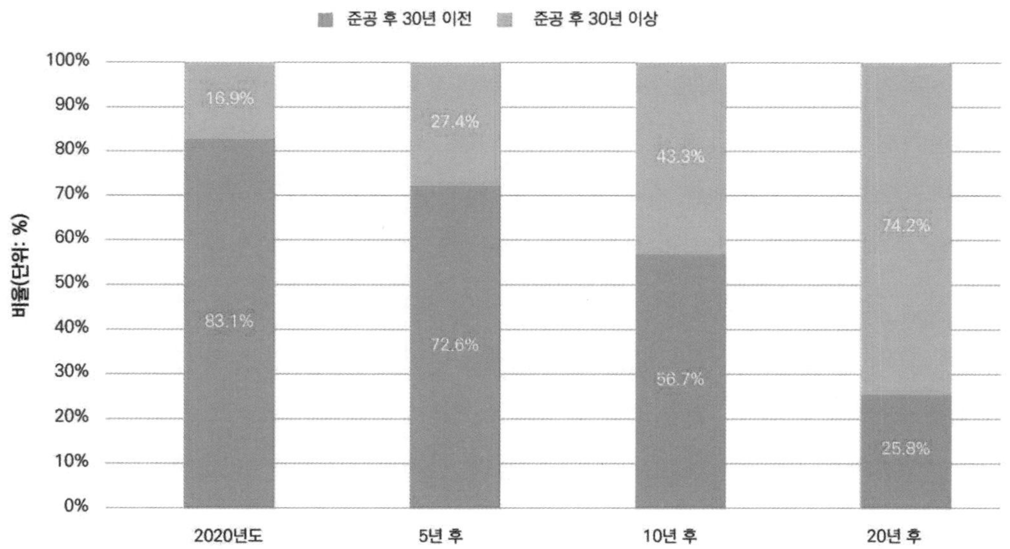

출처: 국토안전관리원, 2022

준공 후 30년이 지난 교량은 전체 교량의 약 18.6%이며, 건축물은 전체 건축물의 약 16.3%를 차지하는 등 적지 않은 시설물 및 건축물의 노후화가 진행되고 있다(그림 1). 5년 후인 2025년에는 준공 후 30년이 지난 시설물이 16,209개소 증가하여 전체의 약 27.4%를 차지할 것으로 예측되며, 10년 후에는 약 43.3%, 20년 후에는 약 74.1%를 차지할 것으로 전망되고 있다(그림 2).

도시 기반 시설물 및 건축물 등의 노후화로 인해 물리적 취약성이 높아진 도시에서는 재난으로 인해 심각한 피해가 발생할 가능성이 크다. 실례로, 2018년 12월 4일 경기도 고양시 백석역 인근 지역에서는 지하에 매설된 온수 배관이 파열되어 약 200m 이상의 도로가 파손되고 약 4,700세대의 온수 공급이 끊겨 난방이 중단되기도 하였다. 해당 사고의 원인은 온수 배관 접합부의 노후화로 인해 온수 배관이 단절되어 폭발한 것으로 조사되었다. 이외에 2017년 7월 20일에 발생한 경기도 고양시 노후 상수도관 파열 사고, 2020년 2월 20일에 발생한 인천광역시 상수도관 파열 사고 등은 도시 기반 시설 노후화로 인한 재난 및 안전사고가 빈번하게 발생하고 있음을 보여준다.

도시화로 인한 도시의 불투수면적 증가도 미래 재난에 대한 도시의 물리적 취약성을 높이는 주요한 원인이다. 우리나라의 경우, 도시화가 계속될 것으로 예측되며 그에 따라 도시공간의 불투수면적도 지속적으로 높아질 것으로 전망된다. 도시화율이 가장 높은 서울특별시의 경우, 급격한 도시화가 진행되기 이전인 1970년에 약 7.8%였던 불투수면은 2020년에 약 52%로 6배 이상 증가하였다. 도시공간의 불투수면 증가는 폭우 등의 극한 기후재난으로 인한 도시홍수의 발생 가능성을 높이고 있다. 과거 도시홍수의 주된 원인은 도시하천이 범람하여 발생하는 외수 범람이었다. 그러나 최근 발생하는 도시홍수의 주요 원인은 과도한 개발에 따른 불투수면 증가로 인해 빗물이 지면에 흡수되지 못해 발생하는 내수 범람으로 분석되고 있다. 결과적으로, 도시공간의 불투수면 증가는 기후변화로 인한 극한 기후재난 발생과 함께 미래 재난에 대한 도시공간의 취약성을 높이는 요인으로 작용할 수 있다.

2. 사회인구학적 취약성 증가

우리나라의 사회인구학적 취약성 증가는 고령인구 비율의 급격한 증가와 출산율 감소로 인한 인구감소에 기인한다. 통계청이 발표한 2022년 고령자 통계에 따르면, 전체 인구 중 약 17.5%(901만 8,000여 명)가 65세 이상 고령인구에 속하는 것으로 집계되었다(통계청, 2022). 가까운 미래인 2025년에는 그 비율이 약 20.6%에 달할 것으로 예측되며 '초고령 사회'에 진입할 것으로 전망되고 있다(그림 3). 우리나라의 고령화 추세는 고령인구 비율이 계속 증가한다는 문제도 있지만 증가 속도도 매우 빠르다는 점에서 심각하다고 여겨진다. 고령인구 비율이 7%에서 14%에 도달하는 데 소요된 기간과 14%에서 20%에 도달하는 데 소요된 기간은 각각 18년과 7년으로 분석되었는데, 이는 전 세계에서 가장 빠른 수준이다(통계청, 2022).

그림 3 우리나라 고령인구 및 생산가능 인구 비율과 합계출산율

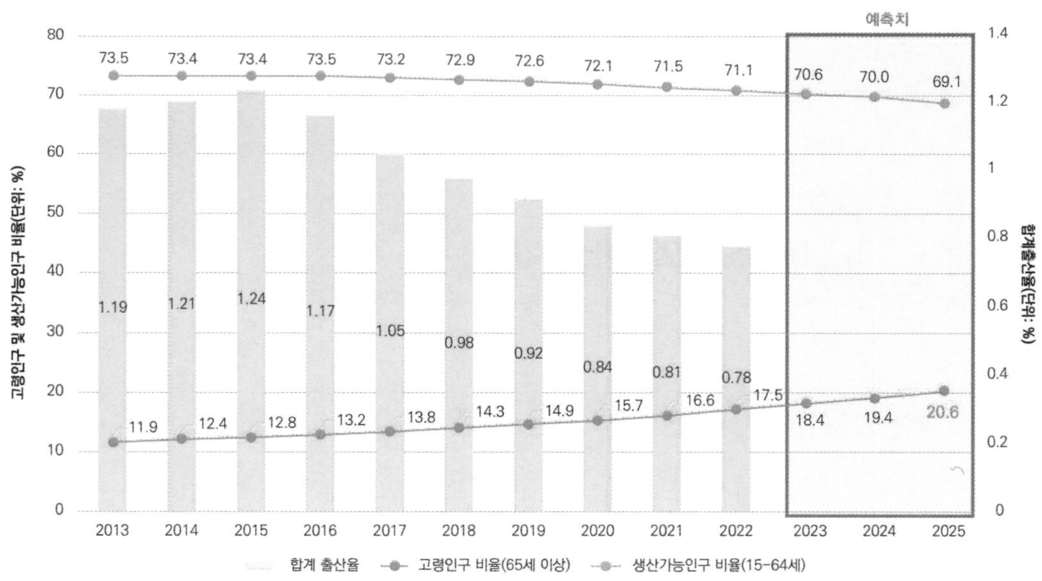

출처: 국가통계포털

고령인구 비율 증가와 맞물려 현재 우리나라는 인구감소 문제도 직면하고 있다. 통계청이 발표한 2022년 출생·사망 통계에 따르면, 2021년 기준 합계출산율은 약 0.78명으로 1년 전보다 약 0.03명 감소하였다(그림 3). 현재와 같은 인구구조를 유지하는 데 요구되는 합계출산율이 약 2.1명인 점을 고려한다면, 이는 매우 낮은 수준이다. OECD 국가들의 평균 합계출산율(약 1.59명)과 비교했을 때도 현저히 낮은 수준이다. 또한, 2016년을 기점으로 우리나라의 합계출산율은 7년째 하락하고 있으며, 2018년에 합계출산율 '1명' 선이 처음 무너진 뒤로 계속해서 저출산 추세가 이어지고 있다. 저출산이 계속되면 짧은 기간 내에 인구감소를 초래할 수 있으며, 이는 지방 소멸로 이어질 수도 있다.

국립재난안전연구원에서 발간한 'Future Safety Issue' 보고서에 의하면, 우리나라는 현재 지방 소도시를 중심으로 지방 소멸 현상이 진행되고 있으며 2030~2040년에는 지방 소멸 현상이 더욱 심각해질 것으로 전망된다(국립재난안전연구원, 2022). 인구 고령화 및 출산율 감소 등 사회인구학적 취약성 증가는 재난 대응이나 피해복구 등 재난관리에 실질적으로 참여할 수 있는 인적 자원의 감소에 영향을 줄 수 있다. 특히, 위와 같은 사회인구학적 변화가 두드러지게 나타나는 비도시 지역은 재난 상황 시 지역의 재난관리를 지원할 수 있는 인적 자원 부족에 직면할 가능성이 매우 높을 것으로 전망된다.

Ⅱ. 미래도시와 재난 위험성

1. 기후변화로 인한 극한 기후재난의 증가

재난의 위험성은 전 세계적으로 높아지고 있으며 그중에서도 기후변화와 관련된 극한 기후재난 등의 위험성은 더욱 높아질 것으로 전망되고 있다. 기후변화는 자연적 기후변동의 범위를 벗어나 더 이상 평균적인 상태로 돌아오지 않는 평균 기후계의 변화를 의미한다(기상청, 2020). 일반적으로 기후변화는 기후의 상태변화가 기후 특성의 평균이나 변동성의 변화를 통해 확인되고, 그 변화가 수십 년 이상 지속되는 것을 말하는데, 이러한 기후변화가 발생하는 원인으로는 크게 태양에너지 변화, 화산활동 등의 자연적 원인과 온실가스 등의 인간 활동으로 인한 대기조성 및 토지이용의 변화 등의 외부강제력의 변화가 제시되고 있다(기상청, 2020).

기후변화는 도시와 관련된 다양한 분야에 부정적 영향을 초래할 가능성이 높은데,

이와 관련하여 기후변화에 관한 정부 간 협의체(Intergovernmental Panel on Climate Change, IPCC)에서는 기후변화 현상이 촉발할 수 있는 다양한 변화와 그 파급효과를 예측하였다 (표 2). 예측 효과를 살펴보면, 여름철 폭염 및 풍수해 재난과 겨울철 한파로 인한 영향이 심각해질 가능성이 매우 높고, 기온 상승으로 인한 가뭄발생 가능성 역시 높은 것으로 예측되었다.

표 2 기후변화가 초래할 수 있는 변화 및 파급효과(IPCC, 2001)

예측 효과	발생확률	높은 확률을 가진 영향의 예시
거의 모든 육상에서 최고 기온 증가, 고온 일수 증가, 폭염 증가	90~99% (매우 가능)	• 노년층과 도시 빈민의 사망과 질병 증가 • 가축과 야생 동물의 열 스트레스 증가 • 관광지 이동 • 작물의 피해 위험 증가 • 냉방을 위한 전력사용 증가 • 에너지 공급 안정성 감소
거의 모든 육상에서 최저 기온 상승, 저온 일수 감소, 한파 감소, 서리일 수 감소	90~99% (매우 가능)	• 추위에 의한 질병 및 사망률 감소 • 작물 피해 위험 감소 • 전염병 및 매개체 감염 질병의 확산 • 난방 에너지 사용 감소
강한 강도의 강수	90~99% (매우 가능)	• 홍수, 산사태, 이류 위험의 증가 • 토양 유실 증가 • 홍수 유량 및 함양 증가 • 방재, 보험 회사, 개인 및 정부의 재정부담 증가 압력
중위도 대륙 내부에서 여름철 가뭄 증가와 관련 리스크 증가	67~90% (가능)	• 곡물 생산량 감소 • 지면 축소에 의한 건물 기초에 대한 위험성 증가 • 수자원의 양과 질의 감소 • 산불 위험의 증가
열대 저기압의 최대 풍속 증가, 강수 강도 최댓값 및 평균 강수 강도의 증가	67~90% (가능)	• 생명의 위협 증가 • 감염병 및 전염병 위험 증가 • 해안 침식, 해안 건물 및 기반 시설의 위험 증가 • 해안 생태계 위험 증가
많은 다른 지역에서 엘니뇨와 연관된 가뭄과	67~90% (가능)	• 가뭄 및 홍수 지속 지역에서의 농업 및 방목장의 생산성 감소

홍수의 강도 증가		• 가뭄 지속 지역에서의 수력 발전량 감소
아시아 여름 몬순 변동성의 증가	67~90% (가능)	• 온대 및 열대 아시아 지역의 홍수 및 가뭄 크기와 위험증가
중위도 폭풍 강도 증가	불확실	• 생명과 건강 위협 증가 • 재산 및 사회 기반 시설 유실 증가 • 해안 생태계의 위험 증가

IPCC의 예측결과와 유사하게, 최근 우리나라에서도 기후변화 현상으로 인한 극한 기후재난의 발생빈도가 증가하고 있다. 기후변화로 인한 극한 기후재난의 대표적인 재난유형은 집중호우, 강풍을 동반한 태풍, 극심한 고온으로 인한 산불 등이 있지만, 우리나라에서는 평균적인 규모 이상으로 발생하는 태풍, 호우 등의 풍수해 재난이 주로 발생하고 있다. 그중 대표적인 사례는 2020년 한반도 전역을 대상으로 발생한 '한반도 폭우' 사례와 2022년 중부권을 중심으로 발생한 '중부권 폭우' 사례이다.

2020년 한반도 폭우의 경우, 54일이라는 역대 가장 긴 장마기간 동안 비가 내린 폭우 사례이다. 해당 기간 동안 전국적으로 평균 약 687mm에 달하는 강수량이 측정되었으며, 이는 평년 강수량의 2배에 달했으며, 비가 내린 날도 평균 28.3일로 평년보다 10일 이상 길었던 것으로 조사되었다. 특히, 남부 일부 지역에서는 500년 빈도의 강우량이 집중적으로 쏟아져, 하천제방이 무너지거나 마을이 침수되고 지하터널이 물에 잠기는 등 피해가 발생하였다. 짧은 기간 동안 쏟아진 집중호우로 인하여 장마철 기간 동안 총 1,548건의 산사태가 발생하여 17명의 사망자가 발생하기도 하였다. 이로 인해 약 6,946명의 이재민과 34,209건의 시설피해, 농경지 약 2만 6천 ha가 피해를 입은 것으로 집계되었다. 2022년 중부권을 중심으로 발생한 폭우의 경우, 2020년 한반도 폭우와 유사하게 짧은 기간 동안 엄청난 강우량을 기록하였다. 서울 동작구 신대방동에서는 1시간 동안 141.5mm의 강우량이 기록되었으며, 이는 80년 만에 가장 높은 강우량 수치였다. 그 밖에도 경기 광명시 일 강우량 319.0mm, 인천 부평구 246.0mm, 강원 철원군 158.0mm 등 중부 대부분 지역에 기록적인 폭우가 내렸다. 이로 인하여 총 19명의 인명피해가 발생하고, 약 3,154억 원의 재산피해가 발생한 것으로 집계되었다.

그 밖에도, 매년 여름철 발생하고 있는 폭염 역시 기후변화로 인한 극한 기후재난 중 하나라고 할 수 있다. 최근 10년(2013－2022년)동안 평균 폭염 일수는 137.3일로, 10

년 전 기간(2003－2012년)의 약 91.8일과 비교했을 때, 약 49.5% 늘어났고, 열대야 일수 역시 69.2일에서 107일로 약 54.6% 늘어난 것으로 분석되었다. 폭염이 지속되는 일수뿐만 아니라, 폭염으로 인한 이상고온 현상도 심화되고 있다. 과거 100년간 축적된 기상데이터를 분석한 결과, 과거 109년 간 전 지구의 평균기온은 10년마다 0.07도씩 상승한 반면 한국은 0.2도씩 상승한 것으로 분석되어, 전 지구 평균 상승률보다 높은 기온 상승률을 보인 것으로 분석되었다. 특히, 1912년부터 1965년에 걸친 기온 상승속도보다 1966년에서 최근(2020년)에 걸친 기온 상승속도가 더욱 커진 것으로 분석되어, 기후변화로 인한 기온 상승 추세가 더욱 강해지고 있는 것으로 나타났다.

세계경제포럼(World Economic Forum, WEF)에서는 전 세계가 직면한 미래의 위험 요인에 관하여 발생 가능성과 파급영향 측면에서 미래의 고위험 요인을 전망하였다. 먼저, 발생 가능성이 높은 위험 요인으로 기후변화와 관련된 위험(극한의 기상이변, 기후변화 완화 및 적응 실패 등)이 도출되었고, 그 밖에 자연재난, 환경 재해, 비자발적 대규모 이주 등이 다음의 주요 요인으로 분석되었다(그림 4). 발생에 따른 파급영향 측면에서는 대규모 인명피해를 발생시킬 수 있는 위험 요인이 주요 요인으로 분석되었는데, 최근 코로나19로 인해 전 세계적인 대규모 인명피해가 발생함에 따라 감염병이 가장 위험한 요인으로 분석되었다(그림 5). 그 외에 발생 가능성 측면의 분석 결과와 유사하게 기후변화와 관련된 위험 요인이 높은 위험성을 지닐 것으로 분석되었다.

그림 4 발생 가능성 측면의 주요 위험 요인

	2016	2017	2018	2019	2020	2021
1st	비자발적 대규모 이주	극한의 기상이변	극한의 기상이변	극한의 기상이변	극한의 기상이변	극한의 기상이변
2nd	극한의 기상이변	비자발적 대규모 이주	자연재난	기후변화 완화 및 적응 실패	기후변화 완화 및 적응 실패	기후변화 완화 및 적응 실패
3rd	기후변화 완화 및 적응 실패	주요 자연재해	사이버 테러	자연재난	자연재난	인간이 만든 환경재해
4th	지역문제로 인한 국가 간 갈등	대규모 테러 공격	정보사기 및 절도	정보사기 및 절도	생물다양성 손실	감염병
5th	주요 자연재난	정보사기 및 절도	기후변화 완화 및 적응 실패	사이버 테러	인간이 만든 환경재해	생물다양성 손실

범례: ■ 경제적 ■ 환경적 ■ 지정학적 ■ 사회적 ■ 기술적

출처: 국립재난안전연구원, 2021

그림 5 **파급영향 측면의 주요 위험 요인**

	2016	2017	2018	2019	2020	2021
1st	기후변화 완화 및 적응 실패	대량살상 무기	대량살상 무기	대량살상 무기	기후변화 완화 및 적응 실패	감염병
2nd	대량살상 무기	극한의 기상이변	극한의 기상이변	기후변화 완화 및 적응 실패	대량살상 무기	기후변화 완화 및 적응 실패
3rd	수자원 위기	수자원 위기	자연재난	극한의 기상이변	생물다양성 손실	대량살상 무기
4th	비자발적 대규모 이주	주요 자연재해	기후변화 완화 및 적응 실패	수자원 위기	극한의 기상이변	생물다양성 손실
5th	심각한 에너지 가격 쇼크	기후변화 완화 및 적응 실패	수자원 위기	자연재난	수자원 위기	천연자연 위기

범례: 경제적 환경적 지정학적 사회적 기술적

출처: 국립재난안전연구원, 2021

전통적인 재난을 대상으로 미래에 위험성이 증가할 것으로 예상되는 재난 유형을 분석한 결과, 자연재난 중에서는 태풍, 홍수, 호우 등 풍수해 재난의 위험성이 가장 높게 예측되었다(그림 6). 풍수해의 경우, 위험도 5등급으로 위험성이 가장 높게 분석되었고, 폭염(4등급), 가뭄(3등급), 산지 재해(3등급) 순으로 위험성이 높게 나타났다. 사회재난 중에서는 미세먼지, 감염병이 5등급으로 위험성이 가장 높았고, 화재(4등급), 정보통신(4등급) 등이 다음으로 높게 전망되었다(그림 6).

그림 6 **자연재난 및 사회재난 유형별 위험도 분석결과**

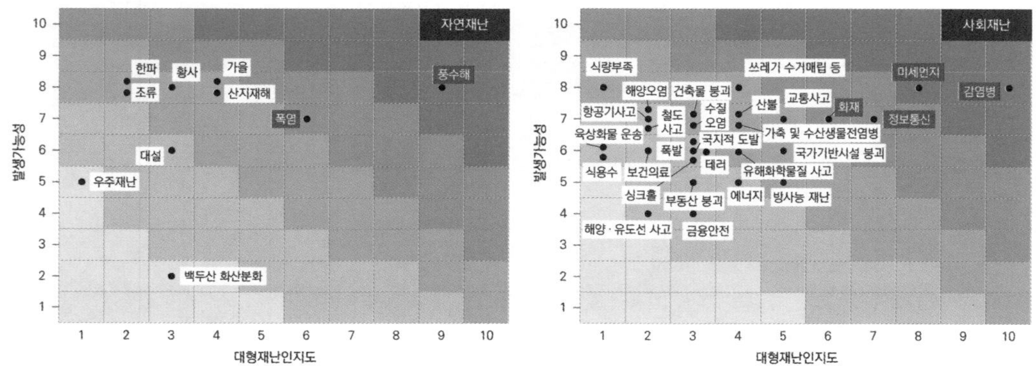

출처: 국립재난안전연구원, 2021

2. 복합재난의 발생 위험 증가

미래의 재난은 복합재난의 형태로 발생할 가능성이 점점 더 커지고 있다. 복합재난(Compound disaster)은 하나의 재난으로 인해 다양한 인적(man－made), 기술적(technological), 자연(natural) 재난이 상호 간의 인과관계와 상관없이 순차적 또는 동시다발적으로 발생하는 재난을 의미한다(Kawata, 2011). 일본에서는 잦은 지진으로 인해 여러 재난이 연쇄적으로 발생하는 사례가 많아 복합재난을 '동시 또는 순차적으로 두 개 이상의 재난이 발생하고 그 영향이 복합화 되어 피해가 심각해질 수 있는 재난'으로 정의하고 있다(박미리, 이영근, 2016). 미국에서는 '일상적인 범위를 벗어나 대규모 사상자, 기반 시설 붕괴, 정부 기능 마비 등 악영향을 끼칠 수 있는 재난'으로 정의하고 있다(박미리, 이영근, 2016).

최근 도시가 도시 구성요소 간 연결성이 강해지고 복잡해지는 초연결사회로 발전됨에 따라 도시의 복합재난 위험성은 높아지고 있다(그림 7). 도시 내 각 영역 간 높아진 상호의존성으로 한 영역의 재난 피해가 다른 영역으로 확산되는 연쇄작용(Cascading effect)의 발생 가능성이 높아지고 있기 때문이다. 이러한 양상은 기후변화 현상의 심화, 도시구조의 노후화 및 복잡성 증가 등 미래도시의 재난위험성 및 취약성이 동시에 높아지는 상황과 맞물려, 더욱 심화될 것으로 전망된다(국토연구원, 2020).

그림 7 대형재난이 복합재난으로 악화되는 과정

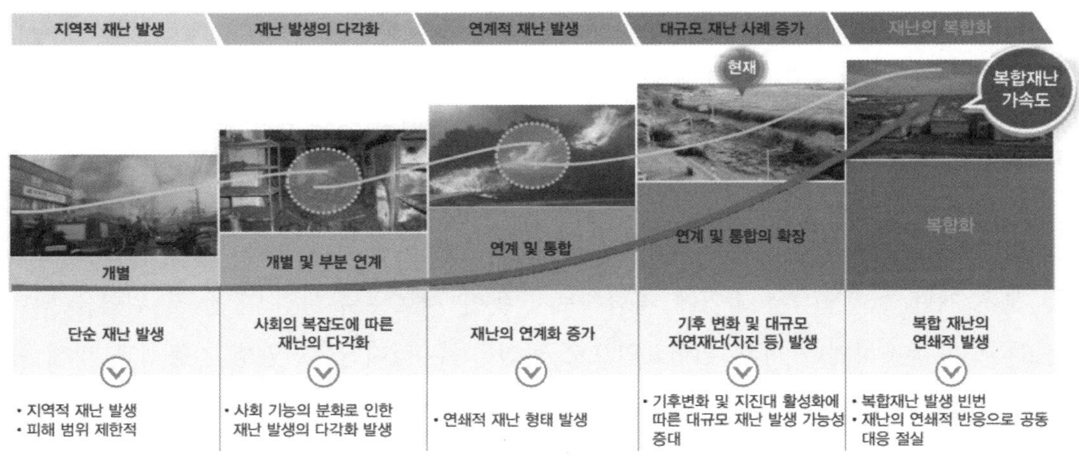

출처: 한국정보통신기술협회, 2017

Natech(Natural Disaster Triggered Technological Disaster) 역시 복합재난의 대표적인 유형 중 하나이다. Natech는 자연재난의 불가항력적인 특성과 복잡한 사회·기술적 시스템에 생기는 문제가 연쇄적으로 결합하여 대규모 재난으로 전개되는 것을 일컫는 용어이다(한국행정연구원, 2013). 전통적으로 태풍, 지진 등의 자연재난은 단기적인 발생에 그치는 데 반해, Natech는 자연·기술 복합재난의 형태로 동시다발적으로 발생하기 때문에 장기간의 재난관리가 요구된다(한국행정연구원, 2013).

Natech의 가장 대표적인 사례는 2011년 동일본 대지진·쓰나미로 인한 후쿠시마 원자력 발전소 폭발 사고이다. 2011년 3월 11일, 도호쿠 지방에 규모 9.0의 지진이 발생하여 후쿠시마 제1 원자력 발전소의 원자로 1~3호기가 긴급 정지되었다. 그 영향으로 원자로 주변 송전선로 및 변전시설 등이 손상되어 외부 전력이 일차적으로 차단되었고 지진 해일이 발전소를 덮쳐 원전 내 모든 전력 시설이 손상되어 전력공급이 전원 차단되었다. 원전 내 전력공급 차단은 원자로 내 냉각수 펌프 가동 중단으로 이어졌다. 냉각되지 못한 열로 인해 원자로 내부의 압력이 높아져 3월 12일에는 1호기, 14일에는 3호기, 15일에는 4호기가 차례로 폭발하였다. 폭발로 인해 다량의 방사성 물질이 대기 중으로 확산하였고, 그 과정에서 토양, 지하수, 바다 등이 방사성 물질로 오염되었다. 또한, 사고의 영향으로 3,500여 명이 원전 폭발 사고에 의해 사망한 것으로 집계되었고, 추산하기 어려운 수준의 방사능 피폭자들도 발생하였다. 해당 사고의 여파는 사고가 발생한 지 10여 년이 지난 현재까지도 이어지고 있으며, 약 16만 4,000여 명의 피난민 중 3만 6,192명이 여전히 고향으로 돌아가지 못한 것으로 보고되고 있다(그린피스, 2021). 또한, 폭발된 원자로를 중심으로 현재까지도 매일 170여 톤의 방사능 오염수가 발생하고 있으며, 방사성 물질로 오염된 토양인 제염토가 처리되지 못한 채 사고 주변 지역에 저장되어 있다.

3. 신규 재난(미래 재난) 발생 증가

신규 재난(미래 재난)은 과거에 경험해보지 못한 새로운 유형의 재난 및 위험을 의미하고 '이미 존재하거나 향후 위험요인으로 발전될 수 있지만 그 발생 가능성과 피해 규모를 정량화하기 어려운 위험'으로도 정의할 수 있다. 자율주행, 인공지능(AI), 드론 등 인간의 생활편의 증진을 위하여 개발된 고도화 기술 역시 재난으로 전개될 수 있는 잠재적 위험성을 지니고 있어 미래 재난의 범주에 속한다고 볼 수 있다.

미래 재난은 불확실성, 파국성, 무경험성, 연계성의 4가지 특징이 있다. 불확실성은 재난의 발생 자체를 예측하는 것이 불확실하고, 재난 피해의 범위 및 전개 양상, 부수적으로 파생되는 영향들을 정확하게 예측할 수 없음을 의미한다. 파국성은 재난에 대한 대응 및 수습 자체가 불가능한 대재앙(Catastrophe) 수준의 피해가 발생하는 것을 의미한다. 무경험성은 과거부터 발생해온 전통적인 재난 이외에 전혀 경험해보지 못한 새로운 재난이 발생하는 것을 의미한다. 마지막으로, 연계성은 재난이 발생했을 때 단일 피해로 끝나지 않고, 도시의 여러 영역에 걸쳐 피해가 계속해서 확산되는 양상을 의미한다.

행정안전부에서는 '미래 재난위험 전망 보고서'를 발간하여 우리나라가 직면한 미래 위험들을 예측하였다. 해당 보고서에서는 미래 재난이 피해 규모가 대형화되어 재난의 위치적 경계가 사라지는 특징이 있음에 주목하였다. 미래의 도시가 초연결 사회로 변화함에 따라 재산 및 인명피해를 넘어서 국가기반시설의 연쇄적인 마비가 발생하는 등 재난 피해의 영향범위도 더욱 광범위해질 수 있음을 제시하였다. 또한, 인공지능(AI), 증강현실 등과 같은 과학기술의 발전으로 인해 생겨날 수 있는 새로운 유형의 재난도 잠재적인 위험 수준이 높을 것으로 여겨진다. 이에 행정안전부는 미래 재난을 '새로 생겨난 재난 유형뿐만 아니라 새로운 환경에서 발생 되는 재난'임을 제시하고, 이와 관련된 주요한 미래 재난을 다음과 같이 전망하였다(표 3).

표 3 미래재난 위험 목록

대분류	미래재난 위험	대분류	미래재난 위험
과학기술	기술재난 (인공지능 사고, 사물인터넷 피해, 사이버 공격 등)	보건/의료	전염병
기후/환경	열염순환정지	재난안전/방재	유전자 조작사고
	태풍		화산폭발
	가뭄		지진해일
	폭염		지진
	산불		대규모 산사태
	토네이도		코로나 질량방출
	해수면 상승		소행성 충돌
	대기오염	사회/경제	대규모 실업
	자원고갈		난민문제
	식량부족		세계경제 붕괴

출처: 행정안전부, 2018

전망된 미래 재난위험 중, 전염병과 관련하여 전 세계는 지난 3년간 코로나 19로 인해 막대한 피해를 겪었다. 코로나 19는 2019년 12월 31일, 중국 후베이성 우한에서 첫 확진자가 발생한 이후, 현재까지 전 세계적으로 약 6억 8,400만 명의 확진자와 687만 명의 사망자를 발생시켰다(그림 8). 우리나라에서도 전체 인구 절반 이상인 약 3,100만 명의 확진자가 발생하였고 총 34,670명의 사망자가 발생하였다. 우리나라의 경우, 발생 초기에 집단감염 형태로 수도권에서 코로나 19 대유행이 시작되었고(1차, '20년 2~5월) 이후 비수도권에서도 확진자가 급증하였다(2차, '20년 8~10월). 이후 요양병원 등 감염 취약 시설 내 집단감염 등을 통해 확진자 수가 급증하기 시작하였으며(3차, '20년 11월~'21년 2월) 이때 처음으로 일일 발생 확진자 수가 1,000명을 초과하였다. 4차 유행기('21년 7월~ 현재)에 접어든 이후부터는 지역사회 내 무증상 감염자 증가, 휴가철 및 연휴 이후 대규모 확산이 반복되면서 확진세가 증가·감소를 반복하였다. 코로나 19는 감염으로 인한 막대한 인명피해를 발생시킨 것뿐만 아니라 간접적인 경제적 손실도 발생시켰다. 코로나 19가 발생한 첫 해에만 전 세계 경제적 손실은 약 3조 3,800억 원에 달하는 것으로 분석되었다. 또한, 국가별로 코로나 19로 인한 피해에 대응하기 위하여 지출한 막대한 예산으로 인해 재정적 위험성도 높아지기도 하였다. 2017년 대비 2021년 3분기 국가 총부채 비율 변화를 분석한 결과, G20 국가들은 평균 약 19.6% 증가하였고 그 중, 우리나라는 약 48.5% 증가한 것으로 분석되었다(한국경제연구원, 2022).

그림 8 코로나 19로 인한 전 세계 확진자 및 사망자 통계(2020.01-2023.03)

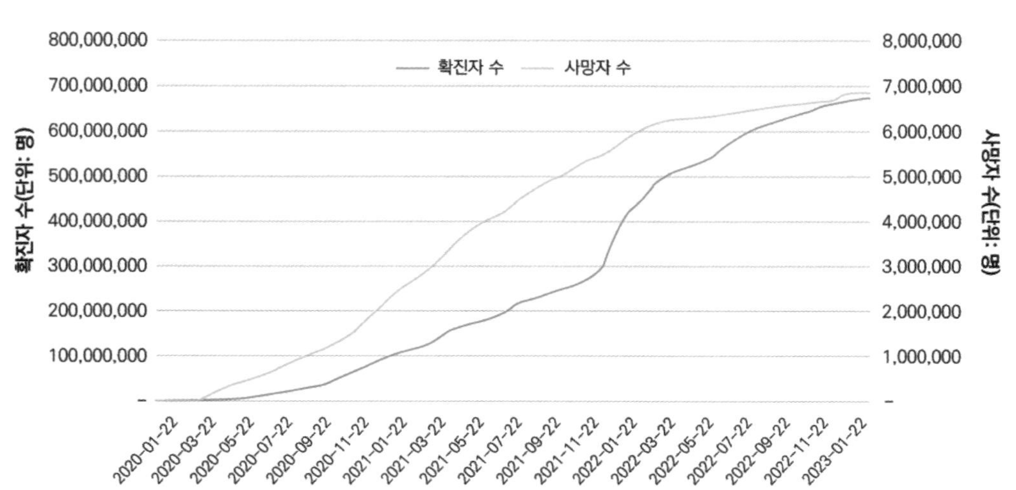

미래 재난 중, 최근 들어서는 초연결된 도시의 특징으로 인하여 재난 피해가 확대된 사례도 종종 발생하고 있다. 2018년 KT 아현지사 지하 통신구 화재 사고와 2022년 SK C&C 데이터센터 화재 사고가 대표적인 사례이다. 2018년 11월 24일, KT 아현지사 건물의 지하 통신구 연결통로에서 화재가 발생하여 통신구 약 79m가 소실되어 서울 한강 이북 서부지역에서는 KT 인터넷, 휴대폰 무선통신 등이 마비되었다. 그 여파로 해당 지역 내 의료시설, 상업시설, 금융시설 등의 인터넷 통신이 마비되어 일정 기간 서비스 기능이 중단되었다. 순천향대학교 서울병원에서는 통신장애로 인해 2시간 동안 환자 진료기록이나 촬영자료 등이 있는 전산 차트 시스템이 마비되어 응급실이 폐쇄되기도 하였다. 2022년 10월 15일에 SK C&C 데이터센터에서 발생한 화재 사고 역시 위와 유사하게 일시적인 통신장애를 발생시켰다. 지하 전기실에서 발생한 화재로 서버 작동에 필요한 전원공급이 차단되었고 카카오를 포함한 해당 건물 입주 기업의 모든 서비스가 다운되었다. 해당 사고로 인하여, 서버가 복구될 때까지 카카오의 메신저, 택시 부름 서비스, 지도 서비스, 주식거래 서비스 이용이 불가능했다.

현재까지 발생한 적은 없지만 잠재적 위험성이 높은 것으로 평가되는 미래 재난 유형도 존재한다. 그중에서도 드론과 관련된 안전사고는 향후 가까운 미래에 발생할 위험성이 높은 것으로 평가되고 있다. 드론은 촬영 등의 취미 수단을 넘어 방제(농약 살포 등), 공연, 교통 관측, 건설, 물류 등 다양한 분야에서 활용되고 있다. 그러나 드론 사용이 증가하면서 드론 배터리 폭발, 드론 간 충돌로 인한 추락, 조정거리 이탈로 인한 추락 등 사고가 증가하고 있다. 드론 안전사고와 관련된 공식적인 통계는 없으나, 국토교통부에서는 최근 5년(2015~2019년) 동안 관련된 사고가 총 11건이나 발생한 것으로 발표하였다. 단, 금융감독원에서 발표한 드론 사고로 인한 보험금 지급건수를 기준으로 살펴보면, 같은 기간 총 704건의 사고가 발생하였고 보험금 지급액은 총 66억 6,000만 원에 달하는 것으로 확인되었다.

III. 미래도시의 재난관리

미래의 환경적 변화 속에서 도시가 지닌 재난 위험성 및 취약성은 계속 증가하고 있으며, 도시가 직면하게 될 미래 재난 유형은 더욱 다양해지고 그 위험성 또한 더욱 커지고 있다. 이에 향후 미래도시에서 발생할 수 있는 재난을 효과적으로 관리하고 선제적인 대비책을 마련하는 것이 중요해지고 있다. 먼저, 미래의 도시는 기후변화 위험으로부터 도시의 안전을 확보하기 위한 근원적 예방대책을 마련해야 한다. 이를 위해 기후변화로 인한 극한 기후재난과 관련된 방재기준을 개선하거나 재해 예방사업 등을 추진함으로써 도시의 내구성을 향상시킬 필요가 있다. 또한, 복잡성과 연계성이 높은 미래도시의 특징을 고려하여 향후 복합재난으로 전개될 수 있는 도시 구성요소에 대한 사전 안전 점검 등을 통해 복합재난 발생을 미리 예방할 필요가 있다. 미래도시 공간을 대상으로 상세한 재난 위험성 및 취약성 평가 등을 시행하여 복합재난으로 전개될 수 있는 위험 요소들이 사전에 식별되어 관리되어야 한다. 마지막으로, 미래도시는 과거에 경험해보지 못한 새로운 재난으로부터 피해를 입을 가능성이 크기 때문에, 그에 대한 선제적인 대비가 필요하다. 이를 위하여 미래도시에서 발생할 수 있는 다양한 재난에 관한 피해 시나리오를 개발하여 미래 재난으로 인한 피해를 사전에 모의하는 것이 중요할 것이다. 또한, 미래 재난과 관련된 대응훈련을 병행함으로써 미래 재난에 선제적으로 대비할 수 있어야 한다.

참고문헌

관계부처합동. (2022). 제4차 재난 및 안전관리 기술개발 종합계획(안) (2023-2027)

국립재난안전연구원. (2021). Future Safety Issue: 시나리오로 본 우리나라 미래 재난 전망

국립재난안전연구원. (2022). Future Safety Issue: 지방소멸과 재난안전.

국토안전관리원. (2022). 2021 국토안전 통계연보.

국토연구원. (2020). 대형재해에 대비한 도시복합재난 관리방안 연구: 재난관리지도 구축 및 활용을 중심으로.

국토연구원. (2022). 기후위기시대 도시침수 예방대책: 2022년 수도권 집중호우의 교훈, 국토이슈리포트, 67.

그린피스. (2021). 2011-2021 후쿠시마 방사성 오염의 현실.

기상청. (2020). 기후변화과학 용어 설명집.

박미리 · 이영근. (2016). 대형복합재난의 주요사례와 시사점. Disaster Prevention Review, 18(3): 19-27.

박종철 · 채여라. (2020). 폭염으로 인한 온열질환자와 초과사망자 분석. 대한지리학회지, 55(4): 391-408.

통계청. (2021). 인구주택총조사.

통계청. (2022). "2022 고령자 통계". 2022.09.29.

한국경제연구원. (2022). "코로나 19 이후 G20의 국가총부채는 감소, 우리나라는 계속 증가". 2022.05.04.

한국행정연구원. (2013). Natech 재난관리방안 연구.

한국환경연구원. (2020). 2020 폭염영향 보고서.

한국환경연구원. (2020). 2020년 홍수 현황과 항구적 대책 방향.

행정안전부. (2018). 미래 재난위험 전망 보고서.

행정안전부. (2021). 2020 재난연감.

행정안전부. (2021). 2020 재해연보.

Kawata, Y. (2011). Downfall of Tokyo due to devastating compound disaster. *Journal of Disaster Research*, 6(2): 176-184.

제3편

미시적 관점

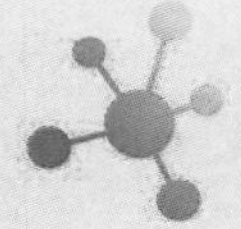

제11장

모빌리티 혁신과 교통정책

윤대식(영남대학교 명예교수)

생각해보기

- 우리나라 도시에서 도심항공교통(Urban Air Mobility, UAM)이 상용화되려면 어떤 여건이 마련되어야 할까?
- 자율주행차는 도시에 어떤 변화를 가져올까?
- 우리나라 도시의 미래 교통정책은 어떻게 변해야 할까?

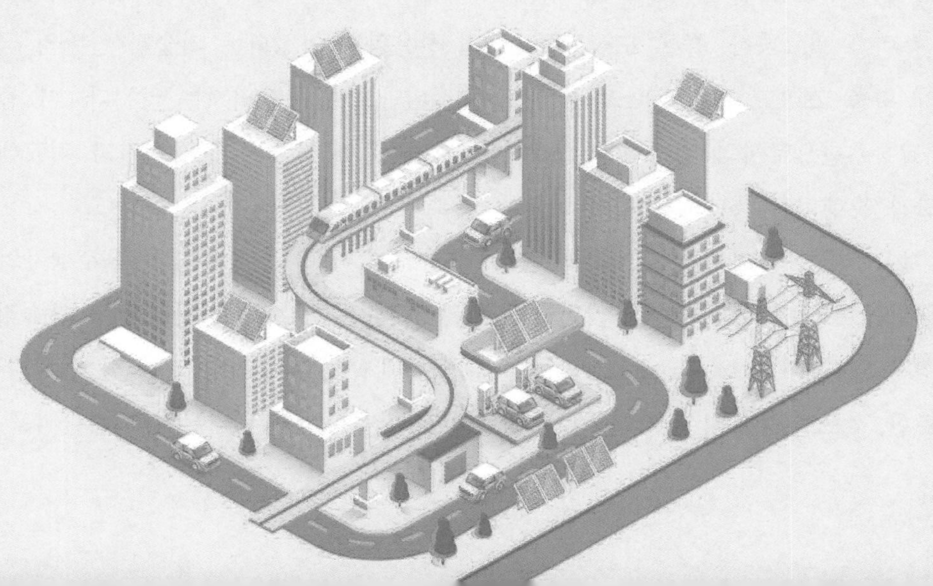

Ⅰ. 모빌리티의 혁신의 미래

1. 새로운 모빌리티의 출현

사람이나 화물을 어떤 장소에서 다른 장소로 이동시키는 교통 서비스가 공급자의 관점에서 만들어진 용어라면, 최근 들어 빈번하게 쓰이는 모빌리티(mobility) 서비스는 수요자의 관점에서 만들어진 용어라고 볼 수 있다. 모빌리티 서비스는 사람과 화물의 이동의 수요를 충족시키기 위한 것으로, 모빌리티 서비스는 기술혁신과 함께 빠르게 발전하고 있어 그 끝을 짐작하기 힘들 정도이다. 공상과학(SF) 영화에서나 나올 법한 하늘을 나는 플라잉 카(flying car)부터 운전자 없이 무인으로 운행되는 자율주행차까지 머지않아 현실이 될 것으로 보인다.

플라잉 카로 불리는 도심항공교통(Urban Air Mobility, UAM)은 수직 이착륙이 가능한 만큼 활주로가 필요 없다. 따라서 도시 내 교통수단으로 활용이 가능하며, 특히 도로교통 혼잡이 심한 대도시에서 상용화가 기대된다. 국내외 관련 업체들이 앞다투어 개발하고 있고, 기술적 장애는 크지 않을 것으로 보인다. 다만 우리가 경험해 보지 못한 교통수단의 등장으로 항로와 관제 시스템의 개발과 함께 제도적 측면에서 많은 준비가 필요하다. 이뿐만 아니라 이착륙장인 버티포트(verti－port)를 포함한 관련 인프라의 건설, 다른 교통수단과의 환승 시스템 구축을 포함해서 도시 전체의 교통계획 차원에서 대응과 준비가 필요하다. 물론 도심항공교통의 상용화와 활성화는 기술적 난관의 극복과 인프라 확충 그리고 운영 시스템과 제도의 정비만으로 보장되지는 않는다. 더 중요한 것은 교통수단으로서의 경쟁력을 확보하는 것이다. 결국 다른 교통수단과 비교해서 통행시간과 통행비용 측면에서 경쟁력을 가질 수 있는가가 관건이다.

자율주행차의 개발은 모빌리티 혁신의 또 다른 큰 줄기이다. 자율주행차의 개발은 도심항공교통보다 해결해야 할 기술적 난관이 더 많은 것으로 판단된다. 테슬라의 최고경영자 일론 머스크(Elon Musk)가 “자율주행차 개발이 이렇게 어려울 줄 몰랐다”(2021)고 실토한 것으로 충분히 짐작이 가는 대목이다. 자율주행차는 자본력과 기술력을 가진 글로벌 빅테크 기업들이 뛰어들면서 기술혁신의 속도가 빠를 것으로 예측되었으나, 예상보다 더딘 기술개발로 인해 운전자가 필요 없는 완전 자율주행차의 출현은 다소 시간이 걸릴 것으로 전망된다. 따라서 자율주행차와 관련된 기술은 단계별로 적용되고 실현될 것으로 판단된다.

아무튼 자율주행차 관련 기술의 실용화는 교통사고 감소와 도로교통 소통에 큰 기여를 할 것으로 기대된다. 아울러 자율주행차의 보급은 공유교통 활성화의 새로운 모멘텀이 될 것으로 예상된다. 공유교통 서비스를 제공하는 우버(Uber), 리프트(Lyft) 등과 같은 기업들은 운전자 없는 자율주행차의 활용으로 비용 절감을 이룰 수 있고, 개인들의 경우 더욱 값싼 비용으로 편리한 공유교통서비스를 받을 수 있어 자동차 소유가 줄어들고 도로수요와 주차수요도 함께 줄어들 것으로 전문가들은 내다보고 있다.

모빌리티 혁신은 역사적으로 보면 우마차(牛馬車)에서 자동차와 철도로 그리고 이제는 플라잉 카와 무인 자율주행차로 나아가고 있다. 이러한 모빌리티 혁신은 인간의 활동을 담는 도시공간의 혁신을 추동(推動)할 것임은 자명하다. 이제 우리도 모빌리티 혁신을 담을 수 있는 미래도시 청사진을 차근차근 준비해야 한다.

2. 자율주행차와 도시의 미래

자율주행차는 '자동차 스스로 주변 환경을 인식하고 위험을 판단해 운전자의 차량 운전을 최소화하며, 출발지에서 목적지까지 주행경로를 스스로 계획하여 안전하게 주행이 가능한 자동차'이다(이백진, 김광호, 2017: 28). 자율주행차의 개발은 기술적인 난관도 많고, 상용화를 위해서는 제도적으로 해결해야 할 과제도 없지 않다.

현재 자율주행 기술은 운전자가 모든 것을 조작하는 0단계부터 완전한 무인운전이 가능한 5단계까지 6단계로 구분되어 개발되고 있다. 1단계는 운전자 보조, 2단계는 부분 자동화, 3단계는 조건부 자동화, 4단계는 고도 자동화, 5단계는 완전 자동화 단계이다. 현재는 기업마다 다소의 차이는 있지만 대부분 3~4단계의 기술개발이 진행 중인 것으로 알려진다. 따라서 자율주행차와 관련된 기술은 단계별로 적용되어 상용화될 것으로 보인다.

자율주행차의 출현으로 나타날 사회적 편익은 기술의 발전 단계에 따라 다소 다를 수 있지만, 가장 크게 기대되는 편익은 교통사고 감소이다. 자율주행은 운전자의 부주의나 졸음, 음주 등으로 발생할 수 있는 교통사고를 획기적으로 줄일 수 있을 것이다. 그리고 도로교통 혼잡을 해소하는 데도 도움을 줄 것이다. 자율주행차는 최소한 고속도로(자동차전용도로)나 인프라가 잘 갖춰진 신도시에서는 교통혼잡에 대한 효율적인 대응이 가능할 것으로 판단되기 때문이다. 여기에다 자율주행차의 출현은 값싸고 편리한 교통 서비스의 혜택을 가능하게 하여 승용차(자가용) 수요의 감소와 함께 도로와 주차수요의 감소도 함께 나타날 것이다. 이렇게 되면 도로와 주차장에 과도하게 많이 할애된 도시공간의 재편이 가능할 것이다. 궁극적으로 자동차가 아닌 시민을 위한 도시공간의 비중이 커지게 된다. 이뿐만 아니라 자율주행차는 도로 투자의 경제적 타당성을 분석할 때 쓰이는 통행의 시간가치(value of time)에 대한 개념을 획기적으로 바꿀 것이다. 왜냐하면 자율주행차는 이동 중에 운전자가 영화나 공연을 보거나 업무를 볼 수도 있기 때문이다. 아울러 교통 서비스 사각지대에 있는 교통약자(고령자, 장애인 등)의 여러 가지 제약요인도 크게 경감시킬 수 있을 것으로 판단된다.

한편 자율주행차의 상용화를 위해서는 제도적으로 해결해야 할 과제도 있다. 가장 중요한 것은 사고 발생 시 법적 책임에 관한 문제이다. 사고가 나면 자율주행차 제조사의 책임인지, 아니면 운행자의 책임인지 가려내기 어려운 경우가 많이 발생할 수 있기 때문이다.

자율주행차의 상용화에 여러 가지 걸림돌이 있지만, 자율주행차의 출현은 예고되어 있다. 자율주행차는 교통수단으로서의 편리함과 통행시간 감소, 도로와 주차수요의 감소에 더해 도시공간구조에도 많은 변화를 초래할 수 있다. 역사적으로 보면 교통수단의 변화와 혁신에 따라 도시의 운명이 바뀌기도 했고, 도시 내에서 새로이 뜨거나 쇠퇴하는 지역도 나타났다. 이제 자율주행차의 출현을 변수가 아닌 상수로 두고 도시의 미래를 준비해야 한다.

3. 자율주행차가 가져올 파급효과

제4차 산업혁명 시대에 모빌리티(교통)의 가장 혁신적인 변화는 자율주행차의 등장일 것이다. 자율주행은 경로선택, 차선(차로) 유지, 차선 변경, 가·감속 제어, 긴급 시

제동 등을 운전자가 아닌 차량이 수행한다. 따라서 자동차의 자율주행은 인지(도로, 교통 상황 등), 판단(상황 대처), 제어(차량 제동) 등의 일련의 과정을 거쳐 수행된다(김규옥, 2015: 21). 자율주행차의 도입이 교통현상과 교통계획에 미칠 수 있는 영향과 교통계획 대안의 평가(비용－편익 분석) 시 고려가 필요한 사항을 살펴보면 다음과 같다(이백진, 김광호, 2017: 30－32).

① 교통 이용행태: 자율주행차로 통행하는 시간, 즉 통행시간에 대한 가치가 변화할 것이다. 통행시간이 '소비'가 아니라 '이용'이라는 개념으로 전환되는 것이다. 자율주행차를 이용하면 긴장된 상태로 운전하는 것이 통행이 아니라, 이동 중 업무, 회의, 엔터테인먼트(entertainment) 등의 다양한 활동이 가능해져 자동차가 이동수단에서 움직이는 사무실(mobile office)로 기능적인 변화를 할 수도 있다. 따라서 교통수요 분석 시 여러 단계에서 중요하게 고려되는 변수인 통행시간이 번거롭고 불편하기만 한 마찰인자(friction factor)나 비효용(disutility)의 요소가 아니라, 다른 활동에 활용이 가능한 시간으로 전환될 수 있다. 이렇게 될 경우 교통수요 분석의 여러 단계에 획기적인 영향을 미칠 수 있다. 아울러 교통계획 대안의 평가를 위한 비용-편익 분석에도 획기적인 영향을 미칠 것으로 보인다. 예컨대 많은 교통 프로젝트(예: 도로 건설)는 통행시간 절감편익을 가져다주는데, 자율주행차의 도입으로 통행시간 절감편익이 획기적으로 줄어들 수 있다. 한편 자율주행차는 편리해진 차량 운전과 조작으로 청소년들과 고령자들의 차량통행(vehicle trip) 발생을 급격히 증가시킬 수도 있어 통행시간 가치의 변화와 함께 교통수요 분석의 대부분의 단계에 큰 영향을 미칠 것으로 전망된다.

② 교통운영: 자율주행차는 차량끼리 통신함으로써 군집운행이 가능하다. 그리고 군집 내 모든 차량이 동시에 가감속을 할 수 있어 차간 거리를 좁힐 수 있다. 아울러 차량 좌우의 거리도 좁힐 수 있어 차선 개념이 없어지거나, 2차로를 3차로처럼 이용할 수도 있다. 이에 따라 궁극적으로 도로용량이 증가되고, 이로 인해 자동차 배기가스 배출량의 감소도 기대된다. 이러한 영향은 교통수요 분석의 여러 단계에서 고려가 필요하고, 아울러 교통계획 대안의 평가를 위한 비용-편익 분석에서도 고려가 필요할 것으로 보인다.

③ 교통안전: 자율주행차는 인적 요인(예: 졸음운전, 운전미숙)으로 인해 발생하는 교통

사고를 획기적으로 감소시킬 수 있을 것으로 전망된다. 이러한 영향은 교통계획 대안의 평가를 위한 비용-편익 분석에서 고려가 필요할 것이다.

④ 도시공간구조: 자율주행차는 사람들의 공간적 이동성, 접근성, 편리성을 획기적으로 개선할 것이다. 이에 따라 사람들의 활동 영역이 공간적으로 더 확대될 수 있다. 그리고 장거리 운전에 대한 부담이 줄어들어 직장과 주거지의 입지를 선택하는데 유연성이 높아져 도시의 공간적 확산을 유도할 수도 있다. 이러한 도시공간구조의 변화는 교통계획 대안의 검토 시에 고려될 필요가 있다.

자율주행차의 도입은 차량 자동화 기술의 발전과 자율주행을 지원할 수 있는 교통 인프라의 구축에 달려 있다. 최근 급속하게 발전하고 있는 자율주행 기술의 발전으로 자율주행차의 도입은 머지않아 실현될 것으로 전망되는 만큼, 교통수요 측면에서 자율주행차의 도입이 미치는 파급효과를 분석하는 것이 중요한 연구과제가 될 것이다. 즉 자율주행차의 보급에 따른 통행행태와 교통수요의 변화 등에 대한 분석이 새로운 연구과제로 등장할 것이다. 아울러 교통계획 대안의 평가에서 고려가 필요한 사항을 분석하는 것도 매우 중요한 연구과제가 될 것이다.

4. 도심항공교통(UAM)의 상용화를 위한 조건

하늘을 자유롭게 날아다니는 것은 인류의 오래된 꿈 중의 하나이다. 라이트 형제가 세계 최초의 동력 비행기를 만들고 1903년 시험 비행에 성공한 지 120년이 지난 이제 플라잉 카(flying car)로 불리는 도심항공교통(Urban Air Mobility, UAM)의 상용화가 우리 눈앞에 다가왔다. UAM은 많은 국내외 기업과 연구소들이 기체를 개발하고 있는데, 그 가운데는 수직 이착륙이 가능해서 활주로가 필요 없는 것도 있고, 이륙을 위해 활주로가 필요한 것도 있다. 그리고 도로를 달리다가 비행 모드로 전환해 비행할 수 있는 것도 있고, 그렇지 않은 것도 있다. 국내 대기업과 연구소는 수직 이착륙이 가능한 기체(electric Vertical Take-off & Landing, eVTOL)를 개발 중이며, 전기를 동력으로 해서 무인 자율 비행이 가능한 저소음 기체를 개발 중이다. 그러나 도로 주행 기능까지는 포함하지 않는 것으로 알려져 있다.

UAM은 도로교통 혼잡이 심한 대도시에서 먼저 상용화될 것으로 전망된다. UAM

기체 제작을 선도하는 미국 Joby사(Joby Aviation)가 개발 중인 기체(S-4)는 미국 연방항공청(FAA)으로부터 기체 인증을 받은 만큼, 머지않은 장래에 상용화가 예상된다. Joby사는 서비스 시행 초기 요금을 1마일(약 1.6km)당 3달러(약 3,700원)로 제시하고 있다. 그렇게 되면 서울역에서 인천공항까지 약 13만 원을 지불하고 10분 만에 갈 수 있다. 그러면 UAM 요금은 택시비의 2배가 되고, 통행시간은 6분의 1로 줄어든다. 이 정도의 요금 수준이면 바쁘고 시간가치가 큰 기업가는 물론이고, 대기업의 임원이나 전문직 종사자들에게는 매력적인 교통수단이 될 수 있다. 따라서 교통혼잡이 심하고 고소득자가 많은 서울과 수도권에서는 UAM의 상용화가 가능한 시장이 만들어질 것이다.

그러나 지방도시의 경우 도로 교통체증이 심각하지 않은 도시들도 많고, 고소득자가 상대적으로 적어서 UAM의 시장이 만들어질지 의문이다. 아울러 UAM 서비스는 도로 교통체증이 심각한 도시 외에도 산악지역이나 도서(島嶼)지역과 같이 육상교통이나 해상교통이 불편한 지역에 수요가 많다. 그러나 산악지역이나 도서지역 주민들은 요금을 감당할 수 있는 경제적 능력(affordability)이 문제다.

UAM의 상용화를 위해서는 갖추어야 하는 인프라도 많다. 가장 중요한 인프라는 UAM의 이착륙을 위한 버티포트(verti-port)다. 도시의 특성에 따라 다소 다르겠지만, 버티포트의 확보는 매우 중요하고 어려운 과제다. 버티포트는 일정 규모 이상의 부지를 필요로 하고, 이착륙에 따른 소음과 안전도 함께 고려해서 입지가 결정되어야 한다. 그리고 UAM은 다른 대중교통수단과 마찬가지로 문전(door-to-door) 서비스가 불가능한 근본적인 한계를 가진다. 따라서 버티포트의 입지는 이용자들의 접근성이 좋고, 다른 교통수단과의 환승이 편리한 곳(예: 철도역, 도시철도역)이어야 활성화될 수 있다.

UAM은 여러 가지 기술적 한계로 주행거리가 제한된 도시 교통수단이다. 그리고 UAM의 상용화는 기체 개발을 위한 기술적 난관의 극복만으로 되는 것은 아니다. 따라서 도시의 여건에 맞는 요금체계와 관련 인프라의 적절한 확충이 무엇보다 중요하다. 이제 UAM의 개발과 상용화를 위한 기술적 이슈뿐만 아니라, 제도, 인프라, 운영 등에 대해서도 광범위한 논의가 필요하다.

5. 공유교통의 현주소

최근 동서양을 막론하고 인간은 '소유'에서 '공유'로 소비패턴을 변화시키면서 공유경제(sharing economy)가 소비경제의 새로운 경향으로 자리 잡아가고 있다. 비록 자본주의가 발달하면서 사유재산 제도가 강화되어 많은 사람이 '공유'의 개념을 낯설어 하지만 21세기 들어 점점 익숙해지는 용어가 되었고, '공유'는 소비에 있어서 효율성을 확보하기 위한 수단으로 많은 분야에서 채택되고 있다.

공유경제는 이미 생산된 제품이나 서비스를 여럿이 공유해서 사용하는 소비경제를 말하며, 예를 들면 우버(Uber)와 에어비앤비(Airbnb)가 대표적이다. 공유경제가 우리의 삶에 들어오면서 그 핵심에 공유교통(transport sharing)이 자리를 잡기 시작하였고, 우리나라의 많은 도시에서도 다양한 형태의 공유교통이 도입되고 있다(신희철, 2019: 34).

21세기 들어 공유경제의 시대를 맞아 자동차의 개념이 '소유'에서 '공유'로 바뀜에 따라 차량은 서비스의 제공 수단이라는 인식 변화가 일어나고 있다. 공유교통은 승차공유(ride sharing), 차량 공유(car sharing), 주차 공유(parking sharing)는 물론이고, 최근에는 국내외 많은 도시에서 퍼스널 모빌리티(personal mobility)에 해당하는 자전거, 전동킥보드, 스쿠터 등에도 공유의 개념이 도입되어 활용되고 있다.

승차 공유는 일부 부작용과 사회적 이슈를 내포하고 있어 우리나라 도시에 도입하는 데는 심도 있는 사전 검토가 필요하다. 그러나 차량 공유는 우리나라에서 현행법을 벗어나지 않는 범위 내에서 이미 여러 곳에서 도입되어 운영되고 있다.

차량 공유, 주차 공유, 퍼스널 모빌리티의 공유는 대체로 사회적 부작용이 적고, 설령 부작용이 있다고 하더라도 매우 사소한 이익의 충돌에 불과한 것으로 판단된다. 따라서 적극적인 도입방안을 검토할 필요가 있다. 차량 공유, 주차 공유, 퍼스널 모빌리티의 공유는 해외는 물론이고 국내에서도 많은 도입사례가 있고, 최근 하루가 다르게 발전하고 있는 정보통신 기술을 접목하면 효율적인 공유교통 운영에 필요한 기술적인 장애가 없다. 이런 이유로 시민들의 교통 서비스 만족도를 높이는 데 기여가 가능할 것으로 판단된다.

차량 공유 서비스는 미국 등 선진국을 중심으로 민간기업이 사업 주체가 되어 일상적인 서비스를 제공하고 있다. 최근에는 코로나 팬데믹으로 주춤했지만, 이들 기업이 선진국과 후진국을 막론하고 많은 나라에서 음식 배달, 전기자전거, 오토바이, 전동킥보드 및 스쿠터 등의 퍼스널 모빌리티(personal mobility)와 연계한 다양한 서비스를 제공하고 있다. 차량 공유 서비스를 제공하는 대표적인 기업은 우버(Uber)이며, 이외에도 리프트(미국, 캐나다), 고젝(인도네시아), 그랩(말레이시아 등 동남아시아), 올라(인도), 디디추싱(중국) 등의 기업들이 차량 공유 서비스를 제공하고 있다(신희철, 2019: 38).

공공자전거 대여 시스템은 자전거가 필요한 사람이 주변 자전거 터미널에서 자전거를 대여받아 이용한 후, 원하는 터미널에 반납하는 시스템이다. 공공자전거 대여 시스템은 프랑스 파리, 네덜란드 암스테르담 등의 유럽 도시들에서 일찍이 도입되었으며, 이제는 전 세계 많은 도시에서 도입되어 운영되고 있다.

최근에는 일부 선진국 도시들에서 퍼스널 모빌리티 공유 서비스가 속속 도입되고 있으며, 전동킥보드 및 스쿠터 등이 주로 활용되고 있다. 이들 퍼스널 모빌리티들은 공공자전거 대여 시스템과 마찬가지로 필요한 사람이 대여받아 이용한 후, 원하는 곳에 반납하는 단기간 대여방식으로 운영되고 있다. 퍼스널 모빌리티 공유 시스템은 라임(Lime)사가 자전거 셰어링 시스템의 자전거 보관 및 재배치 관련 문제를 해결하는 과정에서 개발되었다. 본격적인 서비스는 2017년 미국 캘리포니아주에서 시작되어 폭발적인 인기를 누리면서 현재는 미국 도시들과 유럽, 남미, 아시아 등에도 전파되어 있다. 이 시스템은 스마트폰 애플리케이션을 기반으로 하는데, 이용자는 앱을 통해서 근처의 전동킥보드 및 스쿠터를 검색하고 이용할 수 있으며, 반납 시에도 앱을 활용해 이용을 종료하고 비용을 지불한다. 아울러 이 시스템은 전동킥보드 및 스쿠터의 대여 및 이용뿐만 아니라, 충전 및 재배치와 같은 사후관리까지도 이용자들이 일정 금액을 대가로 받으면서 자발적으로 수행하는 것을 특징으로 한다(최성택, 2019: 6).

6. 공유교통의 미래

공유교통은 정보통신 기술의 발달과 혁신적인 플랫폼 기업의 등장으로 빠르게 발전하고 있다. 다만 현실적으로 기존 사업자의 이해관계와 근로자들의 생계에 미치는 충격을 최소화하면서 도입이 쉬운 영역부터 도입하는 것이 필요하다. 그렇다고 다른 국가들에서 빠르게 도입하고 있는 공유교통 서비스를 기존 사업자와 근로자의 보호를 위해서

무작정 도입을 미룰 수는 없다. 왜냐하면 수요자도 좋은 서비스를 받을 권리가 있고, 관련 산업의 발전도 팽개칠 수 없기 때문이다.

공유교통 가운데 공공자전거 대여 서비스와 퍼스널 모빌리티 공유 서비스는 다른 공유교통에 비해 상대적으로 기존의 경쟁자가 없어 도입에 큰 부담이 없다고 볼 수 있다. 그러나 이들 두 가지 서비스는 안전과 관련된 취약점과 함께 기존 도로에서 통행로를 확보하는데 다소의 제약이 있는 만큼, 이에 대한 대책이 필요하다. 특히 공공자전거와 퍼스널 모빌리티는 중장거리 교통수단으로 볼 것이 아니라, 단거리 지선(feeder) 서비스 중심으로 운영한다면 대중교통수단의 수송 분담률을 높이는데도 크게 기여할 수 있을 것으로 판단된다.

승차 공유와 차량 공유 서비스는 주로 민간이 제공할 수 서비스 영역으로, 기존의 유사 서비스를 제공하는 사업자와 이해 상충이 발생할 수도 있고, 법과 제도적인 여건이 마련되어야 도입이 가능한 것도 있다. 따라서 이들 서비스는 사회적으로 수용이 가능한 범위 내에서 도입을 검토하는 것이 바람직하다. 차량 공유 서비스는 지방자치단체가 제한된 범위 내에서 추진하면 정치적 부담이나 사회적 갈등을 수반하지 않으면서 추진할 수 있는 사업으로 판단된다. 예컨대 저소득층과 취약계층을 대상으로 제한적인 서비스를 제공하면 기존 사업자(택시업계)의 반발도 무마할 수 있고, 시민들의 호응을 받을 수 있을 것이다.

향후 자율주행차의 도입은 차량 공유 서비스의 시장 확대에 엄청난 영향을 미칠 것으로 전망되고 있다. 자율주행차의 도입은 차량 공유 사업자에게는 비용 절감이 가능하게 하고, 수요자에게는 지금까지 경험하지 못한 편리함을 제공할 것으로 판단된다. 이러한 이유로 자율주행차의 상용화는 승용차 수요를 감소시키고, 동시에 주차장 수요도 감소시킬 것으로 전망되고 있다.

한편 주차장 공유제는 우리나라의 많은 도시에서 주차문제가 심각한 만큼, 도입의 필요성이 매우 큰 영역이다. 그리고 주차장 공유제는 큰 정치적 부담이나 사회적 갈등을 수반하지 않으면서 추진할 수 있는 공유교통의 하나다. 주차장 공유제는 주차장 이용의 피크 시간대가 시설 용도별로 다소 다르다는 사실을 감안하여 공공시설(공공청사, 학교 등)이나 민간시설(아파트 포함)의 주차장을 특정 시간대에 개방하여 이용하는 사업이다. 이때 지방자치단체는 중개자의 역할을 하면서 주차장 공유를 신청하는 기관, 업체, 아파트 등에 일정한 인센티브를 제공하여야 한다. 주차장 공유제의 활성화는 지방자치단체의 의지와 주차장 공유에 따른 인센티브의 크기에 달려 있는 만큼, 현실적이고 실효성 있는 인센티브와 제도를 구체적으로 설계할 필요가 있다.

Ⅱ. 교통정책의 새로운 방향

1. 교통정책 목표 변화 필요

교통정책의 가장 전통적인 목표는 이동성(mobility)과 접근성(accessibility)의 향상이라고 할 수 있으며, 지난 수십 년간 선진국과 개발도상국을 막론하고 이 두 가지 목표를 달성하는데 교통정책의 초점이 두어져 왔다. 그 결과 정책당국자들은 주어진 도로구간에서의 '운행속도(operating speed)'를 교통정책의 가장 중요한 성과척도로 삼아 왔다. 최근에는 교통안전도 교통정책의 중요한 목표로 다루어지고 있어 매우 다행스러운 일이다. 그러나 안전성(safety)은 3E(Engineering, Enforcement, Education)의 세 가지 방안이 강조되고 있는 만큼, 정책적인 이슈라기보다는 시설투자, 제도 그리고 안전교육이 핵심이라고 볼 수 있다.

교통정책의 목표로서 이동성이 가장 강조되었던 전통적인 정책환경 속에서는 교통소통 애로 구간의 도로공급을 증대시키는 것이 최선의 정책수단이 되었다. 그러나 도로공급을 통해 교통문제를 해결하려는 시도는 불행히도 도시의 무분별한 확산과 이로 인한 시민들의 통행거리 증가를 초래하였다. 즉 도로공급 위주의 교통정책은 개별 도로구간의 속도를 향상시키기는 하였으나, 시민들의 승용차 이용을 부채질하고 결과적으로 장거리 통행을 유도하여 시민들은 과거보다 더 빈번히 그리고 더 먼 거리를 통행하게 되었다. 통행자들의 경우 더 먼 그리고 더 빈번한 통행을 함으로써 개인적 편익이 발생할지는 몰라도 에너지 소비와 대기오염의 증가 그리고 교통혼잡 현상의 광역화로 자동차 이용의 사회적 비용은 더욱 증가하게 되는 악순환이 발생하게 되었다.

아울러 교통정책의 성과척도로서 차량 속도에 대한 강조는 도시의 외연적 확산 그리고 업무 및 상업시설이 완비되지 않은 주거 위주의 침상도시(bed town)만을 건설하는 결과를 초래하게 되었다. 물론 도시의 자족적 기능이 결여된 주거 위주 침상도시 건설의 가장 중요한 원인은 주택보급률로 표현된 정부의 주택정책 목표만을 달성하기 위해 신도시 개발이 추진되었기 때문임은 두말할 나위가 없다.

2. 교통정책에서 토지이용의 중요성

도시를 지탱하고 유지시켜 주는 가장 중요한 두 가지 요소는 교통 체계(transportation system)와 토지이용 체계(land use system)이다. 다양한 도시 활동이 필요로 하는 토지의 양(量)을 분석하여 이를 합리적으로 공간상에 배분함으로써 도시 활동의 원활화와 적절한 생활환경의 수준을 유지하는 데 토지이용계획의 목적이 있다면, 교통계획은 도시 공간상에서 이루어지는 다양한 도시 활동을 서로 신속하게 연결시켜 접근성(accessibility)을 높여주는 데 그 목적이 있다. 따라서 토지이용과 교통 체계 간의 관계는 '닭과 계란'과 같은 관계로 비유할 수 있다.

교통과 토지이용의 상호관련성은 아무리 강조하여도 지나치지 않는다. 그럼에도 불구하고 우리나라에서 토지이용을 통한 교통문제의 해소는 정책당국자들의 관심을 끌지 못했다. 그 이유는 토지이용을 통한 접근방법의 효과는 비교적 장기간에 걸쳐 나타난다는 점, 지금까지는 교통문제보다 더욱 심각했던 주택문제의 해결이나 값싼 택지의 공급이 정부정책의 우선순위를 차지했던 점 그리고 중앙 혹은 지방정부 차원에서 도시계획 담당 부서와 교통정책 담당 부서 간 비협조적 관계 등에 기인한다.

경제성장과 소득증가로 인해 인간의 각종 활동수요가 계속 증가하면서 차량통행 발생 자체를 줄이고 차량통행 거리를 줄일 수 있는 도시 토지이용과 도시계획이 적극적으로 모색되어야 한다. 도시지역의 평면적 확산보다는 혼합적 토지이용의 고밀도 도시 공간구조가 교통문제의 해결과 에너지의 낭비를 줄이기 위해 더욱 바람직하다. 주거, 업무, 상업, 각종 서비스 기능을 인접한 공간에 수용하여 교통수요 자체를 감소시키고 접근성을 높이는 압축도시(compact city)의 개념을 도입하는 것이 바람직하다. 이렇게 되면 시민들의 통행발생률(빈도)과 통행거리를 줄이고, 교통 에너지의 소비를 줄일 수 있다.

중장기적으로 토지이용을 통한 교통문제의 완화를 추진하기 위해서는 도시계획과 교통계획의 연계가 필수적이다. 따라서 이들 두 가지 공간계획을 체계적으로 연계할 수 있도록 제도적 개선이 뒤따라야 한다.

3. 탄소중립도시, 교통정책 패러다임 변화 필요

탄소중립은 인류가 봉착한 가장 큰 시대적 과제이다. 선진국들은 우리나라보다 먼저 탄소중립을 선언하였고, 우리나라도 2020년대 들어 탄소중립을 중요한 국가적 과제로 제시하였다. 탄소의 배출은 다양한 부문에서 이루어지지만, 기본적으로 인간의 활동 그 자체가 탄소의 배출을 수반한다고 볼 수 있다.

우리나라의 경우 교통부문 탄소의 배출은 코로나 사태가 발생하기 직전에 전체의 14% 정도를 차지하는 것으로 나타났고, 이 가운데 도로부문에서 발생하는 탄소배출이 95%를 훨씬 상회하는 것으로 나타났다. 아울러 더욱 주목해야 하는 것은 1990년의 경우 전체 교통부문에서 도로부문이 차지하는 탄소배출 비중이 87%이던 것이 코로나 사태가 발생하기 직전에는 97%까지 증가함으로써 도로부문 탄소배출 감축이 매우 중요한 과제임을 알 수 있다.

현실적으로 도로부문 탄소배출의 대부분은 농촌지역보다는 대도시와 그 주변지역에서, 그리고 대중교통수단인 버스보다는 승용차에서 발생한다. 그만큼 우리나라 도시들의 경우 승용차의 교통수단 분담률이 높고, 도로 교통혼잡이 심각하기 때문이다. 따라서 교통부문 탄소배출 저감을 위해서는 전기차와 같은 친환경차의 보급도 중요하지만, 대중교통수단의 수송 분담률을 높이고, 통근통행과 같은 필수통행의 통행거리와 통행시간을 줄이는 데 정책역량을 집중해야 한다.

승용차 통행량을 줄이기 위해서는 우선 대중교통 활성화에 정책역량을 모아야 한다. 대중교통수단은 문전(door-to-door) 서비스가 불가능한 근본적인 한계를 가지는 만큼, 이를 극복할 수 있는 대책이 필요하다. 예컨대 통행의 출발지(origin) 혹은 목적지(destination)와 도시철도역 및 버스정류장 사이 짧은 통행을 위한 개인교통수단(예: 자전거, 퍼스널 모빌리티)의 공급과 교통수단 간 환승의 불편을 해소할 수 있는 다양한 환승 인프라, 예컨대 환승주차장, 복합환승센터, 대중교통환승센터의 확충에 힘쓰고, 환승요금 체계의 정비도 필요하다.

다음으로 승용차 교통수요관리도 함께 이루어져야 한다. 가장 강력한 승용차 교통수요관리 방법은 승용차 부제 운행이지만, 이는 다소 강제적인 방법이어서 시행이 쉽지 않다. 현실적으로 가장 도입하기 쉬운 승용차 교통수요관리 방법은 주차수요관리이며, 그중에서도 주차요금체계의 조정을 통한 방법이다. 도로 교통혼잡이 심하면서 대중교통수단 공급이 비교적 원활한 도심과 부도심의 노외주차장 요금체계의 조정을 통해 승용차 교통수요관리를 하는 것이 중요하다. 여기에다 서울, 부산, 대구와 같은 일부 대도시에서 시행하고 있는 상업용 및 업무용 건축물의 부설주차장에 대한 주차장공급상한제의 확대도 필요하다. 주차장공급상한제는 승용차 이용을 억제하고 대중교통 이용을 활성화하는 데 목적이 있는 만큼, 대중교통 접근성이 좋은 지역에 선별적으로 확대해야 한다. 특히 주차수요관리에서 유념해야 할 점은 주차수요와 주차 문제는 주간과 야간, 그리고 상업 및 업무지역과 주거지역이 다른 만큼, 이를 구분하여 대책을 마련해야 한다는 점이다.

한편 이러한 주차수요관리에 앞서 가장 먼저 추진되어야 할 과제는 강력한 불법주차단속이다. 우리나라는 현재 주차단속 권한이 지방자치단체에 있지만, 선진국들처럼 경찰에게 주차단속 권한을 주는 것을 적극적으로 검토해야 한다. 지방자치단체장은 선거에 의해 선출되는 이유로 인해 강력한 주차단속을 하기에는 한계가 있을 수 있다는 점을 고려해야 한다.

마지막으로, 인간의 활동에 필요한 필수통행의 통행거리와 통행시간을 근본적으로 줄이기 위해 직주근접, 압축도시(compact city) 개발, 대중교통 지향형 개발(Transit Oriented Development, TOD)의 구체적 방안을 도시마다 모색해야 한다. 대중교통 지향형 개발은 대중교통수단을 이용해도 불편함이 없도록 계획적인 도시개발을 하는 것이다. 대중교통 지향형 개발은 도시철도 역세권이나 버스정류장 주변지역 등 대중교통 이용이 편리한 곳에 고밀도 도시개발을 제도적으로 유도하여 시민들의 승용차 의존도를 줄이고 대중교통 이용을 활성화하는 것이 주목적이다.

탄소중립은 이제 피할 수 없는 과제가 되었다. 따라서 개별 지방자치단체가 수립하는 각종 공간계획에서도 탄소중립을 실현하기 위한 구체적인 전략을 포함해야 한다. 아울러 개별 지방자치단체가 수립하는 중장기 교통계획의 성과척도 역시 탄소중립도시의 실현을 목표로 하여 개발되고 활용되어야 한다. 이제 탄소중립도시 실현을 위해 교통정책 패러다임이 변해야 할 시점이다.

4. 교통계획, 빅데이터 활용 확대 필요

정보통신기술의 비약적인 발전은 교통계획을 위한 새로운 자료의 활용 가능성을 높이고 있다. 스마트폰 기반의 내비게이션 정보, 유료도로의 요금 결제를 위해 이용하는 하이패스, 대중교통 요금 결제를 위한 교통카드, 통신사 기지국 기반의 통신자료 등의 자료는 과거에는 교통계획을 위해 거의 활용되지 않았던 자료들이다. 이들 자료는 거의 실시간으로 수집되기 때문에 자료의 양(量)이 방대하여 자료의 분석에 어려움이 있는 것이 사실이지만, 최근 자료의 저장 및 분석 기술의 향상으로 각광을 받고 있는 빅데이터(big data) 분석 기술을 활용하면 교통계획에 큰 도움이 되는 정보를 얻을 수 있다(한상진, 2017b: 13).

스마트폰 기반의 내비게이션 정보, 하이패스, 교통카드 등의 자료들을 교통계획에 활용하기 위해서는 우선 이들 자료가 통합적으로 관리될 필요가 있다. 이러한 차원에서 교통 빅데이터 플랫폼(platform)이 필요하다. 여기서 플랫폼은 교통과 관련된 자료들을 주고받을 수 있는 공간으로 정의할 수 있다(한상진, 2017a: 7-8). 그리고 교통 빅데이터 플랫폼의 구축과 운영은 공공이 맡는 것이 바람직하다. 왜냐하면 민간에 비해 플랫폼의 안정적 운영이 가능할 뿐만 아니라, 여러 정부 부처가 운영하는 다양한 유형의 플랫폼과의 연계 가능성을 높일 수 있기 때문이다(한상진, 2017a: 10).

교통계획에 빅데이터를 활용할 경우 기대되는 효과는 다음과 같다(윤서연 외, 2016: 31-32).

첫째, 전통적인 교통계획을 위해 활용되는 자료는 5년 간격으로 이루어지는 가구통행실태조사나 특정 시점에 설문조사 혹은 교통량조사를 통해 수집되는 횡단면자료(cross-sectional data)가 대부분이다. 여기에 비해 빅데이터는 상시 수집되는 자료이기 때문에 특정 시점의 자료가 가지는 시간적 불연속성을 보완할 수 있고, 시점의 변화에 따른 통행 및 교통현상의 변화를 확인할 수 있다. 아울러 전통적인 설문조사나 교통량조사가 가지는 표본 수 확보의 한계를 극복할 수 있다.

둘째, 빅데이터는 공간적 해상도가 높기 때문에 행정구역 경계를 기준으로 구분된 존(zone) 단위는 물론이고, 그보다 작은 단위의 공간적 분할을 다양하게 시도할 수 있고, 그렇게 분할된 구역에 대해 다양한 통행특성을 도출하고 확인할 수 있다.

셋째, 빅데이터는 원천적으로 개인 단위의 자료를 실시간으로 수집한 미시적 자료이므로 이를 가공하여 활용하면 전통적인 교통수요분석 결과의 세부적 검증이 가능하고, 마이크로 시뮬레이션(micro simulation)에 활용이 가능할 것으로 예상된다.

향후 사물인터넷(Internet of Things, IoT), C-ITS(Cooperative Intelligent Transportation Systems), 자율주행 등이 활성화될 경우 활용할 수 있는 빅데이터는 더욱 급격히 늘어날 것으로 예상된다. 따라서 빅데이터를 활용할 경우 더욱 정밀한 분석이 가능할 것으로 판단되는 만큼, 향후 교통계획에서 빅데이터의 활용이 확대되어야 한다.

참고문헌

김규옥. (2015). 자동차와 도로의 자율협력주행을 위한 도로 운영 방안, 「교통」, 213: 19-25.

신희철. (2019). 공유교통의 현재와 미래, 「Land & Housing Insight」, 33: 34-44.

윤대식. (2018). 「교통계획」, 박영사.

윤대식. (2023). 「도시의 미래: 현상과 전망 그리고 처방」, 박영사.

윤서연 외. (2016). 「융합 빅데이터를 활용한 교통수요 추정 개선 연구」, 국토연구원.

이백진 · 김광호. (2017). 자율주행차 도입과 도시교통 정책방향, 「국토」, 428: 27-34.

최성택. (2019). 전동 스쿠터(Electric scooter), 미국 도심의 새로운 교통수단 대안으로 떠오르다, 「도로정책 Brief」, No. 140, 국토연구원 도로정책연구센터.

한상진. (2017a). 교통 빅데이터 플랫폼 개발 및 활용방안 구상, 「교통」, 229: 6-10.

한상진. (2017b). 교통 빅데이터 플랫폼 구축 및 활용, 「교통」, 231: 13-14.

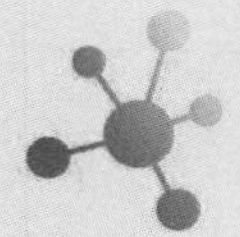

제12장

미래주거와 주거안정

김진유(경기대학교 스마트시티공학부
도시·교통공학전공)

생각해보기

- 국민주택규모는 축소해야 하나, 확대해야 하나?
- 주택의 복합화, 어디까지 필요할까?
- 전세의 장점과 단점은 무엇인가?

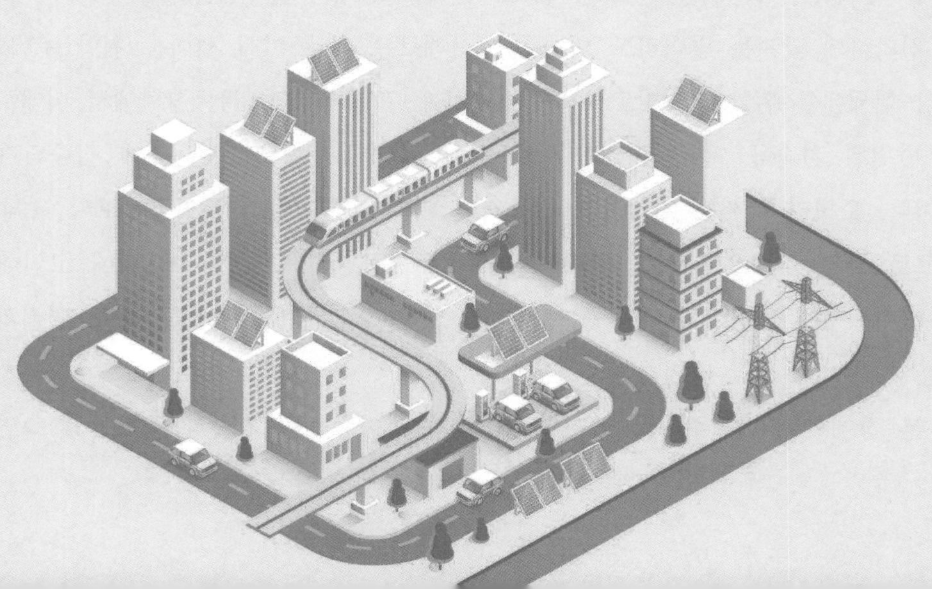

Ⅰ. 미래주거

1. 기술과 주거

1) 기술의 발전과 주거

동굴에 살다가 움막을 짓고 살던 인류는 지난한 과정을 거쳐 철근콘크리트를 발명하고 철골과 유리로 초고층 아파트를 주거공간으로 만들었다. 고대 로마에도 아파트가 있었으나 고작 3~4층에 불과했고, 바닥은 대부분 나무였다. 그러나 오늘날 우리는 어디서나 수십 층의 초고층 아파트를 흔하게 볼 수 있으며 엘리베이터는 필수가 되었다.

기술의 발전은 우리 미래를 어떻게 바꿀까? 1~2년 앞이 아니라면 예측하기 쉽지는 않다. 하루가 멀다하고 신기술이 등장하는 지금, 미래를 구체적으로 그리기란 쉽지 않기 때문이다. 그러나 지금까지의 기술발전 추세와 현실화되고 있는 기술들을 주의 깊게 관찰하면 미래 주거의 모습이 어떠할지 어렴풋하게나마 예상할 수 있을 것이다.

과연 머지않은 미래에 우리의 주거환경은 큰 전환을 맞이할 것인가? 예를 들어, 사무실에 나가는 대신 자기집에서 노트북을 통해 메타버스로 출근하고 퇴근 후에도 가상공간에서 여가를 즐기는 미래가 일상화될 것인가? 원격의료가 활성화되어 병원에 가지 않고도 집에서 진료를 받게 될까? 오프라인 교육의 상당 부분이 온라인 교육으로 전환되어 주택이 주거뿐 아니라 교육기능도 함께 수행해야 할 것인가?

정확하게 맞지는 않더라도 미래를 가늠해보는 것은 미래 세대를 위한 준비일 뿐 아니라 현세대를 위한 것이기도 하다. 급속하게 고령화되고 있는 상황에서 미래주거는 단지 발전된 기술을 이용하여 보다 효율적인 주거공간을 만드는 데에 집중되지는 않을 것이다. 오히려 어쩌면 건강하고 활동적인 미래 젊은이들의 주거공간보다 육체적, 정신적으로 돌봄이 필요한 노인들에게 필요한 주거공간이 무엇인지에 대해 고민해볼 필요가 있다. 예를 들어 1인 가구를 형성하고 있는 노인들에게는 어느 정도 면적과 시설을 갖춘 주택이 필요할 것인가 하는 문제다.

본 장에서는 미래주거를 둘러싼 여러 가지 이슈들을 기술과 주거안정 측면에서 입체적으로 살펴보고자 한다.

2) 메타버스와 재택근무

팬데믹을 거치면서 메타버스는 우리 생활에 깊숙이 발을 들여놓았다. 페이스북 창업자는 회사명을 '메타(Meta)'로 바꿀 만큼 가상공간에서의 삶이 중요해질 것임을 확신하고 있다. 국내 프롭테크기업인 '직방'은 2022년 7월부터 사무실을 없애고 모든 직원이 가상오피스, '메타폴리스'로 출근하고 있다. 전 직원이 반드시 대면이 필요한 일정을 제외하고는 모든 업무를 온라인상에서 보고 있다. 직원들 대부분은 자기 집에서 노트북으로 메타폴리스에 접속하여 업무를 보고 있다. 그렇다면 집에 업무 공간이 필요하다는 이야기가 된다. 처음에는 식탁이나 거실 탁자 등 이미 존재하는 공간을 활용했지만, 장기간 그렇게 하기는 쉽지 않으므로 점차 업무를 위한 공간이 자기집에 별도로 만드는 사례가 증가하고 있다.

그림 1 메타폴리스에서의 회의 장면(직방 제공)

재택근무는 우리의 주거생활에 어떤 의미를 부여할까. 사람들이 회사를 가지 않고 집에서 머무른다는 것은 결국 더 넓은 주거공간을 필요로 한다는 것을 의미한다. 맞벌이를 하는 부모와 아이 2명으로 이루어진 가족이 방 3개짜리 집에 거주한다고 가정해 보자. 아침에 집에서 나가서 낮에는 각자의 회사와 학교에서 지낸다면, 이 가족의 주거

생활은 별 문제가 없다.

그러나 부부가 재택근무를 하게 되면 공간이 협소해진다. 재택근무의 빈도가 낮다면 부부가 서로 번갈아 가며 안방이나 거실을 업무 공간으로 활용할 수 있을 것이다. 그러나 둘이 모두 재택근무를 하는 날에는 안방과 아이 방 또는 안방과 거실을 사용해야 한다. 임시적으로는 쓸 수 있겠지만 매번 일상적으로 사용하기는 어렵다. 거실은 가족들의 공용공간이므로 일에 집중하기 어렵고, 아이 방의 경우 아이가 학교에서 집에 오는 시간 이후에는 비워줘야 한다. 만약 메타버스 근무나 온라인 회의가 잦은 상황이라면 결국 재택근무용으로 사용하기 위한 별도의 방이 하나 더 필요하게 된다.

다시 한번 펜데믹이 찾아오게 되면 주거면적의 확대는 선택이 아니라 필수가 될 것이다. 자가격리가 필요한 경우를 넘어, 가족 대부분이 온라인으로 생활을 이어가야 하는 상황이 도래하기 때문이다. 산업화와 분업화로 주택으로부터 외부화되었던 일, 교육, 의료 기능들이 다시 집으로 돌아와야 하기 때문이다. 당연히 더 많은 방과 더 넓은 거실이 필요하게 된다.

2. 주거공간의 확장과 복합화

1) 국민주택규모의 족쇄와 발코니 확장

국민들이 편안하게 살 수 있는 주택의 면적은 얼마나 될까? 이에 대해 우리나라는 오래전 모범답안을 제시한 바 있다. 주택이 절대 부족하던 시절인 1972년, 주택의 공급을 촉진하기 위해 「주택건설촉진법」이 제정되면서 규정한 '국민주택규모'가 바로 그것이다. 즉 전용면적 85㎡(25.7평)을 국민들이 보편적으로 살기에 적절한 면적으로 법에서 정의한 것이다.

당시 건설교통부는 국민 한 사람당 주거 공간이 5평 정도는 되어야 한다고 판단했다는 것이다. 1970년 가구당 가구원 수가 5명이었으므로 약 25평(85㎡)이 국민주택규모가 되었다는 설명이다. 또 하나의 설은 당시 박정희 대통령의 생가가 이 정도 규모였기에, 박 전 대통령의 '우리나라 국민이면 누구나 이 정도 규모의 주택에서는 살아야 하지 않을까?'라는 생각이 기초가 되어 정해진 면적이라는 것이다.[1)]

1) 중앙일보 조인스랜드(2012.3.10.) '왜 꼭 '85'인가… 국민주택규모가 뭐길래'

어쨌든 50여년 전에 정해진 이 적정주택규모가 여전히 남아 있어 주택시장에 족쇄로 작용하고 있다. 주택청약제도나 각종 과세기준도 국민주택규모 이하 주택은 그보다 큰 주택에 비해 너무나 큰 혜택을 받을 수 있어 웬만하면 이 규모를 넘지 않도록 공급하는 경우가 상당히 많다. 그래서 유독 전용면적 '84.xx' 규모의 주택이 전체 주택에서 차지하는 비중이 월등히 높고, 85㎡를 초과하는 주택의 비중은 급격히 떨어지는 매우 비정상적인 재고 분포를 보이고 있다(그림 2).

그림 2 우리나라와 일본의 주택규모별 재고분포

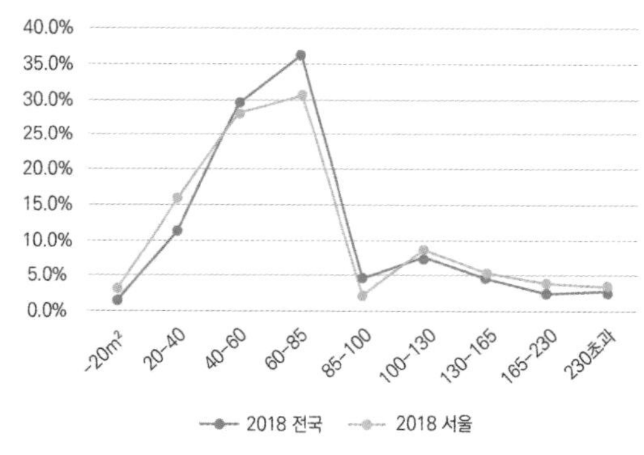

자료: 인구주택총조사(2018)

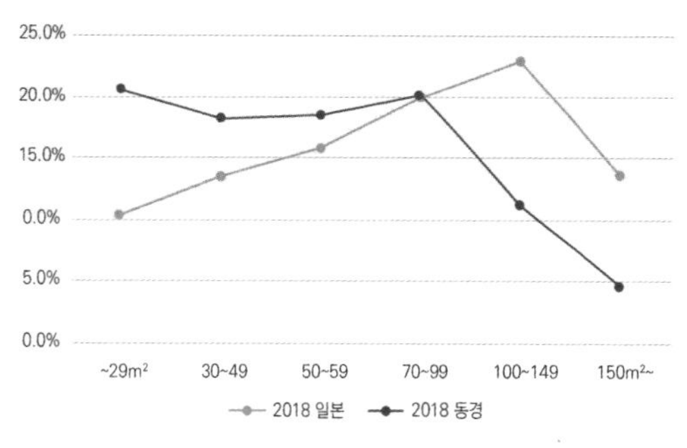

자료: Statistics of Japan(2018)
https://www.e-stat.go.jp

우리보다 작은 주택에 살고 있다고 잘못 알고 있는 일본만 하더라도 전국적으로는 100㎡가 넘는 주택이 전체의 36.8%인데 우리는 17.1%에 불과하다[2]. 일본의 1인당 주거면적은 40.2㎡로 우리의 31.7㎡보다 8.5㎡ 크다. 영국은 40.5㎡(2018), 미국은 65㎡(2019)이며 대부분의 유럽 국가들은 40㎡가 넘는다. 주거소비면적이 소득의 증가를 따라가지 못하고 있는 것이다.

소득이 증가하고 주거에 필요한 가구나 가전의 크기도 커지고 종류도 많아졌으므로 주거면적의 확대는 필연적이다. 해외 주요국의 경우 대부분 주택뿐만 아니라 마당이나 정원도 주거생활에 이용하고 있으므로, 이러한 부속 공간 없이 아파트에 거주하는 비율

2) 일본의 주택통계의 최근년도가 2018년이므로 이를 기준으로 상호 비교하였다.

이 높은 우리나라의 주택의 실제 사용면적은 오히려 해외보다 더 커야 한다. 그럼에도 불구하고 반세기 동안 변하지 않은 '85의 족쇄'는 편법을 통한 기형적인 주택을 탄생시켰다.

바로 '발코니확장'의 합법화에 따른 발코니의 실종이다. 발코니는 원래 피난공간을 확보하고 외기와 내기의 완충공간으로서 중요한 역할을 하도록 설계되어야 한다. 그럼에도 불구하고 우리나라의 발코니는 확장을 통해 실내면적을 편법적으로 확대하는 도구로 활용되고 있다. 발코니에 대해 시계열적인 연구를 해보면 2005년 발코니 확장이 합법화된 이후 발코니 면적이 급격하게 증가하였음을 알 수 있다.

310개의 표본을 이용하여 분석한 결과 1983~1992년 준공된 아파트의 전용면적 대비 발코니 면적 비율의 평균을 구해보면 19.6%, 1993~2003년은 23.4%로 약 5%p증가하였는데, 준공시점이 2004~2016년인 경우 평균 33.0%에 달하는 것으로 나타났다(김진유, 2019). 그러므로 최근 준공된 아파트들은 85㎡ 주택의 경우 평균적으로 28㎡에 해당하는 발코니를 만들고, 입주시점에는 95% 이상 확장되어 실내면적으로 사용하고 있는 실정이다. 우리나라의 발코니확장의 일반화는 국민주택규모의 족쇄가 주택시장을 어떻게 왜곡할 수 있는지를 극단적으로 보여준다고 평가할 수 있다.

결론적으로 앞으로도 소득이 증가하고 가전과 가구의 크기나 종류가 많아질 것이므로 주거면적을 확대하려는 수요는 계속될 것이다. 그러므로 앞으로 85㎡라는 국민주택규모 기준은 제거하거나 확대하는 것이 바람직하다. 해외 주요국의 경우 국민주택규모라는 기준에 의거하여 세제혜택 등 여러 가지 사항이 차등화되는 사례는 찾기 어렵다. 우리도 조만간 이 기준에 대해 전면적인 재검토를 할 수밖에 없을 것이며, 이는 85㎡를 초과하는 주택의 공급이 증가하여 전반적인 주거면적 확대로 이어질 것이다.

2) 복합공간으로서의 집

미래 주거는 복합적인 기능을 할 가능성이 높다. 앞서도 언급하였으나, 현재 주택이 가지고 있는 단순한 구조만으로는 미래 세대의 복잡다기한 주거주요를 충족시키기는 어려울 것이다.

산업화 이전의 주택은 매우 복합적인 공간이었다. 대부분은 자기 집에서 태어나고 자랐다. 또한 학교를 가기 어려운 형편의 가정에서는 대부분 집에서 글을 익히고 아버

지나 어머니를 선생님으로 모시고 직업교육을 받았다. 농업이 주요한 산업이었던 시절 농지는 현장실습장이었고, 밤에 집에 돌아와서는 아버지로부터 씨를 뿌리는 방법이나 농기구를 다루는 방법을 배웠다. 입원실을 갖춘 큰 병원이 없었으므로 아프면 주로 집에서 치료를 받았다. 약을 달여 먹으며 집에서 어머니의 병간호를 받았다. 결국 집은 먹고 자는 공간일 뿐만 아니라 학교이자 병원이었던 것이다.

그러던 것이 산업화로 도시에 공장이 들어서면서 집이 담당하던 기능들이 하나 둘씩 분리되어서 외부화되기 시작했다. 우선 부모로부터의 교육은 가정교육에 국한되고 글을 배우거나 직업을 위한 교육은 별도의 시설, 학교에서 이루어지기 시작했다. 또한 병리학과 의술이 발달하면서 병원이 생겨나게 되고 아프면 전문적인 지식을 갖춘 의사의 진료와 치료를 받게 되었다. 당연히 병실이 갖추어지면서 집에서 치료 받던 사람들이 입원을 하게 되었다.

산업화는 주택의 기능뿐 아니라 가사부담도 축소시키는 쪽으로 작동하였다. 여성도 동등한 교육의 기회를 얻고 기업들은 더 많은 노동자가 필요해지면서 가사에 전념해야 했던 여성들의 사회진출은 급속도로 확대되었다. 이에 육아 기능도 외부화되어 어린이집과 유치원이 그 기능을 담당하게 되었다. 이렇듯 최근까지도 집이 담당하던 기능들이 지속적으로 세분화되면서 외부화되는 추세였다.

그러나 '코로나-19'라는 세계적인 감염병은 외부화의 한계를 적나라하게 보여주었다. 사람 간의 접촉이 제한되는 상황에서 집이 담당해야 하는 역할이 무엇인지에 대해 깨닫게 해준 것이다. 원격교육과 재택근무는 집이 교실이나 사무실의 기능을 일부 담당해야 함을 의미했다. 가족들이 모여서 식사하고 휴식하는 공간으로서 충분했던 집은 이제 각 구성원들이 상황에 따라 교육받고 일하는 공간이 되어야만 하는 것이다. 아이는 어린이집을 못 가니 집에서 누군가가 먹이고 놀아주어야 했다. 맞벌이 부부는 일과 육아를 병행하면서 전에 없이 멀티태스킹을 해야 하는 공간이 바로 집이 된 것이다.

미래는 어떻게 될 것인가? 팬데믹은 이번으로 끝이 아닐 것이라는 전망이 우세한 가운데, 꼭 감염병이 아니더라도 온라인과 오프라인이 병행되는 미래의 삶에서 우리가 집에서 해야 할 일들은 늘어날 수밖에 없을 것이다. 엔데믹이 선언되었지만 최근 대학에서는 강의를 온라인으로 하는 사례가 늘어나고 있다. 매번 수업을 온라인으로 할 수는 없지만, 보강 수업이나 특별한 경우에는 먼 거리를 등교하지 않고 화상으로 하는 것이 효율적이라고 생각하기 때문이다.

의료분야에서도 비대면진료가 확대되면서 병원의 기능들이 일부 집으로 돌아올 가능성이 있다. 현재는 스마트폰을 통해 의사와 소통하면서 문진하는 수준이지만, 향후에는 더 진화하여 환자의 건강정보 등이 실시간으로 의사에게 전달되면서 비대면으로 진료와 검사, 치료를 하게 될 수도 있다. 입원실이나 진료실의 공간수요가 줄어드는 대신, 집에서 치료하는 환자가 늘어날 수 있다는 얘기다. 그렇게 된다면 집은 단순히 먹고 자는 공간이 아니라 아플 때는 병원의 기능을 일부 할 수 있어야 한다.

집이 담당해야 할 기능의 확대와 복합화는 구성원들이 독립적인 공간을 확보하고 더 나아가 여분의 공간을 확보해야 함을 의미한다. 부부라 하더라도 각자 재택근무를 하려면 각자의 방이 필요해지기 때문이다. 아마도 소득이 높은 가구는 각 기능별로 방을 구분하고자 할 것이다. 부부의 침실, 각자 재택근무나 온라인 회의를 할 수 있는 별도의 업무용 방 그리고 자가격리 시 사용할 수 있는 방과 화장실 등이다. 호주나 미국처럼 소득이 높은 나라에서는 이미 오래전부터 아이들 놀이방이나 서재 등이 별도로 마련된 집들이 일반적이었다. 이러한 집의 기능확장은 필연적으로 면적의 확대를 유발하며, 미래의 주택은 현재보다 더 커질 수밖에 없을 것이다.

3. 삶의 질과 주거

1) 아파트 사랑은 멈추지 않을 듯

프랑스 건축가 르코르뷔제(Le Corbusier)가 제안한 아파트는 불과 반세기 남짓한 시간에 우리나라를 장악해버렸다. 프랑스 사회학자 발레리 줄레조(Valérie Gelézeau)가 우리나라를 '아파트공화국'이라고 표현한 것이 1990년대인데, 1995년 37.5%에 불과하던 아파트 비중은 2020년 현재 62.9%까지 높아져 있다(인구주택총조사). 아마 그녀가 우리나라를 다시 표현한다면 전상인의 책 제목인 '아파트에 미치다(2009)'에 버금가지 않을까 싶다.

왜 우리는 이처럼 아파트를 좋아하게 되었을까? 전쟁으로 폐허가 된 도시에 일자리를 찾아 많은 사람들이 몰리면서 주택난은 극심한 상황이 되었다. 서울의 통계연보인 시세일람(市勢一覽)에 따르면, 1950년대 중반에는 주택이 가구수 대비 30~40% 부족한 절대적 주택부족 상태였다. 1954년의 경우 가구수는 23만 가구였는데, 주택수는 15만 호로 최소 8만 호가 부족했다. 연 1~2만 호를 공급했지만 가구는 더 폭발적으로 증가하여 1958년에는 부족 주택수가 12만 호로 확대되었다. 상당수는 움막과 판자집, 단칸방 살이가 불가피했다.3)

이런 상황에서 아파트는 유일하다시피한 대안이었다. 1956년 3층짜리 행촌아파트를 시작으로 종암아파트(1958)와 마포아파트(1962)가 뒤를 이었다. 이후 1970년대 강남개발과 대단위 아파트건설이 맞물리면서 아파트는 주택난을 해결할 최선의 대안임이 입증되었다. 처음에는 인기가 없던 아파트에 보일러가 들어오고 민간회사에서 중산층용 아파트를 지으면서 분위기가 반전되었다. 1982년 윤수일이 직접 작사 작곡하고 부른 '아파트'는 당시 시대상을 잘 반영하고 있다. 나를 기다리던 것은 '너'가 아니라 '너의 아파트'였을 만큼 강렬한 인상을 가지고 있던 트렌디한 주거공간으로 인식되기 시작한 것이다.

2000년대 초반 아파트의 비중이 50%를 넘기 시작하면서 우리나라에서도 아파트에 대한 회의론이 나오기 시작했다. 너무나 획일적인 공간이고 이웃과의 소통도 없으며 건강에도 좋지 않다는 등의 아파트의 효용이 다해가고 있다고 보는 사람들도 많았다. 우리보다 잘사는 나라들이 대체로 아파트비중이 높지 않다는 측면에서 소득이 증가하면 아파트의 인기가 점차 시들해질 것이라는 전망도 있었다. 그러나 20여 년이 지난 2023년 지금도 아파트의 인기는 여전하다. 바쁘고 지친 도시생활에서 아파트를 대체할 만한 효율적인 주거형태를 찾기는 현실적으로 어렵기 때문이다. 게다가 다른 유형에 비해 자산가치 상승도 훨씬 빠르므로 일석이조다.

미래에도 아파트의 인기는 여전할 것인가? 참 예측하기 어렵다. 만약 지금 추세라면 전체 주택재고 중 아파트의 비중은 전국기준으로 10년 내에 70%를 넘을 것이다. 새로 추진되는 신도시나 택지개발에서 아파트의 비중은 통상 70~80% 수준이다. 기존 시가지에서 추진되는 재개발사업도 기존의 저층 단독, 다가구 주택이 철거되고 대부분 아파트로 신축된다. 아파트에 대한 선호도 있지만 결국 사업성을 확보하기 위해서는 고층아파트 외에는 별다른 대안이 없기 때문에 당분간 아파트 중심의 주택시장은 지속될 것으로 보인다.

---

3) 김진유(2021), '공동주택 성공 모델 한국 아파트, 개발 너머 '우리'를 돌아봐야 할 때', 한국일보 칼럼 '김진유의 도시읽기'.

그런데 아파트도 다같은 아파트가 아니다. 새로 지어지는 아파트들은 점점 더 고급스럽고 다양한 부대복리시설을 갖추기 시작했다. 가장 만족도가 높고 눈에 띄는 것은 '조식서비스'다. 카페테리아(공동식당)는 법적 의무시설이 아니지만 요즘 신축 아파트에서는 필수시설이 되어가고 있다. 빠듯한 도시생활에서 시간이 부족한 맞벌이들에게 조식서비스는 너무나 매력적인 옵션이다. 또한 기대수명이 늘면서 퇴임 후 노년을 같이 보내게 된 노부부들에게도 아침 밥을 누군가 차려주는 서비스는 뿌리칠 수 없는 제안인 것이다.

그림 3 **개포 레미안 포레스트 조식서비스**

출처: '강남 아파트 잡아라… 급식업체, 입주민 조식에 꽂히다' 뉴시스 2022.05.23.

팬데믹 기간 중 '돌밥'이라는 신조어가 생겨났는데, '돌아서면 밥'이라는 말의 준말이다. 즉, 식구들이 모두 집에 있다 보니 아침 먹고 설거지하고 나면 다시 점심 때이고 점심 먹고 돌아서면 다시 저녁밥 해야 할 때라는 말이다. 삼시 세끼 집에서 밥을 해야 하는 고충이야 이루 말할 수 없었을 것이다. 그런데, 바쁜 아침 아파트에서 밥을 준다면 얼마나 고마운 일인가. 천지가 개벽하지 않는 한 조식을 제공하는 아파트는 더 확대될 것이다.

리조트형 수영장과 사우나 같은 고급시설을 갖추는 아파트도 늘어나고 있다. 원래 단지 외부에 있던 시설들이 아파트단지 안으로 들어오고 있는 것이다. 이는 아파트단지의 고급화와 대형화와 궤를 같이한다. 일정한 수입이 들어와야 운영될 수 있기 때문이다. 이런 시설들은 아파트 주민들만이 배타적으로 사용하며, 이용료가 관리비에 포함되는 경우가 많으므로 대단지 아파트이면서 주민들이 전체적으로 동의하지 않으면 수익성을 확보하기 어렵다.

단정하기는 어렵지만 아파트의 인기는 당분간 지속될 것으로 보인다. 다만 과거의 아파트와 차별화된 서비스를 제공하는 진화된 형태가 될 것이다. 이 측면에서는 주상복합아파트의 약진도 전망된다. 단지형 아파트에 비해 동간의 거리도 좁고 놀이터나 커뮤니티센터 같은 복리시설은 약하지만 상업시설이나 조식서비스는 오히려 더 경쟁력이 있다. 단지형 아파트가 주택과 관련시설을 평면적으로 배치한 형태라면 주상복합아파트는 수직적으로 복합시킨 것이므로 엘리베이터가 네트워크를 연결하면서 일반 아파트보다 훨씬 효율적인 동선을 구축할 수 있다. 비가 오나 눈이 올 때는 오히려 더 안전하고 편리하게 부대시설들을 이용할 수 있는 장점이 있다. 고령인구가 많아지면서 많은 이동을 하지 않고서도 여러 시설을 이용할 수 있는 주상복합아파트의 인기는 계속 높아질 것으로 보인다.

2) 15분 도시는 가능할까

파리시장 안 이달고(Anne Hidalgo)는 '15분 도시'를 구현하겠다는 공격적인 목표를 설정하고 추진하고 있다. 파리 1대학 교수인 모레노(Carlos Moreno)가 제안한 15분 도시는 자기 집에서 보행 또는 자전거로 15분 내에 직장, 학교, 병원, 공원, 문화 등의 일상적 시설에 접근이 가능한 도시구조를 말한다.

그런데, 모레노가 완전히 새로운 개념의 도시구조를 제안한 것은 아니다. 1920년대 후반 미국 도시계획가 페리가 '근린주구(Neighborhood Unit)'의 개념을 제시한 바 있고, 2000년대부터 포틀랜드에서도 '20분 동네(20-Minute Neighborhood)'를 추진하고 있다. 이들은 보행권의 크기와 포함되는 시설에는 차이가 있긴 하지만 넓게 보면 주택과 다른 시설들을 일정한 거리 안에 복합화함으로써 거주자들이 편리하고 안전하게 시설을 이용할 수 있는 보행중심 도시를 만들고자 한다는 공통된 목표를 가지고 있다.

서울시도 '보행일상권'이라는 개념을 도입하여 자신의 집으로부터 도보 30분 내에 모든 일상생활이 가능한 도시를 구현하겠다는 야심찬 목표를 세웠다. 성인의 보행속도는 1초당 1.2m 정도이니 30분이면 약 2.2km를 갈 수 있다. 노인이나 어린이는 속도가 느리므로 집에서 약 2km 내에 필요한 시설들을 배치하면 '보행일상권'을 구현할 수 있을 것이다. 광화문에서 종로5가까지가 대략 2km이니 생각보다는 넓은 지역을 포괄한다고 볼 수 있다.

만약 자전거까지 포함하여 일상적인 생활권을 구축한다면 목표 달성 가능성은 훨씬 높아질 것이다. 서울의 공유자전거 '따릉이'의 평균 통행 속도는 시속 약 10km 정도이므로 시내에서 자전거로 2km를 이동하는 데에는 12분 정도 밖에 걸리지 않는다. 즉 도보 30분(자전거 12분)을 기준으로 보행일상권을 잘 구축한다면 서울시의 경우 대략 30개의 보행일상권[4]이면 모든 시민들의 주거지를 포함할 수 있다. 서울시는 25개구로 구성되어 있으므로 강남구나 서초구처럼 면적이 큰 구들은 2개의 보행일상권으로 만들고, 나머지 구들은 1개의 보행일상권으로 만들 수 있다면 이 목표는 달성될 수 있을 것이다.

미래주거 측면에서 보행중심의 도시구조를 만들겠다는 시도는 어떤 의미를 가지는가? 통상 미래에는 최첨단 기술이 공간에 적용되는 소위 '스마트 시티'를 구축할 수 있다고 전망한다. 드론이 택배를 나르고, 사람도 도심항공교통(UAM)이 실어나르는 공상과학영화에 나옴직한 미래를 그리는 경우가 많다. 그러나 사실 그런 미래도시가 구축되는 것은 쉽지 않을 것이다. 왜냐하면 그런 방식의 스마트 시티는 돈이 많이 들기 때문이다. 도심항공교통이 일상화된다면 과연 요금은 얼마나 될까? 택시비나 버스요금 인상조차 서민에게 부담이 되는 상황에서 이러한 신교통수단은 특정계층에게나 소용에 닿는 수단일 수밖에 없으므로 대다수 시민들에게는 남의 나라 이야기가 될 공산이 크다. 지금도 부자들은 전용 헬기나 제트기를 타고 다니지만 그것이 일반시민과는 무관하듯이 말이다.

그렇기에 해외 주요 도시에서는 보행과 자전거를 중심으로 한 생활권 및 도시구조

---

4) 서울시의 녹지지역을 제외한 시가지 면적은 약 372㎢이며, 보행일상권 1개의 면적은 대략 12.6㎢(반경 2㎞ 가정)이므로 약 30개의 보행일상권으로 구분된다.

를 추구하고 있는 것이다. 돈도 들지 않고 화석에너지도 쓰지 않으니 건강도 증진하고 지구환경까지 보호하는 일석이조의 수단을 통해 주거와 일상을 연결시키고자 노력하고 있다. 그렇다면 앞으로는 주거지에서도 보행자와 자전거를 위한 시설이 더 많이 확충될 필요가 있고, 결과적으로 그렇게 될 가능성이 높다. 이미 신축 아파트 단지에서는 지상에 차가 없는 설계를 기본으로 하고 있으며, 많은 신도시나 택지지구에서 자전거 보관소나 자전거 도로확보가 의무화되고 있다.

도시에서 보행일상권이 계획대로 잘 추진된다면 우리의 주거지는 새로운 국면을 맞게될 것이다. 즉, 차를 위한 주차장확보를 절대가치로 여기던 주거지의 골목길은 보행과 자전거를 위한 공간으로 전환될 가능성이 높다. 이미 스페인 바르셀로나는 기존의 9개 블럭을 묶어 수퍼블럭을 만든 다음 내부에서는 보행과 자전거만 통행하도록 도시구조를 재편하고 있다. 이렇게 만든 수퍼블럭은 한변이 대략 600미터이니 중심에서 보면 반경이 300~400미터쯤 된다. 페리가 주장한 근린주구와 비슷한 크기다. 즉 걸어서 5분 정도면 수퍼블럭 외곽에서 중심까지 이동이 가능하고 10분이면 횡단이 가능한 크기로 보행일상권을 형성하겠다는 계획인 것이다.

우리도 이런 변화를 겪을 가능성이 높다. 최근 추진하고 있는 도시정비사업의 추세를 보면 기존의 좁은 찻길들을 없애고 하나의 아파트단지를 만들면서 내부에서는 차량통행을 배제하는 방식의 설계를 하고 있다. 이는 차량교통측면에서 매우 중요한 문제로 해당 부지에 원래 존재하던 차도를 폐지하면 그 도로를 이용하던 차량들은 먼 거리를 돌아가야할 수도 있다. 그럼에도 불구하고 이들 단지가 이러한 설계를 고집하는 것은 주거지에서 자동차가 가지는 의미가 급속하게 변하고 있기 때문이다. 자동차는 이제 주거지 내 보행자들에게 위협적인 존재로 인식되고 있는 것이다. 이러한 변화는 앞으로도 지속될 가능성이 높으므로 상당수의 차도는 보도와 자전거도로로 전환되면서 주거지 또한 이를 위한 공간을 적극적으로 마련하는 형태로 변화할 가능성이 높다.

공동주택뿐만 아니라 단독주택지에서도 자전거를 위한 공간이 확대될 가능성이 높다. 어쩌면 단독주택지야 말로 차량과 보행, 자전거가 혼재된 지금의 길들을 보행중심으로 빠르게 전환시켜야 할 가장 시급한 지역일 수 있다. 각 주거지별로 별도의 주차시설을 설치하여 주차를 하고 나서 각자의 주택까지는 걸어서 가거나 자전거를 타고 갈

수 있도록 하는 방식으로 전환시키면 주거쾌적성도 높이면서 사고 위험도 줄일 수 있다. 결국 도시의 많은 주거지는 이런 방향으로 갈 것이다. 그러므로 공공시설이나 학교, 병원뿐 아니라 주거지에서도 보행자들 위한 더 많은 안전시설과 자전거를 위한 시설들이 확대될 가능성이 있다. 이같은 변화는 에너지소비로 인한 기후변화에 대응하고, 높은 생활비에 따른 교통비 절감욕구를 기반으로 가속화될 가능성이 높다.

그림 4 **스페인 바르셀로나의 수퍼블럭 모델**

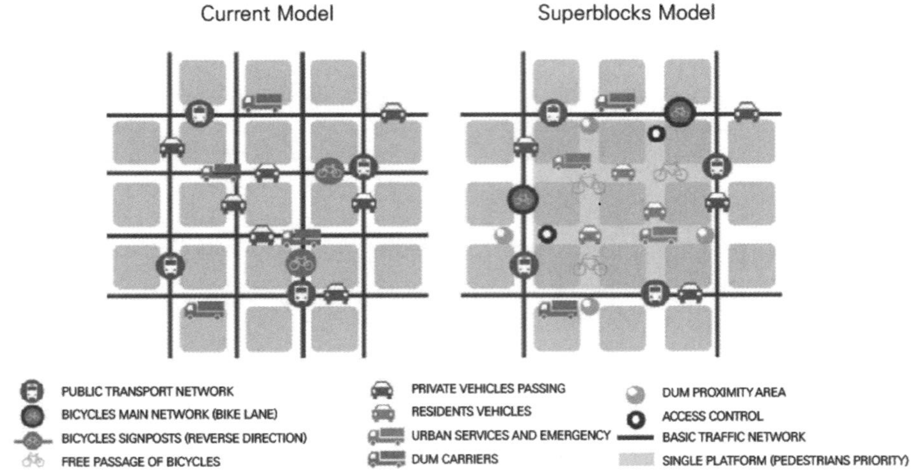

출처: 바르셀로나 시의회(https://barcelonarchitecturewalks.com/superblocks)

II. 주거안정

1. 자가와 전세

1) 주택소유와 주거안정

우리나라의 자가 점유율은 2020년 기준으로 57.3%이다. 1990년에 49.9%였으니 30년간 7% 포인트 증가하는데 그쳤다(인구주택총조사). 같은 기간 서울의 자가 점유율은 39.7%에서 43.5%로 증가하여 증가폭은 전국과 유사하나 절대적인 수준은 매우 낮다. 2020년 기준으로 지방 광역시들이 대략 60% 내외의 자가점유율을 보이는 것과 아주 큰 차이를 보이고 있다. 서울에 사는 열 명 중 여섯 명은 남의 집 살이를 하며 주거안정 측면에서 불리한 상황이라 할 수 있다.

그림 5 점유형태의 변화

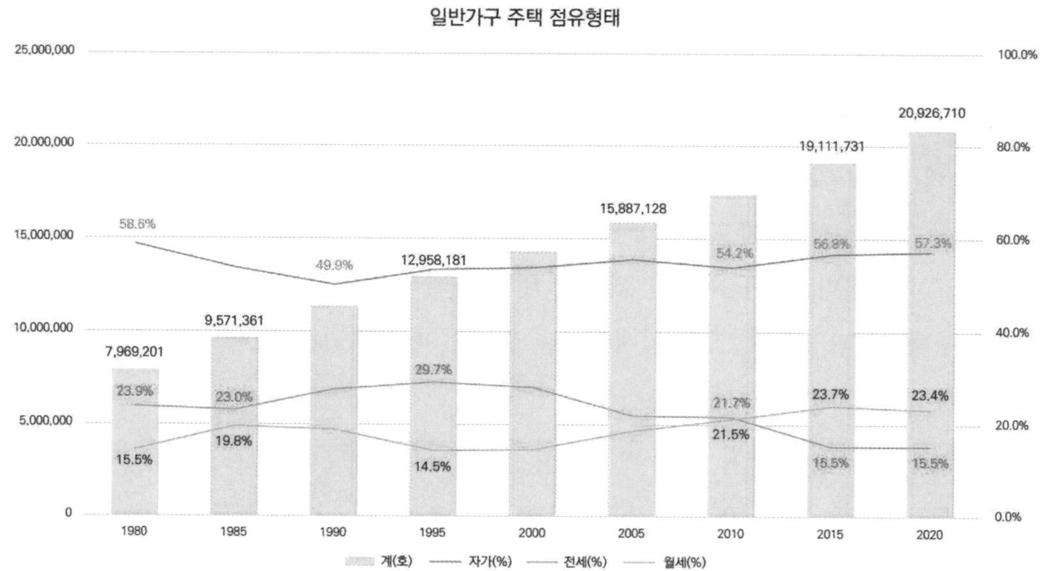

출처: 인구주택총조사

일반적으로 자가에 거주하면 주거안정도가 상대적으로 높은 것으로 여겨진다. 내집이라면 따로 임대료를 내지 않아도 되니 임대료 부담도 없고, 거주에 대해 따로 정해진 기간도 없으니 비자발적 주거이동(forced movement)[5] 위험도 없기 때문이다. 이런 측면에서 많은 국가에서 자가 점유율을 높이는 정책을 시행하는 것은 나름대로 의미가 있다.

그러나 내집에 산다고 임차거주자에 비해 주거안정성이 반드시 높은 것만은 아니다. 자가 거주자 중에도 반지하나 노후주택 등 열악한 주거환경에 노출되어 있는 경우도 있으며, 과도한 세금이나 주거비용으로 인해 경제적 어려움을 겪는 사람들도 있기 때문이다. 자가 거주자가 암묵적으로 내는 주거비용, 즉 귀속임대료(imputed rent)에는 자가 매입비의 기회비용, 세금, 유지관리비 등이 포함되어 있어 소득에 비해 귀속임대료가 높다면 주거불안에 시달릴 수도 있다. 특히 구입할 때보다 급격하게 주택가격이 오른 경우 그에 따라 재산세나 종합부동산세의 부담이 커지고, 유지관리비용도 증가하므로 거주자의 소득으로 이를 감당하는 데에 어려움을 겪을 수 있다. 이런 경우에는 자가거주자임에도 불구하고 비자발적 주거이동이 일어날 수도 있다. 통상 정년퇴직 이후 소득이 급격히 감소한 고령층에서 주거비를 감당하지 못해 자기집을 팔거나 세주고 외곽으로 이사하는 경우는 이런 자가거주자의 비자발적 주거이동이라 볼 수 있다.

반면 임차거주자 중에도 고가주택에 전세로 사는 고소득층은 주거안정 측면에서 일반적인 자가 거주자보다 높은 주거안정성을 누리는 경우도 있다. 십억 원을 넘는 고액전세로 거주하는 가구의 경우, 소득이나 자산이 충분함에도 불구하고 자가를 보유하지 않음으로써 많은 부담을 피해간다. 즉, 이런 계층은 자가를 충분히 확보할 수 있음에도 자가 대신 전월세를 택함으로서 취득세, 재산세, 종합부동산세 등 부동산관련 세금을 내지 않고 거주한다. 또한 거주지 이동도 비교적 자유롭게 할 수 있다. 일본의 경우 만성적인 주택공급과잉으로 인해 임대인보다 임차인이 주도권을 가지고 상당히 자유로운 임대주택을 선택하여 이주하는 것과 유사한 상황이라 할 수 있다.

그러므로 자가율 자체만 가지고 주거안정성을 판단하는 것은 한계가 있다. 소유 그 자체보다는 소유로 인해 얼마나 경제적이고 안정적인 주거생활을 누릴 수 있느냐가 관건이라 할 수 있다. 자가점유율을 무조건 높인다고 능사가 아니라는 이야기다. 2020년

5) 비자발적 주거이동(forced movement): 정치적 망명, 난민, 근무지발령, 임대기간 만료, 재개발 등으로 인해 원하지 않는 이사를 하는 것을 말한다.

기준 OECD 평균 자가율은 61% 수준이며, 주거안정성이 높다고 알려진 핀란드(63%), 스웨덴(59%), 노르웨이(73%) 등 북유럽 국가나 호주(63%), 뉴질랜드(65%) 등도 60~70%에 그치고 있다. 자가율이 90%가 넘는 국가들 중에는 싱가폴같은 선진국도 있지만 루마니아(96%), 리투아니아(93%) 등의 개발도상국들도 있다.

미래 우리나라의 자가율은 60% 내외에 머무를 가능성이 높다. 이미 소득대비 주택가격비율(PIR: Price to Income Ratio)이 세계적으로 높은 수준에 있으며, 소득 양극화로 인해 자가마련 기회가 특정층에 집중되고 있기 때문이다. 더욱이 자가소유가 기성세대에 집중되면서 미처 자산을 마련하지 못한 젊은 세대에게는 점점 더 내집 마련의 꿈이 멀어지고 있으므로 어쩌면 자가 점유율이 영영 60%를 넘지 못할 가능성도 있다. 그렇다면 40%에 가까운 국민들의 주거안정에 빨간불이 켜진 것일까?

앞서 선진국들의 상황을 살펴보았듯이 꼭 그렇지는 않다. 자가점유율이 서울이나 수도권에서 특히 낮은 이유는 주택가격의 상승속도와 폭이 다른 지역에 비해 월등히 높기 때문이다. 소득의 상승이 이를 따라가지 못하므로 앞으로도 무주택자의 내집마련 기회는 축소되는 상황으로 전개될 가능성이 높다. 적어도 수도권 도시에서는 이같은 추세가 지속될 것이다. 그러므로 자가율을 높이는 것에 목표를 두기 보다는 임차거주자들도 보다 안정적인 주거생활을 누릴 수 있는 체계를 만드는 것이 필요할 것이다.

공공임대나 주거비보조의 역할은 더욱 중요해질 것이며, 표를 의식한 정치권의 힘이 제대로 작동한다면 공공임대주택의 재고는 확대되고 주거비보조 대상도 늘어날 것으로 보인다. 결국 공공임대비중이 높은 북유럽을 따라갈 공산이 크다. 우리나라의 독특한 전세제도가 가진 리스크가 커지는 것도 공공임대주택의 공급확대를 가속화시킬 것으로 보인다. 깡통전세나 역전세로 인해 전세보증금의 미반환 위험이 커짐에 따라 100% 믿을 수 있는 공공임대의 수요는 확대될 것이기 때문이다.

2) 전세의 미래

전세(傳貰)는 매우 독특한 임대차제도이다. 세계적으로 오래전부터 활용되었음에도 불구하고 현재는 극소수 국가에서만 관찰되고 있으며, 임대차계약일 뿐 아니라 일종의 대출의 형태를 띠고 있기 때문이다. 사실 우리나라는 OECD 국가 중에는 유일하게 전세제도가 있는 나라이며, 그 비중 또한 상당히 큰 유일한 나라이다. 인도나 볼리비아에도 전세계약(Antichresis)이 있지만 전체 점유형태에서 차지하는 비중은 상당히 낮은 편이다.

우리나라의 전세는 적어도 120년이 넘은 제도다. 전세의 전신인 가사전당(家舍典當)의 최초기록은 조선 후기 1898년 10월 고생원의 종 시사의 전당계약이다. 총 105일 동안 전세에 들어가며, 이자없이 본전만 갚으면 집을 반환받을 수 있는데, 갚지 못하면 집의 소유권이 자동으로 세입자(채권자)에게 이전되는 계약이었다.

전세라는 용어가 문헌에 등장한 것은 일제가 1913년에 발행한 「관습조사보고서」이다. 이에 의하면 지방에서는 전세 기간은 통상1년, 한성부에서는 100일이었고, 전세기탁금은 가옥가격의 반액 내지 7, 8할이었고 전세권자는 권리를 양도하거나 전당할 수 있고 이에 대해 가옥주는 이의제기가 불가했다.6)

표 1 조선 후기 가사전당(전세)계약서

문기1

대한광무 2년 무술(戊戌) 10월 15일 전명문(前明文)

"우 명문의 일은, 초가 3칸 앞뒤의 건과 사랑채 1칸을 돈 60량 값에 '전당(錢當)'하거오니, 정월 30일을 기한으로 하여, 만약 이 기한을 넘기면, 영영 차지하도록 할 뜻으로, 이 글을 만들어 드리는 일임"

집주인 고생원의 종 시사(좌)
증 필 이생원의 종 삼산(촌)

출처: 서울대학교 규장각. 고문서 178123번. 윤대성(2009, 54)에서 재인용.

100년이 넘는 기간 동안 전세는 우리나라의 대표적인 임대차계약으로 활용되어 왔다. 전체 가구의 30%가 전세로 살았던 때(1995년)도 있었으며, 2020년 현재도 15.5%가 전세로 거주하고 있다. 월세 중에도 외국에 없는 보증부 월세가 대부분을 차지하므로 사실상 전세의 영향을 받고 있는 임대차계약은 전체 임대차계약의 80%가 넘을 것으로 보인다.

이처럼 오랜 세월 우리나라 주택시장에서 중추적인 역할을 해온 전세가 팬데믹이

6) 봉인식 외(2013)에서 재인용하였다.

끝나면서 전대미문의 위기를 맞고 있다. 수면 아래에 있던 대규모 전세사기가 전세가 하락으로 인해 그 모습을 드러내면서 그동안 과소평가되었던 전세제도의 위험성이 적나라하게 드러난 것이다. 등기부등본만 확인하면 큰 문제 없이 보증금을 지킬 수 있다는 생각은 너무 안일했다는 자각을 하게 된 것이다. 사기범들은 전세제도의 허점을 집요하게 파고들어 온갖 방법으로 보증금을 편취하고 세입자들에게 돌려주지 않고 있다. 심한 경우 주택을 담보로 대출을 받아 경매로 넘어가도 세입자들이 보증금을 하나도 찾을 수 없는 완전 깡통주택을 만들어 버렸다. 뒤늦게 이를 알게 된 젊은이들이 전재산을 잃고 낙담하여 극단적 선택을 하는 경우도 생겨났다.

깡통전세나 역전세도 전세제도의 한계를 극명하게 보여주고 있다. 임대인이 사기의 도가 없었다 하더라도 매매가가 전세가 밑으로 내려가는 깡통전세 발생 시에 임대인은 보증금을 돌려주지 않고 집의 소유권을 이전해가라는 식의 배짱을 부리는 상황이 증가하고 있다. 기존 전세금보다 전세시세가 낮아지는 역전세 또한 보증금 미반환사고를 양산했다. 통상적인 임대인들은 새로운 세입자의 보증금을 받아서 기존 세입자의 보증금을 반환해왔는데, 전세가가 안정되거나 상승할 때는 이런 돌려막기가 아무 문제가 되지 않았다. 그러나 전세가의 급격한 하락으로 기존 전세금만큼 내고 들어올 새로운 세입자를 구하지 못하는 상황에서 임대인 자신이 자금을 조달하여 기존 세입자의 보증금을 돌려주지 못하는 경우가 많이 발생한 것이다.

그럼 장차 전세의 운명은 어떻게 될 것인가? 축소되거나 사라질 것인가? 2000년대 중반 전세난이 났을 때도 전세종말론이 많았지만 20년이 지난 지금까지도 건재하다. 1985년 전세비중은 23%였으나 1995년 29.7%까지 높아진 경험도 있다. 현재의 월세 중 보증금액수가 큰 반전세 비중도 상당하다. 결국 전세가 완전히 사라지기는 어려울 것이다. 전세의 한계가 적나라하게 드러났지만, 전세 자체에 문제가 있다기 보다는 전세계약을 둘러싼 제도가 미비한 탓이기 때문이다.

우선 전세계약 시 집에 대한 정보제공이 부족하다. 매매를 하게 되면 등기부에 매매 금액과 일시 매수인 정보가 모두 등재된다. 그런데, 전세계약에 대해서는 전세권설정이 의무가 아니라 선택이며 임대인 동의가 필요하고 상당한 비용이 소요되므로 대부분 확정일자로 대신하게 된다. 결과적으로 등기부 상에는 전세계약과 관련한 아무런 정보도

남지 않는다. 그러므로 다가구 주택의 경우 본인보다 앞서 들어온 세입자들의 보증금 규모를 알 길이 없다. 그러니 앞으로는 전세권 설정을 의무화하고 비용을 대폭 낮추는 제도개선이 되어야 한다. 이렇게 된다면 해당 주택에 과거에 어떤 사람들이 어느 정도의 보증금으로 전세를 살았는지 알 수 있으며, 인근 유사주택의 등기부등본을 떼어보면 전세계약을 체결하고자 하는 주택의 개략적인 전세수준을 가늠할 수 있다.

임대인에 대한 정보제공도 아주 부족하다. 계약 당시 임대인이 세금체납 사실이 있는지, 얼마나 많은 주택을 가지고 있는지, 유사 시에 보증금을 돌려줄만큼 자기자본은 충분히 있는지를 알기는 매우 어렵다. 임대인 본인의 설명이나 중개인의 말을 믿는 수밖에 없는데, 심지어 중개인도 이것을 정확히 알지 못하는 경우가 대대수다. 더 문제가 되는 것은 임대인이 임차인에게 아무런 통보나 동의를 받지 않고 소유권을 넘길 수 있다는 것이다. 세입자가 없다면야 자기 재산을 마음대로 처분하는 것은 하등 문제될 것이 없다. 그러나 세입자이자 채권자인 전세권자는 당연히 채무자가 바뀌는 것을 알 권리가 있다. 왜냐하면 보증금반환을 청구할 대상이 달라지기 때문이다. 만약 전세계약 시 임대인은 성실하고 보증금 반환 능력이 있는 사람이었는데, 바뀐 집주인은 신용불량자에 보증금 반환능력이 전혀 없는 사람이라면 이것은 세입자에게는 사기를 당한 것과 마찬가지이기 때문이다. 그러므로 임대인에 대한 정보와 임대인변경 시 세입자의 동의를 받는 절차를 반드시 갖추어야 한다.

전세가율에 대해서도 제도적으로 보완할 필요가 있다. 매매가 대비 전세가비율은 조선시대부터 70~80% 정도로 높은 경우도 있었다. 이후 전세가율은 대략 50~70%를 오르내리며 매매가와의 격차를 유지해왔다. 그러나 최근 소형 오피스텔이나 빌라, 다세대주택 등을 중심으로 전세가가 매매가를 넘는 경우가 많아지고 있으며 이것이 무갭투자[7]나 보증금미반환 위험을 키우고 있다. 전세가가 매매가와 같거나 더 높으면 주택을 매입하는 데에 자기자본이 전혀 들지 않으므로 자본이 없는 개인도 수백, 수천 채를 사는 것이 가능해진다. 이 사람들은 처음부터 보증금 반환은 안중에도 없고 매매가가 올라가면 시세차익을 거둘 생각밖에 없다. 만약 전세가가 내려가서 기존 세입자에게 돌려줄 보증금이 부족하더라도 기존 세입자에게 신규 세입자를 구해오라고 요구하며 아무

7) 무갭투자: 전세가와 매매가 차익만을 지불하고 주택을 구입하는 것을 갭투자(Gap investment)라 하는데 둘간의 차이가 없거나 전세가가 매매가 보다 높으면 자기자본 투입비율이 0이 되므로 이때를 무갭투자라 한다.

런 책임도 지려 하지 않는다.

무갭투자로 인한 피해를 예방하기 위해서는 전세가율에 대한 상한을 정할 필요가 있다. 현재 주택을 담보로 대출을 받을 때는 주택가격대비 대출액 비율인 LTV(담보인정비율) 규제가 적용된다. 특히 투기가 우려되는 지역에 대해서는 더 강력한 LTV 상한을 적용한다. 여기에는 무분별한 투기를 막겠다는 것과 거품이 꺼졌을 때 금융권으로 부실이 전가되는 것을 사전에 차단하겠다는 두 가지 목적이 있다. 마찬가지로 사적인 대출기능을 하고 있는 전세계약 시에도 전세가율을 일정 수준(예, 70%) 이하로 규제할 필요가 있다. 이렇게 되면 현재 전세가가 매매가보다 높은 특수한 주택에 대해서는 매매가의 70%까지만 보증금으로 내고 나머지는 월세를 지불하는 방식으로 보증금 미반환 위험을 사전에 차단할 수 있다.

당연히 전세가율 상한제는 무갭투자를 원천적으로 배제하여 무분별한 다주택투기를 예방하는 효과도 기대할 수 있다. 매매가와 전세가가 동일한 2억 원짜리 오피스텔을 전세를 이용해 매입한다고 해보자. 현재대로라면 자기돈 한푼 없이 수십 수백채를 매입할 수 있다. 전형적인 투기성향의 다주택자가 너무도 쉽게 탄생한다. 그러나 전세가율 상한제 70%를 적용하면 매입당사자는 적어도 한채당 6천만 원의 자기자본을 투자해야 한다. 10채면 6억 원이고, 100채면 60억 원이다. 과연 자기자본을 이렇게 투입하여 수백채를 사들일 개인이 얼마나 있겠는가? 자연스럽게 자기자본 또는 자본조달 능력이 있는 주체만이 다주택을 보유하게 된다. 만약 그 주택에 문제가 생기면 자기가 투입한 30%는 포기해야 하므로 역전세난이 생기더라도 보증금 미반환은 거의 없을 것이다.

순수전세는 점차적으로 그 기능이 축소될 것으로 보인다. 그러나, 반전세의 형태로 남아서 앞으로도 무주택자들의 맞춤형 임대차계약에 요긴하게 활용될 가능성이 높다. 아직 자산이 축적되지 않았지만 소득은 있는 젊은 세대에게는 적은 보증금과 월세를 섞은 형태의 계약이 유용하다. 반대로 자산은 있지만 월소득이 적은 고령가구에게는 전세나 반전세와 같이 월세가 적고 보증금규모가 큰 계약이 더 적절하다. 그러므로 기왕에 이용되어오던 전세가 쉽게 사라지기는 어려울 것으로 보인다. 대신 제도를 개선하여 위험을 줄이는 방향으로 변화되면서 순수 전세보다는 보증부 월세가 대세가 될 가능성이 있다. 그럼 세입자 대부분이 작든 크든 월세를 내야하는 상황이 오게 될 것이다. 그러므로 정부도 전세보증금 대출 대신 월세지원을 강화하는 방향으로 선회할 가능성이 있다. 바야흐로 월세시대를 대비하여야 한다.

2. 주택수요와 공공임대

1) 미래 주택수요

사람들은 어떤 주택을 얼마나 필요로 할까? 그리고 어느 정도 지불의사가 있으며 실제 지불가능할까? 이에 대해 구체적으로 살펴보는 것이 주택수요 분석이다. 주택수요는 크게 신규수요와 대체수요로 나누어 볼 수 있는데, 전자는 인구나 가구의 증가 또는 소득의 증가에 의해 발생하는 수요인데 비해 후자는 기존 주택의 공가화나 멸실로 인해 발생하는 수요다. 현재의 주택수요를 분석하고 미래 주택수요가 어떻게 변할 것인가를 추정하는 것은 매우 중요하다. 왜냐하면, 합리적인 수요추정에 근거하여 적절한 공급계획을 세우지 못하면 주택시장이 불안해지면서 국민들의 안정적인 주거생활에 큰 문제가 생기기 때문이다.

미래 신규주택수요는 얼마나 될 것인가? 전통적으로 주택수요는 인구 증가에 기반하여 추정해 왔다. 우리나라에서 가장 널리 쓰이는 맨큐와 웨일이 개발한 주택수요모형(M－W모형)도 연령별 인구 1인당 주택수요를 분석한 후 장래 연령별 인구가 어떻게 변할지를 추정하여 미래 주택수요를 추정한다. 사실 이 방법은 단순하지만 논리적으로 탄탄하다. 이를테면 어린아이는 적은 면적이 필요한 데 비해 나이가 들수록 주택수요가 커지다가 노년이 되면 다시 주거면적이 작아지는 식이다. 그러므로 현재 10대가 10년 후 20대가 되면 1인당 주택수요가 증가하고 이를 합산하여 기존 면적을 제하면 10년 후 신규주택수요를 면적기준으로 추정할 수 있다.

그런데 최근 들어 M-W모형을 적용하는 데에 문제가 생겼다. 인구가 증가하지 않고 감소하는 추세로 전환된 도시가 많아졌다는 것이다. 그렇다면 인구가 감소하니 주택수요가 감소하고 있는 것인가. 사실 이에 동의하기는 매우 어렵다. 왜냐하면 주택의 소비단위인 ‘가구수’는 여전히 증가하고 있기 때문이다. 통계청의 자료를 보더라도 인구는 감소하지만 가구수는 증가하는 추세를 보이며, 주로 1~2인 가구가 증가하고 있는 것을 알 수 있다. 이것은 기존의 3~4인 가구에서 분화가 일어나 1인 가구나 2인 가구가 증가하는 현상으로 볼 수 있다. 그런데 여기서 중요한 점은 3~4인 가구에서 분가한 1~2인 가구가 새로운 주택수요를 일으키지만 기존의 3~4인 가구는 여전히 같은 주택에 거주하는 경우가 많다는 것이다. 예를 들어, 부모와 함께 살던 30대 자녀가 독립을 하게 되면 추가적으로 1개의 주거공간이 필요하게 되는데, 그렇다고 바로 부모들이 살던 집을 팔고 더 작은 집으로 이사가지는 않는 것이 보통이다. 결국 인구수로는 똑같이 3인이지만 가구수로는 2가구가 되어 추가적으로 1호의 주택수요가 새로 생겨나는 것이다.

결국 이러한 가구분화로 인해 발생하는 신규수요를 감안하지 않으면 주택수요를 과소추정할 가능성이 높으므로, 점점 더 인구보다 가구를 기반으로 수요를 추정하는 방식이 설득력을 얻고 있다.[8] 경기도, 울산, 광주 등 주요 도시의 주거종합계획에서 가구기반 주택수요모형을 채택한 것은 다 이유가 있다.

통계청의 가구추계를 기반으로 미래 주택수요를 추정해보면 2030년까지 전국적으로 매년 30~40만 호가 필요할 것으로 전망된다. 2010년에서 2020년 사이 최근 10년간 준공된 주택수는 연평균 56만 호이니 만약 이 추세대로 공급한다면 주택수요를 충분히 감당해낼 수 있을 것이다. 오히려 과잉공급을 걱정해야 한다.

그러나 미래 소득 증가를 고려할 때 공급과잉이 될 가능성은 높지 않다. 예를 들어 자녀들이 취업을 하여 가구소득이 50% 증가하였다고 하자. 당연히 소비도 확대되면서 주택수요도 커질 수 있다. 만약 그동안 소득이 부족해 사지 못했던 가구나 가전제품을 새로 산다면 그에 맞게 더 넓은 주택이 필요하게 될 것이다. 결과적으로 인구와 가구변화가 없더라도 소득이 늘면 주택수요는 증가하는 결과를 가져온다. 앞서 살펴 보았듯이, 우리나라의 1인당 주거면적은 아직 32㎡ 정도에 불과하다. 소득이 높은 외국의 경우 우리보다 적어도 10㎡ 정도 더 넓은 면적을 사용하고 있다. 우리의 소득이 지속적으로 상승한다면 인구 및 가구 요인이 없더라도 소득증가 만으로 상당한 주택수요가 생겨날 것이다.

대체수요도 중요한 고려요소다. 기존 주택이 너무 노후화되거나 그 지역 산업의 쇠퇴로 빈집이 되면, 거기에 거주하던 사람들은 어딘가에 가서 새로운 거처를 마련해야 한다. 또한 주택이 자연재해로 멸실되거나 재개발로 철거되는 경우에도 어딘가에서 주

8) 김진유·박지윤. (2017). 가구원수별 가구수를 활용한 주택수요추정 모형 연구. 부동산학연구, 23(4): 65-76.

택수요가 발생하게 된다. 이렇게 현재 주택재고가 제 구실을 못하게 됨으로써 발생하는 수요를 대체수요라 하고, 이는 주로 공가화주택이나 멸실주택의 규모를 통해 추정할 수 있다. 지난 10년간(2012–2021) 전국의 멸실주택수는 연평균 11만 호였는데, 매년 지속적으로 증가추세를 보여 2021년에는 14만 6천 호가 멸실되었다. 서울만 보더라도 연평균 3만 호가 멸실되므로 서울의 인구 및 가구, 소득에 아무런 변화가 없더라도 최소 3만 호의 대체 주택이 필요하다.

2021년 기준으로 서울과 경기도의 주택수요를 추정해보면, 대략 연 15만 호에서 9만 호정도로 추정된다. 향후 주택수요의 증가량은 인구 및 가구의 감소효과로 인해 점점 감소하는 것으로 추정된다. 또한 신규수요는 뚜렷하게 감소하는 대신 대체수요는 꾸준히 증가할 것으로 보인다. 서울의 경우 2030년이 되면 신규수요는 거의 없을 것으로 보여, 주택수요의 대부분이 대체수요로 구성될 것으로 전망된다.

그림 6 **서울 및 경기도 주택수요 추정**

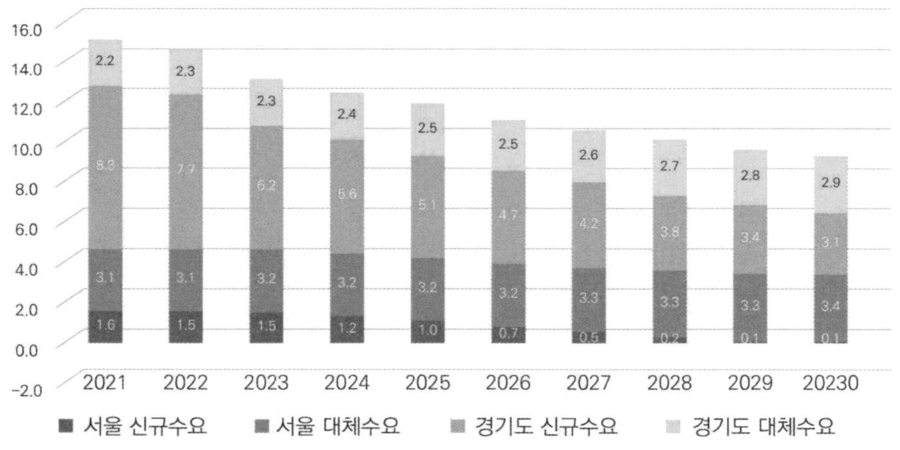

主: 신규주택수요: 가구기반 주택수요모형, 대체주택수요: 주택멸실수 추정
통계청 추계가구수 변화량 반영, 과거 10년 평균 소득증가율 및 주거비변화율 반영

출처: 저자 작성

총량적으로 주택수요가 점진적으로 감소하는 것과는 별개로 주택의 규모별 수요는 완전히 다른 양상을 보일 것으로 전망된다. 예상하듯이 1~2인 가구 중심으로 수요가 증가

하는 반면 3인 이상 가구의 수요는 급격히 감소하여 추가적인 수요가 없으며 오히려 3인 이상 가구가 거주하던 주택이 1~2인 가구에게 이전되는 현상이 뚜렷할 것으로 보인다.

이와 관련하여 한 가지 주목해야 할 점은 1~2인 가구의 증가가 반드시 소형주택수요를 의미하지는 않는다는 점이다. 2021년 주거실태조사자료를 이용해 분석한 결과 1인 가구의 평균 주거면적은 50.8㎡로 나타났다. 2인 가구는 37.6㎡, 3인 가구는 26.4㎡ 등으로 가구원수가 많을수록 1인당 주거면적은 작아진다. 그도 그럴 것이 1인 가구라 하더라도 화장실이나 부엌 같은 필수 공간은 확보해야하기 때문이다. 3인 가구라고 해서 1인 가구에 비해 화장실이나 부엌이 세 배 더 커지지는 않는다. 결국 1~2인 가구가 증가하더라도 과거와 같이 젊은 세대만 있는 것이 아니므로, 소형주택만으로 이들의 수요를 충족시킬 수가 없다. 중장년이나 노년 1~2인 가구들은 청년 가구들 보다 훨씬 큰 면적의 주택이 필요하다. 고령화로 인해 자택에서 돌봄을 받아야 하는 인구가 많아진다면 설령 1인 가구라 하더라도 2인 이상 가구가 필요로 하는 면적의 주택을 원할 것이다.

앞서 살펴보았듯이 주택의 용도가 단순한 거주에서 복합적인 역할로 진화한다면 주택의 수요는 현재 예상보다 더 확대될 가능성이 있다. 특히 팬데믹이 주기적으로 찾아오게 된다면 가구원들이 자가격리를 할 수 있는 여분의 방과 화장실이 필요하게 될 것이다. 재택근무와 온라인 교육의 확대 또한 별도의 공간을 필요로 하므로 주택이 현재보다 커져야 한다.

미래 주택수요를 요약하면, 인구가 아닌 가구분화에 의해 수요가 증가할 것이며, 신규수요는 감소하되 대체수요는 꾸준히 증가할 것이며, 1~2인 가구를 중심으로 증가할 것으로 정리된다. 그러므로 인구가 감소하니 주택수요의 감소는 불가피하다는 단순논리에 빠져서는 안 된다. 그런 정도의 전망으로 공급을 게을리하면 머지 않은 미래에 수급 불안으로 주택가격이 급등하고 서민들이 전셋집을 구하지 못해 고통받는 일이 또 일어날 수 있다.

2) 보편적 공공임대로

우리나라에서는 아직도 공공임대에 대한 부정적 인식이 매우 강하다. 물론 해외라고 그런 것이 없지는 않다. 대부분 공공임대 거주자들이 저소득층이거나 이민자들이므로 뭔가 보통의 가구에 비해 차별화된 특징들을 가지고 있기 때문이다. 이를 사회적 낙인

(Social stigma)이라 부르는데, '휴거'라는 놀림말이 하나의 예다. 공공임대공급과 운영을 맡고 있는 대표적인 공기업인 LH가 주택공사 시절에 공공임대의 기존 이미지를 탈피하고자 '휴먼시아(Humansia)'라는 브랜드를 만들어 2006년부터 공공임대주택에 붙였다. 그러자 휴먼시아에 사는 거지라는 뜻으로 아이들이 '휴거'라는 말을 만들어낸 것이다.

2021년 휴먼시아라는 브랜드를 없애고 건설사의 브랜드나 고유한 이름을 붙이기로 하였다. 십여 년전부터 LH의 임대주택에 브랜드를 붙이지 말라고 주장해온 사람 중 하나로서 매우 다행스럽게 생각한다. 그러나 브랜드만 떼었다고 이들에 대한 차별이나 부정적 인식이 쉽게 바뀔 수는 없을 것이다. 그들이 일반 분양주택에 사는 사람들과 확연히 구분되는 소득계층이거나 외모를 가졌을 경우에는 말이다. 외국의 경우에는 이민자들이 공공임대에 많이 거주하여 차별받거나 사회적으로 분리되는 현상들이 종종 관찰되고 있다. 우리도 이민자들의 숫자가 늘어나는 만큼 앞으로 공공주택에서 이런 차원의 사회적 낙인도 미리 대비해야 한다.

최근 진행되고 있는 택지개발사업이나 정비사업에서는 이런 점을 의식해서 소위 사회적 혼합(Social mix)을 추구하는 공공임대 공급에 노력하는 모습이 보인다. 우선 공공임대를 별도의 단지나 동으로 구분하지 않고, 일반 분양단지 안에 있는 여러 개의 동에 골고루 몇 채씩 배치한다. 예를 들면 102동 100세대 중 5세대의 공공임대가 불규칙하게 섞여 있으니 별도의 노력을 들이지 않고서는 쉽게 구분해낼 수 없다. 또한 평형도 소형부터 중형까지 다양하게 공급한다. 기존의 공공임대는 대부분 59㎡를 넘지 못했지만, 최근에는 84㎡도 공급하고 있다. 공공임대 들어가고 싶어도 식구가 많으니 집이 좁아서 포기했던 가구들도 이제 선택할 수 있는 주택이 많아지고 있는 것이다.

'통합공공임대' 정책도 부정적 인식을 제고하고 공공임대의 혜택을 보다 많은 국민들이 누리도록 하는 데에 기여할 것이다. 영구임대는 최저 소득계층, 국민임대는 소득 4분위까지, 행복주택은 6분위까지 등의 임대주택 종류별로 입주계층이 구분되어 있던 것이 칸막이를 다 없애고 사정에 따라 임대료를 내면서 어느 단지든 입주할 수 있게 하겠다는 취지다. 이러한 정책들이 잘 성공한다면 보편적인 국민들이 공공임대를 활용할 수 있는 북유럽 국가의 모델에 가까워질 것이다. 네덜란드의 경우 전체주택재고의 34%가 공공임대주택으로 전 세계에서 가장 비중이 높다. 그러니 어디에서나 공공임대

주택을 활용할 수 있고, 중산층의 경우에도 타지로 대학을 가거나 일시적으로 소득이 적을 때 저렴한 공공임대주택을 활용할 수 있다.

우리의 공공임대비중은 2021년 기준으로 8.9%(OECD 기준)로서 아직 부족하지만 짧은 시간 동안 괄목할만한 성과를 이루어낸 것이다. 1989년 영구임대를 최초 공급한 이래로 30여년 만에 약 180만 호에 달하는 재고를 만들었다는 것은 아마도 세계적으로도 전무후무한 기록일 것이다. 공공임대 100만 호를 달성하는 데에는 20년이 걸렸는데 그 이후로 불과 10년 만에 80만 호를 추가로 확보했으니 속도가 점점 더 빨라지고 있는 것이다.

앞으로는 공공임대 재고가 확대되면서 주택시장에 새로운 트렌드를 만들어갈 것이다. 네덜란드의 사례처럼 공공임대 거주가 더 이상 특별한 것이 아닌 상황이 되므로 사회적 낙인도 많이 완화될 것이다. 점점 더 심화하고 있는 소득 양극화와 자산 양극화로 인해 공공임대주택의 필요성과 역할은 더욱 중요해질 가능성이 높다. 또한 공공임대는 전세사기나 역전세로 인한 피해도 원천적으로 예방할 수 있기 때문에 임대차계약에 대해 경험이 적고 주거비가 부담되는 젊은 세대들에게 새로운 주거대안으로 각광을 받을 것으로 보인다. 공공기관이 전세보증금을 떼먹는 일은 없을 것이니 말이다.

국민들의 주거안정을 위해 누구나 공공임대를 활용할 수 있도록 재고를 확대하고 자격을 완화시켜 나가는 것은 매우 중요한 주거복지 과제가 될 것이다. 앞서 논의한 대로 자가점유율을 높이는 것에는 한계가 있으므로 결국 적어도 30~40%의 국민들은 임대주택에 살 수밖에 없는데, 민간임대인이 소유한 전월세주택은 주택시장 상황에 따라 임대료가 급등할 수도 있고 역전세로 대규모의 전세사고를 일으킬 수도 있다. 결국 이런 시장충격을 완화할 수 있는 안전판으로서 공공임대의 역할은 더욱 중요해질 것이다.

참고문헌

김진유. (2015). 전세의 역사와 한국과 볼리비아의 전세제도 비교분석. 「국토연구」, 41-53.

김진유. (2017). 「전세」. 커뮤니케이션북스.

김진유·박지윤. (2017). 가구원수별 가구수를 활용한 주택수요추정 모형 연구. 「부동산학연구」, 23(4): 65-76.

김진유. (2019). 아파트 발코니면적의 시계열적 변화와 내재가치 추정에 관한 연구. 「부동산학연구」, 25(3): 59-71.

김진유. (2020, 9. 18). '주택정책 목표 실현을 어렵게 하는 시장에 대한 7가지 오해', 태재미래전략연구원.

김진유. (2021). '공동주택 성공 모델 한국 아파트, 개발 너머 '우리'를 돌아봐야 할 때', 한국일보 칼럼'김진유의 도시읽기'

김진유. (2022). 고위험 전세와 전세보증금 미반환 위험의 상관관계 분석-서울시 전세보증사고를 중심으로. 「부동산학연구」, 28(4): 55-69.

발레리 줄레조, 길혜연 옮김. (2007). 「아파트 공화국」. 후마니타스.

봉인식·장윤배·남원석. (2013). 존폐기로의 전세제도. 「이슈 & 진단」, 112: 1-24.

전상인. (2009). 「아파트에 미치다 - 현대한국의 주거사회학」. 이숲.

카를로스 모레노, 양영란 옮김. (2023). 「도시에 살 권리 - 세계도시에서 15분 도시로」. 정예씨 출판사.

일본통계청(2023.6.20. 검색). '연면적별 주거수', 2018년 주택 및 토지조사.

서울특별시. 시세일람. http://ebook.seoul.go.kr/Viewer/REF1QF3J6YL1

중앙일보 조인스랜드(2012.3.10.). '왜 꼭 '85'인가… 국민주택규모가 뭐길래'.

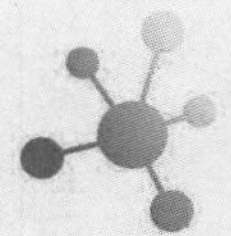

제13장

지구를 위한 '생활 속의 숲', 고층 목재도시

남성현(산림청장)

생각해보기

- 탄소중립과 고층 목재도시 사이에는 어떤 상관성이 존재하는가?
- 목재가 탄소중립소재로서 각광받고 있는 이유는 무엇이라고 보는가?

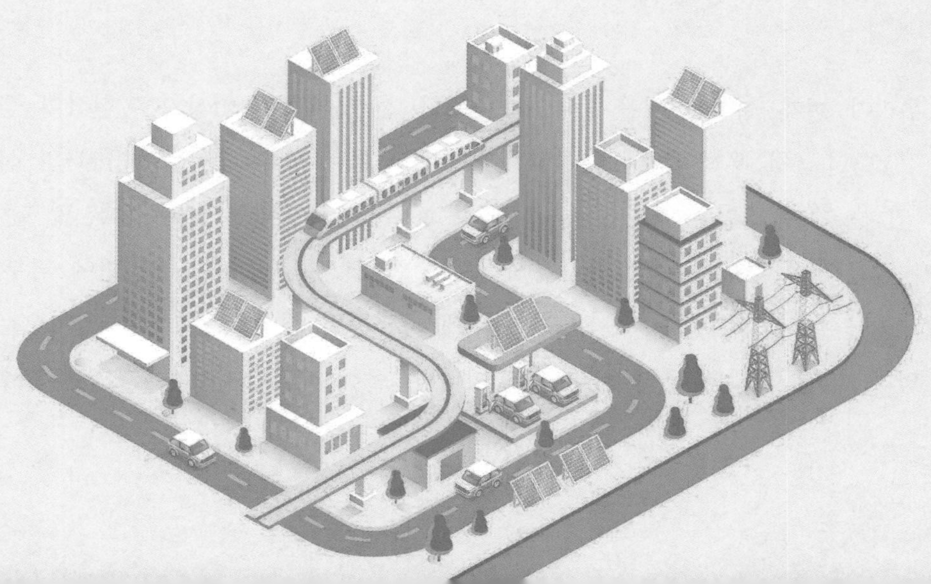

Ⅰ. 들어가며

약 1,400년 전 신라 시대, 우리 선조들은 나라를 지키기 위한 염원으로 아파트 30층(약 80m) 높이에 달하는 황룡사 9층 목탑을 건립하였다. 그러한 염원 덕분인 걸까 신라는 결국 삼국을 통일해냈다. 그리고 오늘날 우리는 신라가 삼국을 통일하는 것보다 더 간절하게 기후위기에 대응하고자 노력하고 있다. 그래서 우리는 지구를 지키는 마음으로 고층 목조건축물을 만들어 가야 한다.

몇 년 전부터 해외 선진국에서 20층이 넘는 고층 목조건축물들을 경쟁하듯 앞다투어 조성하고 있다면 믿어지는가? 인류가 처음 자원으로 다루었고 수 천년동안 건축재료로 활용되어온 목재가 21세기에 들어 다시금 조명을 받고 있다. 이제부터 왜 목조건축이 필요한지, 그 장단점은 무엇인지 그리고 앞으로 해결해야 할 과제는 무엇인지에 대하여 살펴 보고자 한다.

Ⅱ. 기후위기, 탄소중립 시대 속 목재

우리가 현재 처한 현실을 돌아보면, 최근 전 세계적인 이상기후 현상이 심상치 않다. 2023년 4월 우리나라에서는 고온건조한 기후로 하루에만 무려 34건의 산불이 발생하였다. 이 중 5건은 100ha(축구장 140개 면적)가 넘는 대형산불이었다. 몇 달이 채 지나지 않은 7월 경북 예천에서는 통상적으로 한 달간 내릴 비가 3일만에 퍼부었다. 이처럼 최근 이상기후 현상은 과거의 기후에서는 전혀 상상할 수 없는 양상으로 발생하고 있다. 이런 문제는 우리나라뿐만이 아니다. 올해 캐나다에서는 2019년 호주 산불을

능가할 것으로 예상되는 세계 최대 규모의 산불이 발생하였다. 또 하와이에서도 사상 최악의 산불로 극심한 인명 · 재산 피해가 발생하는 등 기후위기는 범세계적인 문제이다.

기후변화에 관한 정부 간 협의체(IPCC)의 6차 평가보고서(2021~2022년) 내용을 보면 더욱 우려가 된다. 지구 평균기온의 1.5℃ 상승 시점이 2018년 예측 대비 10년 앞당겨진 2040년 이전으로 예상된다는 내용이다. 2023년 1월 세계경제포럼('다보스 포럼')에서 선정한 향후 10년 내 가장 심각한 글로벌 위험 10개 중 1~4위가 기후변화 대응 관련이었다. 앞으로 우리가 겪을 기후위기가 지금보다 심지어 더 심각해질 것이라는 이야기이다.

이런 기후위기를 극복하고자 전 세계가 약속한 것이 바로 '탄소중립'이다. 2015년 '파리협정'이 체결되며 선진국과 개도국을 포함한 모든 국가에 온실가스 감축 의무가 부여되었다. 각 국가들은 탄소중립 관련 법 · 제도를 기반으로 온실가스 감축목표(Nationally Determined Contribution, NDC)를 수립하고 있다. 우리나라도 최근 관계부처 합동으로 '탄소중립 녹색성장 국가전략 및 제1차 국가기본계획'(2023년 4월)을 수립하였다. 2030년까지 2018년 대비 온실가스 배출량의 40%, 2억 9천만 톤(tCO_2)를 감축하기 위해 범정부적으로 노력하고 있다. 탄소중립 실현에 있어 산림과 목재는 아주 중요한 역할을 맡고 있다. 탄소중립을 실현하기 위해서는 간단하게 말하여 대기 중으로의 탄소 배출은 줄이고, 대기 중의 탄소를 흡수하는 양은 늘려야 한다. 산림을 이루고 있는 나무는 생장하며 대기 중의 이산화탄소를 흡수하고 산소를 배출한다. 즉 산림을 가꾸는 것 자체가 탄소 흡수량을 높여 탄소중립에 기여하는 것이다. 앞서 말한 2030년 우리나라 온실가스 감축목표량 2억 9천만 톤(tCO_2) 중 산림의 흡수목표량은 3천 2백만 톤(tCO_2)으로 11% 정도에 해당한다. 당장의 11%라는 수치도 적은 수치는 아니지만, 궁극적으로 탄소배출량과 흡수량이 같아지게 만드는 탄소중립을 달성하기 위해서 대표적 탄소흡수원인 산림의 역할과 비중은 더욱 커질 것이다.

이렇게 생장하며 탄소를 흡수한 산림의 나무를 목재로 활용할 경우, 그간 나무가 흡수했던 탄소를 오랜 기간 동안 목재 속에 고정하는 효과가 있다. 마치 탄소를 고정하고 가두어 놓는 '탄소통조림'의 역할을 하게 되는 것이다. 만약 철근이나 콘크리트 같은 화석연료를 목재로 대체하여 활용하게 된다면 두 가지 효과가 있다. 화석연료 사용으로 생기는 대기 중으로의 탄소 배출을 원천 차단할 뿐만 아니라, 사용된 목재 속에 탄소를 고정시켜 놓는 일석이조의 효과를 볼 수 있는 것이다. 탄소 '대체' 효과와 탄소 '고정' 효과를 동시에 획득하는 것이다. 앞서 말한 목재의 탄소 고정 효과를 인정하여, 2011년 기후변화협약(UNFCCC) 당사국총회에서 목재제품이 공식적인 탄소저장소재로 인정되었다. 다만 수입목재는 수입을 위한 운송 과정에서 별도로 많은 양의 탄소가 배출되기에, 국산목재 이용량에 대해서만 국가 온실가스 감축실적에 포함시키도록 인정되었다. 우리나라 국산목재 활용이 필요한 중요한 이유 중 하나이다.

또한 EU, UN식량농업기구(UNFAO)에서는 '단계적 이용 원칙(Cascading Principle)'을 정립하여 목재를 고부가가치 → 저부가가치 순으로 우선적으로 활용하도록 장려하고 있다. 쉽게 말해 목재를 최대한 건축용 제재목, 집성재 등 고부가가치 소재로 활용하고, 남은 목재에 대해서 펄프, 목재펠릿, 연료용 땔감 등 저부가가치 소재로 활용하여야 한다는 원칙이다. 목재를 최대한 가치 있게, 경제적으로 활용해야 한다는 이유도 있겠지만, 탄소중립과도 관계가 있다. 목재제품별 탄소보유주기는 제재목이 35년, 합판 · 보드류가 25년, 종이는 불과 2년으로 고부가가치로 목재를 활용할수록 목재의 탄소 고정기간을 늘릴 수 있다. 더불어 목재는 재생가능한 자원이다. 우리나라의 숲은 많은 나무가 1970년대에 조림되어 31~50년생 숲이 전체 산림의 2/3을 차지하는 저출산 고령화 숲이다. 고령화된 목재를 수확하여 활용하고, 다시 어린 나무를 심어 탄소흡수 활동을 지속해나갈 수 있다. 이러한 일련의 과정을 '산림자원순환경영'이라 하며, 탄소중립 기여에 필수적인 산림 관리 방법이다.

1. 목조건축물의 잠재력과 필요성

우리가 야외활동을 제외한 대부분의 시간을 보내는 건축물의 온실가스 배출량은 얼마나 될까? UN환경계획(UNEP)의 국제 건설 · 건축 현황보고서(Global Status Report for Buildings and Construction)에 따르면 2021년 기준, 건물 부문의 전세계 온실가스 배출량은 약 100억 톤(tCO_2)이다. 이는 산업 등 전체 분야 중 37%나 되는 비중이다. 그런데 목재로 건축물을 조성한다면 이런 탄소배출량을 획기적으로 저감할 수 있다. 가장 중요한 장점은 목재는 건축물에 쓰이게 되면 그 자체로서 많은 양의 탄소를 저장하면서 동시에 다른 재료로 지었을 때 발생하는 탄소배출을 대체한다. 목재는 생산, 가공하는 데 에너지가 적게 소요되어 탄소배출량이 낮은 덕분이다. 일본 월드마일즈 연구회에 따르면 재료를 가공하는 데 있어 동일 부피의 목재에 비하여 알루미늄은 796배, 철강은 264배, 콘크리트는 6.6배의 에너지가 필요하다. 이러한 목재로 건축물 100㎡(약 30평)를 조성할 시에 총 40톤(tCO_2)의 탄소감축 효과가 있다(국립산림과학원). 목재가 13톤(tCO_2)을 저장하고, 콘크리트 등 다른 화석연료에서 배출되었을 27톤(tCO_2)을 대체하기 때문이다.

두 번째로 목조건축은 공사기간의 단축이 가능하다는 큰 장점이 있다. 일반적으로 대부분의 건축물의 재료인 콘크리트는 공사현장에서 타설해야 하기 때문에 공사에 일정기간이 반드시 소요된다. 하지만 공장에서 미리 벽체, 기둥 등의 구조부를 사전에 제작하고 현장에서 조립하는 방식으로 공사를 진행하는 목구조는 공사기간의 단축이 가능하다. 예를 들어 2014년 완공된 호주의 'Forte' 목조건축물은 콘크리트 건축 대비 30%의 공사기간이 단축되었다. 또한 2017년 완공된 캐나다 브리티시컬럼비아 대학의 '브록 커먼스(Brock Commons)' 목조 기숙사 건물은 18%가 단축되었다. 공사기간의 감축과 함께 공법 특성에 따른 인건비 절감 효과도 크기 때문에 향후 목조건축의 비용 경쟁력 또한 매우 높다.

세 번째 이유로는, 비교적 잘 알려져 있는 목재의 인체 친화적인 특성이 있다. 국립산림과학원 연구 결과에 따르면 목재는 스트레스를 낮춰주고 아토피, 천식에 대한 개선 효과 그리고 바이러스나 집먼지진드기 활성을 억제하는 효과 등이 있다. 또한 목재는 심미적으로도 우수하며, 특히 고품질, 고품격의 재료로 애용되고 있다. 목재가 자주 쓰이는 가구나 인테리어재 외에도 건축물의 주요구조부로까지 활용된다면, 이러한 목재의 긍정적인 효과는 더욱 배가될 것이다. 네 번째로 잘 알려져 있지 않거나 오해받고 있는 목재의 장점들이 있다. 먼저 목재가 불에 약하다는 오해가 있다. 그러나 사실 고층 건축물에 사용되는 CLT(구조용 직교 집성판, Cross Laminated Timber) 등 공학목재는 오히려 불에 강하다. '탄화'라는 현상이 발생하여 목재의 겉은 타지만 중심부는 강도를 유지하며 구조재 역할을 하게 된다. 이 때문에 바로 무너지지 않고 거주자들이 대피할 시간이 확보되는 것이다. 하지만 철근콘크리트의 경우 화재가 발생하여 높은 온도에 노출되면, 재료의 물성이 변하며 강도가 단기간에 크게 저하되는 문제점이 발생한다. 일례로 2008년 발생했던 숭례문 화재 당시, 약 5시간 동안이나 목구조가 버티다가 무너진 것을 볼 수 있다.

그림 1 **화재 발생 시 목재에서 발생하는 '탄화' 현상**

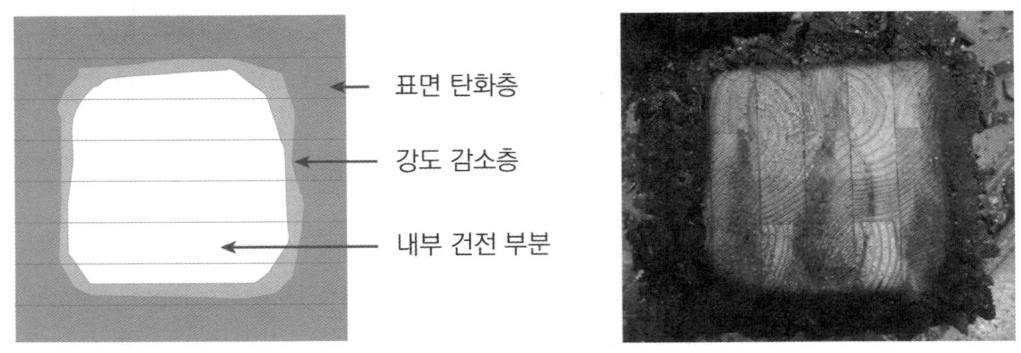

마지막으로 목조 건축물은 지진에 강하다. 목재는 같은 강도를 발현할 때 철근콘크리트 등 타 소재에 비해 무게가 가볍고, 물성으로서 '탄성'이 있기 때문이다. 지진이 자주 발생하는 일본에서 목조건축물을 선호하는 이유 중 하나이기도 하며, 잘 알려지지 않은 목구조의 장점이다. 무게가 가볍다는 점은 또한 기초 등 주요구조부가 견디어야 하는 건물 본연의 하중 자체가 낮기에 이점이 된다. 몸무게가 가벼운 사람이 턱걸이를 할 때 더 적은 힘이 필요한 것과 비슷한 셈이다.

이처럼 목재에는 잘 알려지지 않았지만 건축자재로서 많은 장점이 있다. 특히 탄소중립에의 기여, 신속한 시공 방법, 인체친화적 특성 등은 미래에 더욱 환영받을 장점들이다. 목조건축의 미래 잠재력과 수요가 크고, 이미 해외 선진국들이 미래 건축의 방향으로 주목하고 있는 이유이다.

2. 해외 목조건축 현황

이미 해외 선진국에서는 고층 목조건축물들이 앞다투어 지어지고 있다. 먼저 현재 2023년 기준으로, 세계에서 가장 높은 목조건축물은 미국 위스콘신주 밀워키에 2022년 완공된 '어센트 타워(Ascent Tower)'이다. 주상복합 아파트인 '어센트 타워'는 25층, 86.6m의 높이를 자랑한다. 이 목조건축물을 지을 때 콘크리트 구조물 대비 현장 노동력이 약 1/4 정도 투입되었으며 약 1/2의 공사기간이 걸렸다. 기둥과 보는 '집성재'로, 바닥은 'CLT'로 목재 구조로 이루어져 있다.

여기서 집성재와 CLT는 둘 다 여러 목재로 된 층재를 접착하여 제작하는 '공학목재'이다. 단 집성재는 섬유방향으로 평행하게, CLT는 직교방향으로 접착하여 제작한다는 점이 차이점이다. 이런 '공학목재'는 일반 목재보다 더 강하며, 곡선 형태로도 제작이 가능하고, 부재의 크기 및 길이의 자유성이 높고 내화성능이 높은 등 고층 건축물을 조성하기에 매우 적합한 목재제품이다. 목재가 현대기술과 만나 '공학목재'로 재탄생함으로서, 고층 목조건축물 조성이 가능해진 것이다.

아울러 2022년에 지어진 일본 요코하마의 '포트 플러스(Port Plus)' 건물은 매우 특별한 건물이다. 높이 44m, 11층의 이 건물은 일본 최초의 '고층 순수 목조 내화 건축물'이다. 다른 고층 건축물들이 특히 저층부에 철골이나 콘크리트 구조를 일부 함께 사용하는 하이브리드 구조를 많이 채택하는 반면, '포트 플러스'는 지상부의 모든 구조 부재(기둥, 보 등)가 목재로만 구성되어 지어졌다. 나아가 이렇게 목재만을 활용하여 3시간 내화성능을 확보하였다. '포트 플러스'에는 1,990㎥의 목재가 사용되어 약 1,652톤(tCO_2)의 탄소를 장기적으로 고정하게 된다. 또한 전 생애주기(자재 생산 → 시공 → 해체 → 폐기) 동안 철골조 대비 무려 40% 정도의 탄소감축 효과가 있다.

그림 2 미국, 어센트 타워(Ascent Tower) 조감도(좌)와 일본, 포트 플러스(Port Plus) 전경(우)

이외에도 높이 1m 차이로 1위 자리를 내준 세계에서 두 번째로 높은 목재 건물인 노르웨이의 '미에스토르네', 앞서 언급하였던 캐나다 밴쿠버 브리티시 컬럼비아 대학의 18층 목조 기숙사 건물 '브록 커먼스(Brock Commons)' 등 세계 각국에 고층 목조건축물이 이미 지어져 활용되고 있다. 일본과 영국에서는 향후 각각 350m, 300m의 엄청난 높이의 목조건축물을 조성할 계획을 최근 발표한 바 있다.

이런 세계의 고층 목조건축물은 집성재와 CLT 같은 '공학목재'의 개발 외에도 각 국가들의 정책적인 뒷받침이 있었기에 가능했다. 가까운 나라인 일본은 이전부터 목조건축에 대한 관심도가 높았다. 2010년 「공공건축물 등 목재이용 촉진에 관한 법률」 제정으로 공공건축물의 목조화를 권장하였다. 이후 2021년에 「탈탄소사회 실현에 이바지하기 위한 건축물 등에 있어서 목재이용 촉진에 관한 법률」로 개정하여 민간 건축물까지 목재 이용 대상을 넓혔고, 관련 지원을 강화하였다. 현재 공공건축물에 대해서는 비용·기술적으로 한계가 있는 경우를 제외하고는 원칙적으로 구조재와 내장재를 목재로 하도록 규정하고 있다.

그림 3 **캐나다, 브록 커먼스(Brock Commons) 전경 및 공사 현장**

프랑스에서는 2022년부터 신축되는 공공건축물은 50% 이상 목재 혹은 기타 지속 가능한 재료로 조성하도록 의무화하고 있다. 캐나다 또한 정부 자금을 지원하는 건축물에 목재를 주요 자재로 사용하도록 규정하고 있다. 아울러 미국도 2017년 목재산업을 미래지향적으로 혁신하기 위해 「목재혁신법」을 제정하여 특히 고층 목조건축 자재에 대한 교육 및 기술적 지원을 제공하고 있다. 이처럼 선진국들에서는 이미 최소한 공공건축물에 대해서라도 목재 활용을 장려하고 있으며, 고층 목조건축물 조성에 박차를 가하고 있는 상황이다.

3. 국내 목조건축의 현주소

우리나라의 목조건축 현황은 어떨까? 2012년부터 2021년까지 10년간 건축물 착공 통계를 살펴보았다. 평균적으로 연간 총 20만 2천여 동이 지어졌다. 이 중 목조건축물은 1만 2천여 동이었다. 전체의 대략 5.8%의 비중을 차지하고 있다. 대부분 소형 목조주택인 상황이다. 현재 완공되어 있는 국내의 대표적인 목조건축물로는 경북 영주에 있는 높이 19.1m의 국립산림과학원 한그린 목조관(2018년)과 경기도 수원에 있는 연면적 4,525㎡의 국립산림과학원 종합연구동(2016년)이 있다.

또한 현재 대전에 건립되고 있는 2024년 완공 예정인 산림복지종합교육센터는 지상 7층 규모로 곧 국내 최고층 목조건축물이 될 예정이다. 더불어 대전에 건립될 한국임업진흥원 신청사도 지상 7층 규모의 목조건축물로 조성될 예정이다. 세종수목원 내에

그림 4 경북 영주, 한그린 목조관 내부모습(좌)과 경기 수원, 국립산림과학원 종합연구동 전경(우)

'국토녹화 50주년 기념관' 또한 목조건축물로서 현재 지어지고 있다.

이처럼 아직 우리나라에 지어졌거나 짓고 있는 고층 목조건축물은 모두 공공건축물이다. 민간시장에서 목조건축에 대한 접근이 어려운 현재의 상황에서 일본의 사례처럼 공공건축물로부터 시작하여 민간건축물까지 목조건축을 활성화시키는 전략이 필요할 것이다. 우리나라의 목조건축 제도 관련, 우선 제도적으로 2020년에 목조건축에 대한 높이(18m)와 규모(연면적 3,000㎡) 제한이 폐지되어 고무적이다. 하지만 아직 공동주택 바닥에 의무적으로 적용되는 콘크리트 210mm 두께 요건이 목조건축에 대한 규제로 남아 있다. 아울러 CLT 등 공학목재의 내화성능 인정, 건축용 목재제품의 표준화 등 연구하고 해결해 나가야 할 숙제들이 남아 있다. 법·제도 및 기술적인 해결과제에 대하여는 산림청에서도 관계기관인 국토교통부, 국립산림과학원 등과 함께 많은 고민과 정책적 노력을 기울이고 있기에 시간이 지나면 해결될 것으로 믿는다. 그 노력의 일환으로 목조건축 활성화에 관한 법률 제정, 공공 분야 내 각종 공모사업(목재친화도시, 목조건축 실연사업 등), 목조건축 표준품셈 제작, 목조건축 전문인력 양성체계 마련 등 여러 정책들이 추진되고 있는 중이다.

우리나라에서 목조건축물을 활성화하기 위해 한 가지 더 신경써야 하는 점은 국산목재의 수확량을 높이는 것이다. 이 문제는 나무를 베어내어 활용하는 것에 대한 국민적 인식과도 연관이 있다. 그동안 우리나라는 세계가 주목하는 성공적인 국토녹화를 이루어냈다. 50년 전만 하여도 대부분의 산이 벌거벗은 민둥산이었으나, 현재는 울창한 산림으로 변모하였다. 하지만 이런 성공적인 국토녹화의 이면에는 국민들의 인식 밑바탕에 '나무는 무조건적으로 보호하고 보전해야 할 대상'이라는 생각이 깊게 자리잡게 만든 점도 있는 것 같다. 앞으로는 선진국처럼 보호해야 할 산림은 철저히 보호하고, 경제적으로 활용할 산림은 '산림자원순환경영'을 통해 적극적으로 목재로 활용해야 한다. 국내의 목재 수확량을 늘리고, 목조건축 등 목재 활용처의 수요를 높여나가는 선진국형 산림경영이 필요한 시점이다. 당장은 목조건축 분야에서 우리나라가 선발주자는 아니지만, 관련 여러 분야의 협력과 지속적인 관심으로 빠른 시일 내에 세계적으로 유명한 목조건축물들이 우리나라에서 더 많이 지어져야 한다.

III. 미래를 위한 정책 제언

미래학자 제러미 리프킨이 저술한 '회복력 시대'라는 책에서는 그간의 효율성·생산성·성장 등으로 점철되는 '진보의 시대'는 끝났고, 앞으로는 적응성·재생성·번영을 위한 '회복력의 시대'가 올 것이라 말하고 있다. 그간의 인류가 갖고 있던 패러다임이 송두리째 변한다는 뜻이다. 그렇기에 목조건축에 대한 관심과 중요성은 한 순간 반짝하고 마는 일시적인 트렌드가 아닌, 앞으로 시간이 갈수록 더더욱 중요해질 '메가트렌드'라고 생각한다. 우리가 처한 기후위기와 탄소중립 실현, 목재의 건축용 소재로서의 장점과 가능성, 세계적인 고층 목조건축물 사례 등을 생각하면 고층 목재도시는 더 이상 선택사항이 아니라 미래의 필수과제이다. 향후 우리가 살게 될 '미래의 고층 목재도시'가 현재 인류가 자연 앞에 처한 위기를 극복하는 데에 큰 역할을 해 줌으로써 지구 생태계를 살리는 우리 '생활 속의 숲'이 되어야 할 것이다.

참고문헌

관계부처 합동. (2023). 탄소중립·녹색성장 국가전략 및 제1차 국가기본계획.
국립산림과학원. (2018). 목조 공동주택의 경제성 분석 용역 보고서.
국립산림과학원. (2018). 목조 공동주택의 차음 및 내화성능 연구.
산림청. (2023). 제3차 탄소흡수원 증진 종합계획.
IPCC. (2023). 제6차 종합보고서(AR6, The Sixth Assessment Report).
UNEP. (2022). Global Status Report for Buildings and Construction.
World Economic Forum. (2023). Global Risk Report 2023.

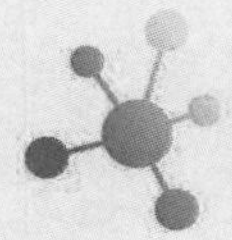

제14장

미래 사이버 보안

김재수(한국과학기술정보연구원 원장)

송중석(한국과학기술정보연구원 과학기술보안연구센터장)

생각해보기

- 우리나라에서 가장 중요하게 고려가 필요한 미래 사이버 보안 위협 대응 전략은 무엇인가?
- 4차 산업혁명 및 디지털전환이 가져올 미래의 사이버 보안 법 · 제도 · 규제는 어떻게 개선되어야 할까?
- 개인 차원에서 미래 사이버 보안 위협대응을 위한 접근 방식에는 어떤 것이 있을까?

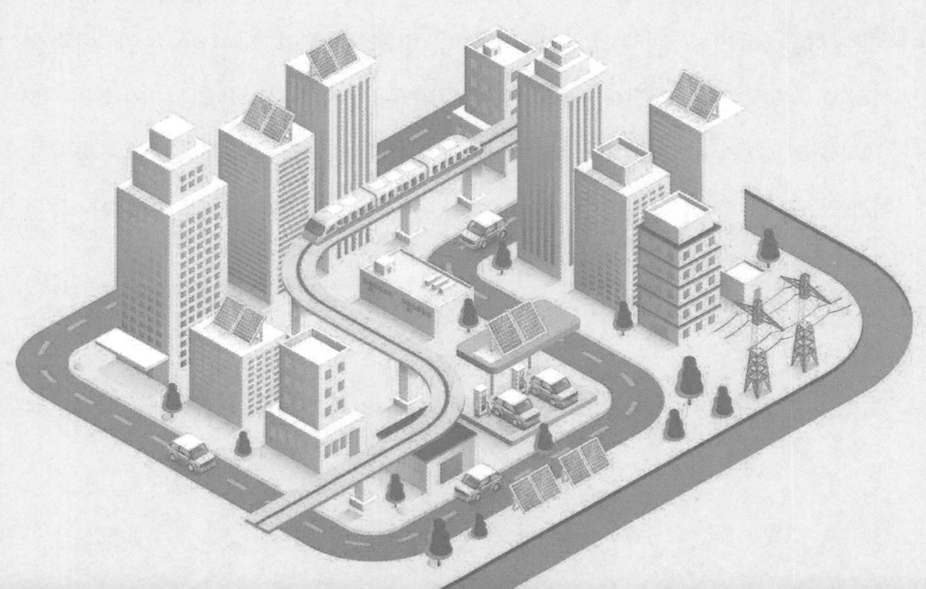

Ⅰ. 들어가며

1. 사이버 보안 개요

현대 사회는 디지털 시대로서 언제 어디서나 디지털 환경에서 소통이 가능하여 빠른 속도로 서로의 지식과 자료를 공유할 수 있다. 반면에 이를 악용하여 불법적인 방법으로 중요시설에 타격을 주거나 작동을 못하도록 마비시키는 등의 피해를 입히는 사례가 증가하고 있다. 더 나아가 전쟁에서도 공격 수단으로 활용되면서 국가안보를 위협하는 상황까지 전개되고 있다.

사이버 보안은 현대 사회에서 필수 불가결한 부분이 되었다. 이는 단순히 기술적 문제를 넘어서, 사회적, 정책적 그리고 행정적 측면에서 광범위한 영향을 미치고 있다. 인터넷과 디지털 기술이 우리 일상의 모든 측면에 깊숙이 통합되면서, 개인의 프라이버시 보호, 기업의 데이터 보안, 국가의 안보 및 경제적 안정성에 이르기까지 사이버 보안의 중요성은 날로 증가한다.

이러한 배경 하에, 미래 사회를 준비하기 위해 사이버 보안에 대한 이해는 더욱 중요해진다. 사이버 보안 문제는 단순한 기술 문제가 아니라, 국가 정책, 사회적 책임 그리고 국제 협력의 문제로 확대되고 있다. 따라서 이 분야의 전문가들은 기술적 지식뿐만 아니라, 거버넌스, 법률, 윤리, 그리고 글로벌 트렌드에 대한 깊은 이해를 가져야 한다.

이 장에서는 이러한 필요성에 부응하여, 미래 사회의 사이버 보안 이슈를 다각도에서 분석하고, 행정학적 관점에서의 대응 전략을 모색한다. 우리는 기술적 측면은 물론, 시사적, 사회적 그리고 정책적 측면에서 사이버 보안의 중요성을 탐구할 것이다. 이를 통해 미래의 공공 관리자로서 사이버 보안 문제에 대처하는 데 필요한 폭넓은 시각과 지식을 갖추게 될 것이다.

2. 보안의 영역

1) 사이버 보안

사이버 보안은 디지털 공격으로부터 중요한 시스템과 민감한 정보를 보호하는 수단으로써 최근 정보기술의 발달에 따라 컴퓨터 보안, 정보보안 등을 포괄하는 개념으로 이해되고 있다. 현대 사회에는 대부분의 정보는 디지털 형태로 가공되어 네트워크 상에 유통되고 있기 때문에 이를 보호하기 위한 아래와 같은 다양한 대책들이 사이버 보안의 영역에서 주로 수행되고 있다.[1]

- 네트워크 보안: 유선 및 무선(Wifi) 연결을 포함하여 해커로부터 컴퓨터 네트워크 환경을 보호하기 위한 보안 수단
- 클라우드 보안: 고객의 개인정보, 데이터 및 비즈니스 요구사항을 지원하기 위한 저장, 전송, 처리 상태인 클라우드 데이터를 보호하는 보안 수단
- 정보보안: 국내 데이터 3법(개인정보 보호법, 정보통신망 이용촉진 및 정보보호 등에 관한 법률, 신용정보의 이용 및 보호에 관한 법률), 유럽의 GDPR처럼 개인정보나 민감 데이터에 무단으로 접근하거나 노출 및 도난으로부터 보호하기 위한 수단
- 어플리케이션 보안: 디지털 기기(PC, 모바일 기기, 서버 등) 또는 클라우드 환경에서 실행되는 어플리케이션(프로그램)을 외부 위협으로부터 보호하기 위하여 데이터 처리방법, 사용자 인증 등을 고려하는 보안 수단

이외에도 스토리지 보안, 모바일 보안 등 다양한 디지털 환경에서 내·외부로부터 위협에 대하여 탐지, 보호 및 대응 조치를 수행하는 영역을 종합적으로 일컫는다.

다만, 최신 사이버 위협은 멀웨어, 랜섬웨어, 피싱, DDoS, APT 등의 유형으로 갈수록 진화하고 있으며 이에 대비하기 위하여 사이버 보안 영역에서 다양한 목적의 솔루션, 장비 등의 연구 개발이 지속적으로 진행되고 있다.

2) 일반 보안

일반 보안은 조직의 전반적인 정보자산에 대하여 관리적, 물리적 및 정책·제도적 보안을 실시하는 분야를 의미하며, 주로 실제 정보 시스템의 사용자 또는 외부자로부터 발생할 수 있는 보안사고를 미연에 방지하고 관리하기 위한 영역을 의미한다.[2]

- 인적 보안: 개인정보 및 중요정보의 취급이나 주요 시스템 접근 등 업무에 따른

보안 등급 및 관리 방안을 수립하고 비밀유지 의무 준수, 관련 법규 교육 등을 실시하여 정보시스템 사용자로부터 발생할 수 있는 보안사고를 방지하기 위한 수단
- 물리 보안: 물리적 · 환경적 요인으로부터 개인정보 및 중요정보, 저장매체, 설비/시스템을 보호하기 위하여 통제구역/제한구역 등을 설정하고, 반출입 디지털 기기 통제, 정보 시스템의 보호설비를 운영 하는 등의 보안 관리 수단
- 인증 및 권한 보안: 정보시스템과 개인정보 및 중요정보에 대한 비인가 접근을 통제하고 접근을 관리하기 위해 사용자 식별, 인증 및 권한 관리를 수행하기 위한 관리 · 제도적 보안 수단
- 운영 보안: 정보시스템을 도입 · 개발 · 변경 시 법적 기준, 최신 취약점 등의 보안 요구사항을 정의하고 적용함으로써 시스템 및 서비스 운영에 있어서 적절한 성능 · 백업 · 복구 기능을 보장하고 물리적 · 환경적 보안사고 발생 시 원활한 대응 및 복구를 수행하기 위한 수단

일반 보안은 최근 사이버 보안의 영역의 중요성이 급격히 증가함에 따라 그 중요도가 일부 낮아지고 있으나, 주요 정보자산의 관리 측면에서 소홀히 다룰 수 없는 영역이며 적절한 정책 · 제도 수립, 물리적 환경 관리 등의 일반 보안 기준 준수를 통해 사이버 보안의 영역에 앞서서 정보자산, 데이터에 대한 보호를 수행할 수 있는 기술로 고려될 수 있다.

3) 융합 보안

최근 디지털 전환의 가속화와 함께 각 산업 분야가 ICT 기술 중심으로 결합됨에 따라서 해킹, 보안사고 등 기존 ICT 환경에서 발생하던 보안 위협의 범위가 타 산업으로 급속히 확대되고 있는 실정이다. 특히, 신산업 기술인 자율주행, 스마트 공장, 메타버스 및 디지털 헬스케어 등의 분야에서 다양한 보안 위협이 대두되고 있으며 이에 대한 대응을 위하여 융합 보안의 영역이 개척되고 있다.
- 산업제어시스템 보안: 발전소, 스마트 공장 등 산업제어시스템과 연결된 업무망 및 타 제어시스템 네트워크와의 안전한 네트워크 환경 확보를 위한 수단
- 헬스케어 · 의료 보안: 안전한 스마트 헬스케어 · 의료 서비스 제공을 위해 개인 의료정보 보호, 의료기기의 해킹 방지 및 원격진료의료 서비스 보호 등을 위한 수단
- 자율주행 차량 및 선박 보안: 차량 · 선박과 연결된 내 · 외부 네트워크 및 내부장

치를 보호하고 사용자 인증, 보안 가이드라인 수립을 통해 안전한 자율주행 차량과 스마트 선박의 운행을 보장하기 위한 수단

융합 보안의 영역은 신산업 기술의 발전에 따라 ICT 기술이 활용되는 다양한 산업 전반으로 확장이 가속화 되고 있으며, 기술적 측면과 더불어 정책·제도적 측면에서도 다방면의 고려가 필요할 것으로 예상된다.

그림 1 **보안의 영역**

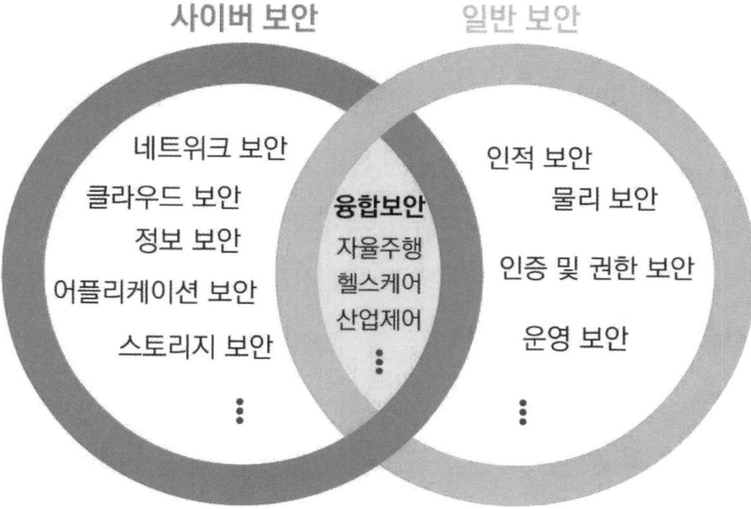

II. 사이버 보안의 현재 상태와 미래 전망

1. 현재의 사이버 보안 환경

오늘날의 사이버 보안 환경은 복잡하고 도전적이며, 지속적으로 진화하고 있다. 이는 다양한 요인에 의해 영향을 받으며, 여기에는 기술 발전, 사회적 변화 그리고 국제

적 상호 작용이 포함된다. 다음은 현재 사이버 보안 환경의 주요 특징들이다.

1) 증가하는 사이버 위협

사이버 공격의 빈도와 복잡성이 증가하고 있다. 이는 해킹, 랜섬웨어, 피싱, 데이터 유출 등 다양한 형태로 나타난다. 사이버 범죄자들은 더욱 정교한 방법을 사용하며, 때로는 국가 차원에서 지원받기도 한다.

2) 사이버 보안과 국가 안보의 결합

사이버 공격은 국가의 중요 인프라를 대상으로 하기도 하며, 이는 국가 안보와 직결된 문제가 되고 있다. 정부 기관, 국방 시설, 에너지 네트워크 등이 주요 타깃이 되고 있으며, 이러한 공격은 국가의 안전과 안정성에 중대한 영향을 미친다.

3) 클라우드 컴퓨팅과 모바일 기기의 보안

클라우드 컴퓨팅의 확산과 모바일 기기 사용의 증가는 새로운 보안 과제를 만들어 내고 있다. 이러한 환경은 데이터의 중앙화와 분산화를 동시에 가져오며, 이는 보안 관리에 새로운 접근 방식을 필요로 한다.

4) 규제 및 준수 요구의 증가

개인 데이터 보호와 관련한 법률과 규정이 강화되고 있다. GDPR[1] 같은 법률은 기업들에게 개인정보보호에 대한 새로운 표준을 설정하고 있다. 이러한 규제는 조직들이 보안 정책을 강화하고, 데이터 관리 및 보안 관행을 개선하도록 요구한다.

5) 사이버 보안 인식의 증가

사이버 위협에 대한 일반 대중의 인식이 증가하고 있다. 이는 조직과 개인 모두에게 보안에 대한 책임감을 강화하고 있다. 보안 교육과 인식 캠페인은 중요한 역할을 하며, 이는 사이버 공격에 대한 취약성을 감소시키는 데 기여한다.

이러한 사이버 보안 문제를 이해하고, 이에 대응하기 위한 정책과 전략을 개발하는

---

1) GDPR(General Data Protection Regulation)은 유럽연합(EU)의 데이터 보호 및 개인정보 보호에 관한 법규이다. 이 규정은 EU 내 모든 개인의 개인정보를 보호하며, EU 외부에서 EU 시민의 데이터를 처리하는 기업에도 적용된다. GDPR은 데이터 보호에 관한 엄격한 규칙을 설정하고, 위반 시 높은 벌금을 부과한다. 주요 내용으로는 개인 데이터의 동의, 접근 권한, 데이터 삭제 권한('잊혀질 권리'), 데이터 유출 시 통지 의무 등이 있다.

것은 미래의 공공 관리자에게 필수적인 역량이다. 현대의 보안 환경을 이해함으로써, 미래의 도전에 대비할 수 있으며, 보다 안전하고 안정적인 디지털 사회를 구축하는 데 기여할 수 있다.

2. 현재의 사이버 보안 주요 활동

미국 국립표준기술연구소(NIST)는 조직이 사이버 공격에 대응하는 가이드라인으로 활용할 수 있도록 '식별', '보호', '탐지', '대응', '복구'로 구성된 사이버보안 프레임워크를 개발하였다. 사이버보안 주요 활동들을 사이버보안 프레임워크[3]를 중심으로 살펴보면 다음과 같다.

- Identify(**식별**): 조직의 자산, 위험, 보안 정책을 식별하고 관리
  - 취약점 점검: 시스템·네트워크에서 취약점을 식별하고, 이를 해결해 보안을 강화하는 활동으로 자산 평가, 취약점 스캔, 보고서 작성 및 조치 계획 수립 등을 수행
  - 보안 컨설팅: 기업·조직에 대한 전반적 보안 상태를 평가, 개선점을 제시하는 컨설팅 활동으로 현황 분석, 필요에 따른 솔루션 제안, 보안 정책 및 절차 개발 등을 수행
- Protect(**보호**): 시스템 및 데이터를 보호하기 위한 조치를 시행
  - 사이버 모의훈련: 실제 공격을 시뮬레이션하고 조직의 대비 능력을 향상시키는 훈련 활동으로 시나리오 작성, 참여자 교육, 시뮬레이션 실행, 평가 및 개선 등을 수행
  - 해킹방어경진대회: 해커와 방어 전문가들이 서로 경쟁, 공격·방어 기술을 연마하는 대회로 문제 해결, 해킹 시나리오 분석, 대응 전략 수립, 결과 발표순으로 진행
  - 보안교육: 직원들에게 사이버 보안의 중요성과 보안 프로토콜에 대해 교육하는 활동으로 교육 대상 및 내용 선정, 발표자료 작성 및 발표순으로 진행
- Detect(**탐지**): 사이버 공격을 신속하게 감지하고 대응하기 위한 방법 수립
  - 보안관제: 시스템·네트워크에서 발생하는 이상 징후를 모니터링, 침해위협에 대응하는 활동으로 네트워크 보안관제, 시스템 보안관제 또는 융합 보안관제 방식이 있으며, 보안이벤트 등 로그 모니터링, 보안이벤트 분석 및 이상징후 탐지, 대

응 및 침해위협 통보 등을 수행

- Respond(대응): 사이버 공격에 대한 신속한 대응을 위한 계획 수립
- 침해사고 조사: 침해사고를 분석해 원인을 찾고 대응하는 과정으로 피해 최소화, 재발 방지 대책 수립을 위한 정보를 제공하며, 침해 사실 확인, 증거 수집, 대응 계획 수립 등을 수행
- 침해사고 대응: 발생한 침해사고에 신속하게 대응하여 피해를 최소화하기 위해 시스템을 격리하고 복구하는 등의 활동으로, 피해 평가, 대응 전략 수립 등을 수행
- Recover(복구): 사이버 공격으로 인한 손상을 최소화하고 서비스를 복구
- 백업 및 복원: 데이터나 시스템을 백업하여 재해 시 복구하는 과정으로 백업주기 설정, 데이터 및 시스템 복원 계획 수립, 데이터 및 시스템 복원 등을 수행
- 재해 복구: 시스템이나 데이터가 손상됐을 때, 원래 상태로 복구하는 과정으로 피해평가, 복구 전략 수립, 데이터/시스템 복구 등을 수행

3. 현재의 국내 사이버 보안 법 · 제도

현재 정보보호 관련 법 · 제도는 사이버안보업무규정과 정보통신기반보호법, 정보통신망이용촉진 및 정보보호 등에 관한 법률, 정보보호산업의 진흥에 관한 법률 등 개별 법령에 분산되어 있고 거버넌스는 공공, 국방, 민간으로 구분하여 각각 국정원, 국방부, 과학기술정보통신부가 부문별로 대응하고 있어 주체 간 업무 혼선 및 협력 관계 유지가 원활하지 못한 상황이다. 지속적이고 안정적인 사이버 위험관리와 신속한 사이버 위기대응을 위해서는 통합기구 및 통합법제의 신설 등이 필요한 실정이다. 다음은 현행 정보보호 법 · 제도이다.

- **사이버안보업무규정[4]**: 국가사이버안전을 총괄하는 법적 규정으로, 사이버안보 관련 정보의 수집 · 작성 · 배포 및 사이버공격 · 위협에 대한 예방 · 대응 업무의 수행에 필요한 사항을 규정함을 목적으로 함
- **정보통신기반보호법[5]**: 전자적 침해 행위에 대비하여 주요 정보통신기반시설의 보호에 관한 대책을 수립하고 시행하는 법률로 주요 정보통신 기반시설 안전운용을 위한 법적 조치 포함

- **정보통신망이용촉진 및 정보보호 등에 관한 법률[6]**: 정보통신망 이용과 정보보호를 촉진하기 위해 제정된 법률로, 정보통신 서비스의 안전한 제공 및 개인정보의 보호, 통신 비밀 보호 등을 목적으로 함
- **정보보호산업의 진흥에 관한 법률[7]**: 정보보호 산업의 발전과 경쟁력의 강화를 위해 제정된 법률로, 정보보호 관련 산업의 육성, 연구개발 지원, 인력 양성 등을 목적으로 함

공공, 국방, 민간으로 구분된 체계를 범정부 통합 대응 조직으로 모으고자 국가정보원에서는 '22년 11월 「국가사이버안보 기본법(안)」을 입법 예고하였다. 단, 법안심사 절차를 거쳐야하는 과제로 실제 추진까지는 시일이 있으나, 제목부터 거버넌스 구현 전반에 대한 관계자들의 이견이 있는 것으로 알려졌다. 다음은 국가사이버안보기본법(안)에 대한 설명이다.

- **국가사이버안보 기본법(안)[8]**: 국가사이버안보 기본 원칙과 정책 수립, 심의, 추진 등에 관한 법률. 국가 사이버안보위원회의 설치 및 운영, 사이버안보에 관련 국가 정책 및 전략 수립 · 심의 · 추진, 사이버 위협 대응 체계 강화, 사이버안보 관련 국가 주요 기관 간 협력 강화 등이 포함될 것으로 예상

4. 미래 기술과 사이버 보안

미래 기술의 발전은 사이버 보안의 전망을 획기적으로 변화시키고 있다. 이러한 기술들은 새로운 기회를 제공하는 동시에, 기존의 보안 프레임워크에 도전을 제기한다. 주요 기술들과 그들이 사이버 보안에 미치는 영향에 대해 자세히 살펴본다.

- 인공지능(AI)과 머신러닝
- AI와 머신러닝은 사이버 보안 방어 기술의 핵심으로 부상하고 있다. 이들은 사이버 공격을 실시간으로 탐지하고 대응하는 데 사용되며, 공격 패턴을 학습하여 미래의 공격을 예측할 수 있다.
- 반면, 해커들은 AI를 사용하여 고도로 맞춤화된 피싱 공격을 개발하거나, 보안 시스템을 우회하는 방법을 찾아낼 수 있다. 이는 공격과 방어 사이의 '무기 경쟁'을 낳고 있다.

- 사물인터넷(IoT)
  - IoT 기기들은 생활의 많은 부분을 자동화하고 편리하게 만들지만, 보안 측면에서는 취약점을 제공한다. 많은 IoT 기기들이 제조시 보안을 충분히 고려하지 않아, 해커들이 악용할 수 있는 통로가 되곤 한다.
  - 또한, IoT 기기들이 생성하는 대량의 데이터는 보안과 프라이버시 관리에 새로운 도전을 제기한다. 이러한 데이터는 개인정보를 포함할 수 있으며, 이를 안전하게 관리하는 것이 중요하다.
- 양자 컴퓨터
  - 양자 컴퓨터의 능력에 의해 현재 널리 사용되는 암호화 방법들, 특히 공개키 암호가 해독될 수 있는 위험이 있다. 이는 양자 컴퓨터가 기존의 컴퓨터보다 훨씬 빠르고 효율적으로 복잡한 수학적 문제를 해결[2)]할 수 있기 때문이다.
  - 따라서 현행 암호는 양자 내성 암호로 대체되어야 하는데 양자 내성 암호는 양자 컴퓨터가 쉽게 해독할 수 없는 새로운 유형의 알고리즘에 기반을 둔다. 이러한 알고리즘들은 격자 기반 암호화, 다변수 다항식 암호화, 해시 기반 암호화 등 양자 컴퓨터가 특별히 효율적으로 해결할 수 없는 수학적 문제들을 사용한다.
- 위성 통신
  - 민간 로켓 및 인공위성의 상용화 함께 우주 인터넷(Starlink 등)을 포함한 우주산업 영역이 급속히 증가함에 따라 위성 통신에 대한 보안 강화가 전 세계적인 이슈로 대두되고 있다.
  - 위성통신에 기반한 글로벌위치확인시스템(GPS)과 상업용 통신의 신호를 교란하여 통신장애를 일으키거나 해킹을 통해 통제권을 탈취한 후 인공 위성 간 충돌을 야기하는 등 다양한 보안위협이 우려되고 있다.
- 차세대 무선통신(5G, 6G)
  - 초고속 광대역 전송 서비스, 초저지연 서비스, IoT와의 융합, 클라우드 활용 확대 등 향후 초연결 지능화 서비스의 기반이 되는 차세대 무선통신(5G/6G)의 중요성

---

2) 양자 컴퓨터는 기존의 컴퓨터와 달리 양자역학의 원리를 사용하여 데이터를 처리한다. 이들은 '큐비트'라고 불리는 양자 비트를 사용하여 정보를 저장하고 조작한다. 큐비트는 0과 1의 상태를 동시에 가질 수 있는 양자 중첩의 특성을 이용하며, 이로 인해 양자 컴퓨터는 여러 계산을 동시에 수행할 수 있다. 이러한 병렬 처리 능력은 복잡한 수학적 문제를 훨씬 빠르고 효율적으로 해결하는 데 기여한다.

이 증대되고 있다.

- 고품질·초고속의 무선통신 서비스를 안전하게 운용하기 위해서 통신망 사용자의 개인정보 및 통신 기밀성·무결성을 보호하는 것이 선결 과제이며, 특히 중단없는 통신 제공을 위하여 차세대 무선통신 서비스를 구성하는 하드웨어부터 소프트웨어에 이르기까지 시스템 신뢰도와 복원력을 확보하는 것이 중요하다.

이러한 미래 기술 발전으로 인해 사이버 보안 전략에 지속적인 업데이트와 혁신을 필요로 한다. 특히, 공공 정책과 행정학 분야에서는 이러한 기술적 변화를 이해하고, 이에 대응하는 포괄적인 정책과 전략을 개발하는 것이 중요하다. 미래의 사이버 보안 환경은 단순한 기술적 대응을 넘어서, 정책 결정, 교육, 법률 그리고 국제 협력을 포함하는 포괄적인 접근을 필요로 할 것이다.

그림 2 **미래 기술**[3)]

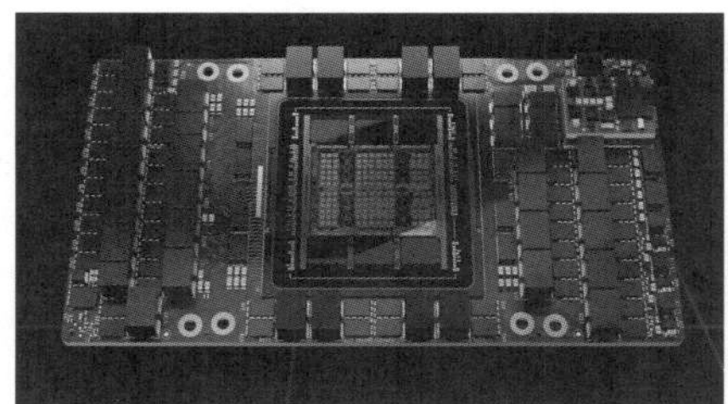

NVIDIA H100 GPU

IOT 스마트홈

IBM 양자 컴퓨터

3) AI의 핵심 요소인 GPU 중 2023년 현재 최고 성능인 엔비디아의 H100 시스템과 스마트홈에 적용된 애니온넷의 IoT 시스템 그리고 IBM의 양자 컴퓨터를 보여준다.

5. 기술과 규제의 격차: 미래 사이버 보안의 도전과 기회

현대 사이버 보안 환경은 기술의 급격한 진화와 규제의 필요성 사이에서 균형을 찾아야 하는 중요한 도전과 기회에 직면해 있다. 인공지능, 머신러닝, 양자 컴퓨팅과 같은 첨단 기술의 발전은 사이버 보안 분야에 새로운 가능성을 열어주고 있으며, 이러한 기술적 발전과 규제적 도전 사이의 격차를 해결해야 한다.

- 현대 사이버 보안에서의 기술적 발전과 규제적 도전

  - 기술의 급속한 발전: 인공지능, 머신러닝, 양자 컴퓨팅과 같은 첨단 기술이 사이버 보안 분야에서 급속하게 발전하고 있다. 이러한 기술은 보안 위협을 탐지하고 대응하는 새로운 방법을 제공한다. 하지만, 기술의 발전 속도는 종종 기존 규제 체계의 적응 능력을 넘어서며, 규제적 공백이나 불일치를 야기할 수 있다.

  - 규제의 필요성과 한계: 사이버 보안 분야에서의 규제는 데이터 보호, 개인 프라이버시 그리고 정보의 안전한 사용을 보장하는 데 필수적이다. 그러나 기술적 혁신의 속도와 다양성을 고려할 때, 기존의 규제 체계는 종종 새로운 기술과 시나리오에 빠르게 적응하지 못하는 경우가 있다.

- 기술과 규제의 격차 해소 방안

  - 적응형 규제 체계의 개발: 기술적 발전을 반영할 수 있는 유연하고 적응형 규제 체계의 개발이 필요하다. 이는 지속적인 기술 모니터링과 빠른 정책 반영이 가능해야 한다. 예를 들어, 유럽연합의 GDPR은 디지털 정보 처리의 변화에 대응하기 위해 개발된 적응형 규제 모델이다.

  - 기술과 규제 간의 상호 작용 증진: 기술 개발자, 법률가, 정책 입안자 간의 긴밀한 협력을 통해 기술과 규제 간의 격차를 줄일 수 있다. 이러한 협력은 기술적 혁신이 법적 및 윤리적 기준 내에서 이루어지도록 보장하며, 새로운 기술에 대한 신속한 규제 대응을 가능하게 한다.

기술과 규제의 격차는 미래 사이버 보안의 주요한 도전 중 하나이다. 이 격차를 해소하기 위해서는 기술 개발자, 정책 입안자, 법률 전문가 간의 긴밀한 협력과 지속적인 대화가 필요하며, 이를 통해 더 안전하고 효과적인 디지털 환경을 구축할 수 있다.

III. 미래 정보보안과 개인정보보호

1. 데이터 보안의 미래 이슈와 대응

디지털 시대의 발전과 함께, 데이터 보안은 점점 중요해지고 있다. 데이터의 양적 증가와 디지털 정보의 다양성은 보안 관리에 새로운 도전을 제시하며, 이에 대한 효과적인 대응 전략이 요구된다.

• 데이터 증가와 복잡성의 증가

- IoT와 스마트 기기의 영향: 스마트 홈 기기에서 수집되는 대량의 데이터는 개인의 일상에 대한 세밀한 정보를 포함하고 있다. 이러한 정보의 적절한 보호 없이는 개인 프라이버시 침해나 데이터 유출의 위험이 있다.
- 클라우드 컴퓨팅의 확산은 데이터 저장과 처리를 원격으로 가능하게 하지만, 클라우드 서비스 제공업체의 보안 취약점이 개인 및 기업 데이터에 위협이 될 수 있다.[4)]

• 빅데이터와 AI의 도전

- 빅데이터 분석은 거대한 양의 개인정보를 처리하고, 이를 통해 얻은 인사이트를 비즈니스나 의사결정 과정에 활용한다. 그러나 민감한 정보의 무단 활용은 법적 및 윤리적 문제를 야기할 수 있다.
- AI 기반 시스템은 사용자 데이터를 학습하여 서비스를 최적화하지만, 이 과정에서 개인 데이터 보호와 관련된 문제가 발생할 수 있다.

• 대응 방안 1: 고급 암호화 기술과 보안 프로토콜 적용

- 양자 암호화: 양자 키 분배(QKD)[5)] 기술은 양자 암호화를 활용하여 해킹이 거의 불가능한 통신 채널을 제공한다. 이는 금융 기관, 국방, 정부 기관 등에서 중요

4) Amazon Web Services(AWS) S3 버킷 유출: 여러 기업들이 AWS S3 버킷을 잘못 구성하여 대량의 개인 데이터가 노출되는 사건이 발생했다. 이러한 유출은 기업의 민감한 정보뿐만 아니라 개인의 프라이버시를 심각하게 위협했다.

5) 양자 키 분배(QKD)는 양자역학의 원리를 사용하여 암호 키를 매우 안전하게 전송하는 방식이다. 이 방법은 양자 상태의 측정이 그 상태를 변화시키기 때문에, 도청 시도가 즉시 탐지될 수 있다는 특징을 가진다.

데이터의 안전한 전송에 사용될 수 있다.

- 차별화된 보안 수준 설정: 데이터의 민감도에 따라 다른 보안 수준을 적용하는 것은 의료, 금융 등의 분야에서 중요하다. 예를 들어, 환자의 의료 기록은 높은 수준의 보안이 요구되는 반면, 일반적인 관리 데이터는 상대적으로 낮은 수준의 보안이 적용될 수 있다.

• 대응 방안 2: 지속적인 보안 감사 및 평가

- 보안 감사의 중요성: 정기적인 보안 감사는 기업의 사이버 보안 체계를 강화하는 데 필수적이다. 예를 들어, 글로벌 IT 기업들은 자체적인 보안 감사를 통해 시스템의 취약점을 파악하고, 이를 개선한다.
- 최신 보안 표준의 적용: 사이버 보안 분야에서는 지속적으로 발전하는 위협에 대응하기 위해 새로운 표준과 베스트 프랙티스가 개발되고 있다. 예를 들어, ISO/IEC 27001[6]과 같은 국제적인 보안 표준은 조직의 정보보안 관리 체계를 강화하는 데 도움이 된다.

이러한 데이터 보안의 미래 이슈와 대응 전략은 기술적 발전과 함께 사회적, 법적 측면에서도 지속적인 관심과 노력이 필요하다. 데이터의 증가와 그 복잡성은 개인, 기업, 정부 모두에게 새로운 도전을 제시하며, 이에 대응하기 위한 협력과 혁신이 중요하다.

2. 개인정보 보호의 미래 이슈와 대응

디지털 환경의 발전과 함께 개인정보 보호의 중요성이 갈수록 증가하고 있다. 이러한 환경에서 발생하는 다양한 이슈들에 대한 효과적인 대응 방안이 필요하다.

• 사회적 인식의 변화와 데이터 유출 사고의 증가

- 개인정보의 보호는 사용자의 프라이버시 보호와 밀접하게 연결되어 있다. 디지털 환경에서의 데이터 유출 사고와 프라이버시 침해 문제는 사회적 인식을 변화시키고 있다.

---

6) ISO/IEC 27001은 정보 보안 관리 체계(ISMS)에 대한 국제 표준으로, 조직이 정보 보안 위험을 체계적으로 관리하고 보안 조치를 시행하는 방법을 제공한다. 이 표준은 위험 평가와 관리 과정을 포함하며, 조직이 보안 정책과 절차를 구현하고 유지할 수 있도록 지원한다.

- 예를 들어, 2018년 페이스북과 케임브리지 애널리티카의 스캔들[7]은 개인정보의 부적절한 사용과 대규모 데이터 유출의 위험성을 전 세계적으로 부각시켰다.
- 이퀴팩스의 데이터 유출 사건에서는 수백만 명의 소비자 정보가 유출되어 심각한 피해를 입힌 사례로, 기업의 데이터 보안 관리와 개인정보보호에 대한 중요성을 강조했다.

• **대응 방안 1: 법률 및 규제의 강화**

- 유럽연합의 일반 데이터 보호 규정(GDPR)은 데이터 처리 및 이전에 대한 엄격한 규제와 함께 개인의 데이터에 대한 권리를 강화한 예시이다. GDPR은 개인정보보호에 대한 국제적인 기준을 제시하며, 전 세계 기업들에게 데이터 보호 방식을 재고하게 만들었다.
- GDPR 이외에도, 많은 국가들이 개인정보보호를 강화하기 위해 유사한 법률을 도입하거나 기존의 법률을 개정하고 있다.

• **대응 방안 2: 사용자 교육과 인식 제고**

- 개인정보 보호의 중요성을 사용자에게 교육함으로써, 온라인에서의 안전한 행동 방식을 장려하는 것이 중요하다. 이는 비밀번호 관리, 피싱 이메일 식별, 안전한 온라인 거래 방법 등을 포함한다.
- 정부, 교육 기관, 민간기업 등은 개인정보 보호에 대한 교육 프로그램[8]과 캠페인을 통해 사용자의 인식을 높이고, 자기 보호 능력을 강화하는 데 기여할 수 있다. 이러한 교육 프로그램과 캠페인은 사용자가 자신의 데이터를 보호하고, 사이버 위협으로부터 스스로를 지킬 수 있도록 돕는다.

개인정보 보호의 미래 대응은 기술적 해결책을 넘어 사회적, 법적, 교육적 접근이 필요하다. 데이터 보호와 관련된 사회적 인식의 증가와 함께 법률 및 규제의 강화, 사용자 교육 및 인식 제고가 핵심 요소로 부상한다.

---

7) 2016년 초, 케임브리지 애널리티카 회사가 수백만 페이스북 가입자의 프로필을 동의 없이 수집하여 정치적 선전에 사용했다는 사실이 밝혀졌다.
8) 온라인 개인정보보호 인증 과정: 예를 들어, International Association of Privacy Professionals(IAPP)은 개인정보보호 관련 다양한 온라인 과정과 인증 시험을 제공한다. 이러한 과정은 개인정보보호 법률, 규제, 베스트 프랙티스에 대한 지식을 제공한다.

Ⅳ. 미래의 기술 유출 이슈와 대응 방안

1. 미래의 기술 유출 이슈

초연결 시대 및 디지털 전환 가속화에 따른 사이버 공간의 활용성 증가와 함께 지능적이고 변종적인 사이버공격으로 국가·기관의 핵심기술 유출 및 개인정보 탈취 사례가 속속 보고되고 있다.

‘20년 12월, 미국 전역을 뒤흔든 솔라윈즈(IT 관리 소프트웨어) 공급망 해킹공격[9]으로 네트워크로 연결된 공공·민간기업에 악성코드가 전파되어 미국 주요 안보기관과 글로벌 IT 기업이 피해를 입었다.

‘21년에는 전 세계적으로 랜섬웨어가 급증하면서, 미국 최대 송유관 기업인 콜로니얼 파이프라인이 위의 사이버 공격[10]으로 인해 미국 동부 전역의 석유 공급이 일주일간 전면 중단되는 초유의 사태가 발생하였다.

국내에도 ‘23년 1월, LG 유플러스 개인정보 대규모 유출 사고[11]가 발생하였다. 데이터를 보관하는 고객인증 DB가 해킹되면서 수십만 건의 개인정보가 빠져나가 보이스피싱 등의 범행에 악용될 우려가 더해지고 있다.

위와 같은 해킹 사례는 미래에도 다양한 형태로 나타날 것으로 예상된다. 첨단 기술의 발달은 사이버 보안 위협을 증가시키고, 새로운 유형의 공격을 가능하게 할 것이다. 이러한 도전들은 기업과 국가에 새로운 보안 접근 방식을 요구하며, 기술 보호에 대한 중요성을 더욱 강조한다.

1) 사이버 공격의 진화

미래 사이버 공격은 AI와 머신러닝의 발전으로 더욱 정교하고 예측하기 어려워질 것이다. 해커들은 자동화된 도구와 알고리즘을 사용하여 기업의 보안 시스템을 무력화하고, 기술 정보를 유출할 수 있다.

2) 리모트 워크와 보안 취약성

증가하는 원격 근무 환경은 직원들의 개인 네트워크와 기기를 통해 기업 네트워크에 접근하게 만든다. 이는 보안 취약점을 증가시키며, 외부 공격자들에게 기술 유출의 기회를 제공할 수 있다.

3) 글로벌 공급망의 복잡성

글로벌 공급망 내에서의 다양한 업체와의 상호 작용은 보안 관리를 복잡하게 만든다. 제3자 업체의 보안 취약점이 전체 체인의 기술 유출 위험을 증가시킬 수 있다. 앞서 실제 기술유출 사례에서 설명하였듯이, 해커가 IT 모니터링 솔루션 '오리온'을 공급하는 솔라윈즈를 해킹하여, 오리온을 사용하는 다수의 기업과 기관에 악성코드가 유포되었다. 이는 글로벌 공급망 내에서 한 업체의 보안 취약점이 전체 체인에 해를 끼칠 수 있음을 보여주는 사례이다.

4) 국가 간 경쟁과 산업 스파이 활동

기술이 국가 경쟁력의 핵심 요소로 부상함에 따라, 국가 간의 산업 스파이 활동이 증가할 것으로 예상된다. 이는 국가 지원을 받는 사이버 공격으로 이어질 수 있다.

2. 기술 유출 대응 방안

미래 기술 유출에 대응하기 위한 다양한 전략과 방법론이 필요하다. 인공지능 기반의 보안 솔루션 도입부터 국제적 협력에 이르기까지, 이러한 대응책들은 복잡해지는 사이버 위협 환경 속에서 필수적인 역할을 한다. 이러한 전략들은 기술 유출 방지를 넘어 보안 문화를 재정립하고, 국제적인 협력을 강화하는 데 중요한 기여를 한다. 〈그림 3〉은 이러한 기술 유출에 대한 대응 방안을 보여준다.

그림 3 기술 유출 대응 방안

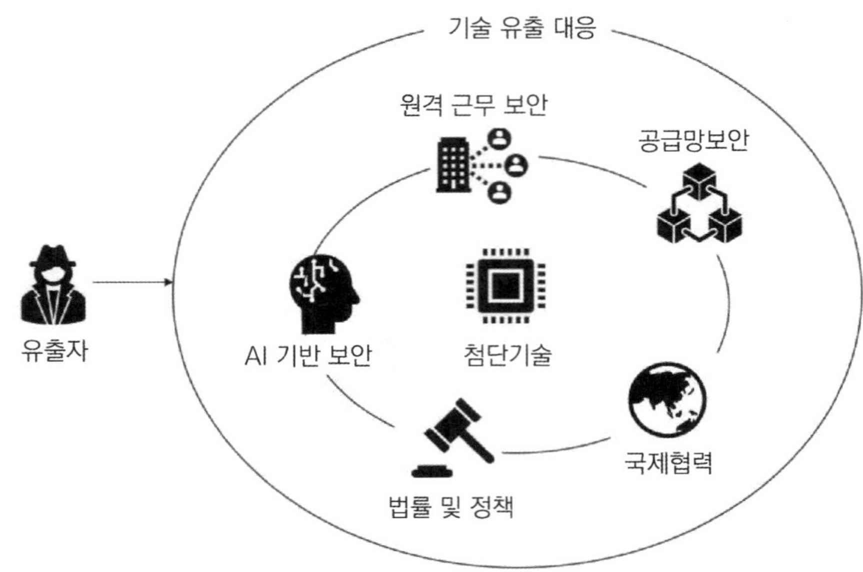

1) AI 기반 보안 솔루션의 도입

AI와 머신러닝을 활용한 보안 솔루션을 통해 실시간 위협 감지 및 대응 체계를 구축한다. 이는 미래의 복잡한 공격 패턴을 예측하고 방어하는 데 중요하다.

2) 원격 근무 환경의 보안 강화

원격 근무 환경을 위한 강력한 보안 정책을 마련하고, 직원들에게 필수 보안 교육을 제공한다. VPN 사용, 다단계 인증, 엔드포인트 보안[9] 솔루션을 활용하여 원격 네트워크의 보안을 강화한다.

3) 공급망 보안의 체계적 관리

공급망 내 모든 업체의 보안 수준을 철저히 평가하고, 이를 강화하기 위한 조치를 취한다. 이는 정기적인 보안 감사 및 평가를 포함한다.

9) 엔드포인트 보안은 조직의 네트워크에 연결된 장치들(PC, 서버 등)을 보호하는 것으로, 주로 안티바이러스 소프트웨어, 악성코드 방지, 방화벽, 침입 탐지 및 방지 시스템을 사용하여 장치들을 위협으로부터 보호한다. 이는 데이터 유출, 해킹, 기타 사이버 위협으로부터 조직의 자산을 보호하는 데 중요하다.

4) 국제적 협력 및 정보 공유

국가 간 그리고 기업 간에 기술 유출 방지를 위한 정보 공유 및 협력을 강화한다. 이는 국제적인 사이버 보안 기준과 프로토콜의 개발로 이어질 수 있다.

5) 사이버 보안 법률 및 정책의 강화

국내외적으로 사이버 보안 법률과 정책을 강화하고, 이를 철저히 집행한다. 이는 기술 유출에 대한 법적 책임을 명확히 하고, 효과적인 법적 대응을 가능하게 한다.

미래의 기술 유출 대응은 단순한 기술적 해결책을 넘어서, 조직적, 법적, 국제적 차원에서의 포괄적인 접근이 필요하다. 이는 기업과 국가 모두에게 중대한 도전이며, 지속적인 관심과 혁신이 요구된다.

V. 국가 간 사이버 전략과 대응: 현재와 미래의 도전

1. 국제적 사이버 위협의 현황과 사례

현대 사이버 공간은 국가 간의 새로운 전장이 되었다. 정보기술의 발전과 함께, 사이버 공간에서의 활동은 국가 안보와 국제 관계의 핵심 요소로 부상하고 있다. 국가 주도의 사이버 공격, 스파이 활동, 사이버 테러리즘 등은 국제 사회에 새로운 도전을 제시하고 있다. 이러한 배경 속에서, 국제적 사이버 위협의 현황과 그에 대한 사례를 살펴보며, 이에 대한 국가 간의 대응 전략과 협력의 중요성을 탐구한다.

1) 사이버 스파이 활동의 증가

국가들이 정보 수집, 산업 스파이 활동 및 정치적 영향력을 위해 사이버 스파이 활동을 강화하고 있다. 예를 들어, 미국과 중국 간의 사이버 스파이 활동은 세계적인 주목을 받았다. 중국은 미국의 여러 산업 분야에서 지적 재산권 탈취를 시도했다는 주장이 있으며, 이에 대응하여 미국은 중국 기업에 대한 제재를 가했다[12]. 이는 국가 안보와 경제에 직접적인 영향을 미치는 중대한 문제로 대두되었다.

특히, 우리와 인접해 있는 북한은 군사적 위협뿐만 아니라 경제적·정치적 이득을 위해 국내 공공·민간을 겨냥한 해킹공격을 지속하면서 국가 사이버안보에 큰 위협이 되고 있다. 글로벌 보안기업인 맨디언트의 언론 인터뷰[13]에 따르면, 북한의 대남·해외 공작업무 총괄 지휘기구인 정찰총국 산하에 '김수키', '안다리엘', '라자루스' 등의 해킹그룹이 활동하고 있으며, 사이버공격을 통해 기밀정보와 자금을 획득하고 이렇게 탈취한 자원으로 스파이 활동 및 미사일 등의 전략 무기를 만드는 데 사용되고 있다.

2) 국가 주도의 사이버 공격

러시아는 우크라이나 전력망 공격과 미국 대선 개입 시도를 통해 국가 주도의 사이버 공격을 실행한 것으로 알려져 있다. 이러한 공격은 타국의 중요 인프라에 심각한 손상을 입히고, 국제적인 긴장과 불안정을 야기했다. 이러한 사이버 공격은 단순한 범죄를 넘어서 국가 간의 긴장 관계를 더욱 악화시키는 요소로 작용했다.

3) 국제적 사이버 테러리즘

테러리스트 조직들이 사이버 공간을 활용하는 사례도 증가하고 있다. ISIS와 같은 조직은 사이버 공간을 통해 선전, 모집, 자금 조달 및 공격 계획을 수립하고 있다. 이러한 사이버 테러리즘 활동은 전통적인 테러리즘의 위협을 사이버 공간으로 확장시키며, 국제 사회에 새로운 형태의 보안 위협을 제시한다.

이러한 사이버 위협 사례들은 국가 간 그리고 국제적 차원에서의 사이버 보안의 중요성을 강조한다. 국가들은 이러한 위협에 대응하기 위해 협력을 강화하고, 국제적인 기준을 마련하는 것이 필요하다. 사이버 공간은 국경이 없기 때문에, 국제적인 협력과 통합된 접근 방식이 필수적이다. 이를 위해서는 정보 공유, 공동의 정책 및 법률적 대응, 기술 표준의 설정 그리고 교육 및 인식 제고 프로그램이 중요한 역할을 할 것이다.

2. 국외 거버넌스 및 정책동향[14]

1) 미국

- 거버넌스: 사이버보안 전략 및 이행계획 개발은 국가사이버국장실(ONCD), 협력 및 이행 조정은 관리예산국(OMB), 과학기술 혁신 기반 보안전략 담당은 과학기술정책실(OSTP), 실제 사이버 방어·중요 인프라 보안 및 탄력성 확보를 위한 역할은 사이버보안 및 인프라보안국(CISA)이 담당
- 정책동향: 바이든 행정부는 기술생태계 보안과 탄력성 확보 및 회복력 있는 미래를 위한 투자 비중 확대를 강화한 '국가사이버 보안전략'을 2023년 3월 발표
- 기술생태계의 보안과 탄력성 확보 부문: 개인정보보호 권리 보장, IoT 보안 및 민간과 정부 간 보안책임을 명확화 등
- 회복력 있는 미래 부문: 글로벌 상호운용성과 표준 촉진, 양자정보 시스템 및 인공지능을 포함한 컴퓨팅기술, 양자 이후 암호화로의 전환을 위한 계획수립 장려 등

2) 유럽연합(EU)

- 거버넌스: 범유럽 사이버보안 전략 기획은 유럽정보보호원(ENISA), 사이버공격대응·중요 인프라 보안 및 탄력성 확보는 유럽사이버보안센터(CERT-EU)가 담당
- 정책동향: 2023년 4월 'EU 사이버 연대법(European Cyber Solidarity Act)'을 채택하고, 유럽 사이버실드(Eu-ropean Cyber Shield) 구축 추진. 2022년 9월 '사이버복원력법' 발의를 통해 소프트웨어 자재 명세서(SBOM) 제출 의무화

3) 일본

- 거버넌스: 내각총리 산하 사이버 보안전략본부(Cybersecurity Strategic Headquarters, 이하 전략본부) 설치·운영, 협업지원을 위한 사무국 역할은 사이버보안센터(NISC), 실무 지원은 정부보안운영조정팀(GSOC)과 사이버사건모바일지원팀(CIMAT) 등이 담당
- 정책동향: 2021년 9월 '사이버보안전략' 개정·발표하여 사이버공간의 전반적인 안전과 보안을 보장하며 국가안보 관점을 추진력을 강화. 2022년 6월 14개 국가중요 인프라 대상 행동계획 수립, 2022년 10월 문부과학성 중심 5개년 중장기계획 발표

3. 다국적 대응 전략과 협력 필요성: 국제 사이버 보안의 미래

사이버 공간에서의 국제적 위협에 대응하기 위해, 다국적 대응 전략과 국가 간의 협력은 필수적이다. 이는 각국이 단독으로 해결할 수 없는 문제들을 포함하고 있으며, 공동의 노력과 국제적인 협력을 통해서만 효과적으로 대처할 수 있다.

1) 국제 협력의 강화

- 각국은 사이버 위협에 대한 정보를 공유해야 한다. 이는 위협의 식별, 예방 및 대응 전략의 효율성을 높이는 데 중요하다. 유엔, NATO, EU와 같은 국제기구는 이러한 정보 공유의 허브 역할을 할 수 있다.
- 사이버 보안 기술의 공동 개발은 국가 간 협력을 강화하고, 공격에 대한 보다 효과적인 대응을 가능하게 한다. 이러한 협력은 신기술 개발, 공동 연구 프로그램, 기술 교류를 포함할 수 있다.
- 국제적 협력을 통해 사이버 범죄자를 추적하고 처벌하는 것이 필요하다. 이는 법적, 정책적 장치와 국제적 협약의 강화를 통해 이루어져야 한다.

2) 효과적인 사이버 보안 정책 및 법률의 개발

- 사이버 보안과 관련된 국제적인 법률 기준을 마련하고, 이를 각 국가가 준수하도록 하는 것이 중요하다. 이는 사이버 범죄에 대한 명확한 정의, 책임, 처벌 규정을 포함해야 한다.
- 국제적 차원에서 일관된 사이버 보안 정책을 개발하고, 이를 각 국가의 정책과 조화시키는 것이 필요하다.

3) 국제적 기술 표준의 설정

- 사이버 보안에 관한 국제적 기술 표준[10)]을 설정하고, 이를 전 세계적으로 준수하도록 해야 한다. 이러한 표준은 기술적 보안 요건, 데이터 보호, 네트워크 보안 등을 포함할 수 있다.

---

10) ISO/IEC 27000 시리즈, NIST(National Institute of Standards and Technology) 사이버 보안 프레임워크 등이 있다.

4) 교육 및 인식 제고 프로그램

- 사이버 보안에 대한 국제적 교육 및 인식 제고 프로그램[11]을 개발하고 실행한다. 이 프로그램은 정부 기관, 학교, 일반 대중을 대상으로 하며, 사이버 보안의 중요성과 개인 및 조직이 취할 수 있는 보안 조치에 대한 지식을 제공한다.

이러한 다국적 대응 전략과 협력은 사이버 공간에서의 국제적 위협에 대응하는 데 있어 핵심적인 역할을 할 것이다. 국제적인 협력과 통합된 접근 방식은 개별 국가의 능력을 넘어서는 문제에 대처하고, 글로벌 사이버 보안 환경을 강화하는 데 필수적이다.

VI. 미래 사이버 보안 전략

미래 사회에서의 사이버 보안 전략은 지속적으로 진화하는 위협에 대응하기 위해 더욱 혁신적이고 포괄적인 접근이 필요하다. 이는 정부, 기업, 개인 모두에게 적용되며, 새로운 기술과 변화하는 디지털 환경을 고려한 대응 방안을 포함해야 한다.

1. 미래 사이버 보안 전략: 정부

1) 적응형 보안 체계 개발

- 인공지능(AI)과 머신러닝을 활용하여 사이버 위협을 실시간으로 감지하고 분석하는 시스템 개발. AI 기반 시스템은 사이버 공격의 패턴을 학습하고, 미래의 위협을 예측하여 보다 효과적인 예방 조치를 취할 수 있다.
- 다양한 사이버 공격 시나리오에 대응할 수 있는 유연하고 적응력 있는 보안 프로

11) SANS Institute의 글로벌 사이버 보안 교육: SANS Institute는 전 세계적으로 사이버 보안 교육을 제공하는 선도적인 기관이다. 이들은 다양한 사이버 보안 과정과 인증 프로그램을 통해 전문가들의 지식과 기술을 향상시킨다.

토콜 개발을 개발해야 한다.

- 위기 상황에서의 신속한 대응을 위한 분산된 의사결정 체계와 자동화된 대응 메커니즘을 마련해야 한다.

2) 사이버 범죄에 대한 국제 협력 강화

- 국제적으로 인정받는 사이버 범죄에 대한 정의 및 처벌 기준을 마련하는 국제 협약 체결과 다국적 사이버 범죄 조사를 위한 국제적 협력 네트워크와 공동 작전 체계 구축이 필요하다.
- 각국의 사이버 보안 기관 간의 정보 공유 메커니즘 구축[12)]을 비롯하여 국제적으로 공동 대응 전략을 개발하고, 이를 통해 국경을 넘는 사이버 범죄에 효과적으로 대처할 필요가 있다.

미래의 정부 사이버 보안 전략은 기술적 혁신과 국제적 협력을 기반으로 한다. 이는 단순한 방어 메커니즘을 넘어서, 적극적인 예방과 신속한 대응을 가능하게 하며, 글로벌 사이버 범죄에 대한 효과적인 대응을 위한 국제적인 협력과 공조를 필요로 한다. 이러한 전략은 미래의 복잡하고 도전적인 사이버 보안 환경에서 필수적인 요소가 될 것이다.

2. 미래 사이버 보안 전략: 기업

미래 사이버 보안 환경에서 기업들은 더욱 진보된 보안 기술과 직원 교육에 투자함으로써, 지속적으로 변화하는 위협에 대응할 수 있는 전략을 개발해야 한다.

1) 고급 보안 기술의 통합

- 블록체인 기술을 통해 데이터의 무결성 및 투명성 보장. 이는 데이터 조작 및 유출의 위험을 현저히 줄일 수 있다.
- 공급망 관리, 금융 거래, 개인정보 보호 등 다양한 영역에서 블록체인 기술을 활용한 보안 솔루션을 개발할 수 있다.

---

12) 유럽연합(EU)의 사이버 보안 기관들은 ENISA(European Union Agency for Cybersecurity)를 통해 협력한다.

2) 지속적인 투자와 혁신 추구

- 사이버 보안을 위한 연구 및 개발에 지속적인 투자가 필요하다. 새로운 사이버 위협에 신속하게 대응할 수 있는 기술 혁신과 솔루션 개발에 중점을 두어야 한다.
- 끊임없이 변화하는 사이버 보안 환경에 적응하기 위해 신기술을 채택하여야 한다. 클라우드 컴퓨팅, 빅데이터, IoT 장치 보안 등 새로운 기술을 활용하여 보안 체계를 강화할 수 있다.
- 오픈소스 및 커뮤니티 기반 협력: 오픈소스 보안 도구와 커뮤니티 기반의 보안 플랫폼을 활용하여, 보안 전문가들과의 협력을 통해 새로운 보안 위협에 대한 정보를 공유하고, 공동 대응 전략을 개발할 수 있다.

3) 직원 교육 및 인식 강화

- 모든 직원을 대상으로 하는 정기적인 사이버 보안 교육 및 훈련 프로그램 구축이 필요하다. 사이버 위협의 식별, 안전한 온라인 행동, 긴급 상황 대응 절차 등을 포함한 교육 내용이 개발되어야 한다.
- 또한, 직원들에게 사이버 보안의 중요성과 개인 및 조직 차원에서의 역할 강조하고, 정기적인 보안 브리핑, 워크숍, 시뮬레이션을 통해 사이버 보안에 대한 인식을 강화하고, 내부 위협을 최소화한다.

4) 내부 위협 관리

- 직원들의 네트워크 사용 패턴과 행동을 모니터링하고 분석[13)]하여, 내부에서 발생할 수 있는 위협을 조기에 감지한다. 이를 통해 불필요한 데이터 접근이나 유출 시도를 차단한다.
- 접근 제어 및 권한 관리: 데이터와 시스템에 대한 접근 권한을 엄격하게 관리한다. 직원에게 필요한 최소한의 접근 권한만 부여하고, 권한 변경이 필요할 때 신속하고 안전하게 조정한다.

---

13) 사용자 행동 분석(User and Entity Behavior Analytics, UEBA): UEBA 솔루션은 사용자의 정상적인 행동 패턴을 학습하고, 이에서 벗어난 활동을 식별하여 경고한다. 예를 들어, 평소와 다른 시간대나 위치에서의 데이터 접근, 비정상적인 대량 데이터 다운로드 등이 감지되면 보안 팀에 알린다.

미래의 기업은 사이버 보안에 대한 지속적인 관심과 투자를 통해 사이버 위협으로부터 자산을 보호하고, 경쟁 우위를 유지할 수 있다. 이를 위해 첨단 기술의 도입과 직원 교육 및 인식 제고가 핵심적인 역할을 한다.

3. 미래 사이버 보안 전략: 개인

미래 사이버 보안 환경에서 개인은 스스로를 보호하기 위해 보다 적극적이고 정보에 기반한 접근 방식을 취해야 한다. 개인정보 보호와 자기방어 기술의 습득은 이러한 환경에서 필수적이다.

1) 개인정보보호에 대한 인식 제고

- 사이버 공간에서 개인 데이터의 취약성에 대한 인식을 강화한다. 이는 개인의 금융, 건강, 신원 정보 등이 포함된다. 소셜 미디어, 온라인 쇼핑, 디지털 통신 등 일상 활동에서 개인정보의 노출과 그 위험성에 대해 인지한다.
- 강력하고 정기적으로 변경되는 비밀번호 사용, 다중 인증[14] 방식의 적용과 같은 기본적인 보안 습관을 갖춘다.
- 개인 네트워크와 기기의 보안을 위해 최신 보안 업데이트와 패치 적용을 유지한다.

2) 자기방어 기술의 습득

- 피싱, 사기, 멀웨어와 같은 다양한 온라인 위협을 인식하고, 이러한 공격으로부터 스스로를 보호하는 방법을 학습한다.
- 의심스러운 이메일, 메시지, 링크에 대한 인식을 높이고, 이에 대응하는 안전한 온라인 행동 규칙을 습득한다.
- 안티바이러스, 방화벽, 악성코드 방지 소프트웨어를 활용하여 개인 기기의 보안을 강화한다.
- 개인 데이터의 백업 및 복구 계획을 수립하고 정기적으로 실행한다.

이러한 전략은 개인이 미래의 복잡한 디지털 환경에서 자신의 정보와 자산을 보호

---

14) 다중 인증(Multi-Factor Authentication, MFA)은 사용자의 정체성을 확인하기 위해 두 개 이상의 독립적인 증명 방법을 사용하는 보안 절차다.

하는 데 필수적이다. 개인의 적극적인 참여와 지속적인 교육, 인식 제고는 사이버 보안의 강력한 첫 번째 방어선이 될 수 있다. 개인의 보안 습관은 단순한 개인적 차원을 넘어, 전체 디지털 생태계의 보안 수준을 향상시키는 데 기여한다.

4. 베스트 프랙티스 및 행정 관리 전략

사이버 보안은 단순히 기술적 대응을 넘어서, 체계적인 관리와 전략적 계획이 필요한 영역이다. 아래에는 미래 사이버 보안을 위한 베스트 프랙티스 및 행정 관리 전략을 자세히 설명한다.

1) 지속적인 모니터링 및 분석

- 실시간 위협 탐지 시스템: 첨단 기술을 활용하여 사이버 위협을 실시간으로 감지하고 분석하는 시스템[15]을 구축한다. 이는 머신러닝 알고리즘과 행동 분석을 통해 비정상적인 활동을 조기에 감지한다. 네트워크 트래픽, 사용자 행동, 시스템 로그 등 다양한 데이터 소스에서의 이상 징후를 모니터링한다.
- 신속한 대응 프로세스와 프로토콜: 사이버 공격 발생 시 즉각적으로 대응할 수 있는 프로세스와 프로토콜을 마련한다. 이는 사이버 보안 팀, IT 부서, 경영진 간의 긴밀한 협력을 필요로 한다.
- 사고 대응팀의 역할과 책임을 명확히 정의하고, 효과적인 커뮤니케이션 채널을 확립한다.

2) 포괄적인 위기 관리 계획

- 사이버 공격에 대한 복구 및 대응 계획: 사이버 공격 발생 시 조직의 핵심 기능을 유지하고, 신속하게 정상 상태로 복구할 수 있는 상세한 계획을 수립한다. 데이터 백업, 시스템 복구, 긴급 운영 계획 등을 포함하여, 다양한 시나리오에 대비한다.
- 위기 상황에서의 의사결정 및 행동 지침: 위기 상황에서 신속하고 효과적인 의사결정을 위한 지침과 프로토콜을 개발한다. 경영진, 보안 팀, 직원들을 대상으로

---

15) Splunk, Palo Alto Networks' Next-Generation Firewall, Darktrace, CrowdStrike Falcon, Cisco SecureX 등이 있다.

한 정기적인 위기 대응 훈련 및 시뮬레이션을 실시하여, 실제 상황에 대비한다.

이러한 베스트 프랙티스와 행정 관리 전략은 사이버 보안을 체계적으로 관리하고, 위기 상황에 효과적으로 대응하는 데 필수적이다. 조직의 사이버 보안 능력을 강화하고, 잠재적인 위험을 최소화하기 위해 이러한 전략들을 적극적으로 실행해야 한다. 지속적인 모니터링, 분석, 그리고 위기관리 계획은 사이버 공격의 영향을 줄이고, 조직의 회복력을 강화하는 데 중요한 역할을 한다.

VI장에서 다룬 미래 사이버 보안 전략과 대책을 요약하면 다음 〈표 1〉과 같다.

표 1 미래 사이버 보안 전략과 대책

부문	전략	요약
국가	적응형 보안 체계 개발	• 인공지능과 머신러닝을 활용하여 사이버 공격의 패턴을 학습하고 예측하는 실시간 위협 탐지 시스템 개발 • 위기 상황에 대응하기 위한 유연하고 적응력 있는 보안 프로토콜 및 자동화된 대응 메커니즘 구축
	사이버 범죄에 대한 국제 협력 강화	• 국제적인 사이버 범죄 정의 및 처벌 기준 마련과 다국적 조사를 위한 국제 협력 체계 구축 • 국제적인 정보 공유와 공동 대응 전략 개발로 국경을 넘는 사이버 범죄에 대응
기업	고급 보안 기술의 통합	• 블록체인 기술을 활용하여 데이터의 무결성과 투명성을 보장하고, 공급망 관리, 금융 거래, 개인정보 보호 등 다양한 영역에서 보안 솔루션을 개발
	지속적인 투자와 혁신 추구	• 사이버 보안을 위한 지속적인 연구 및 개발 투자, 신기술 채택 그리고 오픈 소스 및 커뮤니티 기반 협력을 통해 새로운 위협에 대응하고 보안 체계를 강화
	직원 교육 및 인식 강화	• 정기적인 사이버 보안 교육 및 훈련으로 직원들의 위협 식별 능력과 긴급 대응 절차 숙지를 강화
	내부 위협 관리	• UEBA 솔루션으로 직원들의 네트워크 사용을 모니터링하고 엄격한 접근 제어로 내부 위협 감지 및 데이터 보안 강화
개인	개인정보 보호에 대한 인식 제고	• 사이버 공간에서 개인정보 취약성 인식 강화 및 일상 활동에서 개인 데이터 노출 위험 인지

		• 강력한 비밀번호, 다중 인증 사용 및 기기와 네트워크의 최신 보안 업데이트 유지
	자기방어 기술의 습득	• 온라인 위협 인식 및 피싱, 사기, 멀웨어 방어법 학습, 안전한 인터넷 사용 규칙 숙지 • 기기 보안을 위한 안티바이러스와 방화벽 사용, 정기적인 개인 데이터 백업 및 복구 계획 실행
베스트 프랙티스	지속적인 모니터링 및 분석	• 첨단 기술을 이용한 실시간 사이버 위협 탐지 시스템 구축과 이상 행동 모니터링 • 사이버 공격 대응을 위한 긴급 프로세스, 프로토콜 마련 및 사고 대응 팀의 역할 정의
	포괄적인 위기 관리 계획	• 사이버 공격 복구를 위한 상세 계획 수립과 데이터 백업, 시스템 복구 포함 • 위기 시 의사결정 지침 개발과 경영진 및 직원 대상 위기 대응 훈련 실시

Ⅶ. 나가며

사이버 보안의 미래는 다양한 새로운 도전과 기회를 제공한다. 현대 사회에서 디지털 기술의 급속한 발전과 통합은 개인, 기업, 정부 모두에게 보안의 중요성을 강조한다. 이러한 환경에서 사이버 보안은 단순한 기술적 문제가 아닌, 사회적, 정책적 그리고 국제적 차원에서의 복잡한 이슈로 부상하고 있다.

미래의 사이버 보안 이슈에 대한 대응은 지속적인 기술 혁신과 함께, 개인, 기업, 정부 각 차원에서의 포괄적인 접근이 필요하다. 이는 정책 결정, 법률, 윤리 그리고 국제 협력을 포함하여, 사이버 보안 문제에 대한 광범위한 이해와 다각적인 전략을 필요로 한다.

또한, 국제적 협력과 정보 공유, 공동의 정책 및 법률적 대응, 기술 표준의 설정 그리고 교육 및 인식 제고 프로그램은 사이버 보안을 위한 핵심 요소로 부각되고 있다.

이러한 요소들은 글로벌 사이버 보안 환경을 강화하고, 국제적 위협에 효과적으로 대응하는 데 중요한 역할을 할 것이다.

미래의 사이버 보안 전략은 기술적 혁신뿐만 아니라, 교육, 정책, 법률 그리고 국제 협력의 조화를 통해 구축되어야 한다. 이는 미래 사회에서 보다 안전하고 안정적인 디지털 환경을 구축하는 데 필수적인 요소이다. 따라서, 이 분야의 전문가들은 기술적 지식뿐만 아니라, 정책 결정, 법률, 윤리 그리고 글로벌 트렌드에 대한 깊은 이해를 가져야 할 것이다.

종합적으로, 미래의 사이버 보안은 기술적, 사회적, 정책적 측면에서 지속적인 주의와 혁신이 요구된다. 이를 통해 미래의 공공 관리자 및 사이버 보안 전문가들은 보다 안전하고 지속 가능한 디지털 사회를 구축하는 데 기여할 수 있을 것이다.

용어 정리

- GDPR(General Data Protection Regulation): 유럽 연합(EU)의 모든 시민과 거주자를 위해 개인정보를 포함한 프라이버시 및 데이터 보호를 위한 법률
- 멀웨어(Malware): 악성(Malicious)과 소프트웨어(Software)의 합성어로써 컴퓨터 시스템이나 사용자에게 해를 끼치기 위해 의도적으로 작성된 소프트웨어 또는 컴퓨터 프로그램
- 랜섬웨어(Ransomware): 사용자의 컴퓨터를 장악하거나 데이터를 암호화한 다음 정상적인 작동을 위한 대가로 금품을 요구하는 유형의 컴퓨터 바이러스
- 피싱(Phishing): 이메일 또는 메신저 등을 통해 신뢰할 수 있는 사람이 보낸 것처럼 피해자를 속여 중요한 데이터를 누설하게 하거나 사기에 빠지도록 하는 기법
- DDoS(Denial-of-service attack): 웹사이트 또는 네트워크 시스템을 마비시켜서 정상적으로 동작하지 못하게 하기 위해 인터넷 트래픽을 대량으로 발생시키는 공격 기법
- APT(Advanced Persistent Threat): 지능형 지속공격이라고 불리며 특정 기업 또는 기관의 핵심 정보통신 설비에 대한 중단 또는 핵심정보의 획득을 목적으로 장기간 동안 침투하여 정보 유출 등 해킹을 수행하는 기법
- GPU(Graphics Processing Unit): 그래픽 처리와 디스플레이 출력을 위하여 개발되었으나 물리 연산을 빠른 속도로 수행할 수 있는 장점으로 최근 AI 및 빅데이터 처리를 위해 활용되는 프로세서
- 양자키분배(Quantum Key Distribution): 양자역학의 원리를 사용하여 암호 키를 매우 안전하게 전송하는 방식. 이 방법은 양자 상태의 측정이 그 상태를 변화시키기 때문에, 도청 시도가 즉시 탐지될 수 있다는 특징을 가짐
- ISO/IEC 27001: 정보보안 관리 체계(ISMS)에 대한 국제 표준으로, 조직이 정보보안 위험을 체계적으로 관리하고 보안 조치를 시행하는 방법을 제공. 이 표준은 위험 평가와 관리 과정을 포함하며, 조직이 보안 정책과 절차를 구현하고 유지할 수 있도록 지원함

- 5G/6G 통신: 5세대 및 6세대 초고속 무선 이동통신을 의미하며, 5G는 4G 네트워크보다 10배 빠른 초당 20Gbps의 속도, 6G는 5G대비 50배 빠른 초당 1Tbps의 속도를 달성하여 다양한 지능형 서비스의 실현을 가능하도록 하는 기반 통신 기술
- VPN(Virtual Private Network): 가상사설망을 의미하며 상용 통신망을 사용하더라도 통신 내용과 IP주소를 암호화 하여 익명성을 보장하고 개인정보를 보호할 수 있는 기술

참고문헌

[1] IBM, What is cybersecurity?(https://www.ibm.com/topics/cybersecurity), 2023.

[2] 한국인터넷진흥원(KISA), ISMS-P 인증제도(https://isms.kisa.or.kr/main/ispims/intro/), 2023.

[3] NIST, The Five Functions(https://www.nist.gov/cyberframework/online-learning/five-functions), 2023.3.

[4] 국가법령정보센터, 사이버안보 업무규정(https://www.law.go.kr/법령/사이버안보업무규정), 2020.12(제정)

[5] 국가법령정보센터, 정보통신기반보호법(https://www.law.go.kr/법령/정보통신기반보호법), 2022.6(개정)

[6] 국가법령정보센터, 정보통신망이용촉진 및 정보보호 등에 관한 법률(https://www.law.go.kr/법령/정보통신망법), 2023.1(개정)

[7] 국가법령정보센터, 정보보호산업의 진흥에 관한 법률(https://www.law.go.kr/법령/정보보호산업법), 2023.4(개정)

[8] 법제처, 국가사이버안보 기본법 제정(안) 입법예고(https://www.moleg.go.kr/law-info/ makingInfo.mo?lawSeq=70698&lawCd=0&&lawType=TYPE5&mid=a10104010000), 2022.12.

[9] 지디넷코리아, 언론보도(https://zdnet.co.kr/view/?no=20210302100337), 2021.3.

[10] 보안뉴스, 언론보도(https://www.boannews.com/media/view.asp?idx=97355&kind=), 2021.5.

[11] 뉴스워커, 언론보도(https://www.newsworker.co.kr/news/articleView.html?idxno=202702), 2023.4.

[12] 이데일리, 언론보도(https://www.edaily.co.kr/news/read?newsId=02397686632300712), 2022.4.

[13] 매일경제, 언론보도(https://www.mk.co.kr/news/it/10720670), 2023.4.

[14] ETRI, 주요국 사이버보안 정책 동향 및 시사점(DOI: https://doi.org/10.22648/ETRI.2023.J.380406), 2023.8.

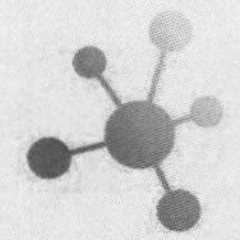

제15장

도시와 디지털 사회문제

염건령(가톨릭대학교부설 한국탐정학연구소장)

황석진(가톨릭대학교 일반대학원 행정학과 겸임교수)

생각해보기

- 시민들의 정보격차가 어떠한 영역에서 발생하며, 그 부작용은 무엇이라고 생각하는가?
- 도시환경의 디지털화가 불러온 긍정적 작용과 부작용은 무엇이라고 생각하는가?
- 도시 안에서 발생할 수 있는 디지털 환경을 기반으로 한 도시문제에는 어떠한 유형들이 있으며, 이에 대한 개선방안은 무엇이 있는가?

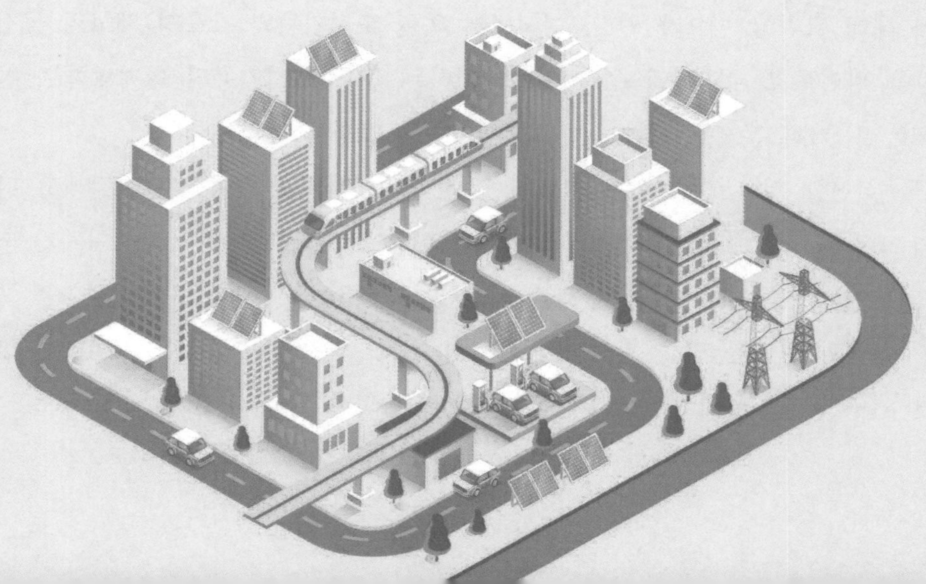

Ⅰ. 디지털 사회의 도래와 도시

우리 도시는 그간 지속적인 발전과 팽창을 보여주었으며, 이는 디지털 통신과 여러 가지 생활기반적 지원이 디지털화되면서 가능하였다. 대표적으로 교통망의 온라인 시스템 통합과 택시호출서비스의 디지털화, 무선디지털통신의 일상화와 상용화, 아날로그 방송송출 방식에서 디지털 송출방식으로의 변화, 모바일 전자결제기능의 상용화, 교육 콘텐츠 제공방식의 디지털화 등이 있다.

이외에도 무수하게 많은 삶의 환경이 아날로그가 아닌 디지털 방식으로 변화하고 있다. 심지어 일상에서 많이 사용하는 차량의 운전조차도 디지털 무선통신망을 기반으로 한 자율주행 기술이 개발된 이후 안정적인 상용화를 위한 기술개발이 가속화되고 있다. 인류의 기술적 발전은 미래의 삶의 환경을 가늠하기 어려울 정도로 빠르게 이뤄지고 있으며, 이는 도시가 메가시티(Mega City)의 개념으로 재편되는 기반이 될 것으로 보인다.

향후 우리나라의 서울과 부산과 같은 광역도시가 일본의 메가도쿄(Mega Tokyo)와 같은 방식으로 더 범위와 규모가 커질 것으로 전망되는데, 이러한 메가시티로의 확장 배경은 일상화된 디지털 기술, 도시의 디지털 기능 확대 등에 따른 디지털 사회의 도래라고 할 수 있다. 그렇다면, 디지털 사회의 도래가 도시에 과연 좋은 영향만을 미칠 것인가에 대해 고민할 필요가 있다. 디지털에 의한 도시기능의 효율성 제고의 긍정적인 측면만을 바라보고 무조건적 청사진을 제시하는 것은 도시기능의 디지털화로 인한 부작용으로 또 다른 문제를 만들 수 있다는 사실을 간과하는 것이다.

물론 편한 것은 선(善)이고 불편한 것은 악(惡)이라는 현대인의 관점에서 디지털 기술의 도입은 도시에 사는 사람에게는 선한 기능으로만 보일 수 있다. 하지만 최근에 여러 언론이나 연구기관에서도 문제를 제기하듯이, 도시의 디지털 기능 강화는 보이지 않는 부작용과 문제를 만들 가능성이 분명히 있다. 과거에는 상상하기 어려울 만큼의 엄청난 인구가 대도시에 몰려 살게 되어 도시집중화 비율이 다른 어느 나라보다 높은 우리나라는 디지털 기능이나 시스템에 과도하게 의존할 가능성이 높다는 점에서 부작용에 대한 고민을 함께 해야 할 시점이라 판단된다.

20세기 후반에 나온 여러 영화는 사이버틱하면서도 디지털화된 도시의 암울함을 표현한 작품들이 많다. 대표적인 예로서 리들리 스콧 감독이 연출한 블레이드 러너(Blade Runner), 마틴 스콜세지 감독의 택시 드라이버(Taxi Driver)와 같은 명작들이 암울한 도시상을 보여주고 있다. 특히, 블레이드 러너에서는 하늘을 나는 자동차와 보행자에 대한 디지털 신원인식, 사이보그 인간의 등장, DNA 공학을 이용하여 만든 인조동물(뱀, 개, 고양이) 등이 나온다. 이는 인간의 편리를 위해 디지털 공학을 적극 사용한 기술이지만 아이러니하게도 비인간적인 도시의 모습을 표현하는 아이템이기도 했다.

앞으로 5G를 넘어선 6G를 통한 무선네트워크 통신의 초광역화, 초고속화가 진행될 예정인 상황에서 디지털화 되어 가는 도시는 어쩔 수 없이 선택해야 하는 기술적 플랫폼일 것이다. 하지만 도시기능의 디지털화가 디지털 기술에 의존하는 도시행정이나 도시 운영으로 흐른다면 일정 시점에는 큰 파국을 불러올 수도 있다는 점을 심각하게 고민하고 대비하는 것이 필요하다. 따라서 이번 주제에서는 디지털화된 도시라는 삶의 공간에서 발생하거나 발생할 수 있는 사회문제는 무엇이 있고, 이에 대해서 어떠한 방식으로 대응하는 것이 바람직한가를 고민하는 내용을 담고자 하였다.

Ⅱ. 도시교통행정과 디지털 기술

1. 전기차의 등장

가장 주변에서 흔하게 볼 수 있는 것은 개인 교통수단과 대중교통에서 이용되는 디지털 기술이다. 개인 교통수단은 여러 가지 측면에서 괄목할 만한 발전을 보여주고 있는데, 고령층과 같이 디지털 기술의 습득이 더디거나 힘든 사람들에게는 낯설 정도로 빠르게 변화하고 있다. 또한, 시각이나 청각 등 장애가 있는 사람도 자유롭게 디지털 기술의 편리함을 누릴 수 있을 정도의 기술력까진 도달하지 못했다.

우선 자동차의 경우, 배터리만으로 구동되는 전기차가 등장하여 새로운 자가용 시대의 도래를 불러왔다. 일론 머스크(Elon Musk)가 창립한 테슬라(Tesla)라는 자동차 회사는 2003년에 창립한 이래로 다수의 전기자동차를 출시하여 판매하고 있으며, 우리나라에도 테슬라 지점이 설립되어 전기차를 판매하고 있다. 초기의 테슬라는 이상을 현실로 만드는 회사라는 긍정적 평가와 전기차 사용이 일반화되기에는 시기상조라는 비판적 평가가 공존하였다.

하지만 2008년 로드스터 모델을 출시한 이후 계속 양산모델을 출시하면서 일본과 우리나라, 자동차 후발국인 중국이 전기차를 개발하게 만드는데 일종의 촉매제 역할을 하였다. 테슬라의 출현으로 인해 우리나라의 현대기아 자동차그룹, 일본의 도요타 자동차그룹, 미국의 GM, 독일의 BMW 등이 속속 전기차를 만들어 시장에 내놓게 되었으며, 우리나라에서 이들 주요 자동차 회사들이 만든 전기차량을 보는 것은 일상적인 일이 되었다(유호석 · 박강민, 2018).

전기차의 등장으로 인해 차량 배출가스로 인한 공기오염이 일정 부분 완화되는 효과가 있었으며, 화석연료 중심의 자동차 시스템이 전기로만 운행되는 시스템으로 변화하는 자동차산업의 변화도 불러왔다. 전기자동차의 등장과 함께 자동차 운행 시스템의 디지털화도 함께 진행되어 대부분의 차량 계기판이 디지털 모니터인 상황이다. 과거와 같은 게이지 시스템이 아닌 디지털 모니터링 시스템으로 운행되어 차량의 상태를 아주 쉽게 직관적으로 파악할 수 있게 되었고, 무엇보다 운전자가 자동차 주변 상황을 파악하기 위해 창문 밖으로 머리를 내밀거나 후방을 보기 위해 몸을 틀 필요가 없게 되었다.

2. 내비게이션 시스템

내비게이션 시스템의 도입은 복잡한 도시를 쉽게 이동할 수 있는 시대를 열어주었다. 디지털 기술이 도입되기 전에는 도시의 복잡한 도로 구조를 빠르게 파악하고 지리를 기억할 수 있는 운전자 개인의 능력이 매우 중요하였다. 이런 능력으로 고수입을 올릴 수 있는 직업이 택시 운전기사나 택배물류차량 운전기사였다. 길눈이 어둡거나 방향

감각이 없는 사람들은 자동차 운전을 하면서 복잡한 도로 위에서 원하는 목적지까지 헤매지 않고 가는 게 쉬운 일이 아니었기 때문에, 지명만 듣고 빠른 동선을 신속하게 찾아 자동차를 운전할 수 있는 능력은 매우 큰 기술이었다.

하지만 인공위성의 위치추적기술(GPS; Global Positioning System)이 군사용에서 민수용으로 풀리면서 디지털 기술을 이용한 지도기능과 차량안내기능, 도로표시 기능 등이 본격적으로 적용되기 시작하였다. 여기에는 자동차 보유량의 빠른 증가도 한몫하였는데 도시의 도로망 확충 속도보다 차량의 급증 속도가 빨라지면서 효율적으로 차량의 흐름을 유도하기 위한 인공위성 기반의 차량 위치추적 기술이 더욱 빠르게 활성화되었다. 특히, 버스나 택시와 같은 대중교통 수단의 원활한 흐름과 새로운 도시교통행정의 효율성 제고를 위해 필연적으로 GPS의 활용이 이뤄질 수밖에 없었고, 이것이 점차적으로 차량의 이동을 안내하는 내비게이션(Navigation)으로 확장되었다(김종선 · 송위진 · 성지은 · 정서화 · 한규영, 2016).

내비게이션의 등장은 도시의 교통행정에 있어서 획기적인 반전을 불러왔다. 우선 많은 차량이 자신이 원하는 최적의 경로를 활용하여 목적지에 도착할 수 있는 시대가 되었으며, 이를 통해 유류(油類)의 불필요한 낭비를 줄이는 긍정적 효과가 발생하였다. 아울러 자동차가 쓸데없이 불필요한 길을 가지 않게 되면서 도로의 정체현상이 완화되거나 특정한 도로로 차량이 몰리는 것을 막는 효과도 얻을 수 있었다. 그러나 길을 찾고 기억하는 능력 없이도 누구나 면허만 있으면 운전할 수 있게 되자 더욱 많은 사람들이 차량을 구입하게 되면서 자동차 보유 규모는 더욱 빠르게 증가했다. 2022년 자동차 등록현황에 따르면 우리나라 자동차 누적등록대수는 2,550만 3,078대로 82%가 승용차인 상황이다.

현재 주요 도시의 도로는 많은 차량으로 인해 포화상태에 이르러, 사람들은 과거보다 심각한 정체로 인한 불편과 사고위험에 노출됨과 동시에 에너지 손실이라는 문제를 겪고 있다. 과학기술이 교통시스템에 도입되어 더 빠르고 편하게 누구나 자동차를 운행할 수 있게 되자, 도로는 더욱 복잡해져서 오히려 목적지까지의 주행시간이 더 길어지는 모순이 발생한 것이다. 인공위성의 기술적 지원을 기반으로 하는 GPS와 내비게이션의 등장은 편리함을 준 대신에 또 다른 문제를 안겨 준 것이다.

3. 인공지능형 도시교통망 구축

2023년도에 들어오면서 도시행정이나 도시공학에서 또 다른 화두(話頭)로 등장한 것이 있는데, 다름 아닌 인공지능(AI; Artificial Intelligence)의 급속한 발전과 상용화이다. 인공지능은 공상과학영화나 소설 등에나 나오는 내용이었지만 Open-AI의 Chat-GPT 출시를 시작으로 Google과 마이크로소프트 등이 생성형 인공지능 서비스를 잇따라 출시하면서 본격적인 비즈니스 시장의 한 모델로 자리를 잡기 시작하였다. Chat-GPT의 등장으로 개인이 일상에서 인공지능을 사용할 수 있게 되었으며, 최근에는 국내외에서 개인용뿐 아니라 상업용 인공지능 프로그램이나 시스템을 개발하는 회사들이 다수 출현할 정도로 비약적 발전이 이루어지고 있다.

인공지능이 가장 먼저 도입된 영역은 군사정보와 항공정보 시스템인데, 정밀도와 안정성 등을 제고하기 위해 고비용에도 불구하고 사용할 수밖에 없는 영역에서 가장 먼저 도입된 것이다. 안보와 관련한 군사정보 영역에서는 최대한 많은 정보를 신속하게 분석하여 국가 방어와 군사적 전략 수립 및 판단에 사용해야 하는 긴박성이 AI의 도입을 빠르게 결정한 원인이며, 항공정보 분야 역시도 수많은 하늘 위의 민영항공기들을 체계적으로 통제해야 한다는 업무상 환경조건이 AI를 선택하는 이유가 되었다(조형식, 2017).

인공지능은 2020년 이전에는 전문적인 영역이나 소수의 산업분야, 행정분야에서만 사용되는 고도의 기술이었지만, 2022년 11월 30일 Chat-GPT 출시 이후 2023년을 AI 성장의 원년(元年)으로 부를 정도로 급속한 기술적 발전과 상업화가 이뤄지면서 미래에는 모든 인간의 삶에 AI가 활용될 수밖에 없다는 예측이 나오고 있다. 인공지능의 활용이 군사나 항공분야 외에 빠르게 이뤄진 영역으로서 도시의 교통행정을 들 수 있다. 일본의 도쿄, 오사카, 교토와 같은 대도시들이 자동차의 엄청난 급증으로 인해 교통행정에 심각한 어려움을 경험하면서, 이를 해소하기 위한 대안으로 앞다투어 인공지능형 도시교통행정시스템을 도입하였으며, 미국의 뉴욕, LA, 시카고 등의 대도시도 이를 채택하였다.

우리나라도 서울을 시작으로 부산, 인천, 경기, 대전, 광주, 대구 등의 대도시들이 인공지능을 기반으로 한 교통행정 관제 제도를 도입해 운영하고 있다. 또한, 도시철도나 대중교통의 이동 및 통제, 흐름의 파악, 새로운 교통정책이나 관제 정책의 수립 등에 인공지능을 적극적으로 활용하고 있다. 인공지능형 도시교통망은 최근에 공용자전거 이용 활성화 정책, 보행자 안전 확대 정책 등의 설계와 적용에까지 확대되고 있으며, 이외에 앞으로 인간 탑승형 드론을 중심으로 한 도심형 항공교통이나 한강을 기반으로 한 선박 교통의 확장에도 도입해 운영될 예정이다.

Ⅲ. 도시활성화와 디지털 기술

1. 도시관광산업의 발전

디지털 기술의 빠른 발전과 개인의 이용 편리성이 불러온 긍정적 효과로서 관광산업의 발전을 들 수 있다. 과거에는 인터넷을 검색하거나 관광 안내 책자나 지도를 보면서 관광지를 정하고 일정을 계획해야 했다. 하지만 스마트폰을 중심으로 한 SNS 홍보, GPS 기반 인공지능의 추천기능 등이 활성화되면서 관광 영역도 비약적인 변신을 하고 있다. 2010년대 중반부터 나타난 제주도의 관광 부흥 현상이나 2020년도에 불기 시작한 강원 양양의 관광 활성화가 대표적인 사례인데, 이는 개인의 선택이나 지방정부의 홍보만으로 이뤄진 결과물이 아니다.

스마트폰의 지도 애플리케이션을 켜면 내 위치를 중심으로 주변의 맛있는 식당이나 둘러볼 만한 미술관, 박물관, 전시홍보관의 위치가 바로 뜨며, 방문하고자 하는 지역이나 각종 상업시설에 대한 평가와 가장 효과적인 이용 방법에 대한 선경험자의 후기까지 쉽게 볼 수 있다. 굴뚝 없는 산업, 다시 말해서 환경오염이 상대적으로 적은 대표적 산업으로 관광산업을 많이 이야기하는데, 디지털 기술의 발전은 오랜 역사를 가진 구도심 지역을 포함한 많은 지역의 관광 활성화에 크게 기여하고 있다.

이전까지만 해도 관광은 바닷가나 깊은 산 등 자연 속에서 휴가를 즐기면서 레저활동을 하는 것에 집중되었다. 따라서 천혜(天惠)의 자연관광자원을 가진 지역만이 관광산업을 육성하는 데 크게 유리한 상황이었다. 하지만 최근 들어 인천광역시와 대구광역시, 충청남도 공주시, 부산광역시, 광주광역시 등이 구도심 지역에 대한 리모델링과 스토리텔링 등을 통해 관광객들의 관심을 끄는 데 성공했고, 관광객들이 구도심의 역사를 느끼고 즐기면서 힐링할 수 있는 프로그램들이 많아지고 있다.

이러한 현상은 절대적으로 스마트폰과 인공지능, 실시간으로 손쉽게 자기 경험을 온라인상에 올릴 수 있게 된 SNS 기능의 발전 등이 복합적으로 맞물려 나타난 현상으로 볼 수 있으며, 이는 도시형 관광의 새로운 흐름으로 자리 잡을 전망이다. 가본 적 없는 도시를 처음 방문한 관광객의 입장에서 해당 도시의 '핫 플레이스(Hot Place)'로 불리는 요지를 디지털 수단을 활용하여 쉽게 찾을 수 있다는 것은 관광활성화의 강력한 영향 요인일 수밖에 없다. 또한, 자신의 아름다운 경험을 글이나 사진, 동영상으로 온라인에 올려서 다른 사람들과 소통하고 공감받을 수 있게 만들어 준 디지털환경은 개인의 경험을 더욱 의미 있게 만들어 주고 해당 지역에 더 많은 관광객을 유치하는 데 주요 배경이 되고 있다.

2. 도시자영업자 지원 활성화

도시의 경제를 담당하는 도시자영업자는 도시를 생명체로 놓고 보았을 때 활성세포의 역할을 담당한다. 이들에 의해서 도시의 경제가 운영되며 이들의 역할에 의해 시민들이 편리하고 편안한 생활을 영위할 수 있다. 도시자영업자의 사회적 역할을 체감할 수 있었던 대표적 사례로 코로나 19(COVID-19) 사태를 들 수 있다. 코로나 19 확산 초기부터 대인 간 접촉이 엄격히 금지되고 생계를 위한 활동만이 허락되는 상황이 모든 시민에게 펼쳐졌다. 이때 배달 앱을 기반으로 하는 생활용품과 식사 등의 배달서비스가 급격히 활성화되어, 외부 활동이 제한되었던 코로나 시국을 견디는 데 큰 도움이 되었다.

요식업, 서비스제공업, 중개업, 생활용품 판매업 등을 담당하는 자영업자는 도시라는 공간에서는 그 안에서 살아가는 시민이면서도 다른 시민들에게 도시에서 살아갈 수 있는 여러 생활 기반을 제공하는 역할을 담당한다. 이들의 생존과 활성화는 도시의 생명력과 직결되는 문제이며, 따라서 우리나라 대부분의 도시행정 주체들도 도시 내에서 활동하는 자영업자들을 어떻게 지원할 수 있는지에 대한 다양한 방안들을 모색하고 있다. 국가적으로 노란우산공제 제도와 같은 자영업자 지원제도를 만들어 시행하고 있으며, 도시를 운영하는 지방정부 역시도 자영업자 지원에 대한 여러 방안을 모색하여 적용하고 있다.

디지털 기술은 도시의 자영업자들에게 새로운 생존의 패러다임을 제시한다. 외부 활동과 대면 접촉이 금지되었던 엄중한 코로나 시국에 배달 애플리케이션을 기반으로 한 배달서비스가 대표적인 예이다. 이외에도 자영업자를 지원하는 디지털 기술로 운전 중이든 보행 중이든 누구나 자신에게 필요한 시설이나 업소의 위치를 쉽게 찾을 수 있게 해준 내비게이션을 꼽을 수 있다. 근거리에서 눈에 보여야 이용할 수 있었던 자영업자의 점포들을 시간과 장소의 구애 없이 찾아 이용할 수 있게 된 것이다.

이렇듯 디지털 기술은 도시자영업자의 사업에 도움이 되기도 하지만, 반면에 디지털 기술을 개발하여 시스템을 구축하고 운영하는 대기업에 종속되어 사업운영에 피해를 보거나 사업을 유지할 수 없게 되는 부작용이 발생하기도 했다. 많은 투자비용과 운영비용이 소요되는 디지털 기술 관련 사업과 운영을 담당하는 대기업과 행정부가 도시생태계에서 핵심적 역할을 하는 도시자영업자를 살리면서 함께 상생할 수 있는 적절한 방법을 찾기 위한 고민이 필요한 시점이다.

3. 도시행정 민원의 신속한 해결

도시행정은 그 영역이 무궁무진하다고 할 정도로 다양하다. 일반적으로 도시행정의 기능에는 기반 시설 관리와 신설(도로교통 포함), 지방세 관리, 시민에 대한 복지·의료지원, 스포츠문화 지원, 교육지원, 주민생활지원(읍면동), 경제산업 지원 및 활성화, 주민등록 및 차량·부동산등록 및 관리 등이 있다. 이외에도 지역의 특성에 따라서 농업, 어업, 임업, 광업, 염업 등의 지역산업에 대한 지원이나 산불관리, 해양오염 및 재해 및 환경관리 등의 지리적 특성을 기반으로 한 도시행정업무도 존재한다.

도시행정은 시민들의 민원신고를 통해서 개선하고 발전한다고 해도 과언이 아닐 정도로 도시행정과 관련한 민원은 아주 중요하다. 공무원이나 공무직 공직자(공공기관에서 직원으로 근무하는 민간인)들이 도시 내의 불편하거나 잘못된 요인들을 실시간으로 발견하고 개선하는 것이 어렵기 때문이다. 불편함이나 잘못된 것을 인지한 시민들이 이를 바로 해당 도시의 행정관청에 신고하면, 신고한 내용을 토대로 행정관청에서 해당 사항을 개선하는 작업에 들어간다.

과거에는 이러한 민원신고의 방법이나 절차가 아날로그 방식이었기 때문에 누구나 쉽게 할 수 없는 환경이었다. 행정관청에 전화하거나 직접 방문하여 문제의 내용을 전달해야 했고, 그 처리 과정이나 결과에 대한 통보 절차도 시간이 오래 걸리고 복잡했다. 하지만 21세기로 넘어오면서 각 도시의 행정기관들이 온라인이나 스마트폰을 이용한 24시간 민원신고 시스템을 경쟁적으로 도입하였고, 이제는 실시간으로 문제가 되는 내용들을 쉽게 신고하고 이에 대한 처리결과를 빠르게 통보받을 수 있게 되었다.

예를 들어, 어떤 골목에 산더미같이 쌓여 있는 불법 투기물을 발견한 시민이 민원신고 애플리케이션이나 민원신고 사이트 등을 통해서 즉시 해당 쓰레기에 대한 처리를 요청할 수 있다. 스마트폰의 카메라 기능으로 사진이나 동영상을 촬영하여 증거자료로 전송하면 담당 공무원이 빠르게 상황을 파악하고 조치를 취할 수 있다. 이와 같은 시스템이 지금은 보편화되었지만 과거에는 전혀 상상도 할 수 없는 최첨단 기술이었고, 앞으로는 AI 기술이 민원 관련 시스템에 탑재되면 더 빠르고 합리적인 민원 대응이 가능해질 것으로 예상된다.

4. 시민 간의 소통 강화

디지털 기술의 발전은 개인 간의 온라인 소통을 활성화하는 데 긍정적인 역할을 하였다. 실제로 우리나라에서는 3,000만 명 이상이 SNS 서비스를 이용하고 있는데, SNS를 통해 문자메시지 전송이나 채팅과 같은 초보적인 형태부터 시작하여 자신의 일상과 느낀 점 등을 공유하면서 많은 사람과 인간관계를 맺고 소통하는 활동도 적극적으로 이뤄지고 있다. 세대별 나이를 물리적 연령이 아닌 SNS 활용도를 통해 구분할 정도로 SNS의 소통기능이나 대화기능은 많은 사람에게 떼려야 뗄 수 없는 공기와 같은 존재가 되었다. 이러한 디지털 기술을 이용한 소통은 전 세계인을 대상으로 할 뿐만 아니라 같은 지역과 공간에서 살아가는 사람들 간 소통도 활성화하는 기능을 하고 있다.

예를 들어, 도시형 밀집주택인 아파트 단지의 주민들끼리 각 가정의 출입관리시스템인 PDA나 스마트폰 상의 단체 대화방 등을 통해 해당 단지의 관리와 관련한 문제를 논의하거나 쓰레기와 주차 관련 문제를 해결하기 위한 토론을 진행하는 것이 대표적인 예이다. 이 이외에도 해당 도시의 발전과 환경을 위해 연구하는 시민 커뮤니티, 아동·청소년에 대한 지원을 논의하는 모임, 공동육아를 위한 모임, 취미활동을 함께 하는 동호회 모임 등이 장소와 시간의 구애가 없는 온라인상에서 활성화되어 시민들의 도시에 대한 애착감과 소속감을 높이고 있다. 무엇보다 현대 도시사회의 가장 큰 문제라 할 수 있는 인간소외의 문제를 일정 정도 완화할 수 있는 긍정적 효과도 기대할 수 있다.

갈수록 바빠지고 시간적 여유가 없는 도시 시민들이 온라인에서라도 소통하고 관계를 맺을 수 있는 환경은 도시를 건강하게 만들고 도시에 생명력을 불어넣는 역할을 한다. 자신이 거주하고 생활하는 지역에 애정과 애착을 느끼기 위해서는 이웃과의 친밀한 관계 형성이 관건일 수밖에 없는데, 현재는 그 기능을 디지털 온라인 플랫폼이 제공하고 있는 것이다. 이러한 디지털 환경과 시스템을 일상에서 이용하며 성장한 세대가 인구의 과반이 되는 근미래에는 가족과 친지로 구성된 혈연관계보다는 공통된 관심사와 목표를 가진 개인들 간의 긴밀한 관계를 기반으로 한 사회관계가 더 중요해질 것이다. 또한, 이러한 개인들이 모여 함께 생활하는 가정을 이루게 되면서 가족의 개념 역시 더 이상 혈연을 중심으로 인식하지 않게 될 가능성이 높다(윤상필 · 권헌영 · 김동욱, 2017).

Ⅳ. 도시경제와 디지털 기술

1. 비대면 전자상거래의 일상화

인터넷의 보급과 함께 미국의 이베이(E-Bay)와 중국의 알리바바(Alibaba)로 대표되는 온라인 상거래가 빠르게 확산하기 시작하였으며, 2020년에는 전 세계 전자상거래 규모가 1조 달러를 돌파했다. 2030년까지 매년 1000억 달러씩 증가할 것으로 전망되는 전자상거래는 비대면 방식의 거래라는 강점을 가지고 있다. 다시 말해서, 소비자가 따로 시간을 내어 직접 점포나 상점, 업장에 가지 않아도 언제 어디서나 쉽게 서비스나 물건을 받아볼 수 있게 된 것이다. 비대면 전자상거래는 코로나 19 사태를 통해 한층 더 그 팽창 속도가 빨라졌으며, 우리나라의 경우에는 쿠팡, 네이버, SSG, 11번가, 지마켓, 카카오 등의 온라인 전자상거래 기업들이 시장의 주도권을 장악하기 위해서 치열한 경쟁을 벌이고 있다.

특히, 세계적으로 주목받고 있는 신속 배달 시스템의 상징인 당일배송 시스템을 쿠팡이 주도하면서 해외 기업들도 빠른 배송시스템을 도입하고 있는 추세이다. 쿠팡을 이용하는 소비자는 자신이 필요한 물건을 온라인으로 주문하면 당일에 배송받는 편리함에 이미 익숙해져 있다. 업장이라는 한정된 공간을 벗어난 비대면 전자상거래는 편리하고 신속한 구매과정을 통해 소비자의 시간이나 이동비용의 문제 등을 한꺼번에 해결하는 일종의 만능키가 되었고, 이는 도시생활의 편리성 측면에서 앞으로 더 많은 기여를 할 전망이다.

비대면 전자상거래가 도시인들에게 제공하는 또 다른 장점은 바로 비교구매를 할 수 있다는 점이다. 특정 마트나 매장에 가면 선택할 수 있는 제품의 종류가 한정되어 있고 다른 마트나 매장의 제품과 가격을 비교할 수 없는 극히 제한적인 상황에서 구매를 결정해야 한다. 하지만 비대면 전자상거래는 현재 시장에서 거래되는 모든 제품을 비교하여 최대한 싼 제품을 고를 수 있게 해주고, 같은 종류의 제품 중에서도 우수한 품질과 기능을 가진 제품을 선택하여 구매할 수 있도록 해준다. 가성비 좋은 제품을 구매하고 절약하고자 하는 소비자에게 비대면 전자상거래는 매우 유리하고 편리한 소비생활이 가능한 신세계를 열어준 것이다.

2024년도로 접어들면서 일부 제조생산기업에서 온라인 플랫폼에 의존하던 거래방식을 벗어나서 소비자들에게 자신들이 생산한 제품을 직접 배송까지 하는 시스템을 구축하고 있다. 이를 D2C(Direct To Consumer) 시스템이라고 부르는데, 세계적 스포츠용품 기업인 NIKE와 스포츠웨어와 레저웨어('에슬레저'로도 불림)의 강자인 블루레몬(Blue Lemon)이 온라인 상거래 플랫폼을 벗어나서 직접 소비자에게 배송하는 D2C를 선언하고 나섰으며, 일정 부분 성공한 모델로 평가를 받고 있다.

2. 금융거래와 투자의 온라인 집중화

비대면 전자상거래의 활성화는 그에 따른 전자결제 시스템의 발전을 불러왔다. 현금을 대신하는 기능으로 나왔던 신용카드는 식당이나 마트, 편의점 등에서 불편한 현금의 사용을 대체할 목적으로 개발되었다. 하지만 지금은 그 이상의 기능을 하고 있으며, 특히 온라인 상거래의 주요 결제수단으로 활용되기 시작하면서 새로운 도시형 화폐의 개념을 수립하였다. 최근에는 기능이 더 확장되어 개인의 신분을 확인하는 신분증 대용 수단이나 각종 사용료 지급수단, 세금 납부수단, 도시교통 이용요금의 지불수단, 대출을 위한 수단 등으로 영역을 확장하고 있다.

신용카드 거래가 일반화되면서 온라인 금융거래가 활성화되고 빠르게 발전하는 결과를 낳았다. 실제로 우리나라에서는 토스뱅크와 카카오뱅크와 같은 온라인만으로 운영되는 은행이 설립되었으며, 채권이나 유가증권, 주식 등을 거래하는 증권회사 역시도 온라인 거래가 거의 기본으로 자리 잡은 상황이다. 금융거래를 위해서 반드시 은행이나 증권사의 지점을 방문해야 하는 불편이 사라졌으며, 스마트폰만으로 언제 어디서나 자유로운 금융거래와 주식 등의 거래가 가능한 시대가 도래하였다.

금융거래의 온라인 집중화는 이체 등의 과정에서 발생하는 수수료 부담을 경감시키는 효과와 함께 빠른 개인 간, 기업 간 거래 환경을 조성함으로써 도시경제의 활성화에 큰 기여를 하고 있다. 아울러 온라인 금융거래는 금융시장의 투명성을 제고함으로써 세금을 정확하게 징수할 수 있는 여건을 제공하고, 불법적인 암시장을 차단하는 효과까지 나타나고 있다.

이렇게 긍정적 영향이 있지만 전자상거래 업체와 금융기관이 고객의 개인정보를 보호하는 기술적 노력을 기울이고 철저한 본인 확인 절차를 마련하지 않으면 이용 고객에게는 오히려 독이 될 수 있다. 비대면 전자상거래와 금융거래가 대세로 자리 잡은 현재 상황에서 신속하고 편리한 서비스를 제공하려는 노력 못지않게 고객의 자산을 보호하기 위한 정보보안 노력과 서비스를 이용하는 개인의 각별한 주의가 반드시 필요한 상황이다.

3. 가상자산 등의 새로운 거래수단 등장

비트코인(Bit Coin)의 탄생으로 시작된 가상자산 시장은 전 세계의 새로운 금융거래 시장으로 자리 잡고 있으며, 향후 가상자산이 현재 화폐의 기능을 일정 부분 대체할 것으로 예상하는 경제학자들도 많다. 가상자산 버블의 위험성에 대한 경고가 있기는 하지만 주요 가상자산들은 여전히 굳건한 자리를 유지하고 있을 정도로 안정성에 대한 인정을 받고 있다.

가상자산은 투자의 수단이자 거래의 수단으로서 특히 젊은 층의 선호도가 높으며, 실제로 많은 2030들이 가상자산 관련 투자를 하고 있다. 물론 2030 젊은 층이 큰돈을 가지고 있지 못하기 때문에 금이나 부동산 등의 현물자산에 투자하는 것이 현실적으로 어렵다는 점도 일정 부분 영향을 미치고 있다. 향후 블록체인(Block Chain) 기술을 기반으로 한 가상자산 시장이 더 활성화되고 가격의 변동 폭도 줄어들어 안정화된다면, 미국의 일부 도시에서 현금이나 카드 대신 일상적인 결제 수단으로 가상자산을 인정하고 있듯이 우리나라에서도 결제 수단으로 인정할 날이 올 수도 있을 것이다.

그러나 우리나라에서 블록체인(Block Chain) 기술이 무엇인지 모르고 가상자산에 대해 잘 모르는 사람들을 대상으로 투자 가치도 없고 거래 수단으로서도 가치가 없는 잡코인을 만들어 사기를 치는 범죄가 우후죽순 발생하고 있다는 사실은 매우 우려스럽다. 새로운 거래수단으로 자리 잡을 만큼 가치가 안정되거나 신뢰가 구축되지도 않은 상황에서 가상자산을 빙자한 사기범죄가 급증하고 있는 현실은 가상자산의 미래를 어둡게 만든다고 볼 수 있다.

V. 시민의 디지털 정보격차

1. 시민의 디지털 정보격차 심화

디지털 정보격차의 문제는 특히 도시에서 살아가는 사람들에게 사회갈등의 원인이 되어 새로운 사회문제로 대두되고 있다. 우리나라 정부도 이 문제의 심각성을 인식하고 디지털 정보격차에 관한 연구와 이에 대한 대응책 마련을 위한 노력을 하고 있다. 그러나 경제적 격차와 달리 디지털 정보격차는 실질 통계를 내기 어렵고 그로 인한 사회적 악영향이 외부로 확연하게 드러나지 않는다는 특성이 있다. 즉, 경제적 격차는 주택소유현황과 소득 수준 등을 조사하면 쉽게 파악할 수 있지만 디지털 정보격차의 정도와 사회적 영향은 정확하게 그 실태를 파악하기 어렵다는 의미이다.

각종 디지털 디바이스(Digital Device)가 늘어나고 컴퓨터와 인공지능 등을 활용한 일상생활 속 주변기기들이 많아지면서, 이를 제대로 활용하지 못하면 도시 속의 삶을 온전히 누리지 못하는 상황에 부닥치기도 한다. 예를 들어, 공유 자전거가 활성화된 도시 속에서 이를 이용하고자 하는 사람은 해당 서비스의 가입방법과 이용요금 결제 및 반납방법 등을 전부 알아야 한다. 문제는 철저하게 스마트폰을 활용한 온라인 서비스를 기반으로 운영되기 때문에, 디지털 기기의 사용방법을 잘 알지 못하는 사람은 공유 자전거가 자기 앞에 있어도 이를 사용하지 못하는 일이 벌어지는 것이다.

온라인 전자상거래도 디지털 보안이 강화되면서 여러 가지 보안프로그램이나 애플리케이션 등을 자신의 스마트폰에 설치해야 하지만 방법을 잘 모르거나 서투르면 제대로 사용하지 못할 수밖에 없다. 더욱 심각한 문제는 시각 장애인도 온라인 전자상거래를 이용할 수 있도록 음성서비스를 제공하는 방식의 디지털 환경 개선이 필요하나 아직 우리나라에서는 제대로 이루어지고 있지 않다는 점이다. 또한, 현재 합법 또는 불법으로 100만 명 이상의 외국인이 사실상 영주 상태로 살아가고 있는데, 한글로만 구성된 온라인 서비스로 인해 외국인은 접근조차 할 수 없다. 결국 장애인이란 이유로, 외국인이라는 이유로 같은 도시에 거주하면서도 제대로 된 디지털 문명을 누리지 못하여 시간이 흐를수록 디지털 정보격차가 더욱 벌어질 수밖에 없는 것이다.

2. 디지털 정보격차의 유형

디지털 정보격차는 크게 3단계로 나누어 볼 수 있다. 1차적 격차는 디지털 기기와 정보에 대한 '접근'에서 발생하고, 2차적 격차는 '활용'이라는 부분에서 발생하며, 3차적 격차는 '참여' 영역에서 나타난다. 이러한 3단계의 격차는 해당 단계에서 끝나는 것이 아니며 일종의 순환구조로 이어져 반복적으로 해당 도시인에게 큰 불이익을 줄 수 있다. 기기에 접근을 못하면 당연히 활용을 할 수 없고, 활용을 못하면 자신이 필요로 하는 디지털 영역에 참여 자체를 할 수 없다. 참여를 못하면 해당 영역의 새로운 정보나 서비스에 접근하지 못하기 때문에, 그 후로도 계속 접근과 활용을 못하는 악순환이 반복되는 것이다.

이는 디지털 정보격차를 경험하는 모든 소외계층이 겪는 문제이다. 이들이 악순환의 고리를 끊을 수 있도록 지원하지 않으면 디지털화된 도시에서는 먹고 마시고 이동하는 기본적 활동에서조차 소외될 수 있으며, 이런 상황에서 벗어나지 못하면 도시 외톨이나 은둔자로까지 내몰릴 수 있다. 디지털 접근에 많은 어려움을 겪고 있는 고령자와 장애인, 외국인들이 도시 속 생활을 힘들어하며 고립되는 것은 1, 2, 3차적인 디지털 정보격차를 순환·반복적으로 겪고 있기 때문이라고 해석된다(백승균, 2014).

일반적으로 디지털 정보격차는 '접근'이라는 측면에서 바라보고 연구한다. 하지만 행정학적, 도시학적, 사회학적, 문화학적, 경제학적 관점을 융합해서 본다면 접근의 어려움뿐만 아니라 활용이나 참여라는 문제도 분명히 드러날 수밖에 없을 것이다. 도시행정을 오랜 기간 연구한 미국이나 캐나다, 영국 등의 국가들은 디지털 문맹의 문제를 해결하기 위해서 다양한 각도에서 이를 연구하고 있다. 특히 정보소외계층을 발굴하여 이들에게 다양한 교육 참여 기회를 제공함으로써 악순환의 고리를 끊는 데 많은 공을 들이고 있다.

3. 디지털 정보격차의 부작용과 도시문제

디지털 정보격차는 결국 경제적인 빈부격차로 직접 이어진다. 본 장에서 앞서 언급한 바와 같이 디지털 접근성과 활용도, 활용능력 및 이를 기반으로 한 개발과 적용 능력은 도시인 개인의 경제적 활동과 직결된다. 디지털화되지 않은 상용서비스가 거의 없다 해도 과언이 아닐 정도로 도시의 모든 경제적 기능이 디지털 문명화되어 가는 상황에서 디지털 기능을 간과하거나 조금이라도 소홀히 한다면 경제적인 부를 창출하는 것이 어려울 수밖에 없다.

예를 들어 스마트폰을 구입하는 과정을 보면 경제적인 이익의 차이를 확연하게 깨달을 수 있다. 스마트폰을 구입하고자 하는 사람들은 크게 2가지의 선택을 하게 된다. 하나는 주변에서 쉽게 찾을 수 있는 핸드폰 대리점을 방문하여 장기 할부 형식으로 스마트폰을 개통하는 것이고, 다른 하나는 온라인에서 속칭 '성지'로 불리는 저렴한 스마트폰을 판매하는 판매점을 찾아서 스마트폰을 개통하는 것이다.

온라인에서 검색을 통해 해당 내용을 정확하게 찾아낼 수 있는 사람은 다른 사람에 비해서 최소 30만 원에서 최대 80만 원까지 저렴하게 최신 스마트폰을 구입할 수 있지만, 온라인 검색을 통해 원하는 정보를 찾지 못하는 사람은 대리점에서 제시하는 비용을 다 치르고 스마트폰을 구입해야 한다. 이외에도 소비자는 온라인 검색을 통해 정보를 얼마나 빠르고 정확하게 파악할 수 있느냐에 따라서 경제적으로 이익을 얻을지 손해를 볼지가 결정된다. 또한, 정보격차로 인해 시장의 흐름이나 환경, 정확하게 어떠한 방식으로 투자나 경제활동을 해야 하는지를 제대로 파악하지 못하면 엄청난 손해를 보거나 이익을 제대로 얻지 못하는 일이 발생할 수밖에 없다.

또한, 디지털 정보는 하루가 다르게 발전하고 변화하는 사회에 효과적으로 적응할 수 있는 능력을 갖출 수 있을지 여부를 결정하는 중요한 요인으로서 도시인의 삶의 질에 차이를 발생시킨다. 디지털 정보 검색능력을 갖춘 사람은 저렴하게 또는 무료로 도시 안에서 열리는 여러 전시회나 연주회, 전람회 등에 갈 수 있다. 하지만 이러한 능력이 떨어지거나 없는 사람은 어디서 어떠한 문화행사가 있는지를 제대로 알 수 없기 때문에, 시간이 있다 하더라도 도시의 문화생활을 제대로 누릴 수 없다.

일부 도시행정학자들은 디지털 격차가 문화의 격차로 이어지며 디지털 문맹자들은 문화적 소외계층으로 추락할 수밖에 없다는 점을 지적하기도 한다. 그만큼 디지털화된 도시환경에서는 디지털 정보에 대한 접근과 활용 능력이 매우 중요할 수밖에 없다. 유튜브와 같은 온라인 채널이 노인층의 주요한 미디어 매체 역할을 하는 것은 그만큼 노인층이 디지털 관련 능력을 습득하는 데 어려움이 있어 정보를 검색하는 방법이 매우 제한적임을 보여주는 사례라고 할 수 있다.

노인의 유튜브 이용시간이 길다는 사실만으로 이들도 디지털 시대에 적응을 잘한 것으로 생각할 수 있지만, 이는 잘못된 판단이라고 볼 수밖에 없다. 이런 현상은 많은 노인이 다른 디지털 정보와 콘텐츠에 접근하기 어렵기 때문에 사용이 쉬운 유튜브만을 보면서 디지털 정보를 제공받고 있다고 보는 것이 맞을 것이다. 심각한 문제는 유튜브의 알고리즘에 의해 늘 비슷한 내용의 정보만 반복적으로 접하게 되어 인식과 관점의 편향과 왜곡으로 인한 불필요한 사회갈등을 발생시킬 수 있다는 점이다.

우리나라의 오랜 저출산 현상으로 인해 향후 2050년이 되면 전체 인구의 40%가량이 65세 이상 노인이 될 예정이다. 이런 상황에서 노인인구 대부분이 디지털 문맹으로 남아있도록 방치한다면 정보격차의 심화로 인한 각종 소외와 갈등 때문에 더 많은 사회문제를 발생시킬 수밖에 없으므로, 앞으로는 더욱 적극적으로 격차 해소를 위한 노력을 해야 할 것이다.

4. 디지털 정보격차의 해소를 위한 방안

디지털 정보격차는 이미 우리 도시의 중요한 문제로 자리 잡았고, 이를 해결하기 위한 도시행정적, 도시정책적 대안을 시급하게 모색하고 적용해야 한다. 가장 기초적인 방안이자 사업으로 제안할 수 있는 것이 디지털 문맹의 해소를 위한 적극적인 교육프로그램의 마련과 적용일 것이다. 앞서 언급한 미국이나 영국, 캐나다 등의 국가들은 생애주기형 디지털 교육체계를 수립하는데 많은 공적 자원을 투입하고 있다.

우리나라도 유아기, 아동기, 청소년기, 청년기, 장년기, 노년기 등으로 나눠서 생애주기별로 필요로 하는 디지털 교육이 무엇인지를 파악하고, 이를 눈높이에 맞는 내용으로 구성하여 실효적으로 교육하는 데 주력해야 한다. 각 도시에 설치되어 있는 사회교육시설이나 평생교육시설, 공공도서관, 학교의 강의실 등을 활용하여 디지털 정보격차를 경험하고 있는 이들에 대한 적극적인 교육과 지원에 나서야 한다.

무엇보다 디지털 문맹으로 어려움을 겪는 노인층, 결혼이주민과 그 자녀, 이주 노동자, 새터민, 장애인 등을 대상으로 그들에게 맞는 교육의 방식과 수단으로 지원해야 한다. 특히 생업에 종사하면서 교육을 받을 수 있도록 생계비 지원조건 집중교육이나 주말을 활용한 주말교육 등의 다양한 프로그램을 운영해야 한다. 이들이 컴퓨터나 노트북, 스마트폰을 소유하고 사용한다고 해서 피상적으로 디지털 정보소외계층이 아니라고 판단하면 안 되고, 도시의 모든 서비스와 콘텐츠를 온라인을 기반으로 제대로 활용할 수 있는데 필요한 역량을 갖출 수 있도록 지속적으로 지원해야 할 것이다.

다음으로 디지털 정보 활용을 위한 정보소외계층 지원평가제도의 도입도 필요할 것이다. 공공서비스 영역부터 프로그램이나 서비스, 사이트 개발 초기 단계에서 디지털 정보격차를 경험하는 참여자들을 모집하여 이들이 사용해 보도록 하고, 접근과 활용이 많이 어렵다고 판단되는 부분에 대해서는 즉시 보완을 통해 높은 담장을 낮추는 것이 중요하다. 디지털 콘텐츠 개발자들은 최고의 전문가들이기 때문에 사용자 입장을 잘 이해하지 못하거나 사용자의 수준을 평균보다 높게 설정하는 경우가 많다. 또한 쉽게 접근할 수 있는 콘텐츠는 많은 노력과 공을 들이지 않은 서비스라고 평가절하하는 경우도 많다. 이러한 잘못된 사고를 개선하고 전혀 다른 환경과 입장에 놓여 있는 소외계층에 대한 공감능력을 발휘하여 디지털 정보 소외로 고통받는 도시인들을 도울 수 있어야 할 것이다.

Ⅵ. 정보보호 소홀로 인한 피해 발생

1. 정보의 유출로 인한 시민의 피해

디지털 도시로 넘어가면서 이제는 디지털 공간에서 수집, 저장, 취급, 가공, 활용되는 방대한 개인정보를 어떠한 방식으로 잘 보호할지에 관한 연구가 시급한 상황이 되었다. 2023년을 기준으로 보이스 피싱이나 스미싱, 디지털 해킹 등에 의해 개인이나 기업이 입은 피해를 2016년 한해에만 최대 220조로 추산한 연구논문이 있을 정도로 개인정보 보호의 부재와 소홀은 디지털 사회를 살아가는 현대인들에게 심각한 경제적, 정신적 피해를 입히고 있다(임규건 · 류미나 · 이정미, 2018).

과거에는 전화를 이용한 보이스 피싱이 문제가 주목받았지만, 지금은 문자메시지나 SNS 메시지를 통한 개인정보 해킹 범죄, 스마트폰이나 컴퓨터 안의 정보를 탈취하여 이를 가지고 협박하는 사이버 공갈범죄, 개인의 사생활과 관련한 내용을 널리 배포함으로써 피해자가 극단적 선택까지 하도록 만드는 사생활 침해 및 유포범죄 등이 더욱 심각한 형태로 우리 사회 곳곳에서 발생하고 있다. 이러한 문제를 집적 관리 감독하는 과학기술정보통신부나 금융당국, 범죄행위를 수사하고 처벌하는 경찰청, 검찰청, 법무부 등의 기관들이 적극적으로 나서고 있지만, 아직도 많은 시민이 이러한 범죄의 피해에 직접적으로 노출되고 있는 상황이다.

정보보호는 모든 것에 우선하여 가장 중요함에도 이에 대한 디지털 서비스 운영주체들의 경각심과 보안 의식은 크게 떨어진다. 대표적으로 숙박 관련 애플리케이션을 운영하는 모 업체가 해킹을 당해 보유하고 있던 수백 명 고객의 개인정보와 숙박이용정보가 범죄자들의 넘어갔고, 개인정보를 유포하지 않는 대가로 금전을 요구한 사건이 있었다. 또 은행의 온라인 뱅킹 서비스가 해킹을 당해 은행 이용객들이 경제적 피해를 입은 사례도 그동안 여러 건이 발생했었다. 디지털 환경을 벗어나서는 살아가기 어려운 상황에서 자신과 관련한 개인정보나 사생활정보, 금융정보, 업무관련 정보, 이동 및 위치정보나 통신이용정보 등은 살아있는 개인의 인격으로서, 반드시 철저하게 보호되어야 하며 이를 보호하는 데 도시행정적· 차원에서의 적극적 개입이 필요하다(김상배 외, 2023).

2. 개인정보 유형과 시민에 대한 보호 의무 강화

살아 있는 자연인의 개인정보는 매우 방대하고 이를 수집하고 관리하는 업체와 기관 역시 방대하여 이에 대한 보호와 관리에 어려움이 있다. 그런데 아직까지 정보보호를 위한 명확한 도시행정 차원의 규정이 구체적으로 마련되어 있지 않은 실정이다. 개인정보는 주민등록번호, 여권번호, 외국인등록번호, 운전면허번호와 같은 고유식별번호가 있고, 이 외에도 주소(민법상 복수주의 채택으로 개인이 사용하는 모든 주소가 적용), 이름, 나이, 학력, 근무경력, 의료 관련 정보(질병정보, 치료정보, 진료정보 등), 이동 및 위치정보, 금융거래정보, 신용정보, 취미 및 동호회 활동정보, 통신이용내역, 숙박정보, 차량운행정보, 대중교통 이용내역정보 등 무수히 많다.

한 사람이 이렇게 많은 개인정보를 갖게 된 것은 현대사회가 디지털화되었기 때문으로, 디지털 환경이 고도화될수록 개인정보의 양은 늘어날 수밖에 없다. CCTV나 차량용 블랙박스에 찍힌 영상도 개인정보로서 보호 대상인데, 기술의 발전과 기기 사용의 확대로 인해 영상장치에 찍힌 개인정보의 양도 갈수록 증가하고 있다. 이러한 정보를 수집하고 보관하는 자는 반드시 이를 보호해야 할 법적 의무를 가지며, 모든 사람은 개인정보의 보호 대상이면서 개인정보를 보호해야 할 책임이 있다(주용환, 2018).

대한민국 헌법이 모든 국민에게 권리에 수반하는 의무를 부여했듯이, 모든 사람은 개인정보를 보호받을 권리가 있지만 다른 사람의 개인정보를 보호해야 할 의무도 존재하는 것이다. 예를 들어, 차량을 소유한 개인은 자신의 안전과 차량 보안 등을 위해 차량 블랙박스를 통해서 주변에서 같이 주행하던 차량을 촬영하고, 주차하는 시간대에는 주차한 차량 주변을 지나가는 시민의 모습을 촬영할 권리를 인정받는다. 하지만 촬영된 영상을 목적과 다르게 악의적, 불법적, 사적으로 활용하면 촬영된 영상 속 사람의 권리를 침해한 것으로 법적 처벌의 대상이 될 수 있다.

도시인은 다양한 디지털 기기를 항상 소지하고 다닐 수밖에 없고, 수면시간을 제외한 대부분의 시간에 이를 이용한다. 디지털 기기는 도시생활을 위한 필수자원이기 때문에 이를 사용하는 것은 자유이지만, 어떤 경우에도 타인에게 피해를 주는 행위는 해서는 안 된다. 개인정보 보호법의 제정을 통해서 개인정보 보호 관련하여 법률적 제도가 마련되어 있기는 하지만 법률 내용이 행정기관이나 정보수집기관 등 개인정보 처리자에 대한 보호 의무를 중심으로 이루어져 있고, 모든 사람을 대상으로 한 보호 의무 규정은 존재하지 않는다.

앞으로 디지털 사회환경이 더욱 고도화되어 더 많은 디지털 기기를 사용하고 이에 노출되는 빈도와 정도도 심화할 상황 속에서 모두가 개인의 프라이버시를 존중하고 보호하기 위해서는 이에 대한 사회적 담론을 도시행정학적 관점에서 지속해야 한다. 또한, 개인정보 보호 의무를 법률이나 헌법상의 보편적 의무로 만드는 것도 주요한 방법이 될 수 있다고 생각한다. 그러나 더욱 중요한 것은 디지털 윤리(Digital Ethics)의 확립과 이에 대한 교육이라고 생각한다. 과거에는 밥상머리 교육이 있었다면 21세기 도시 속에서는 디지털 윤리 교육이 필수적으로 필요하다. 특히, 정보보호라는 개념에 대한 명확한 교육과 홍보를 통해 현대를 살아가는 개인이 다른 사람의 권리를 침해하고 피해를 주지 않으려면 무엇을 해야 하고 하지 말아야 하는지를 구체적으로 알려주는 것이 시급한 과제일 것이다.

Ⅶ. 도시의 디지털화에 대한 고민과 미래

아침에 집을 나서면서 스마트폰을 들고나와서 이를 통해 영상이나 뉴스를 보고 음악을 들으면서 출근하는 직장인의 일상은 자신도 모르는 사이 디지털 기기에 종속되어 있다. 지하철 개찰구에서 결제한 카드 이용내역을 통해 본인의 이동경로가 금융기관이나 지하철공사로 바로 전송되며, 스마트폰이 켜져 있는 상태에서 출근하는 한 실시간 위치정보와 이동경로가 통신사와 스마트폰 제조사로 전송된다. 출근한 이후에 컴퓨터를 켜고 인터넷에 접속하면 근무시간 중에 방문한 사이트가 어디인지, 누구와 이메일을 주고받았는지가 기록으로 모두 저장되며, 내부망을 이용하여 메시지를 주고받으면 이 역시도 메신저 서비스를 제공하는 기업이 알게 된다(전대성 · 김동욱 · Loni Hagen, 2017).

디지털 기기가 무수히 많고 심지어 이동에 사용하는 자동차까지 CPU를 장착한 컴퓨터화가 진행되는 상황에서 디지털 기기와 환경을 벗어난 현대인의 삶은 상상하기조차 어려울 수밖에 없다. 도시의 디지털화된 삶을 벗어나기 위해서 깊은 산으로 들어간 자연인도 스마트폰은 가지고 있다는 이야기가 있을 정도로 현재의 삶에서 디지털을 빼기란 어렵다. 이러한 디지털 도시문명 속에서 우리는 어떠한 삶을 살아야 하는지를 고민하는 것이 이제 모두의 앞에 놓인 과제라고 생각한다.

다양한 디지털 기기와 온라인 콘텐츠의 사용으로 인해 인간은 일종의 오퍼레이터(Operator)와 같은 역할을 하게 되었고, 인간이 편하기 위해서 만든 각종 디지털 기기가 인간을 통제하고 종속시키는 상황이 되었다. 이러한 상황에서 디지털 도시환경이 인간성을 파괴하고 인권을 침해하며 인간 존엄성을 무너뜨리는 결과를 낳지 않도록 기술과 인간사회를 적절하게 조화시킬 수 있는 방향성을 모색해야 한다.

발전 속도에 불이 붙은 생성형 AI가 일상에 깊이 파고들어 많은 사람이 의존하게 된다면 인간은 스스로 판단하고 사고하는 능력조차 상실할 수도 있다. 자율주행 자동차 기술이 2040년이 되면 스스로 생각하고 판단하여 운행하는 수준이 될 것이라는 예측에 따르면, 2040년 이후의 운전자들은 차만 구입하면 자동차로 이동할 수 있어 운전면허가 필요 없어지면서 운전할 수 없는 사람이 없는 시대를 살게 될지도 모른다. 인간은 다양한 이익을 얻기 위해 새로운 기술을 개발하면서 그로 인한 결과물을 항상 통제할 수 있다는 자신감은 쉽게 느끼고, 언젠가 인간이 자신이 개발한 기술의 지배를 받을 수 있는 위험이 존재한다는 생각은 개발로 인한 막대한 이익 앞에서 무시되거나 지워진다(유명현 · 임세민 · 오서경 · 송지훈, 2023).

미래의 도시는 현재를 사는 인간의 선택에 따라서 유토피아(Utopia)가 될 수도 있지만 디스토피아(Dystopia)도 될 수 있음을 잊지 말아야 할 것이다. '보다 빠르게', '보다 편리하게', '보다 생산적'으로 라는 기치를 올리고 도시를 만들고 관리한다면 도시는 디지털이라는 옷을 더 두껍게 입어야 할지도 모른다. 인간다운 삶을 위한 도시의 속도는 지금 충분히 빠른 것일 수 있고, 도시는 생산성보다는 인간이 살아가는 공간으로서 독립된 인격을 존중하고 보호할 수 있는 환경인지가 더욱 중요한 가치임을 잊으면 안 된다. 오로지 효율성과 경제성이라는 목표 아래에서 도시에 디지털이라는 옷을 두껍게 입혔다면, 옷을 그렇게 두껍게 입지 않아도 건강함을 유지하며 살아가는 데에는 아무 문제가 없다는 것을 알아가는 도시의 삶이 되었으면 한다.

참고문헌

주용환. (2018). 디지털도시 서울의 사회문제 분석과 해결방안에 대한 연구. 서울특별시의회 연구용역 최종보고서, 서울특별시의회.

김상배 · 표광민 · 이원경 · 유지연 · 김도승 · 윤정현 · 안태현 · 백욱인 · 송경재 · 송태은. (2023). 디지털 사회의 기본가치(서울대학교 국제문제연구소 총서). 사회평론아카데미.

김종선 · 송위진 · 성지은 · 정서화 · 한규영. (2016). 디지털 사회혁신의 활성화 전략 연구. 과학기술정책연구원.

백승균. (2014). 디지털 정보사회에서의 인간성 실현문제. 「계명대학교 명예교수회지」, 4, 계명대학교 명예교수회.

유명현 · 임세민 · 오서경 · 송지훈. (2023). 토픽모델링을 활용한 사회문제 해결방안 모색 연구; 사회양극화와 다중격차의 관점에서. 「디지털콘텐츠학회 논문지」, 24(8). 한국디지털콘텐츠학회.

유호석 · 박강민. (2018). 유럽의 사회문제해결형 국가 디지털 전환 사업 동향. SW중심사회, 49, 소프트웨어정책연구소.

윤상필 · 권헌영 · 김동욱. (2017). 건전한 인공지능 생태계 형성을 위한 규범적 전략과 법의 역할. 「홍익법학」, 18(2), 홍익대학교 법학연구소.

임규건 · 류미나 · 이정미. (2018). 개인정보유출 피해 비용 산출 모델에 관한 연구. 「한국정보보학회논문지」, 한국정보보호학회.

전대성 · 김동욱 · Loni Hagen. (2017). 모바일 기기를 통한 사회적 관계 서비스 이용이 개인의 정서적 상태에 미치는 영향. 「한국지역정보화학회지」 20(2), 한국지역정보학회.

조형식. (2017). 인공지능 비즈니스(AI Enterprise)와 디지털 사회문제(Digital Social Problem). 「CAD & Graphics」 280, BB미디어.

제2부

사례 연구

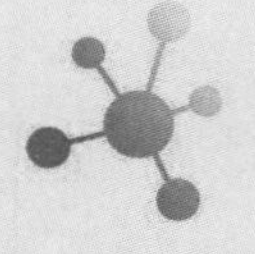

제16장

동경 초집중(Over Concentration in Tokyo)의 정치경제학

신동애[1)], 엄두용[2)]

생각해보기

- 도시 집중으로 인한 집적 효과(Agglomeration Economy)는 왜 발생하는가. 또한 과도한 도시 집중(Agglomeration Diseconomy)의 예를 들어보고 그 이유에 대하여 논의해보자.
- 특정 지역 중심의 산업 육성 정책과 수직적 지역 분업론에 대해 생각해보자. 이로 인한 지역 격차에 대해 한국과 일본의 예로 생각해보자.
- 인구 감소로 인한 도시 문제에 대해 생각해 보자.
- 코로나 감염 정도와 속도는 도시 규모와 인구 밀집도에 따라 다르게 나타났다. 그 이유에 대해 생각해 보고 코로나 이후 도시 정책에 대해 논의해 보자.

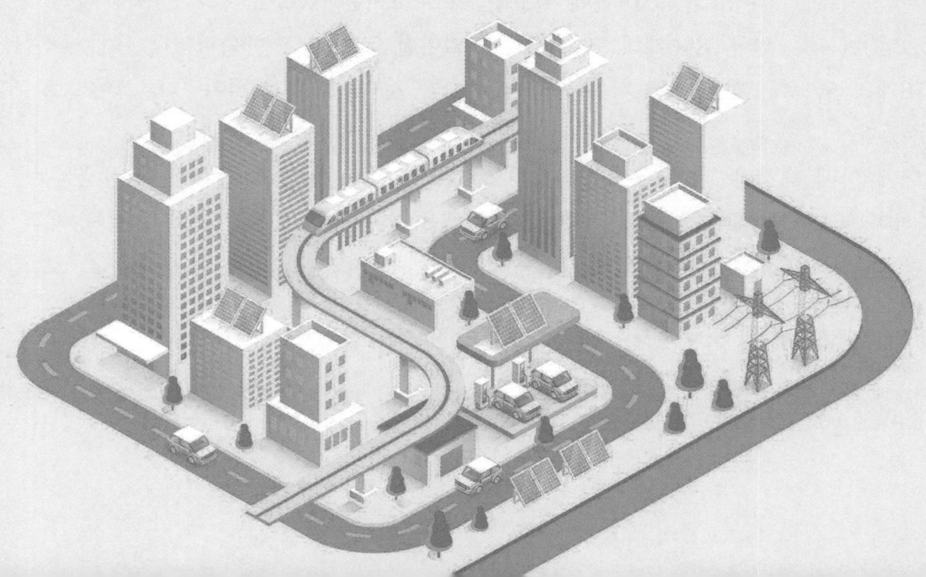

Ⅰ. 들어가며

1991년 이후 계속되어 온 일본의 경기 침체는 일자리, 소득, 주거 등 생활 환경에 많은 영향을 주어 저출산/고령화 사회를 가속시켜왔다. 더욱이 과학 기술의 발전은 사람/상품/정보의 글로벌 시장체제를 더욱 빠르게 심화시켜 1960년대 이후 지속되어왔던 고도경제성장 시기의 사회 경제 지표에도 커다란 변화를 가져왔다. 이러한 변화는 국내 소득은 물론 지역 경제에도 영향을 미쳐 지역 간 인구불균형을 야기하고 있다. 뿐만 아니라 사회적으로는 개인 소득의 감소, 비정규 노동자의 증가, 빈곤 문제, 사회보장재원의 부족, 도시 인프라의 노후화, 지역 간의 소득 격차, 삶의 질의 저하와 같은 문제를 야기시키고 있다.

이러한 문제들은 경기 침체가 장기화되면서 커다란 정책과제로 대두되었다. 고이즈미 내각(2001－2006)은 도시재생을 촉진하는 특별조치와 지역간 네트워크를 강화하고 인구감소, 산업구조의 전환, 노후화된 도시 인프라를 정비하고 구도심의 교통, 주거, 오피스 상가, 생활 환경을 개선해왔다. 또한 불황에서 벗어나기 위해 글로벌 자본, 서비스, 상품, 기술, 정보 교류를 촉진하고 도시재개발 사업들을 적극적으로 추진하였다. 그중 하나가 동경의 국제도시 경쟁력 회복이다. 이를 위해 동경의 '수도 기능 이전' 논의를 완전히 백지화하고 도시계획 규제도 대폭 완화하였다. 동경역 주변의 구도심에서 롯본기 힐즈 등 고층 복합 건물이 개발되고 나고야, 오사카, 고베, 후쿠오카 등 전국 40여 지역에서도 도시 재생사업이 적극 추진되고 있다.

하지만 이와 같은 정책은 동경 수도권에 투자 자본, 정보, 기술, 교육, 행정, 문화 등 사회문화적 자본뿐만 아니라 인구의 집중을 불러왔다. 이는 곧 지방 인구의 감소로 이어졌다. 지역 간의 인구, 자본, 정보의 격차는 더욱 커져 그 심각성을 단적으로 드러낸 것이 바로 지역 위기론(이른바 마스터 보고서)이다.[3] 2014년에 발표된 이 보고서는 중소 도시의 인구가 지속적으로 감소하여 2040년까지 전국 896개의 자치단체가 없어질 것이라고 예측하였다. 이는 전국 자치단체 1,718개의 52%에 해당해 두 자치단체 중 하나가 사라진다는 분석이었다. 그야말로 커다란 충격을 주었다.

이에 아베 내각은 '마을, 사람, 일자리 회복을 통한 지방창생(법)'과 지방창생본부를 내각부에 설치하여 지역 간 격차 해소와 지역활성화정책을 적극적으로 추진해왔다. 이 정책의 핵심은 전국 각 지역을 '도심 내 주거 입지 압축(compact) ＋ 지역 간 네트워크(network)'로 집중/연결하

1) 일본 기타큐슈대학교 법학부 정책과학부 교수. 환경정책론, 정책과정론, 시민사회와 거버넌스, 지역활성화를 주로 연구하고 있다.
2) 환경과 지역 연구소 대표. 도시공학,기후변화와 수자원 관리 기술, ESG환경 기업 평가를 주로 연구하고 있다.
3) 増田寛也(2014),『地方消滅』, 中公新書.

여 인구 감소/초고령화 사회에 대처하는 것이다.

2020년에는 코로나의 영향으로 동경에서 처음으로 전출인구가 전입인구를 상회하여 인구가 감소하였다. 하지만 이와 같은 코로나 효과도 코로나 종식과 함께 사라져 2022년 중반부터 동경의 인구는 다시 증가하기 시작했다. 인구 유입은 비단 동경만에 국한되지 않는 문제이다. 동경 수도권, 오사카 등 3대 도시권은 일본 전체 인구의 약 60%인 7천 2백만 명이 거주하고 있다.[4] 지방 중소도시의 인구가 동경뿐만 아니라 광역거점도시로 유출되기 때문이다. 이에 대한 자구책으로 지방자치단체들은 지방 이주 캠페인 사업, 이주 정착 보조금 사업, 도시 남성과 지방 여성의 만남 보조금 사업(결혼촉진 이벤트)등을 적극적으로 실시하고 있다. 이른바 중소도시 간에 이뤄지는 인구 제로섬 게임이다. 하지만 이조차도 실효성은 그다지 높지 않다.

동경의 인구 집중은 1960년대부터 시작되어 1987년에 인구초과유입의 정점에 도달하였다. 때문에 1980년대 이후 지역균형개발론, 인구분산, 지역활성화 등 많은 정책들을 시행해왔다. 그럼에도 불구하고 동경 초집중(Over Concentration) 현상은 해소되지 못하고 있다.[5] 그동안의 정책 실효성이 그다지 높지 않다는 반증이기도 하다. 왜 그럴까?

이와 같은 문제의식에서 이 장에서는 동경의 초집중 문제를 인구 추이와 그 원인, 동경의 실질성장률, 기업과 개인의 소득 저하, 집적 불이익(Agglomeration Diseconomy)을 중심으로 살펴보고자 한다. 또한 동경 초집중을 불러온 수직적 지역 분업론에 대해 논의하고 코로나 이후에 본격화되고 있는 일본의 코로나 이후의 도시정책에 관해 살펴보고자 한다.

Ⅱ. 동경 초집중(Over Concentration)의 정치경제학적 문제

1. 수직적 지역 분업론과 지역 격차

일본은 2차대전에서 패전한 후 후발 자본주의 국가로 특정 제조업 중심의 경제 성장 정책을 추진해왔다. 정부가 산업 활동에 필요한 국토 계획, 지역 개발, 산업공단 입지 조성, 자

4) 삼대도시권은 「동경권(東京圈)」: 사이타마현(埼玉県), 치바현(千葉県), 동경도(東京都), 가나가와현(神奈川県), 「나고야권(名古屋圈)」: 기후현(岐阜県), 아이치현(愛知県), 미에현(三重県), 「오사카권(大阪圈)」: 교토부(京都府), 오사카부(大阪府), 효고현(兵庫県), 나라현(奈良県)이다. 이 글에서는 동경도(東京都)를 동경으로 표기하고자 한다. 또한 동경을 사례로 하기 때문에 동경 주변 3현을 특정할 필요가 있을 경우는 제외하고 동경으로 쓰고자 한다.

5) 일본에서는 동경의 과도한 집중을 일극집중(一極集中)이라고 쓰고 있다. 하지만 도시의 인구 집중은 일반적으로 나타나는 도시 현상이므로 이 글에서는 도시학에서 쓰이고 있는 over concentration, excess concentration, 초집중으로 쓰고자 한다.

본을 유치하고 보조금 등 재정 지원과 세금 우대 조치를 시행했다. 산업 기반을 정비하기 위해 도로, 항만, 공업단지를 개발하여 자동차, 철강, 반도체 등 수출 산업을 육성하였다. 또한 전국의 자연자원(원료, 에너지, 철광석, 농산물)과 인적 자원을 지방에서 동원하고 산업 배치를 (대)도시/지방, 연안 지역/내륙 지역으로 구획하였다. 이와 같은 수직적 지역분업화는 전국의 지역을 자동차, 전자기계 제품, 화학산업 등 특정 산업과 기능에 따라 분업, 계열화하였다.[6] 또한 대도시권에는 기업의 사업 기획, 기술 연구 개발 등 지식 기반의 본사를 입지시키고 이를 지원하는 교육, 금융, 문화 서비스 인프라를 구축하였다. 반면에 지방은 낮은 토지비용과 인건비의 노동 집약적이고 단순 반복적인 부품 제조 산업을 입주시켜 수출 경쟁력을 강화하였다. 즉 대도시에는 부가가치가 높은 대기업이 입지한 반면 지역에는 노동 생산성이 낮은 부품 제조업이 주로 배치되었다. 대기업은 고부가 가치를 창출하여 도시권의 고용, 생산, 소비, 지식, 기술 주택, 교통 등 사회 문화자본을 확대 재생산하고 있다. 이에 반해 지방의 제조업은 자본 생산력이 낮아 지역의 사회 문화 창출력 또한 크지 못하다. 이처럼 산업의 수직적 분업 계열화는 그 기업들 이 입지한 도시/지역간의 경제, 고용력, 소득, 사회 문화적 격차로 그대로 반영되었다.

일반적으로 인구 이동은 지진, 자연재해 등과 같은 예외적인 요인 외에 지역 간의 소득 격차, 고용 격차와 높은 상관 관계를 가진다. 이러한 상관은 〈그림 1〉과 같이 동경의 인구 이동과 소득격차, 유효구인 비율의 추이에서도 확인할 수 있다.[7] 1960년대부터 1980년대 후반에는 인구 유입이 소득격차과 유효구인 비율에 높은 상관을 보이고 있어 소득 격차가 인구 이동의 주요 요인이라는 것을 알 수 있다. 1990년대 중반에는 유효구인 비율이 소득보다 높게 나타났는데 이는 제조업뿐만 아니라 금융, 문화, 금융, 교육, 의료 등 다양한 서비스 산업의 구인 효과가 작용한 것으로 볼 수 있다.

6) 佐無田光(2020),「東京一極集中の構造と地方分権の課題」,『住民自治』, 2020年 9 月号, pp.14-16.
7) 国土交通省,「東京一極集中の状況等について」, 2021, p.8. https://www.mlit.go.jp/common/001042017.pdf, (접속일 2023.3.31)

그림 1 인구 이동과 소득격차/유효구인비율 추이

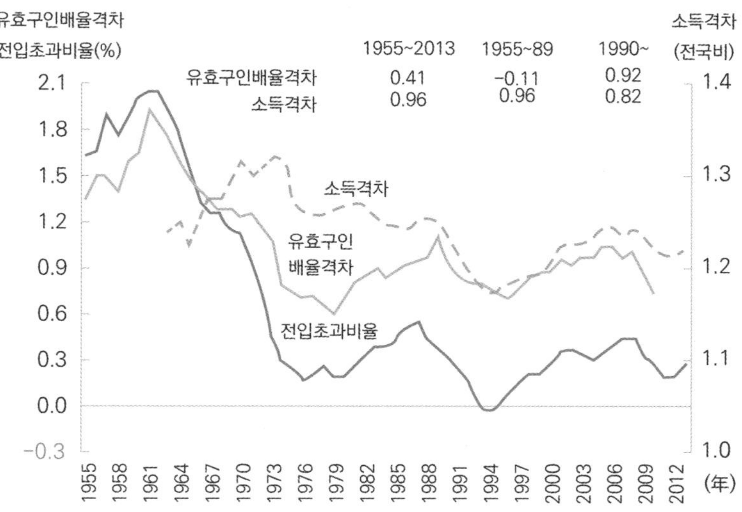

출처: 国土交通省, 「東京一極集中の状況等について」, p.8

2. 동경 초집중과 저출산 고령화

동경 인구는 2022년 1월 기준으로 14,042,127명이고 수도권(가나가와현, 사이타마현, 치바현)은 4,434만 명으로 인구 규모가 세계에서 제일 큰 도시권이다. 이 규모는 일본 인구 1억 2천만 명의 약 29%에 해당한다. 29%의 인구가 국토 총면적의 3.6%인 수도권에 거주하여 수도권 집중비율은 세계에서 한국(52%) 다음으로 높다.[8)] 반면에 일본 총생산량에서 수도권이 차지하는 비중은 31.7%에 달해 인구뿐만 아니라 경제, 자원에서도 그 집중도가 높다.

1960년대 이후의 고도 경제 성장에 따른 소득 격차의 완화, 2000년 이후 경기 침체, 제조업의 해외 이전, 동경의 성장률 변화 등 인구의 사회적 이동을 가져오는 여러 요인들이 변화하였지만 동경의 인구 집중은 아직도 해소되지 않고 있다. 상술한 바와 같이 이 기간 동안에 전국의 모든 지역에서 1인당 소득 수준이 향상되었기 때문에 오로지 소득만이 인구 이동 요인이라고 볼 수 없다. 일자리와 노동의 질, 사회 문화적 인프라, 인적 교류, 의료 복지 등과도 깊은 관계가 있다. 뿐만 아니라 진학, 도시의 사회 문화적 요인도 중요한 인구 이동 요인이다. 실제로 동경에 이사한 직접적인 이유로는 일자리, 높은 소득, 교육/진학, 사회 문화적 인프라로 조사되었다. 이러한 이유로 동경으로 전입하는 인구는 대부분 10대 후반에서 30대이다.

---

8) 인구집중도는 도시인구÷국가 전체인구×100이다.

그림 2 **동경의 장래 인구 추이**

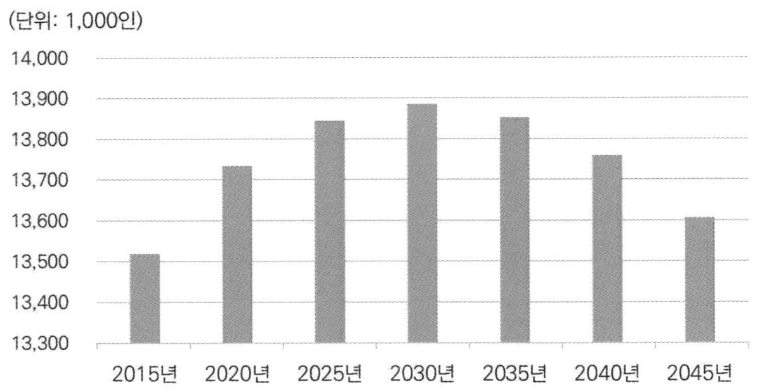

출처: 일본지역별 장래인구추이(2018년 추계), 國立社會保障人口硏究所(ipss.or.jp)

〈그림 2〉는 동경의 장래 인구 추이이다. 동경의 인구는 1963년에 1천만 명을 시작으로 매년 약 30만 명의 인구가 초과 유입되었다. 이러한 추세는 1980년대 후반부터 다소 주춤하였지만 1990년대 구도심 주택 개발로 인구 증가 폭이 다시 커졌다. 이로 인해 2001년에는 1,200만 명, 2010년에는 1,300만 명, 2022년에는 1,404만 명으로 인구 유입이 증가하였다. 이러한 추세는 코로나로 주춤하여 2021년에 인구가 1996년 이후 처음으로 전년도(2020년) 인구 대비 4만 9천여 명 감소하였다. 하지만 2022년에 그 증가세를 회복하여 2021년 대비 4만 4천여 명이 증가하였다.[9] 물론 나고야, 오사카, 삿포로, 후쿠오카 등 광역거점도시에서도 인구가 증가하고 있으나 여전히 동경으로 가장 많이 이주하고 있다.

〈그림 3〉은 동경과 주변 자치단체의 인구 증감을 나타낸 것이다. 소득 수준과 일자리, 사회경제적 인프라가 상대적으로 열악한 동경 주변의 나가노(−5.4), 시즈오카(−7.5), 이바라키(−5.9)의 인구가 수도권으로 유출되어 인구가 줄어들고 있다. 반면에 동경과 수도권인 사이타마, 가나가와, 치바에서는 인구가 증가하고 있다. 동경이 35만 8천 명(35.8)으로 가장 높은 증가세를 보였으며, 사이타마 4만 3천 명(4.3), 치바1만 9천 명(1.9) 등 수도권은 46만 명이 증가했다.

9) 東京都, 보도발표자료, 2022년 12월 1일 발표, https://www.metro.tokyo.lg.jp/tosei/hodohappyo/press/2022/12/26/10.html, (접속일 2023.3.31)

그림 3 **동경 주변 지방 자치단체의 인구 증감 현황**

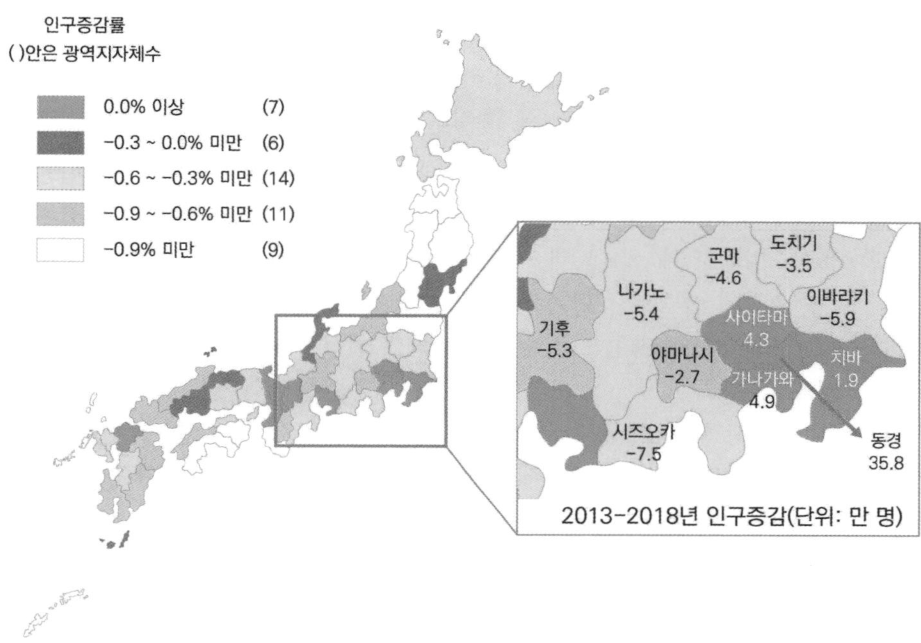

출처: 総務省統計局, 「人口推計 (2017年」를 참고로 저자 작성

그림 4 **동경에 전입한 인구의 남녀 추이**

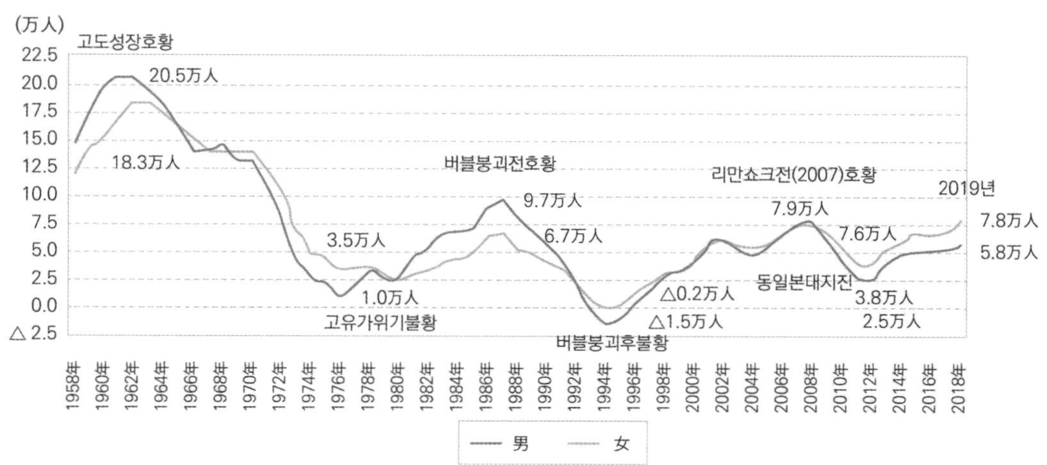

출처: 国土交通省, 「企業等の東京一極集中に関する懇談会 とりまとめ (参考資料) 」, 2021, p.7를 참고로 저자 작성

진학으로 동경에 진입한 10대 후반의 세대들은 졸업 후 금융, 정보기술회사, 컨설팅, 무역, 의료 복지, 교육 등 비교적 고임금의 업종에 취직한다. 취업으로 뒤늦게 진입한 20-30대들도 더 많은 일자리와 인적 네트워크, 결혼으로 동경의 정주 인구로 남는다.

그중에서도 특히 주목할 내용이 성별 추이이다. 〈그림 4〉는 1958년부터 동경으로 전입한 20-30대 남녀 추이로 경제 상황과 밀접한 연관을 나타내고 있다. 전반적으로 남성의 전입이 여성보다 많았으나 2005년 이후에는 여성 인구가 남성을 추월하였다. 도시는 지방보다 교육과 경력 관리, 인적 교류, 문화적 개방성, 양성 평등, 육아 복지 제도 등 다양한 사회 문화적 인프라가 구축되어 있다. 이로 인해 20-30대 여성은 지방보다 동경을 더 선호하는 것으로 나타나고 있다. 이와 같은 경향은 동경뿐만 아니라 나고야, 오사카, 후쿠오카의 20-30대 여성 비율로도 확인할 수 있다. 20-30대 여성의 도시 선호로 지방의 여성 유출이 증가해 지역 출산율에도 영향을 미치고 있다.

반면 20-30대 여성 비율이 높은 도시조차도 출산율은 갈수록 낮아지고 있다. 뿐만 아니라 여성의 미혼율도 높아지고 있다. 그중에서도 동경의 20-30대 미혼율은 전국에서 제일 높다. 또한 여성의 결혼 연령도 1990년의 26.6세에서 2021년에는 30.5세로 높아졌다.[10] 그 결과 동경의 2021년 출생률은 1.08로 전국 평균1.30보다 낮다.[11] 동경의 합계 출생률은 1990년의 1.23에서 2005년에 1.0, 2008년에 1.09로 지속적으로 하락하고 있다.[12] 이처럼 동경의 출생률이 전국에서도 최하위에 머물러 동경의 2008년 합계 출생률이 오키나와(1.78)의 0.6배에 불과하였다. 저출산 이유로는「일과 육아를 같이 하기 어려운 사회 환경때문에」(49.1%),「경제적으로 결혼이 어려워서」(48.0%),「결혼할 필요성을 느끼지 않기 때문」(45.8%) 등으로 조사되었다.[13]

이처럼 낮은 출산율은 상대적으로 노인 비율을 높이기 때문에 인구 구조에도 영향을 미치고 있다.[14] 물론 인구 구조에서 고령화 문제는 비단 동경만의 문제가 아니다. 특히 전쟁이 끝나고 태어난 세대(1945년−1949년 사이에 출생한 세대, baby boomer)들은 2010년부터 노인 세대(65세)로 편입되어 노인 인구층을 증가시키고 있다. 이같은 현상은 일본의 인구 감소 추세와 맞물려 2025년까지 계속되어 전체 인구 중 65세 이상의 노인 인구는 약 3,657만 명(30.3%), 75세 이상은 2,179만 명(18.1%)으로 예측되고 있다.

---

10) 東京都福祉保健局,「人口動態年次推移」, 2021년
https://www.fukushihoken.metro.tokyo.lg.jp/kiban/chosa_tokei/jinkodotaitokei/tokyotozentai.html, (접속일: 2023.2.3). 미혼율은 남성은 25~29세가 81.3%, 30세~34세가 57.7%, 여성이 25~29세가 70.1%, 30~34세가 42.9%로 동경이 전국보다 10% 정도 높다.

11) 東京都福祉保健局, 위의 책, 2021년,
https://www.fukushihoken.metro.tokyo.lg.jp/kiban/chosa_tokei/jinkodotaitokei/tokyotozentai.html (접속일: 2023.2.3)

12) 합계 특수 출생률은 여성 1명이 평생에 낳는 아이의 추정 인원수이다.

13) 東京都,「報道発表資料:少子化の背景」, 2019년 10월 16일.
https://www.metro.tokyo.lg.jp/tosei/hodohappyo/press/2019/10/16/01_04.html#:~:text,(접속일: 2023.2.4)

14) 増田寛也, 河合雅司(2015),『地方消滅と東京老化』, ビジネス社.

그림 5 **동경의 장래 노인인구 추이**

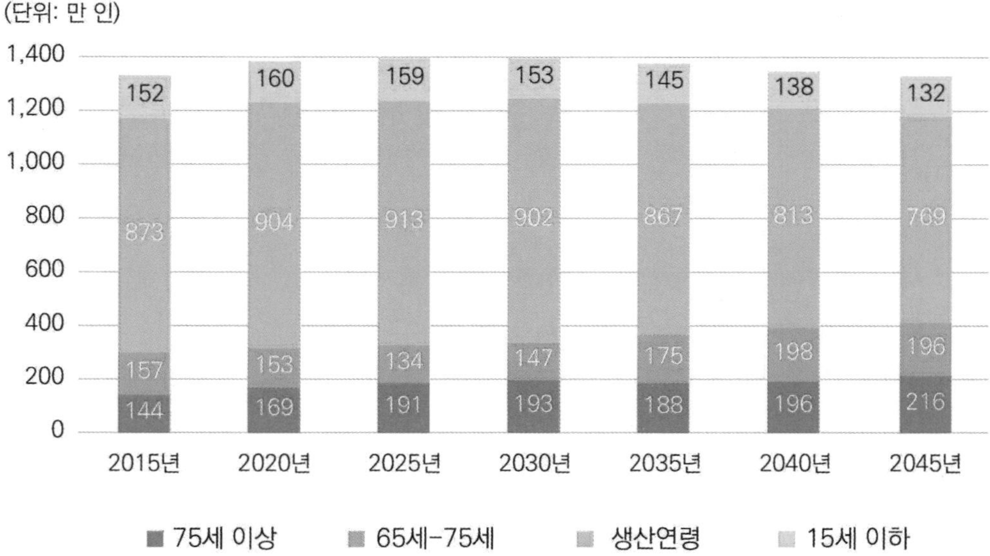

출처: **總務省**, 국세조사자료와 동경도의 예산안 개요를 참고로 저자 작성

그중에서 동경의 노인 인구 비율은 〈그림 5〉와 같이 2025년에 약 325만 명(23.3%), 2035년에 363만 명(26.4%)로 예측되고 있다. 인구 4명 중 1명이 노인 인구이다. 이러한 추세는 2050년까지 계속되어 고령화 비율이 31%(420만 명)로 예측되고 있다. 이는 〈그림 6〉에서 보는 바와 같이 전국의 1.4배로 1960년대부터 동경에 유입된 인구가 2000년 이후 계속된 저출산과 맞물려 고령화 비율을 높이고 있기 때문이다.

이에 따라 생산 연령 인구의 감소, 노동력 부족, 노인 1인 가구 증가, 노인 의료 등 사회보장부담액이 매년 증가하고 있다. 이러한 상황은 동경에서 보다 심각하게 나타나고 있다.[15] 〈그림 6〉에서 보는 바와 같이 동경의 사회보장 비용은 매년 300억 이상 증가하여 재정 적자(매년 재정 수입의 6% 이상)와 지방채 발행(10%)의 요인이 되고 있다.[16]

15) 2018年度東京都税制調査会, 「地方法人課税に関する資料」, 2018, p.42. https://www.tax.metro.tokyo.lg.jp/report/tzc30_2/08.pdf,(접속일: 2023.2.4)
16) 2018年度東京都税制調査会, 위의 책, p.22.

그림 6 **동경의 노인 인구 추이(좌)와 사회보장경비의 장래 추이(우)**

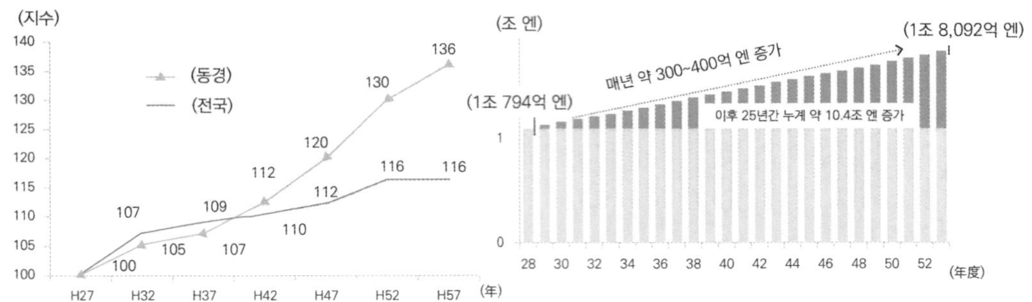

출처: 좌측 그림: 일본지역별장래인구 추계(2018)
우측 그림: 동경 예산안 개요(2018)를 참고로 저자 수정

그림 7 **동경의 주택수/세대 수/빈집 증가 추이**

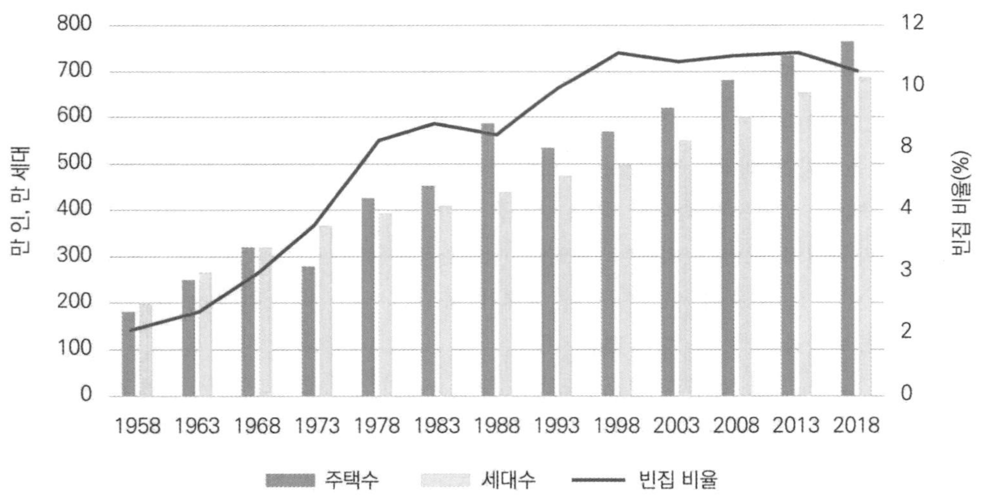

출처: 総務省, 「土地統計調査」, 2018

인구 구조의 변화는 빈집 발생률에도 영향을 미치고 있다. 미혼율, 저출산, 1인 가구 증가로 주택 수요가 바뀌어 대규모 주택단지를 중심으로 빈집이 늘고 있다. 많은 노인 가구의 주택도 빈집 비율을 높이고 있다. 그럼에도 불구하고 많은 주택 조성 사업이 추진되어 주택이 초과 공급되고 있다. 이와 같이 인구 감소와 고령화 그리고 주택의 초과 공급이 동경의 빈집 문제를 더욱 심화시키고 있다. 〈그림 7〉에서 보는 바와 같이 동경의 빈집 비율은 10%로 전국의 13.6%(약 810만 채, 2018년)보다 낮다.[17] 하지만 전국의 인구 밀도로 비교해보면 동경의 빈집 비율이 전국보다 더 높다. 이와 같이 동경의 저출산 고령화의 인구 구조는 높은 주택가격, 노동력, 소득 저하, 도시 인프라의 노후화 등 많은 문제(이른바 '2025문제')를 야기하고 있다.18)

3. 시장 실패: 부가가치 이전/ 산업구조/ 공공투자와 집중 심화

도시에는 사람, 자본, 지식 정보가 모여든다. 이러한 생산 요소는 도시에서 상품 생산, 노동, 소비뿐만 아니라 인적 네트워크의 활성화, 새로운 일자리, 부가가치를 창출한다. 일자리, 소득, 사회 문화적 부가가치, 지식정보는 주변 지역의 유효수요를 만든다. 도시에서 창출된 가치는 주변 지역으로 파급(Spread effect)되고 소득 재원은 지방교부세, 보조금과 같은 형태로 지방에 이전(Trickle down)된다. 이와 같은 지역균형발전론에서는 생산 요소, 사회문화적 가치가 지역 간에 이전되어 소득 격차가 해소된다고 본다. 실제로 동경에서도 경제성장의 파급 효과, 지역 간의 소득 이전 효과가 수도권의 소득을 견인, 확대(sprawl effect)시키는 효과를 가져왔다

그러나 수도권의 성장은 〈그림 3〉과 같이 나가노, 시즈오카 등 수도권 외곽 지역의 인구 감소를 불러와 지역 쇠퇴의 한 요인이 되고 있다. 이것은 위에서도 언급한 바와 같이 대도시 동경과 주변 지역들은 노동력 공급, 상품 소비, 자원의 수요 공급 체계로 연결되어 있다. 하지만 동경과 지방의 기업들은 수직적으로 분업화되어 동경에는 본점, 지역에는 지점으로 계열화되어 있다(이른바 지방의 지점 경제). 이와 같은 구조 때문에 지점의 영업 실적은 지역 경제로 순환되지 않고 본사가 있는 동경으로 들어간다.

동경에는 경제활동의 기반인 교육, 정보, 기술 등 사회적 인프라 투자가 많고 입지 기업도 많아서 거래 비용을 낮춘다. 고학력 노동자가 노동 생산성을 높여 결과적으로 기업 경쟁력이 높다. 노동 생산성의 증가는 기업과 개인의 임금 소득을 높이고 그에 따라 법인세, 개인 소득세, 고정재산세 등 동경의 지방세 수입도 증가시킨다. 실제로 동경의 지방세 수입은 〈그림 8〉과 같이 다른 지역에 비해 월등하게 높다. 동경의 많은 지방세 수입은 공공 행정 서비스, 사회 문화적 인프라, 사회보장 서비스 등 생활 환경의 질을 향상시키기 때문에 인구 증가의 또 따른 요인이 되고 있다.

---

17) 総務省, 「土地統計調査, 2018
https://www.juutakuseisaku.metro.tokyo.lg.jp/akiya/gaiyou.html, (접속일: 2023.2.3)

18) 東京都福祉保健局 高齢社会対策部, [東京の高齢者と介護保険データ集], 2020년 7월, p.3.
https://www.fukushihoken.metro.tokyo.lg.jp/kourei/shisaku/koureisyakeikaku/08keikaku0305/08sakutei/iinkai02.files/data.pdf,(접속일: 2023.2.3)
'2025문제'는 인구감소와 고령화가 본격화되는 2025년 이후 본격적으로 대두될 것으로 예측되는 인구 감소로 인한 사회 경제 문제들을 말한다.

그림 8 전국지방세와 동경의 비중

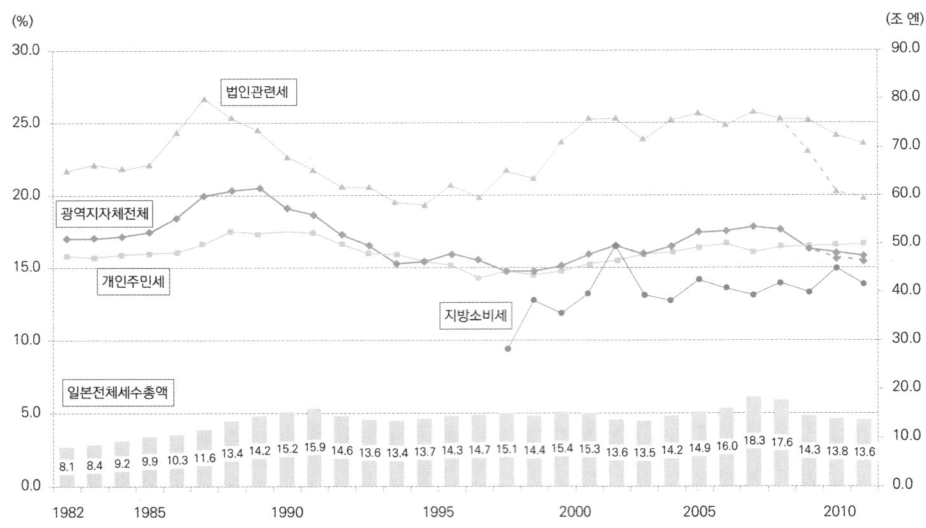

출처: 2018年度東京都税制調査会,「地方法人課税に関する資料」, 2018.

그림 9 전국의 지방세목 비율

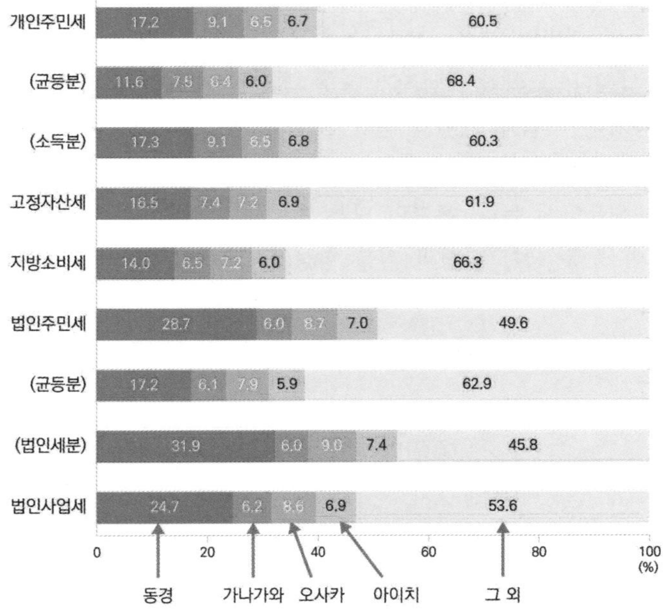

출처: 蜂屋勝弘(2020), 「地方税収の将来像と地方税源の在り方:一極集中時代の国税·地方税改革の方向性の提言」

금융 기업, 첨단 정보 기술산업, 부동산 투자, 교육기관, 문화 서비스 산업, 중앙 정부 기관, 행정 기관, 의료 복지 서비스 산업에서 동경의 비중이 제일 높다. 〈그림 9〉는 동경의 2018년 지방세 항목의 비중을 나타낸 것으로 동경의 법인세(법인주민세, 법인사업세) 비중은 31.9%로 전국에서 월등하게 높다.[19] 그 외에 개인 소득세, 고정재산세도 인구 대비 동경이 높다. 지방세 비중을 동경을 포함한 오사카, 나고야 3대 도시권으로 보면 40-50%로 대도시와 지방의 커다란 격차를 알 수 있다.

동경에 항만, 공항, 철도, 고속도로 등 많은 정부 예산 사업이 집행되었기 때문에 그만큼 동경의 경제도 활성화되었다. 동경에는 많은 대학, 연구소 시설, 국제기관뿐만 아니라 중앙 정부 기관과 공무원, 동경의 지방 공무원, 풍부한 교육/연수 시설과 연수 기회, 공공 행정 시스템, 정보기술 인프라가 갖추어져 있다.[20]

이와 같이 많은 노동력, 자본, 교육, 연구, 사회 인프라, 공공 예산이 장기간에 걸쳐 동경에 집중되어 지역 불균형이 갈수록 심화되어 왔다. 이로 인해 전국의 모든 지역에 서 동경으로 전출하고 있다. 심지어는 오사카, 나고야조차도 동경으로 유출되고 있다. 따라서 동경의 초집중은 단지 '도시/지방'의 격차 문제만으로 머물지 않고 '동경/비동경', '동경/전국'의 구도로 치닫게 되었다.[21]

4. 시장 실패: 동경의 경제성장률 하락

일본의 연간 GDP(Gross Domestic Product) 약 546조 엔(2022년)의 60%가 개인 소비 기반의 내수 시장으로 수출 비중은 15%에 불과하다. 그중에서 동경의 GDP는 19.6% (수도권 30%)로 전국에 비해서 상당히 높다.[22] 또한 〈그림 9〉와 같이 동경의 개인 소득세(17.2%), 고정재산세(16.5%)도 다른 지역보다 훨씬 높다. 〈그림 10〉은 동경의 총생산활동(2019년도)을 나타낸 것이다.[23] 이를 산업 구조별로 나누면 3차 산업이 88.8%로 가장 높다. 그에 비해 전국의 3차 산업 비율은 73%이다. 3차 산업의 내역을 경제활동별로 보면 소매업, 부동산, 전문 과학기술, 정보통신 순서로 비율이 높다.

---

19) 蜂屋勝弘(2020),「地方税収の将来像と地方税源の在り方―極集中時代の国税・地方税改革の方向性の提言―」, 『JRIレビュー』, 2020, Vol.4, No.76, p.8.
20) 林宜嗣(2014),「東京一極集中と第二階層都市の再生」,『経済学論究』, 68巻３号, 関西学院大学, 2014年, pp.254-257.
21) 林, 위의 책, p.244.
22) 国土交通省,「東京の競争力・成長戦略について」, 2021, p.20. https://www.mlit.go.jp/policy/shingikai/content/001374934.pdf, (접속일: 2023.3.2)
23) 東京都労働産業局,「東京の産業と労働就業2022」, 2022.9, p.13. https://www.sangyo-rodo.metro.tokyo.lg.jp/toukei/5cf9370a4ce3fd5a8dcbb59f424137a4.pdf,(접속일: 2023.3.2)

그림 10 **동경의 총생산활동(명목) 구성**

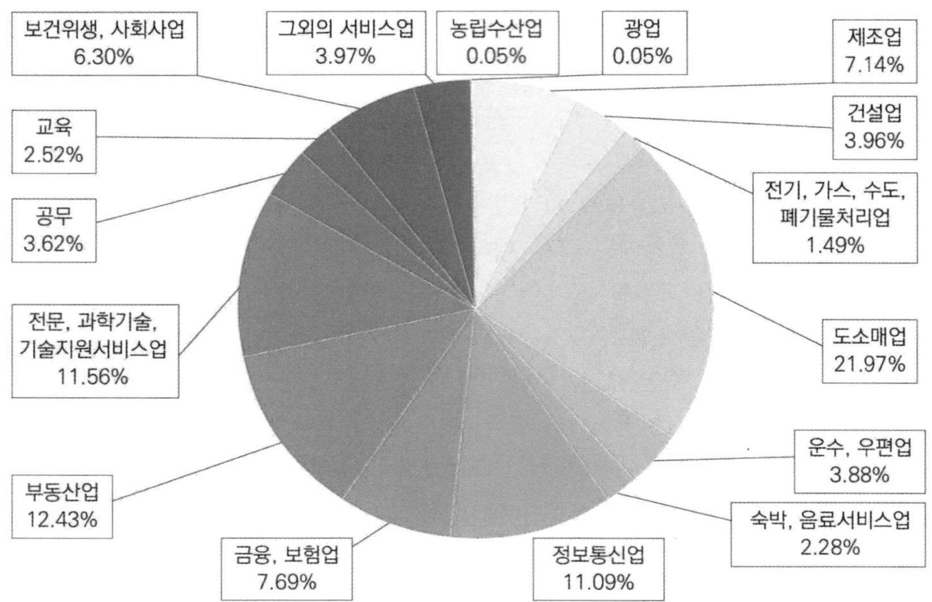

출처: 東京都, 「東京都民経済計算」, 2022

그림 11 **동경의 명목 총생산 추이**

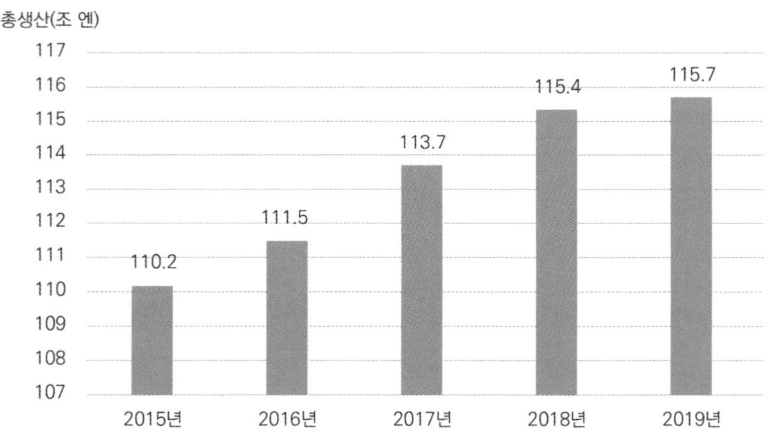

출처: 東京都, 「東京都民経済計算(都民経済総生産等)」, 2022

그림 12 **동경의 실질적 경제성장률 추이**

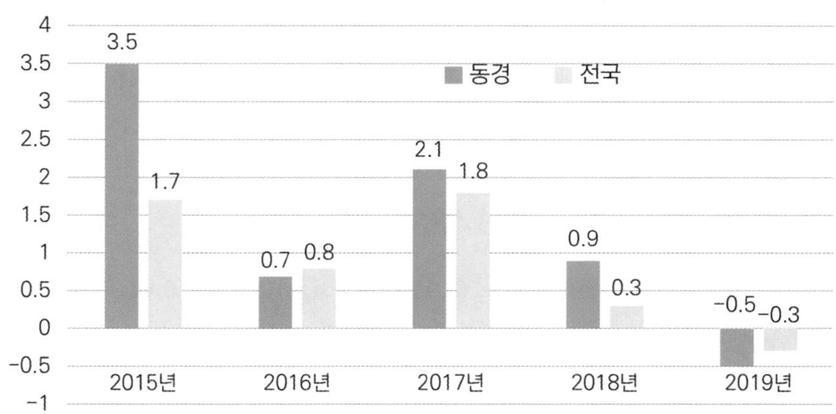

출처: 東京都, 「東京都民経済計算(都民経済総生産等)」, 2022

경제 상황을 살펴보면 2006년 이후 관광 산업의 활성화, 후쿠시마 원전 사고 복구 사업, 후쿠시마 사고로 동북 지역의 인구 유입 증가, 동경 주변의 건설 경기 회복, 2020년 동경올림픽 건설 수요 등 경제 활성화 요인이 크게 작용하여 동경이 일본 GDP의 약 20%를 차지하고 있다. 특히 후쿠시마 복구 특별예산(2조 엔 규모)이 집행되어 동북지역(미야기현 센다이시 23%), 동해 지역(이와테현 14%, 미에현 15%)의 경제가 지속적으로 성장하고 있다. 그중 많은 기업이 동경에 본점을 둔 건설업으로 동경의 GDP증가에 크게 영향을 미쳤다.

그럼에도 불구하고 동경의 총생산 명목 수치는 〈그림 11〉에서 보는 바와 같이 115.7조 엔으로 2018년 대비 0.002% 증가에 그쳤다.[24] 게다가 동경의 생산성을 인구 수, 자본투자액, 입지 기업 수 등으로 환산해서 비교하면 더욱 저조하다. 실제로 전국 자치단체 GDP통계에 나타난 동경의 성장률은 전국 31위로 현저하게 낮다.

〈그림 12〉는 동경의 실질성장률을 나타낸 것으로 2015년의 실질성장률 3.5%에서 2019년에 0.9%로, 2020년에 -0.5%로 하락하였다. 이 이유로 우선 코로나를 들 수 있지만 그것은 일시적인 요인에 불과하다. 그 보다는 일본의 장기적인 경기침제와 제조업의 수출 부진을 하락 요인으로 지적할 수 있다. 하지만 제조업은 일본 GDP의 20%정도로 그 비중이 높다고 볼 수도 없다. 게다가 동경의 제조업 비중은 7%에 지나지 않는다.

코로나와 수출 부진은 동경뿐만 아니라 다른 지역에서도 동일하다. 그럼에도 불구하고 동경의 경제성장률이 낮은 것은 도시 집중으로 인한 비용이 집적효과를 상회하기 때문이다. 일반적으로 규모 이상의 인구 집중은 경제 성장에 부정적 영향을 가져온다.[25] 인구가 과도하게 집중되

24) 東京都, 「東京都民経済計算」, 2022
https://www.metro.tokyo.lg.jp/tosei/hodohappyo/press/2022/05/31/24.html,(접속일: 2023.3.5)

면 집적 불이익(Agglomeration Diseconomy), 즉 높은 식비, 부동산 가격 상승, 주거와 사무실 임대 부담 증가, 교통비 부담 증가, 장시간의 출퇴근, 환경 오염으로 인한 발병, 오염 처리 등 많은 추가 비용이 발생된다. 추가 비용은 그만큼 경제 활동을 위축하고 실질적인 경제성장률을 떨어트린다. 실제로 동경의 실질성장률은 〈그림 12〉와 같이 지속적으로 하락하고 있는데 이는 집적불이익이 집적효과보다 커졌기 때문이다.[26] 이외에도 인구 비율, 상장 기업의 수, 자치단체 예산, 개인 소득을 포함한 실질성장률로 환산해보면 동경의 성장률은 더 낮다.

5. 시장 실패: 개인소득수준의 저하

동경의 1인당 명목 소득은 전국 1위로 2012년에 2.4%, 2015년 0.9%, 2017년1.9%로 증가하였다. 하지만 2019년에는 -1.2%로 감소하였다. 게다가 내각에서 조사한 '전국자치단체 경제계산(県民経済計算:2001年―2020年)'에 따르면 동경 1인당 지방소득 증가율은 전국 42위이다.[27] 이러한 추이는 수도권 지역인 가나가와보다도 낮고 오사카, 후쿠오카 등과 비교해도 높지 않다. [그림 13]에서 보는 바와 같이 2001년 이후 1인당 GDP 성장률은 동경 2.2로 다른 지역에 비해서 낮다.

물론 동경의 1인당 명목 소득은 계속 전국 1위로 2020년 기준 연수입은 대략 595만 엔이다.[28] 하지만 실질적인 가처분에 주거비, 교통비, 생활 물가, 출퇴근 소요시간을 포함하여 단위

그림 13 1인당 GDP 성장률 전국 비교

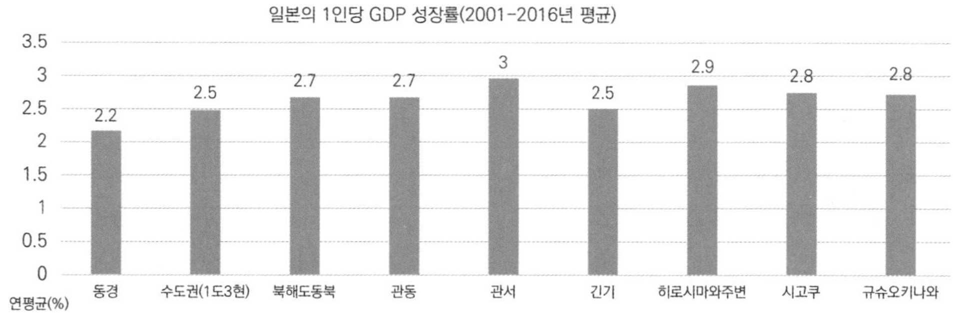

일본의 1인당 GDP 성장률(2001-2016년 평균)

연평균(%)	동경	수도권(1도3현)	북해도동북	관동	관서	긴기	히로시마와주변	시고쿠	규슈오키나와
	2.2	2.5	2.7	2.7	3	2.5	2.9	2.8	2.8

출처: 国土交通省, 「東京の競争力·成長戦略について」, 2021, p.11.

25) 西崎文平(2022), 「東京一極集中と経済成長」, [JRIレビュー 2015], Vol.6, No.25, 2022, pp.9-10. 林宜嗣(2014), 위의 책, pp.253-254.

26) 東京都, 「報道発表資料」, 2022년 https://www.metro.tokyo.lg.jp/tosei/hodohappyo/press/2022/05/31/24.html.(접속일: 2023.3.5)

27) 内閣府, 「県民経済計算:2011年―2020年)」, 2023년 2월

28) 厚生労働省, 『令和2年賃金構造基本統計調査』, 求人ボックスナビ, 「東京都の仕事の年収·時給·給料(求人統計データ)」등 참고.

시간 당 소득으로 환산하면 실질적인 가처분 소득은 훨씬 낮아진다.29) 국토교통성의 자료 〈표 1〉에 의하면 동경의 가처분 소득은 전국 3위(토야마 1위, 후쿠이 2위)이다. 가처분소득 상위 40-60%인 중앙 소득분의 가처분 소득에서도 동경은 12위이다. 또한 동경은 주택 비용, 식료품 비용, 전기 가스 수도 요금과 같은 기초생활비가 상대적으로 비싸다. 이러한 기초생활비를 제외한 가처분 소득으로 보면 42위이다. 더구나 출퇴근 시간을 비용으로 환산하여 기초생활비를 계산하면 동경은 47위로 전국 최하위이다. 이처럼 1인당 실질 GDP 성장률이 〈그림 14〉와 같이 지속적으로 하락해 전국에서 최하위(47)에 머물고 있다.30)

표 1 동경의 가처분 소득 순위

구분	순위
모든 세대의 가처분 소득	3
중앙 소득분의 가처분 소득	12
중앙 소득분의 가처분 소득–기초생활비	42
중앙 소득분의 가처분 소득–기초생활비–통근 시간 환산	47

출처: 国土交通省, 「企業等の東京一極集中に関する懇談会 とりまとめ (参考資料)」, 2021, p.78.

그림 14 동경의 1인당 실질 GDP 성장률 순위 추이

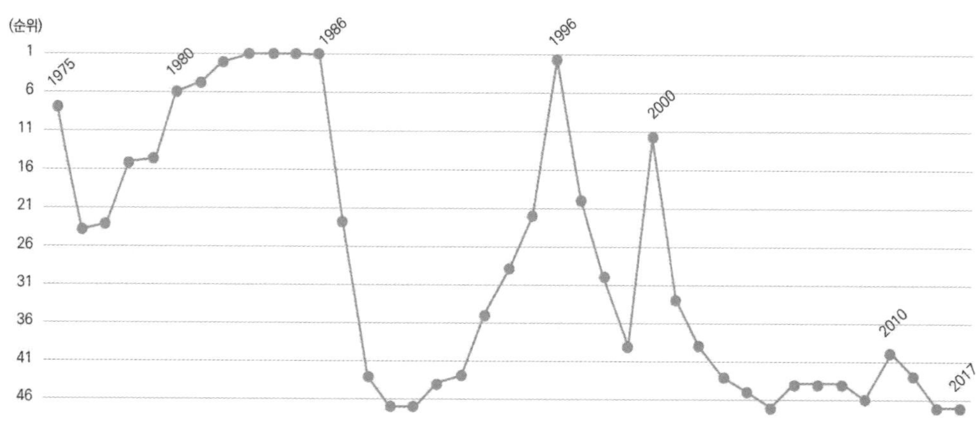

출처: 国土交通省, 「東京の競争力·成長戦略について」, 2020, p.57.

29) 国土交通省, 「企業等の東京一極集中に関する懇談会 とりまとめ(参考資料)」, 2021년 1월, https://www.mlit.go.jp/kokudoseisaku/content/001384143.pdf#page=78(접속일: 2023.3.3)

30) 国土交通省,「東京の競争力・成長戦略について」, 2020, p.54. https://www.mlit.go.jp/policy/shingikai/content/001374934.pdf.(접속일: 2023.3.3)

그림 15 동경의 출퇴근 인구

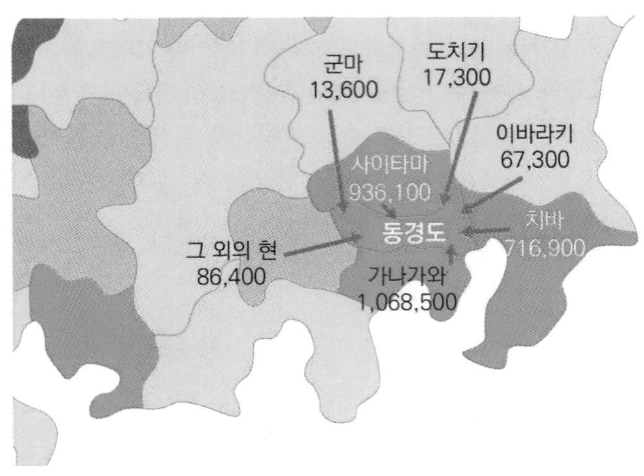

출처: 東京都労働産業局, 위의 책, 2022.9, p.13을 참고로 저자 작성

〈그림 15〉는 동경, 사이타마, 치바, 가나가와의 출퇴근 인구를 나타낸 것이다.31)

동경의 정주 인구는 1,352만 명인데 대낮에는 1,592만 명으로 증가한다. 즉 하루 291만 명이 사이타마, 가나가와, 치바에서 동경으로 출근하고 있다. 이는 동경 인구의 17.8%에 해당한다. 사이타마, 치바, 가나가와는 수도권이지만 동경의 경제 영역, 산업, 교육, 문화에 속해 있고 일자리도 여전히 동경에 편중되어 있기 때문이다. 또한 높은 주거비 부담과 동경 외곽의 주택단지 개발로 수도권이 확장되어 장거리 출퇴근이 증가하고 있다. 반면에 동경 인구 50만 명이 가나가와, 치바로 이동하여 수도권 출퇴근 인구는 하루 340만 명이다.

수도권 출퇴근은 교통 비용, 장시간의 통근 시간, 교통 체증을 발생시킨다. 뿐만 아니라 출퇴근 이동은 이산화탄소 배출, 미세먼지, 소음, 자동차 폐기물 등 환경오염을 야기한다. 일반적으로 환경 오염이 발생하면 오염 배출자는 오염원인(행위)을 줄여 비용 부담을 낮추려 한다. 이와 같이 출퇴근자들도 직장이나 주거지를 옮겨 출근 시간, 체력 소모, 오염 비용을 최소화한다. 기업도 환경 오염 비용, 직원의 출퇴근 수당을 줄이고 원활한 노동력 확보를 위해 지방에 이전한다. 다시 말해 비용(집적불이익)이 증가하면 수도권을 떠나기 때문에 집중은 완화된다.

그러나 동경에서는 집중이 오히려 심화되어왔다. 동경이 교통체증 대책으로 인프라를 더욱 확충시켰기 때문이다. 고속도로와 교통망을 정비하고 수도권에 주택단지를 계속 개발하여 수도권 집중의 단초가 되었다. 그 결과 동경을 중심으로 수도권 집중은 더욱 심화되었다. 하루 340

31) 東京都労働産業局, 「東京の産業と労働就業2022」, 2022. 9, p.13. https://www.sangyo-rodo.metro.tokyo.lg.jp/toukei/5cf9370a4ce3fd5a8dcbb59f424137a4.pdf(접속일: 2023.3.2)

만의 출퇴근 인구가 이를 여실히 보여주고 있다. 그럼에도 불구하고 동경은 여전히 인구 초집중 문제를 교통, 주택 등 사회기반 시설의 확충으로 해결하여 '동경/비동경' 구조를 고착시키고 있다.

이것은 도시정책의 근간이 되는 도시 "성장"과 그 관리(urban growth control)에 대한 논의가 결여되었기 때문이다. 도시는 인간과 상호 작용하는 유기체이다. 아울러 도시는 경제 유동성에도 영향을 받는다. 따라서 도시의 성장도 관리되어야 한다. 도시내의 인구 유입과 증가 속도, 인구 증가와 주택 건설의 규모, 기업 유치, 지역내 교통 수단은 도시 성장 규모에 맞춰 관리해야 한다. 또한 도시의 규모와 경제, 교통, 생활 서비스가 통합적으로 관리되어야 도시 기능을 지속적으로 유지할 수 있다. 실제로 독일, 프랑스 등 많은 도시에서는 인구, 산업, 자원 집중을 억제하고 도시 기능과 외연을 통제하여 '도시의 성장'을 관리하고 있다.

III. 동경 초집중과 정부 실패

1. 정부 실패: 기업 경쟁력 하락과 국제 경쟁력 상실

집중은 기업 경쟁력에도 영향을 미치고 있다. 그동안 기업은 원료 공급, 시장의 규모, 수송 인프라, 질 좋은 노동력 공급 등 조건이 좋은 동경에서 생산성을 높여왔다. 게다가 동경에는 중앙 정부와 국회 등 많은 정치 행정 기관이 소재하고 있어서 기업은 인허가 업무, 세무/법 관련 비용을 최소화하고 낮은 거래 비용, 대학/연구소의 기술개발, 정보 통신 설비, 인맥 관리 등 질 좋은 사회 인프라 등을 이용하고 있다. 이와 같은 입지 조건때문에 동경의 기업 수는 지속적으로 증가하여 2022년을 기준으로 일본 기업의 11.6%(기업 수 621,671), 해외 기업의 80%가 동경에 있다.[32] 이 중에서도 상장 기업 3,886사의 약 64%가 동경과 가나가와, 치바, 사이타마에 위치하고 있다. 이와 함께 오사카, 나고야 등 3대 도시권에 전체 상장 기업의 75%가 입지하고 있다.

하지만 노동력 공급의 변화, 자연 재해의 리스크 증가, 감염병 등 사회적 재해에 대한 취약성, 부동산 가격 등 기업 비용은 갈수록 증가하여 편익이 감소하고 있다. 특히 대기오염과 교통 혼잡 비용, 산업 쓰레기 처리 비용의 부담 증가, 이산화 탄소 배출 대책 등 환경 비용이 편익을

32) 東京都労働産業局, 위의 책, 2022.9, p.9.
https://www.sangyo-rodo.metro.tokyo.lg.jp/toukei/5cf9370a4ce3fd5a8dcbb59f424137a4.pdf(접속일: 2023.3.2)

상회하고 있다. 더구나 생활비가 비싼 만큼 임금, 주택과 출퇴근 수당 등 후생 복지 비용도 그만큼 증가하여 국제 경쟁력이 약화되고 있다.

아울러 동경의 산업 구조도 기업 경쟁력을 하락시키고 있다. 지난 20여 년간에 걸쳐 동경은 소비재의 도소매, 관광 서비스 등 소비산업의 부가가치 점유율을 꾸준하게 증가시켜왔으나 정보통신, 금융, 보험, 의료, 교육, 전문 연구직과 같은 지식집약형 산업은 장기간 정체되어 있다. 〈그림 10〉에서도 언급한 바와 같이 동경은 도소매업, 관광, 주택, 건설업 비중이 여전히 높아 노동생산성이 낮은 소비도시이다.[33] 이와 같은 산업구조가 경제 성장을 지속적으로 하락시켜 국내뿐만 아니라 국제적으로도 경제 견인력을 상실하고 있다. 실제로 다른 나라와의 실질적인 GDP 성장률을 비교해 보면 상하이 7.1%, 베이징 7.0%, 싱가포르 3.4%이다. 이에 비하여 동경은 0.8%에 그쳐 기업의 국제 경쟁력도 약화되었다.[34]

〈그림 16〉은 수도권 도시의 인구 집중도와 GDP의 관계를 나타내고 있다. 동경의 인구 집중도는 28.4%이다. 이에 비하여 동경 GDP는 일본 GDP의 33.2%이다.[35] 이에 대해 런던의 인구 집중도는 13%에 비해 GDP 23%로 비교적 높고, 파리는 인구집중도 22%에 GDP 30.5%이다. 즉 런던과 파리의 인구 집중도는 동경보다 낮은 반면 GDP비율은 높다. 반면에 서울은 인구 집중도가 가장 높은 49.5%로 GDP 49.8%를 나타내고 있다. 이처럼 서울과 동경은 인구가 과도하게 집중되어 경제 활동이 효율적이지 않다.

그림 16 세계 대도시의 인구 집중도와 GDP 집중 비교(2015)

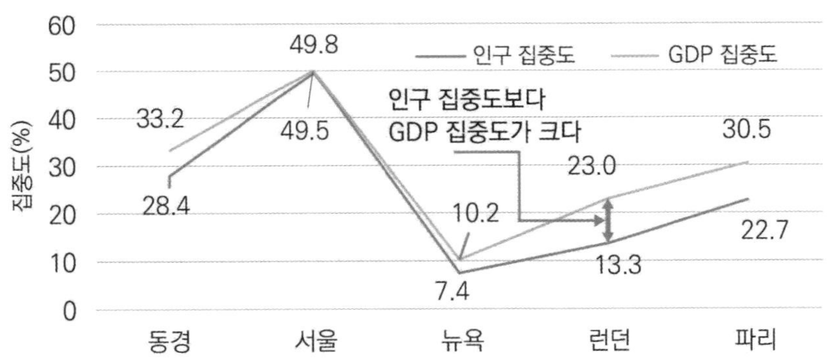

출처: 国土交通省 国土政策局, 「各国都市の集中現象」, 2019, p.12

33) 国土交通,「東京の競争力・成長戦略について」, 2021, p.17.
34) 西崎文平(2015), 위의 책, [J R Iレビュー 2015], Vol.6, No.25, 2022, pp.13-14.
35) 国土交通省 国土政策局,「各国都市の集中現象」, 2019, p.12
https://www.mlit.go.jp/kokudoseisaku/content/001319312.pdf (접속일: 2023년 2월7일)

표 2 세계 대도시의 인구 집중도와 GDP 집중 비교

광역도시권	GDP/인($1000)	전국비중(배)
동경수도권	48.2	1.17배
서울시(수도권)	32.8	1.01배
뉴욕광역권	71.7	1.37배
런던광역권	65.4	1.74배
파리광역권	61.5	1.68배

출처: 国土交通省 国土政策局, 위의 책, 2019, p.12

〈표 2〉에서 보는 바와 같이 동경의 1인당 GDP는 전국에 비해 1.17배로 다른 도시에 비해 낮다. 이에 대해 인구 집중도가 비교적 낮은 런던의 1인당 GDP는 1.74배이고 파리는 1.68배이다. 이처럼 도시의 집중효과가 상쇄되어 오히려 집적 불이익이 커지고 있다.

2. 정부 실패: 균형발전과 국제 경쟁력 강화(Super Megaregion)

정부의 수도권 완화 정책은 크게 '지역활성화 정책', '거대도시권(Super Megaregion)구축', '디지털 사회(Digital society 5.0)촉진'으로 나눠볼 수 있다.

지역 활성화의 목적은 동경 집중 해소, 즉 균형 발전이다. 일본에서는 이민을 받아들이지 않고 있기 때문에 인구의 사회적 증감은 오로지 국내의 인구 이동에 좌우된다. 동경의 인구 집중은 그만큼 다른 지역의 인구 유출을 동반한다. 이와 같은 구조적 특성 때문에 동경의 집중을 완화시키기 위해서는 지역 성장이 무엇보다도 필요하다. 따라서 정부는 지역 성장에 역점을 두고 1983년부터 국토 균형 개발 정책을 추진해왔다. 고도기술첨단공업개발과 지방거점도시개발사업에서 볼 수 있듯이 정책의 주요 내용은 지역산업의 활성화이다. 1988년에는 다극분산형국토형성촉진법을 성립시켜 생산요소의 지역분산과 지방 네트워크를 구축해왔다. 또한 21세기 국토의 그랜드 디자인(1998년) 계획을 시행하여 동경 집중을 초래하는 도심 개발(기업, 대학, 건물 등)을 억제하였다.

하지만 상술한 바와 같이 경기 침체가 장기화되자 개발 규제를 완화하였다. 1980년대부터 지속해오던 동경개발 규제, 지역 성장 중점화(균형발전론) 정책은 후퇴하고 2002년의 도시재생특별조치법과 재생본부를 중심으로 도시 재생 사업이 활성화되었다. 이와 같은 사업은 도심권의 인구 집중을 불러오고 있다.

이로 인해 정부는 2014년에 '일자리 창출'을 추가한 '지역, 인구, 일자리 중심의 지방창생(법)'정책을 채택하고 내각부에 지방창생본부를 설치하였다. 이 정책의 핵심은 지역 자원의 선택과 집중이다. 소규모 지방에서는 교통, 주택, 생활 인프라를 도심으로 옮겨 도시 입지를 적정화,

그림 17 **초메가 도시의 네트워크**

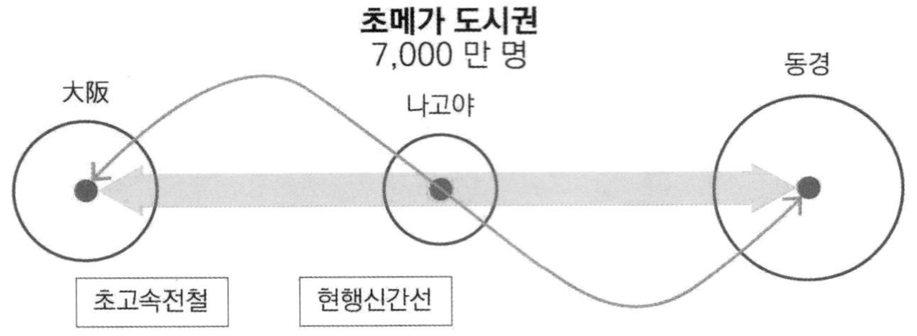

출처: 国土交通省,「スーパー・メガリージョンの形成」을 참고, 저자 작성

즉 압축(compact city)하여 효율성을 제고하는 한편 도시권은 광역거점도시를 중심으로 도시 기능을 연계(network)/집중시키고 있다.

그중 하나가 바로 '거대도시권: 초메가 도시(Super Megaregion)' 구축이다. 초메가 도시 사업은 〈그림 17〉과 같이 3대 대도시권을 초고속 교통망으로 연결하여 인구 7천 만 규모의 세계 최대의 대도시권을 구축하는 것이다. 초고속 전철(liner high speed train)을 개통하여 동경과 오사카를 세 시간에서 한 시간 거리로 단축시키고 동경뿐만 아니라 오사카, 나고야 주변의 인구, 상품, 자본을 연계할 예정이다. 본격적인 인구 감소 사회에 대비하여 전국의 지방을 초고속 교통망으로 거점화하는 한편 초메가 도시를 축으로 지방 도시는 물론 아시아 주변국들과의 시간과 공간적인 제약을 극복한다는 구상이다. 산업 구조도 첨단 과학 기술 산업, 금융, 지식 집약형 산업으로 전환하여 GDP 성장의 발판으로 하고 있다.

일본은 1997년에 교토의정서를 채택하고 기후변화 대책으로 재생에너지 보급 촉진, 송전망 시스템(community grid), 환경수도, 저탄소 도시, 순환경제도시, 문화복지도시, 환경미래도시, 지속가능한(SDGs) 도시 등 많은 도시 정책을 추진해오고 있다. 또한 저출산 고령화 문제를 해결하기 위해 여성의 취업 지원, 노동 조건의 개선, 육아 시설, 노인 복지 시설 등 지역 중심의 생활 인프라를 확대하고 있다. 이와 같은 정책들은 코로나를 계기로 디지털 사회 「Society 5.0」론으로 구체화되고 있다. 이를 위해 2020년에 디지털 뉴딜정책을 채택하고 이듬해인 2021년에 디지털청, 디지털 추진본부를 설립하였다. 디지털청은 "코로나 이후" 도시 정책을 "디지털"기반의 "도시와 지방의 공생"으로 채택하고 "디지털 전원도시(Digital wellbeing city)"를 적극적으로 추진하고 있다.

Ⅳ. 나가며: 코로나 이후의 도시 정책-수직적 지역간 분업론의 극복-

위에서 논의한 바와 같이 수도권 집중은 일본 산업경제와 깊은 연관을 가지고 있다. 때문에 지난 40여 년간 많은 균형발전 정책이 실행되어 왔다. 하지만 수도권 집중은 물론 일부 대도시의 자원 편중은 해소되지 못하고 있다. 오히려 일본 경제를 회복하기 위해서는 동경 집중은 어쩔수 없는 필요악이라고도 한다. 그럼에도 불구하고 동경 집중으로 상징되는 지역 격차, 불균형 성장은 “코로나 이후” 도시정책에 많은 문제 제기를 하고 있다.

우선 균형발전, 지역 활성화 정책의 문제점을 들 수 있다. Ⅲ. 2에서도 언급한 바와 같이 일본의 지역 개발 정책은 산업정책과 함께 그 궤를 같이 해왔다. 수출 중심의 고부가가치 산업을 육성하기 위해 기업 관련 시설을 동경, 나고야, 오사카 등 특정 지역에 집중 배치하여 지역을 수직적으로 분업화해 왔다. 경제가 발전하는 초기 단계에서는 이와 같은 산업 입지 전략이 유효하였다. 아울러 경제 산업, 사회 문화, 정치 행정, 교육 연구, 국제 교류, 사회 인프라 등 도시의 많은 기능을 3대 대도시권에 집중 투자하여 집적 효과를 극대화하였다. 하지만 인구 감소와 경제 상황의 변화(제조업, 글로벌 수요 공급 체제 등)로 지역 간의 격차가 장기간에 걸쳐 더욱 고착되었다.

하지만 그동안의 많은 정책들은 이와 같은 경제성장 기조는 그대로 유지한 채 중앙정부의 보조금으로 지역 정책을 전개해왔다. 하지만 보조금 사업은 지방의 정부 종속을 심화시키고 지역의 수직적 분업 구조를 강화해왔다. 그중 하나가 국가 주도의 공공사업 예산이다. 공공사업에서는 관련 부처(총무성, 국토건설성, 농림수산성, 후생성, 경제산업성 등)의 보조금 기준(행정 지도)에 따라 지역 정책을 획일적으로 시행한다. 더군다나 그 조차도 간척, 매립지 공사, 기업 유치 조성공사, 경제 특구, 테마 파크 조성, 부동산 개발 사업, 사회 인프라 관련 토목 사업이 대부분이다. 설사 매립, 간척사업으로 토지를 조성한다 해도 관련 산업 생태, 시장 규모, 무역 유통, 소비자 구매력, 산학 협력 등 기업 환경이 제대로 형성되지 못해 많은 지역에서 기업을 유치하지 못하고 있다. 게다가 대형 토목 기업의 대부분은 동경, 오사카에 본사를 두고 있어 토목 사업의 지역경제 효과는 극히 제한적이다. 이는 일본 공공사업의 정책 결정과정과 토목 건설업의 비중, 지역경제 효과 등에서도 이미 많이 지적되고 있다.[36]

---

36) 신동애(2002), ‘일본의 공공사업의 실시과정과 공공성에 대한 연구’, “환경사회학연구ECO”, 환경사회학회, 2002, No.3.

이와 같은 경제 성장 전략은 지역 균형정책에서도 그대로 반영되어 부동산과 시설 중심의 경제활성화가 적지 않다. 규제 완화는 도심뿐만 아니라 임해 지역의 초고층 고급 주택 등 도시 개발을 촉진하고 있다. 이로 인해 도심의 유인 효과가 높아지고 지가 상승, 사회 문화 인프라 부족, 보육원 시설 부족 등 생활 환경을 열악하게 한다.[37] 도심의 건축물 증가는 일조량, 바람의 순환(통풍), 도시 기온 상승, 대기오염, 에너지 수요 증가, 쓰레기 증가 등 환경 비용을 증가시킨다.

동경을 중심으로 한 초메가 도시는 균형발전론과도 상반된다. 그리고 인구 감소 추세의 저출산 고령화 사회와도 모순된다. 초메가 도시가 사회 문화 인프라의 낙후 지역 주변에 구축되면 낙후지역의 인구와 경제권은 초메가 도시로 흡수될 수 있다. 낙후 지역의 대도시 쏠림 현상은 〈그림 3〉의 수도권의 인구 흡입력(backwash effects)에서도 살펴본 바와 같다. 한국에서 고속 전철이 개통되고 나서 수도권 쏠림이 더욱 심화되었듯이 거대도시권의 인프라 정비는 인구의 과도한 집중을 초래한다.[38] 이와 같이 초메가 도시론은 “코로나 이후” 도시 정책에도 역행하고 있다. 오히려 대도시의 인구를 지역으로 분산하고 도시간 연계를 강화해야 한다. 코로나 이전의 수직적 지역 분업론에서 수평적 지역 네트워크로 복원해야 한다.

〈그림 18〉은 도시 문제에 대한 의식 조사 결과이다.[39] 도시 문제로 저출산 고령화 문제, 노인 간병, 빈집, 남아도는 공공 시설, 도시 공동체의 붕괴, 노동력 부족, 인프라의 노후화가 커다란 문제로 인식되고 있음을 알 수 있다. 또한 과도한 인구 집중과 도시화로 인한 도시 기온 상승, 쓰레기, 에너지 이용 증가, 이산화 탄소 배출, 교통 문제, 녹지 공간 부족이 지적되고 있다. 이러한 문제는 그동안 도시가 오로지 경제 성장을 중심으로 기능해왔기 때문이다. 하지만 도시는 인간이 태어나서 살아가는 터전이다. 아울러 도시는 공동체적 삶을 영위하는 사회 문화적 기반이기도 하다. 따라서 “코로나 이후” 도시는 생태 환경, 복지, 사회 문화, 생활 거점의 공간으로 전환되어야 한다.

---

37) 岩見良太郎(2020), 「東京一極集中から持続可能な都市づくりへ」, 「東京一極集中の構造と地方分権の課題」, 『住民自治』, 2020年９月号, pp. 9－12。

38) 西崎文平(20150), 위의 책, [ＪＲＩレビュー 2015], Vol.6, No.25, pp.9−10.

39) 未来都市研究機構, 「都市における生活に関する調査」, 2018.2.22−2018.3.4, https://futurecity.tokyo/life/kitami/(접속일: 2023.3.2)

그림 18 **동경 시민의 도시 문제 의식 조사**

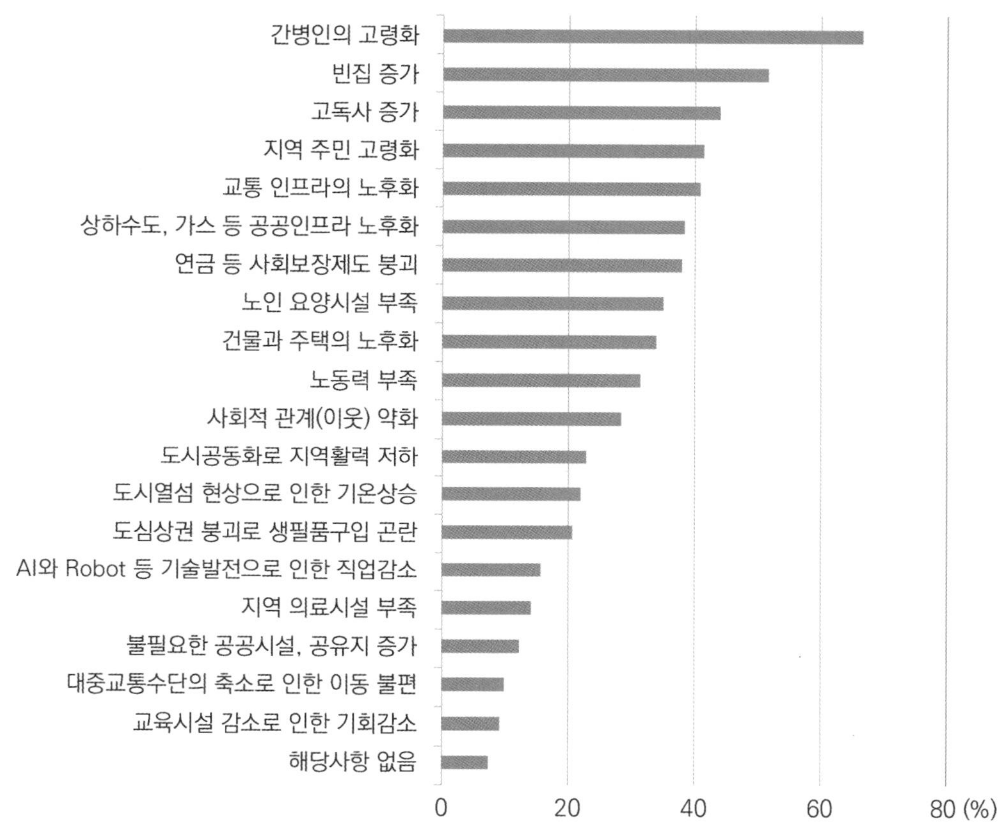

출처: 未来都市研究機構,「都市における生活に関する調査」, 2018.2.22-2018.3.4

참고문헌

岩見良太郎. (2020).「東京一極集中から持続可能な都市づくりへ」,「東京一極集中の構造と地方分権の課題」,『住民自治』, 2020年９月号.

佐無田光. (2020).「東京一極集中の構造と地方分権の課題」,『住民自治』, 2020年９月号

西崎文平. (2015).「東京一極集中と経済成長)」, JRIレビュー 2015, 6(25).

林宜嗣. (2014).「東京一極集中と第二階層都市の再生」,『経済学論究』, 68巻３号, 関西学院大学, 2014年.

平田 将大·川端 祐一郎·藤井 聡. (2019).「道路インフラ投資が人口の東京一極集中に 与える影響に関する研究」, 土木学会論文集D3 (土木計画学), 75(5). (土木計画学研究·論文集第36巻), 2019 .

増田寛也. (2014).『地方消滅』, 中公新書.

増田寛也, 河合雅司. (2015).『地方消滅と東京老化』, ビジネス社.

蜂屋勝弘. (2020).「地方税収の将来像と地方税源の在り方一極集中時代の国税·地方税改革の方向性の提言—」,『 JR Iレビュー』, 2020 4(76).

신동애. (2002). 일본의 공공사업의 실시과정과 공공성에 대한 연구,「환경사회학연구 ECO」, 3: 65-98

内閣府.「県民経済計算: 2011年ー2020年)」, 2023년 2월

総務省.「土地統計調査, 2018
https://www.juutakuseisaku.metro.tokyo.lg.jp/akiya/gaiyou.html

厚生労働省,『令和2年賃金構造基本統計調査』, 求人ボックスナビ,「東京都の仕事の年収·時給·給料 (求人統計データ)」.

国土交通省. (2021).「東京一極集中の状況等について」
https://www.mlit.go.jp/common/001042017.pdf

国土交通省.「東京の競争力·成長戦略について」, 2020
https://www.mlit.go.jp/policy/shingikai/content/001374934.pdf

国土交通省,「企業等の東京一極集中に関する懇談会 とりまとめ(参考資料)」, 2021년 1월,
https://www.mlit.go.jp/kokudoseisaku/content/001384143.pdf#page=78

国土交通省 国土政策局.「各国都市の集中現象」, 2019
https://www.mlit.go.jp/kokudoseisaku/content/001319312.pdf

東京都.「報道発表資料」, 2022년 5월 31일 https://www.metro.tokyo.lg.jp/tosei/hodohappyo/press/2022/05/31/24.html

東京都.「報道発表資料」, 2022년 12월 1일 발표,
https://www.metro.tokyo.lg.jp/tosei/hodohappyo/press/2022/12/26/10.html

東京都.「報道発表資料: 少子化の背景], 2019년 10월 16일 https://www.metro.tokyo.lg.jp/tosei/hodohappyo/press/2019/10/16/01_04.html#:~:text

東京都福祉保健局.「人口動態年次推移」, 2021년
https://www.fukushihoken.metro.tokyo.lg.jp/kiban/chosa_tokei/ jinko-dotaitokei/tokyotozentai.html

東京都福祉保健局 高齢社会対策部. [東京の高齢者と介護保険データ集], 2020년 7월,
https://www.fukushihoken.metro.tokyo.lg.jp/kourei/shisaku/koureisyakeikaku/08keikaku0305/08sakutei/iinkai02.files/data.pdf

東京都労働産業局.「東京の産業と労働就業2022」, 2022.9
https://www.sangyo-rodo.metro.tokyo.lg.jp/toukei/5cf9370a4ce3fd5a8dcbb59f424137a4.pdf

東京都.「東京都民経済計算」, 2022년
https://www.metro.tokyo.lg.jp/tosei/hodohappyo/press/2022/05/31/24.html

2018年度東京都税制調査会.「地方法人課税に関する資料」, 2018.
https://www.tax.metro.tokyo.lg.jp/report/tzc30_2/08.pdf

未来都市研究機構.「都市における生活に関する調査」, 2018.2.22 - 2018.3.4,
https://futurecity.tokyo/life/kitami/

増田寛也. (2014).『地方消滅』, 中公新書.

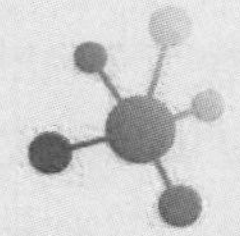

제17장

베이징의 미래 2030

천안(陳安, 중국과학원 과학기술전략자문연구원) ·
천잉화(陳櫻花, 중국 강소대학교)

생각해보기

- 지구 기후변화의 맥락에서 인구 및 환경, 과학 기술, 도시계획 및 기타 측면에서 베이징의 전략적 설정을 결합하여 베이징이 향후 '대도시 질병'을 치료하는 데 어떤 영향을 미칠 수 있을까?
- 현재 중국 전역의 산업 구조와 전력 공급의 실제 상황을 고려하여 베이징이 탄소 피크와 탄소 중립 목표를 달성하기 위해 직면한 도전과 가능한 조치는 무엇일까?
- 베이징 스마트시티 건설에서 행정적인 협치의 어려움으로 인해 발생하는 하드웨어 및 소프트웨어의 중복 투자와 비효율성은 어떻게 극복해야 할까?

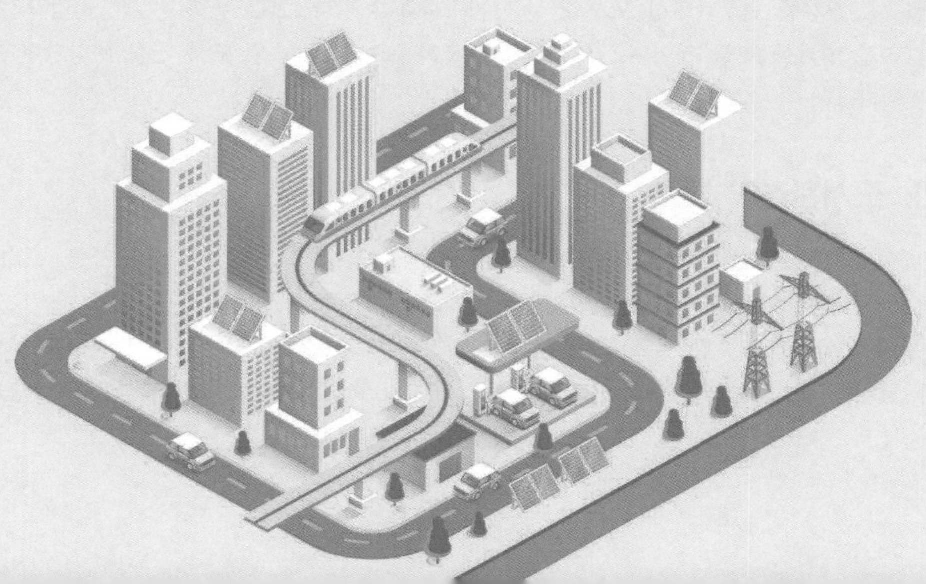

2022년 말 현재 베이징의 상주 인구는 2,184만 3,000명이고, 상주 인구 밀도는 1,331명/km²가 된다. 중국 국무원(國務院) '도시 규모 조정 표준에 관한 통지'(국발 [2014] No. 51)에 따르면 도시 상주인구가 1,000만 명을 초과하면 초대(超大)도시로 분류된다. 베이징의 상주인구는 이미 초대도시 기준의 두 배가 넘었다. 이러한 상태에서 국제연합인간정주계획(The United Nations Human Settlements Programme, UNHP)이 발간한 '세계도시보고서(2022)'에 따르면 미래 세계 도시는 빈곤과 불평등, 회복탄력성 도시경제, 도시계획, 공중보건과 지속가능한 도시의 미래, 도시의 미래를 위한 도시 거버넌스, 혁신과 기술 등에 큰 도전에 직면할 것이다. 지속 가능한 도시의 미래를 건설하고 도시의 회복탄력성을 지속적으로 향상시키는 임무 하에 베이징은 세계적인 거대 도시로서 큰 변화를 겪었고 또는 심각한 변화를 겪고 있다. 다시 말하면 자원 집합에서 성장, 기능 완화로, 도시 관리에서 도시 거버넌스로, 단일 도시 개발에서 베이징-톈진-허베(北京－天津－河北)이 공동 개발로 전환하고 있다.

Ⅰ. 베이징의 변화

'중국 국가 경제 및 사회 발전 제14차 5개년 계획'(이하 '14차 5개년 계획'을 사용함)에 따르면 '14차 5개년 계획' 기간 동안(2021~2025년) 베이징은 도시 전체 계획을 체계적으로 구현하고 초대(超大)도시의 현대적 거버넌스를 혁신한다고 밝힌다. 이를 위해 '전주기(全週期) 관리'를 촉진하고 도시 공간과 기능 배치를 최적화하며 도시 갱신을 촉진하겠다. 현대적인 도시 기반 시설 시스템을 구축하고 도시의 품질과 수용 능력을 크게 향상시키며 살기 좋고 혁신적이며 지혜롭고 녹색도시, 건강한 회복탄력성 도시 건설을 가속화해야 한다. 2025년까지 '대도시병'의 통제가 괄목할 만한 성과를 거둘 것이며, 국제 일류의 조화롭고 살기 좋은 도시 건설에 상당한 진전이 있을 것이다.

1. 도시환경의 변화

베이징 2022년 통계에 따르면 베이징은 도시 인구 규모, 토지 공급, 수자원, 도시 환경 및 녹화 등 측면에서 많은 변화를 겪었다.

위에 언급한 것과 같이 2020년 현재 베이징의 총 상주 인구는 2,189만 3,095명으로 되어 그중 남성은 1,120만 명, 여성은 1,070만 명이다. 65세 이상 노인 인구는 291만 명으로 전체

인구의 13.3%를 차지해, 14%에 육박한다. 31개 성(직할시, 자치구)(省, 直轄市, 自治區) 중 12개 성(직할시, 자치구)에서 65세 이상 노인 인구가 인구의 14% 이상을 차지했다. 베이징의 노령화 정도가 전국 중위권 수준이되어지만 북경에서 대학이 많고, 게다가 수도 및 대도시라서 최직하러 온 젊은 사람들이 많다. 이러한 점을 고려해서 실제로 베이징의 노령화 수준이 더 높은 정도로 예측될 것이다. 인구 고령화의 정도가 더욱 심화되고 미래에는 인구의 장기 균형 발전이라는 도전에 직면할 것이다.

역사적 인구 데이터에 따르면 베이징의 전체 인구는 1990년 1,082만 명, 2000년 1,382만 명, 2010년 1,961만 명, 2020년 2,189만 명으로 증가했다. 1990년부터 2000년까지 인구는 27.73%, 연평균 성장률은 2.40%, 2000년부터 2010년까지 29.27%, 연평균 성장률은 3.56%, 2010년부터 2020년까지 11.63%, 연평균 성장률은 1.11%였다. 위의 데이터를 통해 베이징의 인구 증가 속도가 가장 빠른 단계는 2000-2010년 동안이며 최근 몇 년 동안 인구 증가 속도가 크게 느려지고 연평균 성장률이 크게 감소했음을 알 수 있다. 2022년까지 베이징의 6개 구(區)의 영구 거주 인구는 2014년 대비 15% 감소한다는 목표를 달성했다.

1) 도시 규모

21세기에 들어서면서 베이징의 도시화 수준은 지속적으로 향상되었다. 구체적으로 보면 베이징의 도시화 속도는 2000년 77.54%, 2010년 85.96%, 2020년 87.55%로 계속 가속화되고 있다.

2) 도시 환경

2022년에는 베이징의 연간 하수도 처리율은 97.0%이며 그중 도시 중심가 6개 구의 하수도 처리율은 99.7%에 도달하여 전년 대비 각각 1.2%, 0.2%를 증가하였다. 도시 생활 쓰레기 처리는 7405,700톤, 하루 평균 2,300톤으로 처리되었다. 그중 기타 쓰레기는 5655,600톤으로 1일 평균 15,500톤, 음식물 쓰레기 1751,100톤, 1일 평균 4,800톤이다. 중앙 집중식 생활 폐기물 처리 시설이 32개가 있으며 실제 처리 능력은 하루에 25,111톤이다. 초미세먼지(PM2.5), 미세먼지(PM10) 및 이산화질소(NO_2)의 연평균 농도는 각각 30μg/㎥, 54μg/㎥ 및 23μg/㎥로 각각 9.1%, 1.8% 및 11.5% 감소하였다. 이산화황(SO_2)의 연간 평균 농도는 3μg/㎥로 전년도와 동일하다.

그림 1 2018-2022년 초미세먼지(PM2.5) 연평균 농도

(단위: mg/㎥)

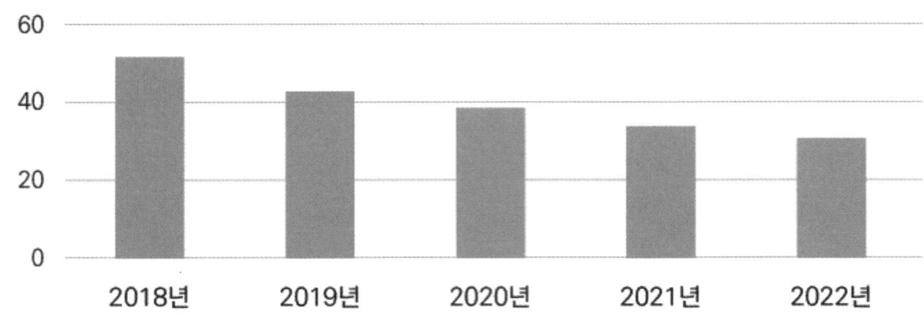

출처: 저자 작성

2022년에는 베이징의 조림(造林) 및 녹화면적은 연간 10,200헥타르가 증가했다. 산림 피복률은 44.8%에 도달하여 전년 대비 0.2% 증가했다. 도시 녹화 적용률은 49.3%로 0.01% 증가했다. 도시의 1인당 공원 녹지 면적은 16.89제곱미터로 0.27제곱미터 증가했다.

3) 토지규모

2022년에는 베이징 시의 총 건설 토지 공급량은 3,251헥타르다. 그중 특별교통수건설용지는 1007헥타르, 공공관리 및 공공서비스용지는 717헥타르, 주거용지는 1169헥타르, 산업용지는 358헥타르다.

4) 수자원

2022년 베이징의 수자원 총량은 25억 6,700만 입방미터다. 연말에 중대형 저수지의 총 저수량은 38억 1,400만 입방미터로 전년 말에 비해 4억 9,600만 입방미터 감소했다. 연말 평원의 지하수 깊이는 15.64m로 전년 말보다 0.75m 증가했다. 연간 생산 및 생활용수 총량은 24억 5,600만 입방미터로 1.7% 감소했다. 그중 생활용수(서비스업 및 주거용 가정용수 포함)는 16억 2,000만 입방미터로 0.2% 감소했고, 공업용수는 2억 2,900만 입방미터로 2.4%, 농업용수는 2억 6,100만 입방미터로 7.4% 감소했다.

5) 교통 환경

2022년 현재 베이징에는 도시 공간 구조 조정 및 기능 배치 최적화에 궤도 교통의 지도적 역할을 효과적으로 발휘하고 있다. 앞으로도 효율적이고 편리한 철도 교통 시스템을 구축할 것이다. 권형 및 통합 철도 네트워크 구축을 가속화하고 간선 철도, 도시 간 철도, 시외 철도 및

지하철의 '4대 네트워크 통합'을 확고히 추진하여 철도 교통과 도시의 조화로운 통합 발전을 실현할 것이다. 2025년까지 철도 교통 운영 거리는 1,600km에 달하고 철도 교통 스테이션의 대중교통 이동 비율은 56%로 증가할 것으로 예상된다.

종합적이며 안전하고 지능적인 3차원 현대 도시 교통 시스템 구축을 가속화한다. 2025년까지 베이징 중심 도시의 녹색 출퇴근 및 이동 비율은 76.5%로 증가할 것으로 전망된다. 녹색 이동 서비스 수준을 향상시킨다. 철도 교통을 중심으로 지상 버스 선왕을 최적화하고 도시 도로망 구조를 개선하며 거리 공간 분배를 보행 및 자전거로 기울이며 도시 녹색 교통의 발전을 촉진하여 새로운 차원을 마련할 것이다.

대중교통의 효율성을 높이고 도시 도로 네트워크를 원활하게 하며 완행 친화적인 도시를 건설하고 '자전거 + 대중교통'의 통근 방법을 적극적으로 옹호한다.

종합적인 교통 관리를 심화하고 있다. 종합적인 교통 관리를 적극 추진한다. 정적 교통 질서를 전면적으로 표준화하고 교통 관리의 지능화 및 세밀화를 촉진하며 이동 구조의 최적화를 지도하고 교통 문명 수준을 지속적으로 향상시킨다. 스마트 교통 시스템 구축도 높은 수준의 교통 디지털 전환, 스마트 업그레이드, 전체 교통 솔루션 형성 등으로 가속화되어 있다.

2. 도시계획의 변화

베이징은 기능적으로 국가 정치 센터, 문화 센터, 국제 교류 센터 및 과학 기술 혁신 센터로 정하고 있다. 2035년까지 베이징을 초기에 국제 일류 조화롭고 살기 좋은 도시로 건설할 계획이다. 2050년까지 베이징을 전면적으로 더 높은 수준의 국제 일류 조화롭고 살기 좋은 도시, 더 세계적인 영향력을 가진 대국 수도, 초대도시의 지속 가능한 발전 모델, 수도를 핵심으로 하는 좋은 생태 환경, 경제 및 문화 발전, 사회 조화롭고 안정적인 세계적 도시군으로 건설할 계획이다.

이러한 목표 아래 베이징은 집중적인 발전을 견지하며 자원 및 환경 수용 능력을 강력한 제약으로 사용하여 인구 규모, 토지 규모 및 평원 지역의 개발 강도를 결정한다. 인구 규모와 건설 규모의 이중 통제를 구현하고 개발 방법의 전환, 산업 구조 전환 및 업그레이드, 도시 기능 최적화 및 조정을 강요하고 다양한 도시 개발 목표 간의 조정 및 통합을 실현한다.

1) 인구구조 및 인구정책의 변화

베이징의 인구 구조는 수도로서의 전략적 역할과 기능적 분담에 부합하는 원칙에 따라 과학적이고 합리적인 공공 서비스 정책을 수립하고 인구 구조를 조절하는 공공 서비스 지향의 역할을 충분히 발휘해야 한다. 이와 같이 농촌 인구의 도시화 과정을 가속화 한다. 인구 노령화 문제도 적극적으로 대응해야 한다. 인구의 합리적이고 질서 있는 흐름을 유지하고 도시 발전의 활력을 향상시키기 위한 포괄적인 조치를 취할 것이다.

베이징에서 2,300만 명의 상주 인구 통제 규모를 기반으로 실제 도시 서비스받는 인구의 합리적인 수요와 안전 보장을 고려하는 것이 최우선이다. 그러므로 인구 서비스 제공을 개선하여 실제 공공 서비스받는 인구를 위한 전체 서비스 관리 시스템을 구축한다. 우선, 거주 증명서를 매개체로 하는 공공 서비스 제공 메커니즘을 구축한다. 그 다음에는 기본 공공 서비스 범위를 확장하고 공공 서비스의 평등 수준을 향상시킨다.

인구 조정과 규제 정책 메커니즘을 개선하고 지역별로 차별화된 인구 조정과 규제 메커니즘을 개선한다. 베이징의 6개 중심구역의 인구 규모 감소를 다른 지역의 인구 규모 증가와 연결하여 관리해야 한다. 베이징시의 호적부여 정책의 전반적인 계획을 강화하고 보다 표준화된 호적 관리 시스템을 구축하며 상주 인구 포인트 호적부여 시스템을 꾸준히 구현한다. 계획, 토지, 재정, 세금, 가격 및 기타 정책 조정 역할을 강화하고 주택 관리 및 산업 통제를 강화한다.

2) 공간계획의 변화

도시의 전략적 위치를 구현하고 비수도 기능을 완화하며 베이징-톈진-허베이 공동 발전을 촉진한다. 고대 도심의 역사적 패턴을 계속하고 '대도시병'을 통제해야 하는 현실적 요구와 미래 지향적 지속 가능한 발전을 충분히 고려하고 수도를 핵심으로 하는 세계적인 도시군을 건설한다. 도시 시스템을 개선하며 베이징 시역 내에서 '1핵 1주 1구, 2축 다점 1구'의 도시 공간 구조를 형성하고 단일 센터 집합의 발전 모델을 변경하고 베이징의 새로운 도시 발전 패턴을 구축하기 위해 노력하고 있다.

(1) 1핵: 수도기능핵심지역

수도 기능 핵심 지역의 총 면적은 약 92.5평방킬로미터다. 국가 정치 중심 정책 소스의 방향적 리더십을 충분히 발휘하고 정치 활동의 영향력과 방사력, 정책 수립의 강력한 영향력, 자원 할당의 중추 지원 및 정책 인수 리더십을 수도 발전 잠재력으로 전환한다.

(2) 1주: 중심도시

중심 도시지역, 즉 도시 6개구, 즉, 둥청구(東城區), 시청구(西城區), 차오양구(朝陽區), 하이뎬구(海淀區), 펑타이구(豊臺區), 스징산구(石景山區)를 포함하며 총 면적은 약 1,378평방킬로미터다.

(3) 1센터: 베이징 도시 부센터

베이징 도시 부센터의 계획 범위는 원래 퉁저우(通州) 신도시 계획 및 건설 구역으로 총 면적은 약 155제곱킬로미터다.

(4) 2축: 중축선과 그 연장선, 장안거리(長安街)와 그 연장선

중축선과 그 연장선은 전통적인 중축선과 그 남북 양쪽으로 뻗어 있는 부분을 포함하는 부분이다. 전통적인 중축선은 남쪽에 융딩먼(永定門)에서 시작하여 북쪽으로 종구루(鐘鼓樓)까지 약 7.8km다. 다시 말하면 북쪽으로 옌산(燕山)산맥까지, 남쪽으로 베이징 신공항과 융딩하(永定河) 수계까지 뻗어 있는 지역이다.

장안거리(長安街)와 그 연장선은 톈안먼(天安門) 광장을 중심으로 동서 양쪽으로 뻗어 있으며, 그중 푸싱먼(復興門)에서 젠궈먼(建國門) 사이는 약 7km, 서쪽으로 쑤이강지구(首鋼地區), 융딩하(永定河)수계, 씨산(西山)산맥, 동쪽으로 베이징 도시 부센터와 북운하(北運河), 차오바이하(潮白河) 수계까지 뻗어 있다.

(5) 다점(多点): 평원지역에 위치한 5개의 신도시

순이(順義), 다싱(大興), 이좡(亦庄), 창핑(昌平), 팡산(房山) 신도시를 포함한 여러 지역은 중심 도시의 적절한 기능과 인구 소화를 위한 핵심 지역이며 베이징(北京)-톈진(天津)-허베이(河北) 공동 발전을 촉진하는 중요한 지역이다. 이좡(亦庄), 순이(順義), 창핑(昌平), 다싱(大興), 팡산(房山) 신도시는 지역 협력 발전을 위한 중요한 전략적 관문이자 중심 도시의 적절한 기능을 수행하고 수도 기능을 보장하는 중요한 지역이다.

① 이좡(亦庄)신도시: 차세대 정보 기술, 자동차, 로봇 및 기능 제조, 바이오의약품의 4대 산업에 중점을 두고 전 세계적으로 영향력 있는 혁신적인 산업 클러스터 및 과학 기술 서비스 센터, 수도 남동부 지역 혁신 개발 협력 구역, 전략적 신흥 산업 기지 및 제조업 전환 및 업그레이드 시범 구역, 살기 좋은 녹색 도시지역을 조성할 것이다.

② 순이(順義)신도시: 순이 신에너지 스마트카, 3세대 반도체, 항공우주 등 새로운 유형의 산업 클러스터를 개발하고 세계적인 항공 허브 건설에 의존하여 임공 경제, 산업 금융, 비즈니스 컨벤션, 문화 창조 관광 등 현대 서비스 산업을 발전시키고 항구 도시 통합의 국제 항공 중심 핵심 지역, 혁신 주도 지역 경제 향상 및 발전의 선행 지역, 도시와 농촌의 조화로운 주거 시범 지역을 만든다.

③ 창핑(昌平)신도시: 선진 에너지, 의약건강, 선진 지능조성 등 선도산업의 발전에 중점을 두고 공공서비스, 인프라, 상업 등의 협력을 개선하고 수도 서북부의 중점생태보존 및 지역생태관리협력구, 글로벌 영향력을 가진 국가과학기술혁신센터의 중요한 구성 요소와 국제 일류 과학교육신구, 특색 역사문화관광 및 생태레저구, 도시와 농촌의 종합관리와 조화로운 발전을 위한 선행시범구를 조성한다.

④ 다싱(大興)신도시: 바이오의약품 기지와 국가 뉴미디어 산업 기지를 기반으로 전문 의약 및 건강 산업을 최적화하고 차세대 정보 기술 및 스마트 장비 산업을 확장 및 강화하며 베이징-톈진-허베이 협력 발전 시범구, 과학 기술 혁신 선도구, 수도 국제 교류 새로운 관문, 도시와 농촌이 개혁을 심화시키는 선행 구역을 만든다.

⑤ 팡산(房山) 신도시: 량샹(良鄕) 고등교육단지의 산학연 융합발전에 중점을 두고 고급제조기지, 신소재산업기지, 생태밸리 건설을 강화하며 수도 서남부 중점생태보전과 지역생태관리협력구, 베이징-톈진-허베이 지역 징바오석 발전축 산둥중요노드, 과학기술금융혁신전환발전시범구, 역사문화와 지질유적이 융합된 국제관광레저지구를 조성한다.

(6) 1구역: 생태함양구역

생태보존구역은 먼터우거우구(門頭溝區), 핑구구구(平谷區), 화이러우구(怀柔區), 미윈구(密云區), 옌칭구(延慶區), 창핑구(昌平區), 팡산구(房山區)의 산악지대를 포함하며 베이징-톈진-허베이 공동발전 패턴에서 중서북부 생태보존구역의 중요한 부분이며 베이징의 대산소 바이며 수도의 지속 가능한 발전을 보장하는 핵심 지역이다.

(7) 이중 허브 신 동력원

첫 번째, 베이징 수도(首都) 국제공항 및 임공(臨空) 경제 시범구다. 항공 서비스와 일반 항공의 기본 이점을 기반으로 '국가의 게이트 재건설' 계획을 구현하고 '4형' 공항 건설을 촉진한다. 글로벌 항공 운영자 계획을 구현하고 국제 항공 고급 자원 할당 및 클러스터 구역을 조성하며 강력한 방사선 추진력과 국제적 영향력이 큰 세계적인 공항 도시를 건설한다.

두 번째, 베이징 다싱(大興) 국제공항 및 임공(臨空) 경제구다. 국제 생명 및 건강 선도 산업에 중점을 두고 다수의 국제 제약 기업을 유치하고 혁신적인 기업을 구현한다. 그와 동시에 디지털 산업 단지를 계획 및 건설하고 국제 인터넷 데이터 전용 채널과 신흥 데이터 센터를 적극적으로 도입하고 디지털 무역 시범 구역을 만들 권리가 있다. 다싱(大興) 국제 컨벤션 센터 수준의 지원 시설을 높은 수준으로 설계 및 건설한다. 항공 기술 및 항공 물류와 같은 항공 핵심 산업을 적극적으로 발전시키고 국가 물류 허브 및 스마트 물류 시범 구역을 건설하며 항공 임대 및 역외 금융과 같은 지원 산업을 혁신적으로 발전시킨다. 또는 외국 금융 서비스 기업을 유치하고 국제 금융 서비스 항구를 건설한다.

북경-천진-하북의 세계적인 공항 그룹: 항공 물류, 기술 혁신 및 서비스 보증의 세 가지 미지의 기능을 가진 국제화, 고급화 및 서비스화된 임공 경제 시범 및 선도 구역을 건설하고 톈진 빈하이 공항과 허베이 스자좡 정딩 공항의 분업 및 협력을 강화한다.

3. 과학 기술 환경의 변화

최근 몇 년 동안 베이징은 혁신 주도 개발 전략을 철저히 시행하고 수도 경제의 고품질 발전은 새로운 수준에 도달한다. 베이징시는 중관춘(中觀村), 창핑(昌平), 화이러우(怀柔)의 3개 국가 실험실을 높은 수준으로 건설했으며 화이러우(怀柔) 종합 국가 과학 센터는 초기 형태를 보여주었고 다수의 새로운 연구 개발 기관을 육성했으며 다수의 '목걸림' 기술을 돌파했으며 다수의 세계 최고의 원천 과학 기술 성과들이 등장했다.

1) 중(中觀村), 선행선시(先行先試) 개혁

베이징시는 중관춘에서 24개 선행선시 개혁 정책을 정했으며 과학 기술 성과의 전환에 관한 규정의 공포를 촉진했고, 사회 전체의 R&D 투자 강도는 약 6%로 유지되었으며 특허 승인량은 연평균 약 13% 증가했다. 중관춘(中觀村) 시범구의 총 수입은 연평균 10% 이상 증가했으며 베이징은 세계 지적 재산권 기구가 발표한 세계 100대 과학 기술 클러스터 톱 3에 진입했다.

첨단기술에 중점을 두고 차세대 정보기술 및 과학기술 서비스 산업의 2조 산업 클러스터, 의약 건강, 스마트 장비, 인공지능, 에너지 절약 및 환경 보호, 집적 회로의 5조 산업 클러스터, 금융 및 기타 현대 서비스 산업의 발전 우위가 두드러지며 국가 첨단 기술 기업, 전문 및 특수 소규모 거인 기업 및 유니콘 기업의 수는 전국 각 도시에서 1위를 차지한다.

2) 디지털 경제 발전 우위의 공고화 및 확대

빅데이터와 스마트 시티 발전을 위한 골격 프레임워크 시스템은 기본적으로 형성되었으며 디지털 경제의 부가가치는 지역 총생산의 약 42%를 차지한다. 국제 소비 중심 도시 건설이 착실히 추진되어 22개의 전통 상권이 품질과 업그레이드를 완료했으며 생방송 전자 상거래 및 디지털 문화와 같은 새로운 소비 모델이 빠르게 발전했다. 지난 5년 동안 북경시의 경제 총량은 3조 위안과 4조 위안의 두 단계를 차례로 넘어섰고 1인당 지역 총생산은 18만 위안을 초과하여 각 성, 구, 시에서 1위를 차지했으며 선진 경제에서 중간 수준에 도달했다.

3) 자율주행차

2021년 11월 25일, 베이징 경제개발구 산업위원회 선전문화부가 주최한 '베이징 이좡(亦庄) 기회', 즉, 베이징 · 이좡(亦庄) 혁신 발표 11월 정기 발표회가 개최되었다. 발표회에서 베이징의 국내 첫 번째 자율주행 모빌리티 서비스 상용화를 위한 시범 프로젝트가 공식적으로 발표되었다. 이를 위한 지원 관리 정책인 '베이징 지능형 네트워크 연결 자동차 정책 선행 구역 자율주행 모빌리티 서비스 상용화를 위한 시범 관리 시행 규칙(시행)'이 동시에 발표되었다. 이것은 중국 국내 자율주행 분야가 테스트 및 시연에서 상업화 시범 탐색의 새로운 단계로 진입했음을 나타내며 새로운 개발 개념을 완전히 구현하고 새로운 개발 패턴 구축을 가속화하며 미래 이동 방법을 변경하는 데 기념비적 의의가 있다.

2023년 7월 7일 베이징시 고급 자율주행 시범구 작업실은 지능형 네트워크 연결 승용차 '차량 내 무인'의 상업화 시범 프로젝트를 공식적으로 개방하고 베이징 자율주행의 혁신과 발전을 한 단계 더 끌어올렸다고 발표했다. 데이터에 따르면 지금까지 베이징의 무인화 테스트 차량은 총 116대이며 테스트 총 거리는 거의 200만 킬로미터다. 자율주행 모빌리티 서비스 상용화 시범사업 누적 주문량은 150만 명을 넘어섰고 사용자 호평률은 95% 이상에 달했다.

다음 단계에서 베이징의 고급 자율주행 시범 구역은 더 큰 범위의 기술 반복을 촉진하고 더 풍부한 응용 시나리오를 확장하며 점차적으로 500제곱킬로미터 확장 구역 건설을 완료한다. 고속도로 개방을 촉진하고 공항, 기차역 및 기타 중요한 시나리오에서 자율주행 연결을 촉진하고 자율주행 차량용 단말기의 대량 생산 응용과 자동차 칩 산업 체인 조정의 두 가지 핵심에 중점을 두고 지능형 네트워크 연결 자동차의 산업 생태계를 구축한다.

4) 로봇산업

국가 전략 및 산업 발전 요구에 중점을 두고 로봇 시스템 개발 및 운영 체제와 같은 공통 기술을 돌파한다. 로봇 기술의 발전 추세를 파악하고 생체 모방 인식 및 인지, 생체 기계 및 기계 통합과 같은 첨단 기술을 연구 개발한다. 인공지능, 5G, 빅데이터, 클라우드 컴퓨팅과 같은 신기술의 융합 응용을 촉진하고 로봇의 지능화 및 네트워크 수준을 향상시키며 기능 보안, 네트워크 보안 및 데이터 보안을 강화한다.

2020년 로봇 산업의 영업이익은 1,000억 위안을 돌파하고 산업용 로봇 생산량은 21.2만 대(세트)에 달할 것이다. 기술 수준이 지속적으로 향상되고 모션 제어, 고성능 서보 구동, 고정밀 감속기 및 기타 핵심 기술 및 구성 요소의 혁신이 가속화되었다. 전체 기계의 기능과 성능이 크게 향상되었다. 통합 응용 프로그램이 크게 확장되어 2020년 제조업 로봇 밀도는 만 명당 246대에 도달하여 세계 평균의 거의 2배에 달할 것이며 서비스 로봇과 특수 로봇은 창고 물류, 교육 및 엔터테인먼트, 청소 서비스, 보안 검사, 의료 재활 분야에서 대규모 응용 프로그램을 달성한다.

제조업, 광업, 건설업, 농업 및 기타 산업과 가족 서비스, 공공 서비스, 의료 및 건강, 노인 요양, 특수 환경 작업 분야에서 유리한 자원을 수집하고 산업 로봇, 서비스 로봇 및 특수 로봇의 핵심 제품의 연구 개발 및 응용을 촉진하는 데 중점을 둔다. 로봇 제품 시리즈를 확장하고 성능과 품질 및 안전성을 향상시키고 제품의 고급 스마트화를 촉진한다.

사용자 단위와 로봇 회사가 공동으로 기술 테스트 및 검증을 수행하도록 장려하고 전체 로봇 회사가 핵심 부품 검증을 구현하도록 지원한다. 공공 기술 서비스 플랫폼의 테스트 및 검증 기능을 향상시킨다. 로봇 시스템 통합업체를 촉진하여 분야의 특정 장면과 생산 공정에 집중하고 선진적이고 적용 가능하며 쉽게 홍보할 수 있는 시스템 솔루션을 개발한다. 로봇 응용 보급 플랫폼 구축을 지원하고 생산과 수요의 정확한 연결을 구성한다. 로봇 응용 시나리오 개발 및 제품 시연 및 홍보를 촉진한다. 의료, 노인 요양, 전력, 광산, 건설 및 기타 분야에서 로봇 접근 표준 제정, 제품 인증 또는 등록을 가속화한다. 기업이 제품 체험 센터를 설립하고 가족 서비스, 교육 및 엔터테인먼트, 설명 안내, 음식 배달 및 기타 로봇의 홍보를 가속화하도록 장려한다. 새로운 임대 서비스 플랫폼의 구축을 탐색하고 지능형 클라우드 서비스와 같은 새로운 비즈니스 모델의 개발을 장려한다.

5) 메타우주

2022년 베이징시 통저우구 인민정부가 발표한 '북경 도시 부센터 메타우주혁신 선도발전에 관한 몇 가지 조치에 관한 통지(통정판발[2022]4호)'에 따르면 3년 동안 100개 이상의 위안 메타우주 생태 체인 기업을 육성 및 도입하고 30개 이상의 "메타우주 +" 전형적인 응용 시나리오 프로젝트를 구현한다. 다수의 메타우주 관련 표준의 제정을 촉진하고 1+N 산업 공간 시스템의 초기 형성을 촉진하며 문화 관광 콘텐츠를 특징으로 하는 메타우주 응용 시범 구역으로 만든다. 퉁저우(通州) 지방 정부는 시범 적용을 적극적으로 추진한다. 메타우주 관련 기술의 심층 통합을 가속화하고 문화, 관광, 상업 및 기타 분야에 중점을 두고 메타우주 시범 응용 프로젝트를 만들고 메타우주 응용 시나리오의 배치를 지원하는 산업 전환 및 업그레이드를 촉진한다. 베이징 도시 부센터 메타우주 관련 기업에 베이징 글로벌 리조트, 장자완 고대 도시, 대운하 문화 벨트, 타이후 연예 타운과 같은 장면 자원을 지원한다.

산업 배치를 전면적으로 최적화한다. 메타우주 산업의 공간 수용 능력을 향상시키고 '1+N' 산업 혁신 클러스터를 조성한다. 장자완(張家灣) 디자인 타운 혁신 센터에서는 고급 혁신 요소를 수집하여 메타우주 응용 혁신 센터를 만들고 문화 관광 구역, 타이후(臺湖) 연예 타운, 장자완(張家灣) 고대 마을, 쑹좡(宋庄) 예술 구역, 운하 비즈니스 구역 및 기타 지역에 응용 시나리오와 고도로 통합되고 메타우주 시범을 형성하는 테마 단지를 만든다. 기업이 베이징, 톈진, 허베이, 특히 슝안(雄安) 지역, 전국, 전 세계를 대상으로 연구 개발 사슬과 산업 사슬을 확장하고 산업 영향력을 지속적으로 확장하도록 지원한다.

2022년에는 63개의 메타우주 기업이 부센터에 등록 자본금 11억 8천만 위안, 2023년 상반기에 19개의 딩위안 우주 기업이 부센터에 등록 자본금 5억 5천만 위안을 추가했다. 2023년 4월, 장자완(張家灣) 디자인 타운에서 베이징 도시 부센터인 메타우주 응용 혁신 센터가 공식적으로 문을 열었고 1층 위안우주 전시 및 체험관도 운영에 들어갔다.

II. 탄소저감 및 탄소중립

중국은 경제가 빠르게 성장하는 10여 년 동안 탄소 배출량도 빠르게 증가했다. 중국의 1인당 탄소 배출량은 1990년에 세계 평균의 절반 미만에서 2007년에 세계 평균 수준을 초과했다. 이 문제를 바탕으로 중국 정부는 유엔 지속가능개발목표 13조, 즉 기후변화와 그 영향에 대한 긴급 조치를 취함에 따라 '코펜하겐 협정'에 대한 약속에 따라 2009년에 중국정부가 2020년의 탄소 배출 통제 목표를 약속했다. 이 과정은 지금까지 순조롭게 진행되고 있다.

이를 바탕으로 2014년 11월 12일 중국과 미국은 베이징에서 '미중 기후변화 공동성명'에 서명했다. 이 성명에서 중국은 처음으로 총 탄소 배출량 목표를 약속했다. "중국은 2030년경 탄소 피크를 달성하고 1차 에너지에서 비화석 에너지의 비율을 20%로 늘릴 계획이다. 동시에 미·중

양국은 기후변화에 대응하기 위해 미·중 기후변화 워킹그룹(기후변화 워킹그룹)을 구성했다. 이 워킹그룹 아래 자동차, 스마트 그리드, 탄소포집 이용 및 봉인, 에너지 효율, 온실가스 데이터 관리, 임업 및 산업용 보일러에 대한 행동 이니셔티브를 가동했다. 이를 바탕으로 기후 스마트/저탄소 도시 이니셔티브를 시작한다.

베이징은 중국의 수도이자 인구 2천만 명 이상의 거대 도시로서 탄소 배출 감소에 대한 도전이 매우 크다. 2023년 베이징 시정부의 업무 보고서는 중국이 석탄 화력 발전소의 발전에 큰 의존성을 가지고 있으므로 탄소 배출을 심각하게 줄이는 것이 중국에 큰 도전이라고 제안했다.

1. 북경시의 탄소 배출 감소 조치

'베이징시 오염방지공방전 2023년 실행계획'에서는 기후변화에 적극 대응하고 경제사회 녹색 저탄소 발전을 촉진한다는 결정을 내린다. 이 목표를 달성하기 위해 탄소 배출 정점 및 탄소중립 정책체계를 구축하고 탄소배출 정점 및 탄소중립 '1+N' 정책 문서의 도입과 시행을 가속화하며 핵심 분야 탄소감소 목표과제를 명확히 한다. 2023년 베이징시 오염방지공방전 주요 목표를 명확히 하고 탄소배출강도가 국가요건에 도달하고 탄소배출총량이 효과적으로 통제되었다. 공기품질 개선효과를 공고히 하고 수질생태환경품질이 안정적이고 양호하며 토양환경품질이 양호하며 생태환경질량지수(EI)가 안정적이고 중향상되고 주요지역별 주요지표를 동시에 분해한다.

탄소 배출 감소를 꾸준히 추진하고 10,000위안 지역의 GDP 에너지 소비 및 이산화탄소 배출량을 전국 성급 지역의 최적 수준으로 유지한다. 푸른 하늘 방어에 최선을 다하여 초미세먼지의 연평균 농도는 2017년 대비 48.3% 감소한 30㎍/㎥로 유엔환경계획(UNEP)에서 '베이징의 기적'으로 칭송받았다.

1) '1 마이크로그램' 행동의 심화

PM2.5 및 O_3의 조정된 제어를 강화하고 휘발성 유기 화합물(VOC) 관리를 위한 특별 조치를 시행하며 소스 대체, 전체 프로세스 관리 및 주요 클러스터 관리를 강화한다. 신에너지 자동차를 적극적으로 홍보한다. 질소산화물(NOx) 배출 감소를 위한 특별 조치를 수행하고 15,000개 마을의 석탄을 청정 에너지로 대체하는 프로젝트를 실시하며 중형 디젤 화물차 및 비도로 이동기계의 포괄적인 관리를 촉진한다. 도시 환경의 정제된 관리 및 통제 수준을 향상시키는 동시에 케이터링, 기름 연기 및 기타 오염의 예방 및 통제를 강화한다. '1 마이크로그램' 행동 구역 수준의 실증을 수행하고 '구역'의 적절한 조치, 거버넌스 추진력 및 개선 돌파구 찾기 때문에 각 구역은 실제 상황에 따라 VOCs 미세 처리, '기름 전환' 및 기타 프로젝트 실증을 수행한다. 지역 공동 예방 및 통제와 심각한 대기 오염에 대한 대응을 강화한다.

2) 신에너지 자동차의 발전 추진

탄소중립 및 교통 산업에 대한 대책으로 도로 교통의 전면적인 전기화 실현, 스마트 교통의 발전, 녹색 이동 개선 등은 모두 중국의 미래 적극적이고 효과적인 방안 선택이다. 베이징시는 전기차와 신에너지차의 발전을 촉진하기 위한 계획과 정책 선택을 일찍 시작했다. 다음 〈표 1〉에는 관련 정책 문서 또는 정부 계획의 일부가 나열되어 있다.표와 같이 베이징의 도시계획이든 특정 전기차 보조 서비스 규정이든 전기차와 신에너지차를 추진하려는 베이징의 노력을 볼 수 있다.

표 1 베이징시 신에너지 자동차 및 관련 서비스 추진 문서 및 규정

번호	서류 이름	공문 번호	문서 발표 부서	시간
1	전기자동차 충전기반시설 건설과 관리를 더욱 강화하기 위한 실시 의견	경정판발[2017]36호	북경시 인민정부 판공청	2017년 8월 20일
2	베이징 도시 마스터플랜(2016년-2035년)	-	베이징시 계획 및 국토 자원관리위원회	2017년 9월 29일
3	신에너지 자동차 산업 발전 계획(2021-2035년)	국판발[2020] 39호	국무원 판공청	2020년 10월 20일
4	북경시 국민경제와 사회 발전 제14차 5개년 계획과 2013년 비전 목표 개요	베이징시 제15기 인민대표대회 제4차 회의	북경시 제15기 인민대표 대회 제4차 회의	2021년 1월 27일
5	전기자동차 충전인프라 서비스 보장능력 추가 향상에 관한 실시 의견	발전개혁에너지규[2022] 53호	국가발전개혁위원회, 국가에너지국,공업정보화부, 재정부, 자연자원부, 주택도시농촌개발부, 교통운수부, 농림축산식품부, 비상대책부 및 시장감독총국	2022년 3월 14일
6	베이징시 '14차 5개년 계획' 기간 도시 관리 발전 계획	경정발[2022] 13호	베이징시 인민정부	2022년 1월 10일
7	"14차 5개년 계획"시기 북경시 신에너지차 충전·환전시설 발전 계획	경관발[2022] 13호	북경시 도시관리위원회	2022년 8월

출처: 저자 작성

3) 세계 선도적인 녹색 스마트 그리드 구축함

(1) 송전망 전력 공급 능력 향상

순환 네트워크 지원, "다중 지점 주입 및 현장 균형 네트워크 랙 구조를 강화한다. 도시의 주요 지역 및 다양한 구역의 계획과 결합하여 다수의 전력 프로젝트를 배치하고 도시의 네트워크 랙 구조를 더욱 최적화하고 전력 공급 및 전력 공급의 신뢰성을 향상시킨다. 외부 송전 채널 건설을 가속화한다. 베이징 서(北京西)~신항청(新航城), 베이징동(北京東)~퉁베이(通北), 랑팡북(廊坊北)~이좡(亦庄), 시허잉 가이관 스테이션(西合營開關站)~팡산(房山), 톈진북(天津北)~이좡(亦庄) 등 500kV 노선 건설에 중점을 둔다.

2025년까지 베이징 전력망의 500kV 외부 수전 채널은 18개의 37개 회로로 증가하고 송전 용량은 4300만kW로 증가할 것이다. 500kV 메인 네트워크 구조를 개선한다. 퉁저우 베이(通州北), 차오양(朝陽) CBD, 펑타이(豊臺), 리쩌(麗澤), 이좡(亦庄), 화이러우(怀柔) 과학성 5개의 500kV 송전 프로젝트 건설에 중점을 둔다. 2025년까지 베이징 500kV 변전소 총수는 17개에 달하고 500kV 변전 용량은 1,290만kVA가 추가될 것이다. 220kV 전력망 구조를 최적화할 것이다. 220kV 송전 및 변전 프로젝트 건설을 가속화하고 2025년까지 220kV 변전소가 129개, 변전 용량이 6,466만kVA에 도달하여 '구획 운영, 지역 내 루프 형성 및 구간 연락'의 9대 전력 공급 구역을 형성할 것이다.

(2) 녹색 전기 에너지 개발 및 활용 가속화

칭후이링(青灰嶺)과 같은 중앙 집중식 풍력발전 프로젝트의 확장을 촉진하고 산업 단지 및 농촌 지역에 분산형 풍력발전 프로젝트를 시범 건설한다. '6대 햇빛'이라는 프로젝트를 실시하고 다수의 분산 태양광 발전 프로젝트를 질서 있게 건설한다. 도시 부센터 및 기타 지역에 새로운 대규모 공공 건물을 건설하기 위한 필수 요구 사항으로 태양광 시설 설치를 사용한다. 다른 도시의 녹색 전기 에너지를 적극적으로 도입하고, 톈진(天津), 허베이(河北) 및 기타 주변 지역과의 에너지 협력도 더 심화한다. 베이징 주변에 재생 에너지 기지를 질서 있게 배치하며 수도 순환 풍력 기지 건설을 적극적으로 추진하고 산시성(山西省), 내몽고(內蒙古) 및 기타 지역의 재생 에너지 기지 건설을 적절하게 지원한다. 시외 자원 개발 및 녹색 전기 방향 전송의 새로운 녹색 전기 베이징 모델 구축을 탐색하고 녹색 전기 시장화 거래를 수행한다. 2025년까지 녹색 전력 300억 킬로와트시에 도달하기 위해 계속 노력할 것이다.

(3) 스마트 그리드 구축 추진

전력 기술 혁신이 효율성을 주도하고 전력 산업의 발전을 지능화로 더욱 발전하도록 주도한다. 신에너지 통합 발전 및 지능형 스케줄링과 같은 기술 적용을 장려한다. 에너지 저장, 마이크로 그리드, 전기 자동차, 분산 전원 및 기타 자원을 통합하고 3%-5% 조정 가능한 자원 저장소를 구축한다. 지능형 통합 스케줄링 모드를 지속적으로 탐색할 것이다.

4) 국제 일류 가스 공급 시스템 건설

(1) 도시가스 송배 시스템 개선

상류 가스 공급원 조직을 강화하고 산징(陕京) 가스 공급 시스템을 개선하며 톈진(天津) 남항 LNG 비상 비축 프로젝트의 베이징 입국 파이프라인을 건설한다. '3가지 가스 공급원, 큰 환 하나, 8대 채널' 가스 공급 시스템을 형성한다. 가스 공급 능력은 하루에 3억 입방미터에 달한다. '하나의 플랫폼 + 3개의 루프 + 다중 연락 라인' 도시 송배 시스템을 개선하고 미윈(密雲), 성남(城南), 핑구(平谷) 3개의 게이트 스테이션과 서부 류환 중간 가스 프로젝트를 건설한다. 총 게이트 스테이션은 13개, 수용 능력은 2억 5천만 입방미터/일에 도달하고 6개의 루프 고압 A 파이프라인의 링 형성을 실현하고 천연 가스 수용 및 운송 능력이 크게 향상되었다.

(2) LPG 배송 서비스 시스템 최적화

충전 능력 자원의 통합을 촉진하고 시급 액화 가스 공급 기지 건설과 남부 교외의 병입 공장 이전을 완료하고 핑구(平谷), 미윈(密雲), 옌칭(延慶)에 3개의 충전소를 건설한다. 시내에는 8개의 액화 가스 충전소를 건설한다. 사이트 배치를 최적화하고 공급 스테이션을 200개까지 늘리고 마을 수준의 이동식 병 저장 시설을 설치한다. 가스 공급원 구매를 통일하고 배송 방식을 개선하며 서비스 효율성을 향상시킨다.

(3) 스마트 가스 시스템 구축 추진

천연가스 'SCADA, IoT 이중망 중첩, 모니터링 시스템, 업무시스템 연동 운영'의 예측경보체계를 구축하여 주민가입자 2,000세대 이상에 공급되는 압력조정소(박스)와 중점지역, 중요 파이프라인 약 5,000개의 갑정을 모두 커버한다. 리스크 분석 모델을 구축하고 지능적으로 리스크를 평가, 조정 및 통제한다. 베이징시의 천연가스 베이더우(北斗) 응용 생태계를 구축하여 가스관 네트워크의 안전하고 정확하며 효율적인 운영을 촉진한다.

5) 녹색 저탄소 난방 보장 체계 재구축

(1) 도시 난방 보장 능력 강화

열병합 발전 원망 구조를 최적화한다. 지원 피크 조정 열원 건설을 가속화하고 쭤자좡(左家庄) 2단계 및 루구베이중(魯谷北重) 등 피크 조정 열원 프로젝트를 완료한다. 루구베이중(魯谷北重), 베이샤오잉(北小營), 쑤이강(首鋼) 및 기타 열원 지원 파이프 네트워크 건설을 촉진한다. 둥바진잔(東坝金盏) 지역의 여열 파이프 네트워크를 건설하며 남중축 지역의 열 공급 자원 통합을 촉진한다. 끊어진 머리 퓽니트와 끊어진 지점은 열리고 수력 작업 조건을 최적화하며 난방 파이프 네트워크의 안전한 작동 수준을 향상시킨다. 폐열 자원을 최대한 활용한다. 동북 및 남동부

열전 센터의 폐열 이용 및 변형을 위한 시범 프로젝트를 추진한다. 도시 열망 회수 온도를 점진적으로 낮추고 발전소의 폐열 이용 효율을 향상시킨다. 가스 보일러실의 연도 가스 및 데이터 센터와 같은 폐열의 재활용을 촉진하고 여건이 허락하는 지역에서는 하수 공급원 히트 펌프 열 공급을 대체한다. 지역 간 청정 난방 협력을 심화하고 톈진(天津)-허베이(河北) 발전소의 폐열 가능성을 검토한다.

(2) 재생에너지 난방발전 추진

재생 에너지 난방 사용을 우선시하고 새로운 건물은 더 이상 독립적인 가스 난방 시스템을 구축하지 않으며 재생 에너지 시스템이 전통적인 난방 방식과 다중 에너지로 결합되도록 장려한다. 도시 부센터 및 화이러우(怀柔) 과학 성과 같은 핵심 지역에 재생 에너지 난방 시스템 건설을 촉진한다. 장자커우(張家口)-베이징 녹색 전기 열 저장 시범 프로젝트를 건설한다. 농촌 건물의 에너지 절약 및 변형에 협력하고 농업, 번식 기지, 특색 마을 및 마을, 관광 명승지 및 주택(숙박)에서 기술 응용 형식을 혁신하고 다중 에너지 보완 및 녹색 난방 시범 프로젝트를 만든다. 재생 에너지 난방 면적은 10% 이상을 차지한다.

(3) 건물 에너지 절약 업그레이드 추진

난방 에너지 절약 및 효율성 제고는 난방 시스템 에너지 소비 절감과 동시에 고려해야 한다. 신축 건물은 에너지 절약 설계 표준을 전면 시행하고 스마트 난방 의무 조항을 추가한다. 녹색 건물을 적극적으로 개발하고 녹색 건축 자재의 적용을 촉진하며 오래된 커뮤니티 및 공공 건물의 에너지 절약 및 녹색 개조 프로젝트의 구현을 촉진한다. '초저(超低)에너지 소비 건물' 시범을 추진하고 제로에너지 건물 연구를 수행한다. 난방 계량 변형을 촉진하고 난방 시스템의 열원 및 파이프 네트워크 변형의 구현을 가속화한다. 열량계 요금제를 개선하고 중앙난방 공공건물에 열량계 요금을 부과하며 건물의 에너지 절약에 더 도움이 되는 열량계 요금 모델을 탐색한다. 2025년까지 단위 건물 면적당 난방 에너지 소비량은 2020년보다 약 10% 감소할 것이다.

(4) 지능형 난방 수준 향상

클라우드 컴퓨팅, 빅데이터, 에뮬레이션 시스템, 사물 인터넷, GIS 포지셔닝 및 기타 기술을 사용한다. 열 공급 시스템의 지능형 변형을 수행하고 기업 수준의 지능형 열 공급 관리 플랫폼을 구축하며 도시 열 공급 산업의 '하나의 네트워크' 시스템 구축을 촉진한다.

6) 혁신적 에너지 종합 이용 모델

(1) 다목적 시너지 통합 스마트 에너지 시범 확대

예비 시범사업을 바탕으로 에너지 기업의 디지털 에너지 클라우드 센터 건설을 더욱 추진한다. 도시 부센터, 신축 기능 구역, 신축 단지, 신축 공공 건물 등의 시범 적용 범위를 확대한다. 종합 에너지 및 에너지 절약 서비스 모델을 혁신하고 산업 단지, 상업 단지, 고급 비즈니스 빌딩과 같은 주요 사용자에게 에너지 관리, 에너지 절약 변환, 지능형 운영 및 유지 보수와 같은 서비스를 제공한다. 디지털 에너지 전환, 기술 혁신 시범 및 신에너지 응용 전문 운영을 위한 종합 스마트 에너지 시범구 배치를 구축한다. 수도 에너지 녹색 및 저탄소 전환 그리고 운영 안전 보장을 위한 공동 지원 계획에 대한 연구를 수행한다.

'다중 계량장치의 통합'을 촉진한다. 주민 최종 사용자의 수도, 전기, 가스 및 열 계량기를 지능적으로 업그레이드하고 표준 사양을 연구 및 공식화하고 스마트 요금 지불 모델을 촉진한다. 다양한 에너지 소비 데이터를 효과적으로 모니터링, 분석 및 통합하고 스마트 도시의 전반적인 운영을 지원하며 사용자와 기업이 에너지 자원을 절약하도록 안내한다.

(2) 지역 에너지 인터넷 규모화 적용 추진

지역 종합 에너지 계획을 선도하여 종합 스마트 에너지 시범 응용을 기반으로 옌칭구(延慶區), '3성 1구'(3城1區), 다싱(大興) 국제공항 임공(臨空) 경제구, 도시 부센터 등 중점 지역에 에너지 인터넷 대규모 시범 응용을 적극 추진한다. 저탄소 에너지 절약 시범 구역을 조성하여 도시 에너지 통합 운영 관리를 복제하고 촉진할 수 있는 새로운 모델을 형성한다.

(3) 다분야 수소에너지 시범 응용 시나리오 구축

수소 공급원의 기술 혁신 및 시범 응용 프로그램을 지원하기 위해 전해수 수소 생산 규모를 합리적으로 배치하고 녹색 수소에너지의 비율을 높이며 저탄소 및 경제적인 녹색 수소에너지 공급 시스템을 구축한다. 폐기물 바이오가스, 하수 슬러지 등 바이오매스 수소 생산을 탐색하고, 아수웨이 순환 경제 단지 등에서 폐기물 수소 생산의 가능성을 연구하며, 이 도시의 재생 가능 에너지의 효율적인 재활용 촉진을 촉진한다. 수소 충전소 건설도 적극 추진한다. 수소연료전지차용 수소수요를 중심으로 '시범선도, 지역방사선'이라는 이념에 따라 2025년까지 74개의 수소충전소를 건설하여 합리적인 배치, 적당히 앞서고 수요와 공급이 일치하며 안전하고 질서 있는 수소충전소 공급보장체계를 형성할 전망이다. 이와 동시에 수소 에너지 응용 레이아웃에 대해 깊이 연구한다. 도시 부센터 및 창핑 에너지 밸리, 중석유 사하 과학 단지, 다싱, 팡산, 옌칭 수소에너지 시범 구역 및 기타 산업 단지에서 수소에너지 분산 에너지 공급, 민간 열병합 공급, 에너지 저장 피크 조정 및 기타 분야의 응용을 탐색한다.

7) 폐기물 자원화 처리 체계 구축

(1) 재활용 시스템 구축 강화

재활용 시스템 배치를 개선하고 소스 통신 네트워크를 개선하며 중계소를 합리적으로 설치하고 분류 센터 건설을 가속화하고 상대적으로 풍부한 지역 재활용 수집, 운송 및 분류 기능을 구축한다. 시장화 메커니즘을 개선하고 대규모 기업의 전체 체인 운영을 지원하며 부동산 관리, 환경 위생 작업 및 기타 단위가 각자의 장점을 충분히 발휘하도록 장려한다. 분업 및 협력하고 주민 가족이 재활용 가능한 물질의 분류를 수행하도록 안내하여 최대한의 분배와 미수금을 달성한다. 토지 이용 보장, 차량 통행, 저가 재활용 보조금 등 지원 정책을 개선하고 재활용 물류 지점, 경유지 및 분류 센터 건설 및 관리 표준을 제정하고 재활용 시스템 관리 수준을 향상시킨다.

(2) 자원 처리 능력 구축 가속화

'시 차원의 총괄, 구역 균형, 적당한 조정, 중추 지원 및 중복'의 원칙에 따라 현재와 장기, 비상 및 정상 간의 효과적인 연결에 주의를 기울이고 폐기물 처리 시설의 단점을 신속하게 보완한다. 생활 폐기물 소각 시설 건설을 가속화한다. 2023년 말까지 다싱구(大興區) 안정순환경제원 생활폐기물 소각장, 순의구(順義區) 생활폐기물처리센터 소각 3단계 건설이 완료된다. 2025년 말까지 펑타이구(豊臺區) 바이오매스 에너지 센터와 핑구구구 생활 폐기물 종합 처리장 기술 혁신 및 업그레이드 프로젝트(2단계) 건설을 완료할 것이다. 퉁저우구(通州區) 재생 에너지 발전소 2단계, 차오양구 폐기물 소각장 3단계, 옌칭구 생활 폐기물 소각 발전 프로젝트 건설을 가속화한다. 음식물 쓰레기 처리 시설 건설을 질서 있게 추진한다.

2025년 말까지 순이구(順義區), 핑구구(平谷區), 미윈구(密雲區) 등 음식물 쓰레기 기술 혁신, 비상, 신규(확대) 건설 프로젝트를 완료하고 도시 음식물 쓰레기 처리 능력이 9,000톤/일 이상에 도달하도록 노력하여 음식물 쓰레기 처리 능력의 단점을 보완한다.

건설 폐기물의 자원 활용을 촉진한다. 토사 · 모래 · 석재 재활용 채널을 원활히 하고, 고정시설 기반, 임시시설 보완을 위한 건설폐기물 자원화 처리구조를 형성하여 건설폐기물 발생량 규모에 동적으로 적응할 수 있는 처리능력을 향상시킨다. 인테리어 폐기물 처리시설을 늘리고, 수도기능핵심지구를 제외한 각 구에 인테리어 폐기물 처리시설을 최소 1개소 이상 설치하여야 한다. '14차 5개년 계획' 기간이 끝날 때까지 인테리어 쓰레기의 자원화 처리 능력은 처리 수요를 충족시킬 것이다.

(3) 시설의 친환경적, 효율적인 운영 촉진

완전 고형 폐기물 처리 개념을 수립하고 폐기물 처리 시설의 단지화를 촉진하며 시설 간 폐기물 재활용 및 공동 처리를 실현한다. 쓰레기 소각, 하수 처리, 에너지 공급 등 다양한 시정 시설의 기능 통합과 통합 설치를 추진하고 자원 재활용 체계를 구축한다. 분뇨, 음식물쓰레기 및 생활하수의 공동처리를 적극 추진하고 음식물쓰레기 처리시설의 바이오가스 자원화 이용을 적극 추진하며 비산재 및 소각슬래그의 종합이용방법을 모색한다. 환경 친화적이고 지역 사회 친화적인 쓰레기 처리 시스템을 구축한다. 오염 물질 배출 통제를 강화하고 지능적인 관리 수준을 향상시킨다. 폐쇄된 쓰레기 매립장의 생태 복원을 수행한다. 쓰레기 처리 시설의 청결화 및 밀폐 업그레이드 및 개조를 실시하고 시설 오염 물질 통제 수준을 개선하며 2025년 말까지 도시 쓰레기 처리 시설의 악취 처리를 완료할 것이다.

2. 2030 베이징 탄소배출 감축 계획 임무

에너지 구조를 더욱 최적화하고 재생 가능한 에너지의 비율을 높인다. 주요 탄소 배출 단위의 관리를 강화하고 총 탄소 배출량과 강도에 대한 '이중 통제'를 강화한다.

1) 비산먼지 미세화 관제 강화

'1마이크로그램' 조치를 심화하고 주요 산업 단지의 휘발성 유기 화합물 관리를 강화한다. 국가의 4대 중형 디젤 운영 트럭을 점진적으로 제거하고 버스, 환경 위생 및 임대와 같은 핵심 산업에서 신에너지 차량을 홍보하고 대기질을 지속적으로 개선한다. 절수 규정을 시행하고 5대강 유역의 수생태 보호, 복원 및 공간 관리를 강화하며 검고 악취가 나는 수역과 열등한 5가지 수역을 동적으로 제거한다. 토양 오염 위험 관리 및 복원을 강화한다.

2) 녹색 도시의 조성

다양한 단지의 녹색 및 저탄소 순환 변환 및 업그레이드를 촉진하고 공공 건물의 에너지 절약 및 녹색 변환을 촉진한다. 중소기업과 시민을 위한 포괄적인 탄소 인센티브 메커니즘을 구축 및 개선하고 전 국민이 탄소 감소에 참여하는 좋은 패턴을 구축한다. 핵심 지역은 계속 녹색을 높이기 위해 잠재되어 있으며 나머지 지역은 모두 국가 산림 도시 표준을 충족한다. 지역 여건에 따라 포켓공원, 작은 녹지, 고품질 국가식물원 계획 및 건설, 200헥타르의 새로운 도시녹지, 10개의 교외공원 건설, 남원삼림습지공원 등 대규모 녹화공간 조성에 힘쓴다. 산림녹화에 박차를 가하고, 자격을 갖춘 공원에서 '축소 울타리 및 연결 촉진'을 실시하고, 녹지지역 철거 및 연계를 조정 및 추진하여 '녹지 연결 및 녹색 도로 연결'을 실현한다.

3. 베이징 탄소배출 저감과정 중의 어려움 및 도전

전체적으로 볼 때, 중국의 탄소 배출 감소 임무는 다음과 같은 걸림돌이 있다. 첫째, 중국이 석탄 화력 발전소의 발전에 크게 의존한다. 둘째, 세계 최대 자동차 시장인 중국의 탄소 배출 감소 여부는 기술 혁신 여부에 달려 있다. 베이징의 탄소 배출 감소는 또한 전력 및 운송 산업의 탄소 배출이라는 두 가지 주요 문제에 직면해 있다. 베이징이 2050년에 탄소 중립과 목표를 달성한다면 도시 발전의 품질을 보장하는 것을 기반으로 에너지 전환은 큰 도전과 어려움을 겪는다.

1) 베이징의 화전(火電) 의존

2019년 중국의 석탄 발전량은 전체 발전량의 63.9%를 차지한다. 이 비중은 중국의 탄소중립 목표 달성에 매우 어렵다. 중국이 2060년 탄소중립을 달성하는 것은 석탄과 전기가 발전의 지배적인 위치를 차지하는 기관을 바꾸지 않는 한 거의 불가능한다.

국가전력망 베이징시 전력공사 본사는 22개 부서를 두고 16개 전력회사, 12개 사업지원기관, 2개 합자회사, 4개 기타 단위를 관할한다. 2022년에는 1,199억 5,200만 kWh의 전력 판매를 완료하고 944만 4,700명의 고객을 서비스할 것이다. 회사는 110kV 이상의 변전소 599개, 변전 용량 1억 517만kVA, 가공 라인 4,952km, 케이블 라인 2,061km, 가공 케이블 혼합 라인 3,850km를 보유하고 있다. 역대 최대 부하 2,564만kW, 도시 전력 공급의 신뢰성 99.997%에 도달하여 국내 최고 수준이다.

2) 로컬 발전 적음

베이징 전력망은 2008년 베이징 올림픽이 열리기 전에 베이징의 전력 패턴이 형성된 전형적인 수탁 전력망이다. 베이징 현지 발전은 전체 전력 소비량의 30%에 불과하고 나머지 전력의 70%는 산시(山西), 내몽골(內蒙古) 및 기타 지역의 수입에 의존한다.

선진국의 1차 에너지 소비는 여전히 화석 에너지 위주이며 석탄, 석유, 천연가스의 합은 51.5%-87.4%이며 베이징은 이와 유사하지만 신에너지 및 재생 에너지 활용 비율이 상대적으로 높다.

3) 베이징의 교통운수 탄소절감

베이징교통발전연구원 에너지절약 및 배출가스저감센터의 연구에 따르면 지난 5년간 베이징 도시교통의 연평균 탄소배출 증가율은 4%로 나와 있다. 빅데이터 분석과 결합하여 2050년 탄소중립과 목표를 달성하려면 현재 연간 4%의 증가율에서 마이너스 10%의 연간 감소율로 전환해야 한다. 마이너스 성장의 변곡점은 '14차 5개년 계획' 기간에 나타나야 한다. 이를 위해서는 기존의 저탄소 개발 모델에서 교통 분야에서 더 강력한 조치를 취해야 하며, 이는 수백만 톤의 탄소 배출량을 줄일 것이다.

기업의 순제로 탄소 배출 압력은 에너지 공급단으로 전달된다. 지하철 운영 단위도 비슷한 현상이 있다. 운행거리 증가 등의 영향으로 지하철 운영사들 스스로 단기간에 탄달봉 목표도 달성하지 못하고 있다. 어떠한 기술 혁신이나 현재 제한된 양의 녹색 전력 사용으로도 운영 마일리지 증가로 인한 에너지 소비량을 상쇄할 수 없기 때문이다.

4) 베이징의 건축 탄소 배출 절감에 대한 도전

베이징 에너지 절약 및 환경 보호 센터의 연구에 따르면 베이징 건설 및 교통 분야의 에너지 소비량은 베이징 전체 에너지 소비량의 70% 이상을 차지하며 증가 추세를 보이고 있다. 이

분야의 에너지 소비 및 탄소 배출을 효과적으로 통제하는 것이 '탄소 피크' 목표를 달성하는 열쇠이자 어려움이며 특히 난방 및 항공 산업의 제로 탄소 에너지 대체는 여전히 실현 가능한 경로가 없다.

베이징시의 화석 에너지 소비는 70.3%를 차지하며 지역 재생 에너지 자원이 상대적으로 부족하여 신에너지 및 재생 에너지 비율이 현저히 낮고 순 외부 전력의 비율이 상대적으로 높은 것이 베이징시 에너지 구조의 특징이다. 2019년 전체 에너지 소비에서 비화석 에너지가 차지하는 비중은 7.9%로 전국 평균의 약 절반에 불과하다.

베이징 통계에 따르면 2019년 도시의 1차 에너지 중 수력, 풍력 및 태양광 발전 생산량은 각각 10.2억 킬로와트시, 3.4억 킬로와트시 및 4.8억 킬로와트시다. 세 가지 누적 전력량은 그해 베이징 전체 사회 전력량의 2% 미만이다.

저탄소에서 순제로 배출로, 마지막으로 탄소 제로 달성하기 위한 이 과정의 도전은 매우 크다. 베이징은 에너지 소비형 도시이며 전력 공급 측면에서 탄소 배출을 더 잘 줄이는 방법은 지역 협력이 필요하며 이는 오랜 노력이 필요한 과정이다.

Ⅲ. 스마트 시티의 건설

지금까지 베이징의 스마트 시티 건설은 개념 제시에서 건설에 이르기까지 20년 이상의 역사를 거쳤다. 그동안 관련 개념도 '디지털 베이징'에서 '스마트 베이징'으로 발전하는 과정을 거쳤다. 〈표 2〉는 중국이 1998년부터 디지털 도시 건설을 옹호하고 2016년까지 새로운 유형의 스마트 도시 건설에 진입하는 과정을 보여준다. 이 발전 과정에서 의존한 핵심 기술에서 도시 특성에 이르기까지 모두 모델화되고 정제되었으며 중국 스마트 도시 건설의 발전 추세를 보여준다. 중국의 수도이자 대표적인 거대도시 중 하나인 베이징의 스마트 시티 건설은 개념 제시와 실천 측면에서 중국의 스마트 시티 건설의 대표적인 하나다.

표 2 중국 도시 정보화 발전 과정

번호	출현 시기	발전단계	핵심기술	특징	국내중점발전시기
1	1998년	디지털 도시		공간정보기술	디지털화 "15" 기간
2	2006년	정보도시 정보화	정보기술	'11차 5개년 계획' 기간	
3	2009년	스마트 시티	사물인터넷, 클라우드 컴퓨팅, 빅데이터 등 차세대 정보기술	지능화	'12차 5개년' 및 '13차 5개년' 기간
4	2016년	신형 스마트 시티	5G, 인공지능, 블록체인 등 차세대 정보기술	스마트화	'14차 5개년 계획' 기간

출처: 진장쥔(金江軍). (2021). 스마트 시티: 빅데이터, 인터넷 시대의 도시 거버넌스 (제5판) [M]. 전자공업출판사, 6

2022년경 베이징의 '기반 구축'을 핵심으로 하는 스마트 시티 1.0 건설이 기본적으로 완료되고 베이징 스마트 시티는 기반 구축의 기본 단계인 1.0에서 전역 응용 시나리오로 나아가 개방과 대규모 건설을 가속화하는 2.0 단계에 있다. 이 단계는 이러한 방향으로 계속 발전할 것으로 예상된다.

1. '스마트 베이징' 전략 발전 과정

1998년 앨 고어(Albert Arnold Gore Jr.) 미국 부통령이 '디지털 지구: 신세기 인류 행성의 인식'이라는 제목의 연설에서 '디지털 지구'라는 개념을 처음 제시하자 중국 정부와 중앙 지도자들의 관심이 높아졌다. '디지털 지구'는 거대한 정보 시스템으로서 인류가 지구를 인식하는 새로운 방식으로 대지 관측, 지구 과학, 컴퓨터 기술, 네트워크 통신 등 다양한 분야를 포함하며 디지털화된 수단을 사용하여 지구 전체의 자연 및 사회 활동의 다양한 문제를 처리하고 자원의 미래 추세를 최대한 활용한다. 이러한 인식 아래 중국 정부가 디지털 도시 발전을 위한 결정을 내리면서 베이징은 정보화 도시 건설을 위한 실무 탐색에 앞장서고 있다.

1) 베이징 도시 정보화 건설 과정

(1) '디지털 베이징' 건설 시작

1999년 11월 29일부터 12월 2일까지 중국과학원이 주최하고 19개 부처 및 위원회와 기관이 공동 주최한 제1회 디지털 지구 국제 회의에서 '디지털 베이징'의 개념과 건설 계획이 처음 제안되었다. 2006년 5월, 국제 디지털 지구 협회가 베이징에서 설립되었다. 이것은 베이징에 본부를 둔 최초의 디지털 지구 발전에 관한 국제적인 조직이다. 이때부터 디지털화와 정보화를 강조하는 베이징 건설이 시작됐다.

(2) '스마트 시티' 개념 정착

2010년 말 IBM의 '스마트 지구' 개념이 중국에 정착하기 시작했고 베이징은 '스마트 지구'의 개념을 벤치마킹하고 스마트 도시 건설 전략을 제안했다. 2011년 베이징은 중국 특색의 '세계도시' 건설의 전략적 목표를 중심으로 '디지털 베이징'을 기반으로 '스마트 베이징' 건설 청사진을 제시한다. 향후 5년 이내에 모바일 인터넷, 사물 인터넷, 클라우드 컴퓨팅, 스마트 제품과 같은 신기술을 적극적으로 개발하고 베이징의 도시 정보화 수준을 더욱 향상시킬 것을 제안했다.

이후 베이징에 '스마트 시티'를 건설하는 과정에서 건설 주도 개념도 끊임없이 변화하고 있으며 점차 정부 주도와 시장 주도의 합병으로 정부 주도와 시장 주도의 전환, 4+4 프레임워크를 제시하고 도시, 시민, 정부, 시장의 4가지 측면을 통합하여 스마트 시티를 건설하고 있다.

스마트 시티의 표준화는 스마트 시티의 발전에 중요한 역할을 하며 전 세계 국가와 지역에서 널리 주목받고 있다. 현재 스마트 시티 국가 기준 제정, 국제표준화, 표준서비스체계 구축을 지도하기 위해 스마트 시티 기술참고모델, 평가모델 및 기초평가지표체계, 스마트 시티 SOA 표준 적용지침 등 5가지 국가표준을 발행하고 있다.

(3) '신형 스마트 시티' 건설

2016년 10월 20일부터 21일까지 제1회 중국 신형 스마트 시티 발전 정상포럼이 베이징에서 개최되었다. 이 포럼에서 새로운 스마트 시티 건설은 '혁신, 조정, 녹색, 개방 및 공유'의 5가지 발전 이념을 지침으로 삼고 '사람 중심'을 핵심, 출발점으로 삼겠다는 제안를 했다.

2017년에 베이징은 새로운 유형의 스마트 도시 건설을 추진하고 도시 부센터 스마트 도시계획 및 행정 사무소 정보화 건설의 전반적인 설계를 완료했다. 행정 사무소 구역의 정부 클라우드 센터 컴퓨터실 및 기타 프로젝트를 완료하고 전자 정부 인트라넷 및 클라우드 컴퓨팅 데이터 센터 건설을 시작하며 정보 시스템 이전 작업을 잘 수행하고 첫 번째 이전 행정 단위의 입주를 보장한다.

2021년 5월 주택도시농촌개발부와 공업정보화부는 베이징(北京), 상하이(上海), 광저우(廣州), 우한(武漢), 창사(長沙), 우시(無錫)의 6개 도시를 스마트 시티 인프라와 스마트 커넥티드카의 공동 발전을 위한 첫 번째 시범 도시로 선정했다. 스마트 시티 인프라는 디지털 경제의 새로운 인프라이고 스마트 커넥티드카는 디지털 경제의 새로운 터미널이다. '다불 스마트' 도시 건설은 베이징이 디지털 경제 벤치마킹 도시를 건설하고 탄소 피크 및 탄소중립 전략 행동을 구현하며 고품질 경제 사회 발전을 실현하는 데 큰 의미가 있다.

(4) '스마트 베이징 2.0' 건설 추진

2022년 9월부터 베이징은 10개의 스마트 응용 시나리오 '게시 및 리더' 목록을 발표했는데, 이는 베이징의 '기반 구축'을 핵심으로 하는 스마트 도시 1.0 건설이 기본적으로 완료되었음을 의미한다. 베이징 스마트 시티는 기반 구축의 기본 단계인 1.0에서 전역 응용 시나리오로 확장하여 개방 및 대규모 건설을 가속화하는 2.0 단계에 있다. 이 10가지 스마트 응용 시나리오에는 지능형 네트워크 버스 시연, 무인 배송 차량 도로 조정 응용 프로그램, 차오양구 네트워크 보안 시스템, 커뮤니티 및 빌딩을 위한 스마트 배송 스테이션, 스마트 노후 건설 시범, 온하우스 스마트홈 시범, 디지털 커뮤니티 건설 시범, 클라우드 오피스 혁신 과제, 온·오프라인 소비 융합 스마트 체험 시나리오 스토어 및 노지 채소 무인 농장이 포함된다.

2) '스마트 베이징' 건설에 관한 정책

(1) 주요 정책

2012년 3월, '12차 5개년 계획' 기간 동안 정보화 발전을 가속화하고 '베이징 '12차 5개년 계획' 기간 동안 도시 정보화 및 주요 정보 기반 시설 건설 계획'을 시행하기 위해 베이징 시정부는 '스마트 베이징 행동 계획(징정발 [2012] No. 7)'을 발표했다. 그중 핵심계획은 도시 스마트 운영 행동 계획, 시민 디지털 라이프 행동 계획, 기업 네트워크 운영 행동 계획, 정부 통합 서비스 행동 계획, 정보 인프라 고도화 행동 계획, 스마트 공유 플랫폼 구축 행동 계획, 응용 및 산업 연계 행동 계획, 개발 환경 혁신 행동 계획이다. 따라서 '개요'의 임무는 정보화를 통해 스마트 시티를 구축하는 방법으로 전환되었다.

2014년 8월, '국가신형도시화계획(2014-2020)' 인쇄 및 배포에 관한 중국공산당 중앙 국무원 고시(중발 [2014] No. 4)'와 '정보소비 촉진 및 내수 확대에 관한 국무원의 여러 의견(국발 [2013] No. 32)'의 관련 요구 사항을 이행하고 스마트 시티의 건전한 발전을 촉진하기 위해 국가발전개혁위원회(약칭 국가발전개혁위원회), 공업정보화부, 과학기술부, 공안부, 재정부, 국토자원부, 주택도시농촌건설부, 교통운수부 등 8개 부처가 공동으로 '스마트시티의 건전한 발전 촉진에 관한 지도 의견(발개량[201417])'을 발표, 2020년까지 특색이 뚜렷한 스마트 시티를 건설하고 집적과 방사선의 주도적 역할을 크게 강화하며 종합적인 경쟁우위가 크게 향상되며 인민생활서비스 보장 및 개선, 사회관리 혁신, 사이버보안 유지 등 방면에서 괄목할 만한 성과를 거두었다.

(2) 정책 목적 분석

중국의 도시 정보화 발전은 시간적 차원에서 디지털 도시, 정보 도시, 스마트 도시, 새로운 스마트 도시의 4단계로 나눌 수 있지만 현실에서 서로 다른 시기에 수립된 정책은 이 단계를 엄격하게 준수하지 않는다. 다른 해에 발표된 정책 수립 목표의 표현에서 명확한 단계적 개발 특성을 나타내지 않고 상당 부분 모호함을 보여준다.

둘째, 추진의 주체인 정부 부처 차원에서도 어느 정도 변화가 있었다. 공업정보화부와 주택

건설부는 주요 추진부처로서 항상 스마트 시티 건설을 추진하고 있지만 국가발전개혁위원회, 재정부, 국토자원부, 교통부 등 관련 부처와 부처도 스마트 시티 관련 정책 수립에 참여하고 있다.

2. 북경 스마트 시티의 발전 배치 및 주요 기반기술

전형적인 거대 도시 중 하나인 베이징은 중국 정부가 주도하는 여러 스마트 도시 건설의 시범 사업에 적극적으로 참여했다. 베이징의 도시 중심가, 농촌 마을, 경제 기술 개발구를 포함한 지역은 종합 스마트 도시 시범 프로그램에 적극 참여한다. 이를 바탕으로 베이징시는 '스마트 시티 인프라와 지능형 네트워크 연결 자동차'(이하 '다블 스마트'라고 함)의 공동 개발 시범 사업에 적극적으로 참여하고 '다블 스마트'의 개발 모델과 경로를 모색한다.

1) '스마트 시티 1.0' 베이징 시범 분포

중국의 주택도시농촌개발부는 2012년 12월 5일 '국가스마트도시 시범사업 실시에 관한 고시'를 공식 발표하고 '국가 스마트 도시 시범사업 잠정관리조치'와 '국가 스마트 도시(구, 진)(區, 鎭) 시범지표체계(시범)' 2개 문서를 발행하여 시범도시 신청을 시작했다. 그 이후로 3개의 스마트 시티 시범 관행이 공식적으로 시작되었으며 베이징의 이 3개 구(진) 중 일부가 시범 건설 단위로 선택되었다. 구체적인 상황은 〈표 3〉에 나와 있다.

표 3 베이징 스마트 시티 시범 배치 및 특정 지역

배치	발표 시간	시범 도시 수	북경시 구체적인 시범 장소
1차	2013년 1월 29일	현급시 37개, 구(현) 50개, 진 3개	둥청구(東城區), 차오양구(朝陽區), 미래과학기술타운, 리쩌(麗澤)비즈니스구 등 총 90개가 포함
2차	2013년 8월	103개 도시(구, 현, 진)	경제기술개발구, 팡산구 장양진(房山區長陽鎭)
3차	2015년 4월 7일	84개 도시(구, 현, 진)	먼터우거우구(門頭溝區), 다싱구팡가좡진(大興區龐各庄鎭), 신수강(新首鋼)고급산업종합서비스구, 팡산구 량샹고교(房山區良鄉高敎)단지, 서성구(西城區)우(牛)가거리

출처: 저자 작성

2) '다블 스마트'의 공동 발전 시범 사업

2021년에는 베이징 스마트 시티 2.0 건설이 전면적으로 시작되고 '징퉁'(京通), '징판'(京辦), '징쯔'(京智)의 3가지 스마트 단말기가 베이징 스마트 시티의 통합 서비스 입구가 되어 '일망통판'(一網通辦), '일망통관'(一網統管), '일망혜치'(一網慧治)의 범위를 확대한다. 스마트 교통, 스마트

의료, 스마트 도시 관리 등의 건설을 시범으로 추진하고 디지털 커뮤니티 건설을 시범 사업으로 하여 도시 서비스 관리 수준을 적극적으로 향상시킨다.

지능형 교통 서비스가 일상화되었다. 베이징 교통 녹색 이동 통합 서비스 플랫폼과 같은 지능형 교통 응용 프로그램의 대중화는 주민들이 편리하고 효율적이며 고품질, 공정하고 스마트한 녹색 교통 서비스를 누릴 수 있도록 한다. 지능화된 의료 서비스는 꾸준히 진행되고 있다. 의료기관의 디지털 업그레이드가 대중화됨에 따라 주민들의 진료 경험이 크게 향상되었다. 베이징의 글로벌 디지털 경제 벤치마킹 도시 건설이 긍정적인 진전을 이루었다. 2021년 베이징 디지털 경제의 부가가치 규모는 1조 6,000억 위안에 달할 것이며 현재 가격으로 계산하면 2020년 대비 13.1% 증가하여 시 GDP의 40.4%를 차지한다. 앞으로 베이징은 좋은 디지털 생태 환경을 더욱 구축하고 새로운 디지털 공공 서비스 모델을 혁신하며 사람들에게 이익이 되는 스마트하고 공유되며 효율적인 도시 서비스 시스템을 지속적으로 구축할 것이다.

자동차 산업은 점차 전동화, 지능화, 네트워크 연결 및 녹색으로 전환되었으며 도시는 디지털화, 네트워크화 및 지능화를 기반으로 하는 기반 시설 건설을 추진하여 사람들의 이동성과 도시 거버넌스에 더 나은 서비스를 제공하고 있다. 스마트화의 일반적인 추세에 따라 시너지 접점을 형성하고 스마트 시티는 스마트 커넥티드카 개발을 위한 스마트 인프라 및 응용 시나리오를 제공하며 스마트 커넥티드카는 스마트 시티 건설의 견인차이자 디지털 단말기로도 사용될 수 있다. 스마트 시티 인프라는 디지털 경제의 새로운 인프라이고 스마트 커넥티드카는 디지털 경제의 새로운 터미널이다.

중국 정보화 도시 발전 지침의 구분에 따르면 베이징의 스마트 도시는 주로 다음과 같은 주요 응용 지원 시스템을 포함한다.

① 사회정보화: 디지털 홈, 스마트 커뮤니티, 온라인 교육, 디지털 소비, 스마트 컨트리, 디지털 엔터테인먼트

② 기업정보화: 기업 인터넷, 전자 상거래, 공동 설계, 관리 정보화, 공동 제조, 산업 체인 융합

③ 공공 애플리케이션 지원 플랫폼

④ 기초 서비스 플랫폼: 물류 공공서비스 플랫폼, 기업정보화 클라우드 서비스 편 플랫폼, 전자상거래 기반 서비스 플랫폼, 네트워크화 혁신 서비스 플랫폼

⑤ 공공 정보 인프라: 광섬유 네트워크, 무선 네트워크, 사물 인터넷 및 HD 대화형 케이블 텔레비전 네트워크

3. 베이징 스마트 시티 발전에 대한 평가

1) 베이징시 스마트 시티 건설 분야 시범사업

(1) 역사문화관광지구 및 블록지성운관 건설

사물 인터넷 및 시각화 기술을 사용하면 역사 및 문화 지역에서 고정밀 및 동적 기본 데이터를 수집할 수 2있을 뿐만 아니라 데이터 표시, 분석 및 해독을 보다 편리하게 수행할 수 있다. 지역 정밀 모니터링 및 관리를 진정으로 실현하기 위한 중요한 기본 조건을 제공한다. 이러한 기술적 지원을 받아 베이징시 기획 및 천연자원위원회 서성지국(西城支局)은 베이징 칭화동형계획설계연구원에 위탁하여 '역사문화보호구역 스마트 모니터링 및 관리 시스템 연구 및 실증' 연구를 수행했다. 이 작업은 주로 새로운 역사문화거리의 계획 및 관리에 대한 문제점에 대해 서성구(西城區)의 '부내백탑사(阜內白塔寺) 역사문화거점'을 실험지역으로 선정하여 사물인터넷 모니터링 시스템, 종합 데이터베이스, 운영 분석 지원 플랫폼 및 가시화 운영 모니터링 시스템을 구축하여 거점 모니터링 및 관리의 정밀화 및 지능화를 탐색한다.

법원사(法源寺) 블록 스마트 운송 관리 플랫폼에는 스마트 블록 백그라운드 관리 시스템, 대형 화면 디스플레이 시스템 및 위챗 미니 프로그램이 포함된다. 자산 데이터, 주차 공간, 호텔, 스마트 램프, 출입구, 순찰, 부동산 및 주민 편의 서비스 및 기타 데이터의 입력, 분석 및 전시를 실현하고 거주자 및 관광객을 위한 차량 위치 안내, 호텔 추천, 주민 편의 서비스 및 지역문화 전시를 제공하고 관리자에게 순찰 관리 및 투자 유치 운영 및 스마트 장비 관리를 위한 데이터 및 기술 지원을 제공한다. 위챗 애플릿은 거주자 및 관광객에게 차량 위치 안내, 호텔 추천, 편리한 서비스, 블록 문화 전시 등의 기능을 제공하고 관리자에게 순찰 관리, 투자 유치 운영, 스마트 장비 관리, 알림 게시 등의 기능을 제공한다.

(2) 저탄소 건설과 결합한 스마트 시스템 구축

전국 최초의 '탄소 제로 배출 구역' 시범 프로젝트를 만든다. 유니버설 리조트는 현재 아시아에서 가장 큰 중앙 집중식 스마트 충전소가 되었으며 전 세계적으로 단일 배치 최대 규모의 지열 이용 시스템이 구축되었다.

(3) 스마트 시티 레일 표준화 구축

베이징 스마트 시티 레일 표준의 주요 개발 내용은 일반 기본 표준, 운영 관리 및 서비스 표준, 시설 및 장비 표준(궤도 교통의 전반적인 운송 효율성과 지능화 수준 향상)이다. 도시 철도 및 교외 철도 운영에 호환되는 차량, AFC 및 보안 검사 및 기타 표준을 제정하고 표준화를 통해 일련의 시스템, 네트워크 운영, 한 표의 동행, 원스톱 보안 검사 및 정보 기술 표준을 실현한다.

(4) 모바일 전광망 구축

베이징 이동통신회사는 스마트 시티를 위한 전광 네트워크(all optical network) 아키텍처를 발표했다. 베이징 모바일은 '1:N' 네트워크 아키텍처 모델을 채택하여 전광 네트워크 하나에 N개의 비즈니스 네트워크를 탑재하여 베이징 정보화 건설과 스마트 도시 서비스 시스템의 발전을 효과적으로 지원할 수 있다. 현재 베이징 모바일 전광망은 시내에 거의 6,000개의 5G 기지국, 2,100만 명의 모바일 사용자, 300만 가구 및 70만 개 이상의 기업에 서비스를 제공하고 있다.

2) 베이징 스마트 시티 주민 만족도 조사 결과

(1) 조사 조직

2022년 7월 국가통계국과 베이징시 통계국은 컴퓨터 보조 전화 조사(CATI)를 채택하여 만 18세에서 75세 사이의 베이징 거주자 2,000명의 샘플을 선택하여 스마트 시티 및 디지털 라이프 여론 조사를 실시했다. 이 조사의 목적은 베이징의 도시 서비스, 교통 이동, 온라인 교육, 의료 서비스, 디지털 라이프, 사무 인텔리전스 등 디지털 일상 응용 시나리오에 대한 주민들의 느낌을 이해하고 베이징 스마트 시티 건설에 대한 모든 측면의 문제점을 발견하고 의견을 제시하여 주민들의 인식에 기반한 베이징 스마트 시티 건설의 효과를 이해하는 것이다.

(2) 조사 결과

조사 결과에 따르면 베이징 도시 스마트 서비스와 디지털 생활에 대한 주민들의 전반적인 호평률은 78.7%에 달했다. 그중 스마트 생활 서비스와 정부 서비스에 대한 호평률이 비교적 높으며, 특히 거주자의 스마트 일상 생활 서비스의 전체 경험률은 96.2%, 호평률은 82.1%다. 모바일 결제, 온라인 소셜, 쇼핑 예약, 온라인 결제 체험률과 평가율은 80% 이상, 클라우드 전시회, 클라우드 공연 및 디지털 박물관 체험률은 16.5%, 평가율은 91.6%, 디지털 위안화 체험률은 14.2%, 평가율은 85.9%다. 스마트 정부 서비스 체험률이 70%를 넘어섰고 디지털 공공 서비스 수준이 지속적으로 향상되었다. 디지털 정부 건설이 지속적으로 추진되어 대중이 더욱 편리하고 효율적으로 일을 처리한다.

이 조사 결과에서 알 수 있듯이 스마트 일상생활 서비스, 모바일 결제, 인터넷 소셜, 쇼핑 예약, 온라인 결제 및 기타 서비스는 주민들 사이에서 매우 높은 보급률을 보이며 거의 전 국민이 사용하고 있다고 할 수 있다. 반면 클라우드 전시, 클라우드 공연, 디지털 박물관, 디지털 위안화 등 실생활에 필수적이지 않은 스마트 서비스 항목에 대한 접근률은 20%를 밑돌고 있어 대부분 경험해보지 못했다고 할 수 있지만, 그중에서도 경험해본 사람들의 호평률은 매우 높다. 이는 시민의 정신생활 요구에 더 초점을 맞춘 이러한 스마트 서비스가 향후 보급 측면에서 확대될 수 있다면 시민의 만족도 예측이 상대적으로 높을 것임을 보여준다. 또한 지능화된 스마트 서비스나 디지털화된 공공 서비스에 대한 수요도 앞으로 크게 증가할 것이다.

3) 베이징 스마트 시티 건설에 존재하는 주요 문제

현재 스마트 수도 건설의 발전 과정에서 일반적으로 다음과 같은 문제가 있다.

(1) 낮은 인식 수준

물 모니터링 및 감지 시스템은 완벽하지 않고 표준화되어 있지 않으며 감지 요소와 범위가 포괄적이지 않으며 체계적인 레이아웃이 부족하고 정확하고 연속적이며 포괄적인 감지 데이터를 얻기가 어렵다.

(2) 데이터 사일로

수도 데이터 사일로 현상이 만연하고 정보 시스템 간의 데이터가 불통이며 표준이 다르며 비즈니스 체인에 따라 신뢰할 수 있는 데이터 체인을 형성하지 못하여 데이터의 통합 및 활용을 효과적으로 실현하기 어렵다.

(3) 바닥 지지대의 부족

토대를 다지는 데 주의를 기울이지 않고 안정적이고 신뢰할 수 있으며 확장성이 강한 하부 플랫폼 지원이 부족하여 시스템을 효과적으로 연결할 수 없고 공통 능력을 형성할 수 없으며 시스템 구축을 집중적으로 수행할 수 없다.

(4) 지적 능력의 부족

기본 기술은 충분히 지혜롭지 않고 신기술이 부족하며 비즈니스 응용 프로그램을 지능화하는 능력이 부족하고 기술로 비즈니스 프로세스를 재구축할 수 없으며 지능화 정도가 충분하지 않다. 위의 문제를 종합적으로 분석하면 중요한 이유는 인식, 데이터, 하위 지원 및 지적 능력의 4가지 측면에서 기본 능력이 부족하고 포괄적이고 일관적이며 선진적인 기본 능력 시스템이 구축되지 않았기 때문이다.

스마트 시티 건설에 박차를 가한다. 스마트 도시 건설 계획을 전면 시행하고 '일망통판'(一網通辦), '일망통관'(一網統管), '일망스헤치'(一網慧治)를 더욱 촉진하고 다양한 공공 서비스를 조정한다. 빅데이터 플랫폼을 개선하고 인식 시스템과 같은 인프라 건설에서 획기적인 발전을 촉진한다. 의료, 교육, 문화 관광, 세무 및 기타 분야의 스마트 응용 프로그램을 확장하고 디지털 커뮤니티 건설 시범 프로젝트를 심화한다. 디지털 서비스의 노화에 적합한 변혁을 촉진하고 시민들이 더 많은 편의를 누릴 수 있도록 한다.

4. 베이징 스마트 시티 발전계획 및 전망

국가발전개혁위원회는 '혁신, 조정, 녹색, 개방 및 공유'의 5가지 발전 이념을 지침으로 삼고 '사람 중심'을 핵심이자 출발점으로 '사람에게 이익이 되는' 새로운 스마트 도시 건설을 강조한다. 새로운 스마트 시티 건설은 공공서비스의 효율성을 높이고 도시관리 수준을 향상시켜야 한다. 이를 위하여 주로 도시의 관리시스템과 메커니즘을 혁신하여 도시의 자원을 통합하고 최적화하며 도시관리의 정확성, 미세화, 투명성 및 효율화를 촉진하고 도시관리체계와 관리능력의 현대화를 촉진한다.

2021년 10월 26일, 제13회 스마트 시티 포럼이 베이징에서 개최되었다. 포럼은 '디지털 고도화 및 에너지 부여 디지털 경제 도시 건설'을 주제로 디지털 전환으로 인한 전반적인 생산 방식, 생활 방식 및 거버넌스 방식의 변화에 중점을 두었다. 디지털 경제의 새로운 이점을 논의하고 디지털 사회 건설을 가속화하며 디지털 정부 건설의 적용을 개선하고 우수한 디지털 생태계의 최고 수준의 설계, 수요 분석, 기술 경로 및 시범 계획을 구축하여 베이징 디지털 경제 벤치마킹 도시의 지능화, 건설 및 고품질 건설을 촉진한다.

2021년에 발표된 '글로벌 디지털 경제 벤치마킹 도시 건설 가속화에 관한 베이징시 시행 계획(이하 '계획'이라 함)'은 5~10년의 노력을 통해 세계 디지털 경제 발전을 주도하는 '6개의 고지'를 만들 것을 제안했다. '디지털 거버넌스 중국 솔루션 서비스 고지'는 그중 하나다. 2023년 1월 1일 '베이징 디지털 경제 촉진 규정'이 공식적으로 시행되어 베이징이 글로벌 디지털 경제 벤치마킹 도시 건설을 가속화하기 위한 법적 보장을 제공했다.

1) 스마트 시티 기반시설 배치 가속화

새로운 고속 유비쿼터스 통신 네트워크 배치를 가속화하고 5G 전역의 연속 커버리지, 가정용 기가 액세스 기능 및 비즈니스 빌딩의 기가 액세스 기능을 모두 커버하고 100G 대역폭의 전자 정부 네트워크 전송 백본 네트워크를 완전히 구축하여 1.4G 광대역 클러스터 전용 네트워크의 전체 커버리지를 실현한다.

세계 최고의 디지털 트윈 도시 기반을 구축하고 도시 정보 모델 플랫폼 및 운영 관리 서비스 플랫폼 구축을 강화한다. 빅데이터 플랫폼, 도시 두뇌 및 스마트 램프 감지 캐리어로 대표되는 디지털 인프라 프로젝트를 전진 배치한다. 국제 선도적인 스마트 도시 표준 시스템을 공식화하고 정보 시스템의 계획, 건설, 배송 및 운영을 표준화하며 스마트 도시 건설을 주도한다.

2) 고품질의 디지털화된 살기 좋은 환경 구축

스마트 생활 체험관 건설을 촉진하고 공공 시설, 생활, 환경 등 다양한 분야의 스마트 응용 프로그램을 효과적으로 통합한다. 시민들에게 신기술 체험 응용 프로그램을 제공한다. 무감각 결제 및 신용 결제와 같은 새로운 디지털 소매 형태를 도입하여 시민의 삶의 질을 향상시킨다.

스마트 커뮤니티 건설을 촉진하고 스마트 홈과 스마트 커뮤니티 보안 시스템을 업그레이드한다. 원격 노인 방문 및 건강 추적과 같은 노인 지원 및 노인 보조 스마트 시설 건설을 촉진한다.

'12345' 시민 서비스 핫라인에 의존하여 다양한 시민 상호 작용 채널을 통합하고 인공지능, 빅데이터 및 기타 기술을 사용하여 '적극적인 거버넌스, 소송 제기 없이 먼저 처리'를 실현한다.

파노라마 개방 모델을 사용하여 스마트 의료, 스마트 교육 및 스마트 교통을 구축하고 사람들에게 이익이 되는 스마트 서비스 수준을 향상시킨다.

3) 도시 거버넌스 조정 지능 강화

대부제(大部制)와 평탄화 원칙에 따라 고효율 조직 시스템을 구축하고 다양한 준비 자원의 사용을 조정하며 도시 관리 및 법 집행 시스템의 개혁을 촉진한다. 도시 부센터에 베이징 정부 빅데이터 플랫폼 구축을 촉진하고 '인터넷 + 정부 서비스'를 촉진하며 도시 부센터의 정부 서비스 개혁을 위한 선행 지원 정책을 수립한다.

도시 거버넌스의 두드러진 문제에서 출발하여 사건을 견인하고 데이터 주도 부서의 비즈니스 프로세스를 최적화한다. 도시 관리, 비상 지휘, 포괄적인 법 집행 및 기타 영역을 횡단하고 종단하는 '일망 통합 관리' 시스템을 구축한다. 새로운 스마트 관리 및 제어 모델을 구축하고 도시 신체 검사 및 시뮬레이션 연구 및 판단을 수행하고 종합 관량의 실시간 모니터링 및 조기 경보 연구 및 판단을 강화한다. 밀집된 건물의 안전 및 에너지 소비와 같은 작동 상태에 대한 동적 인식을 강화하고 정확한 관리 및 제어 능력을 향상시킨다. 지역 자연 재해 조기 경보 및 모니터링 네트워크와 비상 대응 조정 및 연결 작업 메커니즘을 개선한다.

Ⅳ. 대도시 안전 및 회복 탄력성관리

2022년에 열리는 중국 공산당 제20차 전국대표대회 보고서는 공공 안전 거버넌스 수준 향상에 관한 것이다. 안전 우선, 예방 우선을 준수하고 대규모 안전 비상 대응 프레임워크를 구축하고 공공 안전 시스템을 개선하며 공공 안전 거버넌스 모델의 사전 예방으로의 전환을 촉진하겠다고 하였다. 안전 생산 위험에 대한 특별 시정을 추진하고 핵심 산업 및 핵심 분야의 안전 감독을 강화한다. 재난 예방, 완화 및 재난 구호 및 주요 공공 비상 사태 처리 보장 능력을 향상시키고 국가 지역 비상 대응 인력 건설을 강화한다.

1. 베이징의 리스크 예방과 관리

회복탄력성 도시 건설을 주도적으로 추진하고 도시 안전 관리를 조정하며 생산 안전 사망사고 및 사망자 수가 2017년에 비해 각각 33% 및 36.5% 감소했다. 온라인 대출, 거래 장소 및 기타 분야의 금융 위험을 질서 있게 해결하고 시스템 리스크가 발생하지 않는 최저선을 확고히 유지한다.

1) 베이징의 리스크 관리 시스템

(1) **정치 안보**: 수도 기능 핵심 지역의 보안 메커니즘 구축을 강화하고 핵심 지역의 공공 안전을 위한 특별 계획을 수립하고 시행한다. 극도의 테러 및 고압 상황을 유지하고 주요 지역의 대테러 작성 메커니즘을 지속적으로 심화하며 산업 분야의 대테러 예방 및 통제 책임을 엄격히 이행한다. 이념적, 사이버 보안 업무 책임제를 엄격히 시행한다. 수도군의 합동 방공 작업 메커니즘을 개선 및 개선하고 전 국민의 국방 교육을 강화한다.

(2) **경제 안전**: 시스템 및 지역 위험이 발생하지 않는 선을 확고히 유지하고 규제를 강화하며 감독 능력을 향상시키고 금융 위험, 국제 경제 및 무역 위험, 산업 체인 위험 및 네트워크 데이터 보안 위험을 효과적으로 예방하고 해결한다.

(3) **사회 안전**: 수도의 입체화, 정보화 및 지능화된 치안 예방 및 통제 시스템을 지속적으로 개선하고, 사회 갈등 및 분쟁의 다중 예방 및 해결 시스템 구축을 촉진하고, 중복 민원 처리, 민원 해결 및 누적 사례 해결, 소송 소스 관리를 강화하고, 소송 전 조정 및 중재, 행정 중재, 행정 재심의 및 소송과 같은 유기적 연결을 개선하고 상호 조정되고 조정되고 효율적이며 편리한 다원화된 분쟁 해결 메커니즘을 구축한다.

(4) **문화 안전**: 주요 여론 및 비상 사태에 대한 여론 지도 메커니즘을 개선하고 사회적 이슈에 대한 권위 있는 정보를 적시에 공개한다. 플랫폼과 다중 단말을 넘나드는 융합 미디어 정보 보안 감독을 강화한다. 문화재의 화재 안전 관리를 잘 수행한다.

(5) **생태 안전**: 병원성 미생물 실험실 환경 및 생물 안전 관리를 강화한다. 세관 검사 및 검역 감독 능력 구축을 강화하고 국가의 심각한 안전 책임을 이행한다.

2) 안전관리 강화 방식

(1) 수도 안전 작업에 대한 과학 기술 지원 역할 강화

'스마트 비상' 프로젝트를 추진한다. 본질적인 안전 핵심 기술 연구 및 비상 구조 장비의 연구 개발을 수행한다. 비상 산업의 발전을 지원하고 국가 비상 산업 시범 기지 건설에 돌입한다.

(2) 전문가 리소스 풀 및 참여 메커니즘을 개선

전문 비상 팀의 능력 향상 프로젝트의 시행을 조정하고 표준화 건설을 강화한다. 사회화된 비상 구조 팀, 집단 예방 및 거버넌스 조직, 안전 자원 봉사자, 진행형 사회 복지사, 사회 소방관, 비상 소그룹 등이 더 큰 힘을 발휘하도록 추진한다.

(3) 물자 비축량 강화

비상 물자 비축 계획을 수립하고 시, 구, 거리의 3단계 비상 물자 비축 시스템을 개선하며 베이징 비상 물자 비축 창고를 건설한다. 지역 사회, 조직 및 가정의 비축량을 옹호한다. 비상 물자의 물리적 비축, 기술 비축, 생산 능력 비축 및 정보 비축량을 조정하고 도시의 완제품 곡물 및 기름 가공 및 비축 능력 구축을 촉진한다. 베이징(北京)-톈진(天津)-허베이(河北) 비상 물자 생산을 위한 상호 보장 및 지원 메커니즘을 구축한다.

(4) 네트워크 공간 안전 관리 시스템 개선

베이징시 비상위원회의 종합 총괄, 각급 당 위원회와 정부의 계층적 책임, 각 부서별 분류 관리를 위한 수도 특성 비상 관리 시스템을 최적화하고 시급 특별 비상 지휘부, 구 위원회 비상, 거리(鄉, 鎭) 비상 조직 및 기타 조직 시스템을 개선하면서 안전 생산 감독 작업 메커니즘도 개선한다.

3) 베이징의 비상 관리

(1) 수도 리스크 예방 및 통제 능력

전체 주기 리스크 예방 및 통제, 전체 사슬 리스크 관리를 강화하고 리스크 모니터링 및 조기 경보와 해당 메커니즘을 개선한다. 풀뿌리 기반 능력 향상에는 안전 관리의 초점을 하향 조정한다. 지역 사회 비상 네트워크를 구축하고 커뮤니티를 단위로 하여 풀뿌리 리스크 식별, 비상 훈련 및 커뮤니티 연결 능력을 향상시키고 커뮤니티의 상호 지원을 옹호한다. IoT 기술을 기반으로 한 커뮤니티 비상 서비스 스테이션을 시범적으로 구축한다.

(2) 원천 방범 능력 향상

도시의 방재 및 완화 기능을 과학적으로 계획하고 건물의 방재 능력 기준을 높인다. 기후 취약성 리스크 식별 및 재해 평가를 수행하고기후변화 데이터 공유 플랫폼을 구축하며 도시기후변화 예측 및 조기 경보 능력을 향상시킨다. 도시 기반 시설의 기상 재해 보호 기준을 개정한다.

(3) 감지 및 조기경보 능력 향상

통합 지진 관측 플랫폼 네트워크, 기상 강우 모니터링 네트워크 및 기타 모니터링 시스템의 정확도와 적시성을 개선하고 지진 리스크 탐지 및 감지 프로젝트를 촉진한다.

(4) 빠른 응답력 향상

도로, 철도, 항공의 입체적이고 전방위적인 비상 통로 보장 메커니즘을 개선한다.

(5) 재해처리 대응능력 향상

핵심 분야 및 취약 지역에서 인프라 극기후 및 기후 사건 방어를 위한 적응성 프로젝트 타당성 조사 및 실증 건설을 수행한다. 타지역 재난 대비 센터, 데이터 저장 센터 등을 배치하고 건설한다. 도시 생명선 재해 시나리오에 대한 스트레스 테스트를 수행하고 중요 기반 시설의 재해 시 운영 능력을 향상시키며 베이징-톈진-허베이 주요 비상 사태에 대한 공동 대응 메커니즘을 개선한다.

2. 도시 운영의 회복 탄력성

1) 도시 생명선 구축

회복 탄력성 계획 및 설계 표준을 과학적으로 결정하고 적당한 중복성을 유지하며 시설 적응성을 강화한다. 도시의 기본 프레임워크 및 주요 기능이 위험을 방어하고 신속하게 복구할 수 있도록 보장한다. 디지털 기술을 적용하여 수력, 가스 및 열과 같은 시스템의 지능형 관리 수준을 향상시킨다. 도시 생명선 시스템의 중앙 집중화 및 대규모 중심 방사선 레이아웃을 분산, 미세 순환 및 다중 방향 연결의 다중 차용점 그리드 레이아웃으로 전환한다.

2) 도시의 회복 탄력성 공간의 최적화

도시 간선 도로망을 주요 통로로 하여 안전하고 신뢰할 수 있으며 효율적인 대피 및 구조 채널 시스템을 구축한다. 도시의 주요 위험원과 민감한 파이프라인에 대해 안전한 생산 공간을 확보하고 주요 위험원에 대한 안전 거리 설정을 표준화한다.

(1) 인구밀도 낮추기

2020년까지 중심 도시 집중 건설 지역의 영구 인구 밀도는 현재 14,000명/km²에서 약 12,000명/km²로 감소하고 2035년에는 12,000명/km² 이내로 통제될 것이다.

(2) 건설 총량의 엄격한 통제

2020년까지 중심 도시 및 농촌 건설 토지는 현재 약 910제곱킬로미터에서 약 860제곱킬로미터로 감소하고 2035년에는 약 818제곱킬로미터로 감소할 것이다. 중심 도시지역의 계획 총 건물 규모는 동적 제로 성장이다.

3. 회복 탄력성 도시 건설을 강화하기 위한 미래 조치

1) 산업 기능 구역 건설 규모 축소

일반 제조업의 생산 및 가공 단계를 엄격히 금지하고 오염이 크고 에너지 소비량이 높은 산업 및 생산 공정을 현장에서 제거하고 금속 비금속 광산을 폐쇄하고 고위험 화학 물질 생산 및 운영 기업을 질서 있게 퇴출한다. 지역 물류 기지 및 지역 전문 시장의 질서 있는 소통을 촉진한다. 산업 기능 구역의 계획을 최적화 및 조정하고 계획 및 건설 규모를 합리적으로 압축한다. 각 구의 공업용지 감량 및 품질향상을 위한 실시계획을 수립하고 아직 시행되지 않은 공업용지 및 건축규모를 축소한다.

2) 발전의 질 향상

국유 저효율 산업용지의 갱신과 집단 산업용지의 시정 및 변형에 중점을 두고 산업 전환 및 업그레이드를 촉진한다. 중앙 집중식 건설 지역 외부에 흩어져 있고 수익성이 낮은 공업용지에 대한 감량 및 반등을 단호히 시행한다. 철수 후 생태 환경 건설에 중점을 둔다. 중앙 집중식 건설 지역의 공업 용지는 갱신, 변형 및 업그레이드 구현에 중점을 두고 기존 산업 단지의 재고 갱신을 장려한다. 비워진 공간을 사용하여 산업 협동 혁신 플랫폼을 구축하고 고정밀 첨단 산업 프로젝트를 유치 및 할당한다. 신에너지 스마트카, 집적회로, 스마트 제조 시스템 및 서비스, 자율 제어 정보 시스템, 클라우드 컴퓨팅 및 빅데이터, 차세대 모바일 인터넷, 차세대 건강 진단 및 서비스, 범용 항공 및 위성 응용 프로그램과 같은 새로운 산업의 구현에 중점을 두고 베이징의 브랜드 창출에 최선을 다한다.

3) 녹색 산업 시스템의 구축

녹색 개발, 순환 개발 및 저탄소 개발을 준수하고 소스 감소, 공정 제어, 수직 확장, 수평 결합 및 최종 재생을 위한 녹색 생산 방법을 전면적으로 구현한다. 청정 생산을 촉진하고 순환 경제를 발전시키며 자원 절약, 환경 친화적, 경제적이고 효율적인 산업 발전 모델을 형성한다.

4) 산업 토지 이용 정책의 혁신

산업 전환 및 업그레이드 요구와 통합 개발 동향을 충족하고 산업 토지 양도 방법을 혁신하며 부동산 기반 산업 발전 모델을 탐색한다. 산업 토지 양도 기간을 단축하는 등 유연한 양도 방법을 모색한다. 산업 용지의 전체 수명 주기 관리 정책을 수립하고 전체 프로세스 평가 및 감독 메커니즘과 출구 메커니즘을 개선한다.

참고문헌 

UN.HABITAT World Cities Report 2022. Envisaging the Future of Cities. United Nations Human Settlements Programme (UN-Habitat), 2022

安永碳中和课题组. 一本书读懂碳中和[N]机械工业出版社, 2021

北京市发展与改革委员会.北京市国民经济和社会发展第十四个五年规划和二〇三五年远景目标纲要.网址：https://fgw.beijing.gov.cn/fgwzwgk/zcgk/ghjhwb/wnjh/202104/t20210401_2638614.htm （检索日期：2023年11月26日）

北京市统计局. 北京统计年鉴2022[M]. 中国统计出版社, 2022

北京市通州区人民政府. 北京市通州区人民政府办公室印发关于加快北京城市副中心元宇宙创新引领发展若干措施的通知. 网址：https://www.bjtzh.gov.cn/bjtz/xxfb/202203/1515469.shtml , 检索日期：2023年11月30日

北京市人民政府. 北京市机器人产业创新发展行动方案 (2023—2025年), 网址https://www.beijing.gov.cn/zhengce/zhengcefagui/202306/t20230628_3148572.html,检索日期：2023年11月30日

北京市经济和信息化局.北京：十年磨剑擎起数字经济标杆[N].中国电子报, 2022-07-19(001)

北京移动发布面向智慧城市的全光网架构[J]. 智能城市, 2019, 5(22): 46.

本市印发污染防治2023年行动计划目标：碳排放强度达到国家要求并控制总量.北京市人民政府官; https://www.beijing.gov.cn/zhengce/zcjd/202303/t20230304_2928961.html(检索日期：2023年11月26日)

北京构建4+4框架推动智慧城市发展[J].互联网天地, 2013, (12): 44.

曹政. 2030年北京建成全球数字经济标杆城市[N].北京日报, 2021-08-03(001).

丁成日, 牛毅. 北京2030发展展望和对策建议[J].城市发展研究, 2014, 21(04): 1-9.

国务院第七次人口普查领导小组办公室. 2020年第七次全国人口普查数据[M].中国统计出版社有限公司, 2021

2023年政府工作报告.北京市人民政府官网. https://www.beijing.gov.cn/gongkai/jihua/zfgzbg/202301/t20230128_2907344.html?eqid=99b4391600008b2c0000000364350a6a(检索日期;2023年11月26日)

董亮. 城市与全球议程:北京与首尔在实现2030年可持续发展议程上的比较分析[J]. 当代韩国, 2019, (02): 59-72.

[美]亨利·李， 丹尼尔·P.施拉格，马修·帮恩 等著，彭暐，王溥，茆智敏 等译. 零碳中国[M]. 中国经济出版社, 2023.

中华人民共和国人民政府."十四五"机器人产业发展规划. 网址：https://www.gov.cn/zhengce/zhengceku/202112/28/content_5664988.htm，检索日期：2023年11月30日

关于推进北京城市副中心高质量发展的实施方案[N].北京日报,2022-02-11(002).

郝志兰. 北京市人民代表大会城市建设环境保护委员会对《北京城市总体规划(2016年-2030年)(草案)》的意见和建议——2017年3月28日在北京市第十四届人民代表大会常务委员会第三十六次会议上[J]. 北京市人大常委会公报, 2017, (02): 21-22.

金江军. 智慧城市：大数据、互联网时代的城市治理（第5版）[M]. 北京：电子工业出版社, 2021

梁昊光. 北京产业经济2030发展战略研究[J].北京规划建设, 2012, (01): 89-92.

李萍, 庄宇辉. 北京加快建设数字经济标杆城市[N].深圳特区报, 2022-07-27(A08).

彭志文,秦智坤. 北京"双智"城市建设的发展对策建议[J].城市管理与科技, 2022, 23(04): 22-23+64.

隋振江. 关于《北京城市总体规划(2016年-2030年)(草案)》的报告——2017年3月28日在北京市第十四届人民代表大会常务委员会第三十六次会议上[J]. 北京市人大常委会公报, 2017, (02): 17-18.

魏成林. 关于《北京城市总体规划(2016年-2030年)(草案)》主要内容的说明——2017年3月28日在北京市第十四届人民代表大会常务委员会第三十六次会议上[J]. 北京市人大常委会公报, 2017, (02): 19-20.

俞友春,刘畅,刘志颖.北京全球数字经济标杆城市建设显成效[N].中国信息报, 2022-06-22(003).

中华人民共和国国务院新闻办公室.中美发布应对气候变化联合声明(全文)[N]，检索网址:http://www.scio.gov.cn/m/xwfbh/xwbfbh/wqfbh/2015/33930/xgzc33936/Document/1459745/1459745.htm. 检索时间：2023年5月1日

《中国信息化城市发展指南》编写组.中国信息化城市发展指南（2012）[M]. 北京：经济管理出版社, 2012.

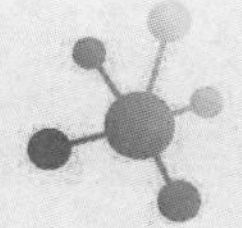

제18장
도시의 미래, 서울의 미래: 공간구조를 중심으로

김찬동(충남대학교 교수)

생각해보기

- 도시공간구조는 어떤 과정과 역사를 거쳐서 메가시티가 되는가?
- 도시의 생활권역과 행정권역의 차이는 어떻게 조정되고 관리되어야 하는가?
- 서울시민의 생활공간구조에 부합하는 지방자치정부조직 체계는 어떤 것이어야 하는가?

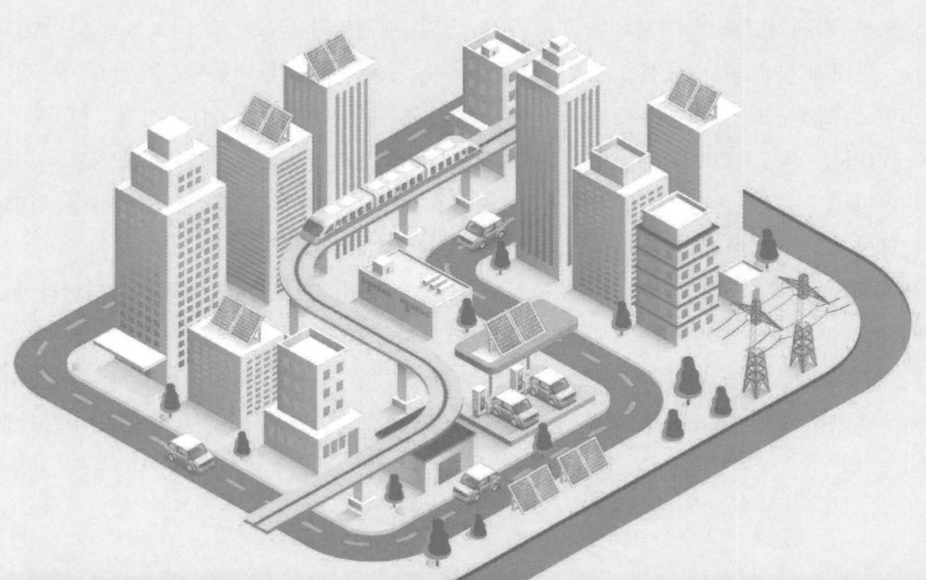

Ⅰ. 서울의 미래와 공간구조

최근 김포시가 서울편입을 제안하면서 뜨거운 정책이슈가 되고 있다. 도시는 대도시가 되고 대도시는 대도시권역 혹은 광역 대도시권이 되기도 한다. 또 도시들은 다른 도시들과 연담화되기도 하고, 메가시티(maga－city)가 되기도 한다. 서울도 대도시가 이미 되었고, 대도시권역의 중심지가 되었다. 인구가 1천만 명 이상의 메가시티가 되었다가 최근에는 서울시의 배후지로 인구가 유출되면서, 900만 명대로 떨어지기는 하였지만, 여전히 서울시와 그 배후지로 구성되는 광역 대도시권역의 중심지인 것은 변함이 없는 사실이다.

문제는 서울시라는 행정구역을 넘는 공공서비스의 공급문제를 할거적으로 각 지방자치단체들이 관리할 것인가 아니면, 보다 광역적인 상위 계층을 구성하여 별도의 광역 대도시권 관리를 위한 정부를 구성하여 관리할 것인가이다.

한편, 서울시는 한국의 전국적인 중심도시로서의 기능을 가지고 있다. 정치·경제·문화영역에서 전국적 국토를 배후지로 가지는 중심지로서의 위상을 가지고 있고, 이를 뒷받침할 수 있는 교통망들이 깔려 있다. 이 점에서 교통망들이 어떻게 깔려 있고, 그러한 교통망들의 결절점이 어디를 향하고 있는가를 본다면, 그 지역과 도시의 중심성을 확인할 수 있는 지표가 될 수 있다. 이 점에서 '모든 도로는 로마로 향한다'라고 하는 말처럼 로마제국의 로마라는 도시가 제국의 수도로서의 위상과 기능을 하였던 것은 이러한 중심성을 대변하는 표현이라고 할 것이다.

도시의 미래로서 논의되는 것도 교통수단들이 과학기술의 발달에 따라서 자율주행자동차가 나온다든지, 드론을 이용한 교통수단으로서 도심항공교통(UAM)이 만들어낼 도시공간의 변화이다. 서울시도 코엑스와 김포공항 그리고 인천공항을 연결하는 도심항공교통의 상용화를 2025년에 목표로 하고 있고, 도심내 운항을 넘어서 100-400km의 중장거리의 도시간 운항도 가능할 수 있도록 기체개발과 특별자유화구역 등을 정할 계획이다(국토교통부, 2020). 이러한 계획이 실행되는 미래에는 서울과 대전을 UAM을 이용하여 30분 내외에 이동할 수 있게 될 것이다.

최근 미래의 도시로서 자주 거론되는 것이 사우디아라비아가 2030정책의 일환으로 발표한 네옴시티라는 신도시이다. 2017년에 발표한 미래의 도시상으로서 저탄소 스마트 시티를 건설한다는 것인데, 공간적으로 보면, 서울의 44배에 해당하는 2만 6500㎢로서 미래형 친환경 도시로서 인류의 지속가능한 발전을 선도하겠다는 구상이다.

네옴시티는 네 가지의 공간으로 구성되는데, 더라인, 트로제나, 옥사곤, 신달라가 그것이다. 더라인의 경우는 아까바 만에서 네옴 국제공항까지 170km에 이르는 구간을 직선으로 연결하는 친환경 수직건설 프로젝트이다. 100% 친환경 에너지로 구성되는 도시이고, 폭이 200m, 높이는 500m, 총길이가 170km라는 것이다. 차량도 없고, 도시외벽을 거울로 둘러싸며, 공기는 깨끗하고, 모든 편의시설은 도보나 자전거로 5분 이내에 이동하게 한다는 것이다. 인구를 900만 명을 수용하는 도시로서 2020년 완공한다는 구상이다. 트로제나는 후방지역으로 사우디아라비아의 가장 높은 산악지대에 자연친화적으로 건설되어, 문화, 스포츠를 즐길 수 있도록 한다는 것이다. 여기서 2029년 동계 아시안게임을 개최한다는 구상이다. 옥사곤은 산업지역으로서 세계에서 가장 큰 규모로 지어지는 해양산업단지이다. 인공지능과 지능형로봇, 드론 등 디지털 신기술을 활용해서 첨단 물류기지를 건설하고, 다양한 글로벌 기업들의 연구소와 공장을 유치하겠다는 것이다. 옥사곤은 물류이동의 중간지로서 기능을 하는 중심지가 되게 한다는 구상이다. 신달라는 섬에 위치한 휴양지로서, 아테네, 카프리, 바르셀로나, 프랑스를 요트로 이동할 수 있다는 것이고, 홍해로 가는 독점적 관문의 역할을 하게 한다. 이러한 교통의 거점이 됨으로써, 네옴시티 관광객의 11%가 이곳을 방문하도록 하겠다는 것이다.

만일 이러한 네옴시티가 완성될 수 있는 것이라고 한다면, 서울과 대전을 연결하는 고속도로를 중심으로 한국형 네옴시티가 건설될 수 있는 것은 아닐까하는 상상을 해보게 된다. 오히려 한국의 서울과 대전을 연결하는 네옴시티가 더 현실가능성이 높은 것일 수 있고, 단순한 직선형의 도시회랑(cunnubation)을 넘어, 인근 배후지의 다양한 대도시권과 중소도시를 교통망으로 연결되는 메가 네옴시티 혹은 메갈로폴리스(megalopolis)가 될 수도 있다. 이러한 구상 속에서 미래의 서울이라는 도시는 과연 어떻게 변화될 것이고, 도시 문제와 도시정책을 관리하는 정부시스템은 어떤 것이 될까라는 논의에 초점을 두고 이후의 논의를 전개해 보고자 한다.

Ⅱ. 도시의 공간구조의 역사와 이론

1. 도시의 공간구조에 대한 이론

도시공간구조는 도시의 한 장소와 활동이 다른 장소 혹은 다른 활동과 어떻게 연결되어 있는가를 연구하는 영역이다. 도시계획을 연구하는 사람들은 인간의 특정한 활동이 도시의 새로운 질서를 만들어 낸다는 점에서 그 활동이 일어나는 공간의 실체와 질서를 파악하고, 그 질서의 배경을 이루는 논리를 찾아보는 것이다.

도시공간에 대한 연구는 도시 간의 관계와 도시 내의 구조, 그리고 대도시권에 관한 이론으로 구분할 수 있다. 도시내부구조에 대한 다양한 접근방법이 있는데, 도시생태적 접근방법에서는 동심원이론, 선형이론, 다핵심이론 등을 제시하고 있다. 도시체계에 대한 이론으로서는 도시순위규모분포에 대한 것이나 크리스탈러의 중심지이론이 있다.

여기서는 서울시라는 도시가 어떻게 공간구조를 발전시켜 나갔고, 다른 도시들과 어떠한 관계를 가지고 있는가를 분석하려고 하므로, 크리스탈러(W. Christaller)의 중심지이론을 개략적으로 살펴보고자 한다.

중심지는 배후지역에 대한 재화와 용역을 제공하는 지역 간 교환의 편의를 제공하는 장소를 의미한다(최봉문 외, 2018: 104). 도시의 규모에 따라 제공하는 기능도 차이가 생기게 되는데, 소규모의 도시는 기능적으로 협역의 서비스를 제공하는 위치에 있고, 대규모의 도시는 기능적으로 광역의 서비스를 제공하는 위치에 있게 된다. 이처럼 도시의 규모와 기능에 따라 몇 단계를 거치게 되면, 최종적으로는 최상위 도시로 결합되게 된다.

정주체계를 구성하고 있는 도시들간의 입지, 규모, 분포간격 및 특성을 밝히고자 하는 이론이 바로 중심지이론이라고 하고, 1933년 독일의 크리스탈러가 남부 독일의 도시분포를 기초로 하여 이 이론을 발전시켰다. 그 후에 뢰쉬(A. Losch), 베리(B.J.L. Berry), 프레드(A. Pred) 등에 의하여 발전하게 되었다(최봉문 외, 2018: 104).

크리스탈러에 의하면, 중심지는 공간상에 단 하나 존재한다. 가장 이상적인 배후지의 형상은 원형이고, 중심지의 이상적 배후지 배열은 크게 세 가지로 구분할 수 있다. 하나는 원형공간의 중심지들이 외접하는 것이고, 두 번째는 배후지가 중첩하는 것이다. 세 번째는 배후지가 빈곳이나 중첩하는 것이 없이 완결되는 것인데, 이것이 가능하기 위해서는 원형이 육각형으로 될 때이다. 크리스탈러는 육각형 모형의 영향권을 중심지의 배후지라고 부르는데, 배후지는 중심지의 크고 작음에 따라서 달라지게 된다.

하나의 중심지를 가지고 본다면, 협역의 배후지를 가진 중심지가 여러 개가 있고, 그 중에서 각 협역의 중심지들의 중심지가 되는 '중심지(광역의 중심지)'가 있게 될 것이다. 또 이러한 광역의 중심지들이 여러 개가 있게 되면, 이 광역의 중심지의 중심지가 되는 '초광역권의 중심지'가 되는 곳이 하나 있게 될 것이다.

예를 들면 서울시의 중심지는 영동부도심이라고 한다. 이전에는 도심이나 영등포부도심의 3핵이 있다고 하면서, 영동부도심이 도심을 추월하여, 중심지간의 위상과 기능에 변화가 나타나고 있다고 한다(맹다미, 2010). 서울시는 인근에 있는 서울의 위성도시[1]들과의 관계에서 광역중심지로서의 위상을 가지는 것이고, 또 서울시는 경기도와 인천시를 포함하는 수도권역의 초광역중심지가 되는 것이다.

1) 예를 들면, 고양, 성남, 하남, 과천, 구리, 광명 등을 위성도시로 볼 수 있다.

2. 도시의 공간구조의 대한 역사

도시는 그 경계가 설정되어 있어도, 교통의 발달과 정보망의 연결, 도시공간의 연계 등으로 인하여, 도시 서비스는 경계를 넘게 되어, 도시의 광역적 개념인 도시권(urban field)의 개념으로 접근하는 것이 타당하다. 도시권은 중심도시를 중심으로 동질적 성격을 가진 공간이 연속적으로 이어지는 지역이고, 도시주민의 생활공간으로서 활용되는 곳이다.

이렇게 도시권의 개념이 활발하게 논의되는 것은 도시민들이 자가용의 보유증가와 소득증대 등으로 인해, 보다 쾌적(amenity)한 지역을 선호하기 때문이다. 결과적으로 도시자체의 기능과 활동이 주변지역으로 전개되어, 대도시권화(metropolitanization)되는 현상이 나타나고, 여러 도시들의 기능이 연계되어 하나의 큰 도시권 지역을 형성하는 연담도시화 혹은 회랑도시화 현상이 나타난다. 이를 메갈로폴리스(megalopolis)라고 하기도 한다.

메갈로폴리스의 개념은 고트만(J. Gottmann)이 미국 북동부 대서양 연안의 뉴햄프셔남부에서 버지나아주 북부에 이르는 도시와 농촌이 구분되지 않는 지역을 지칭한 개념이다. 즉 수개의 거대도시가 연접하여 다핵적 구조를 가지는 거대한 도시지대를 이루고 다양한 도시적 활동이 집중하여 복합적 도시구조를 이루는 것이다. 거대도시에서는 주택과 상공업지역이 확산되어 성운상의 구조를 이루는 것이다. 이는 전국적인 영향력이 강한 중심권역을 이루는 것으로서, 대도시권(metropolitan area)이 서로 중합하여 선상으로 배열되어 초대도시권적 성격을 가진다는 점에서 대도시지역과는 다른 점이다.

한국의 서울과 인천, 서울과 대전을 잇는 회랑지대를 연담도시(conurbation)[2]라고 부를 수 있고, 서울-인천, 서울-안양-안산, 서울-과천-의왕-수원-화성-평택-아산천안, 서울-성남, 서울-의정부 등의 다중적 도시 회랑(urban corrider)지대가 서울을 중심으로 형성되어 있어, 실로 메갈로폴리스의 전형이라고 할만하다.

---

2) 이 개념은 영국의 게데스(P. Geddes)가 처음 제창한 형태로서 두 개의 도시가 중간에 농촌지역에 의해 분리되지 않고 일련의 주거, 공장, 도시공원, 운동장 등으로 연결되어, 도시가 연속적인 시가지로 합쳐지는 현상을 말한다. 두 도시가 마치 지붕이 있는 복도로 연계되어 있는 것 같은 형태라고 하여 도시회랑(urban corridor)이라고 부른다. 연담도시는 도시와 도시가 맞붙은 것이고, 도시회랑은 교통로로 연결된 것으로 구분하기도 한다.

그림 1 **대도시권의 공간구조**

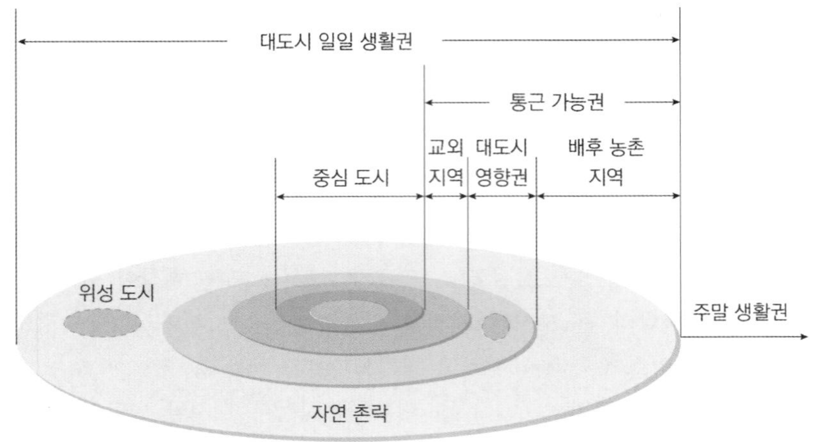

3. 도시의 공간구조 형성의 해외 사례: 파리사례

도시생활권이 확장됨에 따라 기존의 도시행정구역으로서는 도시의 분석이 어렵게 되었고, 각종 계획입안이나 실시에서도 어려운 점이 생겨서 새로운 대도시지역으로의 설정과 구역계층의 신설이 필요하게 되었다. 즉 도시가 대도시로 생활권역이 확산되어 가면서 기존의 도시행정구역을 넘게 된 경우에 인근의 도시들을 포함하는 메갈로폴리스를 하나의 광역적 행정구역으로 설정해야 하는데, 이것은 기존의 행정구역과는 구별되는 다른 상위계층의 구역이 되어야 할 것이다.

이 문제를 체계적으로 잘 해결해 낸 해외 사례가 프랑스의 레지옹 계층이라고 할 것이고, 일드프랑스라는 레지옹은 그 하위계층으로서 데파르망 계층을 광역적인 구역으로 하고 있는 것이다. 여기서는 파리시의 역사와 공간구조를 바탕으로 일드프랑스라는 메갈로폴리스의 구역 및 계층 시스템에 대해서 이해하고, 한국의 서울시와 수도권의 구역 및 행정시스템을 어떻게 재설계해 나가야 할지에 대한 시사점을 찾아보도록 한다.

1) 파리시

파리시는 일드프랑스 레지옹의 주도로서의 대도시성격을 가지고 있기도 하고, 그랑 파리 메트로폴의 핵심 코뮌으로서의 지위를 가지고 있기도 하다. 파리시와 파리시 도시권역의 인구집중은 유럽에서도 유명한 사례이기도 한데, 파리시 인구는 216만 명(2019년 기준)이지만, 일드프랑스 파리도시권역의 인구는 프랑스 인구의 19%를 차지할 정도로 집중되어 있다.

파리시의 공간구조를 보면 센강을 기준으로 좌안과 우안으로 나누어지고, 우안에는 정치와 경제기능이 집중된 곳이다. 좌안은 교육기능이 발달하여 있고, 대학이나 연구소, 그랑제콜 등이 입지해 있다.

파리시의 공간구조를 행정과 정치에서는 어떻게 관리하고 있는가를 보면, 20개의 구역으로 구성되어 있고, 시테섬을 중심점으로 하여 나선형으로 1-4, 8-12, 16-20구역은 센강을 기준으로 오른쪽에 있고, 5-7, 13-15구역은 왼쪽에 입지하고 있다.

파리시는 프랑스 3만 7천 개의 코뮌 중의 하나로서 기초자치체에 해당한다. 프랑스의 코뮌 중에서 파리 코뮌은 인구수가 가장 많고[3], 특별한 행정구역으로서 20개의 아롱디스망을 두고 있다. 아롱디스망은 자치기능을 가지고 있지 않은 행정구역이다.

2) 파리시 행정구역

파리시의 공간구조를 보면, 중앙부분과 서쪽에 중요한 건축물이 입지하고 있는데, 서북쪽에 위치한 샹젤리제 거리는 북서쪽의 개선문과 연결되고, 이것이 북서쪽으로 뻗어나가서, 오드센 데파르망의 라데팡스 지역을 연결하는 도로로 이어진다.

라데팡스 지역은 신개선문이라고 불리는 아치형 구조물인 라 그란데 아치로 유명하고 광역 파리 대도시권의 대표적인 업무 상업지구이고, 고층빌딩군이 입지하고 있다.

파리시의 도시화과정을 공간적으로 표현해 보면, 안겹으로서 1-4구, 중간겹으로서 8-12구, 바깥겹으로서 17-20구로 구분할 수 있다.[4]

그림 2 파리시의 공간구조와 행정구역

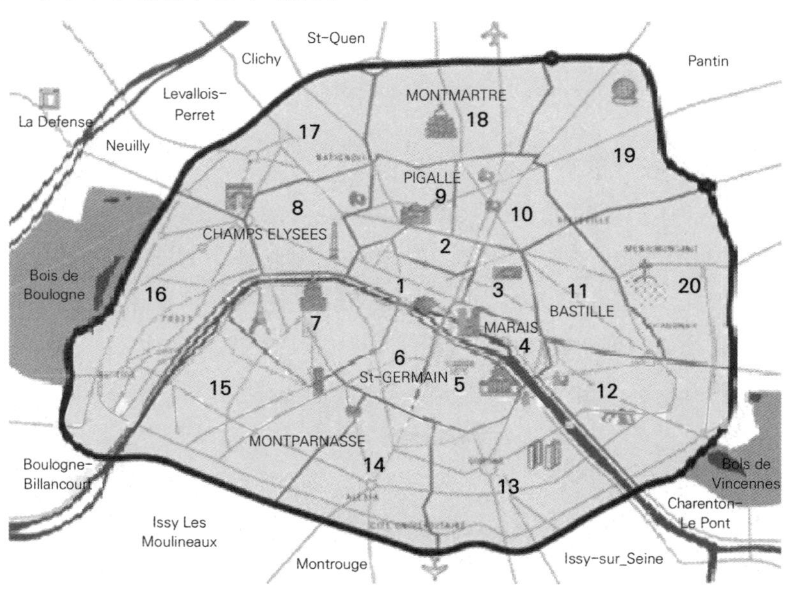

3) 인구수가 가장 많은 코뮌은 파리, 마르세이유, 리용을 들 수 있는데, 이 곳에는 코뮌 하위계층에 뮤니시펄 아롱디스망이라고 하는 특별한 행정구역을 두고 있다. 파리시는 20개의 뮤니시펄 아롱디스망으로 나누어져 있는 것이다.

4) 이 중 공실률이 높은 곳은 안겹으로서는 1,2,4구, 중간겹으로서는 8-10구, 바깥겹으로서는 17구가 높다고 한다. 공실률이 가장 낮은 구는 7구라고 한다.

3) 일드프랑스(광역 파리 대도시권)

파리시는 도시화로 인하여 대도시권역을 구성하고 있는데, 이것이 레지옹이라고 하는 자치계층을 구성한다. 즉 파리시를 둘러싸고 있는 대도시권을 일드프랑스라고 하고 수도권이라고 하기도 한다. 다른 표현으로는 광역 파리 대도시권이라고 하기도 한다. 일드프랑스의 면적은 12,012㎢로서, 한국의 경기도(10,167㎢), 서울(605㎢), 인천(1,029㎢)을 합한 면적과 유사한 크기이다.

일드프랑스는 8개의 데파르망으로 구성되었고, 인구는 1천 2백만 명이 거주하고 있고, 이는 프랑스 인구의 20%에 해당한다. 일드프랑스를 구성하는 8개의 데파르망으로선, 오드센(파리시 서쪽), 이블린(오드센의 서쪽), 발두아즈(이블린 북쪽), 센에마른(파리시 동쪽), 센생드니(파리시 북쪽), 발드마른(파리시 남쪽), 에손(이블린 동남쪽)과 파리 데파르망이다.[5)]

일드프랑스를 구성하는 8개의 데파르망의 인구를 보면, 파리 224만, 오드센 159만, 센 생드니 154만, 이블린 141만, 센에마른 136만, 발드마른 134만, 에손 124만, 발두아즈 119만으로 되어 있다.

일드프랑스의 공간이용을 보면, 파리와 오드센은 업무와 상업지구의 기능이 높고, 나머지 6개 데파르망은 상대적으로 주거지구의 비중이 높다고 할 수 있다. 따라서 파리와 오드센이 일드프랑스의 지역중심지 기능을 가지고 있다고 볼 수 있고, 파리-오드센-이블린을 잇는 일드프랑스 서쪽라인에 제조기능이 집중되어 있다. 농업기능은 파리에서 다소 원거리에 있는 센에마른지역이 주로 담당하고 있다.

즉 일드프랑스 레지옹에서 파리와 오드센이 권역중심지 기능을 담당하고 있고, 나머지 6개 데파르망은 교외기능을 담당하고 있다고 할 수 있다.

4) 일드프랑스의 공간구조

일드프랑스는 인구 1,217만 명(2017년)으로서 면적은 12,011㎢이다. 프랑스의 인구 18.8%가 거주하고 있으나, 면적으로는 프랑스 본토 면적의 2.2%에 불과하다. 인구밀도는 1,006/㎢로서 가장 인구밀도가 높고, 파리지역 혹은 파리 도시권으로 불린다. 그것은 일드프랑스의 23.7%가 파리 도시권에 속해 있고, 88.6%가 이 도시권에 거주하기 있기 때문이다.

일드프랑스의 레지옹청 소재지는 파리이고, 8개의 데파르망으로 구성되어 있는데, 그것은 파리, 센에마른, 이블린, 에손, 오드센, 센생드니, 발드마른, 발두아즈이다. 일드프랑스에 속한 코뮌은 1,268개이고, 캉통은 155개이다.

5) 오드센과 발드마른은 대체로 중산층이 거주하고, 약 402㎢의 면적이다. 센생드니 데파르망은 서민거주지이다.

그림 3 일드프랑스의 행정구역

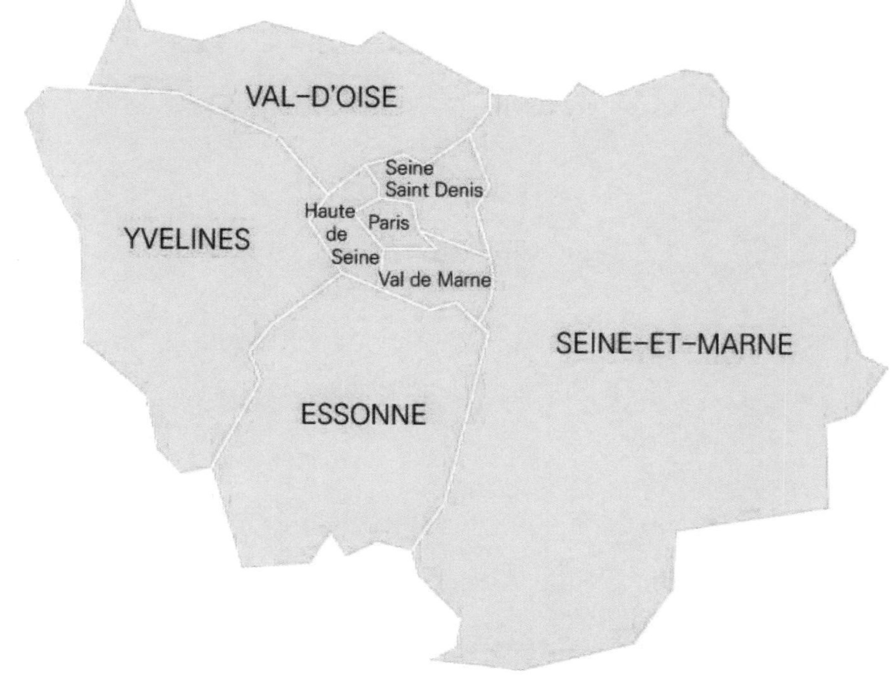

일드프랑스는 왕정시기에 프랑스 프로뱅스였고 행정적으로는 프랑스 국왕의 직접 통치를 받는 관할구역이었다. 일드프랑스는 1789년 데파르망 행정구역 체제가 도입되면서, 다른 프로뱅스와 마찬가지로 공식적으로 폐지되었다. 그러다가 일드프랑스는 1982년 가스통 드페르가 추진한 지방자치법과 함께 다시 공식적 지위를 획득하게 되었다.

일드프랑스라는 명칭의 일은 섬이라는 뜻으로, 이 지역이 우아즈강, 마른강, 센강을 경계로 하여 구성되기에 이런 이름이 붙었다는 설명도 있고, 프랑크어로 작은 프랑스라는 의미에서 변화된 것이라는 설도 있다. 게르만족의 대이동 중 프랑크족이 골족을 침공하여 정착하면서, 군사 관할구가 현재의 일드프랑스의 경계를 이루고 있다고 설명하기도 한다. 10세기경에는 카페 가문의 군주들에 의하여, 왕실 영토로 성립되었던 유래도 있다.

5) 프랑스 레지옹의 공간구조

프랑스의 레지옹은 지방행정구역 계층의 하나이다. 1982년 지방분권법에 의해 신설되었고, 자율적인 행정권을 가진 최상위 지방행정구역이다. 2016년 시점으로 프랑스에는 본토 13개, 해외 5개의 레지옹이 있다. 이전에는 본토에 22개의 레지옹이 있었는데, 2014년에 프랑스 의회가 이를 통합하였다.

그림 4 **프랑스 레지옹(2023년 현재)**

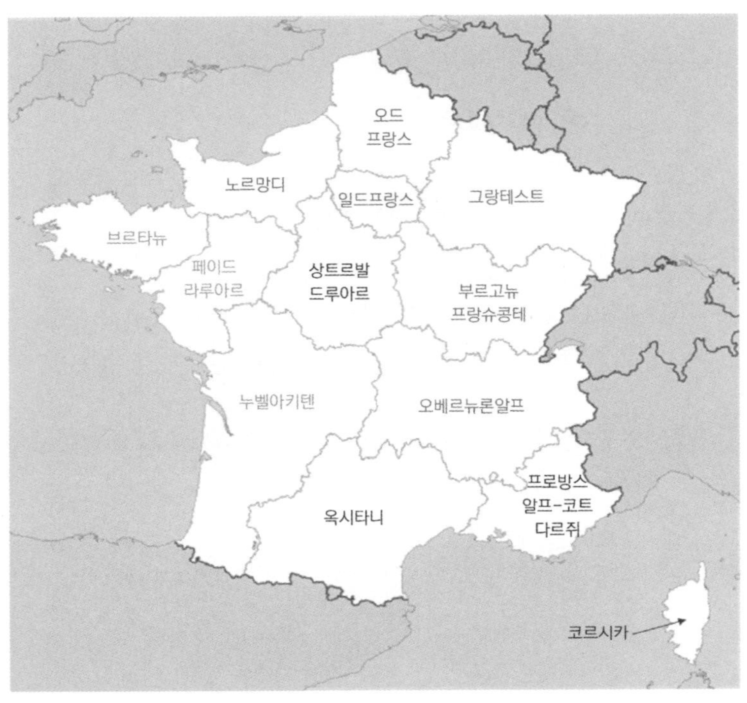

본토 13개의 레지옹은 그랑테스트, 노르망디, 누벨아키텐, 부르고뉴프랑슈콩테, 브르타뉴, 상트로발드루아르, 오드프랑스, 오베르뉴폰알프, 옥시타니, 일드프랑스, 코르시카, 페이드라루아르, 프로방스알프코트다쥐르 등이다.

6) 파리공간 개조사업

광역파리 대도시권역의 도시화과정을 보면, 산업혁명으로 인하여, 도시의 공장으로 노동자들이 몰려들었는데, 이때 집중적인 도시화가 이루어졌다. 이때 파리는 이러한 변화를 수용할 도시여건을 구비하지 못하여, 근대도시 개조사업을 추진하였다. 그것이 바로 나폴레옹 3세와 오스만의 주도하에 20년간에 걸쳐 이루어진 파리개조사업이었다.

파리개조사업은 단순한 도시팽창의 외관을 변화시키는 것만이 아니라, 도시경관을 정비하고, 도시민의 삶의 양식을 근대화하는 개조였다. 이때 부르조아집단과 노동자 집단에 대해 명확한 경계를 두고 공간개조가 이루어졌다고 한다.

파리개조사업은 5단계를 거쳐서 이루어졌는데, 첫째는 도시 교통망을 확충하고, 둘째는 하수도망과 녹지공간을 확대하였으며, 셋째는 다양한 공공건물을 설치하고 문화시설을 건설하였다. 넷째는 행정구역 개편을 통해 오늘날의 파리시의 공간구역을 형성하였고, 다섯째로 건축규제를 통해 도시외관의 통일성을 확보해 나갔다.

7) 파리시의 도시중심성

파리시는 대도시권의 중심성을 가지고 있는 지역이다. 즉 파리는 세 계층의 중심성을 가지고 있다. 파리시내의 중심성을 가진 시테섬, 일드프랑스의 중심성을 가진 파리시, 프랑스 전체의 중심성을 가진 일드프랑스라고 하는 3계층의 중심성을 가지고 있다. 즉 시테섬은 파리시의 중심지 기능을 가진 구역이고, 파리시는 일드프랑스의 중심지 기능을 가진 데파르망이다. 또 일드프랑스는 프랑스 전 국토에서 중심지 기능을 하는 레지옹이다.

크리스탈러의 중심지이론을 적용하면, 파리시는 다층적 계층의 중심지 기능을 수행하는 것이고, 이에 상응하는 지방행정 계층시스템으로서 레지옹이라는 초광역계층이 존재한다. 반면 서울대도시권의 경우에는 이에 상응하는 지방행정 계층 시스템이 존재하지 않고, 실무선에서 수도권이라는 개념을 사용하고 있기는 하나, 이는 중앙정부가 지방행정 관리를 위한 도구로서 사용하는 개념이다. 지방자치의 관점에서 대도시권의 문제를 해결하기 위한 개념의 개발이 필요하다.

표 1 프랑스 파리대도시권의 계층 시스템

구분	행정명칭	중심지	비고(서울대도시권) 계층(구역)
레지옹	일드프랑스	파리시	메가시티(서울시)
데파르망	파리 데파르망	1-4구(안겹)	특광역시(종로구)
코뮌	파리시	시테섬	시군구(광화문)

4. 도시화로 인한 메가시티(mega-city) 현상

메가시티는 핵심도시를 중심으로 일일생활이 가능하게 연결된 대도시권으로서 국제적인 비즈니스를 창출할 수 있는 인구 1천만 명 이상의 거대도시를 의미한다. 메가시티는 새로운 국가경쟁력의 핵심이고, 성장의 플랫폼이 된다는 의미에서 정책적 중요성을 가진다. 즉 메가시티에서 혁신역량이 강화되고, 경제적 시너지를 높일 수 있다는 의미에서 미래에 지향해야 할 도시라는 것이다.

그러한 한편으로는 메가시티도 다양한 도시문제를 가지게 될 것이다. 편리한 도시생활을 위한 다양한 기반시설을 공급하고, 이를 유지관리하는 데 막대한 자본이 들고 기회비용이 소요될 것이다. 그리하여, 만물인터넷이 구축되고, 스마트 시티나 에코시티로서 미래도시를 만들어가기 위한 막대한 투자가 요구될 것이다.

그럼에도 불구하고 메가시티는 도시의 그 규모에 맞게 기후변화나 소득양극화, 글로벌 경제

위기 등을 대응할 수 있는 역량과 책임을 구비하여야 한다.

메가시티는 인구 1천만 명이 넘는 대도시를 의미한다. 생활권역의 인구까지 포함하여 메가시티라고 하는데, 도쿄도는 3천 8백만, 서울은 2천 5백만, 뉴욕은 2천 3백만, 로스엔젤레스는 1천 8백만, 런던은 1천 3백만, 파리는 1천 2백만, 오사카-고베시는 2천만 명의 인구를 가진 메가시티이다.

한국에서는 메가시티의 논의가 특광역시와 주변을 둘러싼 도와의 이분체제를 폐지하고, 하나의 행정구역으로 통합하는 것에 초점을 두고 있다. 대표적인 것으로 서울특별시와 경기도, 인천광역시를 하나의 행정구역으로 묶자는 논의를 하고 있다. 행정구역이 다르다는 이유로 전철이나 버스, 택시이용 등 교통분야에서의 불편이 발생한다는 것이다. 최근에 김포의 서울시 편입논의도 전철이용의 과부하로 인한 김포주민들의 생활상의 불만표출이 주된 원인이 되었다.

또 영남권의 경우도 부산광역시와 울산광역시 그리고 경상남도가 합쳐서 인구 760만의 초거대도시를 목표로 제시한 부울경 메가시티 논의가 있었다. 이 논의는 울산광역시를 중심으로 영일만 동맹을 더 우선하는 바람에 각 지방자치단체들 간의 이해관계가 충돌하였고, 갈등의 골이 깊어져 현재는 무산된 상태가 되었다.

이외에도 대구광역시와 경상북도까지 더해서 인구 천만이 넘는 영남권 메가시티로 확대하자는 제안도 있었다. 이를 실현하기 위한 첫 사업으로 제안된 것이 영남권 메가시티 급행철도였는데, 이 계획자체가 폐기되면서, 물거품이 되었다. 영남권의 이러한 제안은 한국에서 최초로 광역연합이라는 개념을 도입한 최초의 사례였다.

호남권에서도 전라남도와 광주광역시를 하나로 묶고, 전라북도도 포함하여, 천만의 메가시티를 만들려고 구상하였으나, 전라북도에서 새만금을 통합하여 독자적인 메가시티를 구축하겠다고 하는 바람에 역시 실패하고 있다.

다음으로는 충청권인데, 충청권 메가시티를 구상하면서, 대전광역시, 세종특별자치시, 충청남도와 충청북도를 하나로 묶어서 광역인프라를 구축하여 인구 천만 명의 대세충 메가리전을 만들자는 구상인데, 현재 특별지방자치단체를 구성하는 TF를 추진하고 있는 중이다.

해외에서는 초광역적 공간전략으로서 메가시티(mega−city), 세계도시(global city), 글로벌 도시지역(global city−region), 메가시티 리전(megacity region), 슈퍼리전(super region), 메가리전(mega region), 다중심도시지역(polycentric urban region) 등의 개념을 제시하면서, 광역권의 협력하는 방식으로 논의가 진행되고 있다.

메가시티에 대한 구상으로서 미국에서는 America 2050을 2006년에 제시하였고, 프랑스는 국토 2040에서 22개의 메트로폴을 설치하고, 주거와 관광공간, 산업공간, 통행 등 7개 공간시스템별로 지방대도시화를 목표로 하고 있다. 영국에서는 city-region정책에 따라 맨체스트, 리즈, 리버풀 등 주요 지방도시를 중심으로 6개의 도시권을 형성하여, 경제활성화와 삶의 질 향상, 인프라 확충 등의 도시권 개발계획을 공동으로 수립하고 있다.

독일에서는 네트워크형의 대도시권을 제시하면서 11개의 대도시권을 지정하였다. 11개의 대도시권은 베를린/브란덴부르크, 함부르크, 뮌헨, 라인-루르, 라인-마인, 슈투트가르트, 할레/라이프찌히-작센의 7개와 뉘른베르크, 하노버(부륀스빅, 괴팅겐), 브레멘(올덴부르크), 라인-렉카 등 4개 지역을 들 수 있다.

III. 서울시의 공간구조의 확대와 메가시티 형성

1. 서울의 공간구조의 역사

서울시의 공간구조를 보면, 산업화와 도시화로 인하여, 점점 그 구역의 규모를 확대해 온 것을 볼 수 있다. 1914년에는 현재의 중구와 용산구가 중심이 된 사대문안이 서울의 구역이었으나, 1936년 일제의 만주와 중국에 대한 전쟁수행을 위한 교통중심지로서의 광역적 중심지 기능을 위하여 구역을 확대하였는데, 그것은 현재의 성동구, 영등포구, 동작구, 동대문구, 마포구 일부 등이다.

그러다가 1949년 일제로부터의 광복과 건국에 즈음하여 현재의 종로구, 성북구, 서대문구, 마포구, 광진구 영역까지 공간을 확대하였다.[6)]

본격적인 한국의 산업화를 위한 경제개발을 하게 되면서, 서울시는 전국적인 중심지역할로서의 기능이 요구되었고, 이를 위해 1963년에 현재의 서울시의 공간규모로서의 확장이 이루어져 강남구, 송파구, 강동구, 서초구, 강서구, 양천구, 구로구, 노원구, 중랑구 도봉구까지 포함하게 된 것이다.[7)]

그러다가 1982년에는 광명시의 행정구역이 서울시의 도시계획구역에서 분리되었고, 1991년에는 과천시와 부천시도 서울시 도시계획구역에서 분리되어, 서울시의 면적은 665.98㎢로 줄어들었다.[8)]

---

6) 정확히는 1950년 서울시 도시계획구역의 고지를 통해, 숭인, 은평, 구로, 뚝고라는 4개 지구를 편입하여, 서울시의 면적은 269.77㎢가 되었다.

7) 정확히는 1963년 9월 17일 도시계획구역으로 713.24㎢로 확대되었는데, 경기도 신도면, 과천면, 오정면, 서면, 철산리, 하안리, 광명리가 편입되었다. 그리고 1970년에는 720.88㎢로 확장되었는데, 경기도 양주군 화접리, 구리군 갈매리 등 인접지역이 도시계획구역으로 추가 편입되었다.

8) 이때 과천시(35.81㎢)와 부천시(6.59㎢)가 서울시 도시계획구역에서 제척되었다.

그림 5 **서울시의 연도별 공간변화**

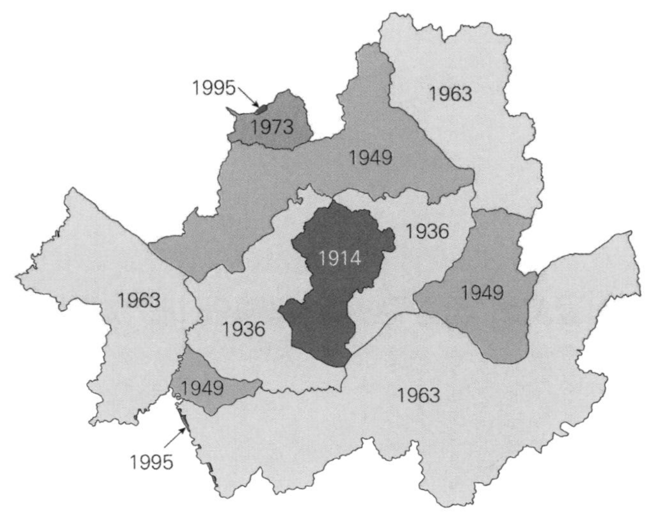

서울의 공간구조는 인구증가와 연동되어 있다고 볼 수 있다. 서울시의 인구는 1915년에 약 24만 명이었다. 그리고 1936년에 73만 명이 되었는데, 이것은 행정구역의 확장으로 인한 것임을 알 수 있다.

그리고 서울의 인구는 1942년에 처음으로 100만 명을 넘어섰고, 1945년 해방 후 일제의 강제징용으로 해외로 나갔던 동포들이 귀환하였고, 월남동포의 서울이주로 인구성장은 빠르게 진행되었다. 그러다가 1950년 한국전쟁이 발발하면서, 인구가 61% 이상 감소하였다가, 전쟁이 끝난 후에 다시 인구가 증가하여 1953년에 100만 명이 되었다.

그리고 정부의 적극적인 재건노력에 의하여 1959년에 200만 명이 되었고, 1968년에 400만 명, 1979년에는 800만 명이 되었다. 그리고 1980년대에 강남지역의 개발과 함께 인구는 지속적으로 증가하였다가 1990년대 와서 둔화되었다(김선웅, 2015).

1992년에는 1,097만 명으로 최고치에 도달한 후에 교외화 현상과 출산율 저하로 인구가 감소하기 시작하였다. 2010년에는 1,058만 명이 되었고, 20세기 지속적으로 증가하던 서울시의 인구는 안정단계로 들어서고 있다고 평가하고 있다.

서울시의 인구변화

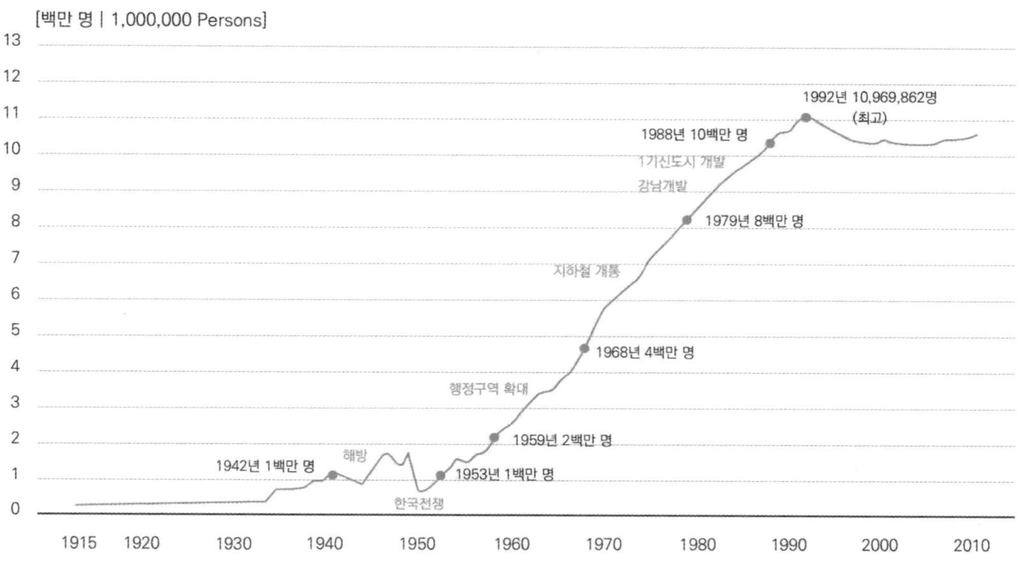

서울시의 인구밀도는 1949년과 1962년의 행정구역 확장으로 급감하기도 하였으나, 1990년대 후반까지 지속적으로 증가하였다. 1963년 서울시의 행정구역이 현재와 비슷한 613㎢로 확대되었을 때, 인구밀도는 5,309명/㎢이었는데, 10년후인 1973년에는 서울의 인구밀도는 1만 명/㎢이었고, 1983년에는 1.5만 명/㎢이 되었다.

그러다가 1992년에는 서울시의 인구밀도가 18,121명/㎢이 되어, 최고치가 되었는데, 이것은 도쿄의 13,650명/㎢보다 높은 수준이고, 뉴욕 10,483명/㎢이나 파리 8,401명/㎢보다 높은 것을 알 수 있다. 세계최고의 인구밀도를 가진 도시임을 알 수 있다.

다음은 서울시의 공간구조를 생활권별로 구분해보면, 여러 방식으로 분류할 수 있으나, 논의의 편의상 여기서는 2006년에 서울도시기본계획에서 제시한 9개의 생활권으로 구분하는 안으로 소개하고자 한다. 즉 서울시는 도심생활권을 중심으로 시계방향으로 동북2생활권, 동북1생활권, 동남2생활권, 동남1생활권, 서남3생활권, 서남2생활권, 서남1생활권, 서북생활권으로 분류되고 있다.

즉 도심생활권이라고 하는 권역의 중심지는 광화문이라고 한다면, 동남1생활권의 중심지는 강남역 등으로 제시할 수 있다.

그림 7 서울시의 생활권구분의 사례

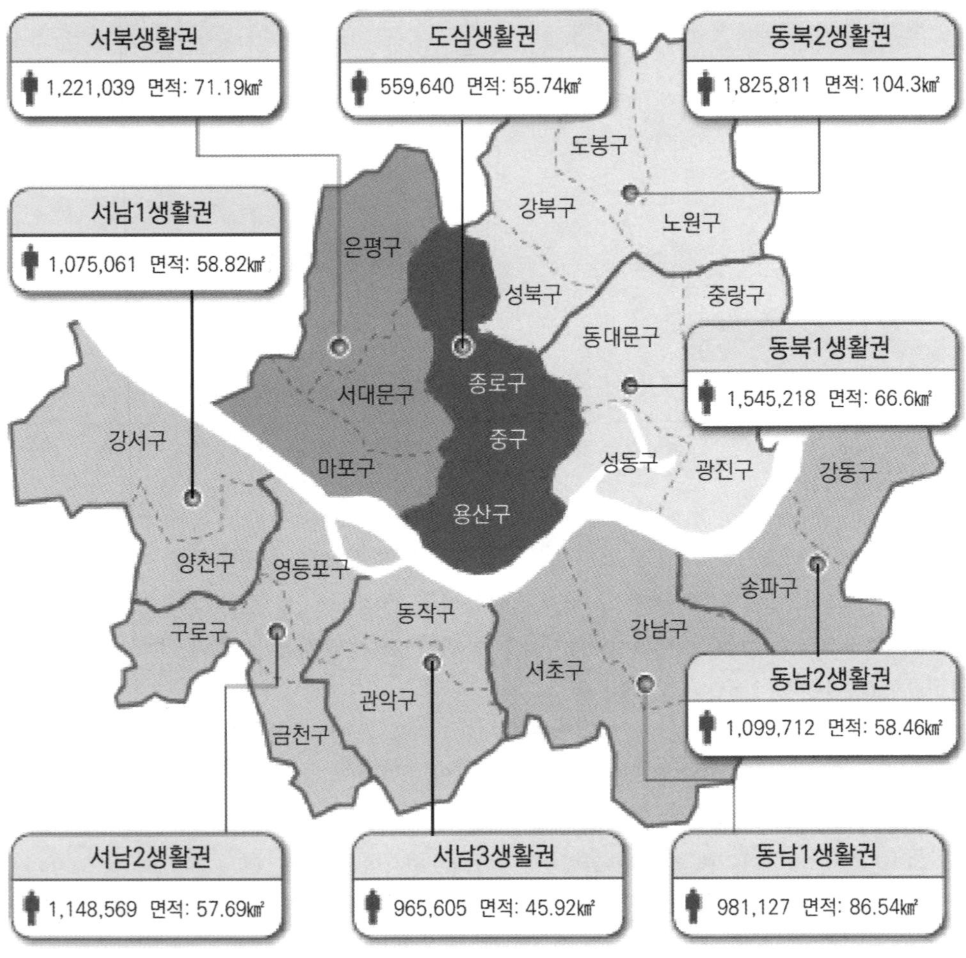

서울시의 행정구역의 변화를 구체적으로 살펴보면, 조선시대에는 도성밖 약 10리에 이르는 구역이 서울의 구역이었는데, 이를 표현하는 용어가 성저십리(城底十里)이다. 그래서 현재도 왕십리라는 지명은 동대문으로 4Km의 거리의 지역을 이르는 표현이다.

그러다가 일제 강점기의 후반인 1939년 일제군수산업기지로 개발된 영등포지역이 서울에 편입되면서, 134㎢로 확대되었다. 1945년 당시에는 행정구역이 8개구 268개동이었고, 해방 후인 1949년에 서울특별시로 개칭되었다. 이후 45개리를 서울시에 편입하고, 성북구를 신설하여 9개구가 되었다. 면적은 268㎢로 확대되었다.

그러다가 1963년에 인접한 5개군 84개리를 편입하여, 면적이 613㎢로 2.3배 증가하였다. 1973년에 경기도의 일부가 서울에 편입되어 서울시의 면적은 627㎢로 증가하였다.

이후 서울시는 자치구를 신설 조정하면서, 행정구역의 면적이 조정되었고, 1975년에 성동구의 한강 남부지역이 독립하여 강남구로 신설되었고, 1977년에는 영등포구에서 강서구가 분리 신설되었다. 1979년에는 은평구, 강동구가 신설되어 15개구가 되었고, 1980년에는 구로구와 동작구가 신설되었다. 1988년에는 송파구, 중랑구, 노원구, 서초구, 양천구가 신설되었고, 1995년에는 강북구, 금천구, 광진구가 신설되어 현재와 같은 25개의 구가 되었다.

2010년 시점으로 서울시의 행정구역은 25개 자치구와 424개의 행정동으로 구성되어 있고, 면적은 605.25㎢로서 국토면적 100,033㎢의 0.6%를 차지하고 있다. 2012년에 종로구 명륜3가동이 혜화동에 편입되어, 행정동의 수는 423개가 되었다.

공간적으로 보면, 서울시는 1939년에 134㎢에서, 1949년에 268㎢로 약 2배 증가하였고, 1962년에 596㎢가 되어, 약 2.2배 증가한 것을 알 수 있다. 도시화로 인하여 서울시의 공간구조는 1962년에 미래의 서울시의 팽창을 염두에 두고 행정구역의 면적을 확대해 두었던 것을 알 수 있다.

다음으로 서울의 중심지체계가 어떻게 변천하여 왔는가를 살펴보면, 서울은 조선왕조의 도읍으로서 수도로서의 중심지역할을 해왔다. 서울의 도시내부구조를 보면, 단핵도시구조였다가 1960년대 이후에 산업화와 급격한 인구증가로 인하여, 도심의 기능을 외곽으로 확산하고 분산시키는 다핵도시구조로 변화하였다.

1966년에는 서울시가 1도심 5부도심이었다. 즉 도심은 4대문안이고, 부도심은 창동, 천호, 강남, 영등포, 은평이었다. 그러다가 1972년에는 1도심 7부도심으로 3개의 부도심이 추가되었다. 미아, 망우, 화곡이 그것이다.

그러다가 1978년에는 서울의 중심지체계를 도심-지역중심-지구중심으로 구분하였는데, 1도심과 7지역중심, 27지구중심과 157근린중심을 지정하였다. 7지역중심은 영등포, 영동, 수유, 잠실, 장안평, 수색, 화곡이었는데, 1972년의 7부도심과 공통된 곳은 영등포, 영동, 화곡의 3곳에 불과하고, 나머지 4곳은 새로 지정되었다.

1984년에는 다시 주핵 도심과 부핵 도심으로 구분하였고, 13개의 지역중심과 50개의 지구중심으로 구분하였다. 부핵도심으로서는 3부핵을 지정하였는데, 이것은 영동, 영등포, 잠실이었고, 13부심은 강북에 7개, 강남에 6개를 지정하였다. 여기서 부핵으로 지정된 곳은 지속적으로 중심지로서의 영향력이 확대되었다는 것을 알 수 있다.

다음으로 1990년에는 1도심과 5부도심으로 구분하고, 59지구중심으로 구분하였다. 여기서 5부도심에 신촌과 청량리가 1984년의 3부핵에 추가된 것을 알 수 있다. 즉 5부도심은 신촌, 청량리, 영등포, 영동, 잠실이었다.

그림 8 2020서울도시기본계획(안)

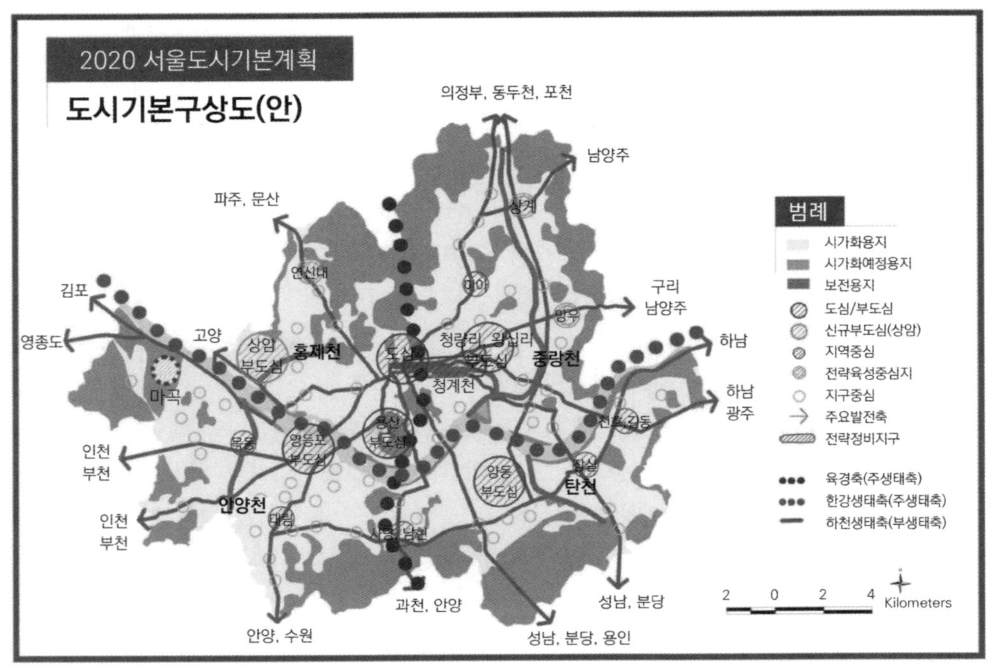

그러다가 1997년에 서울의 중심지체계로서 1도심-4부도심(용산, 왕십리, 청량리, 영동, 영등포)으로 지정하고, 11지역중심과 54지구중심을 지정하였다. 용산이 추가되었고, 잠실이 빠진 것이 1990년의 5부도심과 비교하여 달라진 것이다.

또 2006년[9]에는 1도심-5부도심(용산, 왕십리 청량리, 영동, 영등포, 상암 수색)-11지역중심-53지구중심으로 구분하였는데, 5부도심에 상암 수색이 추가된 것을 알 수 있다. 상암과 수색지역의 새롭게 개발되고 도심으로서의 중심지가 되고 있는 것을 알 수 있다.

그리고 2006년에는 전략육성중심지로서 연신내, 상계, 망우를 지정하였고, 전략육성지로서 상암 수색, 마곡, 문정을 지정하여, 새로운 미래의 중심지로서 성장시킬 것을 예정하고 있다.

2014년에는[10] 3도심을 지정하고 7광역중심-12지역중심을 지정함으로써, 서울시의 중심지체계가 크게 변화한 것을 알 수 있다. 즉 3도심으로서 한양도성, 영등포 여의도, 강남으로 하면서, 도심을 3개로 한 것이다.

그리고 7광역중심으로서는 용산, 잠실, 청량리 왕십리, 창동 상계, 상암 수색, 마곡, 가산 대

9) 2006년은 2020서울도시기본계획을 수립한 해이다. 여기서 다핵분산형 광역대도시라는 개념을 도입하였고, 기존공간구조를 유지하면서, 전략육성중심지를 지정하였다.
10) 2014년에는 2030서울도시기본계획을 수립한 해이다. 박원순 시장시기이다.

림을 지정하였고, 12지역중심으로서는 동대문, 망우, 미아, 성수, 신촌, 마포공덕, 연신내 불광, 목동, 봉천, 사당 이수, 수서 문정, 천호 길동으로 지정하였다.

여기서 주목할 것은 서울시의 중심지체계가 4계층으로 구성됨을 알 수 있다. 지구중심-지역중심-부도심-도심의 4계층이 그것이다.

그림 9 **서울 광역교통축 구상 계획**

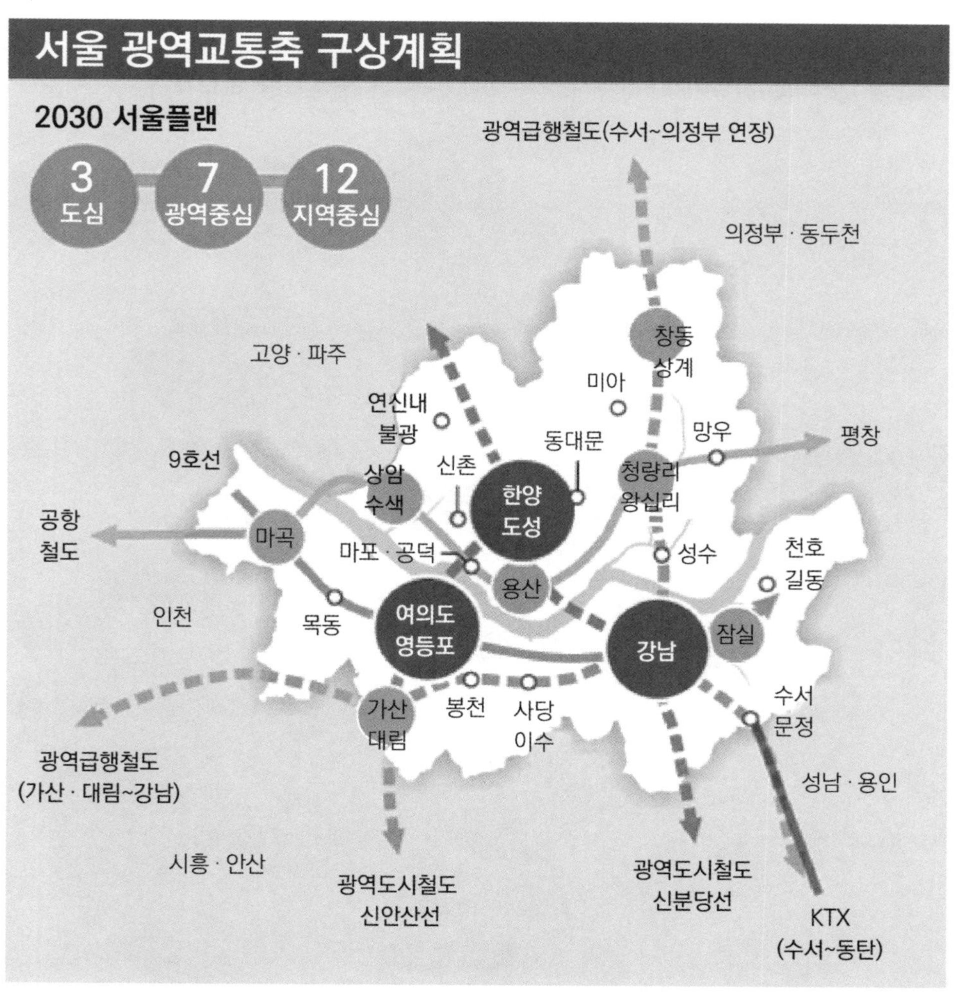

2. 서울 행정구역을 넘는 생활권역 형성

서울시는 도시에서 대도시로 그리고 이제는 대도시권역으로 그 공간규모가 확대되었다. 그리하여 도시계획을 통하여 더 이상 인구과밀이 되지 않도록 억제해야 하는 곳과, 성장을 적정하게 관리해야 주어야 하는 권역으로 구분하여야 할 필요성도 생겼고, 자연보전권역으로 보전해야 하는 권역을 구분하여 줄 필요도 있다. 이것을 미래의 공간관리를 위한 계획으로 표현한 것이 수도권4차 정비계획이다. 그 내용을 그림으로 표시하면 다음과 같다.

그림 10 수도권4차정비계획(2021-2040)에 나타난 수도권의 공간권역

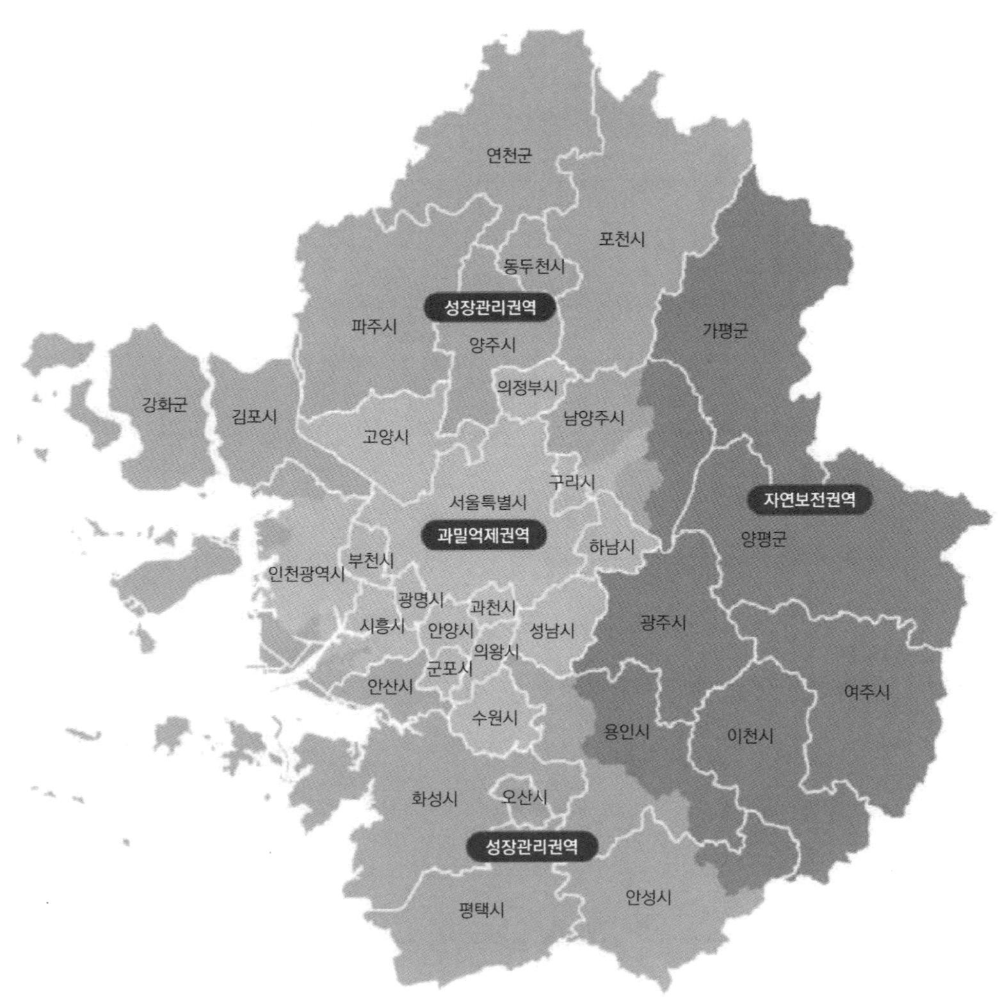

서울시는 교통망이 수도권과 심지어는 충청권과 강원도권까지 확장되면서, 이 생활권역속에 사는 시민들의 이동시간이 단축되고 있다. 생활권은 사람들이 직업이나 일상생활을 누리는 범위를 의미하는 것으로서, 통근이나 통학, 쇼핑, 오락, 사회적 관계 등을 함께 하는 공간적 범위인데, 거리가 멀어지면 같은 생활권으로 묶기가 어려워진다.

그렇지만, 최근에는 교통수단의 발달로 인하여, 그 생활권의 범위가 넓어지고 있는데, 특히 KTX와 SRT, GTX, 고속도로 등이 지속적으로 건설됨에 따라서 서울시민의 경우에는 충남도 아산까지 50분정도에 이동할 수 있는 생활권이 되었다.

그리하여, 서울시민의 입장에서 보면, 서울시라는 공간범위를 떠나서 서울시의 대안도시로 생활권을 이전하는 것이 가능하게 되었고, 결과적으로 서울시의 인구수는 줄어들고, 대안도시들의 인구수는 늘어나는 현상이 나타나는 것이다.

즉 서울시는 2013년에 10,195,064로 1천만을 넘었던 것이 2022년에는 9,505,926으로 약 70만 명이 줄어들었다. 그리고 서울시 생활권역내의 대안도시라고 할 수 있는 아산시의 인구는 2013년에 299,129에서 2022년 359,458로 약 50만 명이 늘어났다. 이것은 서울시라는 높은 거주비용이 들어가는 곳에 살기 보다는 서울을 대체할 수 있는 서울 대안도시들로의 인구이동을 하였다는 것을 의미하는 사례라고 할 수 있다.[11] 특히 아산의 경우에는 현대자동차 아산공장, 삼성 디스플레이 아산캠퍼스 등 대기업의 생산시설이 입지하고 있고, 2020년과 2021년에는 60여개의 기업의 투자협약도 이루어져, 지속적인 투자가 이루어지고 있다. 이들 기업은 아산의 1,2테크노밸리나 아산 스마트 밸리 등의 산업단지나 인주일반산업단지 등에 입지하고 있다. 또 탕정의 외국인 투자지역에도 국내외 기업들의 입지가 이루어지고 있는 점이 아산시의 인구증가로 이어지고 있다고 볼 수 있다.

아산시의 경우에는 온양온천역에서 수도권전철 1호선으로 서울시와 연결되고 있고, KTX천안아산역을 통하여 서울역과 빠르게 연결할 수 있다. 또 고속도로도 당진-천안고속도로, 서부내륙고속도로가 예정되어 있고, 철도망으로도 서해안 복선전철이 예정되어 있다.

이외에도 수도권의 북부지역인 양주, 동두천, 강원도의 원주와 춘천 같은 도시에도 GTX나 KTX, 고속도로의 확충에 따라서 서울을 떠난 경우가 많다.

11) 예를 들면, 2021년의 통계청 자료에 의하면, 아산시에 전입한 사람들의 이전 거주지를 보면, 충청권 거주자 이외에 경기(7,540건)와 서울(3,193건)이었던 것을 알 수 있다(리얼캐스트, 2022.8.29.).

그림 11 **서울시의 교통망의 발달로 인한 생활권**

다음으로, 서울의 생활권역을 알아보는 방법은 출근과 퇴근시간대의 이동을 빅데이터로 분석하는 것이다. 다음의 〈그림 12〉는 평일 퇴근시간대에 서울에서 서울인근으로 50명이상이 이동한 곳을 읍면동을 기준으로 표시한 것이다. 이것을 보면, 서울에서 일하지만 퇴근하여 거주하는 지역은 주로 고양시 일산, 김포시, 부천시, 광명시, 인천시 부평, 수원시, 용인시 수시, 성남분당, 위례시, 하남시 미사, 구리시, 남양주 별내 등인 것을 알 수 있다.

그림 12 **서울시 생활이동 데이터[12]로 본 서울시의 퇴근 생활권**

2021년 4월

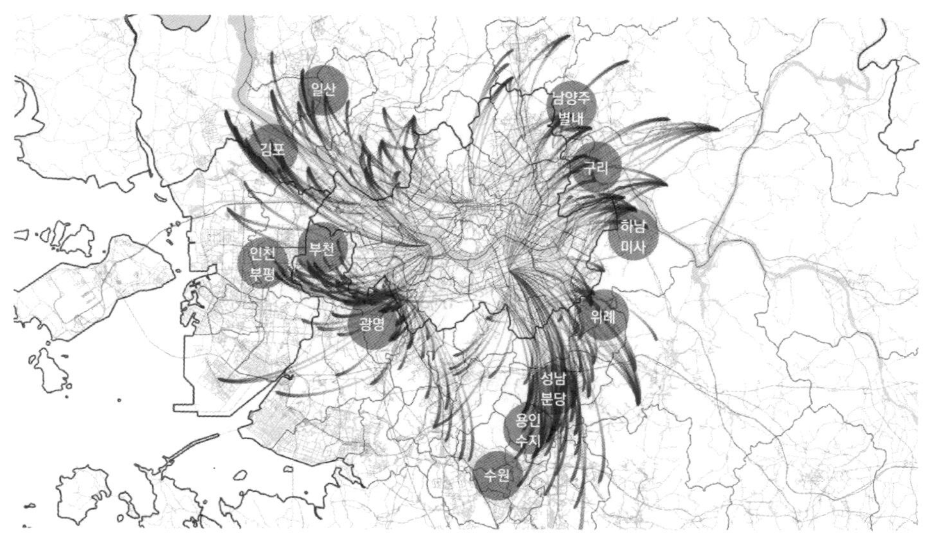

평일 퇴근 시간대, 서울 → 서울 인근

17시~20시 누적 50명 이상 퇴근, 읍면동 기준

3. 2040 서울도시기본계획에 나타난 미래서울

서울시의 도시미래를 가장 합리적으로 볼 수 있는 자료는 2040 서울도시기본계획이다. 2023년 1월에 발표한 2040 서울도시기본계획을 보면, 도시공간의 중심지체계는 2030 서울도시기본계획이 제시한 3도심 7광역중심 12지역중심을 유지한다는 것이다.

중심지 체계에서 가장 상위개념인 3도심은 서울도심(광화문일대)과 여의도 영등포, 강남으로 지정하였다. 서울도심은 국제문화교류의 중심지로서 여의도와 영등포는 국제금융의 중심지로서, 강남은 국제업무 중심지라는 것이다.

다음으로 7광역중심은 용산, 청량리 왕십리, 창동 상계, 상암 수색, 마곡, 가산 대림, 잠실이 그것이다. 용산은 GTX의 정착역인데, 광역경제권 업무거점으로 특화육성할 계획이고, 청량리 왕십리, 창동 상계도 광역경제권 업무거점으로 한다. 특히 용산의 경우, 가용지인 철도부지를 입체복합화해서 교통환승기능과 업무 상업 주거기능을 강화한다고 한다.

12) 서울시 생활이동 데이터는 KT의 휴대폰 시그널을 가공하여 만든 데이터로서, 서울시와 KT, 한국교통연구원이 공동개발한 것이다.

그림 13 2040 서울시도시기본계획의 중심지 체계

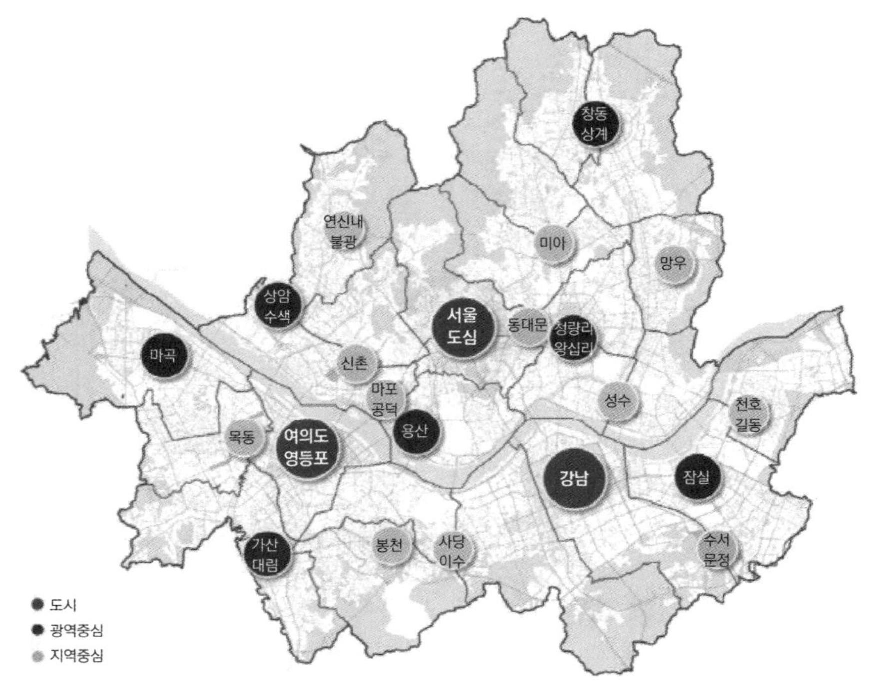

서울시 중심지 체계

다음으로 12지역중심은 동대문은 도심권의 지역중심이고, 성수와 망우, 미아는 동북권의 지역중심이다. 또 연신내 불광과 신촌, 마곡 공덕은 서북권의 지역중심이고, 목동, 봉천, 사당, 이수는 서남권의 지역중심이며, 수서 문정, 천호 길동은 동남권의 지역중심이다.

지역중심에는 GTX가 통과하는 경우, 신규 정착역을 도입하여, 중심지 육성을 유도한다는 것이다. GTX-B 노선은 서울역(도심)과 청량리역(광역중심) 사이에 있는 동대문 등 지역중심내에 정착역을 신설하는 것을 검토한다는 것이다. 또 GTX-C노선의 경우 삼성역(도심)과 청량리역(광역중심) 사이에 추가 환승역을 신설한다는 것이고, 여기에 성수가 해당한다는 것이다.

2040 서울도시기본계획에는 광역교통망을 건설하여, 중심지 간의 연결성을 강화하려고 하는데, GTX-A노선의 경우 대장홍대선(부천 대장－홍대입구)와 신분당선 서북부연장(용산－삼송)을 건설하고, GTX-B노선의 경우는 위례 과천선과 신구로선, GTX-C노선은 송파 하남선과 강동 하남 남양주선 등과 연계될 것이다. 또 서북권과 서남권, 동북권과 서북권간의 연계를 강화하기 위하여, 서부선 경전철과 강북횡단선 경전철을 신설한다는 것이다. 또 서부선 경전철은 고양시까지 연결하는 방안으로서 고양-은평선도 검토한다고 한다.

그림 14 **수도권 광역급행철도 노선도**

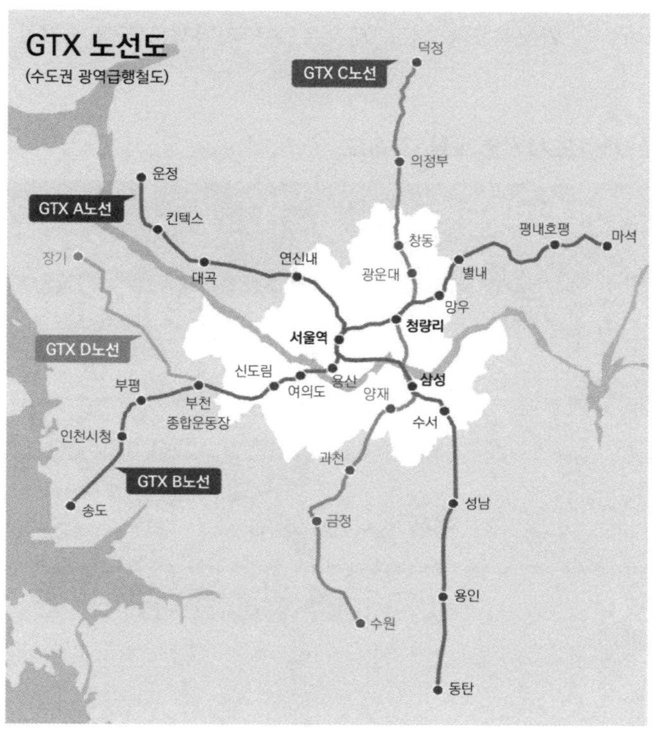

다음으로 서울시의 미래를 구체적으로 보기 위해서 2040 서울도시기본계획의 구조도를 보면 〈그림 15〉와 같다. 즉 서울시의 미래로서 글로벌 선도도시를 미래상으로 제시하면서, 살기 좋은 도시가 되고, 세계 속의 도시로서의 서울을 제시하였다.

이를 위한 7대 목표로서 보행일상권 조성, 수변중심 공간 재편, 기반시설 입체화, 중심지 기능확산, 미래교통 인프라 확충, 탄소중립 안전도시 조성, 도시계획의 대전환을 제시하고 있다. 여기서 주목할 부분은 탄소중립 안전도시 조성인데, 이것은 2022년 3월 기본계획을 발표한 이후 학계와 전문가, 시민과 시의회 등 다양한 계층의 의견을 수렴하면서, 도시경쟁력 제고와 지속가능한 도시 발전을 위하여 추가된 것이다.

또 서울의 미래로서 다양한 미래의 도시모습을 담을 수 있는 유연한 도시계획체계로 전환하고 있는 점이 특징적인데, 이전에는 일률적이고 획일적인 도시계획 규제를 한 것에서 탈피하였다.

유연한 도시계획 체계를 위하여 주거와 업무 공간에 대한 경계를 없애고, 나 중심의 생활양식이 강한 디지털 대전환의 시대를 맞이하여, 일상보행권개념을 도입하였다. 즉 주거용도 위주의 일상 공간을 전면 개편하여, 서울 전역에 도보 30분내에 주거-일자리-여가를 모두 누릴 수 있는 공간으로 조성한다는 목표를 세웠다. 또 35층이라고 하는 층고 높이제한도 과감히 삭제하여, 지역 여건에 따라 정성적인 스카이라인 관리를 할 수 있도록 전환하였다.

또 비욘드 조닝(beyond zoning)이라고 하여, 지역 특성을 고려하면서, 주거-업무-상업-여가 등을 융복합적 토지이용이 가능하도록 하는 새로운 용도지역제를 도입하기로 하였다.

그림 15 2040 서울도시기본계획 구조도

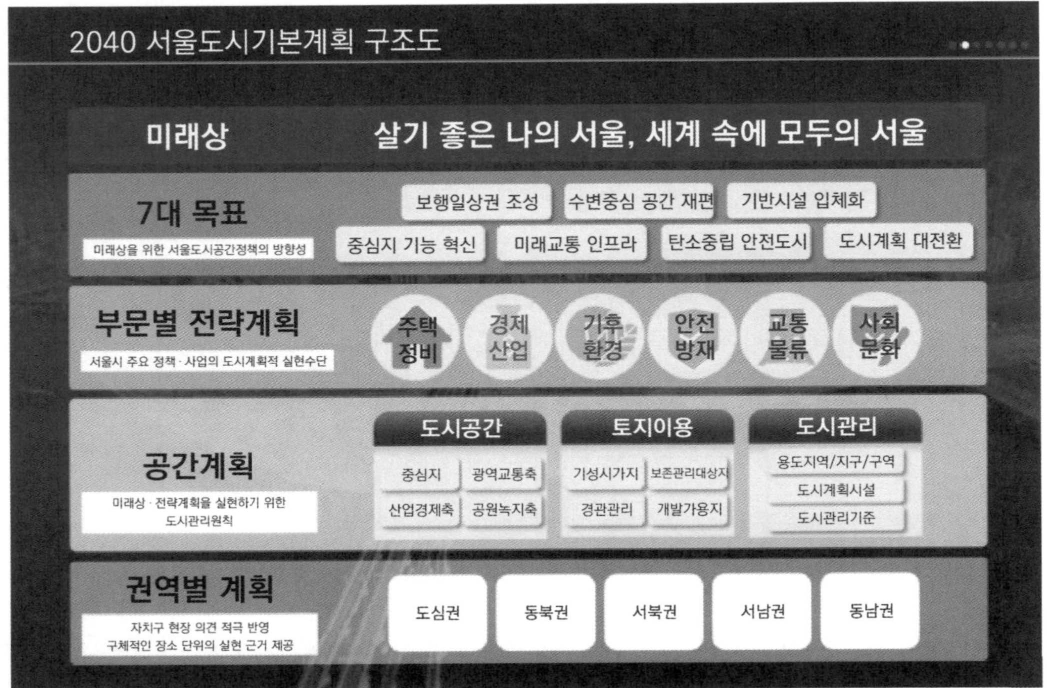

서울의 도시미래를 보는 영역 중에서 교통영역을 중심으로 살펴보면, 미래교통으로서 자율주행, 서울형 도심항공교통(UAM), 모빌리티 허브, 신물류네트워크 등 미래교통 인프라 확충을 제시하고 있다. 그리고 2040 서울도시기본계획은 이러한 미래교통을 지원하는 공간계획을 제시하고 있다.

자율주행은 도로와 주차장 등에 대한 수요를 감소시켜서, 새로운 도시공간을 창출하게 될 것이다. 또 UAM은 공항과 수도권의 광역 연결성을 높여서 도시공간에 큰 변화를 가져올 것이다.

자율주행을 위해서 자율차 운영체계를 마련하는데 역점을 둘 것이고, 서울형 도심항공교통(UAM)은 2025년에 기체 상용화를 대비하여, 도심형 항공교통 기반을 만들 계획이다. 또 도시계획적 지원을 통해, 이러한 개발시에 용적률 인센티브를 준다는 것이다.

자율주행은 2021년 11월에 상암에서 시범운영을 시작하였고, 마곡, 강남, 여의도 등으로 시범운영 지구를 확대할 것이다. 자율주행버스를 대중교통수단으로 정착시켜, 시민들의 이동편의를 돕는다. 이를 뒷받침하기 위해 상암과 강남 등 211km에 설치된 자율주행 인프라를 2026년까지 모든 도로(총 5,046km)로 확대한다.

2025년의 기체 상 용화에 맞추어서 김포공항-용산국제업무지구 등에 시범노선을 운영한다. 용산, 삼성, 잠실 등 대규모 개발지구에 UAM터미널을 설치한다. 그리고 민간에서 대규모 개발 시에 UAM 인프라를 확보할 경우 용적률 인센티브를 제공하는 방식으로 기부채납을 유도한다.

그림 16 서울형 도심항공교통 기반

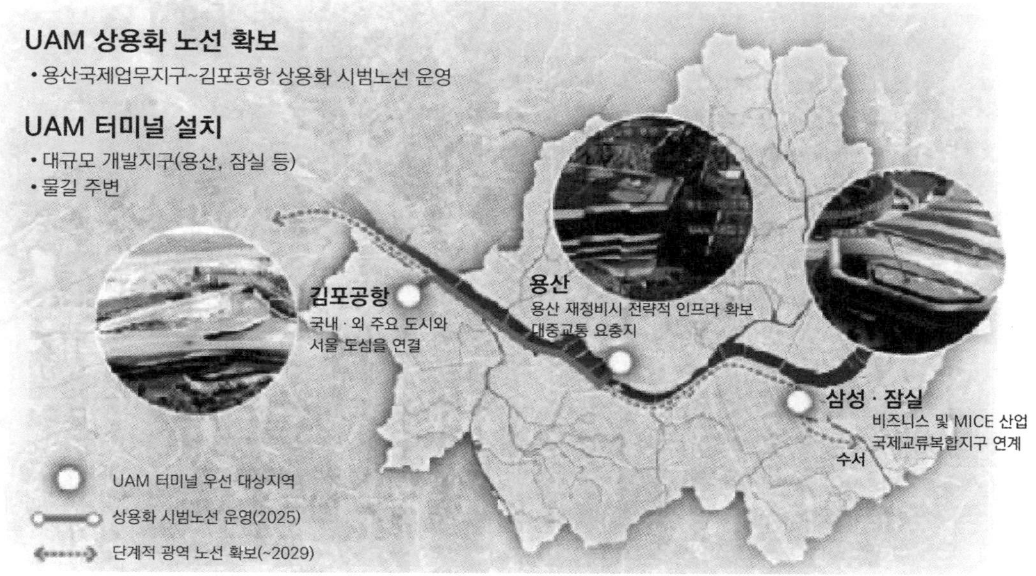

다음으로, 다양한 교통수단을 연계하는 복합환승센터 개념의 모빌리티 허브를 조성한다. 모빌리티 허브는 공간위계에 따라 광역형, 지역형, 근린형의 유형별로 설치하여, 교통수단 간의 접근과 환승을 지원하고, 공공서비스나 물류, 업무, 상업 등 다양한 도시기능을 복합적으로 제공해서 입체교통도시를 만들어 간다는 것이다.

즉 이를 위해 공중에서는 드론배송을 할 수 있도록 하고, 지상에서는 자율형 물류로봇배송을 하도록 하며, 지하에서는 지하철 활용 배송체계를 구축하여, 공중-지상-지하의 3차원 물류 네트워크를 2024년부터 구축한다는 것이다.

그림 17 공간위계에 따른 유형별 모빌리티 허브 조성

미래 교통수단과 GTX, PM 등
교통수단 간 접근과 환승지원

교통 외 공공서비스, 물류, 업무, 상업 등
다양한 도시 복합기능 제공

광역형	지역형	근린형
• GTX, UAM 등 연계 미래형 복합환승센터 구축 • 공공, 상업 등 도시서비스 제공 스마트 물류 플랫폼 구축	• GTX, UAM 등 연계 미래형 복합환승센터 구축 • 공공, 상업 등 도시서비스 제공 스마트 물류 플랫폼 구축	• 개인 이동장치 (PM) 등 주차 및 공유 교통시설 조성 • 소규모 주차장, 정류소 등 교통편의 서비스 접목

UAM 이착륙장
UAM 대합실
주차장·충전소
지하화도로 접근
도시철도 환승시설
광역거점환승센터

지역환승센터

스마트쉼터

요컨대, 서울의 미래는 공간간의 기능의 경계가 사라지게 되는 디지털 대전환의 시대에 부합하는 것이 되어야 할 것이다. 비대면과 디지털전환 그리고 초개인과 초연결화 등 다양한 사회적 변화를 수용할 수 있는 서울의 미래도시공간구조를 만들어 감으로써, 궁극적으로는 서울시민의 삶의 질을 높이고, 도시경쟁력을 높인 서울의 미래를 만들어 가야 할 것이다.

Ⅳ. 한국의 바람직한 국토공간구조에 대한 대안

1. 균형발전정책의 오류

한국의 균형발전정책은 심각한 논리적 오류를 가지고 있고, 이 정책은 실패할 수밖에 없는 정책이다. 그 이유는 국토의 불균형이 심각하다고 하여, 정책목표를 국토의 균형발전으로 정했다는 것에서부터 공간문제에 대한 구조를 전혀 이해하지 못한 발상이다. 즉 공간은 도시화로 인하여 발달된 도시지역과 그 도시의 배후지로서 덜 발달된 농촌지역으로 구성되는 것이 역사의 자연스런 현상이었다.

그리고 도시는 산업화로 인하여, 대도시로의 성장이 이루어지는데, 산업화의 중심지역에서는 인구가 급증하게 되어, 거대도시가 되기도 하며, 다른 지역의 도시들과 종주화현상이 나타나게 될 것이다.

도시체계이론에서는 바로 이런 도시들 간의 상호관계를 연구하는 이론이 발전하여 왔는데, 한 국가 내의 여러 도시 간의 순위와 규모 간에는 어느 정도의 규칙성을 가지고 있다는 것이 발견되었고, 도시의 규모가 클수록 그 집단에 속한 도시의 수는 감소하고, 규모가 작을수록 그 집단에 속하는 도시의 수는 증가한다는 것으로, 일정한 규모 이상의 도시를 인구규모에 따라서 순위별로 나열하면, 도시규모와 그 순위와는 역상관관계가 나타난다는 것이다(최봉문 외, 2018: 102).

즉 서울시의 도시인구가 커지면 커질수록 다른 도시들과의 종주화현상은 더 크게 나타나서, 다른 도시의 수가 줄어드는 것이다. 최근 수도권의 과대화로 인하여, 비수도권의 도시가 소멸해 가는 현상은 바로 이러한 도시체계이론으로 설명할 수 있다.

다시 말해, 도시화로 인하여, 도시들 간에는 종주화 현상이 나타나는 것은 자연스런 도시화로 인한 공간현상인 것이데, 이를 거꾸로 돌려서 균형화한다는 발상자체가 도시화를 거부하는 것으로서, 세계적인 흐름에 역행하는 것일 수 있다.

물론 베리(B.J.L.Berry)의 연구에 의하면, 세계 38개국의 도시규모분포를 대수정규분포모형으로 비교분석한 자료를 바탕으로, 도시규모분포는 종주분포(primate distribution)에서 중간분포(intermediate distribution)를 거쳐서, 등위규모분포(rank－size distribution)로 발전하는 개념적 모형을 제시한 적이 있다(최봉문 외, 2018: 103). 그러나 이 이론은 근거가 희박하다는 주장도 있어, 등위규모분포를 교조적으로 주장하는 것은 정책실패를 초래할 가능성이 높다.

한국의 균형발전정책은 이러한 베리의 주장에 입각한 것으로서, 근거가 희박할 뿐 아니라, 도시화와 대도시화현상에 대한 현실을 무시하는 것일 수 있다. 이런 정책은 실패할 가능성이 매우 높다.

그렇다면, 현실적으로 타당성이 높은 정책은 어떤 것인가? 도시화 및 대도시화로 인한 도시공간구조의 변화를 수용하면서, 이로 인한 기존의 행정구역과 체계로는 대응하기 어려운 도시서비스의 공급을 관리할 수 있는 바람직한 정부체계를 도입하는 것이다. 이때 정부체계라 함은 도시공간의 구역과 계층구조에 대한 합리적인 설계(design)를 의미한다.

바로 이러한 도시공간의 구역과 계층구조에 대한 연구가 광역행정의 영역이고, 적절한 광역행정시스템의 도입은 도시 간의 공간구조에 대한 도시체계의 문제를 해결하는 정책수단이 될 것이다.

그렇다면, 서울시와 서울을 둘러싼 수도권이라고 하는 대도시권역의 인구집중문제와 이로 인한 비수도권의 지방소멸과 인구감소의 기울어지는 운동장을 어떻게 관리해야 할 것인가? 이 문제를 해결하기 위해 노무현 정부에서는 세종특별자치시라고 하는 신도시를 건설하여, 이곳에 수도로서의 행정기능을 이전시키고, 전국에 혁신도시를 건설하여, 수도권의 인구를 비수도권으로 이동시키려는 균형발전정책을 추진했다.

그러나 결과적으로 현재의 시점에서 보면, 세종특별자치시의 대부분의 인구는 대전과 인근의 충청도에서 이동한 것이고, 서울에서 이동한 인구는 그다지 크지 않은 것이다. 또 혁신도시의 경우도 대부분 기존 원도심과 떨어진 곳에 신도시를 건설하다보니, 그 지역권역의 중심도시 혹은 중심상업지역이 오히려 쇠퇴하는 현상도 나타났다. 그래서 쇠퇴한 원도심에 다시 도시재생사업을 위하여 공공자금을 투입해야 하는 현상도 나타나고 있다.

한편, 원도심에 대한 도시재생을 과도하게 하면, 다시 인근에 건설되었던 신도시들에 공실이나 빈 상가들이 생기기 시작하여, 새로운 도시내 갈등을 불러일으키기도 한다. 이러한 현상은 서울시의 경우에도 명동, 세운상가, 용산전자상가, 인사동 등 중심상업지역에서도 공실률이 높아지고 있다.

요컨대, 서울시도 인구감소가 심각하다. 지난 10년동안 77만 명이 줄어들었고, 부산이나 대구, 전북 등 쇠락위기를 겪고 있는 지역 지방자치단체보다도 그 인구감소속도가 더 빠르다. 2023년 7월 기준으로 서울시의 거주인구는 942만 명으로서, 10년 전인 2012년 1,019만 명, 2016년 992만 명으로 지속적인 하향곡선을 그리고 있다. 서울의 인구감소율은 -7.5%로서 부산 -6.2%, 대구 -5.7%, 전북 -5.5%, 대전 -5.1%보다도 더 심각하다.

서울의 줄어드는 인구는 비수도권으로 가기 보다는 대부분 경기와 인천과 같은 수도권으로 이동한 것으로 보인다. 즉 같은 기간에 서울, 경기, 인천의 수도권 인구는 2,513만 명에서 2,598만 명으로 85만 명(3.4%)이 증가하였다. 서울인구가 분명히 감소하였는데, 수도권의 인구는 오히려 늘었다는 것은, 서울인구의 대부분이 경기지역으로 이동하였을 가능성이 높다. 즉 경기도의 인구는 같은 기간에 1,209만 명에서 1,358만 명으로 149만 명(12.4%)이 늘었기 때문이다. 즉 서울인구가 모두 경기도로 이동했다고 해도 될 정도의 수치이고, 경기도에는 비수도권에서 70만 명정도가 이동해 왔다는 의미가 된다.[13)]

다시 말해 서울시의 인구가 경기도로 유출되어서 서울시 인구가 급감하고 있는 것이고, 서울의 집값급등이 그 배경이 되었을 가능성이 높다.

요컨대 서울시로서는 이 문제에 대하여, 미래의 도시공간구조를 어떻게 해야 할 것인가를 검토하여야 할 필요성이 있다. 당장 이 문제를 해결하려고 정치권에 의지하기 보다는 2040 서울도시기본계획과 같은 장기적인 도시공간구조에 대한 미래계획에 반영하는 정책방향을 수립해 둘 필요가 있다. 물론 이 정책은 서울시라고 하는 도시 내부의 공간문제를 해결하면서, 서울시와 인근 배후도시들과의 도시 간 관계도 합리적으로 형성할 수 있는 '도시체계'를 설계하기도 해야 하는 것이며, 서울시의 경우에는 전국적인 중심도시로서의 위상을 가지고 다른 광역 대도시권역들과 네트워크를 형성하는 공간관리정책도 수립해야 할 것이다.

---

13) 경향신문, 2023.7.17. '서울인구감소 자지체 1위, 그 이유는 이것때문' 참고.

2. 17개 광역시도인가 광역연합 메가시티인가

최근 서울시에 김포시가 편입하려고 하는 이슈는 광역행정이론의 관점에서 본다면 매우 도발적인 수단인 것은 사실이다. 왜냐하면, 광역행정의 문제가 발생했을 때, 이것을 풀어내는 수단으로서는 점진적인 수단과 급진적인 수단이 있다. 즉 점진적인 수단은 현재의 지방자치구역과 정부를 유지하면서, 추가적인 도시 간 광역서비스에 대한 공급을 관리할 협의체나 연합체를 만드는 것이다. 이것은 광역행정체계의 이론에 따르면, 동일한 위상의 계층에 부가적으로 관리조직을 하나 더 만들거나, 새로운 계층을 상층에 만들어서 대응하는 방법이 있다. 전자는 협의체 방식이고, 후자는 조합이나 광역연합정부를 구성하는 것이다.

김포시의 입장에서 골드라인 혼잡도를 해결해야 하는데, 예산부족으로 인해, 국비나 도비, 민자 유치 없이 한강신도시 교통분담금과 시예산으로만 지었기에, 사업비 제약이 심했기 때문이다. 결과적으로 현재 골드라인의 첨두시 혼잡도는 평균 241%이고 최대 289%에 이른다고 한다. 이렇게 혼잡도가 심한데도, 김포시는 계획인구 70만 명에 달하는 도시계획을 계속 추진 중이므로, 교통혼잡문제는 더욱 심각해 진다는 것이다.

이 문제해결을 위해 서울편입이란 의제를 제기한 것이고, 이것을 광역행정체계의 구역과 계층이란 관점에서 설명하면, 경기도라는 광역계층에 속한 기초계층의 일반시인 김포시가 서울특별시라는 광역계층의 하나의 자치구라는 기초계층으로 편입되는 것을 의미한다. 이것은 17개시도라고 하는 광역지방자치단체의 구역경계라는 프레임의 경계를 넘어들어가는 것을 의미한다. 이것이 가능하기 위해서는 김포시 주민들의 주민투표와 경기도의회의 주민투표 그리고 서울시의회의 주민투표를 거쳐야 하는 것이다.

그림 18 **김포시의 서울특별시 편입 시의 공간구조**

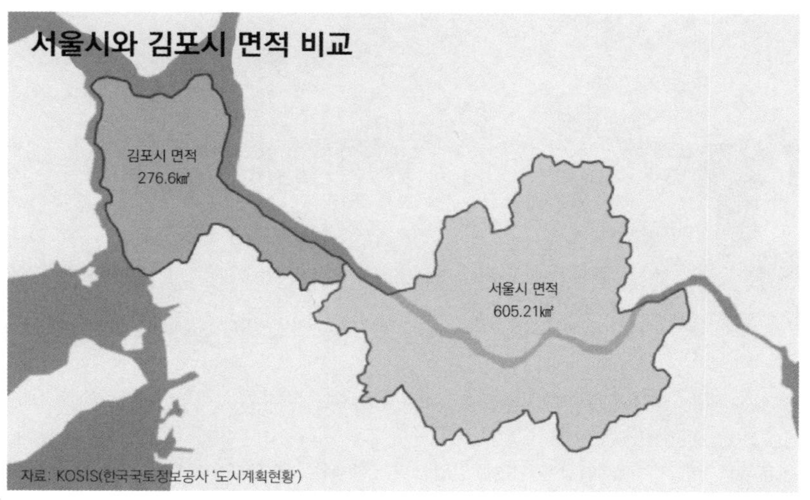

한편, 김포시라는 기초자치단체가 서울특별시의 강서구와 광역연합체를 만들 수도 있다. 김포골드라인이라는 교통서비스를 공급하기 위한 특별지방자치단체를 구성하는 것이다. 그러나 강서구에는 교통망을 건설하는 예산이나 권한이 없기 때문에 강서구의 상위정부인 서울특별시가 이 문제를 다루는 주역이 될 수밖에 없다.

만일 김포시가 서울특별시에 편입된다면, 서울시의 공간구조는 위의 〈그림 18〉과 같이 변화하게 될 것이고, 이에 대한 2040 도시기본계획을 새롭게 수정해서 수립해야 할 것이다.

한편, 서울특별시의 입장에서는 김포시에 거주하고 있지만, 서울시에서 직장을 가지고 근무하는 사람도 서울시민으로서 교통서비스를 공급하는데 책무를 가진다고 한다면, 2040 서울도시기본계획과 같은 장기적인 도시계획에서는 유사한 문제를 가지고 있는 서울 인근도시의 교통서비스 문제를 해결하기 위한 정책수단을 준비하여야 할 것이다.

그것은 서울시를 중심으로 인근 도시에 거주하면서, 서울시로 출퇴근하는 주민들의 교통서비스를 공급하기 위해 조합14)을 만들거나 광역연합정부를 만드는 것이다. 17개시도라고 하는 행정구역을 고집함으로 인한 교통서비스 공급의 갈등을 풀어내기 위하여, 교통문제를 풀어내기 위한 광역연합 메가시티 정부를 만드는 것이다.

그림 19 서울생활권에 근접한 도시들과 조합이나 광역연합정부를 구성할 경우 공간

14) 수도권 교통본부로 이 기능을 담당한 적이 있었으나, 현재는 폐지되고 없다. 존립기간은 2007년 12월에서 2018년 12월까지였다.

3. 광역연합 메가리전과 경기북도 특별자치도 및 인천메가시티 구상과 충돌

광역연합 메가리전은 메가시티만으로 구성하는 것이 아니라 배후지에 있는 비도시지역도 포함하여 광역연합 정부를 구성하는 것이다. 서울시를 사례로 보면, 인근의 경기도를 포함하는 메가리전을 만드는 것이다.

서울시의 인근의 위성도시들과 광역연합 메가리전을 만들려고 할 때, 최근에 논의되고 있는 경기북도 신설의 문제를 어떻게 대응해야 하는가가 논란이 될 수 있다. 즉 경기도는 2022년 김동연 지사가 당선되면서, 경기북부특별자치도를 설치하려는 공약이 있었고, 2023년 9월 국무총리를 만나서, 경기북부특별자치도 설치 특별법 제정을 위한 주민투표를 행정안전부에 요청해 둔 상태이다.[15]

그림 20 **경기북도설치로 인한 경기도의 공간구조변화**

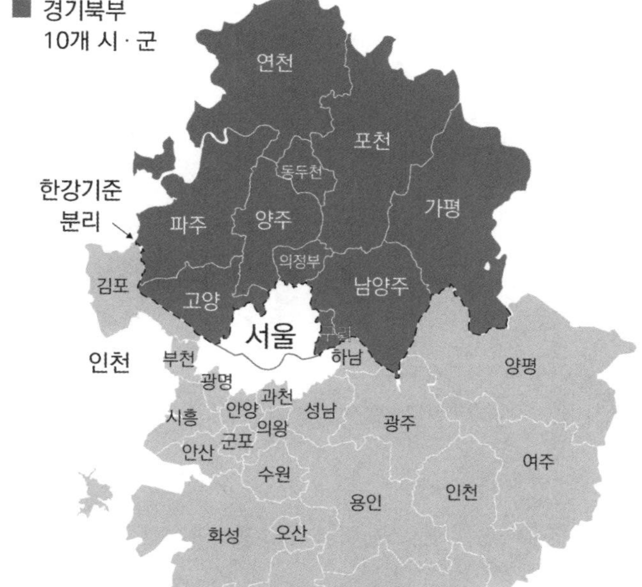

15) 이데일리, 2023.11.1. '서울편입 이슈에 특별자치도에 불똥, 경기도 계획대로' 참조.

김동연 경기지사는 경기북부 특별자치도의 설치는 한국 전체의 균형발전을 위한 경제정책이라고 하면서, 현재 74.2%의 도민들이 경기북도의 설치 필요성에 찬성한 것이라고 하면서, 경기북도 설치 대상지역인 경기북부지역 주민을 대상으로 투표를 건의한 것이다.

문제는 경기북도 지역에 들어가는 고양시와 의정부시 그리고 구리시가 서울편입 대상도시로 거론되면서, 김동연 지사가 1년동안 공을 들였던 정책이 무산되는 것이 아닌가 하는 난감한 상태가 되고 있는 것이다.

한편, 인천광역시도 경기북부 자치도 출범과 함께 인천 500만의 메가시티를 지향해야 한다는 제안이 나왔다. 즉 인천을 중심지로 하여, 부천, 김포, 시흥을 하나의 광역행정구역으로 묶어서 500만 명의 특별자치시로 출범하자는 것이다. 또한, 경기북도특별자치도설치는 의정부시 등 경기북부 9개 시군을 하나의 행정구역으로 묶어서 특별자치도로 출범하자는 논의도 나오고 있다. 이것이 지역경쟁력을 강화하고 지방분권을 강화하는 방안이라고 한다. 또 인천광역시는 인근의 부천, 김포, 시흥, 안산 등을 아우르는 경제벨트인 인천글로벌 써클을 조성하겠다는 구상도 제시하였다.

유정복 인천시장은 인천권역 인구 500만의 메가시티로 재편하여, 특별자치권한을 얻고, 수도권 규제를 해소하여, 인천만의 도시경쟁력과 자생력을 갖출 것을 기대하고 있는 것이다.

그림 21 인천광역시의 메가시티 구상시의 공간구조와 2040 인천도시기본계획[16)]

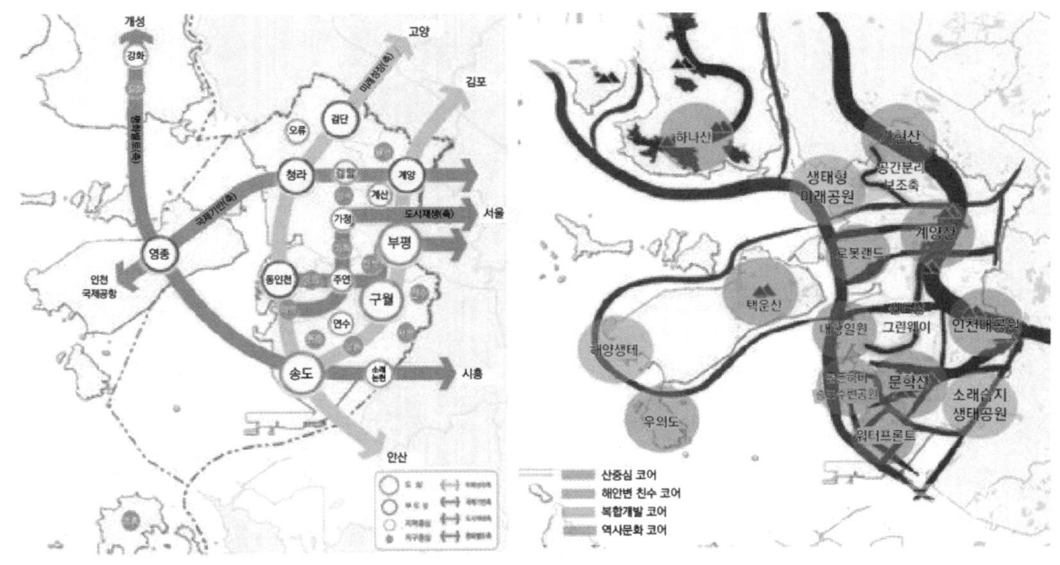

16) 인천투데이, 2021. 5.28 '2040 인천도시기본계획, 철도망 중심 도시구조재편' 참조.

V. 결론: 서울의 미래 공간구조의 메가리전 재편

서울이라고 하는 도시는 한국의 전국적인 중심지이면서, 서울을 중심으로 하는 광역 대도시 권역의 중심이다. 이것은 인근의 인천을 중심으로 하는 메가시티 구상이나, 경기도의 경기북부자치도 구상이 지향하는 공간권역과 충돌하는 현상이 나타나고 있다.

서울로서는 서울에 거주하는 시민들과 서울을 직장으로 하여 통근하는 관계인구로서의 시민들을 위한 도시서비스 특히 교통서비스를 효율적이면서 효과적으로 제공해 줄 책무가 있다. 이 점에서 서울시는 서울을 중심으로 하는 광역행정체계를 설계하여 생활권역과 행정권역이 불일치하는 문제를 합리적으로 해결할 필요가 있다.

지방자치의 시대에 현재의 각 지방자치단체의 구역경계를 허물어 뜨리는 광역행정기법은 쉽지 않다. 특히 편입이나 통합, 합병과 같은 급진적인 광역행정기법은 각 지역에 거주하는 주민들의 과반수 이상의 동의를 받아내는 것이 용이하지 않다.

그래서 서울시가 메가시티로서의 생활권에 부합하는 도시교통서비스를 제공하려고 한다면, 파리시가 일드프랑스라는 레지옹이라고 하는 상위 계층의 구역을 하나의 정부로서 만드는 개혁을 하였던 사례를 참고하는 것을 제안해 본다. 즉 서울특별시는 그대로 존재하면서, 배후지에 있는 일반시 중에서 주민들의 과반수 이상이 동의하는 도시에 한해서, 서울특별시와 광역연합정부를 구성하는 것이다. 이를 위한 제도적 수단이 메가 리전을 형성하고, 메가리전 정부를 구성하는 것이다.

메가리전은 현재 지방자치법상의 특별지방자치단체를 활용하는 것이 가능하고, 보다 지방분권에 입각한 근본적인 메가리전의 형성을 위해서는 특별시에 특별자치도의 개념을 융합한 '서울특별자치도시'라는 개념을 도입하여, 일본의 도쿄도가 동경시와 인근의 26개의 시 그리고 5개의 정과 8촌으로 구성된 것을 참고하여, 중앙정부의 부처권한을 대폭적으로 이관한 특별한 분권 메가리전을 신설하는 구상을 시도해 보는 것이다.

요컨대, 어떤 광역행정기법을 사용하는가에 따라서 서울의 미래도시공간구조는 매우 유동적으로 변화할 수 있는 여지가 생겼고, 서울의 미래가 어떻게 구현되어 나가는가는 서울특별시를 이끄는 리더의 자치분권에 대한 철학과 서울시를 중심지로 하는 배후지에 거주하는 시민들을 얼마나 포용하는가에 달려 있다.

참고문헌

강명구. (2021).「도시의 자격: 도시계획학 1 역사」. 서울연구원.

강인호·박치형·하정봉. (2020).「도시행정론」. 법문사.

국토교통부. (2020). 보도자료(2025, 교통체증없는 도심하늘길 열린다).

권영덕·이보경. (2020).「서울, 거대도시로 성장하다: 1980년대 서울의 도시계획」. 서울연구원.

김석호·변미리. (2021).「서울의 미래세대」. 서울연구원.

김선웅. (2015).「서울시 행정구역의 변천과 도시공간구조의 발전」. 서울정책아카이브(seoul solution , 2015.5.27.)

김선웅. (2017).「서울과 세계대도시: 밀레니엄 이후 도시변화비교」. 서울연구원.

김순관. (2021).「서울시 통행변화: 1996-2016」. 서울연구원.

김묵한·주재욱 외. (2021).「디지털시대의 서울경제: 서울, 4차산업혁명의 한복판에 서다」. 서울연구원.

김혜천 외. (2011).「현대도시의 이해」. 대왕사.

맹다미. (2010). 지표로 본 서울의 도시공간 변화. SDI정책리포트, 제68호(2010.7.26.)

박윤환·최충익·최유진. (2022). 뉴노멀시대의 패러다임전환 도시행정. 윤성사.

변미리. (2016).「한눈에 보는 서울」. 서울연구원.

변미리·배일한·이종덕·고준호·박성원. (2016).「미래기술과 미래서울」. 서울연구원.

서울연구원. (2016).「데이터로 그리는 서울」. 서울연구원.

서울연구원. (2017).「저성장시대 서울의 도시정책을 말하다」. 서울연구원.

서울연구원. (2019).「서울 정책사 25년 편찬연구」. 서울연구원.

양재섭·아이바신 외. (2022).「서울이 본 도쿄, 도쿄가 본 서울」. 서울연구원.

이석민. (2020).「지표로 본 서울변천3」. 서울연구원.

이광훈. (2017).「서울교통정책변천사」. 서울연구원.

임성은. (2011).「서울행정학」. 신라미디어.

임재현. (2023).「도시행정론」. 대영문화사.

최봉문·강병수·김근영·김종구·김항집·김혜천·변창흠·신동호·양광식·이명규·이종호·정봉현·조순철·최정석·최정우. (2018).「현대도시학」. 대왕사.

제3부

에필로그

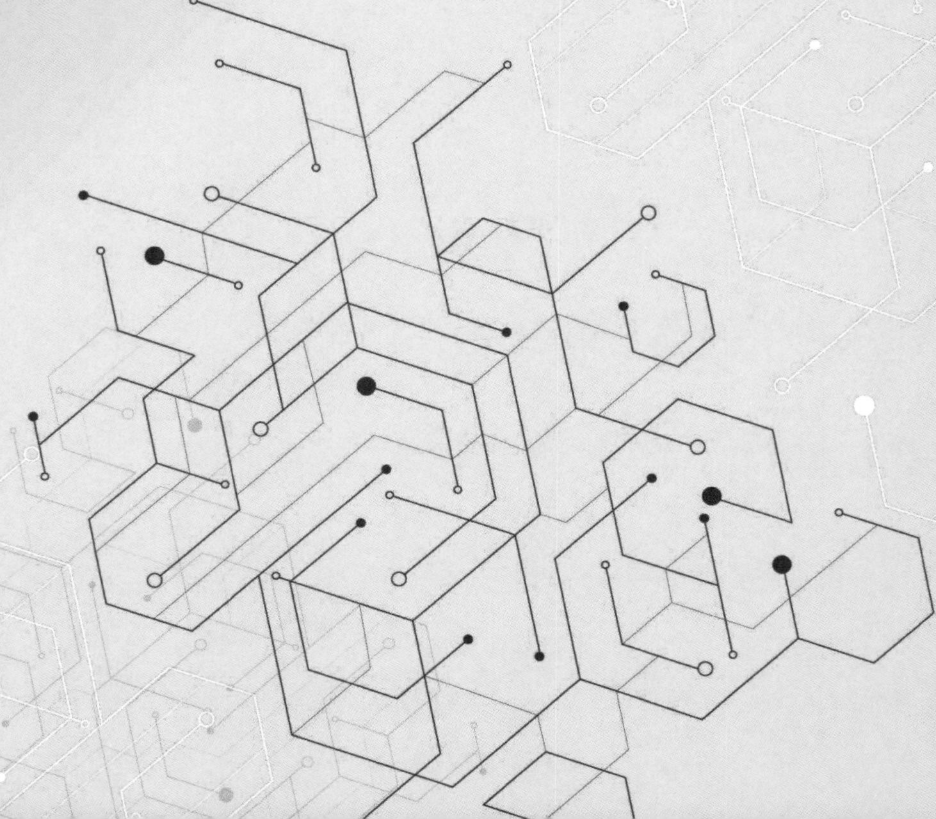

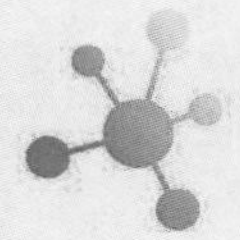

제19장

미래도시: 전망과 과제

박광국(가톨릭대학교 교수)

생각해보기

- 초연결, 초지능으로 특징지워지는 미래도시의 주요 특징은 무엇인가?
- 왜 미래도시에서는 현실세계보다 가상세계에서의 활동이 더 지배적인 현상이 되는가?
- 미래도시를 유토피아 혹은 디스토피아로 만드는 주된 원인은 무엇인가?

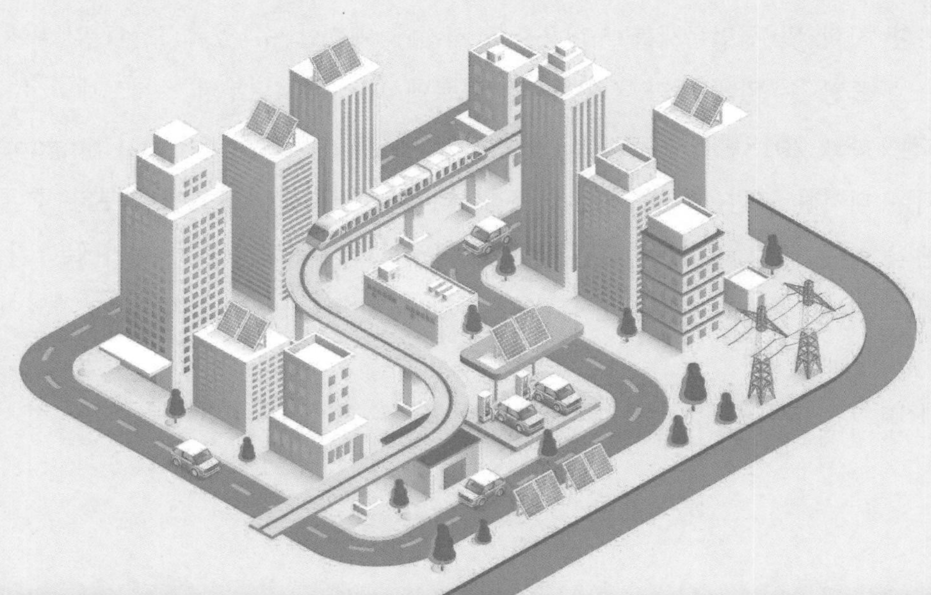

Ⅰ. 들어가며

2050년경 세계 인구는 약 96억 명에 육박하고 이 중 70% 정도가 도시에 거주할 것으로 예측되고 있는데 이에 따라 전통적인 도시와 농촌의 구분은 더 이상 의미가 없게 되었다. 최근 도시를 연구하는 학자들의 주된 관심은 어떻게 하면 도시공간의 안정성, 편의성, 쾌적성을 높이는 동시에 이를 지속가능하게 유지할 것인가에 초점이 모아져 있다. 최근 4차 산업혁명의 급속한 발전으로 인해 도시 구성원들 간 초연결 네트워크가 강화되고 있는 추세이다. 다시 말해, 도시 주거, 교통, 안전, 환경, 복지 서비스 등 모든 분야에 사물 인터넷(Internet of Things: IoT), 인공지능, 빅데이터, 클라우드, 5G 이동통신, 블록체인에 기반한 스마트 도시 플랫폼이 대세를 이루어가고 있다(박길용, 2021). 이러한 스마트 도시는 고도로 초지능 사회인 동시에 초연결 사회의 모습을 띠게 되며, 시·공간의 제약을 받지 않는 텔레커뮤니케이션을 통한 텔레워킹이 보편화될 것이다. 이로 인해 주거, 교통, 직업 등에 있어 지금과는 전혀 다른 혁명적 변화가 일어날 것이며 기후변화를 비롯한 환경문제, 도시 재난 관리도 스마트하게 이루어질 것으로 전망된다.

최근에 와서 디지털 트윈 개념이 주목을 받고 있는데, 컴퓨터에 현실 사물과 똑같은 쌍둥이를 만든 후, 현실에서 발생가능한 상황을 미리 컴퓨터 시뮬레이션 분석을 통해 그 결과를 예측하는 것이다. 디지털 트윈 기법이 도입되면, 현대 거대도시에 발생하는 다양한 사회 및 산업문제를 저비용으로 사전에 예측할 수 있어 도시관리 비용을 획기적으로 줄일 수 있게 된다.[1)] 이미 싱가포르에서는 2014년부터 스마트네이션 프로젝트를 선포하고 2018년까지 약 2조 원 상당의 예산을 투입하는 Virtual Singapore로 명명되는 디지털 트윈을 구축하였다. 우리나라에서는 2020년 7월에 정부가 '한국판 뉴딜정책'을 발표하면서 디지털 트윈 정책을 공식적으로 표방하였다. 여기에는 디지털화된 정밀도로지도, 지하구조물 3D 통합지도, 지하공동구 계측기 설치 등의 사업이 포함되

1) 디지털 트윈 기술은 크게 3단계로 구분하고 있는데 레벨 1은 3D 시각화 및 시뮬레이션, 레벨 2는 IoT를 활용한 실시간 데이터를 통한 모니터링 그리고 레벨 3은 인공지능 분석 알고리즘을 통한 실시간 적용이 가능하다.

어 있다.[2)]

또한 현실세계보다 사이버 세계에서의 도시 활동들이 더 지배적 현상이 될 것이며 이에 따라 정치지도자나 도시관리자들은 이에 대한 충분한 사전 지식을 숙지하지 않으면 도시민들의 만족도를 제고하는 데 많은 어려움에 직면할 것이다.[3)] 시민 만족도 저하는 다시 정치지도자나 도시관리자에 대한 불신으로 이어져 도시 침체를 야기하는 악순환의 고리에 빠지게 된다. 지금까지의 도시 발전이 모더니즘적 사고에 입각해서 이루어졌다면 미래도시의 발전 전략은 Latour(2009)가 지적하듯이 융합과 연결의 키워드를 중시하는 포스트 모더니즘적 사고에 기초해서 이루어져야만 한다. 다시 말해, 미래 도시 발전전략은 도시기반 시설의 구축뿐만 아니라 도시를 운영하는 계획과 제도, 도시를 구성하는 다양한 요소들 간의 융합에도 각별히 관심을 기울여야 한다(김동근, 2017). 동시에 인터넷이나 SNS와 같은 각종 소셜 미디어를 통해 창출되는 엄청난 양의 빅데이터를 연계하는 정보기반 서비스 인프라를 내실있게 구축하여 모든 도시 구성원들에게 맞춤형 서비스를 제공하는 단계로까지 이행해야 한다.[4)]

하지만 이러한 과학과 기술에 입각한 미래 스마트 도시는 긍정적 측면 못지않게 부정적 측면을 가지고 있는 점도 간과해서는 안 된다. 다시 말해 스마트 도시는 야누스의 두 얼굴을 가지고 있다는 사실을 정책결정자나 도시관리자들은 분명히 인식하고 이러한 부정적 영향을 줄일 수 있는 대책을 다각도로 모색해 나가야 한다.

---

2) 우리나라에서는 KT가 2019년 12월에 AI 기가트윈 개발을 통해 도시 인프라를 모니터링하는 서비스를 제공하고 있고 LG CNS도 스마트 시티 플랫폼인 Cityhub을 통해 도시의 각종 데이터를 수집, 분석하여 정보를 공유하는 서비스를 제공하고 있다(김도훈, 2017).

3) 코로나 19의 영향으로 비대면 서비스의 수요가 폭발적으로 증가하고 있는데 대표적으로 줌(Zoom), MS팀스(MS Teams)을 활용한 원격 회의 플랫폼이 각광을 받고 있다. 앞으로 미래도시 구성원들은 디지털 대전환 시대의 중심에 위치하고 있는 메타버스에서 그들의 일상적 삶을 영위해 갈 가능성이 높아지고 있다. 국내외 대표적인 메타버스 플랫폼으로는 로블록스(Roblox), 네이버Z의 제페토, SK Telecom의 이프랜드가 있다. 메타버스 이용자는 자신의 아바타를 생성하고, 아바타를 기반으로 다양한 가상활동을 펼칠 수 있다.

4) 스마트 도시는 정보통신기반시설의 확충을 통해 환경, 교통, 에너지 등의 도시기반시설의 효율화에 크게 기여할 수 있으며 이를 통해 혁신기술의 개발을 지속적으로 추동해 갈 수 있다(이재용, 2015).

II. 스마트 도시의 등장과 주요 특징들

1. 스마트 도시의 개념

이 개념에 대해 학문적으로 정립된 정의는 없으며 실용적 측면에서 어떤 관점을 중시하느냐에 따라 다양한 정의가 이루어지고 있다(허정화, 2022). 먼저 기술적 차원을 강조하여 스마트 도시는 디지털 도시, 지능 도시, 정보 도시, 유비쿼터스 도시, 유선 도시(Wired city), 하이브리드 도시 등 다양한 명칭으로 불리고 있다. 둘째, 도시 구성원들의 활동에 초점을 맞추어 창조 도시, 학습 도시, 배려 도시(Humane city), 지식 도시 등으로 불린다. 끝으로, 도시 구성원들의 공동체 활동을 강조하여 스마트 공동체(Smart community)로도 사용된다(Nam & Pardo, 2011). 2018년 문재인 정부는 스마트 시티를 국가 8대 성장동력에 포함시켜 추진하고 있는데 여기서는 스마트 시티를 "도시 공간에 정보통신 융합기술과 친환경 기술 등을 적용하여 행정, 교통, 물류, 방범/방재, 에너지, 환경, 물관리, 주거, 복지 등의 도시 기능을 효율화하고 일자리를 창출하는 도시"로서 최광의 개념으로 정의하고 있다. 결국 스마트 시티는 4차 산업혁명의 과실인 ICT를 비롯한 첨단 기술의 적용을 통해 도시 구성원의 삶의 질을 증진하는 데 있다. 다시 말해, 도시민의 편리한 삶, 건강한 삶, 안전한 삶, 친환경 에너지 삶의 구현이 바로 스마트 시티가 추구하는 궁극적 목표가 되어야 한다.

2. 주요 특징들

1) 신 패러다임 등장

2020년 1월에 코로나 19가 발발한 이후, 도시 사회 환경은 급격히 변화하고 있다. 동네와 집에서 일상의 대부분을 영위하려고 하는 올인빌(All in Ville) 수요가 급증하고 있다. 과거 도시계획의 근간이었던 토지이용규제의 한 방법인 조닝(zoning)의 유용성은 점차 사라지고 있다.[5)]

5) 일명 용도지역구제로 번역되는데, 이것은 다시 토지용도를 제한하는 용도지역과, 특정목적에 따라 지역의 용도나 건축물의 용도를 제한하는 용도지구제로 구분되며 상호보완적 성격을 지니고 있다(대한건축학회 건축용어

대신 복합용도 공간 개념이 주목을 받고 있는데 행정복지센터와 주거공간이 한 건물 내에 위치하고 있다. 한 예로 신촌역 앞에 위치한 주민센터의 바로 위에 주택이 위치하여 서로 상이한 기능이 공존하고 있다. 호주에서는 학교 부지에 어린이집과 건강 관련시설을 통합해 운영하고 있다. 어린이집, 어린이건강센터, 유치원, 초등학교 등이 긴밀히 연계되어 있는데, 동일장소 배치로 인해 토지이용의 효율성이 극대화될 수 있다. 또한 학교 부지는 평생교육의 요구를 충족시킬 수 있는 공간으로 기능하기 위해 학교부지 안에 커뮤니티센터 혹은 커뮤니티 시설(학교 내 공공도서관 등)을 통해, 학교와 주변 지역이 긴밀하고 유기적인 통합을 이룩해 나가고 있다(김형민, 2017).

도시환경의 변화는 4차 산업혁명 기술과 맞물려 오프라인에서만 일어나고 있는 것이 아니라 온라인이 가상공간에서도 활발히 나타나고 있다. 태어나는 순간부터 휴대전화와 연결되어 있는 MZ세대에게 가상공간인 메타버스는 익숙한 생활환경으로 기능한다. 메타버스는 가상공간이기에 어떤 행동의 제약없이 자신이 상상하는 세계를 구현할 수 있기 때문이다. 가상공간에서 자신의 이상적 모습을 투영하는 아바타를 만들고 현실에서 할 수 있는 다양한 활동을 할 수 있다. 이러한 활동들은 〈그림 1〉에서처럼 현실모방 vs 현실 증강과 외적 투영 vs 내적 몰입의 형태에 따라 4가지 유형의 가상 활동을 창조해 낼 수 있다.[6]

사전).

6) 네 가지 유형을 살펴보면 첫째, 증강현실은 현실세계 기반 영상에, 가상의 이미지나 정보를 실시간으로 합성해서 사용자에게 거부감을 줄이고 몰입감을 높여 준다. 둘째, 라이프 로깅은 사람과 사물에 대한 일상적 경험과 정보를 기록하고 저장하여 배포하는 기술을 의미하는데, 이렇게 장기간 축적된 개인의 활동 데이터는 향후 새로운 서비스를 제공하는 원천이 된다. 셋째, 거울 세계는 현실세계를 있는 그대로 반영하지만, 정보적으로 확장된 가상세계를 의미한다. 즉, 가상세계에서 현실세계를 미리 시뮬레이션함으로써 현실세계에 대해 보다 더 많은 정보를 얻는 것이 가능하다. 끝으로, 가상현실은 디지털 기술을 통해 현실의 경제, 사회, 정치, 문화 세계를 확장하거나 대안 세계를 구축할 수 있다. 사용자들은 자기가 만든 아바타를 통해 가상세계를 여행하고 타인과 소통한다.

그림 1 **메타버스의 구현 세계들**

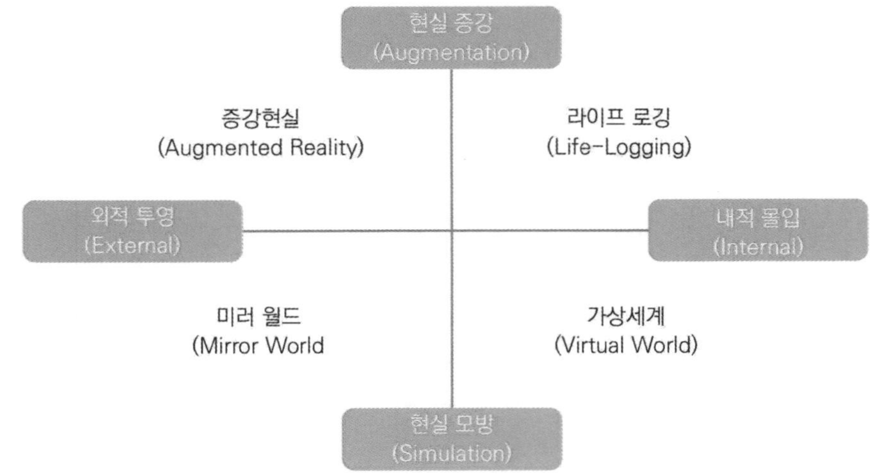

4차 산업혁명과 같은 눈부신 과학·기술 발전을 가능하게 해 준 이면에는 포스트 모더니즘 철학의 영향이 지대했다고 볼 수 있다.

프랑스의 과학기술사회학자인 Latour는 현대 도시 사회의 난제를 풀기 위해서는 모더니즘적 사고에서 포스트 모더니즘적 사고로 이행해야 한다고 〈그림 2〉에서처럼 주장하고 있다.

그림 2 **모더니즘적 사고에서 포스트 모더니즘적 사고로의 전환**

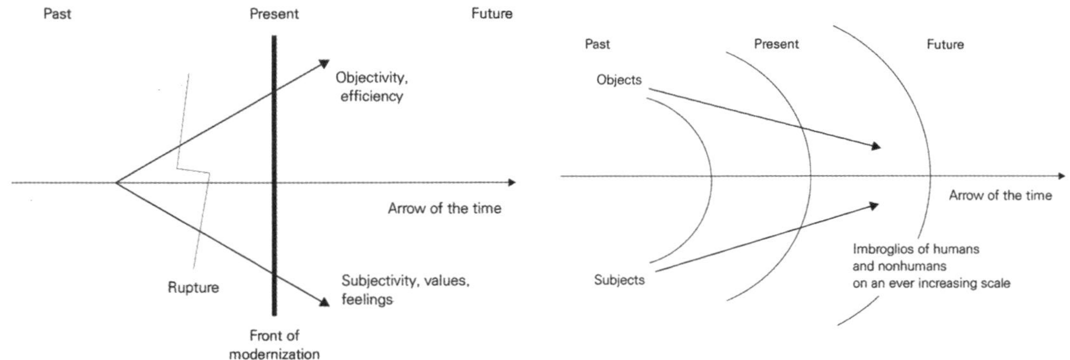

출처: 브뤼노 라투르 (2009). 우리는 결코 근대인이었던 적이 없다. 홍철기 역.

2) 미래도시를 규정하는 핵심 키워드

미국과 유럽, 중국 등에서 등장하고 있는 초광역도시는 이제 세계 경제의 중심으로 부상하고 있다. 다시 말해 21세기 초엽에 들어와 세계 경제는 미국 동부(보스턴－뉴욕－워싱턴), 중국 삼각지대(상하이－난징－항저우), 영국 잉글랜드(런던－리즈－맨체스터－리버풀－버밍엄) 등과 같은 초광역도시가 주도하고 있는데 이 도시들의 평균 인구 규모는 1,000만 내지 5,000만 명에 달하고 있다. 이들 도시들은 초지능(super intelligent), 초연결(hyper－connected) 사회로 특징지워지고 있는데 빅데이터 분석을 통한 각 부문별 메가트렌드 및 핵심동인들은 〈표 1〉과 같다.[7]

표 1 미래도시의 각 부문별 메가 트렌드 및 핵심 추동 요인들

S(사회)	T(기술)	E(경제)	E(환경)	P(정치)
시민, 사람 중심, 전문가, 컴팩트시티, 지방소멸, 인구감소, 인구절벽, 고령사회, 저출산, 양극화, 불안감, 인구집중	스마트 시티, 유비쿼터스, 스마트 그리드, 대중교통, 자율주행, 빅데이터, IoT, ICT 초지능, 초연결, ICT, AI, 스마트카	지역경제, 균형발전, 일자리 창출, 재원확보, 역세권, 개발밀도, 주상복합 에너지 자립, 공유경제, 일자리, 농업인, 경제적 부담	Green, 그린시티, 에코시티 저탄소, 녹지축, 기후변화, 환경 기후변화, 환경보전	협의회, 국제연합, 공동체, 지방자치단체, 중앙부처 복지, 출산 장려금, 공동체, 공유
저출산/고령화, 급속한 도시화	ICTs/건축 기술발달, ICBM－ABCD ICBM－ABCD: Iot, Cloud, Big Data, Mobile, AI, Block Chain, Drone	저성장/고실업, 4차 산업혁명	지구온난화, 에너지 수요증가	지역 분산개발, 공유서비스 증가
인구구조 변화, 메가시티	기술개발, 기술융합	저성장, 기술중심 경제	기후변화, 재생에너지	분산화, 공유경제

출처: 조성수 외 (2019). 미래도시 전망 분석, p.64.

7) 초지능화는 인공지능이 기계학습, 사물인터넷, 빅데이터 등의 기술과 융합함으로써 인간의 지능을 뛰어넘는 상황을 묘사하고 있다. 그리고 사물인터넷 기술과 인공지능 기술이 융합된 초연결사회에서는 인간과 인간의 연결, 인간과 기계의 연결을 넘어 사물과 사물, 사물과 인간의 연결이 가속화될 전망이다(임학순, 2019).

이러한 미래도시의 주요 특징은 공유경제인데, 일찍이 Jeremy Rifkin(2011)은 「3차 산업혁명」에서 소유의 시대에서 공유의 시대로 이행할 것을 예측하였다. 주택, 사무실, 교통 등 다양한 분야에서 공유개념이 등장하고 있는데 먼저 주택의 경우, 오스트리아 비엔나에 있는 공유주택 '자룩파브릭'이 대표적인 예로 꼽히고 있다. 특이한 것은 우리나라 임대주택처럼 실거주자를 고려하지 않고 일단 지어놓고 난 후에 임대하는 것이 아니라 먼저 입주자를 모집해서 조합을 결성하고 이들이 주체가 되어 시와 협의해 건축가와 지역을 선정하고 설계, 시공, 입주 등 모든 과정에 관여한다. '자룩파브릭'에는 일, 삶, 쉼, 놀이가 융합되어 구현되기 때문에 주거 만족도가 매우 높은 것으로 알려져 있다(최명철, 2016). 우리나라의 경우도, 2015년 이후 중소규모 창업기업의 설립이 급증하였는데, 대부분 이들 기업들은 접근성과 업무 인프라가 잘 갖추어진 강남 도심의 공유 오피스에 집중하는 경향을 보여주었다.

3) 미래도시: 융합과 연결

도시의 역사는 그 시대 환경을 반영한다. 1960년대의 도시에서는 행정의 기능이 중시되었지만, 1970년대와 80년대에는 도시는 산업화의 중추적 역할을 담당하였다. 하지만 1988년 서울 올림픽 이후 국민소득이 급격히 증가하면서 양호한 정주환경을 갖춘 주거공간에 대한 수요가 급증하였다. 그러다가 2000년대 이후 국민의 삶의 질에 대한 관심이 증대하고 주당 법정 근로시간이 기존 68시간에서 52시간으로 단축되면서 여가 및 문화생활 공간에 대한 도시민의 수요가 폭발적으로 증가하였다.

더욱이 4차 산업혁명의 여파로 디지털 혁명이 일어나면서 〈그림 3〉에서처럼 경제적 측면, 사회적 측면, 환경적 측면에서 도시민의 일상생활에 급격한 변화가 일어나고 있다.

그림 3 ICT 기술과 타 산업부문 기술과의 융합 현상의 가속화

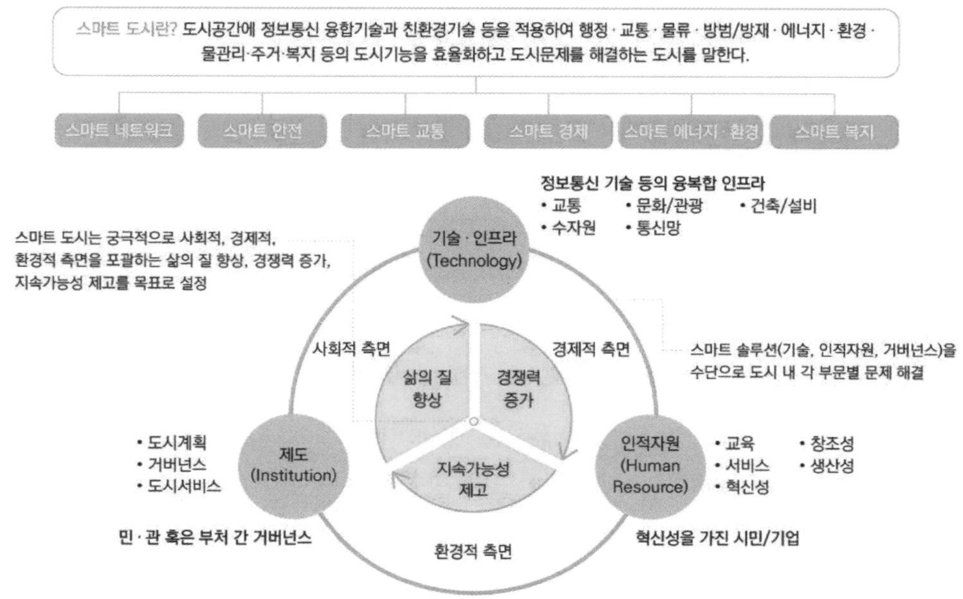

출처: 김동근 (2017). 융합과 연결의 미래도시전략, 국토 제427호(2017.5).

융합과 연결의 도시 전략은 도시 기반시설 이외에도 도시 구성 요소 간, 도시 운영과 관련된 계획과 제도 간에도 녹아 들어가야 한다. 구체적으로 보면 첫째, 도시기반시설에 있어서 통신서비스와 상거래가 결합된 온라인 상거래, 이용자 맞춤형 콘텐츠를 지향하는 IPTV, 상업기능과 여가휴식 문화공간이 결합된 대형 쇼핑몰, 광역교통 허브의 중심에 세워진 복합터미널 등이 바로 이러한 융합과 연결의 전형적 예라고 볼 수 있다.

둘째, 물리적 결합뿐만 아니라 도시 토지이용 측면에서 유기적 융합도 많이 일어나고 있다. 다시 말해, 주거, 상업, 여가 휴식 기능 등이 화학적으로 결합하는 것으로서 대표적 사례가 파주 출판단지다. 여기서는 기획-생산-문화체험 기능 간을 유기적으로 연계한 복합공간을 창출해 내고 있다. 마지막으로, 도시정책을 수립하고 운용하는 단계에서도 융합과 연결 전략이 강구되어야 한다. 과거 도시정책에서는 도시정책을 수립하는 기관과 이용하는 주체 간에 현격한 괴리감이 존재했으나 미래도시정책에서는 도시

정책의 수립과 운용 단계에서부터 관련 이해 당사자들이 참여하여 상호소통을 하는 것이 중요하다. 이를 위한 대안으로 시민계획단, 쌍방향 정보교환이 가능한 웹 지도를 통한 도시계획가 및 주민들과의 상호작용 메커니즘 구축 등을 고려해 볼 수 있다. 최근 경기도 부천시의 '송내동 마을 사랑방'은 부천문화재단과 송내동 주민이 협업한 좋은 사례로 꼽히고 있다(하현상, 2019).

(1) 모빌리티

미래도시에서는 거대 도시들이 직면하고 있는 교통체증과 주차난 등을 도로교통정보시스템(ITS)과 버스운행정보(BIS), 주차장과 주차 공간 안내 시스템 등을 구축하여 시민들의 이동에 소요되는 시간과 비용을 최적화해 주고 있다. 그리고 스마트폰에서 활용할 수 있는 교통관련 앱들은 무정차 요금결제 서비스 제공, 도로결빙을 포함하여 실시간 도로 상황을 적기에 제공함으로써 철도와 항공을 비롯한 각종 교통수단의 효율성을 극대화하는 데 크게 도움을 주고 있다. 디지털 전환과 스마트 교통혁신의 결과로 미래 도시 교통은 지하, 항공, 수상 및 자율주행 등으로 촘촘히 연계될 것이다. 특히 플라잉카로 불리는 도심항공교통(UAM: Urban Air Mobility)은 수직 이착륙이 가능해서 혼잡한 도심 내 교통수단으로 큰 주목을 받고 있다. 자율주행자동차의 등장도 미래도시 교통에 일대 혁신을 가져올 것으로 전망된다. 하지만 현실적으로 많은 난관에 직면하고 있지만 과학기술의 급속한 발전에 힘입어 시간은 걸리겠지만 극복될 것으로 보이며 이에 따라 교통사고 감소와 도로 교통 소통에 크게 기여할 것으로 보인다(윤대식, 2022).

(2) 공유 주택

공유경제가 활성화됨에 따라 주택, 사무실, 주차장, 유휴 공간 등의 도시 내 공유공간 증가가 가속화될 전망이다(조성수 외, 2019). 동시에 의료, 돌봄, 취미 등을 공유하는 다양한 목적의 주거 공동체의 등장이 예상되며 이에 따라 공유공간에 대한 수요가 폭발적으로 증가할 것이다(이용우 외, 2013). 동시에 경제의 저성장, 비혼 인구의 증가로 1인 가구를 중심으로 주택 내 거실, 화장실, 부엌 등 생활공간의 일부에 대한 공유가 주류를 이루게 될 것이다(김인희, 2021).

(3) 그린 건강도시

도시 사람의 기대 수명이 100세 이상으로 늘어남에 따라 건강 및 장수에 대한 관심이 증대될 것이고 따라서 건강도시에 대한 관심이 높아지게 된다. 조무성(2022)은 건강도시 개념을 〈표 2〉에서처럼 환경건강과 사회건강, 사회건강과 시설환경(생활조건), 개인건강(마음 건강, 몸 건강)으로 세분하여 제시하고 있다.

표 2 건강도시 개념의 요소분석

환경건강과 사회건강	사회건강과 시설환경(생활조건)	개인건강(마음건강, 몸건강)
물리적 사회적 환경의 조성과 개선	상부상조하게 하는 지역사회자원의 확장	구성원의 삶의 모든 기능과 모든 잠재재력 개발
환경(자연)과 사회의 건강을 위해 애씀	사회건강과 시설환경의 건강을 위해 애씀	인격체의 건강을 위해 애씀
환경(자연)의 건강 + 사회의 건강	사회건강 + 시설환경	마음건강 + 몸건강
자연건강 + 시설환경 건강 = 환경건강, 사회건강, 마음건강, 몸건강 = 전인건강		
건강도시는 시민의 전인건강을 위해 애쓰는 도시		

출처: Moosung Cho, Life-Centered Public Administration(LCPA) to Improve Quality of Civic Life: Building Healthy City and Nation, 2015.

(4) 공유경제

2008년 미국의 서브프라임 모기지 사태이후 신자유주의 경제시스템에 대한 회의가 본격화되었으며 이에 대한 대안으로 공유경제 시스템이 주목을 받고 있다.[8)] 공유경제와 기존 경제시스템을 차별짓는 가장 큰 특징은 〈그림 4〉에서처럼 생산-소유-이용이라는 전통적 경제활동 과정이 생산-공유-이용이라는 공유경제 과정으로 변환된 데서 찾아볼 수 있다.

8) 미국은 이로 인해 심각한 경제침체 국면에 접어들었으며, 2008-2009년 동안 전체 노동인구의 6%에 해당하는 900만 명의 노동자들이 실업자로 전락했다.

그림 4 **기존 경제 시스템과 공유경제 시스템의 차이**

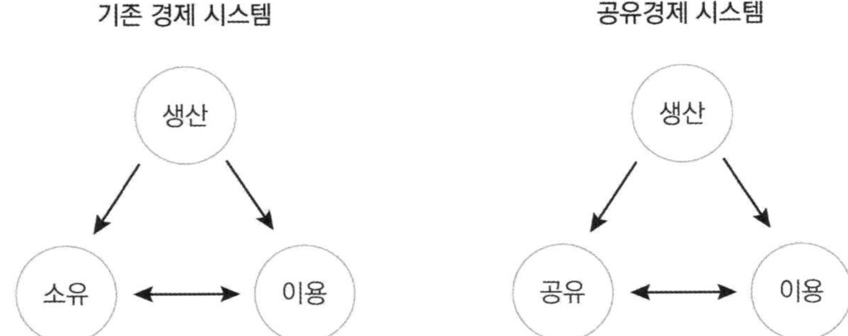

출처: 황기연, 공유경제와 공유교통, 2016. p.7.

이것이 가능하게 된 가장 큰 배경에는 인터넷과 스마트폰과 같은 정보통신인프라의 구축이 자리하고 있다. 일찍이 Jeremy Rifkin(2014)도 「한계비용 제로 사회」에서 사물인터넷(Internet of Things)의 도입과 확산으로 시·공간의 제약없이 누구나 원하는 물건을 즉시 공유해 사용하는 것이 가능하다고 예측했다. 이와 비슷한 관점에서, Botsman & Rogers도 「내 것이 네 것(What's Mine is Yours)」이라는 저서에서 정보통신망의 구축으로 개인과 개인, 가정과 가정이 촘촘히 연결되어 공유경제가 활발히 작동할 것으로 전망했다.[9)]

대표적 공유경제는 카셰어링에서 나타나고 있다. 우리나라의 경우 2021년 9월 현재 자동차 등록대수는 2,478만 대를 기록하고 있는데 이로 인해 개인이 부담해야 하는 엄청 비싼 자동차 구입비, 세금, 보험료뿐만 아니라 국가적으로도 교통체증, 에너지 및 환경 문제를 유발하고 있다. 그럼에도 불구하고 한 서베이에 의하면 개인들이 실제 사용하는 시간은 평균 2시간을 넘지 못한다고 한다. 나머지 22시간을 세워두기 위해 높은 주차료를 부담해야 하며, 중앙정부나 지방정부 차원에서도 대중교통을 활성화하기 위해 많은 투자를 하고 있지만 투자 대비 효과성이 낮아 정부재정을 압박하는 주 요인으로 작용하고 있다(황기연, 2016).

이러한 문제를 근본적으로 해결하기 위해 두 가지 유형의 카셰어링 도입이 강구되

9) Zipcar의 설립자인 Robin Chase도 「공유경제의 시대」에서 개인과 기업이 플랫폼을 통해 결합함으로써 잉여자원의 활용을 극대화하는 길만이 인류의 미래를 밝게 만들어 줄 것으로 전망했다.

고 있는데 그린카, 소카와 같이 회사 보유의 차량을 공유해서 타는 B2C(Business－to－Consumer) 방식과 개인 소유의 차량을 카셰어링 플랫폼 회사의 운영시스템을 통해 공유하는 P2P(Peer－ to－Peer) 방식이 대세로 자리잡고 있다.[10)]

(5) 지하도시

지하도시의 기원은 3세기에 박해를 피하여 기독교인들에 의하여 튀르키예 카파도키아 지역에 건설된 데린쿠유 지하도시에서 찾을 수 있다.[11)] 현대식 시설을 갖춘 지하도시는 바로 캐나다의 언더 그라운드 시티이다.[12)] 평균 기온이 영하 10℃로 몹시 춥고 긴 겨울을 불편없이 지내기 위해 지하 복합공간에 아파트, 호텔, 은행, 오피스, 쇼핑몰, 대학, 지하철 및 기차역 등 모든 도시 시설을 완벽히 갖추고 있다. 하루 평균 50만 명 정도의 사람들이 이 지하도시에서 생활하며, 120개의 통로를 통해 지상으로 연결되어 있다. 또 다른 예는 미국 뉴욕시의 지하공원 조성인데, 맨해튼 지역 내 지하에 60년 이상 방치된 전차역을 공원으로 개조하는 '로라인' 프로젝트로 진행되고 있다. 특이한 점은 지하에 인공광이 아닌 자연광을 지하로 끌어들여 식물이 자랄 수 있도록 설계되었으며 2021년에 개장하였다.

서울시도 2016년 9월에, 종각-시청-동대문을 잇는 지하도시 건설 계획을 발표했다. 지하철역 12개소와 빌딩 30개를 연결하는 4.5km 길이의 'ㄷ'자형 복합용도 지하공간에 각종 상업, 문화, 휴게시설을 조성하겠다는 청사진을 제시하였다, 이러한 지하도시 건설 붐은 세계 도처에서 발표되고 있는데 대표적인 것이 바로 '에코시티 2020'프로젝트인데 러시아 시베리아에 방치된 다이아몬드 광산에 지름 1.2km, 깊이 540m에 달하는 광산에 집과 수직형 농장, 숲을 조성하겠다는 계획안이 담겨 있다. 투명한 태양전지로 된 유리 돔을 설치하기 때문에 탄소 배출이 전혀 없는 친환경 지하도시가 건설될 전망이다. 또 다른 예는 멕시코에서 추진되고 있는 '어스크래퍼(Earthscraper)' 지하도시

---

10) 우리나라는 세계적 추세와는 달리 모빌리티 혁신의 무덤 국가로 지칭되고 있는데, 택시업계가 생존권을 이유로 결사반대하자 정치권은 눈치보며 모빌리티 혁신 규제법을 통과시키는 우를 범하고 있다(조선일보, 2022년 7월 12일자). 이런 점에서 혁신은 과학 · 기술의 문제로 접근해서는 안 되며, 오히려 이해관계자들 간 갈등을 해소할 수 있는 담론의 장을 만들어 줌으로써 사회적 합의를 도출하는데 더 많은 관심을 기울일 필요가 있다.

11) 이 지하도시는 60m 깊이로 지하 18층 높이에 해당하며, 최대 2만 명까지 수용할 수 있는 공간을 가지고 있다. 이 지하도시는 교회, 학교, 포도주 저장 창고, 심지어는 감옥시설도 갖추고 있다.

12) 이 지하도시는 1962년에 건설된 지하쇼핑센터를 1984년부터 거의 10년에 걸쳐 확장한 뒤 2008년에 오픈했다. 면적은 여의도의 4배에 달하는 총 12㎢에 달한다.

건설계획으로써, 초고층 건물을 지하에 역피라미드 형태로 구축한다고 한다. 이 지하도시가 완공되면, 10만 명 정도 수용이 가능하며, 지하 300m 깊이까지 자연채광이 가능한 것으로 알려져 있다(최영준, 2016).

4) 스마트 도시 구현 사례들

(1) 뉴욕

미국 뉴욕은 전 세계의 최첨단 기술과 디자인, 아이디어가 융합된 다양성을 가지고 스마트 시티 사업을 활발하게 추진하고 있다. 커뮤니티의 경제성장을 가속화하고, 인간미가 넘치는 동시에 재난으로부터 안전한 도시를 건설하기 위해, 뉴욕시는 1991년에 비영리단체인 뉴욕시 경제발전회사(NYCEDC: New York City Economic Development Corporation)가 설립되어 스마트 도시 구축의 중추적 역할을 담당하고 있다.

이전부터 뉴욕시는 폭발적 인구증가, 도시 인프라 노후화, 기후변화가 도시 미래에 미칠 악영향에 주목하고 지속가능하고 평등한 도시 사회를 만들어 가는데 심혈을 기울이고 있다.[13] 뉴욕에서 최고의 유비쿼터스 상징은 옐로우캡 택시와 해상풍력을 활용한 크린 에너지 전환 프로젝트이다. 먼저, 뉴욕의 공공프로젝트의 일환으로 뉴욕시와 비영리단체인 디자인 트러스트, 스마트 디자인사가 기술 제휴를 통해 친환경 하이브리드 모델인 닛산 SUV 자동차를 탄생시켰다.

그 다음으로, 뉴욕시는 2040년까지 100% 청정 전력을 사용한다는 목표 아래 해상풍력 사업에 집중 투자를 하고 있다. 이 프로젝트가 완성되면, 뉴욕시는 1,000만 가구에 해상 풍력을 통한 청정 전기를 공급할 수 있게 된다. 브루클린 선셋 파크에서 NYCEDC와 SBMT(South Brooklyn Marine Terminal)가 합작하여 세계적 수준의 풍력발전 항구 건설을 추진하고 있다. 또한 충분한 자금원을 확보하기 위해 NYCEDC는 RFEI(Public－Private Impact Initiative Request for Expressions of Interest)를 통해 해상풍력 건설과 관련하여 공공-민간 합작투자를 지속할 계획을 가지고 있다.

(2) 독일 보봉 생태도시

독일 보봉(Vauban) 생태주거단지는 1996년 이스탄불에서 개최된 유엔인간정주 프로

---

13) IMD 경영대학의 2021년 스마트 시티 경쟁력지수에 의하면 뉴욕은 스마트 시티 118개 중 상위 12위에 랭크되어 있다. 뉴욕시 거주민을 대상으로 한 서베이에 따르면, 최우선 과제로 주거비용을, 그 다음으로 보안과 헬스 서비스 분야의 혁신을 꼽았다(2022 Global Startup Report).

그램의 헤비타트 II 회의에서 '시민참여를 통한 도시개발의 가장 실천적인 대표 사례로 소개되었고, 2002년에 유엔 인간정주 프로그램에서 대표적 생태도시 모범사례로 두바이 국제상을 수상했다. 스마트 도시가 과학·기술적 관점에서 접근했을 때 의도한 효과를 내지 못하고 실패하는 경우가 많은데 보봉 생태주거단지 조성 프로그램은 시민참여를 이끌어내어 원래 의도한 효과를 달성했다는 데에서 큰 의의를 찾을 수 있다.

이 단지에 대한 첫 구상은 1990년대로 거슬러 올라가는데, 독일 베를린 장벽이 무너지고 학생들을 비롯해 많은 젊은이들이 프라이부르크시에 살고 싶어했지만 비싼 임대료로 인해 도시 외곽에 거주하는 불편을 감수해야만 했다. 프라이부르크 시의회는 젊은이들의 타 도시로의 전출을 억제하기 위해 제2차 세계대전 중 나치 군대가 주둔했던 보봉지역을 개발하기로 정책적 결정을 내렸다. 1994년에 시작된 생태도시 건설은 3단계를 거쳐 2009년에 마무리되었는데, 현재 38만ha의 부지에 2,000여 세대가 입주해 있고 수용 인구는 5,500명에 달한다. 생태 도시 자체 내 600여 개의 일자리가 만들어져 있고, 아래 〈그림 5〉에서 보듯이, 사회, 경제, 문화적인 시설을 모두 갖춘 지속가능한 주거단지로 평가받고 있다.

그림 5 지속가능한 보봉 생태도시

출처: 박길용(2021), 생태도시학, pp. 90-92.

〈그림 5〉에서 왼쪽 상단의 보봉 상업건물인 솔라십 패시브하우스는 옥상에 태양광을 설치함으로써 재생에너지를 사용하여 전기와 열을 공급하고 있으며, 오른쪽 상단의 조경은 옥상녹화와 태양 집열판이 공존하는 모습을 보여주고 있다. 그리고 왼쪽 하단의 헬리오트롭은 태양 건축으로 해를 따라 움직이는 지름 11m의 3층 규모로 된 원통형 집으로 난방을 최대화하기 위해 겨울에는 유리 창문이 해를 향하면서 회전을 하고, 반대로 여름에는 단열재로 된 벽면이 해를 향하도록 설계되어 있는 최신형 스마트 도시다.[14)]

(3) 바르셀로나

세계적 스마트 시티 전문가들은 이구동성으로 바르셀로나를 스마트 시티의 전형으로 꼽는다. 이 시에서는 도시 환경오염의 주범인 디젤차의 운행을 금지시키고 '시민의, 시민에 의한, 시민을 위한' 스마트 공동체 도시를 만드는데 성공했다. 특히 유럽에서 물 부족 도시로 유명한 바르셀로나는 이를 해결하기 위해 '스마트워터그리드' 인프라 구축을 적극 추진하고 있다. 이 사업에서의 핵심 원천기술은 ICBM(IoT, Cloud, Big Data, Mobile)인데 이를 기존 수자원 인프라에 적용하고 있다. 2013년에 이 도시는 주차공간에 차량 감지 센서를 설치하고 주위에 있는 스마트 가로등과 무선으로 연결해 고질적인 주차문제를 상당 부분 해결하는 데 성공했다. 운전자가 관련 앱에 접속을 하면 어느 주자창에 몇 개의 주차공간이 비어 있는가를 실시간으로 알려줌으로써, 빈 주차 공간을 찾는데 소요되는 시간을 줄여줌으로써 에너지 절약과 대기오염 방지에도 크게 기여했다.

고질적인 교통문제를 해결하기 위해, 바르셀로나 시는 차로를 축소하고 수페리아(SUPERILLA)란 슈퍼블록을 설치하여 자전거와 보행자만 다닐 수 있도록 하는 한편, '스마트 모빌리티' 시스템을 도입해 공공버스·지하철·트램 등 3개 공공 운송 시스템을 통합하여 한 번의 티켓팅으로 모든 서비스 이용이 가능해졌다. 또한, 이 도시에서는 가로등에 인공지능을 접목해 각종 환경문제(소음수준, 미세먼지 등) 해결을 시도하는 한편 범죄가 발생하기 쉬운 외진 지역에서는 조명밝기를 자동으로 조절하게 함으로써 에너지 사용 효율화를 극대화하고 있다.

---

14) 패시브하우스(passive house)란 태양광뿐만 아니라 가전제품이나 인체에서 발생하는 열까지 이용하여 적절한 실내온도를 유지하도록 설계된 집을 말한다. 여름에는 외부의 열을 차단하고 겨울에는 단열재를 통해 열 손실을 최소화함으로써 최대 80-90%까지 난방비용을 절감할 수 있다.

III. 스마트 시티의 양면성: 야누스의 두 얼굴

스마트 시티의 초기 형태는 유시티로 도시의 경쟁력과 국민들의 삶의 질 향상을 위하여 유비쿼터스(ubiquitous) 도시기술을 적용해 치안, 상하수도, 에너지 등 다양한 도시 기반 시설을 구축하는 것을 목표로 하고 있다. 이러한 유시티는 ICT가 내장된 물리적 도시 인프라 구축에 중점을 두는데 비해 스마트 시티는 상대적으로 도시의 지속가능성에 더 많은 비중을 두고 있으며 정부 주도가 아닌 IBM, Cisco, Google과 같은 글로벌 ICT 기업과의 협업을 통해 추진되고 있다. 다시 말해, 스마트 시티에서는 물리적 인프라를 활용해 애플리케이션을 통한 다양한 도시 서비스를 제공하는 플랫폼 구축에 심혈을 기울이고 있다. 하지만 이러한 스마트 시티도 미래도시가 지향해야 하는 분명한 가치 철학이 부재한 상태에서 추진된다면 순기능보다도 오히려 더 많은 역기능을 발생시킬 수도 있다는 점을 정책 결정자나 도시계획 입안가는 분명히 인식해야 한다.

1. 긍정적 측면

전 세계 인구의 절반이 넘는 사람들이 도시에 거주하게 되면서 도시가 주는 순기능도 있지만 이에 비례해 각종 도시 문제가 해결이 어려운 행정난제로 등장하고 있다. 대표적으로, 출퇴근 시 극심한 교통정체, 획일화되어 가는 주거문화, 미세먼지로 대변되는 환경오염, 대규모의 도시 재난 등을 들 수 있다.[15] 유시티와 여기에서 진화되어 나온 스마트 시티는 도시정부의 한정된 인력과 예산으로는 도시민의 점증하는 요구를 충족하기에는 역부족인 점을 인식하고 도시기능 관리의 효율화를 위해 등장하게 되었다.

우리나라에서는 스마트 시티 사업을 국토교통부와 과학기술정보통신부가 역할을 달리해서 담당하고 있다. 즉, 국토부는 도시기반시설 구축 차원에서 스마트 시티에 접근하고 있고 과기정통부는 IoT 수요 확산의 차원에서 스마트 시티 시범사업을 추진 중에

15) 1995년 4월에 발생한 대구광역시 달서구 상인동 가스 폭발사고로 101명 사망, 동년 6월에 발생한 삼풍백화점 붕괴 사고로 502명 사망, 2003년 2월에 대구 도시철도 1호선 중앙로역 방화사건으로 192명 사망하는 등 도시 재난은 점점 더 대형화되고 일상화되어 가고 있는 경향을 보여주고 있다.

있다. 대표적으로 국토교통부와 한국수자원공사가 발주한 총 사업비 5조 4,000억 원에 달하는 '부산 에코델타 국가 시범도시' 구축·운영사업을 들 수 있다. 부산광역시 강서구 내 여의도 면적과 비슷한 84만 평 규모의 부지에 첨단 ICT 신기술을 적용하여 스마트하고 지속가능한 상업, 업무, 주거, 문화 시설을 구축하는 것을 목표로 하고 있다. 구체적으로 보면, 먼저 교통부문에서는 AI 기반 이용자 패턴 분석을 통해 버스, 지하철, 자율주행 셔틀, 공유차, 전기차 충전 및 주차장 등을 운영하고 이용자는 앱 하나로 교통수단을 통합 예약하고 결제하는 MaaS(Mobility as a Service) 서비스가 구현된다.[16] 둘째, 상업 부문에서는 자율주행 배송 로봇과, 식당 내 조리 로봇과 서빙 로봇을 운영하는 것이 가능하며, AI 기술을 탑재한 스마트 쓰레기 처리기는 주거단지에 배치되어 재활용 자원을 자동 선별하고, 자율 주행 로봇이 쓰레기를 이송하게 된다. 셋째, 시민들이 착용하는 헬스케어 기기로 개인의 건강 데이터를 수집하여 이를 분석하고 지역의료기관과 연계해서 질병을 조기 진단하는 맞춤형 건강관리 서비스 제공이 가능할 전망이다.

스마트 시티가 잘 구축되면, 중앙정부, 지자체, 국민, 기업 모두 많은 혜택을 누리게 된다. 먼저, 중앙정부와 지자체는 고도화된 통정보통신 인프라를 통해 도시 관리의 효율성 제고, 대민 서비스 만족도 제고라는 일석이조의 효과를 거둘 수 있게 된다. 둘째, 국민들은 시·공간의 제약없이 네트워크에 접속하여 편리하고 안전한 생활환경을 영위할 수 있을 뿐만 아니라 주거 가치의 상승으로 높은 경제적 자산 이득을 취할 수 있게 된다. 끝으로 기업 측에서는 유비쿼터스 서비스 요구의 증대에 따라 이를 공급하기 위한 신산업이 창출되는 효과를 누릴 수 있다. 유시티나 스마트 시티가 추구하는 이런 바람직한 모습만 구현된다면 분명 유토피아적 미래도시가 실제 현실로 다가올 수 있을 것이다. 그럼에도 불구하고 일군의 학자들은 미래도시에서 출현할지도 모를 부정적 측면에 대해서도 철저한 대비를 해야 한다고 주장한다(허정화, 2022; 나중규·김종달, 2017).

16) 이미 유럽에서는 다양한 종류의 MaaS 서비스 패키지를 선보이고 있는데, 월 95유로 지불 시 대중교통 무제한, 택시 100km, 렌터카 500km, 타도시 대중교통 1,500km를 이용할 수 있고, 월 135유로 지불 시 서비스 요청 후 15분 이내에 공유택시를 이용하는 별도의 혜택을 받을 수 있다. 이외에도 장거리 업무출장이 많은 사람들을 위해 월 800유로 지불 시 서비스 요청 후 5분 이내에 모든 유럽도시에서 서비스를 제공받을 수 있고, 택시를 세계 어디에서든지 이용할 수 있는 혜택을 누릴 수 있다.

2. 부정적 측면

Veblen의 수제자였던 Mumford는 제도론적 관점에서 4차 산업혁명이 가져올 어두운 미래에 대해서 예리하게 지적하였다. 그는 4차 산업혁명이 초래할 결과를 단순히 기술과 경제적 관점에서 파악하지 않고 사회제도론적 관점에서 첨단 기술발전이 종국적으로는 일자리 소멸, 사회적 불평등과 인간 창조성의 말살을 가져올 것으로 우려하였다(나중규 · 김종달, 2017). 산업혁명을 통한 거대기술사회의 출현으로 인해 특정한 사회제도가 만들어지고, 이러한 제도는 인간 문화의 모든 측면을 통제하고 무용한 인간을 양산할 것이라고 진단하였다.

따라서 4차 산업혁명이 가져올 부정적 영향을 최소화하기 위해서는 4차 산업혁명의 핵심기술들이 소수의 글로벌 기업의 독점적 이익을 위해 기능하지 않고 대다수의 국민을 위해 봉사하도록 집중형 시스템에서 분권형 시스템으로 이행해야 한다. 〈그림 6〉에서 제시된 것과 같이 기술, 경제, 사회의 모든 측면에서 국가 중심, 대기업 중심, 화석연료 중심사회에서 지방분권, 지역기업, 분산기술, 재생에너지 중심사회로 탈바꿈해야만 스마트 시티의 부정적 측면을 최소화할 수가 있다.

이연하(2021)는 스마트 시티가 간과하고 있는 어두운 측면을 5가지 관점에서 지적하고 있다. 첫째는, 시민의식과 참여의 부족으로 엄청난 예산으로 만든 스마트 시티 인프라가 무용지물이 되는 경우가 비일비재하다. 최첨단 교통정보망 시스템도 운전자가 외

그림 6 **집중 및 분산사회 비교**

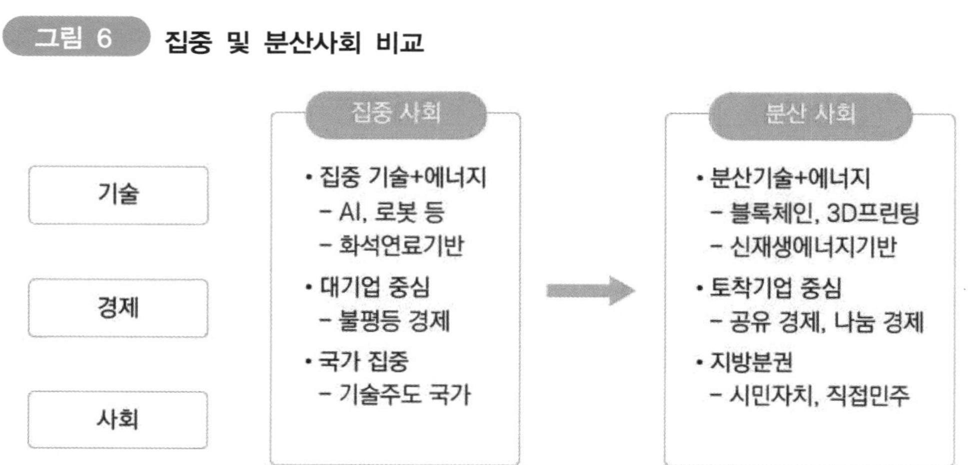

출처: 나중규 · 김종달 (2017), 4차 산업혁명 논의의 비판적 고찰, p. 412.

면하고 사용하지 않게 되면 그 효용성은 현격하게 떨어질 수밖에 없을 것이다. 둘째, 스마트 시티에 투입하는 비용은 전 세계적으로 2021년 말 현재 1,350억 달러에 육박하고 있다고 한다. 스마트 시티는 구축 비용뿐만 아니라 하드웨어와 소프트웨어의 성능 유지비용에도 막대한 비용이 소요되는 만큼 비용 대비 편익이 큰지도 신중히 고려해 보아야 한다. 셋째, 2020년 기준으로 전 세계에는 1조 개 이상의 센서가 설치된 것으로 파악되고 있는데 이에 소요되는 전력을 화석연료를 사용한 전기로 충당한다면 기후변화에 대처하는 탄소중립 정책에 역행할 수도 있다. 넷째, 개인정보 보호 및 보안 문제다. 글로벌 대기업에 의한 마구잡이식 데이터 수집은 악용된다면 '빅 브라더'식의 감시 사회를 초래할 수 있기에 시민권 운동가들은 이러한 점을 매우 우려하고 있다. 끝으로, 중앙정부나 도시 정부는 대량의 데이터를 수집한 후 분석을 통해 도시관리에 대한 다양한 정책적 시사점을 도출한다. 하지만 이러한 데이터 수집과 분석에는 부정확한 결과를 초래하는 인간의 편견이 개입할 소지가 다분히 존재하기 때문에 데이터 편향성이 적기에 발견되어 제거되지 않을 경우에는 특정 종교, 민족 또는 성별을 차별하는 심각한 결과를 초래할 수도 있다.[17)]

3. 토론토 스마트 시티 좌절 사례

부지 250만 평에 달하는 토론토 온타리오 호수 서쪽 퀘이사이드와 포틀랜드 일대는 산업물 폐기장으로 몸살을 앓고 있었는데, 2019년에 구글의 모회사인 알파벳사는 자회사인 '사이드워크 랩스', 캐나다 정부가 설립한 '워터프론트 토론도'사와 컨소시엄을 만들어 최첨단 스마트 도시를 건설하겠다는 야심찬 계획을 발표했다. 구글의 최초 계획은 도시 구석구석에 수많은 센서를 설치를 통해 기온, 대기질, 소음과 진동, 쓰레기 배출과 관련된 엄청난 양의 데이터를 수집하고 최첨단 네트워크를 통해 전송하는 한편, 여기에 빅데이터와 AI 기술을 접목하여 도시민의 삶을 쾌적하게 만들어 주겠다는 목표를 천명했다. 한걸음 더 나아가 사람과 자전거의 움직임까지 감지하는 교통 체계 시스템을 구축하는 한편, 화물운송은 지하터널을 통해 로봇이 담당한다는 야심찬 계획까지 추가로 발표했다.

---

17) 고도의 AI 시스템을 탑재한 '이루다'는 출시한지 며칠 만에 성소수자 혐오와 개인정보 유출 논란 끝에 '비윤리적 AI 챗봇'의 전형으로 낙인찍혀 2021년 1월에 폐기되었다.

하지만 시민단체와 정치권에서 이로 인해 개인의 사생활이 심각하게 침해되고 정보가 유출될 경우 도시민이 입는 피해에 대한 우려를 표명했다. 이를 둘러싸고 개발 주체를 민간이 아닌 공공이 담당하고 원래 의도했던 23만 평의 스마트 도시 건설 계획을 1.4만 평으로 제한하여 시범적으로 추진해야 한다는 안이 힘을 얻게 되었다. 논쟁의 핵심은 스마트 기술이 커뮤니티 삶의 질 제고를 위한 것이 되어야 하며 기술개발을 위해 커뮤니티가 도구로 사용되어서는 안 된다는 데 있었다. 결국 이 프로젝트는 좌초되었는데, 주된 이유는 자신들과 관련된 데이터가 기술 실험이나 감시 그리고 자본주의 착취의 도구로 이용될 가능성이 높았기 때문이었다.18)

Ⅳ. 미래도시와 협력 거버넌스

1. 모더니즘에서 포스트 모더니즘으로의 이행

21세기의 행정환경은 변덕스럽고(Volatile), 불확실하고(Uncertain), 복잡하고(Complex), 애매모호한(Ambiguous)한 VUCA 환경으로 묘사된다. 최근 등장하고 있는 빈부격차, 저성장, 저출산·초고령화, 지역소멸, 기후변화 등은 마땅한 해결책을 찾기 어려운 행정난제에 해당하며 따라서 관료제를 통해 이러한 난제들을 해결하려고 하는 것은 어불성설이다. 180도 다른 대안을 찾아야 하는데 이것이 바로 요즘은 화두가 되고 있는 거버넌스다. 철학적으로 보면 관료제는 인과성을 분명하게 가정하고 있는 모더니즘에 입각해 있는 반면, 거버넌스는 원인과 결과가 뒤죽박죽으로 되어 서로 얽혀있는 리좀적 사고인 포스트 모더니즘에 기초하고 있다. 이러한 모더니즘은 행정이 비교적 단순한 계몽주의 시대에는 위력을 발휘했지만, 행정이 복잡다기하고 변화무쌍한 환경에 노출된 상황에서

---

18) 네이버 열린 연단 '자유와 이성' 강연에서 도승연 교수는 스마트 시티가 잘못 이용될 경우 빅데이터가 감시하는 새로운 판옵티콘으로 등장할 것으로 우려했다(교수신문, 2022년 9월 26일자). 판옵티콘에 대한 자세한 논의는 미셸 푸코의 〈감시와 처벌: 감옥의 탄생〉을 참고할 것.

는 수많은 한계를 노정하고 있다.

하지만 〈표 3〉에서 보듯이, 우리는 플라톤 이래 포스트 모더니즘이 출현하기 이전까지 대세를 이루어왔던 수목형 사고에 너무나 익숙한 나머지 리좀적 사고로 이행하는데 많은 어려움을 겪고 있다.[19)]

표 3 수목형(樹木型) 사고에서 리좀적 사고로의 패러다임 전환

특징	플라톤의 수목형 사고	들뢰즈의 리좀적 사고
조직 구조	위계적 구조(hierarchical structure) 보고체계를 통한 위계적 통제와 노드(node)가 중요	수평적 네트워크적 구조(horizontal network) 자율적 역량과 수평적/수직적 연계(link)가 중요
조직 환경	폐쇄적 체계(closed system)	개방된 체계(open system)

출처: 박광국(2021), 탄소중립시대, 산림정책의 선진화 방향, 미래 산림행정 발전방안 마련을 위한 전략 연구.

이런 점에서 미래도시를 설계하고 운영하는 정책결정자나 도시관리자는 다음 2.에서 논의할 초협력 거버넌스의 개념과 실행방안에 대해 해박한 지식을 보유하지 않으면 도시민의 증가하는 행정수요를 감당하기에 많은 한계를 가질 것이다.[20)]

2. 집단지성에 기초한 초협력 거버넌스 구축

20세기 초 생태학자인 Geddes는 급진적 도시계획가였던 Howard와 다르게 점진적 도시계획을 주장하면서 도시계획의 수립과 집행에 다양한 시민집단의 참여를 주장했다(허정화, 2022). 그가 의미하는 참여는 그저 단순한, 의미를 갖지 않는 소극적 참여가 아니라 철저한 시민교육의 이수를 통해 바람직한 도시의 미래상을 올바로 갖고 있는 시민들의 적극적 참여에 방점을 두고 있다. 이는 현대 도시에 와서 많은 해결하기 어려운 짓궂은 문제(wicked problems)에 직면하면서 더욱 주목을 받고 있다.[21)]

---

19) 포스트 모더니즘에서 강조하는 핵심가치는 상상(Imagination), 해체(Deconstruction), 탈영역화(Deterritorialization) 그리고 타자성(Alterity)이다.

20) 이에 대한 자세한 사례연구는 배수호 · 이명석(2018)의 「산림공유자원관리로서 금송계 연구」를 참고할 것.

21) Howard는 당시 도시인들의 열악한 생활환경을 개선하기 위해 이상적 주거 공간으로서 계획도시에 입각한 정원도시(garden city)를 주창했다. 하지만 불행히도 현대에 와서 그의 수많은 사회개혁 아이디어, 즉 적정 주택 공급방안, 세수 확보계획, 인구계획 등은 실종되고 천편일률적인 물리적 구조만이 채택되는 기현상을 낳았다.

European Commission이 2019년에 발표한 보고서에서는 급격한 디지털 전환과 팬데믹한 감염병 발생 확률이 더욱 높아지면서 미래도시정부가 지향해야 할 네 가지 유형의 대안적 모형을 제시하고 있다. 〈표 4〉에서 보는 것처럼 이 대안들 중 초협력 거버넌스 모델의 유용성이 가장 높은 것으로 전망하고 있다.

표 4 미래도시정부의 네 가지 대안적 모형

시나리오	내용	문제점
DIY Democracy	최소정부와 개인주의에 기초한 정책결정	양극화 문제 해결 어려움
Private Algocracy	구글과 같은 대형 민간기업이 보유한 다양한 데이터에 근거한 서비스와 정책	민간기업의 이익에 과도한 영향
Super Collaboration	민간과 정부 등의 균형 잡힌 거버넌스와 시민의 참여	
Over-Regulatocracy	과도한 정부개입과 규제	프라이버시에 대한 과도한 제한

출처: European Commission(2019)

각 대안적 모형이 갖는 특성을 간단히 살펴보면 첫째, DIY(Democracy in Yourself) 모형은 시민들의 직접적 참여를 통해 열린 민주주의를 추구하는 것은 바람직하지만, 이 모형이 갖는 단점은 개인의 문제를 각자의 판단에 맡겨 둠에 따라 불평등과 양극화 문제가 심화될 가능성이 높다. 둘째, 민간 알고크라시(Private Algocracy)는 다국적 기업 시스템에 입각한 알고리즘에 의해 공공서비스를 제공하는데 이 대안의 위험성은 개개인의 정보가 이들 기업의 영향하에 노출될 가능성이 높다는 것이며 실제 캐나다, 토론토 스마트 시티의 구축 사업이 좌절된 사례를 통해 충분히 그 위험성을 인식할 수 있다.

셋째, 초협력(Super Collaboration) 모형으로서 도시정부, 시민사회, 기업, NGO 등이 모두 협력하여 정책문제에 대한 아이디어를 제공하는 정책랩(Policy Lab)이 이 모형에 가장 가깝다고 볼 수 있다.[22] 마지막으로, 과도 규제정부(Over-Regulatory Government)인데 과도한 규제와 시장개입으로 인해 정부부문의 비효율성이 가장 높게 나타난다고 볼 수

22) 정책랩은 행정난제에 효과적으로 대응하기 위해 정부, 민간 싱크탱크, 다학제 전문가, 시민사회단체 등이 참여하는 초협력적 정부혁신 활동으로 정의될 수 있으며, 핀란드 등에서는 환경문제 해결을 위해 이 방법을 적극적으로 활용하고 있다. 우리나라에서는 기재부가 '2018년 경제정책 방향'을 제시하면서 정책랩을 시범적으로 도입하겠다는 의지를 표명하였다(뉴스핌, 2019년 9월 5일자).

있다. 이번에 출범한 윤석열 정부는 정부업무평가에서 규제혁신 부문 점수를 지난 정부에 비해 10점 상향 조정하여 민간에 자율성을 부여하는 방향으로 패러다임을 전환하였는데 과도한 정부규제의 축소를 시도했다는 점에서 매우 긍정적인 평가를 받고 있다.[23)]

문명재(2021)는 EC에 의해 유용한 대안으로 제시된 초협력 정부가 관료제의 대안적 모형으로 활발히 기능하려면 다섯 가지 유형의 정부혁신 방안이 신중히 고려될 필요가 있다고 주장한다. 구체적으로 보면 첫째, 데이터기반 예견적 도시 정부로서 위험이 일상화된 사회에서 도시정부는 선제적이고 예방적 차원에서 맞춤형 문제해결 능력을 신장해 가야 한다. 그렇게 하기 위해서는 대통령실을 중심으로 전 정부적 차원에서 데이터 플랫폼 구축에 박차를 가해야 한다. 둘째, 사회역량기반 회복탄력적 도시 정부로서, 기후위기나 코로나 19 펜데믹을 극복하기 위하여 도시정부가 중심이 되어 중앙정부와 민간 부문의 자원을 신속히 이끌어 내어, 사회적 약자를 보호하기 위한 재난지원시스템과 같은 회복시스템이 적기에 가동되도록 해 주어야 한다.

셋째, 애자일 조직기반 도시 정부로서, 행정난제에 효과적으로 대처하기 위해서 부서의 칸막이를 뛰어넘어 초협력을 하는 상황적응적이고 민첩한 정부로서의 역할을 충실히 수행해야 한다. 넷째, 디지털 기술기반 도시정부로서, 이전의 전자정부와는 근본적으로 다른 복잡문제 해결능력을 위한 지능형 정부로 진화해야 한다. 이를 위해, 4차 산업혁명의 핵심기술인 AI, 빅데이터, IoT를 활용하여 아날로그 도시 정부에서 디지털 도시 정부로 발빠르게 변화해 나가야 한다. 마지막으로, 시민중심적 공동생산 도시정부로서, 정책의제 설정단계에서부터 집행, 평가 단계에 이르기까지 공동 아이디어, 공동 설계, 공동 서비스 전달체계, 공동 평가 시스템을 강화·발전시켜 나가야 한다. 시민들에게 자율과 책임을 수반한 행정과정에 적극 참여를 유도함으로써 시민들로 하여금 주인도덕을 갖게 하여 경쟁력을 갖춘 도시로 변모시킬 수 있다.

---

23) 윤석열 정부에서 국무총리는 주요정책(50점), 규제혁신(20점), 정부혁신(10점), 정책소통(20점), 적극행정 가점(+3점)으로 부문별 배점 점수를 변경하였는데 이전 정부와 비교해 보면, 주요정책은 65점에서 50점으로 하향 조정된데 반해 규제혁신은 10점에서 20점으로, 정책소통은 15점에서 20점으로 상향조정되었다.

V. 나가며

미래는 시간이 흐르면 저절로 도래하는 것이 아니라, 우리 자신이 어떤 미래를 추구하며, 이를 위해서는 무엇을 해야 할 것인가를 깊이 고민하고 실천할 때 우리가 지향하는 미래를 가질 수 있다. 성경에 기록되어 있듯이, "보는 것이 믿는 것이 아니라, 믿는 것이 보는 것이다"라는 진리를 결코 잊어서는 안 된다. 4차 산업혁명이 대세인 지금, 우리는 이 혁명의 산물인 AI, 빅데이터, 클라우드 등이 마치 적용하기만 하면 지구상에 유토피아적 미래도시를 갖다 줄 것이라는 환상에 빠져 있는지도 모른다. 중요한 것은 이들 도구들이 우리 인류의 삶의 질을 높이는 데 과연 얼마나 기여할 수 있을지에 대한 폭넓은 담론의 장을 구축하는 것이다. 도시 정책 결정자를 비롯하여 도시 설계자와 도시 관리자들은 부단히 미래도시가 지향해야 할 바람직한 방향에 대한 도시철학을 정립하고 이를 구체화하기 위한 전략과 실천과제들을 모색해야 한다. 이때 중요한 것은 미래도시에 대한 정책결정이 관료제에 의한 탑다운 방식이 아닌 집단지성에 기초한 초협력 거버넌스 방식으로 이루어져야만 한다.

일찍이 포스트 모더니즘 철학의 잉태를 가능하게 했던 독일 철학자 프리드리히 니체가 주장한 "영원불변한 진리는 없다. 진리는 모두 비진리에서 나왔다"라는 말을 재음미해야 할 때라고 본다. 인류의 존망을 위태롭게 하는 기후변화, 빈부격차, 저출산·초고령화, 팬데믹 감염병 등을 목도하면서 우리는 자신이 신봉하는 도그마에 함몰되어서는 안 된다. 이러한 유혹을 과감히 뿌리치고, 우리 사회에 존재하는 다양한 관점들을 수용하면서 사회적 합의점을 찾아갈 때 미래도시는 '빅 브라더스'가 지배하는 디스토피아가 아닌 모든 인류가 자유롭고 행복한 삶을 영위해 가는 유토피아로 자리매김할 수 있을 것이다.

참고문헌

김도훈. (2021). 디지털 트윈과 미래의 도시변화 대응. 「도시정보(Urban Information Service)」, 468: 16-18.

김동근 (2017). 융합과 연결의 미래 도시전략. 「국토」, 427: 6-12.

김인희. (2021). 뉴노멀시대 미래도시 전망: 서울 도시공간 발전전략. 「한국주거학회 학술대회논문집」, 33(2): 9-35.

나중규 · 김종달 (2017). 4차 산업혁명 논의의 비판적 고찰: 루이스 멈포드의 제도론의 관점에서. 「사회과학연구」, 56(2): 389-415.

문명재. (2021). 포스트(위드) 코로나 시대의 난제해결형 정부를 위한 정부혁신에 대한 소고. 「한국행정연구」, 30(3): 1-27.

박광국. (2022). 「탄소중립시대, 산림정책의 선진화 방향, 미래 산림행정 발전방안 마련을 위한 전략 연구」. 산림행정연구회 · 가톨릭 정부혁신생산성연구소.

배수호 · 이명석. (2018). 「산림공유자원관리로서 금송계 연구」. 집문당.

윤대식. (2022). 모빌리티 혁신의 미래, 윤대식의 시중세론, 영남일보.

이연하. (2021). '행살편세'를 위한 스마트 시티: '혁신의 그늘'을 생각하라, Smartcitytoday.co.kr/news/articleView.html?idxno=20618.

임학순. (2019). 「제4차 산업혁명 시대의 문화정책, 문화와 국민행복: 문화국가 만들기」. 대영문화사.

조무성. (2022). 시민의 삶의 질과 숲친화 건강도시 조성의 산림행정과 학회의 역할: 생활행정학의 접근, 2022 한국행정학회 동계학술대회.

조성수 외. (2019). 미래도시 전망 분석, https://doi.org/10.22669/krsa.2019.35.3.059.

최명철. (2016). 도시 · 환경 미래전략과정 토론노트, pp. 45-6.

최영준. (2016). 「거꾸로 자라는 땅 속 마천루, 지하도시」. 동아사이언스.

조선일보. (2022, 7.12.). 규제하고 압박하고 ... 우버는 철수, 타다는 기소.

하현상. (2019). 「문화 민주주의, 문화와 국민행복: 문화국가 만들기」. 대영문화사.

한국도시행정학회. (2022). 도시행정의 이론과 실제. 대영문화사.

허정화. (2022). 스마트시티는 미래의 도시로 충분한가?. 「인간과 평화」, 3(1): 191-207.

황기연. (2016). 공유경제와 공유교통. 「교통기술과 정책」, 3(2): 7-9.

Botzman, Rachel & Roo Rogers (2011). 「위(We) 제너레이션: 다음 10년을 지배할 머니코드」. 모멘텀.

Chase, Robin (2016). 「공유경제의 시대: 미래 비즈니스 모델의 탄생」, 이지민 역, 신밧드프레스.

Moon, M. Jae. (2020). Fighting COVID-19 with Agility, Transparency, and Participation: Wicked Policy Problems and New Governance Challenges. Public Administration Review. 80(4): 651-656.

Nam, Taewoo & Theresa A. Pardo. (2011). Conceptualizing Smart City with Dimensions of Technology, People, and Institutions. The Proceedings of the 12th Annual International Conference on Digital Government Research.

OECD (2015). Achieving Public Sector Agility at Times of Fiscal Consolidation. OECD Public Governance Review. OECD Publishing.

Rifkin, Jeremy (2014). 「한계비용 제로 사회: 사물인터넷과 공유경제의 부상」, 안진환 역, 민음사.

미래도시 총서 발간위원회 좌담회

우리는 어떤 미래도시를 희망해야 하는가?

- 2023년 12월 21일 11:00 ~ 13:00
- 참석자: 박광국 교수, 이종열 교수, 채원호 교수, 신충식 교수, 염건령 교수, 황석진 교수, 허명범 대표, 손종욱 대표

❒ 박광국 교수(도서집필 총괄)

이 책을 집필하게 된 가장 큰 동기는 미래도시가 지향해야 할 핵심 키워드는 무엇인가 고민한 끝에 지속가능 발전이 아닌가 생각을 해 보았습니다. 우리가 과학기술을 비판하기도 하지만, 지금 인류가 지금 살아남을 수 있는 유일한 길은 실제 과학 기술의 도움을 받아야 한다는 것입니다. 신 교수님이 얼마 전에 단톡방에 양자 컴퓨터에 관한 기사를 올렸지만 양자 시대가 도래하면 우리가 상상할 수 없을 정도로 세상은 뒤바뀌게 될 것입니다. 하지만 그 방향성을 두고 학자들은 두 부류로 갈라지고 있습니다. 버밍엄 학파처럼 과학기술의 발전은 우리의 미래도시를 유토피아로 만들어 줄 것으로 낙관하지만 반면 〈계몽의 변증법〉을 쓴 Horkheimer와 Adorno는 이러한 과학기술의 발전이 오히려 인류의 미래에 어두운 그림자를 던질 것이라고 주장합니다. 이런 상반된 상황에서 어떻게 미래도시를 유토피아로 만들 수 있느냐에 관해 사유하는 영역이 바로 도시 철학 분야라고 봅니다. 왜냐하면 철학은 우리 인류가 나아가야 할 방향과 가치를 제시해 주기 때문입니다. 한 예로 과학기술의 발전은 야누스의 두 얼굴을 가지고 있다는 것입니다. 첨단 기술의 도입은 우리 인류가 살아가는데 있어 효율성의 가치는 극대화할 수 있지만 반면 인간이 누려야 할 자유 부분은 상당히 침해를 할 수 있습니다. 이

런 서로 상충되는 가치들을 어떻게 조화롭게 가져갈 수 있을 것인지에 대해 우리 집필진의 고민이 필요합니다. 철학을 전공하신 신 교수님께서 평소 이런 부분을 엄청나게 천착하고 계신 것으로 알고 있는데 이에 대한 평소의 생각을 말씀해 주시기 바랍니다.

❒ 신충식 교수

박 교수님께서 말씀하셨듯이 실질적으로 인류가 지속하는 데 인간과 동물 간에 다른 부분이 있지 않겠습니까? 사실 철학의 탄생도 이와 무관하지 않을 것입니다. 철학이 탄생했던 도시가 아테네였습니다. 지중해를 둘러싸고 있는 대제국의 도시들이 많이 있었지만 지속가능성에서는 모두 실패했다고 할 수 있습니다. 왜 실패했을까요? 철학을 탐구하는 일이 결국은 우리 인류가 사는 이 세계가 사막이 되든, 늪지대가 되든 상관없이 관조적 진리만을 추구했기 때문일 것입니다. 그러다 보니 이들 철학자는 인류의 지속가능한 삶을 보장하는 '세계'를 보존하는 데 무관심했거나 소홀했던 거죠.

현재 지구 도처에 기후변화가 정말로 심각하지 않습니까? 화석 에너지의 사용과 관련해서도 획기적인 변화 없이는 거의 모든 대도시 자체가 심각한 환경의 재앙이 될 것입니다. 이런 여러 가지 상황 속에서 분명히 과학과 기술은 진화하고 발전하고 있습니다. 그것이 스마트 도시가 되었든, 스마트 거버넌스의 사안이 되었든 이 문제를 진단하기 위해 세 가지 구분이 중요하다고 생각합니다.

어떤 기후 재앙이나 요즘 기후 위기 관점에서 이제 대단히 심각한데 행성으로서 지구를 인류가 제대로 보존하지 않으면 실질적으로 도시니 뭐니 하는 것 자체가 불가능할 것입니다.

그다음에 자연이 있습니다. 자연의 핵심적인 특징은 야생성(wilderness)이지 않습니까? 동물들이 실질적으로 그 자연에 살고 있지만 인간은 그 자연에 살기는 어렵습니다. 당연히 인간이 자연에 의존해야 함에도 말입니다. 우리 의식주에서 먹는 문제는 분명히 지금 자연을 통해서 나온 것이니까 자연은 잘 보존돼야 하고, 전 세계 어떤 지구의 영토를 100으로 본다면 아마 95% 정도의 영토는 자연을 그대로 유지하는 것이 절대적으로 필요할 것입니다. 나머지 5%가 우리 인간이 살 수 있는 세계(world)라 할 수 있습니다. 여기서 지구와 세계 간의 구분이 중요합니다. 이 구분에 분명히 정치적 함의가 있어 보입니다. 인간은 지구에 살고 있지만, 사실은 세계에 거주하고(dwell) 있는 거죠.

오늘날 20세기에서 21세기로 넘어오면서 인간의 본성이 변했다는 얘기를 사회의 각계각층에서 많이 하곤 합니다. 그런데 우리 인간의 노력으로 인간의 본성을 좋은 방향으로 바꿀 수 있다고 보는 부분은 사실 위험한 발상이 아닌가 합니다. 예전에 유학자들이 자신들보다 배움이 덜한 백성들을 바꿀 수 있다고 여기는 경향이 있었습니다. 이는 백성과 친하게 지내는 것이 중요하다는 '친민(親民)'이 아니라 백성을 새롭게 바꾸어 놓을 수 있다는 '신민(新民)'을 강조하고 있습니다. 이러한 발상은 국민에게 특정 이데올로기를 주입해서 인성을 좋은 방향으로 바꾸어 놓을 수 있다는 전체주의적 사고방식과 무관하지 않을 것입니다. 이는 정치적인 사안이라기보다는 사람의 본성을 바꾸어 놓을 수 있다는 선정치적인(pre-political) 접근이라 할 수 있을 것입니다.

그렇다면 정치는 무엇을 할 수 있을까요? 저는 그것이 이른바 '세계'를 그대로 유지하거나 조금은 더 나은 세계를 개선하는 것이라고 봅니다. 이 부분이 도시의 안정성이나 지속가능성과 맞물려 있다고 생각합니다. 실질적으로 우리가 사는 세계를 어떻게 보존할 것인가가 관건인데요, 독일어로 '폴리차이(Polizei)' 또는 불어로 '폴리스(police)'라는 개념이 있지 않습니까? 요즘 용어로는 국정 관리 또는 거버넌스가 될 텐데 원래 이 개념은 일정한 도시국가가 자국민을 경제적, 정치적, 외교적, 군사적으로 돌본다는 의미인데, 오늘날에는 경찰의 '폴리스'를 의미하는 '감찰 기능'으로 전락해버린 듯합니다. '폴리스(police)'의 본래적 기능에 의거해서 근대 유럽에 많은 소도시가 발생했는데요, 그때나 지금이나 도시는 국가의 중요한 결정이 이루어지는 곳입니다. 이러한 결정은 특정 정치인이나 개인이 스마트하다고 해서 이루어지는 부분은 아니지 않습니까? 분명히 도시 내에 스마트한 거버넌스 체제가 제대로 작동이 되어야 하는 것이지요. 가령, 우리가 특정 병원을 보더라도 뭔가 돌봄의 체제가 갖추어져야 하지 않습니까? 돌봄 체제는 곧 다양한 분야의 관계성을 전제한다고 봅니다. 도시의 기능 역시 예외가 아닐 것입니다. 결국 고대 도시국가처럼 오늘날에도 강력한 도시 공동체가 유지될 수 있는 시스템을 유지하는 것이 곧 세계의 보존에 결정적이라고 생각합니다. 도시 내 인간의 정체성과 공동체성이 좋은 도시의 조건과 아주 긴밀하게 연결돼 있다고 볼 수 있을 것입니다.

제 얘기가 길어졌군요. 정리하겠습니다. 산업화를 늦게 시작한 우리나라의 경우에 전자정부와 선진화된 IT 기술도 스마트 도시 건설에 매우 큰 도움이 되리라 생각합니다. 마지막으로 근대 도시가 무한정 확장되는 것이 위험하다는 점을 지적하고 싶습니다. 지구 자연 대부분의 야생성은 그대로 보존하면서 인간이 거주하는 세계의 세계성을 유지하는 일이 절대적으로 중요할 것입니다. 세계성이야말로 인간조건의 가장 중요한 양상이기 때문입니다. 세계는 빌딩, 다리, 집, 예술과 같은 인공적인 생산물로 이루어져 있지만 세계의 세계성이란 결국 세계 내에서 살고 있는 다양한 사람 사이에 발생하는 것입니다. 사람들 사이에서 공유하는 세계가 '공적인 것'의 영역입니다. 반면에 '사적인 것'의 영역은 타인들에게 공유될 수 없고 사적으로 남아있게 됩니다. 그래서 세계는 작업에 바탕을 둔 하드웨어이기도 하지만 사람 사이의 공간이라 할 수 있습니다. 여기서 정치는 일종의 세계가 적절히 작동하도록 하는 소프트웨어라고 할 수 있을 것 같습니다.

❒ 박광국 교수

방금 신 교수님께서 말씀하신 하드웨어와 소프트웨어가 상호 잘 결합이 되었을 때 좋은 도시의 모습이 나올 수 있다는 부분은 굉장히 음미해야 될 부분인 것 같습니다. 신 교수님께서 철학자이시니까 이런 질문을 드리고 싶습니다. 제가 일전에 산림청장을 지내신 최 모 협회장을 만나 대화하는 도중에 그 분 말씀이 서구의 플라톤이 주장한 위계 철학에 큰 문제가 있다는 겁니다. 가장 밑에 무생물이 있고 그 위에 식물, 동물, 인간, 천사가 있고 최고위에는 절대자인 신이 있다는 거지요. 플라톤 철학에 따르면 위에 위치하는 존재가가 밑에 있는 존재자를 지배하는 것이 당연하다는 것입니다.

그런데 동양의 노장사상이나 최근 서구 현대 철학을 보면 위계 철학이 아니라 관계 철학에 입각해 있다는 것입니다. 우리 인간과 자연이 어떤 관계를 맺는 것이 바람직한 관계인지를 규명하는 것이 훨씬 더 중요하다는 것이지요.

❒ 신충식 교수

사실 이제 플라톤이 20대 후반쯤에 소크라테스가 사형당하는 부분을 체험하지 않습니까? 당시 플라톤은 귀족이었고 소크라테스는 일반 시민이었는데 실질적으로 소크라테스가 모든 도시민의 존경을 받습니다. 소크라테스는 산파술(문답법)을 통해 누구나 진리를 탐색하는 방법을 전파했으니, 귀족 계급의 반발이 있을 수밖에 없었죠. 결국 사형을 당하는데 이를 지켜본 플라톤은 충격을 받고서 아테네를 떠나게 됩니다. 이후 돌아와서 '아카데미'라는 대학교를 설립하죠. 여기서는 현실정치에 관여하지 말자는 것을 신조로 삼았죠. 즉 세계가 어찌 되든 말든 우리는 진리를 추구한다. 그 진리 추구 과정에서 영원히 변하지 않는 게 객관적인 실재가 아니겠느냐? 이것이 이데아라는 거죠. 철학이 진선미 중 진을 추구해야 한다는 점을 강조하게 됩니다. 진을 추구하다 보니 세계가 사막이 되든 이게 완전히 어떤 전쟁으로 쑥대밭이 되든 상관하지 않습니다. 그런 것들에 관여하지 않고 순수하게 어떤 철학적인 진리를 추구하게 됩니다. 이런 주장이 2천 년 동안 계속되어 왔죠.

반면 동양사상은 관계적인 존재론을 지향합니다. 인간과 자연은 서로 연결되어 있다는 점을 자연스럽게 받아들였죠. 이런 부분들로 인해서 실제로 철학적인 진리 측면에서는 미흡한 부분이 있었지만 만약에 정치라는 부분을 우리가 이제 철학적으로 접근한다면 정말로 세계는 야만과 문명의 경계에 있지 않습니까? 그러니까 야만을 이렇게 경계 짓기 위해서 담장을 쌓는데 그 담장의 그리스 어원이 노모스(nomos)이지 않습니까? 그게 법이 된 거죠. 그러니까 최소한 도시라는 공간은 그러한 법이 작동하고 이러한 관계성 부분들을 중심으로 뭔가 설득력 있는 의견을 제시할 수 있는 공간으로 바뀌었던 것이고, 그런 점에서 인류가 계속 2천 년 이전의 고대 아테네 또는 고대 로마 같은 도시로 돌아가는 이유입니다.

❒ 박광국 교수

신 교수님께서 방금 야만과 문명의 경계에 관해 말씀하셨는데 사실 기독교에서도 상당히 그런 이분법적 사고가 팽배해 있다고 봅니다. 동양에서는 인간과 자연의 조화를 강조했는 데 반해 기독교에서는 자연을 인간과 구분해 타자화시키는 면이 강하다고 봅니다. 한 예로 서구 소설을 보면 숲에는 악령이 거주하니 우리 인간은 그 숲과 가까이 해서는 안 된다라는 사고 방식을 가지다 보니 자연스럽게 자연을 폄훼시켜버리는 현상이 나타났다고 봅니다. 하지만 앞으로 미래도시에서는 자연과 인간이 공존하는 방식에 대해 더 많은 논의가 이루어져야 한다고 봅니다. 이런 연구를 하는 학문 분야가 생태학인데 무조건 자연을 훼손해서는 안 된다라는 근본생태학보다는 자연과 인간의 공존을 모색하는 사회생태학이 주류를 이루는 것이 미래도시 발전에 더 도움이 된다고 여겨집니다. 다시 말해 인간이 삶을 영위하기 위해서는 어차피 자연을 일정 부분을 사용할 수밖에 없다는 것은 인정하고 그 속에서 인간과 자연의 조화를 모색해 나가는 것이 중요하다고 봅니다.

❐ 이종열 교수

본서의 내용이 미래도시가 어떻게 될 것인가를 사실에 근거해서 예측을 하는 것인지 아니면 미래도시가 어떤 방향으로 나아가야 하는가에 관한 규범적인 방향을 제시하는 건지가 중요할 것 같습니다. 본서의 의도는 물론 전자에 입각해 있으며 간혹 필요에 따라 후자도 가미되는 것으로 이해하고 있습니다. 일단은 사실에 바탕을 둬서 분석하면서 약간의 미래도시에 대한 어떤 처방이랄까, 이렇게 되어야 한다는 식의 부분적인 규범적 내용이 포함될 것입니다. 미국에서 공부할 때 City and Utopia라는 과목을 들었어요. 3명의 교수가 공동 강의하는 것인데, 철학, 문학, 도시학 전공의 세 명의 교수가 강의했습니다. 그때 학생들이 읽어야 하는 교제는 Edward Bellamy가 쓴 소설, 그리고 유토피아 관련 철학자들의 책들을 반드시 읽어야 되었습니다. 플라톤의 이상 국가는 이상 도시에 대한 이야기입니다. 그때는 국가가 도시국가 개념입니다. 이상도시의 인구규모, 구역수 등이 제시되고 있습니다. 모든 세계 사상의 근원은 그리스 로마에서 출발하는 것입니다. 이건 오늘날까지도 변함이 없어요. 거기에 아류가 있을 수 있지만 본류는 그리스, 로마입니다. 로마로 돌아가자는 운동은, 그대로 돌아가지는 못하더라도 거기에 근거를 두고 싶어하는 것입니다.

그 다음에는 칼 만하임(Kahl Manheim)의 Ideology and Utopia가 등장합니다. 여기서 유토피아에 대한 정의는 현실을 넘어선, 기본적으로 그 사람들이 생각하는 철학적으로 생각하는 이상 도시를 의미합니다. 토마스 무어(Thomas Moore)의 유토피아에서는 이상국가에서의 결혼제도(제비뽑기), 이상적인 집(3층집) 등에 대한 논의도 있고, 구체적으로 어떻게 집을 지어야 하는가 등의 이야기가 있습니다. 창문은 미닫이로, 반지하, 포도나무를 심어야 하고 등등. 그런데 그때 이야기한 것들이 지금도 사람들이 이상적으로 생가하지 않나 하는 생각이 듭니다. 그리고 성경의 계시록에서는 신예루살렘이 묘사되어 있습니다. 그게 이상도시의 한 모습이 아닌가 하고 생각을 합니다. 거기 보면 이상도시로서 구획, 건축재료 등 계획도시 사상이 들어있습니다.

이제 현실로 돌아와서 앞으로 도시는 안전, 보건위생 관점도 고민해야 합니다. 영국에서 발발한 콜레라가 도시의 수도관에서 나왔잖아요. 그래서 미래도시는 보건, 위생이 중요합니다. 위생 관점에서 도시계획이 만들어지고, 그 다음에 심미성, 편리성 등을 생각해야만 합니다. 최근에는 안전해야 한다는 것이 더욱 중요한 화두가 되고 있습니다. 그리고 국가의 장벽을 다 허물자 하는 건 너무 이상적인 것이고 그럼 세계 정부를 이야기하는 거니까 그렇지 않더라도... 우리가 다른 인종을 적대시하지 않고 포용하고... 왜냐하면 이제 우리는 저출산 시대를 맞이하고 있습니다. 이런 이슈도 다뤄야 한다고 생각합니다. 그에 더하여 창조성도 필요합니다. 대학도 다양성이 필요합니다. 대학의 랭킹을 다양성만 봐도 금방 알 수 있어요. 하버드 대학이 제일 다양성이 높을 것입니다. 보나 안 보나 서울대는 다양성이 떨어질 것입니다. 딱 답이 나와 있는 거예요. 그러니까 뉴욕이 최고 도시라는 이유는 다양성에 근거하고 있는 반면 서울은 다양성의 부족 때문에 세계 최고 도시로 부상할 수 없다고 여겨지는 것입니다.

❒ 박광국 교수

이제 범죄 심리학을 전공하는 염건령 소장과 황석진 교수에게 물어보고 싶은 게 있습니다. 앞선 논의에서 우리는 어떻게 하면 유토피아적인 도시를 만들 수 있을까에 대해 궁구했던 플라톤을 비롯한 많은 철학자들에게 대해 이야기를 나누었습니다. 그러나 현실로 와 보면 현재 지구상에 존재하는 수많은 도시들은 유토피아적인 모습보다는 오히려 디스토피아적인 모습을 더 많이 담고 있는 것 같아 안타깝습니다.

얼마 전 도시행정 전공자이면서 대구대 명예교수인 조덕호 박사가 일간신문에 칼럼을 기고한 내용을 보면, 도시의 공기, 물, 토지는 모두 공공재인데도 불구하고 이익에 혈안이 되어 있는 개발업자들과 일부 정부 관료들이 유착이 되어 도시의 공공재를 훼손시키고 있다는 것입니다. "돈은 위로 흐르고 오염은 아래로 흐른다"라는 자조섞인 말이 도시행정학자들 입에서 회자되고 있습니다. 미래도시에서는 공공재라는 개념이 확고히 자리를 잡아야 되고 그렇게 되면, 개발시대에 유행하던 산업단지라는 용어보다는 산업공원이라는 말이 더 평등 개념에 부합된다고 봅니다. 다시 말해 도시가 살아 숨쉴 수 있도록 허파 기능을 하는 녹지 공간의 확보가 절대적으로 필요하게 됩니다.

실제로 도시가 발달하면 할수록 선량한 시민보다는 나쁜 목적으로 도시를 이용해 엄청난 폭리를 취하고자 하는 불량시민들이 나타나 도시 서민들을 울리는 일이 다반사로 일어날 수도 있습니다. 염 소장께서는 범죄심리학을 전공하셨기에 이런 부작용을 최소화할 수 있는 방안은 무엇이라고 보는지요?

❒ 염건령 교수

도시행정 전공은 하지 않았지만 제가 주로 연구한 사회안전이나 범죄학 분야에서도 도시와 범죄의 연관성에 관한 내용들이 많이 나오고 있습니다. 도시구조와 범죄발생, 도시 내에서 발생하는 사회적 격차와 계층 분화 등에 대해서 많은 관심이 있습니다. 제가 개인적으로 생각하는 21세기 도시는 인간이 만들었음에도 불구하고 오히려 인간이 도시에 역으로 통제되거나 지배받고 있는 상황이라고 판단됩니다.

우리의 도시는 인간의 삶을 위해서 형성되었으며, 이는 인문학적인 공간이라는 의미가 됩니다. 하지만 도시를 개발하고 기존의 노후화 된 도시를 재개발하는 과정에서 인간의 삶보다는 자본주의의 논리, 자본가들의 이익의 논리가 지배하여 오히려 인간의 삶을 규제하는 통제적 기제가 되지 않았는가 하는 생각을 해보게 됩니다. 우리나라의 도시를 보면 깨끗하고 정돈되어 보이지만 이는 관리와 행정의 효율성과 편리성만을 위한 것으로 느껴집니다.

새롭게 형성되는 도시들에서 이와 같은 현상이 더 두드러지는데, 먼저 도시를 계획하면서 도로와 상하수도망을 먼저 건설하고 그 안에 도시를 지으면서 사람들이 찾아들어가는 형태입니다. 자연스럽게 인간이 필요해서 만들어진 것이 아닌 인위적으로 공간을 설계하고 그 공간으로 인간이 유입되어 맞춰 살아가는 형식인 것입니다. 이와 같은 계획된 도시들이 삶의 편리함을 추구한다고는 하지만 정확하게는 사람이 도시에 맞춰서 살아가는 형국입니다.

도시가 발전하고 성장하기 위해서는 일자리도 많아야 하고, 안전해야 하며, 교통이나 통신 등의 기반시설이 잘 갖춰져야 합니다. 이는 인간을 위한 것이어야 하며, 도시에 살아가는 도시민을 대상으로 한 것이어야 합니다. 하지만 현재의 도시개발이나 발전과정을 보면 삶의 공간이라는 목적보다는 미학적 부분, 기능적인 부분만을 생각하고 인간을 그 공간에 맞추도록 강요하고 있다는 생각을 하게 됩니다.

다음으로 도시의 분화와 계층화의 문제에 대한 부분을 말씀드리고자 합니다. 우리의 도시는 복잡하고 밀집도가 높아지는 도시와 늙은 고목나무와 같이 쇠락해가는 도시로 나뉘는 형국입니다. 특히, 서울 경기 인천 지역을 중심으로 하는 수도권에 너무 많은 인구가 몰리고 있기 때문에 계속 고밀집도에 의한 문제로 고민을 하고 있으며, 반대로 지방의 중소도시들은 생존 자체를 고민해야 하는 상황에 놓였습니다.

너무 많은 사람이 유입되는 도시는 높은 주택가격이나 임대가격 등으로 인해서 지역별로 모여 사는 사람들의 수준이 나뉘는 급격한 도시계층화 문제를 겪고 있습니다. 특히, 저렴한 임대료나 주택가격으로 인해 많은 사람들이 유입되는 지역은 여러 가지 사람들 사이의 갈등과 범죄문제 등으로 인해 어려움을 겪고 있으며, 이러한 지역에 투입되는 치안자원이나 행정자원은 더 많이 요구됩니다. 아울러 경제적으로 여유가 없다는 이유만으로 범죄피해를 입을 가능성이 높아지는 상황에 대해서 사회적 갈등이나 도시민 사이의 계층불만이 발생할 수 있다는 점도 간과해서는 안 될 것입니다.

하나 더 추가해서 말씀드리고자 하는 것은 도시 내에서의 차별문제를 도시행정 주체가 만들고 있다는 점입니다. 대표적인 예가 임대주택 단지의 조성인데, 임대주택에 사는 저소득층 사람들이 인접한 주민들에 의해 배타시되거나 차별을 받는 일들이 언론을 통해 자주 나오고 있습니다. 도시는 인간을 품는 역할을 해야 하지만 오히려 그 안에서 차별받거나 소외받는 사람들을 구획화, 집단화하는 부작용을 만들기 때문에 이에 대한 미래도시 행정의 고민이 많이 필요할 것입니다.

미국 샌프란시스코시의 쇠락에서도 볼 수 있듯이, 도시는 각계각층의 주거자들이 어우러져서 살 수 있는 공간이 되어야 합니다. 샌프란시스코시 이전에 모토시티(Motor City)로 불렸던 디트로이트시가 도심 중간을 가로지르는 대형 도로로 인해 양분화되면서 도시민 사이의 극단적 갈등이 발생하였고, 이것이 나중에 도시의 쇠락으로 이어진 사례를 우리는 잘 살펴야 할 예로 분석해야 하며, 우리나라의 미래도시들이 이러한 문제를 겪지 않도록 하는 인간 통합적, 인간 융합적 삶을 보장하는 공간으로 나아갔으면 합니다.

마지막으로 제 연구분야와 관련하여 말씀드리면, 저소득층의 밀집지역이나 임시거주형 주거가 밀집되어 있는 지역에 더 많은 치안, 안전관련 행정자원을 투입하는 노력이 필요하다고 생각합니다. 대표적으로 미국이나 영국에서는 환경설계를 통한 범죄예방(CEPTED; Crime Prevention Through Environmental Design)에 많은 투자를 하고 있으며, 주로 저소득층이 많이 사는 지역이나 임시거주형 주거지역에 행정자원을 다량 투입하고 있습니다. 이는 범죄없는 도시라는 소극적 목적에 의해 시행되었지만, 지금은 도시의 모든 사람들이 안전하게 잘 살아가야 한다는 대의적인 목적으로 확대된 사례입니다. 삶의 공간인 도시에 '사람이 잘 살 수 있도록 해야 한다'는 철학을 담는 것이 중요할 것입니다.

❐ 박광국 교수

방금 염 소장님이 말씀하신 것처럼 새로운 도시를 만들거나 도시를 재생할 때는 인문지리학적 관점이 들어와야 되는데 오직 도시공학적인 관점만 적용된다는 것이 문제라고 봅니다. 금년 여름 방학을 이용해 북유럽을 한 달간 여행하면서 가장 크게 느낀 점은 선진국 국민들은 편리함보다는 도시의 지속가능한 발전을 위해 조금 불편하더라도 자연에 가하는 위해를 최소화하려고 한다는 것입니다.

다시 말해 우리나라는 대부분의 국민들이 메가시티에 거주하면서 편리함에 중독되어 조금의 불편함도 인내하지 못한다는 것이지요. 수많은 일회용 컵, 대형 자동차, 중수보다는 비싼 수돗물의 남용 등등, 자연을 해치는 행위가 비일비재하다는 것이지요. 그러면서 도시의 지속가능 발전을 운운한다는 것이 어불성설입니다. 북유럽 국가들이 우리보다 최신 과학기술이 뒤떨어져서 그런 불편함을 감수하고 있을까요. 이에 대한 우리의 답은 단연코 노일 것입니다. 다시 말해 자연과 인간이 공존해야 한다는 그런 신념 때문에 북유럽 국민들은 불편함을 감수하는 것으로 보아야 합니다.

블록체인 전문가이신 황 교수께 드릴 질문은 4차 산업혁명 시대에 사는 도시인일수록 디지털기술이 주는 혜택에서 소외된 자들이 급격히 증가하는 디지털 디바이드 현상이 심화될 수 있다는 것입니다. 이에 대한 대책은 무엇인지 말씀해 주시기 바랍니다.

❐ **황석진 교수**

이제 4차 산업혁명이 본격화되면서 디지털 기술의 수혜를 누리는 집단과 그렇지 않은 집단이 분명히 구분되는 디지털 디바이드 현상이 심화될 것입니다. 디지털 기기를 잘 다루고 디지털 문화를 수용하는데 익숙한 세대와 그렇지 않은 아날로그 세대들 간에 디지털 격차가 커지다보니 기존의 사회적 계층이 아닌 디지털 계층이라는 용어가 등장하고 있습니다.

그리고 정치권에서도 이런 부분을 이용해 자신들 쪽에 플러스가 된다고 판단되면 적극적 포섭하려는 경향이 높게 나타나고 있습니다. 대부분 MZ 세대를 겨냥한 친화적인 정책이 많이 만들어지고 있는 것이 대표적인 것 같습니다. 하지만 MZ 세대라는 용어를 사용하여 특정 계층을 지칭하는 것이 올바른 것인지는 모르겠습니다. MZ 세대라고 부르는 것은 전 세계에서 우리나라뿐입니다. 차라리 신세대나 젊은 청년 세대 등으로 표현하면 되는데 특정 언어를 써서 지칭하는 것은 언뜻보면 사회적 계층이나 디지털 계층으로 보여질 수도 있기 때문입니다.

앞으로는 여러 계층 간의 갈등을 최소화하고 서로 조화롭게 융합을 이루며 생활해야 하는데 그러기 위해서 우선적으로 쉬운 용어로 서로가 소통해야 하지 않을까 하는 생각이 듭니다. 지금은 대부분 디지털 언어를 사용하는 경우가 많은데 소통에서 제일 중요한 건 무엇보다도 이해하기 쉬운 언어로 상대방과 소통하는 겁니다. 우리도 뉴스를 보거나 대담, 토론을 보면 특정 언어를 이해하지 못하는 경우가 상당히 많이 있습니다. 그러다 보니 점점 세대간 격차가 언어에서부터 벌어지고 있다는 생각이 듭니다. 이런 간격을 좀 줄이는 것은 사소하지만 매우 중요합니다. 다시 말해 서로의 언어부터 좀 더 순화를 시킬 필요가 있다고 봅니다.

서로가 이해하기 쉬운 언어를 우선 사용해 보는 것은 어떨까요? 요즘 졸업 시즌이 다가와서 논문을 지도하고 있는데 논문지도를 해 보면 대부분 전문적인 용어를 많이 쓰고 있습니다. 논문을 쓰는 학생들에게 가급적이면 전문적인 용어나 외래어보다 일반 사람들도 이해할 수 있는 언어를 사용하라고 지도하는 경우가 많습니다. 많은 사람이 읽어보는 논문인데 언어를 순화해서 사용하는 것이 자신의 논문을 쉽게 이해시키는 첩경이라고 봅니다.

4차 산업혁명으로 많은 일상의 변화가 있었고 경제와 금융 분야도 많은 변화가 있었습니다. 특히 금융산업은 전자금융에서 핀테크로 지금은 빅테크 등으로 진화하였습니다. 하지만 디지털 기술이 바탕이 된 웹3.0 시대에서 가장 중요한 건 서로가 계층을 나누지 않고 상생할 수 있는 기반이 마련되어야 한다는 것입니다. 서로는 다름이 분명하고 차이도 있습니다. 하지만 서로의 단점을 부각하고 갈등을 초래하는 것은 미래의 도시 건설에 걸림돌로 작용할 것입니다. 미래도시는 디지털 계층과 그렇지 않은 계층의 간격을 좁히고 서로 융합하여 상생할 수 있는 밑거름이 되어야 한다고 생각합니다. 서로의 언어와 차이를 존중하고 새롭게 펼쳐진 미래도시에서 협업을 통한 시너지 극대화에 앞장서야 될 것이며 이런 환경이 바로 미래도시의 청사진을 제시할 수 있는 길이 아닐까 생각됩니다.

❒ 박광국 교수

미래도시에서는 도시가 지속가능 발전을 해 나가기 위해서는 도시문제 컨설팅 역할이 무척 중요하다고 봅니다. 손 대표님께서는 컨설팅업에 종사하시니까 앞으로 미래 유망직종으로서의 컨설팅업의 중요성과 주로 어떤 부분을 화두로 가져가야 될지에 대해 말씀 부탁드립니다.

❒ 손종욱 대표

기후위기 대응이 중요한 과제가 되고 있는데, 대응 활동은 크게 2가지로 나눠집니다. 첫째가 감축이고 둘째가 적응입니다. 감축은 과학기술, 산업기술 중심의 활동이 될 것이고 국제사회와 정부의 규제, 기후기술 개발 등의 거시적인 활동이 될 것이고요. 오늘 논의하고 싶은 것은 적응입니다. 기후위기 적응이라는 것은 갈수록 커지는 다양한 재난재해에 대응하는 활동이 주로 논의되지만, 기후위기를 통해 발생하는 불평등에 대응하는 것도 중요한 과제가 될 것입니다. 기후위기는 이미 많은 불평등을 만들어 내고 있고요. 그것을 막기 위한 여러 활동들이 전개되고 있습니다. 그렇다면 기후위기 자체는 불평등을 막기 위한 새로운 룰이 형성되는 것을 의미할 것이고요. 우리가 당연하게 생각하는 현재 도시 운영의 룰이 바뀌게 될 것입니다.

메가시티에 대한 논의가 진행되면서 인구감소 대응, 행정력의 집중, 재난방재의 고도화 등에 대한 논의가 진행되고 있는데, 이러한 의도된 거대 도시 내에서는 주요 기능도 중요하지만, 그 도시 내의 합의구조, 포용성, 불평등을 제거하기 위한 다양한 적응활동도 주목해야 할 것입니다. 의도된 거대 도시 내에서는 반드시 새로운 룰들이 세팅될 것입니다.

그렇다면 현재 우리 사회를 게젤샤프트로 보고 있는데, 게마인샤프트의 모습을 어떻게 유지하고 균형있게 추진할 것인가도 중요한 과제가 될 것이라고 보입니다. 특히 2가지 속성이 균형있게 유지될 수 있는 룰의 세팅이 필요합니다. 그런 것들은 도시의 포용성과 도시 내 사회정의 관점에서 논의되어야 한다고 생각합니다.

앞으로 사람들이 모여 사는 그 메가시티 환경 속에서 제일 중요하게 강조되는 게 사회 정의는 무엇이고 어떻게 사회 정의를 교육시킬 것이고 포용성을 어떻게 가지고 갈 것인가 등의 새로운 설정이 필요할 것이라고 생각합니다. 이것이 미래도시의 숨은 아젠다이고, 또 각종 이해관계와 갈등을 조정하는 새로운 직업인 코디네이터(조정관)도 생길 것입니다. 하버마스가 이야기했던 공론장 같은 것들이 도시 내 단위 조직까지 내려가는 그런 형태가 되는 도시의 모습이 될 것이다 이렇게 봅니다.

또 하나 이야기하고 싶은 것은 이번에 글로컬사업 계획서를 보니 부산의 한 대학에서 도시를 교육과 실습의 공간, 즉 강의실을 대체하는 교육공간으로 제시했거든요? 이러한 현장 중심, 문제해결 중심 실습장으로서 교육 기능 차원에서의 도시의 역할도 눈여겨 봐야 할 것 같습니다. 도시가 대학과 호흡하며, 도시의 문제를 해결하는데 융합적인 학문과 기술의 적용이 이뤄지는 것도 중요한 변화가 될 것입니다. 이미 정부는 RISE 사업과 같이 분권화된 대학지원 프로그램을 운영하고 있으며, 많은 대학들이 도시와 함께 문제해결, 발전방향 제시 등의 프로그램을 운영하고 있습니다. 리빙랩 등과 같은 대학과 지역의 문제해결 프로그램 같은 것들이 좀 더 활성화될 것이고, 대학은 도시 내에서 평생교육의 역할, 문제해결 촉진의 역할을 하게 될 것이고 역으로 도시는 대학에게 교육현장을 제공하는 역할을 수행하게 될 것입니다.

❐ 박광국 교수

최근에 신 교수께서 번역하신 한나 아렌트의 〈난간없이 사유하기〉에서도 현대 사회에 오면 올수록 인류 공동체가 공동체 삶을 영위해 가는데 필수적인 공적 공간이 점점 사라짐을 우려하고 있습니다. 손 대표의 언급대로 미래도시에서는 이에 맞는 새로운 룰 세팅이 빨리 만들어져야 디스토피아가 아니라 새로운 유토피아로 한 단계 더 나아갈 수 있다고 봅니다. 그렇게 되려면 도시 내에 거주하는 다양한 이해관계자들이 모여 숙의를 통해 새로운 도시 질서를 모색하는 거버넌스 구조의 확립이 시급히 요청된다고 봅니다. 이 부분을 집필하신 채원호 교수께서 한 말씀 해 주시기 바랍니다.

❐ 채원호 교수

철학을 전공하신 신 교수님에게 좀 물어보고 싶은 것이 요나스(H. Jonas)의 책임윤리 같은 것이 「도시의 미래」 담론에 필요하지 않나 싶습니다. 현대 과학기술이 철학적 성찰의 대상이 되지 않고 소홀히 되면서 기후변화와 같은 환경 문제가 대두하게 된 것이 아닌지요? 요나스가 말하는 책임은 인간뿐만 아니라 모든 유기체의 존속에 대한 책임과 관련이 있다는 점에 주목하고 싶습니다.

요나스의 책임윤리가 존재와 당위의 통일을 가능케 하는 형이상학을 요구하는 점은 성리학의 소이연(所以然), 소당연(所當然) 개념과 맞닿아 있는 것이 아닌지 생각해 봅니다. 주희는 리(理)를 사실의 세계에서 작용하는 원리의 측면과 사회규범의 원리를 모두 담고 있는 것으로 이해하고 있는 것으로 보입니다. 요나스의 기본적인 입장은 약한 인간중심주의라 볼 수 있습니다. 그는 전통적인 윤리관이 인간중심적이라고 강하게 비판하면서도, 자연과의 공존을 책임질 수 있는 능력을 가진 인간을 통하여 가능한 것이라고 주장하고 있습니다. 김은철·송성수 교수(2012)에 따르면 약한 인간중심주의는 인간이 환경문제의 원인을 제공했다는 점을 인정하면서도 이와 동시에 인간이 그 문제를 해결할 능력을 가지고 있다는 점에 주목합니다. 이러한 의미에서 약한 인간중심주의는 기존의 인간중심주의와 생태주의가 가진 실천적 취약성을 보완할 수 있는 가능성을 가지고 있다고 보는 점에서 현대 사회에 시사하는 바가 크다고 생각합니다.

지금 현대 과학 문명에서 제기되는 문제라는 것이 철학과 과학이 분리되고 과학이

성도 분절화되면서 생겨나는 문제가 아닌지? 그런 생각이 듭니다. 그렇기 때문에 과학법칙과 도덕법칙의 통합이 필요하고 분절화된 합리성, 과학이성 간 통합이나 통섭이 필요한 것이라고 생각됩니다. 이는 손 대표가 지적하듯이 하버마스의 의사소통적 합리성을 위한 공론장 담론으로 연결되며 공공철학이 필요한 이유이기도 합니다. 그런 면에서 보면 이번에 기획한 「도시의 미래」는 도시공학자 외에도 인문학자, 사회과학자가 폭넓게 참여하고 일부 현장에 밝은 분이 참여했다는 점에서 의미 있는 기획이라고 생각합니다. 근래에 강조되고 있는 거버넌스도 이러한 맥락과 관련이 있습니다. 신당서(新唐書) 위징전(魏徵傳)에 두루 겸하여 들으면 밝아지고 치우쳐서 믿으면 어두워진다(兼聽則明 偏信則暗)는 말이 있습니다. 겸청(兼聽)하며 참여하는 공치(共治), 즉 거버넌스가 강조되는 까닭도 여기에 있다고 생각됩니다.

❒ 박광국 교수

오늘 참석하신 허명범 대표께서는 학부에서는 공학을 전공했다가 박사과정에서는 사회과학을 전공하고 있는 매우 특이한 케이스입니다. 한때 공학도인 관점에서 보았을 때 과학기술에만 의존해서는 절대 우리 인류의 지속가능한 발전은 담보할 수 없는 것으로 보는지 한 말씀 부탁드립니다.

❒ 허명범 대표

인문학과 공학의 조화를 모색해 가지 않고서는 결코 미래도시의 지속가능한 발전을 담보할 수 있는 해법을 찾는 것은 불가능하다고 봅니다. 과학기술은 단지 도구일 뿐이며, 그 도구를 어떻게 사용하는가는 인간의 책임입니다. 과학기술을 사용하여 환경을 파괴하거나, 사회적 불평등을 심화시키는 일이 있어서는 안 됩니다. 물론, 과학기술은 우리 삶의 질을 높이고, 새로운 가능성을 열어주는 데 큰 역할을 하고 있습니다. 하지만 과학기술은 그 자체로 선악을 구분할 수 없으며, 어떻게 활용하느냐에 따라 인간에게 해가 될 수도 있습니다.

이를테면, 태양광, 풍력, 수소 등 재생에너지를 활용한 친환경 에너지 시스템을 구축하거나, 사물인터넷(IoT)을 활용한 교통체계와 도시 관리 시스템을 구축할 수 있습니다.

인공지능(AI) 기술은 의료, 교육 등 다양한 분야에서 활용되어 우리 삶을 편리하고 효율적으로 만들어주고 있습니다. 하지만 인공지능(AI) 기술이 잘못 활용될 경우, 고용 감소, 차별, 심지어는 전쟁까지 심각한 상황을 초래할 수 있습니다. 또한, 기후변화 대응, 환경 보호, 사회적 약자 배려 등 인류가 직면한 지속가능성 문제를 해결하기 위해서는 과학기술과 함께 사회, 경제, 문화, 정치 등 다양한 분야의 협력이 필요합니다. 과학기술은 이러한 문제를 해결하는 데 중요한 역할을 할 수 있지만, 그 자체로 모든 문제를 해결할 수 있는 것은 아닙니다.

따라서 미래도시의 발전방향은 과학기술의 발전과 더불어 환경, 사회, 윤리 등의 측면을 고려한 균형 잡힌 발전이 이루어져야 합니다. 이를 위해서는 과학기술과 인문학의 융합을 통해 새로운 가치와 비전을 제시하는 것이 중요하다고 봅니다. 미래도시를 구현하기 위해서는 인공지능, 사물인터넷, 빅데이터 등 다양한 기술이 발전해야 합니다. 하지만, 이러한 기술은 아직까지 개발 초기 단계에 있으며, 기술적 한계가 존재합니다. 인공지능은 아직도 인간의 지능을 완전히 대체할 수 없고, 사물인터넷은 아직도 보안 문제가 있습니다.

친환경 에너지 인프라 구축, 첨단 기술 도입, 도시 재생 등 미래도시로의 변화 과정에서 일자리 감소, 양극화 심화, 개인정보 침해 등이 사회적 갈등이 발생할 수 있습니다. 이를 극복하기 위한 노력과 실천이 필요합니다. 환경친화적인 기술개발과 정책을 통해 지속가능한 환경을 조성하고, 소외계층을 위한 기술 접근성 확대와 사회 안전망 강화, 빅데이터를 활용한 인공지능 윤리 가이드라인 마련과 사회적 합의 도출 등을 통해 과학기술의 발전이 우리 인류의 지속가능한 발전을 위한 원동력이 될 수 있기를 기대합니다.

미래도시의 발전으로 가기 인한 부작용을 예측하고, 이를 극복하기 위한 노력이 필요합니다. 정부, 기업, 시민사회의 소통과 협력을 통해 미래도시를 위한 기반을 마련하고, 도시 발전을 위한 노력을 지속해야 할 것입니다.

❒ 소결

오늘 좌담회를 통해 미래도시가 지속가능한 발전을 하기 위해서는 몇 가지 사안에 대해 부단한 사유와 성찰이 중요하다는 결론을 도출할 수 있었습니다. 첫째는 언어를 통한 지속적 소통입니다. 인간의 모든 행위는 언어를 통해 매개되기에 테크노크라트에 의한 일방적 소통이 아니라 도시에 거주하는 모든 이해관계자들의 관점을 최대한 반영하고 숙의를 통해 의사결정을 하는 숙의 민주주의(deliberative democracy)의 확립이 매우 중요합니다. 둘째, 미래도시의 지속가능한 발전을 위해서는 첨단 과학기술에만 의존해서는 안 되며 문학 · 역사학 · 철학을 포함한 인문학과의 융합이 대세가 되어야 합니다.

셋째, 자연에도 생태 다양성이 유지되어야 하듯이, 도시 내에서 부단한 창조와 혁신이 일어 나려면 도시 다양성 확보가 매우 중요합니다. 이를 위해서는 반목과 배제가 아니라 포용이라는 가치가 핵심가치로 부상되어야 합니다. 넷째, 미래도시는 스마트 플랫폼으로 대변되는 바, 이러한 디지털 기술의 혜택에서 소외되는 계층이 심각한 사회문제로 대두되지 않도록 도시 정부 차원에서 가장 우선순위가 높은 정책의제로 다루어야 할 것입니다. 끝으로, 미래도시는 메가시티로 특징지워지는 만큼 도시 운영의 효율성만 지나치게 강조할 것이 아니라 도시민의 삶의 질이 제고될 수 있도록 정책의 우선순위를 두어야 할 것입니다.

집필진 소개

김상욱
동국대학교 문화콘텐츠 박사
현 문화체육관광부 국장

김순은
켄트주립대 박사
현 서울대학교 행정대학원 특임교수

김재수
홍익대학교 박사
현 한국과학기술정보연구원 원장

김진유
한양대학교 박사
현 경기대학교 교수

김찬동
동경대 박사
현 충남대학교 교수

남성현
충남대학교 박사
현 산림청장

명수정
미국 뉴욕주립대 박사
현 한국환경연구원 선임연구위원

박광국
미국 조지아대 박사
현 가톨릭대학교 교수

손종욱
가톨릭대학교 박사과정 재학
현 (주) 바핀파트너스 대표

송중석
교토대 박사
현 한국과학기술정보연구원 과학기술보안연구센터장

신동애
큐슈대학 박사
현 키타큐슈대학 법학부 환경정책 교수

신충식
미국 뉴스쿨 박사
현 경희대학교 교수

엄두용
큐슈대학 박사
현 환경과 지역연구소 대표

염건령
동국대학교 경찰행정학과 박사 과정 수료, 국제문화대학원대학교 박사
현 가톨릭대학교 부설 한국탐정학연구소 소장

윤대식
미국 오하이오주립대 박사
현 영남대학교 명예교수

윤동근
미국 코넬대 박사
현 연세대학교 교수

이종열
미국 뉴욕시립대 박사
현 인천대학교 명예교수

정태옥
가톨릭대학교 박사
현 경북대학교 교수

정현숙
동경대 박사
현 한국방송통신대학교 교수

천안(陳安)
북경항천대 박사
현 중국과학원 과학기술전략자문연구원

천잉화(陳櫻花)
인하대학교 박사
현 강소(江蘇)대 교수

채원호
서울대학교 박사, 동경대 박사과정 수료
현 가톨릭대학교 교수

허명범
가톨릭대학교 박사과정 수료

황석진
성균관대학교 박사
현 가톨릭대학교 일반대학원 행정학과 겸임교수

과학기술과 인문학의 융합

도시의 미래: 진단과 처방

초판 발행 2024년 3월 5일

지은이 박광국 · 채원호 외 22인
펴낸이 안종만 · 안상준

편 집 장유나
기획/마케팅 박세기
표지디자인 이수빈
제 작 고철민 · 조영환

펴낸곳 (주) 박영사
서울특별시 금천구 가산디지털2로 53, 210호(가산동, 한라시그마밸리)
등록 1959. 3. 11. 제300-1959-1호(倫)

전 화 02)733-6771
f a x 02)736-4818
e-mail pys@pybook.co.kr
homepage www.pybook.co.kr
ISBN 979-11-303-1962-9 93350

정 가 30,000원